TOP®
100

Inhalt

Mut zur
Veränderung

Innovationserfolg:
Welche Strukturen
machen ihn
wahrscheinlich?
Univ.-Prof. Dr. Nikolaus Franke

Life-Changer —
Zukunft
made in Germany
Christoph Keese

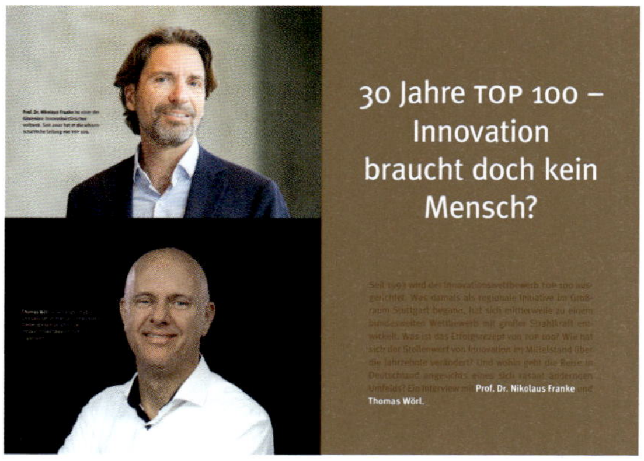
30 Jahre TOP 100 –
Innovation
braucht doch kein
Mensch?
Prof. Dr. Nikolaus Franke
Thomas Wörl

Mit Werten
in die
Zukunft
Dr. Erny Gillen

Digitalisierung und
Nachhaltigkeit —
Herausforderungen
der Zukunft
Prof. Dr. Michael Jacob

Baden-Württemberg

Bayern

Berlin
Brandenburg

Bremen/Hamburg
Mecklenburg-Vorpommern
Niedersachsen
Schleswig-Holstein

Hessen

Nordrhein-Westfalen

Rheinland-Pfalz
Saarland

Sachsen
Sachsen-Anhalt
Thüringen

Ranga Yogeshwar gehört zu den führenden Wissenschaftsjournalisten Deutschlands. Als Moderator zahlreicher TV-Sendungen und als Buchautor wurde der Diplom-Physiker vielfach ausgezeichnet. Sein besonderes Engagement gilt den Themen Innovation und Wissensvermittlung.

Mut zur Veränderung

Die Welt, wie wir sie heute vorfinden, hat wenig gemein mit der Welt, wie wir sie vor fünf Jahren kannten. Coronapandemie, Ukrainekrieg, gestörte Lieferketten, massiv gestiegene Energiepreise – wer heute als Unternehmerin oder als Unternehmer aktiv ist, steht nicht vor nur einer Herausforderung, sondern vor vielen. Klar ist auch: Der Wandel wird sich fortsetzen, ein Zurück zur guten alten Zeit wird es nicht geben.

Der aktuelle Wandel ist derart umfassend, dass Innovationen ganzheitlich angegangen werden müssen. Es sollte also nicht nur um neue Produkte und neue Märkte gehen, sondern auch um den Aufbau und die gesamte Ausrichtung von Unternehmen. Längst gibt es Mittelständler, die sich so radikal umgestellt haben, dass sie komplett ohne Hierarchien auskommen. Solche strukturellen Innovationen greifen tief und kosten nicht viel.

Wenn ein Unternehmen sich neu aufstellt, hat das im besten Fall weniger mit Geld und mehr mit Haltung zu tun. Die Neuausrichtung hilft den Firmen, künftig schneller zu reagieren und im permanenten Wandel besser zu bestehen. Denn in einer Welt des massiven Umbruchs sind nur diejenigen resilient, die in der Lage sind, den Veränderungen tagtäglich Rechnung zu tragen. Die alte Philosophie „Augen zu und durch“ hilft nicht mehr weiter. Gefordert ist ein ganz anderes, neuartiges Denken: Augen auf und Mut zur Veränderung!

Gerade Mittelständler wie die in diesem Buch vorgestellten TOP 100-Firmen haben hierfür beste Voraussetzungen. Denn sie sind klein und wendig, sie können direkt entscheiden und agil reagieren. Dies ist allerdings kein

Selbstläufer, sondern setzt eine neue Haltung voraus. So ist das patriarchal geführte Top-down-Unternehmen zunehmend passé; hierarchiearme Firmen sind viel besser in der Lage, sich permanent zu verändern.

Nur innovative Mittelständler, die Sinn und Nutzen stiften und die sich Herausforderungen wie dem Klimawandel und der Ressourcenknappheit stellen, sind auf Dauer zukunftsfähig – auch im Recruiting. Diese wirklich innovativen Unternehmen zeichnet aus, dass sie die Zeichen der Zeit erkennen. Sie sehen im Morgen die Chancen, nicht die Gefahren. Sie verändern sich ständig und passen sich an neue Verhältnisse an. Dafür, wie dies auch in herausfordernden Zeiten gelingen kann, finden sich unter den diesjährigen TOP 100-Preisträgern jede Menge inspirierende Beispiele.

Ranga Yogeshwar
Mentor von TOP 100

Prof. Dr. Nikolaus Franke ist seit 2002 der wissenschaftliche Leiter von TOP 100. Er ist Direktor des Instituts für Entrepreneurship und Innovation der Wirtschaftsuniversität Wien, Gastforscher am Massachusetts Institute of Technology (MIT) und wurde mit dem renommierten „Schumpeter School Award" ausgezeichnet. Mit 12,5 Mio. Euro an Drittmitteln und mehr als 200 internationalen Publikationen, die über 14.000-mal zitiert wurden, zählt er zu den weltweit führenden Innovationsforschern. Etwa 1.000 Praxisprojekte und 300 Ausgründungen und Spin-offs zeigen seine Praxisnähe.

Innovationserfolg: Welche Strukturen machen ihn wahrscheinlich?

Innovation ist immer ein Schritt ins Unbekannte. Ihr Erfolg ist von vielen Faktoren abhängig und daher nie vollkommen planbar. Innovationserfolg ist jedoch kein Glücksspiel. Die TOP 100-Unternehmen zeigen, wie man dem Zufall durch systematische Organisation und Führung auf die Sprünge helfen kann. Die Details erklärt **Univ.-Prof. Dr. Nikolaus Franke.**

Der Weg zum Ziel
Das TOP 100-Auswahlverfahren umfasst mehrere Stationen:

Viele Prozesse in Unternehmen sind Routine: Man weiß, was man tun muss, um ein gutes Ergebnis zu erzielen. Die Bedingungen sind weitgehend unter Kontrolle, man kann den Prozess gut planen, vielleicht sogar die optimale Kombination der Ressourcen kalkulieren. Und wenn nicht unvorhergesehene Dinge passieren, weicht das Ergebnis kaum vom Plan ab. Innovation ist jedoch anders: Sie ist definitionsgemäß neu, die Regeln aus der Vergangenheit gelten nur eingeschränkt und oft gar nicht. Es ist unmöglich, alle Einflussfaktoren des Erfolgs vorherzusehen. Eine Idee kann brillant sein, doch in der Realisierung können unerwartete technologische Probleme auftreten. Und umgekehrt kann eine eigentlich kleine Änderung im Geschäftsmodell zu einem sehr viel größeren Markterfolg werden, als man es je für möglich gehalten hätte, weil sie ein bisher unbekanntes Kundenbedürfnis erfüllt. Trotz bester Planung erleben wir daher bei Innovationsprojekten immer wieder Überraschungen. Je radikaler die Innovation, desto größer der Einfluss von Glück und Zufall. Kontrollfreaks fühlen sich angesichts dieser Unklarheit unwohl und meiden Innovation. Unternehmerisch denkende Menschen hingegen gestalten ihr Unternehmen so, dass die Voraussetzungen für Innovationen gegeben sind. Dazu gehört eine Führung, die Rollenvorbild ist und zu Innovation anregt und ermutigt. Zudem werden klar definierte Prozesse und eine bewusste Gestaltung der Organisation benötigt, damit die erforderliche Flexibilität und Kreativität entstehen kann. Das Geschehen im Unternehmen muss außerdem von einer Kultur getragen werden, die Innovation als Wert begreift und somit unterstützt, auch wenn Experimente schiefgehen. Und schließlich entstehen Gelegenheiten zur Innovation fast immer außerhalb des Unternehmens, das Management der Open-Innovation-Schnittstelle ist deshalb wichtiger denn je. An den TOP 100-Unternehmen kann man studieren, wie sich im scheinbaren Glücksspiel „Innovation“ die Wahrscheinlichkeit für Erfolge systematisch und signifikant steigern lässt.

Die TOP 100-Innovationsanalyse

Im Rahmen des TOP 100-Wettbewerbs wird die Innovativität der Teilnehmenden gründlich untersucht: Wer TOP 100-Innovator werden möchte, durchläuft ein anspruchsvolles und wissenschaftlich fundiertes Auswahlverfahren, in dem die Konsequenz in der Ausrichtung auf Innovation differenziert geprüft wird. Das Bewertungsverfahren, die TOP 100-Innovationsanalyse, ist von mir und meinem Mitarbeiter Dr. Rudolf Dömötör erarbeitet worden. Auf Basis eigener Untersuchungen, des aktuellen Stands der internationalen Innovationsforschung und der Erfahrung aus vielen Tausend Analysen entwickeln wir es laufend weiter. Im Fokus der Analyse stehen dabei sowohl die Gegenwart als auch die Zukunft. Wir untersuchen also die schon erreichten Innovationserfolge, aber auch die jeweilige Ausgestaltung der innovationsfördernden Strukturen. Dies ist fast noch wichtiger und erlaubt eine Einschätzung dazu, wie konsequent das Unternehmen auf das Innovationsziel ausgerichtet ist und wie hoch dementsprechend sein künftiges Innovationspotenzial ist.

Die Analyse umfasst mehr als 100 verschiedene Kennzahlen und Leistungsindikatoren in den folgenden fünf Kategorien:

- innovationsförderndes Top-Management
- Innovationsklima
- innovative Prozesse und Organisation
- Außenorientierung/Open Innovation
- Innovationserfolg

Damit wird die Innovationsleistungsstärke der teilnehmenden Unternehmen gesamthaft erfasst. Die auf diesem Weg gewonnenen Informationen sind auch die Grundlage für das umfassende Benchmarking in der individuellen Innovationsbilanz®, die jede TOP 100-Firma erhält.

Der Ablauf der Analyse

Jedes TOP 100-Unternehmen hat die TOP 100-Innovationsanalyse mit Auszeichnung bestanden. In diesem Jahr haben mehr als 3.000 mittelständische Firmen den TOP 100-Fragebogen angefordert. Aus zahlreichen Gesprächen wissen wir, dass schon allein die Auseinandersetzung mit den Analysekategorien wertvolle Denkanstöße geben kann. Viele der Unternehmen, die sich noch nicht als hinreichend qualifiziert einschätzten, planen jedoch die Teilnahme am Wettbewerb in ein bis zwei Jahren.

550 Firmen kamen nach eingehendem Studium der Kriterien zu dem Schluss, dass eine Teilnahme angesichts ihrer Leistungen erfolgreich sein könnte. Sie füllten den Fragebogen aus und traten damit offiziell in den Wettbewerb ein.

Seit 1993 vereinigt der Innovationswettbewerb TOP 100 die innovativsten Mittelständler Deutschlands. Sie werden jährlich durch ein unabhängiges, wissenschaftliches Benchmarking ermittelt und erhalten das begehrte TOP 100-Siegel – die Eintrittskarte zum Netzwerk der Besten.

Es ist jedes Jahr aufs Neue eine Freude für mich und meine Mitarbeiter zu sehen, wie innovativ der Mittelstand sein kann – und wie bewusst er dieses Ziel anstrebt. Einige der Teilnehmer sind sehr bekannt, andere arbeiten in Nischen und entsprechen mehr dem Typus des Hidden Champions. Naturgemäß variieren die Strukturen je nach Firmengröße: Die Art, wie Innovation in einem jungen Start-up mit 25 Beschäftigten organisiert wird, und die Instrumente, die dort sinnvollerweise zum Einsatz kommen, unterscheiden sich stark vom Innovationsmanagement eines Unternehmens mit 500 Beschäftigten. Wir unterteilen die Innovatoren daher nach Größenklassen: Die Größenklasse A umfasst Firmen mit bis zu 50 Mitarbeitern, Größenklasse B solche mit 51 bis 200 Mitarbeitern und Größenklasse C solche mit mehr als 200 Mitarbeitern.

Das TOP 100-Analyseinstrument umfasst mehr als 100 Kriterien. Sie erlauben uns eine detaillierte Analyse der grundsätzlichen Ausrichtung auf Innovation und der Innovationserfolge der Teilnehmer. Die Richtigkeit der Angaben in den Fragebögen wurde uns von den Firmenvertretern rechtsverbindlich zugesichert. Zudem haben wir zur Verifikation der Angaben verschiedene Querchecks und Plausibilisierungen vorgenommen. Bei Unklarheiten wurden die Unternehmen zwecks Rückfragen kontaktiert.

Jene maximal 100 Firmen pro Größenklasse, die von allen Bewerbern das stärkste Innovationsprofil aufwiesen, wurden schließlich in den Kreis der herausragend innovativen TOP 100-Unternehmen aufgenommen und dürfen fortan den Titel „Top-Innovator" tragen.

Die jeweils drei besten Kandidaten jeder Größenklasse hat mein langjähriger Mitarbeiter Dr. Rudolf Dömötör besucht und einer mehrstündigen gründlichen Analyse unterzogen, um von ihnen ein ganzheitliches Bild jenseits der Zahlen und Fakten aus dem Fragebogen zu gewinnen. Alle so gesammelten Informationen dienten dann der hochkarätig besetzten Jury als Entscheidungsgrundlage für die Vergabe der Titel „Innovator des Jahres 2023".

Qualitätssiegel TOP 100

Im Umfang, in der Präzision, der Verlässlichkeit und der wissenschaftlichen Fundierung ist dieser Innovationswettbewerb wohl einzigartig. Mein Ziel als Wissenschaftler ist es, die Top-Innovatoren des deutschen Mittelstands zu identifizieren. Ich fälle mein Urteil in notariell bestätigter Neutralität und vollkommen unbeeinflusst. Es existiert auch kein „indirektes Geschäftsmodell" – anders als bei zahlreichen Wettbewerben von Unternehmensberatungen, Wirtschaftsprüfern etc. Die TOP 100-Auszeichnung ist deshalb ein besonders wertvolles Qualitätssiegel gegenüber (potenziellen) Kunden, Geschäftspartnern und Mitarbeitern. Als effizientes PR- und Marketinginstrument kann sie ein wertvolles Differenzierungskriterium gegenüber Wettbewerbern darstellen. Und die Pressearbeit durch das compamedia-Team sichert den TOP 100-Firmen die Aufmerksamkeit unterschiedlichster Zielgruppen.

Diese Publizität ist der erste Schritt zur Zukunftssicherung. Der zweite besteht in der Nutzung der weiteren Unterstützungs- und Vernetzungsmöglichkeiten in der TOP 100-Community. Dazu zählt zum Beispiel die TOP 100-Innovationsbilanz, also ein individueller Benchmarkingbericht über die Ausgestaltung des eigenen Innovationsmanagements. Die darin aufgezeigten Potenzialfelder enthalten wichtige Hinweise zur Weiterentwicklung: Worin sind wir im Vergleich zu anderen schon jetzt Weltspitze? Wo haben wir noch Potenziale? Vielen Unternehmern fehlen diese Informationen. Für jene Firmen, die bereits in früheren Jahren an unserem Wettbewerb teilgenommen haben und auch damals den Sprung in die TOP 100 schafften, bieten wir zusätzlich zur Innovationsbilanz die individuelle „TOP 100-Fortschrittsbilanz" an. Sie zeigt die Entwicklung der Innovativität des Unternehmens im Lauf der Zeit und ist somit ein wertvolles Instrument zur Evaluierung des eigenen Handelns.

Zudem fördert TOP 100 mit verschiedenen Veranstaltungsformaten den Austausch zwischen den Innovations-Champions. Ein Beispiel dafür ist der jährlich stattfindende „Elitezirkel" zu aktuellen Themen des Innovationsmanagements mit dem Ziel des Ideenaustausches und des Voneinander-Lernens. Ein anderes Beispiel ist die Denkerrunde® in den Alpen, bei der TOP 100-Unternehmer in exklusiver Atmosphäre gemeinsam mit Ranga Yogeshwar konkrete Fragen aus ihren Unternehmen diskutieren. Die gemeinsamen Exkursionen ins „Mekka" der Innovation, ins Silicon Valley, sind für mich ein Höhepunkt des Wettbewerbs. Und mit „Innoconnect" bieten wir Lösungen, Partner oder Inspiration in Sachen Innovation. Denn wer innovativ sein will, darf sich mit dem Status quo niemals zufriedengeben.

Die drei besten Unternehmen jeder Größenklasse werden von Dr. Rudolf Dömötör besucht und einer weiteren Analyse unterzogen. Aus diesen Kandidaten wählt dann die hochkarätig besetzte TOP 100-Jury jeweils den „Innovator des Jahres“, also den Klassenbesten jeder der drei Größenklassen. Detaillierte Porträts aller Juroren finden Sie unter **www.top100.de/jury.**

Dorothee Bär

Achim Berg

Prof. Dr. h. c. Roland Berger

Edelgard Bulmahn

Ulrich Dietz

Anja Förster

Dr. Nikolaus Förster

Dr. Dr. Cay von Fournier

Prof. Marcel Fratzscher

Dr. Jörn Großmann

Dr. Gregor Gysi

Lars Hinrichs

Christoph Keese

Prof. Dr. Fredmund Malik

Prof. Dr. h. c. Reimund Neugebauer

Prof. Dr. Robert F. Pelzel

Simone Salden

Prof. Dr. Dr. August-Wilhelm Scheer

Prof. Dr. Dr. h. c. Hermann Simon

Frank Thelen

Michael Theurer

Jens Tönnesmann

Dr. Frank-Steffen Walliser

Moritz Weissman

Miriam Wohlfarth

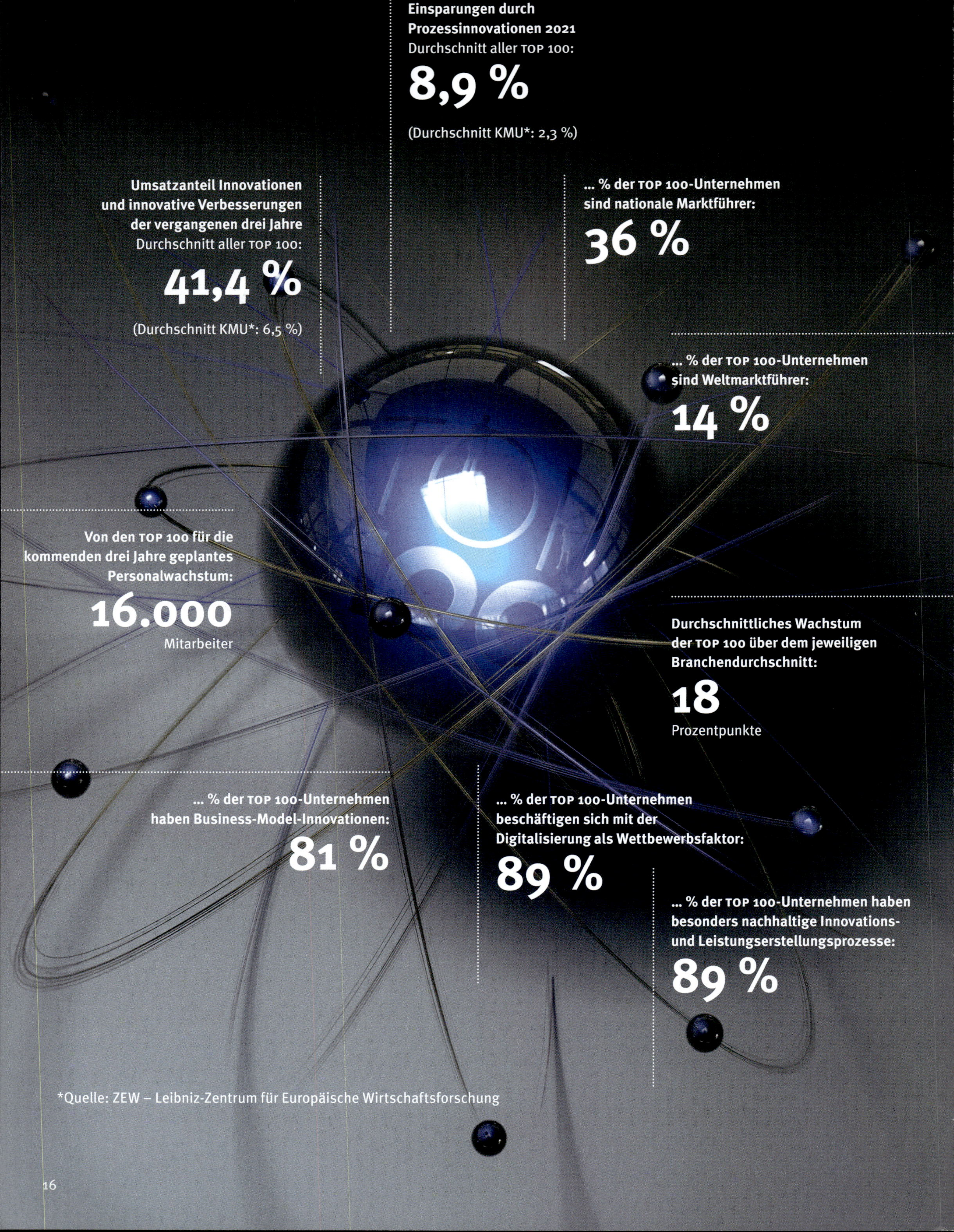

Einsparungen durch Prozessinnovationen 2021
Durchschnitt aller TOP 100:

8,9 %

(Durchschnitt KMU*: 2,3 %)

Umsatzanteil Innovationen und innovative Verbesserungen der vergangenen drei Jahre
Durchschnitt aller TOP 100:

41,4 %

(Durchschnitt KMU*: 6,5 %)

... % der TOP 100-Unternehmen sind nationale Marktführer:

36 %

... % der TOP 100-Unternehmen sind Weltmarktführer:

14 %

Von den TOP 100 für die kommenden drei Jahre geplantes Personalwachstum:

16.000
Mitarbeiter

Durchschnittliches Wachstum der TOP 100 über dem jeweiligen Branchendurchschnitt:

18
Prozentpunkte

... % der TOP 100-Unternehmen haben Business-Model-Innovationen:

81 %

... % der TOP 100-Unternehmen beschäftigen sich mit der Digitalisierung als Wettbewerbsfaktor:

89 %

... % der TOP 100-Unternehmen haben besonders nachhaltige Innovations- und Leistungserstellungsprozesse:

89 %

*Quelle: ZEW – Leibniz-Zentrum für Europäische Wirtschaftsforschung

Die TOP 100-Innovationselite 2023

Innovation ist keine Routine. Wer dabei erfolgreich sein will, muss unkonventionell denken, schnell und flexibel reagieren und konsequent lernen. Bei der Realisierung neuer Ideen sind Mut und Überzeugung erforderlich. Die Ergebnisse der TOP 100-Analyse sind ein hervorragendes Zeugnis für die Top-Innovatoren.

Innovator des Jahres Größenklasse A

Die **DiHeSys Digital Health Systems GmbH** ist Vorreiterin bei personalisierter Medizin. Auf der Basis eines konsequent auf disruptive Innovation ausgerichteten Managements ist es ihr in Rekordzeit gelungen, ein Drucksystem für den Druck von personalisierten Medikamenten zu entwickeln. Der „Innovator des Jahres" der Größenklasse A überzeugte die Jury dank seiner agilen Prozesse und Strukturen mit einem hohen Innovationstempo und vor allem mit einer mustergültigen Anwenderorientierung.

DiHeSys entwickelt, fertigt und vertreibt ein System für digital gedruckte personalisierte Tabletten. Es besteht aus Drucker, Software und wirkstoffhaltigen Tinten oder Polymeren. Damit können Apotheken und Krankenhäuser für jeden Patienten Arzneimittel genau in der benötigten Dosis und Zusammensetzung drucken. So kann die Zahl der je Patient einzunehmenden Arzneimittel drastisch reduziert werden. Etwa jeder siebte gesetzlich versicherte Patient in Deutschland nimmt dauerhaft fünf oder mehr Medikamente parallel ein. Das kann zu negativen Wechselwirkungen führen. Personalisierte Arzneimittel reduzieren Nebenwirkungen und machen die Gesamttherapie sicherer und effizienter, weil die Dosierungen jederzeit geändert und die Wirkstoffe aufeinander abgestimmt werden können. Zusätzlich zum Nutzen für die Patienten profitiert das Gesundheitssystem: geringere Krankheitskosten, Vermeidung von Versorgungsengpässen, Reduktion von Pharmamüll dank On-demand-Herstellung.

Das Healthtech-Start-up wurde 2018 mit der Vision gegründet, das Gesundheitswesen zu revolutionieren. Die drei Gründer bringen jahrelange Senior-Management-Erfahrung aus der Gesundheits- und Pharmabranche mit. Die große Expertise, das umfassende Branchen-Know-how und die Netzwerke der Gründer sind der entscheidende Impulsgeber und Enabler für die Innovationstätigkeit von DiHeSys. In nur zwei Jahren gelang es, einen Drucker samt druckbarer Wirkstoffe und ein Geschäftsmodell zu entwickeln, das allen komplexen Anforderungen der Zulassungsbehörden entspricht. Das Unternehmen zeichnet sich durch eine hohe Umsetzungsgeschwindigkeit und agile Prozesse aus. Neue Ideen und Anregungen werden sehr schnell aufgegriffen, bewertet und realisiert.

DiHeSys ist durch einen ungewöhnlich starken Kunden- und Anwenderfokus gekennzeichnet und analysiert die gesamte Customer-Journey regelmäßig und gründlich. Auf der Basis der Analyseergebnisse werden die eigenen Kontaktpunkte mit den Kunden in innovativer Weise gestaltet. Das bezieht sich sowohl auf die direkten Kunden, also die Apotheker, als auch auf die indirekten, die Patienten. Zudem sind die intensiven Kooperationsaktivitäten mit externen Partnern entlang des gesamten Innovationsprozesses bemerkenswert: Mithilfe von Pharmazeuten und Ärzten werden die erfolgversprechendsten Wirkstoffe für die Produktentwicklung identifiziert. DiHeSys arbeitet darüber hinaus mit Universitäten zusammen, die in der personalisierten Medizin international führend sind, und stimmt sich sehr früh im Innovationsprozess mit Gesetzgebern und Arzneimittelbehörden ab.

Platz 1
DiHeSys Digital Health Systems GmbH
Schwäbisch Gmünd

Platz 2
Scantinel Photonics GmbH
Ulm

Platz 3
endiio Engineering GmbH
Freiburg

Innovator des Jahres Größenklasse B

Die Innovationen der **FENECON GmbH** leisten einen wichtigen Beitrag zur Energiewende. Aufgrund ihrer visionären und nachhaltig denkenden Geschäftsleitung sowie einer hervorragenden Innovationskultur verzeichnet sie außergewöhnliche Wachstumsraten in einer Zukunftsbranche. Die Jury zeigte sich zudem von der agilen Organisationsstruktur beeindruckt, die eine enorme Innovationsfähigkeit bei gleichzeitig rasantem Wachstum ermöglicht. Sie kürte das Unternehmen daher zum „Innovator des Jahres" der Größenklasse B.

FENECON entwickelt und produziert Stromspeichersysteme und bietet individuelle Energiemanagementlösungen für Energieversorger, Fahrzeughersteller und Solarparkbetreiber an. Das Unternehmen wurde 2011 mit dem Ziel gegründet, die „100 %-Energiewende“ mit intelligenten Stromspeichern zu unterstützen. Nach dem Start mit kleineren Speicherlösungen hat man das Portfolio sukzessive erweitert. FENECON ist heute einer der wenigen Anbieter auf dem deutschen Markt, die das komplette Portfolio abdecken: von Heimspeichern über Gewerbespeicher bis zu großen Industriespeichern. In jedem der drei Segmente weist die Firma schon heute einen bemerkenswerten Marktanteil bei gleichzeitig überdurchschnittlichem Wachstum aus.

Ein wesentlicher Kern der Innovationstätigkeit dieses Mittelständlers ist sein beeindruckender Plattformansatz in Verbindung mit stark ausgeprägtem Nachhaltigkeitsdenken: Die selbst entwickelte proprietäre Energiemanagementsoftware wurde als Open-Source-Software systemoffen gestaltet. Dies gestattet den Kunden ein netz- und energiewendedienliches Energiemanagement bis hin zu intelligenter Sektorenkopplung von Strom, Mobilität und Wärme. Die offenen Schnittstellen dieses Energiemanagementsystems ermöglichen dabei das Einbinden einer Vielzahl von Erzeugern und Verbrauchern. FENECON profitiert von der Öffnung des Betriebssystems in doppelter Hinsicht. So wurde und wird die Arbeit des Entwicklungsteams durch Beiträge von zahlreichen weiteren (externen) Entwicklern ergänzt, denn die Entwicklung einer Software dieser Dimension wäre allein mit internen Ressourcen nicht möglich gewesen. Außerdem gilt „OpenEMS“ heute als DAS Betriebssystem der Energiewende und wird weltweit in mehr als 25 Ländern genutzt. Die Rolle als Initiator und Standardsetzer der „OpenEMS“-Community bringt dem Unternehmen Reputationsgewinne in der gesamten Branche.

Die hohe Innovationskraft der FENECON GmbH und die Überlegenheit ihrer Lösungen brachte ein rasantesn Wachstum mit sich: In nur einem Jahr wurde die Mitarbeiterzahl um 150 % gesteigert, von 80 auf mehr als 200. Trotz der Herausforderungen, die eine solche Dynamik für die Organisationentwicklung bedeutet, gelang es, die Innovationsfähigkeit aufrechtzuerhalten und sogar weiter auszubauen. Der Schlüssel dazu sind die soziokratische, agile Organisationsstruktur mit Consent-Entscheidungsverfahren sowie die umfassenden und intelligenten Maßnahmen zur Stimulierung des Innovationsklimas. Die wichtigsten Faktoren hierbei: eine geschickte Mitarbeiterakquisestrategie, planvolles Onboarding neuer Kollegen, transparente Information und ein vorbildliches Bonussystem.

Platz 1
FENECON GmbH
Deggendorf

Platz 2
Neura Robotics GmbH
Metzingen

Platz 3
Neodigital Versicherung AG
Neunkirchen

Innovator des Jahres
Größenklasse C

Dank ihrer außergewöhnlichen Ausrichtung auf Innovation erzielt die **MLL Münchner Leukämielabor GmbH** seit Jahren bemerkenswerte Innovationserfolge und ist die weltweit führende Institution in der Diagnostik von Blutkrebserkrankungen. Die Jury hob bei ihrer Entscheidung für diesen „Innovator des Jahres" der Größenklasse C die konsequente Orientierung am Patientenwohl und die Exzellenz beim Management eines breiten Innovationsportfolios besonders hervor.

Das MLL Münchner Leukämielabor ist das weltweit führende Labor für Leukämien und Lymphome. Seit seiner Gründung 2005 konnte die Zahl der jährlich untersuchten Proben von 9.000 auf 110.000 gesteigert werden, also um den Faktor 12. Das Labor deckt damit in seinem Fachbereich etwa 75 % aller Befunde im deutschen Gesundheitssystem ab. MLL zeichnet sich durch den Einsatz eines sehr breiten Spektrums verschiedener sich ergänzender und unterstützender Diagnostikmethoden aus. Das Portfolio reicht von der mikroskopischen Befundung bis zur Genomsequenzierung. Weltweit einzigartig ist zudem der hohe Automatisierungs- und Digitalisierungsgrad aller Prozesse. Neben der Tätigkeit als Routinelabor wirkt MLL intensiv an internationalen Studien der Pharmaindustrie für die Medikamentenzulassung mit. Das Unternehmen ist federführend an der Entwicklung neuer Klassifikationen von Krankheitsbildern der WHO beteiligt und weltbekannt für seine ungewöhnlich erfolgreiche Forschungs- und Publikationstätigkeit.

Der Ausgangspunkt und die entscheidende Triebfeder der Innovationsleistungen ist der besonders stark ausgeprägte Kunden- und Patientenfokus. Sämtliche Innovationsaktivitäten lassen sich auf zwei Leitfragen herunterbrechen: 1) Wie kann die Zeit vom Probeneingang bis zum Befund verkürzt werden? 2) Wie kann die Qualität und Reproduzierbarkeit der Befundung verbessert werden? Aus diesen beiden Fragen hat das Labor in den 18 Jahren seines Bestehens Lösungen mit einer einzigartigen Innovationskraft entwickelt. Jüngstes Beispiel dafür ist der Einsatz künstlicher Intelligenz: Sie hilft dabei, sowohl die Treffsicherheit der Befunde zu erhöhen als auch den Zeitraum der Befundung um ein Viertel zu verkürzen.

Der wichtigste Erfolgsfaktor des Unternehmens ist das visionäre Gründungsteam: Die Gründung erfolgte 2005 aus einem Universitätsklinikum heraus mit dem Ziel, ein automatisiertes Hochleistungsdiagnostik- und Forschungslabor zu schaffen. Die drei Gründer-Geschäftsführer vereinen unterschiedliche medizinische Schwerpunkte und decken so das gesamte Diagnosespektrum ab. Nicht nur in fachlicher Hinsicht, sondern auch hinsichtlich ihrer persönlichen Kompetenzen ergänzen sich die drei Gründer in hervorragender Weise. Das Innovationsklima des Labors ist von einem starken Purpose geprägt: die Diagnostik und die Erforschung von Leukämien und Lymphomen zu verbessern. Der Firmenclaim „See behind. Go beyond." steht sinnbildlich für den Führungsanspruch und die Leidenschaft für innovative Höchstleistungen von MLL.

Platz 1
MLL Münchner Leukämielabor GmbH
München

Platz 2
MPDV Mikrolab GmbH
Mosbach

Platz 3
Peter Huber Kältemaschinenbau SE
Offenburg

Innovationsbudget in Relation zum Umsatz
Durchschnitt aller TOP 100:

10,5 %

(Durchschnitt KMU*: 1,6 %)

Verbesserungsvorschläge und Ideen der Mitarbeiter
Ergebnisverbesserung durch realisierte Ideen der Mitarbeiter in % des Umsatzes:

3,2 %

Budget für Open Innovation in Relation zum Umsatz
Ausgaben für kurzfristige Projekte und Maßnahmen:

3,5 %

Ausgaben für langfristige Kooperationen und Initiativen:

4,8 %

Ausgestaltung des Innovationsprozesses
Systematische Verfolgung und Bewertung der Entwicklung von Markt, Technologie und Wettbewerb:

98 %

Flexible Anpassung des Innovationsprozesses an geänderte Rahmenbedingungen:

99 %

Zusammensetzung der Innovationsprojektteams aus Mitarbeitern verschiedener Bereiche:

93 %

… % der TOP 100-Firmen haben Maßnahmen ergriffen, um Agilität und Flexibilität zu erhöhen:

95 %

Die Innovativität der TOP 100 ist das Ergebnis einer konsequenten Ausrichtung des gesamten Unternehmens auf die Fähigkeit zur agilen und kreativen Reaktion auf Veränderung. Wie innovativ eine Firma ist, ist keine Frage der Branche, sondern eine der Einstellung. Gerade in einem konservativeren Umfeld kann eine systematische Innovationsorientierung ein enormer Wettbewerbsvorteil sein. Dabei muss jedes Unternehmen seinen eigenen Weg finden und sich ein auf Wettbewerb, Kunden und Rahmenbedingungen abgestimmtes Innovationsmanagement erarbeiten. Die vier Potenzialkategorien, auf denen unsere Analyse basiert, sind die wesentlichen Elemente. Die TOP 100 haben jeweils einen individuellen Zugang gefunden, um diese „Zutaten" erfolgreich zu kombinieren:

Das „Top-Management" ist gerade bei Mittelständlern der Dreh- und Angelpunkt der Innovativität. Im Idealfall ist es Vorbild, treibt und unterstützt die Projekte und wirkt strategisch auf Klima, Struktur und Außenorientierung. Die Top-Manager der TOP 100 sind sich dieser Funktion bewusst. Sie wenden mehr als ein Drittel ihrer Zeit für innovationsbezogene Tätigkeiten auf. Auch die hohen relativen Investitionen in Innovationstätigkeiten von im Schnitt 10,5 % des Umsatzes belegen das eindeutige Bekenntnis zur Innovation.

Die Bewertungskategorie „Innovationsklima" zeigt, wie gut es gelingt, Mitarbeiter zu Mit-Unternehmern zu machen. Bei den TOP 100 zahlt sich dies aus: Allein durch die Realisierung von Mitarbeiterideen konnten sie ihr Ergebnis um 3,2 % des Umsatzes verbessern.

In der Kategorie „innovative Prozesse und Organisation" imponieren die TOP 100-Unternehmen damit, wie schnell und agil sie reagieren. Sie haben den für sie jeweils passenden Formalisierungsgrad gefunden. Und: Sie ergreifen proaktiv Maßnahmen, um ihre Agilität und ihre Flexibilität stetig zu steigern.

In der Bewertungskategorie „Außenorientierung/Open Innovation" zeichnen sich die TOP 100 in allen Phasen des Innovationsprozesses durch eine bemerkenswerte Offenheit für die Einbindung externer Partner aus. Die Zusammenarbeit mit Kunden, Lieferanten und Universitäten ist somit für sie Standard.

Fazit: Exzellenz in Sachen Innovation

Die Innovationserfolge der TOP 100 sind beeindruckend – und sie sind das Ergebnis einer systematischen Ausrichtung des gesamten Unternehmens auf die Fähigkeit zur Innovation. Sie zeigen die positive Wirkung innovationsorientierter Strukturen und Methoden sowie eines fruchtbaren Innovationsklimas. Die TOP 100-Firmen haben Wege gefunden, diese essenziellen Zutaten in einzigartiger Weise und angepasst an ihre jeweilige Branchensituation zu kombinieren.

Baden-Württemberg

Die Zahl der goldenen Sternchen in den nachfolgenden Unternehmensporträts entspricht der Zahl der TOP 100-Auszeichnungen.

* „Innovator des Jahres“ 2023 der Größenklasse A

1 A Autenrieth Kunststofftechnik GmbH & Co. KG

★★★★

Die Kunststoff-versteher

Kunststoff in all seinen Formen ist aus unserer heutigen Welt nicht mehr wegzudenken. Wer den Facettenreichtum von Kunststoffkomponenten und Präzisionsteilen für seine Bedarfe zu schätzen weiß, kommt an der 1 A Autenrieth Kunststofftechnik GmbH & Co. KG nicht vorbei. Unter anderem durch ihre Spezialisierung auf professionellen 3-D-Druck können diese Experten komplexe Kunststoffteile für unzählige Anwendungsbereiche herstellen. Dank ihrer innovativen Prozesse entwickelt sich das Unternehmen zudem stetig weiter.

Der Spezialist für Spritzgießtechnik aus dem schwäbischen Heroldstatt fertigt mit rund 46 Beschäftigten praxisorientierte und nach ganz individuellen Kundenansprüchen ausgearbeitete Lösungen. Dabei kommt alles aus einer Hand – von der Produktentwicklung über die Herstellung bis zur Montagedienstleistung. Besonders viel Wert wird auf das Thema Nachhaltigkeit gelegt, und das ist mehr als nur eine Floskel: Mit der ISO 14001-Zertifizierung ist ein wichtiger Schritt hin zu einem Management vollzogen worden, bei dem umweltfreundliche Prozesse zentral sind.

Strategische Innovationsprozesse

Bei regelmäßigen Treffen des Top-Managements werden die aktuellen Innovationsprojekte koordiniert und die erforderlichen Strategien festgelegt. Dabei spielen verschiedene Fragestellungen eine Rolle: Passt die Innovation zur Unternehmensstrategie? Welche Ziele kann man durch die Neuerung erreichen? Welchen Mehrwert kann man damit generieren? Daneben dienen regelmäßig stattfindende Strategietage mit etwaiger externer Unterstützung dem Zweck, bei sehr komplexen oder weitreichenden Entscheidungen den Fokus auf innovative Veränderungen zu behalten und gegebenenfalls auszuweiten. Zentral ist dabei stets die Leidenschaft für Kunststoff und seine Möglichkeiten. Dazu erklärt der Geschäftsführer Steffen Autenrieth: „Im Bereich der Kunststoffinnovationen sind wir führend, weil wir das Material verstehen."

Kooperation mit Kunden als Innovationstreiber

Anstöße und Impulse zur Verbesserung seiner innovativen Produkte bekommt der Mittelständler häufig dank der Kooperationen mit Kunden, Start-ups und Hochschulen. Der Einsatz des Customer-Relationship-Managements gestaltet dabei systematisch die Prozesse hinsichtlich der Kundenbeziehung, wobei vor allem die exakte Ermittlung der Kundenbedürfnisse im Mittelpunkt steht. Und das zur Nutzenmaximierung beider Seiten. Autenrieth sagt dazu: „Nur, wenn wir Dinge mit Sachverstand und Weitsicht entwickeln und auf Herz und Nieren prüfen, entstehen Produkte, die die Erwartungen unserer Kunden übertreffen."

---

1 A Autenrieth Kunststoff-technik GmbH & Co. KG
72535 Heroldstatt
www.autenrieth-kunststofftechnik.de
Beschäftigte (D): bis 50
Chemie/Kunststoff

Geschäftsführer
Steffen Autenrieth

TOP 100

A·M·T Schmid GmbH & Co. KG

★★

Mit dem Wandel wachsen

„Nichts ist so beständig wie der Wandel“: Was schon der griechische Philosoph Heraklit, 535 – 475 v. Chr., sagte, ist auch das Motto der A·M·T Schmid GmbH & Co. KG. Die Begeisterung für Neues setzt der Mittelständler seit mehr als 40 Jahren kontinuierlich um. Rund 150 Beschäftigte entwickeln und produzieren in Sauldorf standardisierte branchenspezifische und kundenspezifische Antriebslösungen für batteriebetriebene Anwendungen. Seinen Erfolg verdankt der europaweite Marktführer nicht zuletzt einem innovationsfördernden Top-Management.

1980 gründete Egon Schmid einen kleinen Betrieb für Metallbearbeitung, der sich inzwischen zu einem weltweit erfolgreichen Unternehmen entwickelt hat. Das Produktportfolio umfasst Elektromotoren, Getriebe, Elektromagnetbremsen und „maßgeschneiderte“ Sonderantriebe. Eingesetzt werden sie etwa in Elektrorollstühlen, Elektromobilen oder auch Treppenliften. Der Fokus liegt dabei immer auf innovativen Antrieben, die Menschen mit Einschränkungen zu mehr Mobilität und damit mehr Lebensqualität verhelfen und die konsequent auf deren Bedürfnisse ausgerichtet sind.

Top-Management setzt Zeichen

Um die Entwicklung hochwertiger Produkte voranzutreiben, ist das Top-Management immer aktiv in den Innovationsprozess eingebunden. Im Rahmen diverser Führungsworkshops wurde für die Verbesserung der Innovationskultur zudem ein Aktionsplan ausgearbeitet, der 2023 Schritt für Schritt umgesetzt wird. Und mit dem neuen Geschäftsführer Enzo Viola wurde nach innen und außen ein deutliches Zeichen gesetzt, denn für ihn sind Innovationen das zentrale Thema: „Unsere Vision ist es, als europaweiter Marktführer mit unseren Antrieben die Lebensqualität von Generationen zu verbessern“, erklärt der Geschäftsführer. Über verschiedene Leitprojekte im Top-Management wird das Potenzial deshalb fokussiert und nachhaltig forciert. Die vorrangigen Ziele sind es, bei höchstmöglicher Transparenz eine Unternehmenskultur zu leben, die geprägt ist von einem innovativen Geist, und die Marktstellung stetig auszubauen.

Die Visionen stets im Blick

Um sämtliche Führungskräfte in die Prozesse zu integrieren, finden regelmäßige Meetings statt. Ein eigens eingerichteter Steuerungskreis kümmert sich um ein effizientes Prozess- und Ideenmanagement, das alle innovativen Vorschläge aufnimmt und je nach Erfolgsaussichten weiterentwickelt. Auch gibt es Transformationsprojekte, die vom Führungskreis geleitet werden. Für Enzo Viola ist es sehr wichtig, dass bei allen Prozessen auch die Kundenbedürfnisse im Mittelpunkt stehen: „In fünf Jahren werden wir als hochinnovatives dynamisches Unternehmen noch umfassendere Produkte für die Herausforderungen unserer Kunden bieten als heute.“

A·M·T Schmid GmbH & Co. KG
88605 Sauldorf
www.amt-schmid.com
Beschäftigte (D): 51 bis 200
Anlagen-/Maschinenbau

Geschäftsführer
Enzo Viola

Adam Riese GmbH

Versicherung neu gedacht

Ein Unfall passiert manchmal schneller, als man sich vorstellen kann, und vor Ungemach jeder Art ist niemand sicher. Gut, wenn man im Ernstfall auf den Versicherungsschutz der Adam Riese GmbH zurückgreifen kann, die ihre Produkte ganz auf die Bedürfnisse ihrer Kunden ausrichtet. Und das komplett digital, denn das junge Unternehmen ist die Digitalmarke der W&W-Gruppe. Innovativität ist hier Programm, wie die Innovationserfolge und das Wachstum des Mittelständlers belegen.

Adam Riese verkörpert seit 2017 quasi die Digitalisierung des gesamten Geschäftsmodells „Versicherungen" und wendet sich an private Kunden wie auch an Versicherungsmakler. Dabei handelt die junge, agile Firma in Stuttgart nach dem Motto: „Das, was zum Kunden passt, ist das, was für uns zählt", wie der Geschäftsführer Sven Tippelt ausführt. Das bedeutet konsequent nach Bedarf und Risiko kalkulierte Preise, verständliche Tarife, volldigitale Schadensabwicklung und eine klare, nachvollziehbare Sprache.

Digital auf Wachstumskurs

„Wir sehen uns als einen Vorreiter, der mit frischen Ideen und neuen, digitalen Ansätzen das bedarfsgerechte Versichern wesentlich vereinfachen möchte", sagt Sven Tippelt. Und der Erfolg gibt ihm recht: Der Umsatz wächst stetig, wie auch die Zahl der Kunden – mittlerweile sind es mehr als 350.000. Zu den sehr guten Zahlen trägt auch das konsequente Anwenden innovativer digitaler Prozesse bei, denn so können die Anforderungen von Kunden und Maklern exakt analysiert und erfüllt werden. Und innovativ ist auch das selbst entwickelte Bilderkennungstool für den Abschluss einer Hundehalter-Haftpflichtversicherung, mit dem sich die zu versichernde Hunderasse-Gruppe automatisiert erkennen, einstufen und bepreisen lässt. Mit dieser neuartigen Technologie ist Adam Riese der erste deutsche Assekuradeur, der eine KI-gestützte Risikoprüfung anbietet.

Lohnender Blick über den Tellerrand

Seit der Gründung hat der Versicherer den Kunden in den Mittelpunkt seines unternehmerischen Handelns gestellt, beispielsweise durch eine genaue Analyse der Kundenfeedbacks, die systematisch erfasst und in Optimierungsmaßnahmen überführt werden. Zudem screent eine eigene Abteilung den Markt, immer auf der Suche nach innovativen Verbesserungen. Und der Blick über den Tellerrand erbrachte unter anderem eine Kooperation mit dem Fraunhofer-Institut, um die Auswirkungen künstlicher Intelligenz auf die Organisation im Finanzsektor zu erforschen. Und warum eigentlich der Name Adam Riese? Na, weil hier Versicherungen angeboten werden, die digital und genau passend sind – so genau wie der Rechenmeister Adam Ries(e).

Adam Riese GmbH
70191 Stuttgart
www.adam-riese.de
Beschäftigte (D): 51 bis 200
Finanzdienstleistungen/
Versicherungen

Geschäftsführer
Sven Tippelt

TOP 100

AITAD GmbH

KI-Experten mit Innovationsgen

Das Thema „künstliche Intelligenz" ist in aller Munde und wird auch die kommenden Jahre boomen. An dieser Stelle kommt die AITAD GmbH ins Spiel: Ihr Fokus liegt auf der Entwicklung und der Fertigung intelligenter Sensorik, die eine vorausschauende Wartung und eine berührungslose Steuerung von Geräten ermöglicht. Zentral für die gute Marktpositionierung des Unternehmens sind nicht zuletzt seine Beschäftigten, die dank eines herausragenden Innovationsklimas einen ganz wesentlichen Beitrag zum Innovationserfolg leisten.

2018 in Offenburg gegründet, entwickelt AITAD seither KI-Systeme, vor allem in Verbindung mit maschinellem Lernen, für den Automotivebereich und die Industrie. Dabei liegt der Fokus auf der Entwicklung intelligenter Systemkomponenten zur Verschleißvorhersage und der berührungsfreien Steuerung durch Sprache und Gesten. Der Geschäftsführer und Gründer Viacheslav Gromov meint: „Wir nutzen unsere Innovationen intern, aber auch für unsere Kunden, die enorme Umbrüche ihrer Geschäftsmodelle mittels Embedded-KI anstreben. Das behalten wir auch bei, darauf sind wir stolz."

Embedded-KI boomt

Dezentrale intelligente Systeme in Maschinen und Geräten spielen für Firmen eine immer größere Rolle. AITAD arbeitet bei Entwicklungsprojekten mit großen Konzernen und mit Mittelständlern zusammen. Zudem nimmt man an globalen Forschungsprojekten teil und ist in Fachverbänden, aber auch als Berater der Bundesregierung tätig. Als Full-Stack-Anbieter übernimmt das Unternehmen den ganzen Prozess, von der Datenbewertung über die Entwicklung bis zur Lieferung der Systemkomponenten. Seine hohe Innovativität zeigt sich vor allem im Geschäftsmodell selbst, das in seiner Art einzigartig ist. So existieren bei Embedded-KI aktuell nur Insellösungen, die die Anforderungen des Mittelstands oft nicht erfüllen. AITAD hingegen liefert Gesamtlösungen, die sich in nahezu allen Branchen und Bereichen einsetzen lassen, ob nun für die Wartung oder für Prozessoptimierungen.

Kreatives Team begünstigt gute Ideen

Der bemerkenswerte Erfolg ist vor allem auch auf das fruchtbare Innovationsklima zurückzuführen. Dazu tragen ein gestaffeltes Lohnmodell sowie Maßnahmen zur Mitarbeiterbindung und für kreatives Engagement bei, aber auch regelmäßige Schulungen und kurze Entscheidungswege. Alle Mitarbeiter sind in den KVP-Prozess involviert, ergänzend besteht die Möglichkeit, kreative Vorschläge über ein internes Innovationsprogramm einzureichen. Gromov betont: „Innovation wird bei uns nicht erzwungen, sie ist der innere Kern von AITAD. Dafür bin ich allen Kollegen ausgesprochen dankbar. Mich selbst sehe ich hier vor allem als Türöffner für zukunftsträchtige Ideen."

AITAD GmbH
77652 Offenburg
https://aitad.de
Beschäftigte (D): bis 50
Elektronik/Elektrotechnik

Geschäftsführer
Viacheslav Gromov

an.kox GmbH

Ideenschmiede mit vielen Tüftlern

Manche Firmen verfügen über einen ganzen Bauchladen an Produkten – die an.kox GmbH hingegen hat eine klare Kernkompetenz: die Entwicklung und Produktion von Abdichtungsprodukten für den Baubereich. Dabei versteht sie sich als Manufaktur, die ein hochwertiges Angebot liefert. Vom Markt wird dies goutiert. So finden sich die Abdichtungen des schwäbischen Unternehmens in baden-württembergischen ICE-Tunneln ebenso wie in Bauwerken in Singapur und Sydney.

Besondere Stärken hat dieser Mittelständler in den TOP 100-Bewertungskategorien „Innovationsklima", „innovative Prozesse und Organisation" sowie „innovationsförderndes Top-Management". Andreas Kogel, der Firmengründer und Geschäftsführer, ist ein typischer schwäbischer Tüftler – und nach wie vor ein wichtiger Innovationstreiber im Haus. „Ich habe sehr früh gemerkt, dass es nicht reicht, gute Produkte zu verkaufen. Entscheidend ist es, ein System und eine Komplettleistung anzubieten, und genau das habe ich entwickelt", sagt Kogel. Konkret bedeutet dies: an.kox betreut und unterstützt die Verarbeiter vor Ort, überwacht die Prozesse und berät bei Konzeptionen, Planungen und Ausführungen.

Systematische Prozessoptimierung

Diese Mitwirkung vor Ort führt zu neuen Innovationsideen und zu einer automatischen Qualitätskontrolle durch die Praxis. Der Innovationsprozess insgesamt ist allerdings deutlich vielschichtiger: „Wir entwickeln Neues nicht nur dann, wenn es Probleme gibt, wir planen auch mittelfristig und arbeiten an Neuerungen, die in die Zukunft gerichtet sind. Das betrifft unsere Produkte, aber auch die Personaleinteilung und die Organisation, die Elektronik und das ERP-System", berichtet Andreas Kogel. Um all dies systematisch zu steuern und weiterzuentwickeln, hat er neue Stellen für Mitarbeiter geschaffen, deren Kernaufgabe es ist, die internen Prozesse stetig weiter zu optimieren und voranzutreiben.

Kreative Ideen finden Anerkennung

Das Unternehmen ist weltweit erfolgreich, beschäftigt aber nur rund ein Dutzend Mitarbeiter. Dank dieser Größe können die Ideengeber ihre Verbesserungsvorschläge direkt mit der Geschäftsleitung und der Technik besprechen – und wenn eine Idee zündet, kann sie rasch realisiert werden. „Es ist unsere Innovationskultur, die uns stetig nach vorn bringt. Das liegt auch daran, dass unsere Leute dafür belohnt werden und Anerkennung erhalten, wenn sie gute Ideen einbringen, die dazu beitragen, unsere Erfolgsgeschichte weiter fortzuschreiben", erklärt Kogel. Denn auch, wenn der Chef ein begeisterter Tüftler ist: Zwölf Köpfe haben mehr Ideen als nur einer allein.

an.kox GmbH
72108 Rottenburg a. N.
www.an-kox.de
Beschäftigte (D): bis 50
Baugewerbe/Handwerk

Geschäftsführer
Andreas Kogel

ANDREAS STIHL AG & Co. KG

Zukunftstechnologien für das Arbeiten in der Natur

Ein weltweit führendes Familienunternehmen auf Kurs in Richtung Zukunft: Die ANDREAS STIHL AG & Co. KG befindet sich im ständigen Wandel. So wächst der Anteil der Produkte mit Akkuantrieb, und auch in der Robotertechnik überzeugt das Unternehmen, vor allem auf dem Gebiet der Rasenpflege. Dahinter stecken ein stark aufgestelltes, internationales Team in der Entwicklung sowie intelligent organisierte Innovationsprozesse. Diese Prozesse sind von der Unternehmensstrategie inspiriert und an den Anforderungen der Praxis ausgerichtet.

Der Innovationsbereich, der innerhalb des Entwicklungsressorts eigenständig agiert und direkt vom Entwicklungsvorstand verantwortet wird, hat große Freiräume für ambitionierte Projekte. Er verfügt über mehrere Vorentwicklungsabteilungen, die für Innovationen in Kernbereichen, etwa Produkte, Antriebe, Systeme und Digitalisierung, zuständig sind. Zudem hat der Innovationsbereich direkte Schnittstellen zu allen Produktsparten und Kompetenzzentren. Diese Schnittstellen werden durch Innovationskoordinatoren gebildet, die als fachliche und überfachliche Tandems arbeiten.

Langfristige Strategie

Das Unternehmen gliedert sich in drei Geschäftsbereiche: Motorsägen und motorisierte Gartengeräte, Services und Dienstleistungen für die Forst- und Landwirtschaft sowie Hochdruckreiniger und Sauger. Es hat über 20.000 Beschäftigte in aller Welt, ist also international aufgestellt. Das Herz des internationalen Entwicklungsteams befindet sich im Entwicklungszentrum am Stammsitz in Waiblingen, in dem mehr als 800 Spezialisten tätig sind. Dass das Thema Innovation im Haus einen extrem hohen Stellenwert hat, hängt zuallererst an der Firmenstrategie, die dadurch geprägt ist, dass in einem Familienunternehmen stets langfristig gedacht wird. „Wir beschäftigen uns mit Zukunftstechnologien, weil wir unseren Kunden die richtigen Produkte anbieten wollen, um ihnen die Arbeit mit und in der Natur zu erleichtern", erzählt Anke Kleinschmit, die als Vorständin die Entwicklung bei STIHL leitet.

Nachhaltige Technologien und digitale Services

Viele Innovationsprozesse bei STIHL zielen darauf ab, die Arbeit in der Natur umweltfreundlicher und nachhaltiger zu gestalten: etwa indem Verbrenner-Produkte zukünftig mit E-Fuel betrieben werden können, weitere leistungsstarke Akku-Geräte entwickelt oder auch indem Apps programmiert werden, die Forstarbeitern die Holzernte erleichtern. Auch digitale Technologien und neue Serviceangebote spielen eine große Rolle. Viele der Entwickler fokussieren sich auf die Themen Softwareentwicklung, Big Data und künstliche Intelligenz. Denn immer in Richtung Zukunft ausgerichtet zu sein ist Kern der Unternehmensstrategie.

ANDREAS STIHL AG & Co. KG
71336 Waiblingen
www.stihl.de
Beschäftigte (D): über 200
Anlagen-/Maschinenbau

Die Vorstände

TOP 100

ANSMANN AG

Heute schon an übermorgen denken

Innovationsmanagement lässt sich nicht nebenher gestalten, denn die Themen für das Morgen und das Übermorgen dürfen nicht vom Tagesgeschäft überlagert werden. Genau deshalb hat die ANSMANN AG 2021 eine eigene Abteilung für Innovations-, Technologie- und Prozessmanagement geschaffen. Eine ihrer wichtigsten Aufgaben: die Bearbeitung und Steuerung von Forschungs- und Open-Innovation-Projekten, oftmals in Zusammenarbeit mit staatlich geförderten Forschungsinstituten.

Als Systemlieferant mit mehr als 30 Jahren Erfahrung in der Entwicklung von elektronischen Baugruppen und Stromversorgungen ist die ANSMANN AG bei vielen Industriekunden gefragt. Privatanwendern hingegen bietet sie leistungsstarke Akkulösungen für den Alltag. Der Mittelständler, der in der TOP 100-Bewertungskategorie „Außenorientierung/Open Innovation" Bestnoten erzielte, arbeitet schon heute an nachhaltigen Energie- und Speicherlösungen der Zukunft. Dabei setzt er in der Regel auf Partnerschaften, die ihm viel neues Know-how bringen. In wichtigen aktuellen Verbundforschungsprojekten befasst man sich derzeit mit dem Recycling und der Wiederverwertung von Akkus und Speichersystemen.

Recycling von Batteriesystemen

So ist das Unternehmen einer von fünf Partnern und zudem Projektkoordinator in einem Konsortium zum Thema „Variantenflexible und automatisierte Trennung von Verbindungen im Demontageprozess von Batteriesystemen". Dabei geht es darum, den Recyclingprozess für Akkupacks zu standardisieren und zu automatisieren. Das betrifft ANSMANN unmittelbar, denn um Akkupacks zuverlässig maschinell recyceln zu können, müssen sie künftig auch anders gebaut werden. Gemeinsam mit dem Karlsruher Institut für Technologie entwickelt man derzeit auch neuartige hybride Energiesysteme für fahrerlose Transportsysteme. Die Idee: Durch die Kombination von Lithium-Ionen-Akkus mit Superkondensatoren könnten Flurförderfahrzeuge, zum Beispiel Gabelstapler, in Zukunft deutlich leichter werden.

Kooperationen mit Start-ups

Die ANSMANN AG kooperiert aber nicht nur im Rahmen von Forschungsinitiativen, sondern beobachtet auch ständig, welche Start-ups mit welchen neuen Ideen auf den Markt drängen und wo sich Kooperationspotenziale ergeben. „Wir sind von dem Glauben abgekommen, dass wir alles selbst entwickeln müssen. Wir scannen daher, wo es gute Produkte und neue Entwicklungen gibt, an denen wir uns beteiligen können", erklärt der Innovationsmanager Patrick Megerle. Für ihn und seine Kollegen ist klar: Die Welt von übermorgen gestaltet nicht einer für sich allein, sondern alle gemeinsam.

ANSMANN AG
97959 Assamstadt
www.ansmann.de
Beschäftigte (D): über 200
Elektronik/Elektrotechnik

Vorstände
Markus Fürst und
Thilo Hack

1991 gegründet, gehört die ANSMANN AG mit ihren Geschäftsbereichen „Consumer“ und „Industrial“ heute zu den international führenden Unternehmen für Batterie-, Akku-, Lade- und Antriebstechnik sowie für Lichttechnologie.

Anton Debatin GmbH

★★

Dinge einfach mal anders machen

„Der Hundertjährige, der aus dem Fenster stieg und verschwand" lautet der Titel eines Bestsellers des schwedischen Autors Jonas Jonasson. „Die Hundertjährige, die agil wurde und sich neu erfand" könnte der Titel eines Porträts der Anton Debatin GmbH lauten. Das Unternehmen, das 2023 sein hundertjähriges Jubiläum feiert, überzeugt in den TOP 100-Bewertungskategorien „innovative Prozesse und Organisation", „Innovationsklima" und „innovationsförderndes Top-Management".

Sich auf den erreichten Lorbeeren auszuruhen kommt für den Spezialisten für Logistik- und Folienverpackungen nicht infrage. „Ob Ideenschmiede oder Forschung und Entwicklung – wir sind beständig auf der Suche nach der Verbesserung, nach dem Neuen und nach der Weiterentwicklung", betont der Geschäftsführer Thomas Rose. Organisiert wird diese Suche im Rahmen eines agilen und offenen Innovations- und Ideenprozesses. Eine wichtige Herausforderung dabei: die Verknüpfung von Ökologie und Sicherheit. „Das Material wird immer dünner und umweltfreundlicher – Qualität und Sicherheit bleiben", erklärt Rose.

Vertrauen schafft Wertschöpfung

Die Mitarbeiter sind am strukturierten Innovationsprozess ebenso beteiligt wie an der Weiterentwicklung des Unternehmens. So wurden die Firmenwerte von mehr als 20 Mitarbeitern gemeinsam erarbeitet und zu Visionen, Missionen und einem gemeinsamen Leitbild weiterentwickelt. Im Unternehmen entstand eine Führungskultur, die auf Vertrauen basiert. Thomas Rose ist überzeugt: „Man muss Aufgaben geben und Ziele setzen, aber nicht klein-klein vorgeben, wie Sachen zu erledigen sind. Menschen sind intelligent, und sie sind mit Leidenschaft bei der Sache, wenn man sie nur lässt." Sein Fazit: Vertrauen ist ein Faktor, der zu Wertschöpfung führt.

Alte Gewohnheiten aufbrechen

In einem solchen Klima werden selbst die Auszubildenden zu Ideengebern. Im Rahmen einer Azubiwerkstatt entwickeln sie immer wieder frische Produktideen, die den Mittelständler weiterbringen. „Unsere jungen Kollegen denken vollkommen anders als wir 40-, 50- und 60-Jährigen. „Alten Gewohnheiten nicht einfach blind zu folgen, sondern Dinge auch mal anders zu machen halte ich deshalb ebenfalls für innovativ", betont der Geschäftsführer. Und sogar die Coronakrise führte bei dem Unternehmen in Bruchsal zu Innovationen: etwa indem die Vertriebsmannschaft selbstständig lernte, neue Produkte per Webcast zu präsentieren. Dinge neu zu denken, neue Skills und Gewohnheiten zu entwickeln – eine solche Mentalität hält gestandene Hundertjährige wie die Anton Debatin GmbH innovativ, frisch und agil.

Anton Debatin GmbH
76646 Bruchsal
www.debatin.de
Beschäftigte (D): über 200
Druck/Papier/Verpackung

Geschäftsführer
Thomas Rose

apollon GmbH+Co. KG

Hier ist jeder ein Ideengeber

Wer Software herstellt, darf nie stehen bleiben und muss ständig besser werden. Schon allein deshalb sind bei der apollon GmbH+Co. KG alle Weichen auf Innovation gestellt. Das zeigt sich im Arbeitsalltag und auf dem jährlich stattfindenden Innovation-Day, an dem das Unternehmen seinen Innovationsplan vorstellt und mit Kunden und Partnern diskutiert. Kein Wunder, dass der Mittelständler in den Bewertungskategorien „Innovationsklima", „Außenorientierung/Open Innovation" sowie „innovative Prozesse und Organisation" gute Noten erzielt.

Anstatt sich zu verzetteln, hat das Unternehmen einen klaren Fokus: Software für Marketingautomatisierung und Produktdatenkommunikation. Hier ist apollon führend – vor allem, was die Zahl der integrierten Funktionen und Features betrifft. Das liegt in erster Linie an den engagierten Mitarbeitern, die allesamt auf Innovationskurs sind. „Oft sind es Kollegen aus den Projektteams, die eng mit den Kunden zusammenarbeiten, die neuen Input an die Produktentwicklung weitergeben. Im Grunde genommen ist bei uns jeder Mitarbeiter ein Ideengeber, der Anregungen, neue Ideen und Optimierungsvorschläge einbringt", erklärt der Geschäftsführer Norbert Weckerle.

Austausch mit Kunden

Viele Ideen entstehen im Austausch mit den Kunden, sei es im Rahmen von Implementationsprojekten, bei Kundenworkshops oder auf den Innovation-Days. Die Innovationstage sind gedacht für Bestandskunden, potenzielle Neukunden, für Interessenten, Partner und Freunde des Hauses. An diesen Tagen stellen die Verantwortlichen ihre Roadmap für die kommenden Jahre nicht nur vor, sie stellen sie auch zur kritischen Diskussion. „Wir freuen uns über Lob, aber auch über Fragen und Kritik. Denn unsere Innovationen sind ja kein Selbstzweck, wir generieren sie für unsere Kunden", betont der Geschäftsführer Tobias Marks.

Vom Trendscout zum Backlog

Um die Nase vorn zu haben, arbeitet das Unternehmen mit sogenannten Trendscouts: Sie suchen nach Services, die sinnvoll in das Hauptprodukt integriert werden können. Anschließend wird ihre Relevanz geprüft und dann im Produkt-Board entschieden und bewertet, was auf den Projektplan kommt und mit welcher Priorität. Damit Ideen, deren Zeit noch nicht gekommen ist, nicht gleich verworfen werden, gibt es außerdem ein Backlog. So wird sichergestellt, dass zunächst zurückgestellte Ideen gegebenenfalls neu aufgegriffen werden können. Innovativ zu sein ist für das Unternehmen, das sich dem Motto „Feel the Innovation" verschrieben hat, schließlich kein Sprint, sondern ein Marathon.

apollon GmbH+Co. KG
75172 Pforzheim
www.apollon.de
Beschäftigte (D): 51 bis 200
IT-Entwicklung/-Beratung

Geschäftsführer
Tobias Marks und
Norbert Weckerle

TOP 100

arvenio marketing GmbH

★★★

Erfolgsfaktor Mensch

Wie testet man neue Ideen auf Herz und Nieren? Indem man die richtigen Fragen stellt. Bei der arvenio marketing GmbH beleuchtet man bei neuen Ideen grundsätzlich folgende Fragen: Was ist der Nutzen? Was ist das Ziel? Wie hoch sind der Aufwand und die Kosten? Wer einen neuen Einfall hat, sollte diese Fragen immer beantworten können – und die Idee einem Kollegen pitchen. Damit überzeugt der Rottweiler Mittelständler in den TOP 100-Bewertungskategorien „Innovationsklima", „innovative Prozesse und Organisation" und „Innovationserfolg".

Der Mittelständler ist auf den Bereich Performanceoptimierung im B2B-Sektor spezialisiert und optimiert den Onlineauftritt seiner Kunden. Dafür entwickelt er auch eigene Tools. In vielen Kundenprojekten werden außerdem „Kreativsprints für Innovationen" durchgeführt — ein Kreativitätsbooster, den der Mittelständler auch intern regelmäßig nutzt. Dabei bekommen jeweils vier bis sechs Mitarbeiter eine Stunde Zeit, eine Lösung für ein vorgegebenes Problem zu entwickeln. „Das ist mehr als nur reines Brainstorming, denn man muss auch einen Vorschlag dazu präsentieren, wie man die Lösung am Ende realisieren will", sagt der Geschäftsführer Stefan Walliser.

Intelligentes Wissensmanagement

Die eigene Idee erst seinen Kollegen schmackhaft zu machen, um danach im Rahmen eines Kreativsprints einen Blumenstrauß an neuen Lösungen zu entwickeln: Das sind zwei Vorgehensweisen, die das positive Innovationsklima verdeutlichen. Dem Rottweiler Mittelständler ist es außerdem gelungen, das gesamte interne Know-how intelligent zu speichern und online verfügbar zu machen. So können die Mitarbeiter per Knopfdruck auf Applikationen zurückgreifen, die schon in anderen Kundenprojekten entwickelt wurden. Und sie können sich per Onlineschulung über alle Prozesse informieren, was die Einarbeitungszeit neuer Mitarbeiter um 80 % reduziert hat.

Umfassende Weiterbildungsmöglichkeiten

Bei der Neuorganisation des internen Wissensmanagements setzt die arvenio marketing GmbH vorrangig auf die Software des Herstellers Atlassian, vor allem auf die Programme „Confluence" und „Jira". Bei aller Affinität zu modernster Technik ist für den Geschäftsführer Stefan Walliser aber eines klar: Erfolg wird von Menschen gemacht. Deshalb bietet er seinen Mitarbeitern optimale und flexible Arbeitsbedingungen und umfassende Möglichkeiten zur Weiterbildung. Kompetenz und Verantwortung, gepaart mit Begeisterung und Wertschätzung, sind Kernwerte des Unternehmens. Sie prägen den Umgang mit den Mitarbeitern und den Kunden – und sind damit gewissermaßen der Humus, auf dem Innovationen gedeihen.

arvenio marketing GmbH
78628 Rottweil
www.marketing.arvenio.de
Beschäftigte (D): bis 50
Internet/Multimedia/E-Commerce

Geschäftsführer
Stefan Walliser,
Patricia Deuring und
Dominik Wubs

Augenzentrum Eckert

★★★★★★★

Engagement zum Wohle des Patienten

„Besser werden" – das ist im Augenzentrum Eckert keine leere Worthülse, sondern gelebter Alltag. Jeder Standort des Mittelständlers hat einen Paten, der von außen einen Blick auf die internen Abläufe wirft. Und auch die Patienten werden regelmäßig nach ihrer Meinung befragt. Der Chef der Unternehmensgruppe, Dr. Christoph Eckert, besucht zudem alle Standorte regelmäßig persönlich und nimmt dort Anregungen und Vorschläge auf. Überzeugende Ideen werden nicht nur an einem, sondern an allen Standorten zügig realisiert.

Mit starker Performance in den TOP 100-Bewertungskategorien „Innovationsklima", „Außenorientierung/Open Innovation" und „Innovationserfolg" glänzt das Augenzentrum Eckert gleich dreifach. Und das ist kein Zufall, denn das positive Innovationsklima des Mittelständlers ist geprägt von flachen Hierarchien und von einer permanenten Ansprechbarkeit der Unternehmensspitze, die den Praxismitarbeitern zudem umfassende und regelmäßige Weiterbildungen ermöglicht. Dazu gehören Schulungen für Einsteiger, Experten und Fortgeschrittene sowie monatliche Videofortbildungen für Ärzte. Neue Kollegen werden ein Jahr lang besonders intensiv geschult und erhalten zweimal pro Woche ein eigenes Onlinetraining.

Schonende und sichere Operationsmethoden

Die Innovationserfolge der Praxisgruppe betreffen vor allem die internen Prozesse und Abläufe. Das können kleine Verbesserungen sein wie die optimale Organisation des Shuttle-Services für Patienten, dessen Termin- und Routenplanung genau auf den jeweiligen Wohnort des Patienten und die Art der Operation abgestimmt ist. Es können aber auch neue Geräte und Operationstechniken sein, etwa ein neuartiger Nanolaser zur Behandlung des Grauen Stars. „Der Einsatz dieses Lasers, der in allen unseren OP-Zentren zur Verfügung steht, ist für unsere Patienten derzeit die schonendste und sicherste Methode", erläutert der Geschäftsführer Dr. Christoph Eckert.

Patientenpaten und Augensymposien

Das Unternehmen legt viel Wert auf die Zufriedenheit seiner Patienten. Ermittelt wird sie durch regelmäßige Patientenbefragungen, und auch Onlinebewertungen werden stets beobachtet und beantwortet. Bei Sorgen oder Zweifeln vor einer Behandlung kann auf Wunsch ein Patientenpate vermittelt werden, der über seine Erfahrungen berichtet. Eine echte Inspirationsquelle ist das jährlich stattfindende Augensymposium des Mittelständlers. Daran nehmen viele externe Augenärzte teil, die sich im Rahmen einer Fortbildungsveranstaltung über Neuerungen und innovative Methoden informieren wollen. Auch dieser Austausch hilft der Praxisgruppe dabei, ständig besser zu werden und damit den Alltag der Patienten auf positive Weise zu beeinflussen.

Augenzentrum Eckert
71083 Herrenberg
www.augenzentrum-eckert.de
Beschäftigte (D): über 200
Gesundheitswesen

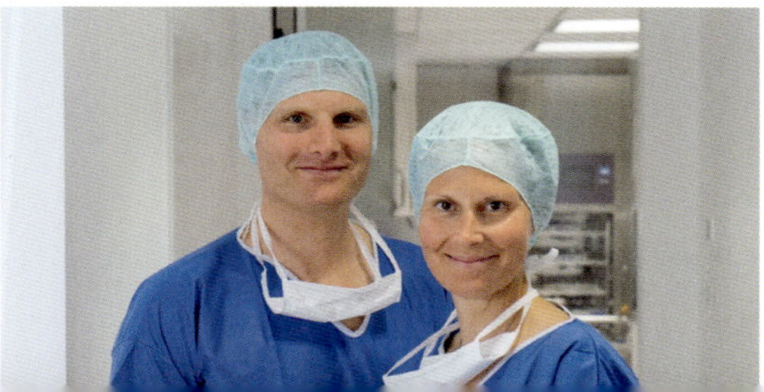

Geschäftsführer
Dr. Christoph Eckert und
Dr. Sophie Eckert

Bauflaschnerei Winter GmbH

★★

Die Dinge mitentscheiden

Innovation entsteht nicht im stillen Kämmerlein, sondern im gemeinsamen Austausch. Davon ist man bei der Bauflaschnerei Winter GmbH in Essingen in Baden-Württemberg überzeugt. Aus diesem Grund schafft der Mittelständler, der in den TOP 100-Bewertungskategorien „Innovationsklima“ und „innovationsförderndes Top-Management“ Bestnoten erreicht hat, etliche Gelegenheiten zum informellen Austausch. Das innovationsfördernde Top-Management lebt seinen Mitarbeitern die Haltung vor, stets offen für neue Ideen zu sein.

Seit vielen Jahren betreibt der Mittelständler mit Erfolg die kundenfreundlichen Onlineshops www.bleche-nach-mass.de und www.magnetwand-shop.de. Beide Shops ermöglichen den Kunden einfache, überschaubare und schnelle Bestellvorgänge. Dank eines intuitiven Konfigurationsprogramms kann individuell geordert werden, etwa verschiedenste Blecharten, -farben, -formen und -materialstärken. Den baden-württembergischen Familienbetrieb zeichnen flache Hierarchien, kurze Wege und ein Führungskreis aus, der den Mitarbeitern die Offenheit für Innovation vorlebt. „Wenn sich unser Führungsteam regelmäßig zum Brainstorming trifft, erleben die Mitarbeiter uns als sehr kreativ, und das ermutigt sie, auch selbst Ideen zu spinnen. Denn sie merken, dass wir nicht mit geschlossenem Visier durch die Welt gehen, sondern neue Entwicklungen und Anregungen gern aufgreifen“, erzählt der Geschäftsführer Wolfgang Winter.

Mitarbeiter als Mitentscheider

Eine zufriedene und begeisterte Belegschaft zu haben ist im Unternehmen kein Werbespruch, sondern ein explizites Ziel, das sich das Top-Management gesetzt hat. Der Schlüssel dazu sind Freiraum und die Freiheit, Dinge mitentscheiden zu dürfen. Wenn etwa eine neue Blechbearbeitungsmaschine angeschafft wird, sucht nicht der Chef das Modell aus, sondern die Mitarbeiter, die täglich damit arbeiten werden. Und über die Gestaltung der Firmenkleidung entscheidet nicht die Marketingleitung im stillen Kämmerlein, sondern auch die Angestellten, die durch ihre Anregungen zum Beispiel den Wechsel vom klassischen Pullover zum legeren Hoodie möglich gemacht haben.

Erfolge gemeinsam feiern

Gemeinsame Erfolge werden immer auch gemeinsam gefeiert – sei es das Erreichen des Quartalsziels oder der Erhalt der TOP 100-Auszeichnung. „Oft sind es Events wie ein Grillfest oder ein Ausflug auf die Kartbahn, die sich außerhalb des Firmengeländes abspielen. Hier findet ein Austausch statt, der oft sehr inspirierend ist und den Teamgedanken stärkt“, berichtet der zweite Geschäftsführer Wolfgang Winter Senior. Denn wenn der vertraute Rahmen verlassen wird, denkt man leichter „out of the box“. Und genau das führt zu neuen Ideen und im besten Fall zu Innovationen.

Bauflaschnerei Winter GmbH
73457 Essingen
www.bleche-nach-mass.de
Beschäftigte (D): bis 50
Baugewerbe/Handwerk

Geschäftsführende Gesellschafter
Wolfgang Winter Senior,
Wolfgang Winter Junior

bbg bitbase group GmbH

★★★

Transparenz als Motivationsschub

„Digital, innovativ, voller Leidenschaft“ lautet der Slogan der bbg bitbase group GmbH. Das Unternehmen, das in der TOP 100-Bewertungskategorie „Innovationsklima“ herausragend abgeschnitten hat, ist hochinnovativ, wenn es um die Entwicklung von Unternehmenssoftware und um Prozessgestaltung geht. Ein neu eingeführter interner Projektmanagementprozess stellt sicher, dass Innovationsprojekte systematisch weiterverfolgt werden und die gesamte Belegschaft dabei eingebunden wird.

Wie schafft man es, dass sich Mitarbeiter begeistert und zielgerichtet an Innovationsprojekten beteiligen? Indem den Projekten deutlich und sichtbar ein hoher Stellenwert eingeräumt wird. Denn verfolgt man neue Ideen nur nebenbei, werden sie im Arbeitsalltag oft nur halbherzig realisiert. Geht man sie dagegen systematisch und priorisiert an, steigt das Commitment. Seit die bbg bitbase group vor rund zwei Jahren ein Project Management Office eingeführt hat, das explizit auch Multiprojektmanagement ermöglicht, hat sich das Innovationsklima im Unternehmen deutlich verbessert – und die Mitarbeiter können nun ganz genau nachvollziehen, wohin die Reise geht.

Motivierte Mitdenker

Das Erfolgsgeheimnis hierbei ist größtmögliche Transparenz: In regelmäßigen „Town Halls“, die meist per Videokonferenz abgehalten werden, erfahren sämtliche Mitarbeiter direkt von der Geschäftsleitung, welche Projekte anstehen und welche Technologien und Prozesse weiterentwickelt werden. Auf diese Weise sind die Kollegen aus anderen Abteilungen über die neuen Ideen informiert und können sich ebenfalls damit auseinandersetzen. Im besten Falle haben sie Anregungen dazu oder nutzen die Ideen als Anstoß für eigene Innovationsprojekte. Da diese inzwischen mit dem gleichen positiven Elan vorangetrieben werden wie Kundenprojekte, steigt deren Erfolgswahrscheinlichkeit. Und das erhöht wiederum die Motivation bei allen Mitarbeitern, immer wieder ihre Ideen aktiv einzubringen.

Transparenz in Echtzeit

In regelmäßigen Besprechungen, beispielsweise längeren „Weeklys“ und kurzen „Dailys“, hält sich die Belegschaft gegenseitig auf dem Laufenden. Für Transparenz sorgt auch das System „bbg+“, ein Bonus- und Bewertungssystem, das individuelle Komponenten mit den Produktivitätskennzahlen des Einzelnen und der Einheit verknüpft. Diese Zahlen werden dann in Echtzeit ausgespielt, sodass alle Mitarbeiter ihre Erfolge jederzeit digital einsehen können. Das spornt dazu an, jeden Tag noch besser zu werden. „Digital, innovativ und voller Leidenschaft“ – für diesen Mittelständler ist das ein tagtäglich gelebtes Leitmotto.

bbg bitbase group GmbH
72766 Reutlingen
www.bitbasegroup.com
Beschäftigte (D): bis 50
IT-Entwicklung/-Beratung

Geschäftsführer
Volker Baisch und
José Enrique Gómez Asbeck

Die Bernd Meffle GmbH ist ein Systempartner, wenn es um komplexe Kunststoffprodukte geht. Sie wirkt schon bei der Produktentwicklung mit und bietet alles aus einer Hand – von der Spritzgießform bis zur veredelten Baugruppe.

Bernd Meffle Kunststoffverarbeitung GmbH

★★★★★

Kunststoff als Dreh- und Angelpunkt

Um am Standort Deutschland im weltweiten Wettbewerb bestehen zu können, sind Innovationen gefragt. Das betrifft die Produkte und die Prozesse gleichermaßen. Die Bernd Meffle Kunststoffverarbeitung GmbH im baden-württembergischen Westerheim hat ihre Produktionsprozesse in den vergangenen Jahren vollautomatisch gestaltet und durch den Einsatz kollaborativer Roboter flexibler und anpassungsfähiger gemacht. Ein Innovationserfolg, der vor allem dem weitsichtigen und innovationsfördernden Top-Management zu verdanken ist.

Der beachtliche Produktivitätsgewinn der letzten Jahre entstand vor allem durch Verbesserungen im IT-Bereich. Mittlerweile sind alle Maschinen miteinander vernetzt, die Prozesseffizienz und die Stillstandszeiten der Maschinen sowie wichtige Produktionsparameter werden kontinuierlich überwacht. Eine zusätzliche Effizienzsteigerung ergibt sich daraus, dass für ganz bestimmte Fertigungsprozesse jetzt kollaborative Knickarmroboter eingesetzt werden, die mit den Menschen sozusagen Schulter an Schulter arbeiten. „Dadurch sind wir deutlich flexibler, denn die Roboter lassen sich leichter an Prozessveränderungen anpassen als fest installierte Fertigungszellen", berichtet der Geschäftsführer Dr. Thomas Meffle.

Zwei Köpfe, zwei Blickwinkel

Der Techniker leitet das Familienunternehmen zusammen mit seinem Bruder Andy Meffle, der für Finanzen und Controlling zuständig ist. Die beiden Geschäftsführer haben unterschiedliche Wirkungsfelder und Kompetenzen. Das hat den Vorteil, dass Innovationsprojekte aus mehreren Blickwinkeln betrachtet werden. „Dadurch gewinnt man verschiedene Sichtweisen und agiert nicht einseitig. Ein Techniker ist zum Teil in der Technik ‚gefangen', ein Controller hat ganz andere Sichtweisen, daraus können sich wertvolle Impulse für Innovationen ergeben", fügt der zweite Geschäftsführer Andy Meffle hinzu.

Vorreiter in Sachen Nachhaltigkeit

Das Unternehmen in Westerheim fertigt keine Einwegkunststoffe, sondern funktionsintegrierte Kunststoffprodukte mit langer Lebensdauer, vor allem für Industriewaren und die Haushalts- und Reinigungstechnik, aber auch für die Automobilwirtschaft. Innovativ ist der Mittelständler bei der Entwicklung neuer Materialien, zum Beispiel von Kunststoffen mit bestimmten Funktionen. Aber auch auf dem Gebiet der Nachhaltigkeit ist er aktiv. So nutzt man eine Photovoltaikanlage und setzt auf Wärmerückgewinnung. Darüber hinaus arbeitet das Unternehmen intensiv an Verfahren und Neuprodukten, die den verstärkten Einsatz von Recyclingmaterialien ermöglichen.

Bernd Meffle Kunststoffverarbeitung GmbH
72589 Westerheim
www.meffle.de
Beschäftigte (D): 51 bis 200
Chemie/Kunststoff

Geschäftsführer
Dr. Thomas Meffle
und Andy Meffle

BETEK produziert hartmetallbestückte Verschleißwerkzeuge, Werkzeugsysteme und Verschleißschutzlösungen – unter anderem für den Straßenbau, den Spezialtiefbau, die Agrartechnik, die Mineraliengewinnung und die Recyclingindustrie.

TOP 100

BETEK GmbH & Co. KG

★★★★★

Zusammenarbeit beflügelt

Immer dann, wenn Metall extrem viel aushalten muss, kommen besonders verschleißarme Hartmetallwerkzeuge zum Einsatz. Das kann beim Tunnelbau ebenso sein wie bei Agrarmaschinen, die den Boden bearbeiten. Die BETEK GmbH & Co. KG in Aichhalden in Baden-Württemberg ist Weltmarktführerin bei hartmetallbestückten Verschleißwerkzeugen. Doch sie ruht sich auf ihrem Erfolg nicht aus, sondern hat ihre Innovationsprozesse in den vergangenen Jahren optimiert und arbeitet zusammen mit Partnern kontinuierlich an neuen Materialien.

Besonders stark hat die BETEK in den TOP 100-Bewertungskategorien „innovative Prozesse und Organisation“ und „Außenorientierung/Open Innovation“ abgeschnitten. Der Mittelständler hat sich von einem eher starren Stage-Gate-Prozess verabschiedet und setzt nun auf eine agile, projektgetriebene Realisierung. „Im linearen Prozess gab es bislang sehr lange Entscheidungswege, jetzt sind wir deutlich schneller“ sagt der Geschäftsführer Tobias Hilgert. Wurden Innovationsprozesse früher zum Teil vom Tagesgeschäft überlagert, sind sie nun fest verankert. „Extra dafür haben wir Projektleiter eingestellt, die sich schwerpunktmäßig um unsere Entwicklungsvorhaben kümmern und die sich losgelöst vom Tagesgeschäft darauf konzentrieren können“.

Prototypentest im eigenen Technologielabor

Dies ist nicht die einzige Maßnahme, mit der das Unternehmen die Innovationsprozesse gezielt beschleunigen konnte. Denn die BETEK hat ein eigenes Technologielabor eingerichtet, in dem Prototypen entwickelt und erprobt werden können. „Früher haben wir die Prototypen vor allem auf Baustellen getestet. Das war sehr aufwendig, weil man jedes Mal hin- und wieder zurückfahren musste. Jetzt sind wir in der Lage, Neuentwicklungen direkt bei uns im Haus auf Herz und Nieren zu prüfen. So können wir verschiedene Varianten durchprobieren und gehen am Ende nur noch mit den vielversprechendsten auf die Baustelle“, sagt der Geschäftsführer Marc Siemer.

Beflügelt durch Kooperation

Ein echter Quantensprung war die Entwicklung eines nunmehr marktreifen Materials, das eine 30 % höhere Lebensdauer hat. Drei Jahre hat man daran getüftelt. Dabei hat der Mittelständler mit sechs Universitäten und Forschungsinstituten zusammengearbeitet und immer wieder Zielkunden miteinbezogen. Eine Kooperation, die sich gelohnt hat, denn inzwischen wurde dieses verschleißarme Material, das die Stillstandszeiten von Baumaschinen deutlich verringert, bereits auf Messen vorgestellt. Ein Erfolg, davon sind die beiden Geschäftsführer überzeugt, der ohne den neuen und agilen Entwicklungsprozess nicht in diesem Tempo erreicht worden wäre.

BETEK GmbH & Co. KG
78733 Aichhalden
www.betek.de
Beschäftigte (D): über 200
Metallverarbeitung

Geschäftsführer
Tobias Hilgert
und Marc Siemer

TOP 100	TOP 100	TOP 100	TOP 100	TOP 100	TOP 100	TOP 100	TOP 100	TOP 100	TOP 100
TOP 100	TOP 100	TOP 100	TOP 100	TOP 100	TOP 100	TOP 100	TOP 100	TOP 100	TOP 100
TOP 100	TOP 100	TOP 100	TOP 100	TOP 100	TOP 100	TOP 100	TOP 100	TOP 100	TOP 100
TOP 100	TOP 100	TOP 100	TOP 100	TOP 100	TOP 100	TOP 100	TOP 100	TOP 100	TOP 100
TOP 100	TOP 100	TOP 100	TOP 100	TOP 100	TOP 100	TOP 100	TOP 100	TOP 100	TOP 100
TOP 100	TOP 100	TOP 100	TOP 100	TOP 100	TOP 100	TOP 100	TOP 100	TOP 100	TOP 100
TOP 100	TOP 100	TOP 100	TOP 100	TOP 100	TOP 100	TOP 100	TOP 100	TOP 100	TOP 100
TOP 100	TOP 100	TOP 100	TOP 100	TOP 100	TOP 100	TOP 100	TOP 100	TOP 100	TOP 100
TOP 100	TOP 100	TOP 100	TOP 100	TOP 100	TOP 100	TOP 100	TOP 100	TOP 100	TOP 100
TOP 100	TOP 100	TOP 100	TOP 100	TOP 100	TOP 100	TOP 100	TOP 100	TOP 100	TOP 100
TOP 100	TOP 100	TOP 100	TOP 100	TOP 100	TOP 100	TOP 100	TOP 100	TOP 100	TOP 100
TOP 100	TOP 100	TOP 100	TOP 100	TOP 100	TOP 100	TOP 100	TOP 100	TOP 100	TOP 100
TOP 100	TOP 100	TOP 100	TOP 100	TOP 100	TOP 100	TOP 100	TOP 100	TOP 100	TOP 100
TOP 100	TOP 100	TOP 100	TOP 100	TOP 100	TOP 100	TOP 100	TOP 100	TOP 100	TOP 100

TOP 100

C. Jentner GmbH

Die Digital-Galvanik

Eine Lohngalvanik, die allein für die Steuerung der IT-Entwicklung stolze sieben Mitarbeiter beschäftigt, muss man erst einmal finden. In Pforzheim ist dies die C. Jentner GmbH. Sie steuert und überwacht ihre Produktionsabläufe mit einer selbst entwickelten Software und einem innovativen Sensorsystem. Dem Geschäftsführer Chris Jentner ist Digitalisierung ein Herzensanliegen. Vor allem deshalb schneidet sein Unternehmen in den TOP 100-Bewertungskategorien „innovative Prozesse und Organisation" und „innovationsförderndes Top-Management" bestens ab.

Digitalisierung im Büro ist Standard im Mittelstand, doch die C. Jentner GmbH geht einen Schritt weiter: Sie legt den Schwerpunkt auf die Digitalisierung der Produktion. Dadurch lassen sich die Abläufe optimieren, bessere Arbeitsbedingungen für die Mitarbeiter schaffen – und die Kundenanforderungen der Zukunft besser erfüllen. „Wenn wir alle Daten digital erfassen, können wir dem Kunden künftig auch sagen, wie groß der CO_2-Fußabdruck seines Produkts ist und wie viel CO_2 wir einsparen, wenn wir CO_2-neutral erzeugten Strom nutzen", erklärt Chris Jentner.

Schlagkräftiges Technologieteam

Die Vision des Geschäftsführers ist es, sein Unternehmen so modern wie möglich aufzustellen: digitale Produktionsakte, digitale Laufzettel, digitaler Zwilling – das sind Stichworte, die im Haus häufig fallen. Um seine Vision Wirklichkeit werden zu lassen, hat Chris Jentner eine schlagkräftige IT-Abteilung aufgebaut, das „Team Technology", das derzeit aus sieben Mitarbeitern besteht und von Programmierern in aller Welt unterstützt wird. Dieses Team hat die Software „IPS 6.0 Intelligent Plating Surveillance" entwickelt, die den gesamten Beschichtungsprozess steuert, überwacht und kontrolliert. „Damit ist es uns gelungen, fehleranfällige und manuelle Prozesse zu minimieren, die Materialeffizienz zu steigern und die Vor- und Nachkalkulation zu präzisieren", berichtet Jentner.

Datenauswertung mittels künstlicher Intelligenz

Bei der Auswertung der Datensätze, derzeit mehr als eine Milliarde pro Jahr, setzt das Unternehmen auf Mustererkennung und künstliche Intelligenz. So können Qualitätsprobleme erkannt und mögliche Fehlerquellen lokalisiert und dann auch beseitigt werden. Um die Datenqualität von 85 % auf 100 % zu steigern, verwendet man seit Anfang 2022 statt RFID ein Ultrabreitbrand-Sensorsystem, abgekürzt UWB, das Werkstückträger und Bauteile in Echtzeit lokalisiert. Ein Schritt, der bezeichnend ist für die Einstellung von Chris Jentner: Mit halben Sachen gibt er sich nicht zufrieden. Liegt die Datenqualität hingegen bei 100 %, dann leuchten seine Augen.

C. Jentner GmbH
75179 Pforzheim
www.jentner.de
Beschäftigte (D): bis 50
Metallverarbeitung

Geschäftsführer
Chris Jentner

Seit mehr als 65 Jahren entwickelt und produziert die Carl Hirschmann GmbH hochpräzise Produkte rund um die Gleitlager- und die Spanntechnik

Carl Hirschmann GmbH

★★

Hier werden Maßstäbe gesetzt

„Man muss das Rad nicht immer neu erfinden, oft genügt es, ein Rädchen neu anzupassen" – so lautet ein Credo der Carl Hirschmann GmbH, die in den vergangenen Jahren eine ganze Reihe von Rädchen neu justiert hat. So hat sie eine neue Produktionshalle gebaut, ihren Außenauftritt runderneuert, die One-Piece-Flow-Fertigung eingeführt und viele Ideen ihrer Mitarbeiter aufgegriffen und realisiert. Besonders gut abgeschnitten hat sie in den TOP 100-Bewertungskategorien „Außenorientierung/Open Innovation" und „Innovationsklima".

Der Mittelständler konzentriert sich klar auf seine drei Kernkompetenzen: die Produktlinien Gleitlagertechnik, Rundteiltische/Rotierspindeln sowie Spannsysteme. Damit hat er sich in den vergangenen gut 65 Jahren viel Erfahrung und Expertenwissen erarbeitet und kann somit seinen Kunden, zu denen etwa verschiedene Rennsportteams und der Sportwagenhersteller Porsche gehören, stets die bestmöglichen Lösungen bieten. Viele Innovationen entstehen in Kundenprojekten oder in enger Zusammenarbeit mit den Kunden. „Gerade bei den Gelenklagern und -köpfen sowie den Rundteiltischen haben wir viele Auftraggeber, für die wir ganz individuell etwas entwickeln und fertigen. Insofern ist Innovation bei uns durchaus projektgetrieben", erläutert der Geschäftsführer Rainer Harter.

Vorreiter in Sachen Präzision

Vor drei Jahren ist es dem Unternehmen gelungen, seine Kompetenzen in den verschiedenen Geschäftsbereichen in einem Slogan und einem gemeinsamen Außenauftritt zu bündeln. „Es geht uns darum, den Maßstab für Präzision zu setzen und die Messlatte dafür immer höher zu legen", sagt Harter. Der Slogan „The precision benchmark" bringt diesen Anspruch auf den Punkt. Zeitgleich hat sich der Mittelständler, der früher als Hirschmann GmbH zuweilen mit anderen Firmen verwechselt wurde, einen neuen, einprägsamen Namen gegeben, der Bezug nimmt auf den Gründer des Erfolgsunternehmens: Carl Hirschmann.

Lebendiges Innovationsklima

Bevor die Carl Hirschmann GmbH mit neuem Namen und Claim nach außen aufgetreten ist, hat man den Markenrelaunch intern vorgestellt und diskutiert. „Das ist sehr gut angenommen worden in der Belegschaft, die meisten waren richtig Feuer und Flamme", berichtet der Geschäftsführer Andreas Jesek. Ohnehin sind die Mitarbeiter bei Innovationen stark eingebunden. „Wir haben kurze Wege und flache Hierarchien, deshalb erkennen wir Verbesserungspotenziale meistens schon in der Planungs- oder der Produktionsphase", berichtet Jesek. Und jedes Rädchen, das durch die Anregungen der Mitarbeiter nachjustiert werden kann, macht den Mittelständler wieder ein Stück besser.

Carl Hirschmann GmbH
78737 Fluorn-Winzeln
www.carlhirschmann.de
Beschäftigte (D): 51 bis 200
Automobilzulieferer/
Fahrzeugbau

Geschäftsführer
Andreas Jesek und
Rainer Harter

TOP 100

TOP 100 TOP 100 TOP 100 TOP 100
TOP 100 TOP 100 TOP 100 TOP 100 TOP 100
TOP 100 TOP 100 TOP 100 TOP 100 TOP 100
TOP 100 TOP 100 TOP 100 TOP 100 TOP 100
TOP 100 TOP 100 TOP 100 TOP 100 TOP 100
TOP 100 TOP 100 TOP 100 TOP 100 TOP 100
TOP 100 TOP 100 TOP 100 TOP 100 TOP 100

CEMO GmbH

Probleme verstehen und lösen

„Sicher lagern" ist das Credo der CEMO GmbH mit Sitz im baden-württembergischen Weinstadt, die sich auf Lager- und Transportbehälter aus Kunststoff spezialisiert hat. Das seit 60 Jahren erfolgreiche Familienunternehmen überzeugt in den TOP 100-Bewertungskategorien „Innovationserfolg" und „innovationsförderndes Top-Management". Innovation ist bei diesem Mittelständler Bestandteil der DNA: Er setzt ganz darauf, vorhandene Produkte kontinuierlich zu verbessern und neue Lösungen zu erarbeiten.

Gegründet wurde das Familienunternehmen, das heute in der zweiten Generation in Familienbesitz ist, von Erhard Mödinger. Er hatte die Idee, die schweren Holztragebütten für die Weinernte und die pflegeintensiven Holzfässer durch leichte und langlebige Kunststoffbehälter zu ersetzen. Diese Produktidee setzte sich durch und ließ eine Kompetenz entstehen, die auf andere Einsatzfelder übertragen werden konnte. In den 1970er-Jahren waren dies hauptsächlich Heizöltanks aus Kunststoff, mittlerweile fertigt die Firma vorwiegend Lager- und Transportbehälter für Betriebstankstellen sowie Behälter für Gefahrstoffe – und sie entwickelt sich auf diesen Feldern stetig weiter.

Langfristiges und nachhaltiges Wachstum

Die Geschäftsführung des Familienunternehmens wird von einem Beirat, der ebenfalls mit Familienmitgliedern besetzt ist, beraten und kontrolliert. Deshalb geht es hier nicht um kurzfristige Profite, sondern um ein langfristiges und nachhaltiges Wachstum. „Wir geben einen relativ hohen Anteil unseres Umsatzes dafür aus, Entwicklungen nachzuverfolgen, neuartige Erkenntnisse zu sammeln und Lösungen für Probleme zu finden. Das können wir nur, weil wir nicht kapitalgetrieben sind", verrät der Geschäftsführer Eberhard Manz. Im Rahmen eines Strategieprozesses setzt sich das Top-Management rollierend neue Fünf-Jahres-Ziele – und erarbeitet so kontinuierlich und systematisch neue Lösungen.

Lithium-Ionen-Akkus sicher lagern

„Wer lediglich kopiert, schafft keinen Mehrwert. Unser Anspruch ist es, Markttrends frühzeitig zu erkennen, Probleme zu analysieren und innovative Lösungen herauszuarbeiten", erklärt Eberhard Manz. Zwei Beispiele aus den vergangenen Jahren: Das Unternehmen war Vorreiter bei Lager- und Transportbehältern für AdBlue; und derzeit entwickelt es ein umfassendes Sortiment für die sichere Lagerung von Lithium-Ionen-Batterien, etwa Akku-Sicherheitsschränke und -tonnen, Stahlsammelbehälter oder E-Bike-Schränke. Ein neues, zukunftsträchtiges Geschäftsfeld, in dem die CEMO einmal mehr ihre Kernkompetenz unter Beweis stellt: „Sicher lagern."

CEMO GmbH
71384 Weinstadt
www.cemo.de
Beschäftigte (D): über 200
Chemie/Kunststoff

Geschäftsführer
Eberhard Manz,
Andreas Brukner und
Jürgen Rudolph

DAMBACH Lagersysteme entwickelt und produziert Intralogistik, Lagertechnik und Lagersysteme. Als eine der ersten Firmen weltweit installierte sie kurvengängige Regalbediengeräte in einem Hochregallager und ist in diesem Segment Weltmarktführer.

DAMBACH Lagersysteme GmbH & Co. KG

Dynamischer Logistikweltmeister

Angefangen hat alles in den 1970er-Jahren, und schon damals hätte er eine Innovationsauszeichnung verdient: Der Familienbetrieb Dambach war auf Industriebau spezialisiert. Die Kräne, die man dabei einsetzte, inspirierten den Gründer. Er entwickelte deren Technologie weiter – und konstruierte so das erste kurvengängige Regalbediengerät. Heute ist die DAMBACH Lagersysteme GmbH & Co. KG Technologieführerin in der Lagerautomatisierung. Ihr Innovationserfolg hat viel mit klugen Prozessen zu tun.

Eine gute Idee braucht auch eine gute Organisation, um zu einer erfolgreichen Innovation zu werden. Organisation ist jedoch eine stete Gradwanderung zwischen zu wenig und zu viel Reglementierung, zwischen Chaos und Bürokratie. „Wir nutzen ein eher konservatives System für unseren Produktentwicklungsprozess, und zwar nach dem Institut IPEK des Karlsruher Instituts für Technologie", sagt der Geschäftsführer Benjamin Thumm. „Das System schafft den nötigen Rahmen und lässt uns zugleich Freiräume – die wir dann sehr individuell und sehr innovativ gestalten."

Digitale Neuerungen

Viele Prozesse sind inzwischen digitalisiert: Mit seiner neuen Konferenzsoftware hat der Mittelständler bestehende Systeme gekoppelt. Nun haben alle Mitarbeiter durchgängig Zugriff auf vorhandenes Wissen. Eine neue Software zur Kontaktpflege hilft dem interdisziplinären Team aus Auftragsabwicklung und Produktentwicklung, Kundendaten zu analysieren. Und ein neues Qualitätsmanagementsystem reduziert die Nachlaufkosten sogar erheblich. Zudem trackt eine Monitoringsoftware die Kundenbetreuung und macht es möglich, rasch auf neue Anforderungen zu reagieren. „Wir wollten weg von Insellösungen und stattdessen eine ganzheitliche IT-Landschaft etablieren", sagt der Geschäftsführer Roland Thumm bilanzierend. Über ein cloudbasiertes Netzwerk werden zudem Entwicklungen mit allen Fachabteilungen geteilt. Eine interne Datenbank bereitet Informationen auf und stellt sie per Suchfunktion zur Verfügung. „Wissensmanagement ist bei uns ein ganz wichtiger Schlüssel zu Innovation und Erfolg", fügt Roland Thumm hinzu.

Qualität made in Germany

Die vielen Innovationen haben die Marktstellung des Unternehmens deutlich gestärkt, das immer öfter von großen Technologiefirmen wegen gemeinsamer Produktentwicklungen kontaktiert wird. „Zudem nehmen Kunden uns in ihre eigenen internationalen Projekte auf", erklärt Benjamin Thumm. So hat DAMBACH etwa die komplette Lagertechnik und Steuerungssoftware für das Cargolager eines Flughafens in Pakistan geliefert. Die Firma erreicht heute eine Exportquote von 80 %. Sie ist weltweit aktiv – und das mit einem einzigen Standort in Deutschland!

DAMBACH Lagersysteme GmbH & Co. KG
76476 Bischweier
www.dambach-lagersysteme.de
Beschäftigte (D): 51 bis 200
Anlagen-/Maschinenbau

Geschäftsführer
Roland und Benjamin Thumm

DiHeSys Digital Health Systems GmbH

Innovator des Jahres

Die Tabletten der Zukunft

Medikamente aus dem 3-D-Drucker gehören zu den Megatrends, zu den großen Treibern des Wandels im Gesundheitsbereich. Die DiHeSys Digital Health Systems GmbH mit Sitz in Schwäbisch-Gmünd ist angetreten, das Gesundheitswesen mit personalisierten Tabletten und Kapseln zu revolutionieren. Erst 2018 gegründet, gehört das Start-up schon heute deutschlandweit und auch weltweit zu den Vorreitern der Branche – dank seines beeindruckenden Innovationserfolgs und seiner sehr starken Außenorientierung.

Diabetiker messen ihren Blutzuckerspiegel und spritzen sich die fehlende Menge Insulin. Auch in der Krebstherapie werden zu spritzende Medikamente individuell dosiert. „Bei Tabletten funktioniert das bislang nicht", erklärt der Geschäftsführer Prof. Dr. Christian Franken. „Da gibt es nur standardisierte Präparate. Aber jeder Körper reagiert anders!" Wirkstoffe künftig individuell dosiert auf ein Stück Film zu drucken – dünn wie eine Oblate und klein wie eine Pille – kann die Krankheitskosten senken und die Lebensqualität erheblich steigern.

Simple Idee, komplexe Realisierung

Ein zweiter Mehrwert: Je mehr Tabletten die Patienten einnehmen müssen, desto schlechter wird meist ihre Therapiedisziplin. Druckt man mehrere Medikamente auf denselben Film, nimmt der Patient nur noch ein Präparat ein. Das verbessert die Therapietreue und senkt die Kosten. Und ein dritter Mehrwert: Werden weniger Tabletten verschwendet, werden auch weniger Ressourcen verbraucht und es wird weniger CO_2 ausgestoßen. DiHeSys entwickelt derzeit die nötige Software, um künftig Tabletten drucken zu können, die entsprechende Hardware und die druckbare Arzneimittelformulierung. Das multidisziplinäre Team besteht aus Pharmazeuten und Ingenieuren, aus Softwareentwicklern und Ökonomen. „Kürzlich konnten wir sogar eine Kooperation mit einer der gesetzlichen Krankenkassen aushandeln. So etwas hat es noch nie gegeben!" Start-ups, fügt Franken hinzu, sind nicht nur technologisch, sondern auch finanziell erfolgreich, wenn sie gut wirtschaften und ihre Produkte in den Markt bringen können: „Das haben wir geschafft."

Zahlreiche Kooperationen

Die Experten nehmen an Symposien und Kongressen teil, sie nutzen Datenbanken verschiedener Disziplinen. Und sie pflegen Kontakte zu Ärzten: „Die sagen uns, wo in der Praxis Entwicklungsbedarf besteht", erklärt Christian Franken. Zudem kooperiert man mit Universitäten, Unikliniken, Pharmafirmen. „Wir sind nicht der Feind der Pharmaindustrie", ergänzt Franken: „Dort hat man die Wirkstoffe – wir haben die Technologie. Warum sollten wir nicht zusammenarbeiten?" Immerhin machen Tabletten rund 67 % des Weltpharmamarkts aus. Ein gigantisches Potenzial!

DiHeSys Digital Health Systems GmbH
73529 Schwäbisch Gmünd
www.digital-health-systems.com
Beschäftigte (D): bis 50
Gesundheitswesen

Geschäftsführer
Dr. Markus Dachtler,
Prof. Dr. Christian Franken,
Prof. Dr. Gerald Huber

endiio Engineering GmbH

Langzeit-EKG für Maschinen

Wenn Maschinen, Pumpen oder Getriebe ausfallen, kann ein hoher wirtschaftlicher Schaden entstehen. Die Nachrüstung mit digitalen Kontrollsystemen, die frühzeitig Auffälligkeiten oder die Notwendigkeit einer Wartung melden, war bislang sehr teuer. Nicht so die neuartige Predictive-Maintenance-Lösung der endiio Engineering GmbH in Freiburg: Die drahtlosen, wartungsfreien Sensoren werden stark nachgefragt – eine Motivation für das Team, in Lessons-learned-Meetings weitere Services für die Kunden zu entwickeln.

Allein in deutschen Industrie- und Energiebetrieben sind mehrere Millionen analoge Komponenten im Einsatz, bei denen sich die Digitalisierung lohnen würde. Das zeigt, wie groß der Markt für die sogenannten Predictive-Maintenance-Lösungen ist, und bestätigt diesen Mittelständler darin, weiter an praktischen und bezahlbaren Systemen zu arbeiten. Seine IoT-Sensorplattform auf der Basis einer patentierten, echtzeitfähigen Ultra-low-Power-Kommunikationstechnologie ist ein Innovationserfolg par excellence.

Anbindung an IT-Landschaft des Kunden

Am Anfang des Baukastensystems stehen drahtlose Sensoren, wartungsfrei und dank Eigenversorgung über Thermo- und Lichtenergie komplett autark. Je nach Kundenanforderung werden spezielle Varianten an die Maschinen angedockt. „Die Sensoren erfassen Daten wie Temperatur, Vibration oder Betriebszeit, die drahtlos über ein Gateway in die Kunden-IT gehen und dort gesammelt werden", erläutert der Geschäftsführer Dr. Tolgay Ungan den zweiten Schritt. Die im Gateway analysierten Daten können alternativ auch im Cloudüberwachungsportal zur Verfügung gestellt werden. Gefahren werden stets sofort registriert. Was das System besonders auszeichnet: Es ist ein nachhaltiges Geschäftsmodell. Denn die Sensoren werden einmal verkauft, und dann entwickelt man die Software gegen eine monatliche Servicegebühr individuell weiter, bereitet Daten auf und bietet Hilfe an.

Lebendiges Innovationsklima

In die Entwicklung neuer Produkte und Services ist jeder aus dem kleinen endiio-Team eingebunden. Bei einem alle zwei Wochen stattfindenden Sprintmeeting erfolgt das Feintuning, außerdem werden hier die laufenden Projekte vorangebracht. Eine Lessons-learned-Runde schließt sich an. Das Ziel: Nachbesprechung des letzten Sprints und offene Diskussion von Verbesserungsideen der Mitarbeiter. Sieben Tage später wird ein Group-Progress-Meeting eingeschoben, um den Status und eventuelle Änderungen im laufenden Sprint zu erfassen. So hat man auch das Konzept kreiiert, dass Kunden ohne große Investitionen mit nur zwei Sensoren an Pilotanlagen Erfahrungen sammeln können. Das kommt an und überzeugt!

endiio Engineering GmbH
79110 Freiburg
www.endiio.com
Beschäftigte (D): bis 50
Mess-/Prüftechnik

Geschäftsführer
Dr. Tolgay Ungan

ETO MAGNETIC gehört zur ETO GRUPPE, die für autonomes Fahren und Wasserstofftechnologie steht, für smarte Werkstoffe, IoT und intelligent vernetzte digitale Kommunikation.

ETO MAGNETIC GmbH

★★★★★

Grüner Strom für die gesamte Gruppe

Stiftungsgeführte Unternehmen wie die ETO GRUPPE können mehr in ihre Innovationsprozesse investieren als andere Mittelständler. Bei der ETO MAGNETIC GmbH ist die Geschäftsführung ganz vorn mit dabei und hat jetzt die Abteilung „Sustainability" gegründet: Sie bündelt die Nachhaltigkeitstätigkeiten dieses Herstellers elektromagnetischer Ventile sowie smarter Module und Sensoren für die Branchen Mobilität, Industrie, Medizintechnik und Agrartechnik. Verbesserungen kommen vielfach über den bewährten „Inno-Funnel" aus der Mitarbeiterschaft.

Bei ETO MAGNETIC hat das Top-Management Spaß am Gründen: Vor vier Jahren entstand auf Bestreben des Geschäftsführers Dr. Michael Schwabe der Bereich „Unternehmensentwicklung & Strategie" für innovative Risikoprojekte. Als Prozesseigner für Markt und Wachstum leitet er auch diesen Bereich. 2022 gab er grünes Licht für die nächste Abteilung: Im Team „Sustainability" kümmern sich Experten nun noch intensiver um eines der Stiftungsziele.

Nachhaltigkeitsabteilung gegründet

„Die Abteilung arbeitet eng mit den Nachhaltigkeitsmanagern der einzelnen ETO-Töchter zusammen und ist die Koordinierungsstelle, wenn es um Anforderungen der Kunden und neue Vorgaben der Politik geht", sagt Dr. Michael Schwabe. Weitere Tätigkeitsfelder sind etwa das Lieferkettengesetz, CO_2-Bilanzen und Zertifizierungen. Parallel zum Start der neuen Abteilung publizierte die Firma ihren ersten Nachhaltigkeitsbericht für den Stammsitz Stockach. Dort bezieht man seit 2020 ausschließlich Strom aus erneuerbaren Energien. Angestrebt wird, dass die gesamte Unternehmensgruppe weltweit auf Ökostrom umsteigt. Dies soll auch durch Eigenproduktion mittels Photovoltaik gelingen. Die Geschäftsführung trieb dieses Vorhaben konsequent voran und weihte vergangenes Jahr die Premierenanlage am Bodensee ein, die etwa eine Million Kilowattstunden Strom pro Jahr erzeugen kann.

Schwarmwissen der Mitarbeiter

Dank der Stiftungskonstruktion investiert ETO mehr als andere Unternehmen in Forschung und Entwicklung. Generiert wird Neues seit 2020 immer umfangreicher aus dem Innovationsprozess „Inno-Funnel" heraus. „Hier zapfen wir das Schwarmwissen unserer Mitarbeiter an", erklärt Dr. Michael Schwabe. Innovationsmanager, sogenannte Funnel-Koordinatoren, planen von allen Standorten aus die Aktivitäten und Präsentationen und benennen Jurys für interne Pitches. Das Besondere: Jeder Mitarbeiter darf mitmachen und seine Ideen selbst realisieren. So will der Stockacher Mittelständler das Potenzial für neue Geschäftsfelder und Geschäftsmodelle erschließen. Schon länger und genauso erfolgreich läuft über das betriebliche Vorschlagswesen auch ein Innovationswettbewerb.

ETO MAGNETIC GmbH
78333 Stockach
www.etogruppe.com
Beschäftigte (D): über 200
Automobilzulieferer/Fahrzeugbau

Geschäftsführer
Dr. Michael Schwabe

EYPro Mugrauer & Schnele GmbH

★★★★★★★

Die Dosierung macht's

Ob Kühlschrank, Elektroherd, Staubsauger, Kfz-Schaltungen oder medizinisches Gerät: Bei laufendem Betrieb darf nichts klemmen, knarzen oder schleifen. Daher müssen bewegliche mechanische Teile bei ihrer Herstellung geschmiert werden. Unter dem Motto „Engineering Your Progress" hat sich die EYPro Mugrauer & Schnele GmbH mit Sitz in Neresheim als führend in der Dosiertechnik etabliert. Ihr engagiertes Top-Management initiiert und begleitet sämtliche Innovationsprojekte – um Prozesse gezielt zu forcieren und abzusichern, holt es externe Experten ins Haus.

Der mittelständische Betrieb wurde 2009 von den beiden Geschäftsführern Alexander Mugrauer und Markus Schnele gegründet. Den Großteil seines Umsatzes erwirtschaftet das Unternehmen mit Hightechdosieranlagen, die Schmierstoffe sicher und rückstandslos auf Bauteile applizieren. Teil- und vollautomatische Montage- und Prüfanlagen für Industriekunden ergänzen das Portfolio des Anlagen- und Maschinenbauers. Seit 2017 programmiert EYPro die Software für die digital gesteuerten Geräte selbst — ein wichtiger Schritt auch für die Lieferanten, die dadurch mehr Flexibilität und Unabhängigkeit erhalten.

Arbeitsteilung im Top-Management

„Die eigene Abteilung für Softwareentwicklung war eine Voraussetzung dafür, dass wir Anfang des Jahres mit ‚EYCon', ‚EYDoco' und ‚EYBubble' eine neue, autarke und chipbasierte Produktlinie für eine Dosiersteuerung und -überwachung sowie für das Ausschleusen störender Luftblasen lancieren konnten", erklärt Alexander Mugrauer. „Generell wollen wir in Zukunft immer mehr Komponenten selbst fertigen, die wir bis dato noch zukaufen müssen." Nicht zuletzt deshalb verwenden beide Geschäftsführer jeweils drei Viertel ihrer Arbeitszeit auf Projekte mit Innovationsbezug: Mugrauer als Vertriebsleiter mit offenem Ohr für neue kundenseitige Anforderungen – Schnele als wichtige Schnittstelle im Bereich Konstruktion, wo standardisierte Features immer wieder rasch und möglichst kostengünstig angepasst werden müssen.

Weiter auf Wachstumskurs

Viele wichtige Projekte realisieren die Experten mit der Unterstützung des Zentralen Innovationsprogramms Mittelstand, kurz ZIM. Es gewährt Zuschüsse für F&E-Projekte, die zu neuen Produkten, technischen Dienstleistungen oder besseren Produktionsverfahren führen. Schon seit 2010 betraut EYPro einen versierten externen Interimsmanager für Entwicklungsprojekte regelmäßig mit der Aufgabe, die Zusammenarbeit mit dem ZIM zu koordinieren. Dass sich dieses Vorgehen auszahlt, zeigt ein neuer Umsatzrekord im Geschäftsjahr 2021. „Ohne unsere agile und innovative Unternehmenskultur wäre das so nicht möglich gewesen", betont Markus Schnele.

EYPro Mugrauer & Schnele GmbH
73450 Neresheim
www.eypro.de
Beschäftigte (D): bis 50
Anlagen-/Maschinenbau

Geschäftsführer
Markus Schnele und
Alexander Mugrauer

Fertighaus WEISS GmbH

★★★

Auf Nachhaltigkeit bauen

Den Schwaben ist kaum etwas wichtiger als ihr Eigenheim, das sprichwörtliche „Häusle". Die in vierter und fünfter Generation familiengeführte Fertighaus WEISS GmbH plant und baut im Umkreis von 400 Kilometern um den Firmensitz in Oberrot energieeffiziente Ein- und Mehrfamilienhäuser aus Holz. Mit fortschrittlichen technischen Lösungen, hoher Fertigungstiefe und handwerklichem Können setzt die Firma Maßstäbe in der Branche. Sämtliche Fäden des Innovationsmanagements laufen beim Top-Management zusammen.

Geleitet wird das 420 Köpfe starke Unternehmen von Hans Volker Noller und Christel Noller, seit 2017 zählt auch ihr Sohn Michael Noller zur Geschäftsführung. Was 1881 als kleiner Zimmereibetrieb begann, präsentiert sich 140 Jahre später als innovative Baufirma, die bei der Entwicklung, der Fertigung und der technischen Ausstattung der Häuser konsequent auf Umweltschutz setzt. Zum Portfolio gehören Effizienzhäuser, die nach dem QNG-Standard als nachhaltig zertifiziert sind, sowie sogenannte Plusenergiehäuser, die vom Bau über ihren gesamten Lebenszyklus hinweg CO_2-Emissionen minimieren und mehr Energie erzeugen, als sie selbst verbrauchen.

Innovationskomitee als Ideenschmiede

Hans Volker Noller nennt Beispiele: „Wir haben uns früh von Öl- und Gasheizungen verabschiedet und mit als Erste den Einbau von Wärmepumpen vorangetrieben. Photovoltaikanlagen auf Dächern sind bei uns schon lange Standard und in Baden-Württemberg zukünftig ohnehin gesetzlich vorgeschrieben. Unser besonderes Augenmerk bei der Entwicklung richten wir auf unsere Smart-Home-Lösung, die sehr stark nachgefragt wird und mit der sich jeglicher Energieverbrauch digital steuern lässt." Die Nollers stehen dem WEISS-Innovationskomitee vor, das sich aus Führungskräften und erfahrenen Mitarbeitern zusammensetzt. Dieses Gremium sammelt und bewertet Anregungen aus der Belegschaft. „Der erste Prüfstein für Ideen, die das Komitee passieren, ist der Vertrieb", erklärt Noller. „Dort muss man von Innovationen überzeugt und begeistert sein, um sie den Kunden erklären und näherbringen zu können."

Mit gutem Beispiel voran

Die Fertighäuser von WEISS entstehen auf einer Fläche von mehr als 55.000 Quadratmetern. Noller betont: „Für das Werk gilt das Gleiche wie für unsere Plusenergiehäuser. Denn es ist energieautark und klimaneutral, da wir mit Photovoltaik mehr Strom gewinnen, als wir für die Fabrik und in der Verwaltung benötigen." Und weil Schwaben Meister beim Sparen sind, kommt in Oberrot auch sonst nichts um – so werden Sägespäne, die in der Fertigung anfallen, penibel abgesaugt und weiterverwendet, und Abfallholz beheizt das gesamte Areal.

Fertighaus WEISS GmbH
74420 Oberrot
www.fertighaus-weiss.de
Beschäftigte (D): über 200
Baugewerbe/Handwerk

Die Geschäftsleitung
Familie Noller

Georg Reisch GmbH & Co. KG

★★★★★★★

Nachhaltigkeit im Fokus

Von der Projektentwicklung über den Rohbau, den Ingenieurbau und den Tiefbau bis zum Gebäudemanagement verfolgt die Georg Reisch GmbH & Co. KG den gesamten Lebenszyklus eines Gebäudes. Das Bauunternehmen im oberschwäbischen Bad Saulgau beschäftigt rund 320 Mitarbeiter an zwei Standorten. Gegründet wurde das Familienunternehmen 1933 von Maurermeister Georg Reisch. In bisher drei Generationen konnte der Mittelständler schon zahlreiche Innovationserfolge verzeichnen.

„Unser Vorteil für den Kunden: Wir haben viel Kompetenz im eigenen Haus", erklärt Sebastian Geiger, der zuständig ist für die Stabsstelle Forschung und Entwicklung. Geiger lenkt auch den internen Innovationsprozess und weiß daher jederzeit, welche Ideen aus der Belegschaft kommen und auf welchem Stand sich die Entwicklungen befinden. „Unser Bewusstsein für Innovation ist generell sehr hoch", betont er. Jeder im Haus kann seine Vorschläge einreichen, bei erfolgreicher Realisierung bekommt der Ideengeber eine Prämie. Um das kreative Potenzial weiter zu fördern, plant Geiger Inhouse-Seminare für Innovationsthemen.

Beton recyceln mittels Urban Mining

„Jede unserer Innovationen muss mit Nachhaltigkeit einhergehen", sagt Geiger. „Wir wollen sowohl unser Unternehmen als auch die Branche nachhaltig entwickeln." Das beginnt schon bei Energieeinsparungen im eigenen Haus durch die Installation von Photovoltaik- und Energiemanagementsystemen und setzt sich in den Bauprojekten bei den Kunden fort. So hat man sich bei der Georg Reisch GmbH & Co. KG zum Beispiel bei dem Abbruch eines Pflegeheims und des Baus eines sozialen Quartiers in Wangen intensiv mit dem Thema Urban Mining befasst: Der Beton des Altbaus wurde nur zwei Kilometer von der Baustelle von einem Partnerunternehmen zunächst zerkleinert. Durch die Entwicklungsarbeit der Firma Reisch konnte dieses Material so aufbereitet und zertifiziert werden, dass es wieder bei der Produktion des neuen Betons eingebracht werden konnte. Und beim Bau des Landratsamts in Reutlingen arbeitete man mit Lean Management in der Baulogistik: Durch Just-in-Time-Lieferung konnte viel Lagerplatz gespart werden.

Verwirklichung von Ideen unterstützen

Geiger sieht sich bei allen Innovationsbestrebungen seines Hauses als interner Unterstützer und helfende Hand. Wer eine neue Idee weiterverfolgen will, erhält vom Unternehmen sowohl zeitliche als auch bei Bedarf finanzielle und personelle Unterstützung. Die Intention aller Neuentwicklungen: Sie sollen gleichzeitig der Umwelt, dem Unternehmen und der Gesellschaft nachhaltig nützen.

Georg Reisch GmbH & Co. KG
88348 Bad Saulgau
www.reisch-bau.de
Beschäftigte (D): über 200
Baugewerbe/Handwerk

Geschäftsführer
Wolfgang Müller,
Hans-Jörg Reisch und
Andreas Reisch

TOP 100

GEZE GmbH

★★★★★★★★★★

Guten Ideen Fenster und Türen öffnen

„Wenn man Türen und Fenster öffnet, zeigt sich dahinter eine neue Welt“: Dieses Gefühl will die GEZE GmbH mit ihren Produkten vermitteln. Das Unternehmen mit Sitz in Leonberg bei Stuttgart entwickelt zahlreiche Produkte für die Tür-, die Fenster- und die Sicherheitstechnik. Ihre 37 internationalen Tochtergesellschaften beliefern Kunden auf der ganzen Welt, von Krankenhäusern bis zu Kreuzfahrtschiffen. Das Top-Management des familiengeführten Mittelständlers ist eng in die Innovationsprozesse involviert.

„Wir wollen Gebäude nicht nur smart, sondern auch lebenswert machen. Man soll sich in ihnen rundum wohlfühlen“, sagt der Geschäftsführer Marc Philipp Alber. Zu den Produkten seines Hauses gehören etwa Komponenten für Brandschutztüren, die nachhaltig sicher sind oder automatisch öffnende Fenster für ein gutes Raumklima. „Die Intelligenz der Produkte und der Grad ihrer Vernetzung werden immer weiter steigen“, erklärt er überzeugt.

Flache Hierarchien für schnelle Entscheidungen

Die vier Geschäftsführer der GEZE GmbH geben regelmäßig Anregungen für neue Produkte, aber auch für unternehmensinterne Projekte, zum Beispiel für die Verbesserung der Fertigung oder für die Optimierung von Lieferterminen. Sie treffen sich in regelmäßigen Komitees, um über den aktuellen Status von Innovationsprojekten zu diskutieren oder um neue Projekte anzustoßen. „Als familiengeführtes Unternehmen mit flachen Hierarchien können wir Entscheidungen ziemlich schnell treffen“, nennt Marc Alber einen Wettbewerbsvorteil. Als wichtigen Trend in der Baubranche sieht er das Thema Nachhaltigkeit. „Das betrifft nicht nur unsere Produkte, sondern auch die Zusammenarbeit mit unseren Lieferanten und die internen Prozesse.“ So kann zum Beispiel durch ein automatisiertes Schließsystem einer Tür Energie gespart werden.

Datenerhebung als Basis des Erfolgs

Im Laufe der Innovationsprozesse werden zahlreiche Daten erhoben, damit entschieden werden kann, ob es sich lohnt, eine Idee weiterzuverfolgen. Dazu gehört zum Beispiel auch die Frage, wie man beim Kunden Begeisterung für ein technisches Produkt, etwa einen Türschließer, wecken kann oder wie die Verpackung ansprechender gestaltet werden kann. Die Arbeitspakete werden nach und nach abgearbeitet, bis es zum Launch kommt. „Je komplexer und vernetzter ein Produkt ist, desto mehr Planung bedarf es vorab“, erklärt Alber. Wichtig ist dabei auch, dass die GEZE GmbH mit ihren mehr als 3.000 Beschäftigten weltweit immer häufiger in Bauplanungen einbezogen wird, damit am Ende die Fenster und Türen so funktionieren, wie es sich der Bauherr vorgestellt hat.

GEZE GmbH
71229 Leonberg
www.geze.com
Beschäftigte (D): über 200
Metallverarbeitung

Geschäftsführer
Marc Philipp Alber

GPI-Service-Center — bAV-Konzepte für den Mittelstand GmbH & Co. KG

★★★★

Hinhören, wo der Schuh drückt

Georg Pamboukis hat früh erkannt, dass Mittelständler mit attraktiven Benefits Mitarbeiter gewinnen und halten können. Ein solcher Baustein ist die betriebliche Altersvorsorge für Beschäftigte. Mit seiner GPI-Service-Center – bAV-Konzepte für den Mittelstand GmbH & Co. KG ist der Geschäftsführer schon immer kreativ an dieses Thema herangegangen. Eine digitale Kundenplattform ist der neueste Wurf der Beratungsfirma mit Sitz im Schwarzwald. Hervorgegangen ist sie aus einem positiven Innovationsklima, in dem neue Ideen entstehen und sich entwickeln können.

„Wie können wir es unseren Kunden leichter machen und parallel dazu unsere eigene Marktposition stärken?" Diese Frage steht hinter allen Entwicklungen, die die Consultants angehen. „Unsere Gedanken kreisen ständig darum, wie wir Dinge bestmöglich weiterentwickeln können", beschreibt Georg Pamboukis das positive Innovationsklima in seiner rund 30-köpfigen Mannschaft. Dabei ist um die Ecke denken ausdrücklich erwünscht: Häufig werden auch Fachfremde aus ganz anderen Abteilungen zu Überlegungen hinzugezogen, damit sie sich aus ihrer Perspektive Gedanken zu einem Problem machen.

Onlineportal für Bestandsverträge

Frische Impluse für Neuerungen bekommen die Berater ununterbrochen. „Wir sind in fast allen Branchen unterwegs", erzählt der Geschäftsführer stolz. „Und von jeder Branche lernen wir etwas für unser eigenes Geschäft." Manchmal schildern die Berater einem Kunden eine aktuelle Herausforderung – und der liefert ihnen daraufhin einen Gedankenanstoß aus seinem fachlichen Umfeld. Außerdem hören die Consultants bei den Kundenfirmen ganz genau hin, um zu erfahren, wo sie der Schuh drückt. Auf diese Weise ist auch die neueste Innovation entstanden, die die Frage beantwortet, wie das GPI-Service-Center alle betrieblichen Altersvorsorgeverträge anderer Versicherungsgesellschaften so verwalten kann, dass die Kunden möglichst wenig Arbeit damit haben. Entstanden ist ein intelligentes Onlineportal mit Schnittstellen sowohl zum GPI-Service-Center als auch zu den jeweiligen Versicherern. Die Berater waren sich ihrer Sache so sicher, dass sie die Tests direkt mit ihren wichtigsten Kunden durchführten.

Ideenpool im Intranet

Damit keine der vielen guten Ideen verlorengeht, arbeitet das Nagolder Unternehmen mit einer internen Plattform, auf der es auch einen „Ideenpool" für Mitarbeiter gibt. Hier kann jeder seine Verbesserungsvorschläge und Anregungen platzieren oder Ideen anderer kommentieren. „Egal, ob Azubi oder Senior Consultant, bei uns darf und soll sich jeder einbringen", betont Pamboukis. „In der Zusammenarbeit entstehen oft die tollsten Geschichten."

GPI-Service-Center — bAV-Konzepte für den Mittelstand GmbH & Co. KG
72202 Nagold
www.bav-konkret.de
Beschäftigte (D): bis 50
Unternehmensberatung

Geschäftsführer
Georg Pamboukis

Gronover Elektrotechnik GmbH

Ideenfindung im Tipi

Elektrotechnik, Automation, Energieeffizienz: Das sind die drei Geschäftsbereiche der Gronover Firmengruppe. Zusammen planen und realisieren sie Energieinfrastrukturprojekte für ihre Auftraggeber aus Industrie und Gewerbe. Innerhalb der Gruppe ist die Gronover Elektrotechnik GmbH der Bereich, der die Energie intelligent verteilt. Das Innovationsklima unter ihren rund 50 Beschäftigten ist hervorragend – dafür sorgt der Gründer und Gesellschafter Johannes Gronover unter anderem mithilfe von effizienten Prozessen.

Wenn es darum geht, kreative Ideen zu generieren, dann baut das Unternehmen schon mal das Festzelt auf. Unter freiem Himmel haben alle Mitarbeiter Platz, um sich anzuhören, was der Unternehmensgründer zu sagen hat, und um dann selbst ins Tun zu kommen. „Bei uns darf jeder immer alles sagen, ohne dass er irgendwelche Nachteile zu befürchten hat“, erklärt Johannes Gronover. Er setzt klar auf Eigenmotivation: „Ich mache den Mitarbeitern Angebote, und jeder kann selbst entscheiden, wie er sich beteiligen will.“

Digitales Lernmanagementsystem

Positive Emotionen helfen, den kreativen Geist des Teams zu fördern, davon ist Gronover fest überzeugt. Daher nimmt die ganze Firma einmal im Jahr am Summercamp teil: In Tipi-Zelten überlegt man gemeinsam, was im letzten Jahr gut gelaufen ist und was verbessert werden kann. Alle Vorschläge werden festgehalten und in Quartalsmeetings nach und nach aufgearbeitet. Den jeweiligen Bearbeitungsstatus können alle Mitarbeiter jederzeit einsehen. Fehlt für die Realisierung von Ideen das Wissen oder das nötige Know-how, finden die Beschäftigten vieles in ihrem digitalen Lernmanagementsystem für Handwerker, das vom Unternehmen aufgebaut worden ist. Je nach Bedarf werden kontinuierlich weitere Lernmaterialien in die Plattform integriert. Das hat nicht zuletzt zur Folge, dass die Azubis dieser Firma seit Jahren zu den Besten ihres Jahrgangs gehören.

Engpassbezogenes Arbeiten

Um Projekte schnell auszuführen, arbeitet man mit dem System „Objectives and Key Results“: Ziele werden festgelegt, und die Ergebnisse auf dem Weg dorthin sollen messbar sein. Mithilfe dieses Systems wurde zum Beispiel eine hochwertige Zielgruppenbroschüre mit Kundenreferenzen entwickelt. In nur sechs Wochen lag die Broschüre den Verantwortlichen fertig gedruckt vor. Johannes Gronover setzt zudem auf engpassbezogenes Arbeiten: Wenn ein Engpass aus dem Weg geräumt ist, lösen sich automatisch viele weitere Probleme. Die Erfolgsgeheimnisse seines Unternehmens gibt er mittlerweile als Berater an andere Handwerksbetriebe weiter.

Gronover Elektrotechnik GmbH
74363 Güglingen
www.gronover.de
Beschäftigte (D): 51 bis 200
Elektronik/Elektrotechnik

Das Führungsteam
Debora Schubert,
Daniel Zaft,
Andreas Conte

Habmann Group GbR

Macher mit Leib und Seele

Wer sich beruflich verändern oder sich in seiner Position weiterentwickeln möchte, kommt um Weiterbildung nicht herum. Die Ludwigsburger Habmann Group GbR bietet Fach- und Führungskräften die passenden Kurse an, etwa in den Bereichen Projekt- oder Qualitätsmanagement, Organisationsentwicklung sowie Lean- oder Innovationsmanagement. Aber auch Weiterbildungen in der Sparte Life-Sciences stehen zur Auswahl. Der Innovationserfolg des Mittelständlers beruht auf Mut und der Förderung eines positiven Innovationsklimas.

„Wir erfinden uns ständig neu", erzählt die Geschäftsführerin Silvia Habmann, die 2008 das Unternehmen gründete. Heute leitet sie es zusammen mit ihrem Sohn Gabriel Habmann. Beide haben die gleiche Mentalität, wenn es um ihren Verantwortungsbereich geht: „Wir sind beide mit Leib und Seele ‚Macher', die nicht lange planen, sondern stattdessen schnell in die Realisierung gehen." So fand frühzeitig ein Umstieg in die digitale Welt statt. „Seit über sechs Jahren bieten wir unseren Kunden alle Kurse ausschließlich online an", erklärt Habmann. „Die Digitalisierung ist bei uns ein laufender Prozess, und alle Mitarbeiter machen mit."

Mit eigener Software Kunden begeistern

Der Wechsel auf den reinen Onlineunterricht brachte es auch mit sich, dass neue Software nötig wurde. Die auf dem Markt verfügbaren Angebote reichten der Familie Habmann jedoch nicht aus. Deshalb realisierten sie kurzerhand ihre eigene Software, die einen entscheidenden Vorteil bietet: „Wir können damit sämtliche Prozesse in nur einem Tool abbilden, statt auf viele unterschiedliche Programme zugreifen zu müssen. Das erleichtert uns und gleichzeitig unseren Kunden die Arbeit", sagt die Geschäftsführerin. Darüber hinaus überwacht die Software Richtlinien und Anforderungen. „Es ist uns wichtig, der Zeit immer einen Schritt voraus zu sein. Deshalb stellen sich alle im Unternehmen die Frage, wo wir die Prozesse verbessern und wir noch innovativer werden können." Manchmal sei dazu auch ein Perspektivwechsel notwendig. „Aber generell muss die innere Haltung stimmen", sagt Habmann. „Ohne das geht es nicht."

Mitarbeiter als Ideenquelle

Die Habmann Group beschäftigt 33 Mitarbeiter. „Viele Ideen kommen direkt aus dem Team", betont Gabriel Habmann stolz. Die gelungene Mischung aus erfahrenen Kollegen und jungen Einsteigern, die frischen Wind in die Firma bringen, zahlt sich aus. „Wir stellen uns alle regelmäßig die Frage: Welche Jobs gibt es in Zukunft, und wie können wir unser Angebot noch besser darauf ausrichten?" Der Geschäftsführer ist sich sicher: „Wenn man Menschen mit den richtigen Werten und Einstellungen beschäftigt und dann noch ein positives Innovationsklima fördert, kommt stets etwas Gutes dabei raus."

Habmann Group GbR
71634 Ludwigsburg
www.habmann.info
Beschäftigte (D): bis 50
Weiterbildung

Geschäftsführer
Gabriel und Silvia Habmann

TOP 100

Hansgrohe SE

★★★★★★★

Grüne Vision fürs Badezimmer

Mit dem Bau von Blechbrausen gründete der Tüftler Hans Grohe 1901 im Schwarzwald seinen Handwerksbetrieb. Heute verwendet Hansgrohe moderne Materialien für ihre Brausen, Armaturen und Duschsysteme. Geblieben ist auch nach 122 Jahren der Innovationsgeist des Unternehmens: Dank eines Top-Managements, das offen ist für Neuerungen, und mithilfe eines strukturierten Innovationsprozesses kommen immer wieder neue Produkte auf den Markt, die das Duscherlebnis verändern.

Innovationsideen kommen bei Hansgrohe auf unterschiedlichsten Wegen zustande: Das „InnoLab" zum Beispiel erarbeitet losgelöst vom Tagesgeschäft Vorschläge für Verbesserungen; die Forschung und Entwicklung findet neue technologische Errungenschaften; und die Anforderungen der Kunden steigen immer weiter und geben ebenfalls Anlass, über Innovationen nachzudenken. Sämtliche neuen Ideen werden in der F&E-Abteilung gesammelt. Von dort aus durchlaufen sie einen definierten Stage-Gate-Prozess, bei dem das Innovationsprojekt verschiedene Kriterien erfüllen muss, bevor es in ein neues Produkt mündet.

Eco-Technologien im Einsatz

Das Top-Management ist früh in den Prozess eingebunden: Der Vertriebsvorstand hat das Ohr stets am Kunden und kennt dessen Bedürfnisse, der Vorstandsvorsitzende ist nah an den Produkten, und der Vorstand Operations kann Neuerungen für die Produktion und neue Materialien am besten einschätzen. Gemeinsam mit allen Mitarbeitenden haben sie das Ziel „Eco 2030" ins Leben gerufen. Ihr konkretes Ziel ist es, bis 2030 das Sortiment wasserführender Produkte vollständig mit Eco-Technologien auszustatten. Auch das Marketing und die Kundenkommunikation müssen dazu neu aufgelegt werden. Und für das Bad der Zukunft hat Hansgrohe noch eine viel größere Vision: 90 % weniger Wasser- und Energieverbrauch und ein neues Verständnis der Badnutzung ist das Ziel der „Green Vision". „Das ist unsere Antwort auf bevorstehende Wasser- und Energiekrisen", erklärt der Vorstandsvorsitzende Hans-Jürgen Kalmbach.

Ökologischen Fußabdruck verringern

Intern hat das Thema Nachhaltigkeit schon lange einen besonderen Stellenwert: Bereits in den 1990er-Jahren wurde auf das Dach des Unternehmens Photovoltaik gebaut, und in einem der Firmengebäude folgt heute ein Solarpanel auf dem Dach eines Solarturms dem Sonnenstand. Der Unternehmensbereich „Green Company" realisiert viele weitere Ideen für eine nachhaltigere Zukunft. „Unseren ökologischen Fußabdruck zu verringern ist ein Baustein unseres nachhaltigen Denkens", sagt Kalmbach. „Der andere ist, unsere Produkte immer nachhaltiger zu machen."

Hansgrohe SE
77761 Schiltach
www.hansgrohe-group.com
Beschäftigte (D): über 200
Klima/Sanitär/Heizung

Vorstandsvorsitzender
Hans-Jürgen Kalmbach

TOP 100

TOP 100
TOP 100
TOP 100
TOP 100
TOP 100
TOP 100
TOP 100
TOP 100
TOP 100
TOP 100
TOP 100
TOP 100
TOP 100
TOP 100

HB microtec GmbH & Co. KG

Präzision im Mikrobereich

Die Medizintechnik, die Luft- und Raumfahrt sowie der Werkzeug- und Formenbau benötigen häufig kleine Präzisionsbauteile aus harten und schwierig zu bearbeitenden Werkstoffen wie Kobalt-, Chrom-, Nickel- und Titanlegierungen. Die winzigen Schneidwerkzeuge für genau solche Teile fertigt die HB microtec GmbH & Co. KG in Tuttlingen in Baden-Württemberg. Bei der Entwicklung ihrer innovativen Produkte tauschen sich die Experten mit den verschiedensten Partnern aus.

Erst 2017 gründete der Maschinenbauingenieur Robert Bede in seiner Garage ein Start-up. Heute beschäftigt er bereits 16 Mitarbeiter, die immer wieder neue Ideen für Mikrowerkzeuge entwickeln. Die neueste Innovation des Mittelständlers: ein ein Millimeter breiter Radiusfräser, auf dem vier Schneiden angebracht sind. Dieser Fräser kommt bei der Fertigung von Implantaten zum Einsatz, deren Kanten aufgrund ihrer besonderen Form oft nur schwer zugänglich sind. Für einen 0,1 Millimeter breiten Bohrer hat man zudem ein Verfahren entwickelt, um selbst im Mikrometerbereich eine stabile Schneidekante zu erzeugen.

Aus Einzellösungen werden Standards

Die Ideen für neue Produkte entstehen meist aus Kundenanforderungen. Gemeinsam geht man dann auf die Suche nach einer Lösung. Über den engen Austausch mit dem Kunden hinaus holen sich die Spezialisten von vielen weiteren Seiten Anregungen. So arbeitet man derzeit mit einem Forschungsinstitut der Hochschule Furtwangen zusammen und beteiligt sich hier an Forschungsprojekten, etwa an der Entwicklung einer künstlichen Intelligenz für das Fräsen. Aber auch Rohstoff- und Materiallieferanten sowie Softwarepartner, mit denen das Tuttlinger Unternehmen kooperiert, werden nach ihren Ideen befragt. All das fließt bei HB microtec in die Entwicklung einer innovativen Lösung ein. „Wenn wir dann sehen, dass auch andere Firmen die gleichen Herausforderungen haben, entwickeln wir aus der Einzellösung ein Standardprodukt, für das wir eigene Normen und Maßstäbe setzen", erklärt der Geschäftsführer.

Freiräume zum Denken

Robert Bede lebt seinen Mitarbeitern innovatives Denken vor. Hat das Start-up sich erst einmal ein Ziel gesetzt, liegt es an den Beschäftigten, einen Weg dorthin zu finden. Freiräume dafür nehmen sich alle eigenverantwortlich, denn bei dem Mittelständler gibt es keine festen Arbeitszeiten. Selbst Maschinen und Prozesse laufen hier weitgehend automatisiert, sodass sich die Mitarbeiter kreativeren Aufgaben widmen können. Die Belohnung: Außergewöhnliche Resultate ihrer Überlegungen werden in regelmäßig stattfindenden Erfolgsmeetings präsentiert.

HB microtec GmbH & Co. KG
78532 Tuttlingen
www.hb-microtec.de
Beschäftigte (D): bis 50
Metallverarbeitung

Geschäftsführer
Robert Bede

HECO-Schrauben ist in Europa einer der führenden Hersteller von Schrauben- und Befestigungssystemen für den Holz- und Innenausbau, den Beton- und Metallbau und für Schwerlastbefestigungen.

HECO-Schrauben GmbH & Co. KG

Immer eine gute Verbindung

Die Geschichte dieses Unternehmens begann mit dem Tüftler Karl Hettich, der 1888 einen Biegeautomaten zur Herstellung von Pendelhemmungen für die Uhrenindustrie erfand. 1936 stieg seine Firma in die Schraubenproduktion ein. 1967 war dann die Geburtsstunde der HECO-Schrauben GmbH & Co. KG. Heute beschäftigt der Mittelständler mit Hauptsitz in Schramberg rund 400 Mitarbeiter an zwei Produktionsstandorten. Immer wieder feiern sie mit ihren Schrauben und Befestigungselementen beachtliche Innovationserfolge.

Neben Geschäftsführer Achim Carstanjen begleiten die Beiräte Stefan und Guido Hettich das Unternehmen in der nunmehr vierten Generation. Andreas Hettich ist ein Urenkel des Gründers und leitet das Business-Development. Er beschreibt den Weg von der ersten Idee bis zur Markteinführung eines neuen Produkts: „Alle unsere Innovationen sind bisher ausschließlich aus Ideen aus dem eigenen Haus entstanden. Wir sammeln sie in einem Ideenpool, und von dort durchlaufen sie den Stage-Gate-Prozess. Jede Stufe beinhaltet bereichsübergreifende Schritte. Die Resultate werden anhand vordefinierter Kriterien geprüft, bis sie auch den letzten Abschnitt erfolgreich durchlaufen."

Passend für die Baustelle

Eine der herausragendsten Innovationen der vergangenen Jahre war bei HECO die Weiterentwicklung einer Erfindung, die vor zehn Jahren bahnbrechend war. Dabei handelt es sich um eine Vollgewindeschraube mit Zusammenzieheffekt, die Holzbretter an die Unterkonstruktion heranführt, ohne dass der Kopf zuvor tief im Holz versenkt werden muss. „Diese Schraube konnten wir jetzt sogar noch um einiges kürzen, was sie deutlich günstiger macht", erklärt Andreas Hettich. Der zweite Coup ist ein Schraubenantriebskonzept mit sehr hoher Genauigkeit und dem dazu passenden Bit mit einem starken Klemmeffekt. Damit können Handwerker den Schraubendreher einhändig betätigen, was vor allem auf engem Arbeitsraum enorm hilfreich ist. „Bei unseren Entwicklungen dürfen wir uns aber nicht allein auf die Anwendung im Labor verlassen, sondern müssen überlegen, wie es auf einer echten Baustelle zugeht", betont Hettich.

Prominente Einsatzorte

Die Anwendungsgebiete der Schraubenlösungen von HECO sind vielfältig. Vor allem im Baunebengewerbe werden sie gern und häufig genutzt. Ein prominentes Einsatzgebiet der MULTI-MONTI-Schraubanker ist etwa der Berliner Flughafen, wo die Schrauben auf Grundlage eines strengen Baurechtsnachweises eingebaut wurden. „Auch künftige Generationen werden diese Firma prägen und immer wieder neue und spannende Einsatzmöglichkeiten für unsere innovativen Produkte finden", sagt Andreas Hettich überzeugt.

HECO-Schrauben GmbH & Co. KG
78713 Schramberg
www.heco-schrauben.de
Beschäftigte (D): über 200
Metallverarbeitung

Geschäftsführer
Achim Carstanjen

Christoph Keese ist geschäftsführender Gesellschafter von Axel Springer hy. Er begleitet Firmen und Regierungsinstitutionen bei der digitalen Transformation und technologischen Innovation. Keese war einer der Mitgründer der „Financial Times Deutschland“, leitete als Chefredakteur die „WELT am Sonntag“ und die „WELT Online“ und trieb die Digitalisierung bei Axel Springer voran.

Life-Changer — Zukunft made in Germany

Energie und Mobilität, Ernährung, Gesundheit und Bildung, Kommunikation, Gesellschaft und Staat: Die Welt steht vor vielfältigen Herausforderungen — und vor einer der größten Umwälzungen seit der Internetrevolution. Denn künstliche Intelligenz wird sämtliche Lebens- und Arbeitsbereiche verändern und sie mitunter effizienter, sicherer und leichter gestalten. **Christoph Keese** erklärt, wie der Einsatz künstlicher Intelligenz schon heute Wertschöpfung verbessert und wie wir neben den USA und China ein Spitzenreiter in der Entwicklung bleiben.

Anwendungen künstlicher Intelligenz benötigen zurzeit noch eine hohe Rechenleistung und enorm viel Energie. Insgesamt überwiegen dennoch schon heute die ökologischen Vorteile ihrer Nutzung.

Eine neue Technologie wird künftig sämtliche Lebensbereiche grundlegend verändern: Wie kommen wir zur Arbeit? Wie analysieren wir Märkte? Wie erstellen wir die Website für unser Unternehmen? Wie erkennen wir Krankheiten? Wie machen unsere Kinder ihre Hausaufgaben?

Die Rede ist von künstlicher Intelligenz, die in Tools wie „ChatGPT", „Stable Diffusion" oder „Midjourney" angewendet wird und bei Unternehmen wie Meta, Netflix und Amazon tief in der Wertschöpfungskette integriert ist. In nur einer Woche hat „ChatGPT", der Prototyp eines Chatbots, der auf künstlicher Intelligenz beruht, mehr als eine Million User akquiriert. Und bis 2024 ist laut Nachrichtenagentur Reuters ein Umsatz von einer Milliarde US-Dollar geplant.

Künstliche Intelligenz polarisiert und bewirkt, dass große Wetten auf einen völlig neuen Markt eingegangen werden. Allein im Jahr 2021 pumpten private Investoren laut Stanford News 94 Milliarden US-Dollar in künstliche Intelligenz.

Am stärksten kommt künstliche Intelligenz im Hightech- und Finanzsektor zur Anwendung. Künftig wird sie weitere Bereiche beeinflussen, etwa Gesundheit und Konsumgüter. Welche Potenziale und Einsatzmöglichkeiten bietet also künstliche Intelligenz?

Wie wir arbeiten

Technologische Durchbrüche wie das Internet waren in der Vergangenheit oftmals mit der Angst vor Massenarbeitslosigkeit verbunden. Tatsächlich berichten Beschäftigte jedoch von einer höheren Jobzufriedenheit, wenn in ihrem Arbeitsbereich künstliche Intelligenz implementiert wurde (BCG). Das Tool „Co-Pilot" von GitHub beispielsweise unterstützt Programmierer bei der Erstellung von Codes so gut, dass täglich mehrere Stunden gespart werden – und das bei einer höheren Qualität der geschriebenen Codes.

Die Anwendung künstlicher Intelligenz in verschiedenen Umgebungen hat das Potenzial, redundante oder für Menschen körperlich anstrengende Aufgaben zu reduzieren, etwa Dokumentenverarbeitung, Kundenservice oder Picking & Packaging. So entstehen neue Jobs auf den Gebieten Data-Science, AI Ethics oder Machine-Learning. Der Einsatz künstlicher Intelligenz schafft also höherwertige Jobs, die den Arbeitsalltag interessanter und spannender gestalten.

Mensch und künstliche Intelligenz werden und müssen künftig „Hand in Hand" zusammenarbeiten, denn künstliche Intelligenz funktioniert nur mit menschlichem Input und Intent, also Kontext und einer Handlungsabsicht. Während ein Algorithmus die eingegebenen Daten aggregiert und analysiert, wird immer noch der menschliche Verstand benötigt, um die richtigen Schlüsse zu ziehen oder mit falschen Ableitungen umzugehen, weil sie nur einen Teil der menschlichen Realität abbilden.

Wie wir die Klimakatastrophe verhindern

Künstliche Intelligenz wandelt sich von einer Spielerei der Techkonzerne zu einem essenziellen Teil unseres Lebens. Sie unterstützt uns auf dem Weg zur Net-Zero-Economy: Künstliche Intelligenz bietet viele Anwendungspotenziale — von der automatisierten Messung von CO_2-Emissionen für Unternehmen, der Überwachung des Energieverbrauchs privater Haushalte bis zur Modellierung steigender Meeresspiegel und Entwaldung. Zudem identifiziert und ermöglicht sie Effizienzgewinne, die die nötige Reduzierung unseres Ressourcen- und Energieverbrauchs realisieren können.

Anwendungen künstlicher Intelligenz benötigen noch eine hohe Rechenleistung und enorm viel Energie. Insgesamt überwiegen dennoch schon heute die ökologischen Vorteile ihrer Nutzung, da auf diese Weise Aufgaben gelöst werden können, die der Mensch allein nie lösen könnte.

Wie wir forschen und heilen

Künstliche Intelligenz kann außerdem Forschungsprozesse beschleunigen und drastische Kostenreduktionen realisieren: Die Google-Tocher AlphaFold setzt künstliche Intelligenz in der Proteinforschung ein — damit hat sie den Prozess der Proteindekodierung signifikant verkürzt und die Kosten von mehreren Hunderttausend Euro pro Protein auf fast Null reduziert.

Auf künstlicher Intelligenz basierende Anwendungen für das Röntgen des Brustbereichs können laut der Northwestern University Krankheiten wie COVID-19 schneller und mit einer höheren Treffsicherheit erkennen als Radiologen.

Allgemein kann die Anwendung künstlicher Intelligenz im medizinischen Bereich die Untersuchung und die Befunderkennung beschleunigen, das Patientenmanagement verbessern und überarbeitetes Personal entlasten.

Gerade in der Medizin wird man zukünftig ein Doppelsystem aus Maschine und Fachpersonal benötigen, um Anomalien zu analysieren, Fehldiagnosen zu vermeiden oder einen sensiblen Ansatz bei der Übermittlung von Befunden zu verfolgen.

Wie wir die Chance nicht verpassen

Es ist jetzt wichtig, dass wir als Land und Kontinent den Anschluss an die Weiterentwicklung künstlicher Intelligenz nicht verlieren. Bei Technologien wie dem Personalcomputer, bei Elektroautos, Chips oder Batterien haben wir in Europa in den vergangenen Jahren schon an Bedeutung verloren. Heimische Forschungseinrichtungen haben viel Pionierarbeit für künstliche Intelligenz geleistet — und trotzdem laufen wir Gefahr, auch hier abgehängt zu werden.

Wir erkennen ein sich wiederholendes Muster: Die USA und China sind auch bei künstlicher Intelligenz wieder Spitzenreiter und führen die Liste an Risikokapitalgebern für Start-ups an (Stanford). Investitionen ziehen die besten Talente und Köpfe an und ermöglichen Forschungsprojekte, die aus öffentlichen Geldern hier nicht finanziert werden können. Die USA und China haben mit ihrer hohen Investitionsfreudigkeit einen Vorteil gegenüber Deutschland und Europa — sowohl was die Höhe des investierten Risikokapitals angeht als auch was künstliche Intelligenz angeht.

Doch Investition und Geld lösen nicht alle Herausforderungen: Die Adaption künstlicher Intelligenz ist an Ausbildung und Expertise gekoppelt. Heute herrscht ein globaler Talent-Crunch im Techbereich, der die Entwicklung ausbremst. Wissen über künstliche Intelligenz muss bei IT-fremden Professionals breiter entwickelt werden, um Firmenlenkern und Politikern bessere und informiertere Entscheidungen zu ermöglichen. Die Allgemeinbildung auch der breiten Öffentlichkeit zu künstlicher Intelligenz sollte erhöht werden, damit Effekte, Risiken und Chancen eingeordnet werden können. Investitionen in attraktive Konditionen für Talente aus dem In- und Ausland sichern die frühe (Weiter-)Bildung und die Entwicklung im Bereich künstlicher Intelligenz.

Parallel dazu müssen wir aufpassen, dass wir einen inklusiven und ethisch korrekten Ansatz verfolgen: Die Modelle künstlicher Intelligenz werden von Menschen und mit ihren Daten gefüttert. Sie unterliegen somit unseren Voreingenommenheiten und diskriminierenden Tendenzen, sogenannten Bias. Doch künstliche Intelligenz kann auch dazu genutzt werden, diese Biases aufzudecken. IBM und Google haben Open-Source-Toolkits entwickelt, um Datensätze und maschinelle Lernmodelle systematisch auf unerwünschte Verzerrungen zu prüfen.

Es gibt vermutlich wenige technologische Entwicklungen, die so tiefgreifend unsere Lebens- und Arbeitswelten revolutionieren werden. In künstlicher Intelligenz liegt eine enorme Chance, die Produktivität zu verbessern, höherwertige Jobs zu schaffen und die Wirtschaft nachhaltiger zu gestalten.

Lassen Sie uns diese Chance in Deutschland und in Europa, wo wir mit unserem Mittelstand die besten Voraussetzungen haben, ergreifen und dafür sorgen, dass wir bei der künstlichen Intelligenz in Zukunft auf Augenhöhe mit den USA und China agieren!

Held Technologie GmbH

Vorsprung über Generationen hinweg

Die Entwicklung einer Sensation trieb Kurt Held im heimischen Backofen voran: Mit seinen Experimenten legte er den Grundstein für die erste isobare Doppelbandpresse der Welt, mit der die Held Technologie GmbH seit 1975 marktführend ist. Auf den Anlagen des Sondermaschinenbauers können verschiedene Materialien wie Folien, Vliese oder Gewebe unter starkem Druck und hohen Temperaturen verbunden werden. Gegenwärtig entwickelt das Unternehmen die „Maschine der nächsten Generation" und baut seinen Innovationsvorsprung aus.

Das Bahnen- und Plattenmaterial, das mithilfe der Doppelbandpressen hergestellt wird, kommt in den unterschiedlichsten Branchen zum Einsatz: im Automobil- und Elektronikbereich, in der Luft- und Raumfahrt oder bei Leichtbau- und Wasserstofftechnologien. „An die Kombination aus Druck, Temperatur und Produktionsgeschwindigkeit, die unsere Maschinen erreichen, kommt niemand heran", sagt Matthias Fisel, der das Unternehmen gemeinsam mit seinem Onkel Till Held leitet. „Unsere Arbeit ist das Ergebnis jahrzehntelanger Ingenieurskunst."

Beitrag zur Klimaneutralität

Mit der nächsten Generation der Doppelbandpresse setzt der Mittelständler wieder neue Maßstäbe: Die Maschine garantiert eine geringere Stillstandzeit der Produktionsanlage. Dank Automatisierung, niedrigerem Energieverbrauch und einer leichteren Wartung sinken die Produktionskosten. Die Qualität der Produkte verbessert sich zum Beispiel durch eine optimierte Sensorik und eine überarbeitete Einhausung. Einen Beitrag auf dem Weg zur Klimaneutralität leistet Held durch die Einsatzmöglichkeit der Anlagen in neuen Technologiefeldern wie 5G, Elektrolyseure und Brennstoffzellen. Vorab oder auch als Alternative zur Investition in eine eigene Anlage können die Kunden zwei komplette isobare Doppelbandpressen im Technologiepark des Unternehmens testen und dabei Muster oder ganze Serien fertigen. Die eigenen Mitarbeiter können neue Anwendungen in frühen Entwicklungsstadien in den Testanlagen ausprobieren.

Gemischte Teams

„Die Mischung aus erfahrenen und jungen Kollegen in unseren Teams schafft ein ideales Innovationsklima", sagt Till Held. Die Mitarbeiter aller Bereiche werden wertgeschätzt und erhalten die Möglichkeit zur individuellen Weiterbildung. Dementsprechend kommen Vorschläge für Verbesserungen und Neuerungen aus dem gesamten Team. Die Entwickler erhalten den Freiraum, sich mit potenziellen Neuentwicklungen in der Tiefe zu beschäftigen. Auch für ungewöhnliche Ideen steht ein Budget zur Verfügung. Und für die Zukunft ist geplant, dass die Mitarbeiter noch mehr Zeit explizit für Innovationen bekommen.

Held Technologie GmbH
78647 Trossingen
www.held-tech.de
Beschäftigte (D): 51 bis 200
Anlagen-/Maschinenbau

Geschäftsführer
Matthias Fisel und
Till Held

Die Hirschmann Automation and Control GmbH mit Sitz im baden-württembergischen Neckartenzlingen ist einer der weltweit führenden Anbieter von Automatisierungs- und Netzwerktechnik.

Hirschmann Automation and Control GmbH

★★

Netzwerke für besondere Anforderungen

Industrielle Automatisierungs- und Netzwerksysteme müssen vieles aushalten, denn sie kommen oft in lauten, schmutzigen oder heißen Umgebungen zum Einsatz. Die Produkte der Hirschmann Automation and Control GmbH sind genau für solche anspruchsvollen Industrieumgebungen gebaut. Auch die Software muss höchsten Anforderungen gerecht werden. Das Top-Management sorgt deshalb für ein fruchtbares Innovationsklima, das den Mittelständler dazu befähigt, mit den schnellen Entwicklungen des Markts mitzuhalten.

Vor fast 100 Jahren wurde Hirschmann gegründet und hat sich seitdem immer wieder neu erfunden. Heute liegt der Schwerpunkt auf der industriellen Kommunikationstechnik. „Weil wir uns im Umfeld intelligenter Fertigungssysteme bewegen, müssen wir immer schneller neue Innovationen hervorbringen", erklärt Dr. Oliver Kleineberg, CTO Industrial Network Solutions. In seinem Team beschäftigen sich allein 25 Mitarbeiter mit innovativen Themen. Als Technikvorstand ist er auch verantwortlich für den Innovationsprozess und den Technologie-Roadmapping-Prozess.

Zeit und Budget für gute Ideen

2021 wurde ein neues Ideenmanagementportal aktiv geschaltet. Dort kann die gesamte Belegschaft ihre Ideen einreichen, welche unterschiedlichen Bereichen zugeordnet werden. Für jeden Bereich gibt es einen Ideenmanager. „Bei uns ist jeder ein sogenannter Sensor und dazu angehalten, über Neuerungen für unsere Produkte und unsere Fertigung nachzudenken", sagt Kleineberg. Entwickler bekommen für Ideen, mit denen sie sich tiefgreifender beschäftigen wollen, ein Zeitkontingent, damit sie sich für eine Weile aus dem Arbeitsalltag zurückziehen können. Für ungewöhnliche, vielversprechende Ansätze stellt der Mittelständler ein entsprechendes Budget zur Verfügung. Und Kreativität zahlt sich aus: Patentanmeldungen werden höher vergütet, als es im Erfindergesetz geregelt ist. „Auch interne Innovationen, die nicht nach außen kommuniziert werden, belohnen wir entsprechend", sagt der Technikvorstand.

Gut aufgestellt für neue Trends

Als wichtigsten Zukunftstrend für seine Branche sieht er die intelligenten Datennetze, durch die Automatisierungssysteme immer komplexer werden. „Künftig werden für den Betrieb der Systeme künstliche Intelligenz sowie Machine-Learning benötigt", sagt Dr. Oliver Kleineberg überzeugt. Damit die Anwender mit neuen KI-Werkzeugen gut zurechtkommen und gern mit ihnen arbeiten, hat die Firma ein Team, das sich speziell mit User-Interface und User-Experience auseinandersetzt – also damit, die Nutzerfreundlichkeit der Geräte zu verbessern. So will man führend in der industriellen Vernetzung bleiben.

Hirschmann Automation and Control GmbH
72654 Neckartenzlingen
www.hirschmann.com
Beschäftigte (D): über 200
Automatisierungs-/Verfahrenstechnik

Geschäftsführer
Brian Lieser

inpotron Schaltnetzteile GmbH

★★★★

Freiheit, die begeistert

Freiheitsliebende Teamplayer können sich in diesem Unternehmen entfalten, kreative Ideen entwickeln und sich auf Augenhöhe begegnen. Das ist nicht überall selbstverständlich. Die Rede ist von der Hilzinger inpotron Schaltnetzteile GmbH. Dort genießen die Beschäftigten das Vertrauen ihres Chefs und können somit eigenverantwortlich und ohne den ständigen Druck des Vorgesetzten arbeiten. Und das funktioniert bei diesem Elektronikexperten – seit rund einem Vierteljahrhundert.

Das 1997 gegründete Unternehmen mit Sitz im baden-württembergischen Hegau entwickelt und produziert kundenspezifische Schaltnetzteile und Stromversorgungslösungen für Industrie, Gebäudesystemtechnik und Medizintechnik, LED-Beleuchtung, Transport und Verkehr. Der Firmengründer und Geschäftsführer Hermann Püthe kann steilen Hierarchien nichts abgewinnen. „Bei uns läuft alles in Eigenverantwortung", sagt der 61-Jährige. Natürlich gibt es Regeln und Orientierungspunkte. Aber jeder der rund 250 Beschäftigten ist dazu eingeladen, sich zu entfalten, um damit der ganzen Firma zu helfen.

Respekt und Wertschätzung

Nach diesem Prinzip erfolgen bei einer erfolgreichen Unternehmensentwicklung auch Bonuszahlungen an die Belegschaft: Unabhängig davon, wer oder wie viele Mitarbeiter marktreife Ideen entwickeln, erhalten am Ende alle die gleiche Prämie. Das freut vor allem die Kleinverdiener. Und diejenigen, die mehr verdienen, haben nichts dagegen – im Gegenteil, sie gönnen es ihren Kollegen. Das funktioniert, wenn es keinen Neid und keine Missgunst innerhalb der Firma gibt. Der Teamgedanke und der gegenseitige Respekt gehören ganz klar zur Unternehmensphilosophie der Geschäftsführung. Kooperation ist auch stets unter den verschiedenen Teams angesagt. Hermann Püthe und seine Geschäftsführerkollegen nennen die Organisationsform „Waben-Struktur". Dabei fliegen die „Bienen von Wabe zu Wabe, um den Honig zu bringen", sagt Püthe. Die Teams arbeiten allesamt prozessorientiert und nicht hierarchisch.

Fehler als Schätze betrachten

An dem guten Innovationsklima hat der Chef seinen Anteil, denn bei inpotron haben Ideen den Raum, zu wachsen und zu gedeihen. „Dass bei uns immer wieder frische Ideen entstehen, liegt einerseits an der Kreativität der Beschäftigten, andererseits an der Vielzahl der Märkte, die wir mit unseren Produkten bedienen", berichtet er. Erfolg ist für ihn, noch besser zu sein, als der Kunde es sich wünscht. Und das liberale Klima treibt den Firmenerfolg: „Fehler zu machen ist erlaubt. Wir betrachten sie als Schätze, um es hinterher besser zu machen", resümiert der Unternehmensleiter.

inpotron Schaltnetzteile GmbH
78247 Hilzingen
www.inpotron.com
Beschäftigte (D): über 200
Elektronik/Elektrotechnik

Geschäftsleitung
Uwe Auer, Torsten Keinath und Hermann Püthe

IPG Automotive ist ein führender Anbieter von Software- und Hardwarelösungen für die Automobil- und die Zulieferindustrie. Dazu zählt unter anderem ein Lenksystemprüfstand für das Testen realer Lenksysteme bei Closed- und Open-Loop-Manövern.

IPG Automotive GmbH

★★

Der Innovationsmotor läuft und läuft

Sie spricht die Sprache der IT- und der Automobilbranche – die IPG Automotive GmbH in Karlsruhe: Der Mittelständler entwickelt und realisiert Software- und Hardwarelösungen, die in der Fahrzeugentwicklung eingesetzt werden. Mit den Simulationsanwendungen dieses Spezialisten können Kunden diverse Fahrzeugkomponenten virtuell und kostengünstig testen. Dies gilt ebenso für alternative Antriebstechnik, Fahrerassistenzsysteme und autonomes Fahren. Ein Grund für den Innovationserfolg ist unter anderem das positive Innovationsklima.

Dank der Kombination aus Software und Hardware können die Nutzer beispielsweise Testfahrten mit realen Fahrzeugen in einer simulierten Umgebung durchführen. Der Innovationsmotor der Karlsruher läuft und läuft, jährlich bringt das Familienunternehmen neue Features heraus. So wurde dieses Jahr das Portfolio entscheidend weiterentwickelt: „VIRTO, unsere Tool-Suite zur virtuellen Fahrzeugentwicklung, ermöglicht als Sammlung von Webapps die reibungslose Zusammenarbeit simulationsbasierter Entwicklungen, Tests und Freigaben über Abteilungs- und Bereichsgrenzen und über Landes- und Firmengrenzen hinweg", erklärt der Geschäftsführer Steffen Schmidt.

Demokratisierung der Fahrzeugentwicklung

Durch die Tool-Suite wird Simulation erheblich erleichtert und auch Anwendern zugänglich gemacht, die keine Experten auf diesem Gebiet sind. Steffen Schmidt nennt dies „die Demokratisierung der Fahrzeugentwicklung". Simulationen können reale Fahrzeugtests ersetzen, das minimiert die Kosten beim Entwicklungsprozess. „Wir bieten Softwarelösungen und beraten auch zu möglichen Effizienzsteigerungen", sagt der Geschäftsführer. Das Ziel der erfahrenen IT-Profis ist es am Ende, ihre Kunden dabei zu unterstützen, technologische Herausforderungen im Hinblick auf Sicherheit, Komfort, Agilität und Verbrauch zu meistern – mit zukunftsweisenden Lösungen für den gesamten Entwicklungsprozess.

Talente fördern

Und da Fortschritt niemals aufhört, setzt IPG Automotive alle Hebel in Bewegung, die eigenen Mitarbeiter ständig weiterzubilden, etwa mit dem internen Schulungsprogramm „IPG Academy". Aktuell arbeitet der mittelständische Betrieb an einem Konzept, um die Inhalte dieses Programms auf weitere Unternehmensbereiche auszuweiten. Das engagierte Top-Management lebt nach eigenen Worten die „Philosophie der offenen Tür" und unterstützt interne Wechsel der Beschäftigten. So lassen sich Talente fördern und dauerhaft an das Unternehmen binden.

IPG Automotive GmbH
76185 Karlsruhe
www.ipg-automotive.com
Beschäftigte (D): über 200
Engineering

Geschäftsführer
Steffen Schmidt

TOP 100

iTernity GmbH

★★★★★

Sicherheit zuerst

Auch wenn alles gut läuft, ist es immer eine gute Idee, die eigene Arbeit auf den Prüfstand zu stellen. Dieses Prinzip beherzigen die Softwareexperten der iTernity GmbH in Freiburg. Die Unternehmensleitung ist ständig darum bemüht, die internen Prozesse und die Ergebnisse zu optimieren. Sie hält die Innovationsmaschine mittels nüchterner Analysen und der Ermittlung des Handlungsbedarfs am Laufen. Innovative Prozesse und eine gute Organisation runden das Profil der IT-Strategen ab.

Sicherheit zuerst: Die knapp 50 Mitarbeiter schützen mit ihren Softwarelösungen die Verfügbarkeit und die Integrität geschäftskritischer Daten im Gesundheitswesen, der öffentlichen Verwaltung und dem Mittelstand. Strategische Planung wird in dem Unternehmen großgeschrieben. Der Blick über den eigenen Tellerrand und der Austausch mit strategischen Partnern stehen dabei im Fokus.

Austausch mit externen Spezialisten

Ein Musterbeispiel dafür ist die Zusammenarbeit mit den Analysten und IT-Spezialisten des renommierten Beratungsunternehmens Gartner. „Gartner hat ein tiefes technologisches Know-how und intensiven Kontakt zu Endkunden. Auf diese Weise erhalten wir einen Rundumblick auf aktuelle Marktentwicklungen", sagt der Geschäftsführer Ralf Steinemann. Deshalb tauschen sich die Geschäftsleitung und das Produktmanagement des Mittelständlers regelmäßig mit Gartner aus. Auf diesem Weg können die IT-Profis von iTernity kontinuierlich prüfen, ob ihre Leistungen die Bedürfnisse des Markts auch tatsächlich abdecken. Wenn dies einmal nicht der Fall ist, füllen sie die Lücken gemäß der Analyseergebnisse. Darüber hinaus kooperiert man mit bekannten Technologie-, Software- und Vertriebskanalpartnern, um auf der Basis der externen Fachexpertise immer am Puls der Zeit zu bleiben.

Selbstreflexion hilft

Das Top-Management legt zudem viel Wert auf innovative Prozesse und eine gute Organisation innerhalb der Firma. So werden etwa die Mitarbeiter im Rahmen von Arbeitsgruppen regelmäßig danach befragt, was man aus ihrer Sicht noch besser machen könnte. Ein wichtiger Aspekt dabei ist, herauszufinden, ob es irgendwo ein noch unerkanntes Problem gibt, zum Beispiel weil Beschäftigte mit einer bestimmten Situation unzufrieden sind. In einem solchen Fall erfolgt eine Analyse dazu, wo genau das Problem liegt und wie es gelöst werden kann. Auch diese Vorgehensweise beschreibt das Prinzip der Softwarespezialisten von iTernity bei ihrer täglichen Arbeit: sich den Spiegel vorhalten, analysieren – und dann die Schwachstellen beseitigen.

iTernity GmbH
79100 Freiburg im Breisgau
www.iternity.com/de
Beschäftigte (D): bis 50
IT-Entwicklung/-Beratung

Geschäftsführer
Ralf Steinemann

J. Wagner GmbH

★★★

Alles andere als oberflächlich

Beim Auftragen von Farben und Lacken auf Oberflächen geht es oft um mehr als Ästhetik. Schließlich soll die Beschichtung die behandelten Objekte nicht nur verschönern, sondern auch schützen. Wenn jemand weiß, wie das am besten funktioniert, dann sind es die Beschichtungsprofis der J. Wagner GmbH. Das innovationsorientierte Top-Management und die durchdachte Prozess- und Organisationsstruktur machen dieses Unternehmen mit Sitz in Markdorf am Bodensee zu einem Top-Player der Branche.

Das Portfolio des Mittelständlers reicht von der Heimwerker-Sprühpistole über professionelle Geräte für das Handwerk bis zum industriellen Beschichtungssystem. Der weltweit führende Hersteller von Beschichtungstechnik zur Veredelung von Oberflächen mit Pulver- und Nasslacken, mit Farben und flüssigen Materialien ruht sich nicht auf den bisherigen Erfolgen aus, sondern sucht kontinuierlich nach Neuerungen, um dem Bedarf des Markts gerecht zu werden.

App mit Mehrwert

Die gesamte Unternehmensstrategie ist überschrieben mit „Winnovation 2025“. Dabei stehen vor allem Themen wie Digitalisierung und Vernetzung der Produkte im Fokus. So startete 2022 die Kampagne „Next Level Spraying“, hinter der sich eine App für Anwender, Verkäufer und Materialhersteller verbirgt. Diese Applikation erkennt automatisch Oberflächenmaterialien und empfiehlt dazu passende Verarbeitungsmöglichkeiten. Zusätzlich werden Funktionen für die Arbeitsvorbereitung sowie für die Dokumentation im Nachgang bereitgestellt. Damit geht die App weit über den Funktionsumfang und den Nutzen vorhandener Systemlösungen hinaus. Über den eigenen Anspruch sagt der Geschäftsführer Dr. Bruno Niemeyer: „Wir streben auf dem Gebiet der Nass- und Pulverapplikationen nichts Geringeres als die Technologieführerschaft an.“

Digitale Transformation

Nicht nur die Produkte, auch die Prozesse werden digitaler. Diese Transformation durchzieht das gesamte Unternehmen und umfasst die wesentlichen Geschäftsprozesse – mit der Beziehung zu den Kunden als Herzstück. „WAGNER 365“ heißt etwa die neue digitale Kundenplattform, die die Customer-Journey in den Mittelpunkt stellt. Hier laufen alle Interaktionen mit den Kunden aus Industrie und Handwerk zusammen: Produktinformationen abrufen, Geräte oder ganze Anlagen konfigurieren, bestellen, Service anfordern, sich zu Schulungen anmelden und vieles mehr. Dass dafür im Hintergrund zahlreiche automatisierte Prozesse ablaufen, die entsprechend optimiert wurden, versteht sich von selbst und ist, wie fast alles bei diesem Spezialisten für Oberflächentechnik, alles andere als oberflächlich.

J. Wagner GmbH
88677 Markdorf
www.wagner-group.com/de
Beschäftigte (D): über 200
Anlagen-/Maschinenbau

Geschäftsführer
Michael Müller,
Dr. Bruno Niemeyer und
Guido Bergman

J.W. Zander ist ein führender Fachgroßhandel für Elektro, Heizung, Sanitär und Industriebedarf. Das Freiburger Unternehmen gehört zur Zander-Gruppe, die an mehr als 100 Standorten in Deutschland präsent ist.

J.W. Zander GmbH & Co. KG

Mutig sein und ausprobieren

Die schnelle Lieferung von Material ist für viele Wirtschaftszweige überlebenswichtig. Dies weiß man spätestens seit der Coronapandemie, die erhebliche Lieferengpässe verursachte. Die J.W. Zander GmbH & Co. KG mit Sitz in Freiburg beliefert Firmen aus den Branchen Elektro, Sanitär und Heizung mit Bauteilen und bietet zusätzliche Serviceleistungen an. Für die erfolgreiche Zusammenarbeit mit den Kunden ist ihr gutes Innovationsklima ein entscheidender Faktor.

Heute bestellt – morgen geliefert: Kunden aus Fachhandwerk, Fachhandel, Industrie und den Kommunen können bei diesem Großhändler sieben Tage die Woche bis 21 Uhr ordern. Zeit ist Geld, das wissen die Großhandelsexperten mit Sitz im Breisgau, flexibles Denken und schnelles Handeln sind Trumpf. Daher fördert die Geschäftsleitung eine „Macherkultur" im Unternehmen. „Die Mitarbeiter können Neues eigenständig ausprobieren und realisieren", erklärt der geschäftsführende Gesellschafter Patrick Egloff. Fehler werden dabei toleriert. Es gilt das „Fail fast, fail cheap"-Prinzip: mutig zu sein und neue Dinge auszuprobieren – ohne Angst vor dem Scheitern zu haben.

Teamwork prägt das Innovationsklima

Alle paar Wochen treffen sich die Teamverantwortlichen, um mit den Mitarbeitern über neue Ideen und Verbesserungsvorschläge zu diskutieren. So hatte ein Team zum Beispiel vor zwei Jahren die Idee, ein effizientes Abrechnungssystem für die Kunden zu entwickeln, die Ladepunkte für Elektromobilität anbieten. Nach anderthalb Jahren entstand daraus die neuartige Dienstleistung „Zander iot-Mobility" mit den dazu passenden Ladestationen. Damit können etwa Flottenbetreiber und Gewerbebetriebe ihren Kunden und Mitarbeitern individuelle Tarife und Konditionen zum Tanken an ihren Ladepunkten offerieren und die geladene Energie transparent abrechnen – im Fachjargon heißt dies „eichrechtskonforme Abrechnung". So sparen sich die Unternehmen viel Zeit für die komplexen Konfigurationen der Ladestationen.

Austausch mit Kunden

Für den App-Store des Unternehmens entwickeln die Teams zudem alle zwei Wochen neue Tools, die auf den Auswertungen regelmäßiger Kundenfeedbacks basieren. So wissen die Beschäftigten genau, welche Bedürfnisse die Kunden haben und wie sie sie am besten bedienen können. Auf diese Weise ist auch eine Reservierungsfunktion für bestimmte Artikel im Onlineshop entstanden, denn ein Kunde hatte angefragt, ob es eine solche Möglichkeit gebe. Eine derart kundenorientierte Vorgehensweise macht die Kunden glücklich — und somit auch J.W. Zander.

J.W. Zander GmbH & Co. KG
79108 Freiburg
https://zander-freiburg.zander.online
Beschäftigte (D): über 200
Handel

Geschäftsführender Gesellschafter
Patrick R. Egloff

Karl Marbach GmbH & Co. KG

Innovative Werkzeuglösungen

Ob Lebensmittel oder Süßwaren, Pharmazeutika oder Kosmetik – für jedes Produkt muss es auch eine passende Verpackung geben. Die Karl Marbach GmbH & Co. KG in Heilbronn stellt die dafür benötigten Stanzwerkzeuge her. Dabei ist höchste Präzision gefragt. Die Innovationen des 1923 gegründeten Unternehmens treffen den Nerv der Kunden, denn der Werkzeugbauer weiß genau, was die Verpackungsindustrie benötigt. So gehören Innovationserfolge bei dem Mittelständler zum täglichen Geschäft ganz einfach dazu. Und das schon seit 100 Jahren.

Beim Stanzen von großen Verpackungen kommt es auf die Präzision und die Performance eines Werkzeugs an. Aber nicht nur: Vor allem beim Stanzen großer Formate, beispielsweise von größeren Lebensmittelschachteln oder Getränkeverpackungen, spielt neben der Präzision des Werkzeugs auch das Handling bei der Verpackungsherstellung eine bedeutende Rolle. Daher entwickelte Marbach jüngst unter dem Namen „solidplate|alu" ein neues Stanzwerkzeug, das Ende 2022 auf den Markt kam. Dieses Werkzeug besteht aus einem speziellen Werkzeugkern und zwei Deckschichten aus Aluminium.

Mehr Arbeitserleichterung

„Die ‚solidplate|alu' ist ein modernes Präzisionswerkzeug, das neben seinen technischen Vorteilen rund 30 % weniger wiegt als vergleichbare herkömmliche Werkzeuge. Das Gewicht ist bei großen Formaten ein sehr bedeutender Faktor, denn ein komfortableres Handling bedeutet für die Anwender eine erhebliche Arbeitserleichterung", sagt der Geschäftsführer Bernd Klenk, der das Unternehmen gemeinsam mit Peter Marbach, Stefanie Schier und Markus Britsch leitet.

Stanzen 4.0

Doch nicht nur von den neuen Produkten des Mittelständlers, sondern auch von seinen Geschäftsmodellinnovationen können die Kunden profitieren. So haben die Stanzwerkzeugexperten aus Heilbronn in Baden-Württemberg für Verpackungshersteller unter dem Namen CONNECT|M eine neue Systemlösung entwickelt, die Maschine, Werkzeug und Anwender digital miteinander verbindet und Echtzeitdaten des Stanzprozesses liefert. Dies geschieht durch den Einsatz einer speziellen Software, kombiniert mit intelligenten Hardwarekomponenten wie Kameras, Sensoren und QR-Codes. Mit dieser Innovation lässt sich die Produktionsperformance bei der Verpackungsherstellung messen und optimieren. Damit gelingt die Transformation vom analogen zum digitalen Stanzprozess. Unter der Überschrift „Stanzen 4.0" steht CONNECT|M für die umfassende Digitalisierung der industriellen Produktion. Und damit schreibt die Karl Marbach GmbH & Co. KG ihre Erfolgsgeschichte weiter.

Karl Marbach GmbH & Co. KG
74080 Heilbronn
www.marbach.com/de
Beschäftigte (D): über 200
Druck/Papier/Verpackung

Die Geschäftsführer

Kiesel GmbH

Ein Herz für Baumaschinen

Bagger und Radlader, Abbruch- und Raupenfahrzeuge – seit 65 Jahren dreht sich bei der Kiesel GmbH alles um Baumaschinen. Mit den neuesten 3-D-Systemen für die Maschinensteuerung und einem außergewöhnlichen Produktportfolio im Zero-Emission-Bereich ist das Familienunternehmen auch für die Zukunft gut aufgestellt. Dank eines dynamischen Innovationsklimas steuern die Beschäftigten regelmäßig kreative Ideen und Verbesserungsvorschläge bei. Und auch beim Top-Management steht das Thema Innovation an erster Stelle.

An mehr als 50 Standorten in Europa ist die Kiesel GmbH mit ihren 1.200 Beschäftigten heute vertreten. Zusätzlich zum Handel mit Baumaschinen inklusive der entsprechenden Serviceleistungen entwickelt und baut die Tochterfirma KTEG auch Baumaschinen in Kleinserie und nach Kundenwunsch. Dabei steuern die Mitarbeiter mit Begeisterung und auf unkomplizierte Weise eigene Ideen bei: Sie können sich entweder an ihre Führungskraft wenden oder direkt an die Geschäftsführung. „Trotz unserer Größe konnten wir uns das agile Verhalten des Familienbetriebs aus unserer Anfangszeit bewahren“, sagt der Geschäftsführer Maximilian Schmidt.

Freiraum für Ideen

„Agilität“ ist das Stichwort, wenn es bei Kiesel darum geht, einen gelungenen Einfall zu verwirklichen: Als ein junges Entwicklerteam die Idee für einen batteriebetriebenen Bagger hatte, dauerte die Realisierung gerade mal ein halbes Jahr. Bald wird der Bagger vom Weltkonzern Hitachi in Serie produziert – ein Erfolg, der ohne Freiräume und kurze Entscheidungswege gar nicht möglich gewesen wäre. Wertschätzung und Vertrauen schaffen ein hervorragendes Betriebs- und Innovationsklima, sodass sich Schmidt keine Sorgen um „Kiesel-Nachwuchs“ machen muss: Aktuell bildet Kiesel 120 Auszubildende aus. Seit 2017 verbindet das jährliche Handbuch „Mein Kiesel“ die Mitarbeiter der 50 Standorte. Darin wird die Unternehmensstrategie transparent für alle Mitarbeiter kommuniziert: für das nächste Jahr, in drei und in sieben Jahren. Das Motto der Kiesel GmbH kommt dort besonders anschaulich zur Geltung, es lautet: „Zusammen sind wir besser.“

Innovation auf Kundenwunsch

Die dynamische Entwicklung des Unternehmens erfordert auch von der Geschäftsleitung ständige Lernbereitschaft und Aufmerksamkeit für neue Trends. 45 % ihrer Arbeitszeit investierte sie 2022 in Weiterbildung und Recherche. „Seit 65 Jahren dreht sich bei uns alles um die Wünsche unserer Kunden“, sagt Schmidt. „Und auf diese Wünsche wollen wir weiterhin bestens vorbereitet sein.“ Mit ihren gelungenen Innovationen dürfte es der Kiesel GmbH auch in Zukunft nicht schwer fallen, ihre Kunden wunschlos glücklich zu machen.

Kiesel GmbH
88255 Baienfurt
www.kiesel.net
Beschäftigte (D): über 200
Handel/Hersteller

Geschäftsführer
Maximilian Schmidt,
Kathrin Kiesel
und Harald Thum

TOP 100

Kunststofftechnik Schmid GmbH & Co. KG

Alles aus einem Guss

Ob edle Armaturen im Autocockpit oder komplexe Bauteile für Haushaltsgeräte, die Medizintechnik und die Industrie: Die Spritzgussteile der Kunststofftechnik Schmid GmbH & Co. KG sind in vielen Bereichen im Einsatz. Das Unternehmen hat sich auf komplexe Bauteile aus mehreren Komponenten spezialisiert. Einen Innovationserfolg erzielte es etwa mit der Erweiterung seines Angebots um den Servicepunkt „Entwicklung". In einem fruchtbaren Innovationsklima gedeihen kreative Ideen, die den Mittelständler nachhaltig voranbringen.

Bis 2015 produzierte das Unternehmen mit seinen hochmodernen Anlagen jährlich bis zu 250 Millionen Teile. „Ab 2016 haben wir unser Know-how genutzt und damit eine eigene Entwicklungsabteilung aufgebaut", erläutert der Geschäftsführer Eugen Schmid. Und der Erfolg gibt dem Mittelständler recht: „Heute greifen die Kunden hauptsächlich auf unsere Entwicklungskompetenzen im Bereich automatisierter Inline-Fertigungslinien in Verbindung mit komplexester Produkt- und Prozessentwicklung zurück", sagt er.

Wissen als Service

Dabei ist vor allem fundiertes Wissen auf dem Gebiet der Mehrkomponententechnik gefragt, bei der mehrere Kunststoffe im gleichen Arbeitsgang auf derselben Anlage verarbeitet werden. „Wir können zum Beispiel in einem Prozess ein Gehäuse mit Displayscheibe und einer integrierten Dichtung fertigen", erklärt der zweite Geschäftsführer Matthias Schmid. Durch die Erweiterung des Geschäftsmodells „Wissen als Service" ist das Unternehmen nun auch für bislang unerschlossene Branchen attraktiv. Mit einem Kunststoffprodukt zur Diagnostik beschreitet die Firma weiter den Erfolgsweg der eigenen Entwicklung. Am Markt eingeführt ist der Artikel noch nicht, aber der Erfolg spiegelt sich bereits in den Produktionszahlen des Unternehmens wider.

Nachhaltige Mitarbeiterideen

Durch die veränderten Prozesse gab es auch bei den Mitarbeitern viele neue Ideen, aber auch Gesprächsbedarf. „Wir wollten erreichen, dass alle sich einbringen können", betont Matthias Schmid. „Deshalb haben wir einen Kreativraum etabliert, der täglich allen Mitarbeitern offensteht. Hier trifft sich die Belegschaft, wenn sie Anregungen oder Ideen hat, vom Manager bis zum Produktionsmitarbeiter." Und diese Ideen können nachhaltige Wirkung erzielen: „Vor zwei Jahren haben wir zum Beispiel durch den Vorschlag eines Mitarbeiters 10 % unseres gesamten Stromverbrauchs eingespart", erzählt Schmid. Gewusst wie – das kann man der Kunststofftechnik Schmid GmbH & Co. KG aus dem baden-württembergischen Waldachtal auch in diesem Fall attestieren.

Kunststofftechnik Schmid GmbH & Co. KG
72178 Waldachtal
www.kunststofftechnik-schmid.de
Beschäftigte (D): 51 bis 200
Chemie/Kunststoff

Geschäftsführer
Eugen und Matthias Schmid

Leonhardt e. K.

Patentierter Ideenreichtum im Spritzguss

Mikroformate und Fliegengewichte, hauchdünne Materialplatten und spiegelglatte Oberflächen: Die Experten der Leonhardt e. K. loten im Spritzguss die Grenzen des Machbaren im aus. Vor 60 Jahren gegründet, ist das Unternehmen inzwischen eine feste Größe im innovativen Formen- und Werkzeugbau. Die systematische Suche nach neuen Ideen ist Teil der erfolgreichen Open-Innovation-Strategie des Mittelständlers. Im Rahmen eines fruchtbaren Innovationsklimas sorgen die Mitarbeiter dafür, dass diese Ideen auch Realität werden.

Ob Zwei-Komponenten-Keramikspritzguss oder die Verarbeitung des hitzebeständigen sogenannten Übergangmetalls Wolfram: Etliche fertigungstechnische Meilensteine des Geschäftsführers Dr. Wolfgang Leonhardt und seines 22-köpfigen Teams sind gleichzeitig patentierte Innovationen. „Unser Unternehmen verfügt über zehn nationale und internationale Patente", erzählt Dr. Leonhardt. Mit ein Grund für die hohe Innovationskraft sind die Freiräume für die Suche nach neuen Ideen, die sich Geschäftsführer und Mitarbeiter gleichermaßen nehmen.

Ideen Wirklichkeit werden lassen

Diese Freiräume werden genutzt, um etwa Fachmessen wie die Ausstellung für Metallbearbeitung oder die Fachmesse für Kunststoffverarbeitung zu besuchen. „Das sind jedes Jahr Pflichttermine für unsere Mitarbeiter, wo sie nach Anregungen für den eigenen Arbeitsbereich suchen sollen", erklärt Dr. Leonhardt. Eine Idee der Vertriebsabteilung wurde bereits realisiert: Bipolarplatten für Wasserstoffbrennstoffzellen. Da die Katoden und Anoden in diesen Zellen durch Oxidation angegriffen werden, sucht die Forschung nach neuen, günstigeren Alternativen zum Standardmaterial Platin. Leonhardts inzwischen zum Patent angemeldete Lösung könnte den Markt revolutionieren. Offen für Neues zeigte sich das Unternehmen auch bei der Finanzierung und beantragte die Innovationsförderung des Landes Baden-Württemberg, um so erste Spritzgusswerkzeuge für Bipolarplatten entwickeln zu können.

Jeder bringt sich ein

Um den Erfolg des Hochdorfer Mittelständlers beständig fortzuführen, setzt sich die gesamte Belegschaft engagiert ein. Die selbstständige Suche nach neuen Lösungen fördert der Geschäftsführer Dr. Leonhardt deshalb bewusst durch flache Hierarchien. „Verbesserungsvorschläge werden bei uns meistens mündlich und ohne Umwege direkt bei der Geschäftsführung eingereicht", erzählt er. Die Erfolgsquote dieser Methode gibt ihm recht: 2021 steuerten 70 % seiner Mitarbeiter Vorschläge bei, davon konnten 80 % verwirklicht werden. Das sind sehr gute Voraussetzungen dafür, dass weitere Ideen der Leonhardt e. K. auch in Zukunft patentierte Wirklichkeit werden.

Leonhardt e. K.
73269 Hochdorf
www.leonhardt-gravuren.de
Beschäftigte (D): bis 50
Metallverarbeitung

Geschäftsführer
Dr. h.c. Wolfgang Leonhardt

MCD Elektronik liefert weltweit komplexe Test- und Automatisierungstechnik. Kunden aus Automobil-, Luftfahrt-, Medizin-, Energie- und Haushaltstechnik lassen ihre Testsysteme von dem Mittelständler entwickeln und fertigen.

MCD Elektronik GmbH

★★★★★★

Mehr Freizeit für höhere Produktivität

Eine moderne Smart Factory benötigt jede Menge Messdaten. Die müssen nicht nur erhoben, sondern auch kontrolliert und verarbeitet werden. Spezialisiert auf solche Mess- und Prüfsysteme ist die MCD Elektronik GmbH mit Sitz im baden-württembergischen Birkenfeld. Sie bietet kundenspezifische Komplettlösungen. Dabei geht sie immer mit der Zeit und widmet sich Zukunftsthemen wie künstlicher Intelligenz und Augmented Reality. Viele Freiheiten sollen die Kreativität der Belegschaft anregen.

Wichtig ist dem Geschäftsführer Bruno Hörter, dass sich die Mitarbeiter im Unternehmen wohlfühlen. Und dass sie im Gespräch mit Kollegen oder auch bei freier Beschäftigung zu neuen Projekten inspiriert werden. Gemütliche Sitzgelegenheiten, Kicker, Basketballkorb und ein eigenes Fitnessstudio regen die Kreativität an. Angespornt wird der Wettbewerb um die besten Ideen auch dadurch, dass man bei innovativen Mitarbeiterideen den „MCD Innovation Hero" kürt.

Sechs-Stunden-Arbeitstage

Während der Coronapandemie wurden die Arbeitsprozesse neu strukturiert: Statt ursprünglich acht Stunden arbeitet die Belegschaft in zwei Schichten jetzt nur noch sechs Stunden pro Tag. „Die Produktivität ist messbar besser, als wir dachten", resümiert der Business Development Manager Labib Feidy. Organisatorisch gebe es zwar Hürden, doch insgesamt habe sich das neue Arbeitsmodell bewährt. Und rund 80 % der Mitarbeiter nutzen es. Die reduzierten Arbeitszeiten machen die MCD Elektronik GmbH attraktiv für junge Fachkräfte. Gleichzeitig sorgen die verkürzten Arbeitstage dafür, dass das Personal die Projekte zielgerichtet bearbeitet und neue Ideen rasch realisiert werden. Bewährt hat sich auch das Konzept, dass die Projektteams zusammensitzen und nicht mehr jede Abteilung für sich. „Das hat vieles flexibler und einfacher gemacht", berichtet Labib Feidy. In Workshops wird an Qualität, Kommunikation und Lieferzeit gearbeitet. Auf diese Weise konnten die Projektabläufe deutlich optimiert werden.

Stillstand vermeiden

Der Mittelständler hat seinen Innovationsprozess gut ausbalanciert: Regelmäßige Seminare mit Kunden und Partnern sorgen dafür, dass Bedürfnisse früh erkannt werden und in neue Produkte resultieren. Die Ideen werden im Führungsteam bewertet und anschließend anhand einer Roadmap zügig realisiert, der Ideengeber darf die Projektleitung übernehmen. So werden etwa mithilfe von künstlicher Intelligenz Messsysteme geschaffen, die mittels Auswertung von Daten Alarm schlagen können, lange bevor eine Maschine ausfällt. Das vermeidet teuren Stillstand. So will MCD Elektronik Mess- und Steuerungssysteme schaffen, die die Zukunft voraussehen.

MCD Elektronik GmbH
75217 Birkenfeld
www.mcd-elektronik.de
Beschäftigte (D): 51 bis 200
Mess-/Prüftechnik

Business Development Manager
Labib Feidy

montratec GmbH

★★

Dank smarter Intralogistik fit für die Zukunft

Das Monoschienen-Transportsystem der montratec GmbH ist besonders flexibel und spart Platz. Diese Vorteile betonen die Vertriebler im Gespräch gern konkret bezogen auf den Bedarf potenzieller Kunden. Anregungen dafür bekommen sie in Videos, die die Firmen auf ihren Websites oder in den sozialen Medien veröffentlichen. Da diese Videos den Vertriebsmitarbeitern oft einen direkten Einblick in die Werkhallen der Firmen erlauben, lassen sich Vertriebsgespräche individuell vorbereiten. Eine Strategie, mit der man schon große Kunden für sich gewinnen konnte.

Dass das Transportsystem auf einer Schiene mit den elektrisch betriebenen Shuttles zuverlässig und platzsparend funktioniert, reicht dem Geschäftsführer der montratec GmbH, Sven Worm, nicht: „Unser Ziel ist es, als Firma 20 Patente zu erhalten", betont er. 5 nationale Patente und 3 internationale Patente sind es bereits, weitere sind aktuell beantragt. Auf allen Ebenen wird im Unternehmen daran gearbeitet, neue Funktionen für das Transportsystem zu entwickeln und gleichzeitig neue Geschäftsfelder zu erschließen.

Genaue Produktkenntnisse als Schlüssel

Alles fängt schon bei der Einarbeitung neuer Kollegen an: Sie unterstützen zuerst in der Produktion, danach durchlaufen sie alle Abteilungen im Haus. „Vor allem für unsere Vertriebsmannschaft ist es wichtig, dass sie unser Produkt wirklich gut kennt", erläutert der Geschäftsführer. Nur so könne man die Kunden von den Produktvorteilen überzeugen. Anregungen vonseiten der Kunden sind bei montratec jederzeit willkommen. Konkrete Kundenwünsche versucht die Firma stets zeitnah zu erfüllen. Doch nicht nur der enge Austausch mit ihren Kunden bringt sie weiter – auch die Zusammenarbeit mit Wissenschaftlern: Gemeinsam mit dem Fraunhofer-Institut entwickelt das Unternehmen derzeit beispielsweise ein Schienensystem für die Batterieproduktion. In regelmäßigen Innovationsworkshops werden dafür Ideen gesammelt und kanalisiert. Damit die Projektkosten nicht aus dem Ruder laufen, steuert das Management die einzelnen Entwicklungsschritte mithilfe eines Stage-Gate-Prozesses.

Zertifikate belegen das Qualitätsniveau

Zur Organisation einer Innovation gehört es bei dem Mittelständler auch, dass er sich immer wieder in verschiedenen Bereichen zertifizieren lässt. Das sichert die Qualität nach innen und demonstriert sie nach außen. Ein jährliches Umsatzwachstum von 25 % bis 40 % in den vergangenen Jahren zeigt, dass diese Qualität auch die Kunden überzeugt. Und montratec möchte schließlich zu den Großen der Branche aufschließen. Die Belegschaft von derzeit 140 Beschäftigten soll deshalb bis zum Jahresende 2023 um rund 10 % steigen.

montratec GmbH
78078 Niedereschach
www.montratec.de
Beschäftigte (D): 51 bis 200
Anlagen-/Maschinenbau

Geschäftsführer
Sven Worm

Mosca GmbH

★★

Fortschritt durch intensive Kooperationen

Innovative Technologien einführen, noch bevor sie am Markt etabliert sind – das sieht die Mosca GmbH als ihre DNA an. Dabei greift der Spezialist für Umreifungsmaschinen und Transportsicherung in Waldbrunn in Baden-Württemberg gern auf Partner wie Universitäten und auf die Expertise von Unternehmenspartnern und Start-ups zurück. So kann der Mittelständler auch besondere Anforderungen seiner Kunden erfüllen. Häufig setzt er dabei ganz neue Maßstäbe in der Nachhaltigkeit seiner Verpackungslösungen.

Damit das auch künftig so bleibt, entwickelt die Firma ihre Maschinen kontinuierlich weiter. Das schließt die Erweiterung neuer Features ein und die Optimierung von Fertigungsverfahren hinsichtlich Innovation, Effizienz und Nachhaltigkeit. Dafür arbeitet man beispielsweise mit einem Partner aus dem Schwarzwald zusammen. „Auf diese Weise generieren wir Kunststoffteile in kleinen Stückzahlen aus dem 3-D-Drucker, die wir für unsere Maschinen benötigen, weil sie das Kunststoffband in der Maschine führen. Mithilfe der additiven Fertigung konnten wir neue Geometrien entwickeln und bekommen so die Möglichkeit, Bänder einzusetzen, die Material einsparen", sagt Dr. Johannes van der Beek, Group Director R&D.

Dank KI Herausforderungen früh erkennen

Vor allem auf eine intensive Kooperation mit innovativen Kunden legt der Mittelständler Wert. Gemeinsam entwickelt man zukunftsweisende Lösungen, etwa aus biologisch abbaubarem Kunststoff. Vertriebsabteilungen wie der Bereich Aftersales werden eng in neue Projekte eingebunden, denn gerade er spielt bei den stark automatisierten Prozessen der Kunden eine große Rolle. Mithilfe von Start-ups auf den Gebieten künstliche Intelligenz und Data-Mining versucht die Mosca GmbH außerdem, Probleme ihrer Maschinen zu erkennen, schon bevor sie auftreten. So kann eine vorausschauende Wartung einen ungeplanten Stillstand während der Produktion verhindern.

Aktuelle Trends stets im Blick

Parallel dazu arbeitet die Firma an den Zukunftsthemen Vernetzung und Digitalisierung. Auch bewährte Maschinen werden etwa mit Ultraschalltechnologie ausgerüstet, um effizienter zu arbeiten und Energiekosten zu senken. Dieser permanente Blick auf Trends und Kundenwünsche sorgt für ein stetiges Umsatzwachstum, stolze 27 Gesellschaften weltweit und für Patente. Dank eines guten Gespürs für Trends ist auch das neueste Projekt entstanden: Weil die Kunden Verpackungsmaterial einsparen wollen, hat man ein Testzentrum als „TechCenter" eingerichtet. Dort kann die Zuverlässigkeit der neuen Verpackungen bei turbulenten Transporten geprüft werden und so die Nachhaltigkeit des Materials ohne einen Mangel an Transportsicherheit vorangebracht werden.

Mosca GmbH
69429 Waldbrunn
www.mosca.com/de-de
Beschäftigte (D): über 200
Anlagen-/Maschinenbau

Group Director R&D
Dr. Johannes van der Beek

Die MPDV Mikrolab GmbH mit Hauptsitz in Mosbach ist Marktführer bei IT-Lösungen für die Fertigung. Außerdem bietet sie Produkte und Dienstleistungen im Bereich Manufacturing-Execution-Systeme an.

MPDV Mikrolab GmbH

★★★★

Erfolgreicher Aufruf zu Coffee-Dates

Auf ihrem Weg zur Smart Factory brauchen Fertigungsunternehmen nicht nur die passenden IT-Lösungen für die digitale Transformation, sondern auch Beratung und Trainings. Die MPDV Mikrolab GmbH bietet alles aus einer Hand. Neben dem ursprünglichen Manufacturing-Execution-System hat die Firmengruppe mit 500 Beschäftigten auch eine Planungssoftware und eine Integrationsplattform für Anwendungen von Partnerunternehmen geschaffen.

Die neuen Geschäftsfelder von MPDV Mikrolab sind das Ergebnis festgelegter Prozesse, in denen Ideen generiert und zu marktreifen Produkten weitergeführt werden. So trifft sich die Belegschaft alle zwei Jahre an einem externen Ort zu Teamtrainings: Gemeinsam mit einem Coach sammeln die Mitarbeiter mittels der Welt-Café-Methode Anregungen und diskutieren sie in kleinen Gruppen. Bis zu 1.500 Vorschläge resultieren aus solchen „Ausflügen". Zusätzlich gibt es einen offiziellen Briefkasten für neue Ideen.

Langfristige Perspektive

Verschiedene Gremien wie der Lenkungsausschuss oder der Quality-Circle achten darauf, dass die Ideen zu wirtschaftlichen und marktkompatiblen Produkten weiterentwickelt werden. So hat man beispielsweise passend zur Steuerungssoftware „MES Hydra X" IT-Lösungen für bestimmte Branchen konzipiert und den Kern der Software als Manufacturing-Integration-Platform extrahiert. Außerdem bietet MPDV dazu Trainings an, damit die Kunden die Software auch optimal ausnutzen können. Häufig arbeiten die Abteilungen standortübergreifend oder in gemischten Teams zusammen. So entsteht ein Gemeinschaftsgefühl, und es können unterschiedliche Sichtweisen einfließen, was häufig kreative Ideen hervorbringt. Daneben steht die Prozessoptimierung im Fokus: Dank der Verbesserungsvorschläge aus dem Team konnten die Produktionskosten in den vergangenen drei Jahren um volle 8 % gesenkt werden.

Wachstum seit mehr als 30 Jahren

Stolz sind die vier Geschäftsführer von MPDV Mikrolab darauf, dass das Unternehmen in den vergangenen 30 Jahren keinerlei Umsatzeinbrüche hatte und sich auch in Krisenzeiten im schnelllebigen Markt gut behaupten konnte. Und es möchte weiter wachsen: 80 ausgeschriebene Stellen bestätigen den Innovationserfolg. Auch bei den Ausschreibungen geht das Unternehmen mit Sitz im ländlichen Mosbach neue Wege. So wurden Firmenwagen mit Aufforderungen zur Bewerbung bedruckt und Coffee-Dates zum niederschwelligen Kennenlernen veranstaltet – und mit beiden Maßnahmen konnten viele neue Mitarbeiter gewonnen werden.

MPDV Mikrolab GmbH
74821 Mosbach
www.mpdv.com
Beschäftigte (D): über 200
IT-Entwicklung/-Beratung

Die Geschäftsführung

„Unsere IT-Lösungen müssen zuverlässig und einfach im Handling sein."

Prof. Dr. Jürgen Kletti und **Nathalie-Lorena Kletti**
Geschäftsführer

Ihre Branche ist besonders schnelllebig. Was ist Ihrer Meinung nach am wichtigsten, um passende Innovationsideen entwickeln zu können?
Ganz wichtig ist es, den Markt und die Bedarfe der Kunden zu beobachten. Die Fertigungsindustrie ist teilweise etwas konservativ, da Maschinen oft Jahre oder sogar Jahrzehnte alt sind. Da müssen wir unsere Produkte an die Realität anpassen. Und wenn man eine Fertigungs-IT eingeführt hat, kann man sie nicht mehr beliebig wechseln. Aus diesem Grund müssen unsere IT-Systeme langlebig sein und zuverlässig laufen. Sie müssen einfach zu verstehen und zu bedienen sein, und sie müssen die Probleme der Kunden lösen. Wir haben viele Leute mit viel Erfahrung bei uns im Unternehmen. Sie sorgen dafür, dass aus den vielen Ideen sehr schnell sinnvolle Projekte abgeleitet werden, die das erfüllen.

Wie fördert Ihr Research & Innovation Manager neue Geschäftsideen?
Unsere Firma ist aus einer Zwei-Mann-Show entstanden. Heute haben wir rund 500 Mitarbeiter, und jemand muss das Thema Innovation verantworten und fokussiert betreuen. Der Research & Innovation Manager darf und soll Ideen generieren, er treibt aber auch die anderen dazu an. Die Kolleginnen und Kollegen sollen sich umsehen: Welche Neuerungen, Schlüsselthemen und Trends gibt es am Markt? Wo könnten wir noch etwas tun? Der Innovation Manager ist dafür verantwortlich, dass wir unsere Produkte und Dienstleistungen immer wieder so justieren, dass sie auf die Bedarfe passen. Und er achtet auch darauf, dass die regelmäßigen Strategiesitzungen tatsächlich stattfinden. Wir vier Geschäftsführer ziehen uns zweimal im Jahr gemeinsam mit dem Innovation Manager zurück und beschäftigen uns nur mit Strategie. Er trägt Informationen dafür zusammen und bringt die Themen auch immer wieder auf den Tisch. Es lohnt sehr, sich diese Zeit zu nehmen.

Welche Rolle spielen Kooperationen für Sie?
Eine sehr große. Wir arbeiten mit verschiedenen Universitäten zusammen, indem wir Bachelor- und Masterarbeiten betreuen, kleine Forschungsaufträge vergeben und von den Erkenntnissen profitieren. Zudem haben wir schon vor Jahren eine Plattform für den Austausch mit unseren Kunden geschaffen. Inzwischen heißt sie „Smart Factory Society“. Dort erfahren wir, welche Wünsche oder Probleme unsere Kunden haben.

Wie wichtig die Bedürfnisse der Kunden für die Innovationsgenerierung der MPDV Mikrolab sind, erklären **Prof. Dr. Jürgen Kletti** und **Nathalie-Lorena Kletti.**

MÜNZING CHEMIE entwickelt, produziert und vermarktet Additive und Wachse für Lacke und Farben und hat Produktionsstätten in Europa, USA, Asien und Australien. Der Technologie- und Verwaltungshauptsitz der MÜNZING Gruppe ist in Abstatt.

MÜNZING CHEMIE GmbH

Neue Geschäftsfelder dank eigener Business-Unit

Innovation lag schon dem Firmengründer der heutigen MÜNZING CHEMIE GmbH in Abstatt in Baden-Württemberg im Blut. Als Erstem in Deutschland gelang ihm 1830 die industrielle Produktion der wichtigen Schwefelsäure. Als die Nachfrage irgendwann nachließ, nutzte er seine Expertise zur Herstellung von Seifen und Stearinsäure. Dr. Michael Münzing fühlt sich dieser Tradition verpflichtet. Seine überzeugte Haltung: „Ich will immer als Pionier vorn mit dabei sein. Lieber verbrenne ich mir einmal die Finger und lerne daraus."

Das Unternehmen stellt verschiedene Entschäumer, Trennmittel und andere Additive her, etwa für Lacke oder Farben. Um den weltweit 613 Beschäftigten noch mehr Freiheiten für neue Ideen zu gewähren, hat das Top-Management eigens die Business-Unit „Innovation" ins Leben gerufen. Hier forscht die Belegschaft jenseits des Alltagsgeschäfts an neuen Geschäftsfeldern. „Unsere Produkte können auch woanders funktionieren", sagt der Geschäftsführer Dr. Michael Münzing. In diesem Zusammenhang identifiziert das Team derzeit neue potenzielle Kunden und Branchen.

Verkürzter Produktionsprozess

Gleichzeitig wird in den „Technical Reviews" regelmäßig über Verbesserungsmöglichkeiten in der Produktion diskutiert. Vorschläge dafür können alle Mitarbeiter einbringen. Das führte zum Beispiel dazu, dass ein Produktionsprozess von drei auf eineinhalb Tage verkürzt werden konnte. Ermöglicht wird das durch ein neues Produktionsleitsystem, das den Produktionsprozess über Nacht kontrolliert. Dank der guten Vorschläge aus dem Team konnte außerdem die Energierückgewinnung um einiges optimiert werden: Während des Abkühlvorgangs wird die Wärme jetzt zum Erhitzen anderer Flüssigkeiten genutzt. Aus dem Vertrieb werden ebenfalls häufig Wünsche der Kunden an das Team herangetragen. „Wir motivieren unsere Belegschaft, Vorschläge zu machen", ergänzt der zweite Geschäftsführer Malte Koffka. „Sehen das Team und wir gute Chancen für ein neues Produkt, wird es sehr schnell in die Produktion überführt."

In Nachhaltigkeit investieren

Früh investierte die MÜNZING CHEMIE in Nachhaltigkeit. So wird etwa das 2014 bezogene Verwaltungszentrum in Abstatt energiesparsam durch Erdkollektoren gekühlt und im Winter wiederum durch Sonnenlicht gewärmt. Münzing regte auch an, dass bis 2024 die gesamte Fahrzeugflotte auf Elektroautos umgestellt und zumindest zum Teil per Photovoltaikanlage versorgt wird. Bis 2035, so hat es das Top-Management festgelegt, soll außerdem die Produktion CO_2-neutral sein. Ein schon vor drei Jahren aufgebautes Nachhaltigkeitsteam kümmert sich engagiert darum, dass man diese Ziele planmäßig erreicht.

MÜNZING CHEMIE GmbH
74232 Abstatt
www.munzing.com/de
Beschäftigte (D): über 200
Chemie/Kunststoff

Geschäftsführer
Dr. Michael Münzing
und Malte Koffka

TOP 100

TOP 100
TOP 100
TOP 100
TOP 100
TOP 100
TOP 100
TOP 100
TOP 100
TOP 100
TOP 100
TOP 100
TOP 100
TOP 100
TOP 100
TOP 100
TOP 100
TOP 100

Neura Robotics GmbH

★★

Mittler zwischen Mensch und Maschine

Angesichts steigender Produktionskosten setzt die Industrie zunehmend auf Automatisierung. Dabei gelten Roboter als unverzichtbar. Die Neura Robotics GmbH revolutioniert die Welt der Robotik mit ihren kognitiven Robotern – Maschinen mit menschlichen Zügen, die auf sensorische Reize reagieren können und von der intelligenten Fertigung bis zur Medizintechnik ein breites Anwendungsfeld finden. Der Mittelständler holt Forschungseinrichtungen und viele weitere Partner ins Boot, um Kräfte zu bündeln und Innovationen zu schaffen.

David Reger, Gründer und Geschäftsführer des 2019 gegründeten Start-ups mit Sitz in Metzingen, erklärt: „Unsere interaktiven Roboter verarbeiten sensorische Reize wie Sehen, Hören und Tasten und reagieren auf neue Situationen, ohne vorher darauf programmiert werden zu müssen – sie sammeln eigenständig Erfahrungen und entwickeln vorhandene Fähigkeiten weiter." Ihren Anwendern erspart dies komplexe und kostspielige Sicherheitsvorkehrungen, die Leistungseinbußen bewirken können.

Fortschrittliche Führung

Die Bilanz nach nur vier Jahren kann sich sehen lassen: Das Portfolio umfasst verschiedene intelligente Roboterassistenten, die eine Vielzahl von Applikationen ermöglichen, Aufträge über mehr als 400 Mio. Euro sind bisher eingegangen, die Belegschaft mit Experten für Hardware, Software, Steuerung und künstliche Intelligenz hat sich seit der Gründung verzehnfacht und soll sich bis Ende 2024 erneut verdoppeln. Reger und sein Führungsteam haben allein im Jahr 2021 4,3 Mio. Euro in diverse Projekte mit Innovationsbezug investiert. Sie implementieren agile Prozesse für die Entwicklungsteams, bauen Fortbildungsmöglichkeiten aus und organisieren interne und externe Innovationstage, die Raum für Kreativität schaffen. Für den Erfolg des innovationsfördernden Top-Managements sprechen eine Reihe nationaler Patente sowie der in kurzer Zeit erlangte hohe internationale Bekanntheitsgrad der noch jungen Marke „Neura Robotics".

Außenorientierung als Dreh- und Angelpunkt

„Open Innovation bildet einen wesentlichen Bestandteil unseres Innovationsmanagements", betont David Reger. Das Unternehmen wirkt an zahlreichen externen Forschungsprojekten mit, und es setzt auf Scoutingmaßnahmen wie Fachmessen, Konferenzen und verschiedene Onlineplattformen, um neue Impulse zu gewinnen. Zudem ist ein Netzwerk im Aufbau, das den Grundstein für eine robuste zukunftsorientierte und vielfältige Gemeinschaft industrieller und anderweitiger Partner legen soll. „So bündeln wir Know-how und Expertise aus den unterschiedlichsten Quellen, um gemeinsam wegweisende Ideen und Konzepte hervorzubringen."

Neura Robotics GmbH
72555 Metzingen
www.neura-robotics.com
Beschäftigte (D): 51 bis 200
Automatisierungs-/Verfahrenstechnik

Geschäftsführer
David Reger

Die Optimags – Dr. Zimmermann GmbH ist im Anlagenbau, in der Mess- und Regeltechnik und in der Lizenzvermittlung tätig. Spezialisiert hat sie sich auf Beschichtungen im pharmazeutischen und kosmetischen Bereich.

Optimags — Dr. Zimmermann GmbH

Effiziente Verfahren für Pharma und Kosmetik

Bei medizinischen Therapien wie der Schmerzbehandlung, aber auch in der Kosmetik kommen oral auflösbare Filmstreifen und transdermale Pflaster zum Einsatz, deren Produktion auf ultrapräzisen Beschichtungsmaschinen erfolgt. Die Optimags – Dr. Zimmermann GmbH hat sich als Weltmarktführer bei den Maschinen für die pharmazeutische Industrie positioniert. Das Innovationsmanagement ist direkt im Top-Management angesiedelt. Ein zusätzlicher Innovationstreiber ist die umfassende Außenorientierung des Mittelständlers.

„Wir bieten unseren Kunden die gesamte Technologiepalette an: von der Formulierung des Produkts bis zu den jeweils benötigten Beschichtungsmaschinen, die wir ausschließlich in Deutschland herstellen. Eine solche Kombination ist im Markt einzigartig“, erklärt Dr. Laura Obermaier, die Geschäftsführerin des inhabergeführten Familienunternehmens.

Optimierte Herstellungsprozesse

Im Top-Management verantwortet die Gründergeneration die Bereiche Technik und Vertrieb sowie Finanzen und Verträge. Die Geschäftsführerin Dr. Obermaier initiiert als zweite Generation Innovationen in der Produktion. Geht es um Prozessinnovationen, ist grundsätzlich das gesamte Top-Management involviert und bezieht dabei Mitarbeitende aus den betreffenden Abteilungen mit ein. So nehmen bei Bedarf Kollegen aus dem Vertrieb, dem Einkauf, der Konstruktion und der Montage an Besprechungen teil und tragen so zu Innovationen bei. Der Erfolg gibt dieser Vorgehensweise recht: Mit einer der jüngsten Prozessinnovationen bei den Herstellungsmaschinen konnte der Betrieb die Konstruktions- und die Produktionszeiten stark verkürzen. Mit diesen Prozessinnovationen können nun mehr Aufträge mit gleicher Personalstärke bearbeitet werden. Und dennoch leidet Optimags unter Fachkräftemangel.

Expansion in die Kosmetikbranche

Reaktionen vonseiten der Kunden erhält der Mittelständler meistens über den Vertrieb. Gibt es vermehrt Berichte zu ähnlichen Aspekten, veranlasst das innovationsfördernde Top-Management eine Optimierung. Und auch in puncto Expansion zahlt sich die stringente Außenorientierung aus: Als der Betrieb plante, zusätzlich zur Pharmabranche in die Kosmetikbranche zu expandieren, bezog er ein externes Consulting mit ein. Inzwischen liegt die Marktzulassung für das erste kosmetische Produkt vor. Über den Verband der Familienunternehmen nimmt der Hersteller das Angebot wahr, andere Mitgliederfirmen zu besichtigen. Interessante Erkenntnisse aus dem Erfahrungsaustausch fließen dann auch in Innovationsprojekte ein. Insgesamt stehen alle Zeichen auf Erfolg. Und so feiert die Karlsruher Optimags dieses Jahr bereits ihr 25-jähriges Firmenjubiläum.

Optimags — Dr. Zimmermann GmbH
76149 Karlsruhe
www.optimags.de
Beschäftigte (D): bis 50
Anlagen-/Maschinenbau

Geschäftsführer
Dr. Laura Obermaier

TOP 100	TOP 100	TOP 100	TOP 100	TOP 100
TOP 100	TOP 100	TOP 100	TOP 100	TOP 100
TOP 100	TOP 100	TOP 100	TOP 100	TOP 100
TOP 100	TOP 100	TOP 100	TOP 100	TOP 100
TOP 100	TOP 100	TOP 100	TOP 100	TOP 100
TOP 100	TOP 100	TOP 100	TOP 100	TOP 100
TOP 100	TOP 100	TOP 100	TOP 100	TOP 100

Paradiso Systeme GmbH

Trainings für erfolgreiche Kundendialoge

Klar definierte Verantwortungsbereiche und gut strukturierte Prozesse unterstützen bei der Paradiso Systeme GmbH ein erfolgreiches Innovationsmanagement. Der Hersteller von Poolüberdachungen strebt bei jedem Einsatz die Weiterempfehlung des Kunden an, indem das innovationsfördernde Top-Management auch seine Monteure zu Repräsentanten des Unternehmens macht. Für einen erfolgreichen Kundendialog erhalten alle Mitarbeiter spezielle Trainings. Die Innovationsprozesse erfolgen von der ersten Idee bis zum Prototyp unabhängig vom Tagesgeschäft.

Der ambitionierte Mittelständler aus Baden-Württemberg hat ein breites Sortiment schienenloser Poolüberdachungen entwickelt, die optional mit solarbetriebenen Motoren per Smartphone-App bedienbar sind. Bei Paradiso bekommt der Kunde alles aus einer Hand: individuelle Beratung durch kompetente Fachberater in der Werksausstellung und direkt am Pool, die Planerstellung und die firmeneigene Produktion sowie die Montage in ganz Europa durch eigene Monteure. Dabei liegt das Innovationsmanagement des Familienunternehmens in den Händen des Top-Managements und ist systematisch organisiert.

Konsequentes Innovationsmanagement

„Wir investieren stets in neueste Technologien sowie in Qualitäts- und Sicherheitsstandards, um den Kunden ausschließlich Spitzenprodukte von besonderer Qualität zu bieten“, sagt der Gründer und Geschäftsführer Karlheinz Fels. Die strategischen Investitionen zahlen sich aus: Alleinstellungsmerkmale, zum Beispiel Überdachungen mit echtem Verbundsicherheitsglas und ohne Bodenschienen, überzeugen vor allem auch nachhaltig orientierte Kunden, weil die Produkte für einen jahrzehntelangen Einsatz gedacht sind. Das Entwicklungsteam der Paradiso Systeme GmbH setzt sich aus dem Top-Management und Ideengebern aus den verschiedenen Firmenbereichen zusammen und agiert unabhängig vom operativen Geschäft. Innovationsideen werden erst im Hinblick auf Alleinstellungsmerkmale sowie die Patent- oder Schutzfähigkeit geprüft, bevor sie im Idealfall weiterverfolgt werden. Fertige Prototypen lässt das Unternehmen vor der Serienreife außerdem über Jahre umfassend testen.

Vorbereitung auf Vor-Ort-Einsätze

Auch die Mitarbeiter leisten einen wertvollen Beitrag zu den Innovationsprozessen. „Das Team ist die wichtigste Ressource, um Bestleistungen zu vollbringen. Daher fördern wir permanent fachliches Know-how und ein kompetentes Auftreten“, sagt der zweite Geschäftsführer Carsten Fels. „Alle unsere Mitarbeiter erhalten gezielte Trainings, die den service- und dialogorientierten Einsatz bei den Kunden auch vor Ort sichern. Nach dem Einsatz füllen die Teams einen Report aus, in den sie Rückmeldungen eintragen. So bekommen wir wertvolle Impulse für die Innovationsarbeit.“

Paradiso Systeme GmbH
77743 Neuried-Altenheim
www.paradiso.tv
Beschäftigte (D): bis 50
Baugewerbe/Handwerk

Geschäftsführer
Carsten und
Karlheinz Fels

Peter Huber Kältemaschinenbau ist einer der führenden Anbieter von hochgenauen Temperierlösungen für Forschung und Industrie. Die „Tangofabrik“ ist der Hauptsitz des Offenburger Mittelständlers.

Peter Huber Kältemaschinenbau SE

★★★★★★★★★★★

Hochgenaue Temperierlösungen

Laboratorien, Technikumsanlagen und Produktionsverfahren benötigen hochgenaue Temperiertechnik. Die Unternehmensgruppe Peter Huber Kältemaschinenbau SE in Offenburg ist weltweit Technologieführer auf diesem Gebiet und zugleich Branchenpionier in puncto Nachhaltigkeit. Die Innovationsstrategie ist auf ein dauerhaft hohes Innovationstempo ausgerichtet. Ein wichtiger Innovationstreiber ist die Außenorientierung, die in Form zahlreicher Kooperationen und Forschungsprojekte den Innovationserfolg des Mittelständlers prägt.

„Wir erreichen durch Investitionen in die Infrastruktur immer kürzere Innovationszyklen", sagt der Vorstandsvorsitzende Daniel Huber. Zugleich haben nachhaltig ausgerichtete Betriebsstandorte und Produkte Priorität. Der Firmengründer Peter Huber setzte schon in den 1970er-Jahren natürliche Kältemittel ein. Viel Wert legt das Familienunternehmen auch auf eine hohe Ausbildungsquote und komfortable Arbeitsbedingungen für die Mitarbeiter: „Schließlich benötigen wir auch Manpower, um die PS auf die Straße zu bringen", sagt Daniel Huber.

Forschungs- und Entwicklungspartnerschaften

Heute kommen die Innovationen in unzähligen Branchen zum Einsatz. So ermöglichen sie zum Beispiel in der Automobilindustrie Forschungsprojekte, Testreihen und Qualitätskontrollen, aber auch Umweltsimulationen oder Stress- und Belastungstests. Als Innovationstreiber erweisen sich die Kooperationen mit externen Entwicklungspartnern. So prüft der Mittelständler in gemeinsamen Forschungsprojekten mit der Hochschule Offenburg oder der TWK Karlsruhe Innovationsideen im Hinblick auf ihre Machbarkeit. Erfolgreiche Entwicklungspartnerschaften mit Original-Equipment-Manufacturer-Kunden und Systempartnern verdeutlichen ebenfalls die starke Außenorientierung der Firma. Maßgeblich für die Innovationsstärke ist zudem der intensive Kundendialog, etwa über einen internationalen Anwenderclub. Jährlich empfängt die Peter Huber Kältemaschinenbau SE circa 1.000 Besucher am Hauptsitz in Offenburg. Eine Quelle für die Resonanz aus nationalen Märkten ist der Ausbau von Tochtergesellschaften.

Dynamisches Umsatzwachstum

Auch während der Coronapandemie zählte diese Innovationsschmiede zu den Marktgewinnern: Inzwischen setzen alle Vakzinhersteller ihre Produkte ein. Allein in diesem Bereich generierte Peter Huber Kältemaschinenbau 2022 rund 45 % Wachstum. 60 % der neuen Produkte aus den vergangenen drei Jahren erzielen heute 75 % des Gesamtumsatzes. „Wir müssen nicht die Größten sein, aber die Besten", sagt Daniel Huber und bringt damit die hohen Ansprüche auf den Punkt.

Peter Huber Kältemaschinenbau SE
77656 Offenburg
www.huber-online.com
Beschäftigte (D): über 200
Anlagen-/Maschinenbau

Vorstandsvorsitzender
Daniel Huber

Die PINK GmbH Thermosysteme produziert Vakuum-Lötanlagen, Sinteranlagen, Anlagen für die Trocknungs- und Prozesstechnik und Niederdruck-Plasmaanlagen.

PINK GmbH Thermosysteme

Anlagen für die Technologien von morgen

In Zukunftsmärkten wie E-Mobility und Energiemanagement sind höchst präzise arbeitende Anlagen zum Löten und Sintern gefragt. Die PINK GmbH Thermosysteme verzeichnet Innovationserfolge als Weltmarktführerin für Vakuum-Lötanlagen. Ihre kundenspezifischen Innovationen basieren auf zukunftweisenden technologischen Standards. Dank einer konsequenten Außenorientierung und der Vertriebsaktivitäten des Top-Managements fließen wertvolle Impulse in die Innovationsprojekte ein.

Das Top-Management agiert in Vertriebsprojekten als Bindeglied zwischen den Kunden und der internen Entwicklungsarbeit. Damit ist die Stimme der Kunden auch maßgebend für die Innovationsprozesse. Regelmäßig stellt der Technologieführer neue Mitarbeiter ein, um sich für neue Projekte die nötigen Kapazitäten zu sichern. Das Ziel seiner Innovationsstrategie ist es, die Marktführerschaft der Vakuum-Lötanlagen auch für weitere Produktlinien zu erreichen.

Wertvolle Kooperationen

Als Sonderanlagenbauer kooperiert das Familienunternehmen natürlich intensiv mit seinen Kunden. Aber auch ganz generell ist die Innovationsarbeit bei PINK von einer starken Außenorientierung geprägt: Kooperationen mit Prozesslieferanten, Instituten und Universitäten tragen dazu bei, die jeweils besten Ergebnisse für die kundenspezifischen Anlagen zu erzielen. „Kooperationen sind häufig der Schlüssel zu unseren größten Markterfolgen", sagt die geschäftsführende Gesellschafterin Andrea Pink. Mittels einer systematischen Analyse von Markt- und Technologietrends identifiziert und bewertet man außerdem die eigenen Innovationspotenziale. Ein weiterer Fokus liegt auf dem Umweltmanagement: „Wir legen sehr viel Wert darauf, die Umwelt zu schonen und ökologische Faktoren zu berücksichtigen. Deshalb engagieren wir uns kontinuierlich für umweltfreundliche Produktionsprozesse", berichtet Andrea Pink.

Skalierbare Systeme

Die konsequente Entwicklungsarbeit zahlt sich für die PINK GmbH aus: Innovative Produkte und Dienstleistungen haben einen ganz wesentlichen Anteil am Umsatz. Zu den jüngsten Innovationserfolgen zählt zum Beispiel eine modulare Vakuum-Durchlauflötanlage, die aufgrund ihres modularen Aufbaus skalierbar ist und sich flexibel an die Erfordernisse der Kundschaft anpassen lässt. Und eine weitere Innovation, das kompakte Sintersystem „SIN20" für vakuumgestütztes Sintern, unterstützt die Kunden bestens auf ihrem Weg zur neuen Generation von Hochleistungsbauelementen – ganz im Zeichen der Technologien von morgen.

PINK GmbH Thermosysteme
97877 Wertheim
www.pink.de
Beschäftigte (D): 51 bis 200
Anlagen-/Maschinenbau

Geschäftsführerin
Andrea Pink

PRECISIS GmbH

Gehirnstimulation der nächsten Generation

Wenn Medikamente Patienten nicht weiterhelfen, sind wirksame Alternativen gefragt. Die Precisis GmbH in Heidelberg hat sich somit auf die Entwicklung innovativer Medizingeräte spezialisiert. Initiator von Innovationen wie dem weltweit ersten minimal-invasiven Gehirnschrittmacher ist das engagierte Top-Management. Ein innovationsfreundliches Klima erlaubt den Teammitgliedern zudem ein hohes Maß an Agilität. Und für die Organisation und das dynamische Projektmanagement wurde ein Innovation-Manager benannt.

„Wir arbeiten mit einem vorrangig akademischen Team zusammen, welches sich aus Medizinern, Biologen, Pharmaberatern, Physikern, Ingenieuren, Wirtschaftsexperten und Psychologen zusammensetzt. Jeder von ihnen hat zwar seinen eigenen Charakter, was uns aber alle eint, ist, dass jeder auf seinem Gebiet der Beste ist“, berichtet die Geschäftsführerin Dr. med. Angela Liedler, die stolz ist auf ihre vielfältige Belegschaft und das gute Innovationsklima in ihrem Start-up.

Hohe Motivation durch individuelle Freiräume

Den größten Erfolg seiner Kompetenz und Agilität verzeichnete das Unternehmen Ende 2022 mit der Zulassung und der CE-Zertifizierung des Gehirnschrittmachers EASEE zur Behandlung von fokalen Epilepsien nach nur sieben Jahren Entwicklungsarbeit. Schon bei der Auswahl neuer Teammitglieder achtet das engagierte Top-Management stets auf starke Persönlichkeiten, die sich gern aktiv einbringen. Freiräume wie flexible Arbeitszeiten oder Homeoffice tragen dazu bei, dass sich alle Mitarbeitenden individuell organisieren und optimal auf ihre Aufgaben fokussieren können. Besondere Erfolge werden mit entsprechenden Boni honoriert. Die hohe Motivation zeigt sich etwa an Ergebnissen wie den erweiterten Funktionen für den Gehirnschrittmacher oder Algorithmen, die dem Einsatz in KI-Systemen dienen. Die innovativen Prozesse koordiniert ein Innovation-Manager innerhalb einzelner Projektgruppen, für die er die Supervision und das Projektmanagement übernimmt. Im Fokus steht hier die Ausgestaltung agiler, kostenorientierter Prozesse.

Innovationsförderndes Top-Management

Der Impuls für die jüngst zertifizierte Innovation ging von Dr. med. Angela Liedler aus. Gemeinsam mit dem CTO Michael Tittelbach, der für den technologischen Teil verantwortlich ist, initiierte sie den Innovationsprozess. „Bei diesem Gehirnschrittmacher handelt es sich um ein Medizinprodukt der Klasse 3. Normalerweise benötigt die Zulassung eines solchen Produkts mindestens zehn Jahre. Durch die Agilität unseres Teams kann diese Weltneuheit schon nach sieben Jahren auf den Markt kommen. Mit dem Zulassungsverfahren in den USA wollen wir den nächsten Meilenstein setzen“, betont die Geschäftsführerin.

PRECISIS GmbH
69117 Heidelberg
www.precisis.de
Beschäftigte (D): bis 50
Medizintechnik

Geschäftsführerin
Dr. med. Angela Liedler

Probst GmbH

Nachhaltig zur Baustelle der Zukunft

Mehr Nachhaltigkeit für das Bauwesen – das ist das Ziel der Probst GmbH: Der Weltmarktmarktführer bei Greif- und Verlegetechnik entwickelt Innovationen für eine ergonomische Verarbeitung von Baustoffen. Seit er Teil einer Holding ist, nutzt das Top-Management das Konzept „Scaling up für Start-ups" von Verne Harnish, um die internen Prozesse wachstumsorientiert zu modellieren. Im innovationsfreundlichen Klima des Familienunternehmens können die Beschäftigten eigene Ideen entfalten.

Die gesamte Firmengruppe ist seit 2020 klimaneutral. Entwicklungsthemen wie Verringerung von Lärmemissionen, Ressourcenschonung und Nachhaltigkeit der Prozesse sind für die weltweit fast 200 Beschäftigten nicht Zukunft, sondern schon Gegenwart. So entstand mit der Innovation „VM-301-GREENLINE" die weltweit erste vollelektrisch angetriebene Pflasterverlegemaschine, die ein abgasloses Arbeiten und ein nahezu geräuschloses Verlegen von Pflastersteinen ermöglicht.

Ganzheitliches Prozessverständnis

Das Innovationsmanagement wird koordiniert vom Forschungs- und Entwicklungsleiter und dem Leiter des Produktmanagements. Als Basis dient ein „Project-Gates-Process". Der Geschäftsführer Eric Wilhelm sagt dazu: „Wir haben es uns zur Aufgabe gemacht, jedem Mitarbeiter ein Prozessverständnis zu vermitteln, das über die einzelnen Projektphasen hinaus den gesamten Produktlebenszyklus im Blick behält." Dabei erhalten die Bereichsleiter intensivere Einblicke, damit sie zugleich als Multiplikatoren agieren können. Alle drei Monate können die Beschäftigten zudem an den Quartalszielen mitwirken und erhalten dafür eine kleine Sachprämie oder in besonderen Fällen einen finanziellen Bonus. Eine firmenweite digitale Ideenplattform motiviert die Mitarbeiter zusätzlich dazu, ihre Ideen und Verbesserungsvorschläge einzubringen.

Verantwortungsvoll zu mehr Effizienz

Auszubildende werden von Probst mittels eines jährlichen Azubi-Projekts gefördert. Ein Beispiel dafür ist das 2021 gestartete Azubi-Nachhaltigkeitsprojekt. Dabei analysierten die Azubis die internen Prozesse und entwickelten auf dieser Basis Nachhaltigkeitskonzepte. Nach einer der abschließenden Präsentation budgetierte die Führungsriege vier Projekte, die die Azubis seither in Eigenregie realisieren. Bei der internen Organisation hat das Top-Management die Entscheidungskompetenzen effizient auf mehreren Ebenen angesiedelt. „Dank dieser neuen Innovationsprozesse konnten wir die Zeit, die für kundenspezifische Entwicklungen benötigt wird, inzwischen massiv verkürzen", unterstreicht Eric Wilhelm.

Probst GmbH
71729 Erdmannhausen
www.probst-handling.com/de
Beschäftigte (D): 51 bis 200
Anlagen-/Maschinenbau

Geschäftsführer
Eric Wilhelm

ProMinent GmbH

Mit viel Ausdauer zum Ziel

In chemischen Betrieben dominieren komplexe Verfahren, die nicht unterbrochen werden dürfen, die eine hohe Personalverfügbarkeit erfordern und die sicher sein müssen. Die ineinander verzahnten Abläufe zu steuern und zu überwachen verursacht eine wachsende Datenflut. Wenn es um innovatives Chemikalienmanagement geht, ist die ProMinent GmbH in Heidelberg mit ihren rund 700 Beschäftigten die richtige Ansprechpartnerin. Denn sie liefert die nötige smarte Verknüpfung vernetzbarer Komponenten.

Die Bereitstellung von Wasser hat einen hohen gesellschaftlichen Stellenwert. Dieser Bedeutung ist sich die ProMinent GmbH bewusst und stellt über 80 Applikationen für Trinkwasser, Abwasser und Wasseraufbereitung her. Pioniergeist und Begeisterung sind der Antrieb des Familienunternehmens, das 1968 durch die Entwicklung der weltweit ersten elektronischen Magnetdosierpumpe bekannt wurde. Aus dem Produkt leitet sich auch der Firmenname ab. „Es ist Teil unserer DNA, innovative Lösungen mit sehr viel Ausdauer zu entwickeln und marktreif zu machen“, erläutert Andreas Zühlcke, der Vice President Product Management & Marketing.

Prozessuale Verzahnung und trotzdem Freiraum

Das Top-Management bringt sehr viel Investitionsbereitschaft mit und denkt langfristig. Kurze Entscheidungswege sorgen für schnelle Freigaben. „Dabei ist die Interaktion zwischen Menschen ebenso wichtig wie das Festlegen systematischer Prozesse“, betont Zühlcke. In der Grundlagenentwicklung kümmert man sich um neue Produkte und Technologien. Außerdem sind innovative Produkte und Features wiederum Teil jedes einzelnen Produktbereichs. Seit 2019 gibt es die Business-Unit Digitalisierung, die räumlich eigenständig arbeitet, sodass maximale kreative Freiheit gegeben ist. Parallel dazu hat man aber auch „ringfenced Taskforce-Teams“ geschaffen, um die verschiedenen Gewerke, etwa die Produkt-, die App- und die IIoT-Entwicklung, miteinander zu verzahnen.

Vernetzte Gesamtlösung

Daraus ist ein komplett digitales Fluidmanagement entstanden: Alle benötigten Produkte, von der Pumpe über die Mess- und Regeltechnik bis zur mobilen App, sind als Gesamtlösung aufeinander abgestimmt und miteinander vernetzt. Messdaten, beispielsweise der Chlorverbrauch in einem Schwimmbad, können weltweit über eine sichere IIoT-Plattform abgerufen werden. Auf diese Weise können Anlagenbetreiber in der Wasser- und Abwassertechnik, Chemikalienhändler und Dienstleister auf dem Gebiet der Desinfektion über die Cloudplattform beliebig viele Standorte mit Pumpeninstallationen überwachen, bedienen und versorgen – und das alles in Echtzeit.

ProMinent GmbH
69123 Heidelberg
www.prominent.de
Beschäftigte (D): über 200
Anlagen-/Maschinenbau

Vice President Product Management & Marketing
Andreas Zühlcke

Reinhardt GmbH

Nähe zum Kunden wirkt als Innovationstreiber

Ob Industrieöfen, Wärmebehandlungs- und Beschichtungsanlagen oder Slush- und Rotomoulding-Anlagen – die Reinhardt GmbH mit Sitz in Villingen-Schwenningen zählt zu den weltweit tätigen Marktführern bei wärmetechnischen Lösungen bis 650 °C, getreu dem Motto: „Weil Wärme wirkt.“ Der Mittelständler punktet mit einem sehr fruchtbaren Umfeld für Innovation, etwa mit einer überzeugenden Außenorientierung und einem hervorragenden Innovationsklima. Zudem steht die Kundenorientierung im Fokus des Unternehmens.

„Für den Kunden heute schon an morgen denken“, so lautet die Devise des Anlagenbauers. Bei ihm verbinden sich Tradition und Innovation zum messbaren Erfolg für den Kunden. Denn aus seiner langjährigen Erfahrung sind Innovationskraft und Konstruktionsstärke erwachsen und werden bewusst weiter ausgebaut. In diesem Umfeld entstehen Teamgeist, Engagement und Eigenverantwortung. Und auf der Basis trägt jeder einzelne Mitarbeiter zum Unternehmenserfolg bei – die betriebsältesten gehören seit mehr als vier Jahrzehnten zur Belegschaft.

Mitarbeiter und Kunden als Partner

Bei jedem Innovationsprojekt ist es wichtig, früh die Akzeptanz der Mitarbeiter einzuholen. „Nur wenn sie die Verbesserungen aus eigener Erfahrung nachvollziehen können, ist die Entwicklung nachhaltig“, sagt der Geschäftsführer Dr. Gerhard Bosch und beschreibt damit das Innovationsklima des Unternehmens. Die Geschäftsleitung persönlich prüft die Verbesserungsvorschläge aus der Belegschaft. Bis zu einem gewissen Punkt laufen die Innovationsprozesse bewusst auch unkontrolliert ab, denn Probieren ist erlaubt. Viel Wert legt man auf die Nähe zum Anwender. So ist die Firmenkultur geprägt von einem partnerschaftlichen Vertrauensverhältnis zum Kunden. Ihm gilt vom ersten Gespräch bis zum fertigen Projekt die volle Aufmerksamkeit. „Unsere Hauptinnovationen entstehen durch Impulse von außen. Sie kommen von den Kunden, aber auch von den Lieferanten“, sagt Bosch. Die Zusammenarbeit ist wertschätzend, qualitäts- und kostenbewusst und führt zu konstruktiven und wirtschaftlichen Lösungen.

Wärmetechnik für einen breiten Markt

In diesem Umfeld gedeihen auf 6.600 Quadratmetern nach individueller Konzeption ausgereifte wärmetechnische Systemlösungen für eine moderne und effiziente Industrieproduktion. Das dahinterstehende Ziel ist stets, den Energiebedarf und den CO_2-Fußabdruck zu reduzieren. Die Reinhardt GmbH bedient ein breites Marktsegment, es reicht von der Luft- und Raumfahrtindustrie über die Kunststoffverarbeitung bis zur Dialysegeräteherstellung. „Wir sind keine Nischenbranche. Uns braucht man bei allen Prozessen“, erklärt der Geschäftsführer.

Reinhardt GmbH
78048 Villingen-Schwenningen
www.reinhardt.gmbh
Beschäftigte (D): 51 bis 200
Anlagen-/Maschinenbau

Geschäftsführer
Dr. Gerhard Bosch

remoso GmbH

★★★★

Viele neue Mobilitätskonzepte

Mobilität ist ein menschliches Grundbedürfnis. Die Automobilbranche, die seit Jahren im Wandel ist, erhält Unterstützung von der remoso GmbH in Ravensburg: Sie begleitet Autohersteller und Autohäuser, Mobilitätsdienstleister und Fuhrparkmanager mit entsprechenden Plattformen und Dienstleistungen bei der Realisierung digitaler Angebote. Der Mittelständler hat dank der Neuausrichtung des Top-Managements in nur wenigen Monaten die Transformation vom reinen IT-Systemhaus hin zum Lösungsanbieter für moderne Mobilitätsthemen geschafft.

Junge Führungskräfte wollen oft gar keinen Dienstwagen mehr, sondern lieber ein Mobilitätspaket, das ein Elektrofahrrad oder bei Bedarf ein Car-Sharing-Modell beinhaltet. Damit haben sich auch die Anforderungen an einen Firmenfuhrpark geändert. „Wir haben unsere vorhandene Plattform angereichert, damit Fuhrparkmanager als moderne Mobilitätsdrehscheibe agieren können", erklärt Jan Brandt, seit Sommer 2021 neuer Geschäftsführer bei remoso.

Innovation als Führungsaufgabe

Schon seit Jahren entwickelt das Unternehmen Softwarelösungen, Plattformen und Dienstleistungen für die Mobilität der Zukunft. Der Fokus liegt auf der Ausarbeitung innovativer Nutzungs- und Sharingkonzepte für Fahrzeugflotten sowie auf der Implementierung von übergreifenden Mobilitätsplattformen für Firmen und Städte. Das Top-Management sieht Innovationsmanagement als Führungsaufgabe an und hat daher die Innovationsprozesse und -strukturen angepasst. Auf diesem Weg wurde auch die 35-köpfige Belegschaft mitgenommen. Intern sind neue Managementsysteme und Arbeitsstrukturen entstanden durch die Schaffung von „One-Teams". So arbeiten die Beschäftigten aus der IT-Entwicklung, aus dem Vertrieb und Marketing sowie aus dem operativen Geschäft jetzt bereichsübergreifend zusammen. Das Ergebnis: mehr Durchlässigkeit und eine stärkere Vernetzung.

Mobilitätskonzepte noch nicht ausgereizt

„Wir wollen mehr sein als ein Systemzulieferer, die IT ist dabei nur eine Facette", beschreibt Jan Brandt die Neuausrichtung des Unternehmens. Konkret bedeutet dies, dass remoso Geschäftsmodelle des Kunden entwickelt und die Realisierung begleitet, kombiniert mit einem agilen Projektvorgehen. Während Leistungsauslieferungen früher bis zu drei Monate dauerten, hat sich die Time-to-Market nun auf vier Wochen reduziert. Aber die Möglichkeiten für neue Mobilitätskonzepte sind noch längst nicht ausgereizt. „So lassen sich über die Plattform auch neue Mobilitätsmodelle abbilden — ob es nun um die Nutzung von Cars und Bikes für die Dauer von nur Stunden geht oder um eine Langzeitmiete", erklärt Jan Brandt. Man darf also gespannt sein, was remoso noch alles ausbrütet.

remoso GmbH
88213 Ravensburg
www.remoso.com
Beschäftigte (D): bis 50
IT-Entwicklung/-Beratung

Geschäftsführer
Jan Brandt

Rüdinger Spedition GmbH

Methodenkompetenz schafft Mehrwert

Ideen brauchen Raum – und Platz ist reichlich vorhanden im baden-württembergischen Hohenlohe oder, wie Roland Rüdinger hinzufügt, „in the middle of nowhere". Er ist Geschäftsführer der Rüdinger Spedition GmbH, die mit ihrem selbst ausgebildeten, jungen Personal nur so vor Ideen sprudelt. Dank eines fruchtbaren Innovationsklimas bringen sich alle Abteilungen in die Suche nach neuen Ideen ein, sodass sich das inhabergeführte mittelständische Unternehmen in einem preisaggressiven Wettbewerbsumfeld behaupten kann.

„Bei uns darf jeder Vorschläge machen – auch der Chef", sagt Roland Rüdinger schmunzelnd und bringt damit das Innovationsklima der Rüdinger Spedition auf den Punkt. Innovation sei wie Fahrradfahren: Wie es geht, lasse sich schwer erklären. Bei dem Transportdienstleister ist die ideensprühende Atmosphäre hausgemacht: Gelegen im schönen Hohenlohe, kann der Mittelständler kaum auf qualifizierte Arbeitskräfte zurückgreifen, sodass er sie kurzerhand selbst ausbildet. Das Durchschnittsalter der Mitarbeiter liegt bei knapp 30 Jahren.

Kundenportal statt stapelweise Papier

Seiner jungen Belegschaft muss der Geschäftsführer nicht lange erklären, welche Vorteile es bringt, das papierlastige Transportgeschehen weitestgehend zu digitalisieren. So wickelt die Spedition sämtliche Aufträge über ein Webportal ab. Kunden können darüber Preise anfragen, Aufträge erteilen und Sendungen verfolgen. Sie bekommen eine Packmittelübersicht, und zurzeit wird ein CO_2-Rechner integriert, der den Schadstoffausstoß des Transports von Ladungen ermittelt, aber auch von Stückgut – „eine komplett andere Datenwelt", erklärt Rüdinger. Sein Unternehmen bewegt sich in einem wenig innovationsfreundlichen Wettbewerbsumfeld. So setzt sich in europaweiten Ausschreibungen in der Regel der günstigste Anbieter durch. Der Mittelständler aus Hohenlohe setzt mit Qualität und Mehrwert dagegen.

Breitgefächerte Methodenkompetenz

Um Innovationen zu fördern, richtete die Geschäftsführung regelmäßige KVP-Runden ein. Digitale Coachs begleiten das Shopfloor-Management im KVP-Prozess und geben den zwölf Teamleitern Tipps, wie sie die Kreativität in ihren Gruppen fördern können. So baut das Unternehmen flächendeckend Methodenkompetenz für Innovationsprozesse auf. Roland Rüdinger: „Warum soll nur die Geschäftsführung das Privileg eines Coachings genießen?" Firmenweit werden vier Fünftel der eingereichten Verbesserungsvorschläge realisiert. Sie tragen entscheidend zu dem jährlichen Umsatzwachstum von 20 % mit überproportionalem Gewinnanstieg bei.

Rüdinger Spedition GmbH
74238 Krautheim
www.spedition-ruedinger.de
Beschäftigte (D): über 200
Verkehr/Logistik

Geschäftsführer
Roland Rüdinger

Safetec GmbH

Kraftwerkrückbauer mit künstlicher Intelligenz

Aufräumen als Kerngeschäft: Während die Safetec GmbH in Heidelberg bisher mit Arbeitnehmerüberlassungen für den sicheren Betrieb von Kernkraftwerken sorgte, hat sie sich nun deren Rückbau verschrieben. Für das Top-Management bedeutet das umzudenken. Mit zahlreichen patentierten Innovationen verfolgt die E.ON-Tochter jetzt das Ziel, so viel Abbaumaterial wie möglich der Kreislaufwirtschaft zuzuführen. Neben dem ressourcenschonenden Umgang mit Material ist die Schnelligkeit ein wesentliches Kriterium des Mittelständlers.

Zwar ist der Ausstieg aus der Kernenergie mittlerweile beschlossen, doch sie wird die Menschen noch über Jahre hinweg beschäftigen. Denn wegen der Radioaktivität können die Gebäude und Anlagen nicht einfach abgerissen werden, sondern müssen Schritt für Schritt sorgsam zurückgebaut werden – mit so wenig radioaktivem Abfall wie nur möglich. In einem Parforceritt wandelte sich das Unternehmen seit 2019 vom Dienstleister für Kraftwerksbetreiber zum innovativen Projektanbieter und wuchs damit bis heute rasch auf mehr als 500 Beschäftigte.

Digitalisierung für die Kreislaufwirtschaft

Das Top-Management schuf die Rahmenbedingungen dafür, dass der Mittelständler der neuen Aufgabe nicht nur gewachsen ist, sondern sich vom Marktführer im reinen Strahlenschutz zur Nummer eins im gesamten Rückbau entwickelt hat. Dabei setzten die Entscheider auf Wachstum, Aus- und Weiterbildung sowie massive Investitionen in Forschung, Entwicklung und Digitalisierung. Mehr als 15 Patente meldete das Unternehmen in den letzten drei Jahren an. Alle geleisteten Innovationen dienen dem ressourcenschonenden Rückbau der Kernkraftwerke in Deutschland. Neue Konzepte und der Einsatz künstlicher Intelligenz beschleunigen den Prozess und helfen, mit Menschen und Material schonend umzugehen. So entwickelte der Heidelberger Kernkraftspezialist zum Beispiel Algorithmen für Freimesskammern: Wie ein Computertomograf tasten Sensoren verbautes Metall Zentimeter für Zentimeter ab, um Radioaktivität exakt zu lokalisieren.

Strategiewechsel sichert Zukunft

Dieses Prinzip wendet der Mittelständler auf ganze Gebäudekomplexe an: Er vermisst die gesamte Struktur und fräst Quadratzentimeter für Quadratzentimeter die Stellen ab, die verstrahlt sind. Früher wäre die komplette Wand zu Abfall worden. Indem sich das Unternehmen als nachhaltiger Rückbauer neu erfunden hat, konnte es damit sein Portfolio erweitern und seine Zukunft sichern. Wenn die Kernkraftwerke in den nächsten Jahren ihr Lebensende erreichen, wird sich der Mittelständler als wichtiger Akteur der Kreislaufwirtschaft längst etabliert haben und dank der Kompetenz, Prozesse zu optimieren und sicherer zu machen, neue Handlungsfelder für sich entdecken.

Safetec GmbH
69123 Heidelberg
www.safetec-hd.de
Beschäftigte (D): über 200
Engineering

Geschäftsführer
Timo Knoll

Safetec agiert seit mehr als 25 Jahren als Projekt-, Beratungs- und Dienstleistungspartner der Kerntechnik und konzentriert sich inzwischen auf den Rückbau von Kernkraftwerken.

Die SBS-Feintechnik gehört zur BURGER GROUP. Sie entwickelt, qualifiziert und produziert kundenspezifische Antriebstechnik, Komponenten und mechanische Kuckucksuhrwerke.

SBS-Feintechnik GmbH & Co. KG

Wo Mitarbeiter „Mitdenker“ heißen

Das Rad neu erfinden? Das ist nicht das Ziel der SBS-Feintechnik GmbH & Co. KG. Was sich der Mittelständler mit Sitz in Schonach in Baden-Württemberg aber sehr wohl auf die Fahne geschrieben hat, ist die stetige Weiterentwicklung des Rads. Seit mehr als 150 Jahren optimiert er seine mechatronischen Antriebslösungen immer wieder aufs Neue. Für seine Kunden bedeutet dies, dass ihre Kuckucksuhren zuverlässig ticken, ihre automatisierten Schiebetüren geschmeidig auf- und zugleiten und ihre Haushaltsgeräte leise surren.

Der Systemlieferant für kundenspezifische Antriebstechnik beschäftigt 370 Mitarbeiter und prägt die führende Marke der BURGER GROUP. Produktvielfalt, eine hohe Fertigungstiefe, ganzheitliche Lösungen, aber auch ein gutes Innovationsklima gehören zur Unternehmensstrategie. Thomas Burger ist der geschäftsführende Gesellschafter und legt viel Wert aufs Detail. „Wir unterstreichen unsere Innovationskraft, indem wir nicht von Mitarbeiterinnen und Mitarbeitern sprechen, sondern von Mitdenkerinnen und Mitdenkern“, berichtet er. Denn genau so, davon ist er überzeugt, fühlen sich die Angestellten der SBS-Feintechnik.

Auf die kleinen Dinge kommt es an

Das mag nur wie ein kleiner Beitrag zu einem Arbeitsumfeld erscheinen, in dem Neuerungen und Weiterentwicklungen gefördert werden. Doch genau darauf kommt es an. „In jedem Produkt, das wir herstellen, steckt eine Innovation. Nichts, was wir fertigen, lässt sich in einem Katalog bestellen“, stellt Burger klar. Daher ist das Unternehmen darauf angewiesen, dass die Mitarbeiter sich bei Projekten mit ihren Ideen und Verbesserungsvorschlägen einbringen. Entsprechend hoch ist der Stellenwert, der dem Innovationsklima eingeräumt wird. Ein Team aus 9 Personen setzt sich täglich damit auseinander, wie sich zukunftsfähige Montagekonzepte entwickeln lassen. Weitere 30 Mitdenkerinnen und Mitdenker sind unmittelbar eingebunden, sobald es an die Realisierung geht. Die eigene Forschung, Entwicklung und Qualifizierung bilden für den Mittelständler eine wesentliche Kernkompetenz für innovative Zukunftsprojekte.

Vom ersten Tag auf Fortschritt eingestellt

Von diesen guten Rahmenbedingungen für kreative Ideen profitieren auch die vielen Auszubildenden im Unternehmen. Egal, ob sie in gewerblich-technische Berufe einsteigen oder über ein Studium an einer dualen Hochschule zur SBS-Feintechnik kommen – das Ziel ist immer, sie für Fortschritt und Innovation zu begeistern. Damit das gelingt, dürfen sie sich vom ersten Arbeitstag an mit verantwortungsvollen Inhalten in Projekte einbringen. So sind sie schon früh viel mehr als „nur“ Mitarbeiter, nämlich Mitdenker.

SBS-Feintechnik GmbH & Co. KG
78136 Schonach
www.burger-group.com
Beschäftigte (D): über 200
Feinwerktechnik

Geschäftsführender Gesellschafter
Thomas Burger

Scantinel Photonics GmbH

Damit Fahrzeuge die richtige Entscheidung treffen

In nicht allzu ferner Zukunft werden Autos und Lastwagen vollständig autonom fahren. Dafür müssen sie das Geschehen auf der Straße für rund zehn Sekunden vorausberechnen können und sämtliche Verkehrsszenarien beherrschen – in Deutschland und auf der ganzen Welt. Die optischen Sensoren der ZEISS-Ausgründung Scantinel Photonics GmbH in Ulm leisten einen entscheidenden Beitrag dazu: Mit ihnen können Fahrzeuge im Straßenverkehr richtige Entscheidungen treffen, obwohl kein Mensch am Steuer sitzt.

Wie das geht? Leistungsstarke Light-Detection-and-Ranging-Sensoren – kurz: LiDAR – sind in der Lage, Entfernungen und Geschwindigkeiten optisch zu messen. „Weltweit gibt es nur eine Handvoll Firmen, die diese frequenzmodulierten Sensoren herstellen. In Europa sind wir die einzige", erklärt der Geschäftsführer Dr. Michael Richter. Scantinel Photonics setzt bei der Entwicklung der neuen LiDAR-Sensoren auf die „Frequency-Modulated Continuous Wave"-Technologie. Dabei werden spezielle optische Komponenten zur Verarbeitung von Lichtimpulsen auf einen Siliciumchip aufgebracht.

Vom Druckerformat auf Chipgröße

„Damit heben wir autonomes Fahren auf ein völlig neues Level", sagt Richter. „Für jedes einzelne Pixel erkennt der Sensor, in welcher Geschwindigkeit und in welche Richtung es sich bewegt. Das war mit den bisherigen Lösungen nicht möglich." Und er wird noch anschaulicher: Bisherige Systeme sind etwa so groß wie ein handelsüblicher Drucker – Scantinel bringt das gesamte LiDAR-System auf einen Chip, der um 90 % kleiner ist. Dafür arbeitet das Unternehmen mit führenden Photonic-Partnern zusammen. Für dauerhaften Innovationserfolg und Wettbewerbsvorsprung kooperiert man zudem mit den führenden First-Tier-Lieferanten der Automobilindustrie. „Wir gehen dabei systematisch vor und halten immer Ausschau nach den Leadern und Visionären in den einzelnen Segmenten. Denn nur sie können diese Systeme überhaupt bauen", sagt der Geschäftsführer Andy Zott.

Mit Zwischenzielen zum Marktführer

Scantinel rangiert bei Patenten im Bereich Photonic weltweit unter den Top Ten, im Bereich Automotive sogar unter den Top Five. „Bislang ist es niemandem gelungen, einen vergleichbaren Photonic-Leistungschip zu bauen", erklärt Richter. Doch solche Erfolge, da ist er sich sicher, lassen sich nur erreichen, wenn sie heruntergebrochen werden auf kleinere Zwischenziele. „Sonst kann es passieren, dass im Lauf der langen Wegstrecke die Motivation nachlässt." Das große Kundeninteresse und die hohe Identifikation der Mitarbeiter mit dem Produkt zeigen, dass Scantinel die richtigen Entscheidungen trifft – ähnlich wie die Fahrzeuge, die dank der Sensoren autonom fahren können.

Scantinel Photonics GmbH
89077 Ulm
www.scantinel.com
Beschäftigte (D): bis 50
Automobilzulieferer/
Fahrzeugbau

Geschäftsführer
Dr. Michael Richter
und Andy Zott

Schmidt & Heinzmann GmbH & Co. KG

★★

Kunden entscheiden aktiv mit

„Wer Weltmarktführer sein will, muss auch ständig aus der Innovationskanone schießen", sagt Matthias Feil, Geschäftsführer der Schmidt & Heinzmann GmbH & Co. KG. Doch niemand kennt den konkreten Bedarf des Markts besser als die eigenen Kunden. Deshalb bindet der Maschinenbauer sie mithilfe von Umfragen konsequent in seine Innovationstätigkeiten ein, um relevante Schwerpunkte festzulegen. So bestimmen die Kunden darüber, was den Namen „Neuerung" wirklich verdient.

Mit dieser Außenorientierung macht Schmidt & Heinzmann in Bruchsal in Baden-Württemberg hervorragende Erfahrungen. So fertigt das Unternehmen seit mehr als einem halben Jahrhundert innovative maßgeschneiderte Produktionsanlagen und Automatisierungslösungen für die faserverstärkte Kunststoffindustrie. Wohin die Reise des Mittelständlers künftig gehen wird, entscheiden Matthias Feil und seine rund 100 Beschäftigten deshalb nicht allein. „Der Kunde definiert die Innovation, nicht wir. Ob ein neues Produkt einen Vorteil oder eine nachhaltige Verbesserung für ihn bringt, kann nur er entscheiden", erklärt Feil.

Umfrageergebnisse fließen in Projekte ein

Nur wenn die Kunden eine Novität akzeptieren, könne ein Produkt erfolgreich sein – so seine Erfahrung. Mit einfach zu handhabenden digitalen Umfragen bezieht man deshalb die Anwender aktiv mit ein. So kann das Unternehmen ihre Schwerpunkte besser berücksichtigen, die Ausrichtung auf die Bedürfnisse sicherstellen und den Anspruch einer kurzen Time-to-Market erfüllen. Dass Feil sich dafür auch etwas in die Karten schauen lassen muss, wenn er seinen Kunden fünf bis sechs konkrete Vorschläge für Innovationsprojekte macht, nimmt er billigend in Kauf. Denn sein Ziel ist ein höheres: „Wir wollen immer die Besten sein und den Abstand zu unseren Mitbewerbern ständig vergrößern. Das schaffen wir, weil wir die Erkenntnisse aus den Umfragen mit unserer Innovationskraft und -geschwindigkeit kombinieren und eine emotionale Verbindung zu den Kunden schaffen", sagt er.

Lieferanten auf dem Prüfstand

Doch nicht nur die Kunden kommen bei Schmidt & Heinzmann zu Wort, sondern auch die Top-Lieferanten. Zweimal im Jahr lädt man sie nach Bruchsal ein, damit sie ihre jüngsten Neuerungen vorstellen können. „Das ist ein probates Mittel, um an der Time-to-Market zu drehen", erklärt Feil. Last, not least ist das Unternehmen eng in nationale und internationale Verbundprojekte integriert, die in den entsprechenden Industriebereichen Grundlagenforschung betreiben. Die Erkenntnisse daraus schaffen dann die Basis für weitere industrielle Innovationen – vorausgesetzt, die Kunden lassen sich dafür begeistern.

Schmidt & Heinzmann GmbH & Co. KG
76646 Bruchsal
www.schmidt-heinzmann.de
Beschäftigte (D): 51 bis 200
Anlagen-/Maschinenbau

Geschäftsführer
Matthias Feil

STARFACE GmbH

★★★

Verbesserungen im Eiltempo

Im Handumdrehen etwas entwickeln, das sich die Kundschaft aktuell wünscht: Das ist schon ziemlich agil. Fortschritt ist, wenn das Angebot bereits vorhanden ist, bevor sich der Bedarf danach konkretisiert. Der dafür notwendige Mix aus Marktgespür, Flexibilität, Schnelligkeit und Technikexpertise prägt sowohl den Innovationserfolg als auch das Innovationsklima der STARFACE GmbH, eines stark wachstumsorientierten Anbieters IP-basierter Businesskommunikationslösungen mit Sitz in Karlsruhe in Baden-Württemberg.

Einige Kunden und Partner des 2005 gegründeten Mittelständlers zählen zu den Unglücksseligen, die der Corona-Lockdown kalt erwischte. Zeitgleich gehören sie zu den Glücklichen, die unmittelbar von der größten Stärke dieses Anbieters für digitale Businesskommunikation und -kollaboration profitierten: Die knapp 160 Beschäftigten leben Innovation in ihrem täglichen Tun. Deshalb statteten sie ihre Klientel mit einer cloudbasierten Telefonanlage inklusive Video- und Chatlösung aus, die auch als App zur Verfügung steht. Damit blieb das Personal nach seinem Umzug vom Arbeitsplatz ins Homeoffice erreichbar. Dies hat in der Zeit der Corona-Lockdowns vielen Kunden die Arbeitsfähigkeit garantiert.

Keine Woche ohne neue Ideen

„Die Kundschaft erhält mit diesem Innovationserfolg unter anderem höhere Flexibilität, Effizienz und meist auch Kosteneinsparungen, je nach Einsatz der skalierbaren und individualisierbaren Lösung", erläutert der Geschäftsführer Florian Buzin und ergänzt: „Permanente Verbesserung hält einfach unseren Marktstandard. Die Softwarebranche ist getrieben von neuen Technologien und kurzen Entwicklungszyklen. Deshalb denken und handeln wir agil. Neue Ideen und ihre Realisierung sind für uns in allen Bereichen Tagesgeschäft." Gemäß des Scrum-Prinzips dauere ein Sprint zur Verwirklichung von kleineren Verbesserungsvorschlägen etwa zwei Wochen. „Größere Optimierungen setzen wir quartalsweise um", sagt Buzin.

Von Erfolgen profitieren alle

Der Weiterentwicklungsgedanke ist fest im Mindset aller Mitarbeiter verankert, das Innovationsklima ist gut, erfolgsorientiert und auf Tempo ausgerichtet. Das betreffe zum einen die Produktentwicklung, denn die sei quasi nie „fertig". Zum anderen wirke sich der Spirit auf alle internen Prozesse aus, da man als Organisation permanent wachse. Erfolge belohne das innovationsfördernde Top-Management kollektiv. Buzin: „Beim Erreichen oder Übertreffen der gemeinsam vereinbarten Monatsziele beteiligen wir alle Mitarbeiter am Unternehmenserfolg. Dies gehört zu unserer Policy. Und die lautet: Wir sind ein Team."

STARFACE GmbH
76137 Karlsruhe
www.starface.com
Beschäftigte (D): 51 bis 200
IT-Entwicklung/-Beratung

Geschäftsführer
Florian Buzin

Storz & Bickel GmbH

Mit Pioniergeist an die Weltspitze

Seit 13 Jahren ist die Storz & Bickel GmbH, Herstellerin von Vaporisierern made in Germany, international unerreichte Marktführerin – und ihr Innovationserfolg dauert an. Zu einem beträchtlichen Teil liegt dies an ihrem innovationsfördernden Top-Management: Das große Commitment der Geschäftsführung färbt auf die rund 170 Beschäftigten ab. Bereichsunabhängig streben sie alle gemeinsam an die Spitzenposition im Markt, indem sie out of the box denken und mit unkonventionellen Produkten Maßstäbe setzen.

Eine einzige Erkenntnis öffnete Markus Storz das Tor zur Weltspitze: Zur Wirkstofffreisetzung muss Cannabis nicht in einem Joint verbrannt werden, denn Verdampfung aktiviert die Cannabinoide des Krauts auf schonendere Weise. Getrieben von Faszination, baute Storz 1996 einen Heißlufterzeuger – und meldete zwei Jahre später in den wichtigsten Staaten Europas und in den USA ein Patent auf seinen ersten Verdampferprototypen an. Heute führt Storz & Bickel zwei Linien von Tisch- und tragbaren Vaporizern: zugelassene Medizinprodukte und Geräte für den Hausgebrauch.

Erfinder durch und durch

„Der abnehmbare Ventilballon ist eine unserer wichtigsten Erfindungen", sagt Jürgen Bickel über das erste Patent der Reihe. 2002 wurde er Partner und teilt sich seither die Geschäftsführung mit Markus Storz. „Der Ballon als Zwischenspeicher für die mittels Heißluft gelösten Wirkstoffe macht den Konsum von medizinischem Cannabis in Dosierung und Wirkung kontrollier-, steuer- und reproduzierbar: Pump- und Volumenleistung sind immer gleich." Ein Meilenstein für Patienten und Ärzte! Zu den weiteren Neuerungen gehören eine vereinfachte, teils digitalisierte Handhabung, umfassende Nutzersicherheit, überwachte Materialqualität und ausgeklügelte Heiztechnik. Die Errungenschaften für Patienten prägen den Innovationserfolg. Jürgen Bickel sagt: „Wir finden immer wieder neue Lösungen, die es so bisher noch nicht gab."

Innovativ im Sinne der Kundschaft

Seit jeher unterstütze die Geschäftsführung persönlich die Entstehung von Neuem, betont Bickel. Klares Ziel: Zufriedenheit der Kundschaft. Einziger Maßstab: deren Bedürfnisse. „Unser Anspruch sind langlebige Produkte und ein guter Service. Wir testen alle unsere Entwicklungen selbst, reisen viel, sprechen mit Partnern und Influencern, prüfen Wettbewerberfabrikate." Alles, um Maßstäbe zu setzen. Seit 2010 führt der Hersteller den europäischen Markt der medizinischen Cannabisinhalation an, zudem unterstützt man die internationale Forschung und Entwicklung dazu. Derzeit befinden sich technische Patente in der Anmeldung. „Pioniere zu sein treibt uns alle an", erklärt Bickel – sein fester Grundstein für künftigen Erfolg.

Storz & Bickel GmbH
78532 Tuttlingen
www.storz-bickel.com
Beschäftigte (D): 51 bis 200
Medizintechnik

Geschäftsführer
Jürgen Bickel

Die tmax Germany GmbH gilt weltweit als anerkannte Spezialistin für die Konzeption und die Produktion von thermischen und akustischen Dämmsystemen für Motorraum und Abgasstrang sowie von Diesel-, Otto-, Elektro- und Brennstoffzellenantrieben.

tmax Germany GmbH

★★★

Commitment auf höchster Ebene

Innovation braucht das richtige Mindset: Bei der tmax Germany GmbH machten der Geschäftsführer Thorsten Thom und der Verantwortliche für das Business-Development Dr. Jesco Gumprecht das Thema zur Chefsache. Dafür haben sie einen Digitalisierungsmanager an Bord geholt und ein Innovationsteam etabliert, mit dem sie intensiv zusammenarbeiten. Außerdem entwickelt der Hersteller von akustischen und thermischen Dämmsystemen Neuerungen nur noch mit dem klaren Fokus auf eine Zukunft ohne Verbrennungsmotoren.

Wenn die Zukunft im Tagesgeschäft untergeht, ist es Zeit für neue Köpfe. So war es auch, als der heutige Geschäftsführer Thorsten Thom 2019 zu diesem Mittelständler kam und das Thema Innovation beherzt anpackte. Er aktivierte nicht nur das Innovationsteam „tbrain", sondern er scannt auch Märkte und Wettbewerber und durchleuchtet innovative Technologien und Produkte. „Ich will die Dinge immer losgelöst vom Tagesgeschäft betrachten", betont Thom.

Wasserstoff als Zukunftsstrategie

Eine klare Innovationsstrategie ist für Thom selbstverständlich. Wichtig sind ihm die Themen Nachhaltigkeit und Dekarbonisierung: „Wir haben hier sehr viel experimentiert. Nach etlichen Ansätzen und auch Sackgassen war klar: Die Wasserstofftechnologie ist unser wichtigstes Zukunftsthema", erläutert Dr. Jesco Gumprecht, der Verantwortliche für die Unternehmensentwicklung. Da der Mittelständler in der Hauptsache Dämmsysteme für Verbrennermotoren herstellt, war eine strategische Erweiterung des Geschäftsmodells zukunftskritisch: „Klar war, es geht weg vom klassischen Verbrennungsmotor. Wir müssen und wollen die beiden Bereiche Dekarbonisierung und Nachhaltigkeit konsequent mit einbeziehen". Heute entwickelt man bereits innovative Dämmsysteme für Brennstoffzellen. „Es gibt mehrere Prototypen und schon etliche Kundenanfragen", berichtet Dr. Gumprecht stolz. Das Ziel ist es, Disruptionen wertschöpfend zu nutzen und durch konsequente Innovationen im Bereich der nicht fossilen Brennstoffe die tmax Germany GmbH zukunftssicher aufzustellen.

Megatrend Energieeffizienz

Den digitalen Wandel vorantreiben: Auch das ist Teil der Innovationsstrategie. Dafür holte Thorsten Thom 2020 eigens einen Digitalisierungsmanager ins Team. So wurde dank eines konsequenten digitalen Marketings ein Espressomaschinenhersteller auf das Unternehmen aufmerksam – eine Branche, an die bis dato keiner gedacht hatte. Und das soll kein Einzelfall bleiben: „Schließlich suchen heute immer mehr Branchen nach Lösungen, um Produkte und Prozesse energieeffizienter machen zu können", erklärt Thom. Für den innovationsbegeisterten Geschäftsführer ein weiterer Baustein in seiner Zukunftsstrategie.

tmax Germany GmbH
68169 Mannheim
www.tmaxgroup.com
Beschäftigte (D): über 200
Metallverarbeitung

Vorsitzender der Geschäftsführung
Thorsten Thom

TOP 100

vigram GmbH

Gar nicht vermessene Visionäre

Sie sind ein echter Gamechanger auf dem Bau: Die smarten Lösungen der vigram GmbH beschleunigen die Vermessung und die Dokumentation auf Baustellen und passen dennoch in jede Jackentasche. Das Innovationsmanagement des Freiburger Start-ups profitiert vor allem von strategischen Kooperationen: Kontinuierlich vernetzt man sich mit Partnern und Kunden aus der Praxis. Ein weiteres Plus ist ein kleines Expertenteam, das mit Leidenschaft Neuland betritt und im Haus ein hervorragendes Innovationsklima schafft.

„Smart documentation" auf dem Bau: Dafür hat der Mittelständler unter anderem ein kleines Measurement-Tool entwickelt, das, angedockt an ein Smartphone, Vermessung auf der Baustelle zum Kinderspiel macht. Auf der Basis einer digitalen Plattformlösung können die Menschen vor Ort schneller, effizienter und ohne großes Equipment kollaborativ arbeiten. „Dadurch setzen wir ganz neue Standards in der Digitalisierung von Baustellen", erklärt der Gründer und Geschäftsführer Nicolai Nolle.

Nah am Bau und an der Praxis

Damit solche Lösungen gelingen, setzt das Unternehmen seit seiner Gründung 2019 konsequent auf Partnerschaften und Kooperationen. Zudem ist vigram das Spin-off eines erfahrenen Ingenieurbüros: „Ganz wichtiges Praxiswissen stammt aus dieser Kooperation, vor allem zum ‚Building Information Modeling', einer Arbeitsmethode für die vernetzte Planung, den Bau und die Bewirtschaftung von Gebäuden mittels Software", sagt der Gründer und Geschäftsführer Sidon Futterknecht. Viele andere Partnerfirmen ergänzen die Entwicklungskompetenz des Teams um essenzielles Wissen direkt von der Baustelle. „Schon in der Pilotphase arbeiten wir eng mit Partnern aus der Praxis zusammen, etwa mit kleinen Baufirmen", betont Futterknecht. Dieses Ökosystem ermöglicht es der vigram GmbH, ihre technologisch ausgefeilten Innovationen absolut praxistauglich zu machen.

Personal mit Abenteurer-DNA

Wichtige Innovationsimpulse kommen auch aus dem digital eng vernetzten Team: „Alle unsere Mitarbeiter aus zwölf Nationen sind Experten auf ihrem Gebiet und sehr innovationsbegeistert", berichtet Nolle. Viele von ihnen sind universitär eingebunden und tragen neueste Erkenntnisse, zum Beispiel über künstliche Intelligenz, aus der Forschung in das Start-up. Kein Wunder, dass ein solches Team immer neue Innovationsprojekte anstößt, die zu 90 % auch in kürzester Zeit realisiert werden, wie Nolle bestätigt: „Neuland zu betreten liegt einfach in unserer DNA. Und dabei sind wir extrem schnell und zielsicher."

vigram GmbH
79111 Freiburg
www.vigram.com
Beschäftigte (D): bis 50
IT-Entwicklung/-Beratung

Die Gründer
Sidon Futterknecht
und Nicolai Nolle

TOP 100

Werner Wohnbau GmbH & Co. KG

Häuser gegen die Krise

Wer kann sich in diesen Zeiten noch ein Haus leisten? Explodierende Baukosten, unzuverlässige Lieferketten und hohe Grundstückspreise rücken den Traum vom Eigenheim derzeit für viele in weite Ferne. Das Team der Werner Wohnbau GmbH & Co. KG will das nicht hinnehmen: Der Anbieter von schlüsselfertigen Eigenheimen und Seniorenresidenzen hat deshalb einen ganz neuen Haustyp entwickelt. Er soll den Nerv der Zeit und der Kunden treffen. Mit ein bisschen Glück wird die Idee ein voller Innovationserfolg.

Dunkle Wolken sind zuletzt über der Baubranche aufgezogen: Materialengpässe, Inflation und hohe Nebenkosten machen das Eigenheim inzwischen für viele unerreichbar. „Aus diesem Grund sind Innovationen gerade jetzt wichtig“, erklärt Alexander Werner überzeugt. Zusammen mit seinem Zwillingsbruder Michael Werner und einem eingeschworenen Team will der Geschäftsführer auch in diesem Jahr Hunderten von Häuslebauern zum großen Glück in den eigenen vier Wänden verhelfen.

Lebenstraum auf wenigen Quadratmetern

Dafür wurden die Verantwortlichen kreativ und entwarfen einen ganz neuen Haustyp. Er soll zur aktuellen Lage am Markt und zu den veränderten Bedürfnissen der Menschen passen. Die vielversprechende Idee: weniger Quadratmeter, weniger Nebenkosten und ein günstigerer Hauspreis. Das Konzept passt gut in die heutige Zeit, meint Alexander Werner: „Von einem kompakteren Grundriss profitieren nicht nur kleine Familien und Singles, sondern auch die Umwelt und das Klima. Und heute denken sowieso viele: Es muss nicht mehr immer höher, schneller, weiter sein.“ Und somit sind auch Nachhaltigkeit und Energieeffizienz Themen, die für den Mittelständler ganz oben auf der Agenda stehen. „Wir wollen Häuser bauen, die den staatlichen Effizienzstandards entsprechen und die so wenig Energie wie möglich verbrauchen“, erklärt der Geschäftsführer Michael Werner.

Wohlfühlatmosphäre schafft gutes Innovationsklima

Mit ihrem Engagement für Häuser, die dem Zeitgeist ebenso entsprechen wie dem Portemonnaie ihrer Kunden, sind die Geschäftsführer nicht allein. Denn das gesamte Team zieht mit an einem Strang: „Wir sind nicht nur auf dem Papier ein Familienunternehmen, wir leben auch eine familiäre Wohlfühlatmosphäre: mit einer Du-Kultur, flachen Hierarchien und guten Entfaltungsmöglichkeiten“, betont Michael Werner. Und so gibt es viele langjährige Mitarbeitende bei diesem badischen Häuslebauer. Er ergänzt: „Immer wieder kommen ehemalige Kollegen nach einem Ausflug in andere Firmen zu uns zurück.“

Werner Wohnbau GmbH & Co. KG
78078 Niedereschach
www.werner-wohnbau.de
Beschäftigte (D): 51 bis 200
Baugewerbe/Handwerk

Geschäftsführer
Alexander und
Michael Werner

WIBU-SYSTEMS AG

Sichere Daten und Software einfach gemacht

Dieser Mittelständler hat seine Produkte rasant weiterentwickelt: Früher stattete das Team der WIBU-SYSTEMS AG lediglich Software mit Kopierschutz aus. Heute ermöglicht es seinen Kunden, neue Geschäftsmodelle auf den Gebieten Digitalisierung und Industrie 4.0. aufzusetzen. Denn die Verantwortlichen im Unternehmen haben frühzeitig erkannt, dass die digitale Vernetzung von Menschen, Maschinen und Prozessen auch Gefahren birgt. Die dadurch notwendig gewordenen Sicherheitstechnologien zählen zu den Innovationserfolgen dieser IT-Firma.

Voll digitalisierte Produktionsstätten, oft über Ländergrenzen hinweg, sind heute keine Ausnahme mehr. Die Industrie 4.0 brachte zahlreichen Unternehmen hohe Effizienzgewinne. Doch Oliver Winzenried und sein Team erkannten schon vor Jahren die Gefahren: „Uns war bereits in den Anfängen klar, dass digital vernetzte Produktionslandschaften deutlich anfälliger für Manipulationen sind“, erläutert der Vorstand. Und damit war die Idee für eine neuartige Sicherheitslösung geboren.

Industrie 4.0 – Safety first

Das Team tüftelte über viele Jahre hinweg an geeigneten Lösungen – mit Erfolg: „Heute findet sich unser Softwareprodukt in Maschinen und Produktionslandschaften weltweit, überall dort, wo es um den Schutz von Daten und Know-how geht“, erklärt Winzenried. Mit „CodeMeter“ von WIBU-SYSTEMS können Unternehmen endlich sorglos weltweit produzieren: „Unsere Kunden produzieren oftmals im Ausland. Dort arbeiten sie häufig mit Partnern zusammen, die sie nicht gut kennen und die sie auch nicht kontrollieren können. Wir sorgen mit unseren Lösungen dafür, dass auch unter solchen Fertigungsbedingungen die Produktionsdaten und das Know-how geschützt bleiben“, unterstreicht Winzenried. Modernste Technologien wie Post-Quanten-Kryptografie oder künstliche Intelligenz werden derzeit entwickelt.

Digitale Geschäftsmodelle rund um den Globus

Auch den Weg zu neuen digitalen Geschäftsmodellen ebnete das Team, zum Beispiel in der Medizintechnik: „Oft können sich Krankenhäuser in ärmeren Ländern bestimmte Hightechgeräte gar nicht leisten. Wir ermöglichen es, dass sie diese Geräte dennoch nutzen können, und zwar mithilfe von Lizenzen und Abomodellen“, erklärt der Vorstand. Dabei zahlt der Nutzer nicht für das ganze Gerät, sondern lediglich für den jeweiligen Gebrauch, also „pay per use“. Dieses Bezahlmodell zählt zu den jüngsten Innovationserfolgen der WIBU-SYSTEMS AG. Sie nutzt es inzwischen sogar für den eigenen Vertrieb. Für viele Unternehmen und ihre Kunden entsteht auf diese Weise eine echte Win-win-Situation.

WIBU-SYSTEMS AG
76137 Karlsruhe
www.wibu.com/de
Beschäftigte (D): 51 bis 200
IT-Entwicklung/-Beratung

Vorstand
Oliver Winzenried

Wolftechnik Filtersysteme GmbH & Co. KG

Krisen als Sprungbrett für Innovationen

Die Krise als Chance nutzen: Was in vielen Firmen ein guter Vorsatz blieb, setzte Peter Krause in die Tat um. Der Geschäftsführer der Wolftechnik Filtersysteme GmbH & Co. KG investierte während der Coronapandemie in ein kreatives Forscherteam. Seitdem vertiefen sich einige seiner Ingenieure regelmäßig in vielversprechende Trends, neue Technologien und relevante Zukunftsthemen. Der schwäbische Hersteller von Filtersystemen zeigt, wie es geht, und ist damit auf dem besten Weg, zum kreativen Kopf der Branche zu avancieren.

Peter Krause ist gelernter Maschinenbauer und damit, wie er selbst sagt, natürlich ein waschechter Tüftler. „Ich möchte Dinge einfach immer noch ein bisschen besser machen“, erklärt er. Obwohl schon seit 41 Jahren mit seinem eigenen Unternehmen verbandelt und seit 21 Jahren in der Geschäftsführung tätig, weht mit ihm bis heute frischer Wind durch die Unternehmensflure: „Wir haben das Ziel, jedes Jahr zwei bis drei Produkte zu erneuern oder zu aktualisieren. Gleichzeitig wollen wir alle zwei Jahre mindestens ein neues und innovatives Produkt auf den Markt bringen“, unterstreicht er seinen Anspruch hinsichtlich eines innovationsfördernden Top-Managements.

Die Krise kreativ gemeistert

Dass das Thema Innovation eine zentrale Säule der Unternehmensstrategie darstellt, zeigte sich zuletzt während der Coronapandemie: „Sozusagen von jetzt auf gleich konnten viele meiner besten Köpfe nicht mehr so oft unsere Kunden vor Ort besuchen. Ich stellte also ein kleines Team für die Forschung und Entwicklung zusammen“, erzählt der Geschäftsführer. Dank der investierten Zeit und auch intensiver Fortbildungen entstand so ein begeisterungsfähiges, kreatives Mitarbeitergespann, das frische Impulse nicht allein aus den Kundenanforderungen ableitet, sondern eigene Innovationsideen aktiv vorantreibt. „Mehr als 10 % unserer Engineeringleistungen fließen heute in das Realisieren neuer Produkte“, sagt Krause.

Mitarbeiter und Top-Management auf Zukunftskurs

Nach der Krise ist vor der Krise – auch das weiß Peter Krause: „Für mich stehen wir vor allem mit der Dekarbonisierung der Industrie vor einer echten Revolution, die wir aktiv mitgestalten müssen, sonst hängt uns die Konkurrenz ab.“ Dieses Wissen hat sein Team schon in ein Produkt übersetzt und zwar in Form eines Filtersystems mit 20 % Rezyklat-Anteil. Zukünftig sollen noch weitere nachhaltige Produkte hinzukommen. Der Geschäftsführer betont: „Auch dabei können wir nicht auf unsere Kunden warten. Wir wollen das Neue selbstständig vorantreiben, und das in so vielen Feldern wie möglich – ob bei künstlicher Intelligenz, Industrie 4.0 oder eben bei dringend benötigten Maßnahmen, die beispielsweise dem Klimaschutz dienen.“

Wolftechnik Filtersysteme GmbH & Co. KG
71263 Weil der Stadt
www.wolftechnik.de
Beschäftigte (D): bis 50
Anlagen-/Maschinenbau

Geschäftsführer
Peter Krause

WTO entwickelt und produziert technisch und qualitativ hochwertige Präzisionswerkzeughalter und Werkzeugsysteme für Drehzentren, Langdrehautomaten, Mehrspindel-Drehzentren und Ultra-Highspeed-Werkzeugspindeln.

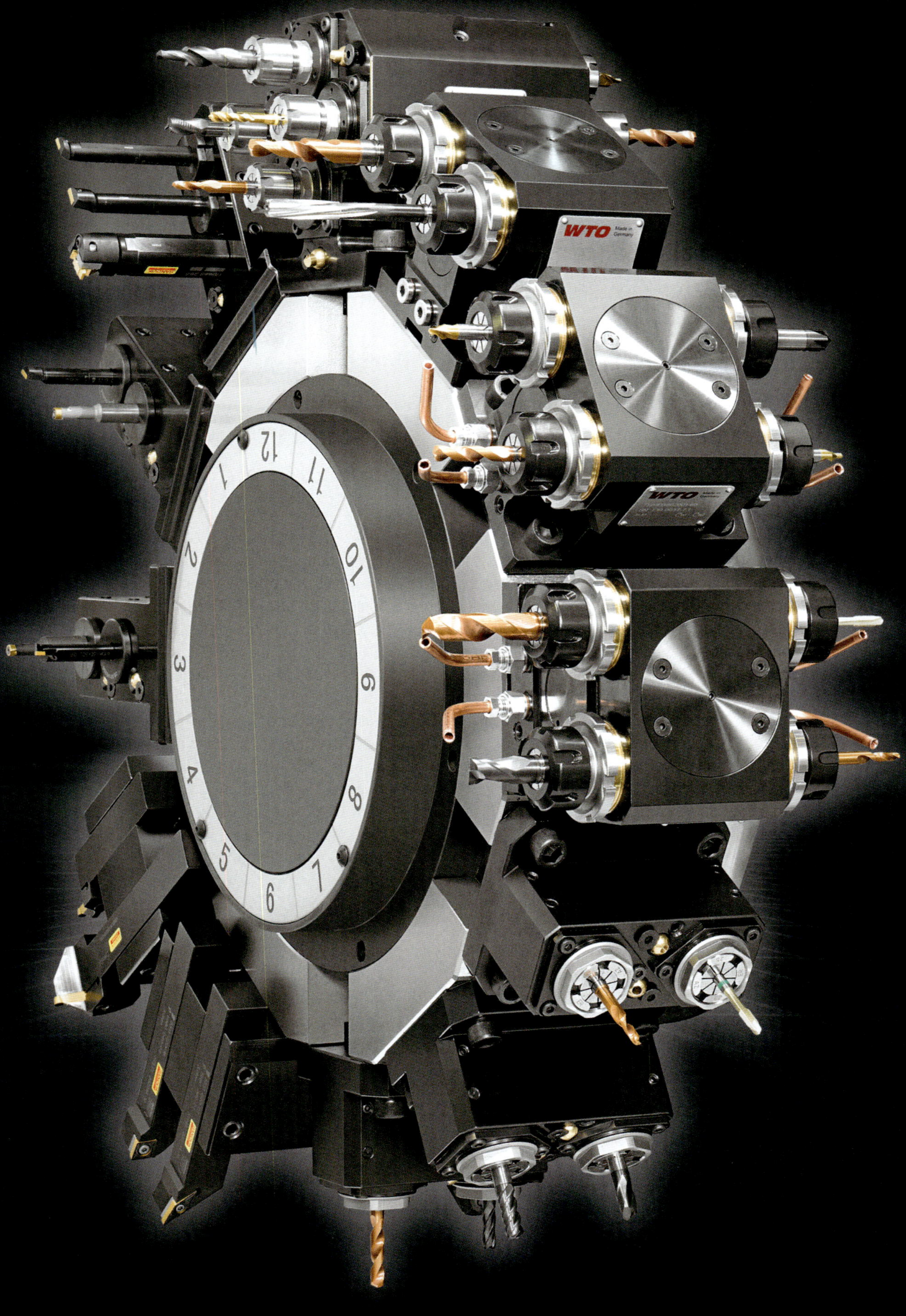

WTO Werkzeug-Einrichtungen GmbH

Präzisionswerkzeughalter für eine smarte Zukunft

Der Maschinenbau entwickelt und produziert Schlüsseltechnologien für die Herstellung komplexer Teile. In dieser Branche ist die WTO Werkzeug-Einrichtungen GmbH Weltmarktführerin bei der Entwicklung und Herstellung von Werkzeughaltern für CNC-Drehzentren, die höchsten technologischen Standards entsprechen. Dafür investierte die Geschäftsführung in das Konzept „Produktion 4.0“ und stößt stets neue Innovationsprojekte an. So erzielt man hohe Effizienzgewinne für die Kunden und ist mit dem Bau einer Smart Factory auch in puncto Nachhaltigkeit ein Vorreiter.

Prozesse intelligent optimieren – das ist der Auftrag von Geschäftsführer Sascha Tschiggfrei und seinem Team. „Als innovationsorientiertes Top-Management fragen wir uns systematisch und konstant, wie wir für unsere Kunden noch effizienter und besser werden können“, betont Tschiggfrei. Automation, Robotik und Digitalisierung sind für den engagierten Geschäftsführer wichtige Bausteine im Hinblick auf intelligente Prozesse der Industrie 4.0. In sie steckt er systematisch Ressourcen.

Smart Factory – Green Factory

Dass er dafür auch große Investitionen nicht scheut, bewies der mittelständische Betrieb im Jahr 2019 mit dem Bau einer Smart Factory am Standort in Ohlsbach. Der Neubau vereint modernste Produktionstechnologie mit dem Gedanken der Nachhaltigkeit und ist somit auch eine „Green Factory“. „Hier produzieren wir auf dem neuesten Stand der Industrie 4.0 und das zu 100 % klimaneutral“, erklärt der Geschäftsführer. Dazu nutzt die Firma Grundwasser für die Kühlung, Abwärme für die Heizung und Strom aus einer Photovoltaikanlage mit einer Fläche fast so groß wie ein Fußballfeld. 40 Mio. Euro kostete die Fabrikanlage, die für Sascha Tschiggfrei eine Investition in die Zukunft bedeutet. „Konstante Investitionen in modernste Produktionstechnologien sind eine wichtige Säule unserer Firmenstrategie“, erklärt er. Für ihn ist klar: Wer in Deutschland produzieren und gleichzeitig weltweit wettbewerbsfähig sein will, der muss Megatrends und Innovationen konsequent in die Unternehmensentwicklung einbinden.

Man will Pionier bleiben

Damit die WTO ein Pionier und weltweiter Marktführer bleibt, stößt das Top-Management kontinuierlich neue Innovationsprojekte an: „Das Konzept für die neuen flexiblen Fertigungszellen in der Smart Factory wurde von uns selbst entwickelt“, berichtet Tschiggfrei. „Die Versorgung mit Rohmaterial und Werkzeugen erfolgt vollautomatisch durch fahrerlose Transportsysteme“, unterstreicht er.

WTO Werkzeug-Einrichtungen GmbH
77797 Ohlsbach
www.wto-tools.com
Beschäftigte (D): über 200
Anlagen-/Maschinenbau

Geschäftsführer
Sascha Tschiggfrei

Würth IT GmbH

Handwerk goes digital

Handwerk und Digitalisierung? Das passt in vielen Köpfen immer noch nicht zusammen. Die Würth IT GmbH will das ändern: Als globaler IT-Dienstleister für die Würth-Gruppe hat sie diesen Weltmarktführer für Montage- und Befestigungsmaterial digital auf ein ganz neues Niveau gehoben. Mit Themen wie E-Business, New Work und IT-Sicherheit treibt sie die digitale Transformation des Handwerks weitsichtig und konsequent voran. Das verwundert nicht, denn Innovation ist das Herzstück ihrer Unternehmensstrategie.

Corona 2020: Rasend schnell, in nur wenigen Tagen, macht das Team der Würth IT Tausende Beschäftigte der Würth-Gruppe fit fürs Arbeiten im Homeoffice – und das mit höchsten Sicherheitsstandards. Möglich machte das nur eine innovative IT-Strategie. „Wir hatten bereits vor Corona ein zentrales Rechenzentrum etabliert mitsamt einheitlichen Kommunikations- und Unternehmenssystemen. Das hat sich während der Pandemie immens ausgezahlt", erklärt der Geschäftsführer Christian Berndt.

Neues proaktiv vorantreiben

Immer wieder schlüpft dieser IT-Mittelständler mit viel Leidenschaft in die Rolle des Innovationstreibers. „Am allerliebsten entwickeln wir neuartige Geschäftsmodelle", unterstreicht Berndt. Der bislang größte Erfolg: Das Unternehmen stattete die Tochtergesellschaften der Würth-Gruppe systematisch mit digitalen Market-Places aus: „E-Business ist ein entscheidender Erfolgsfaktor für die Zukunft und wird für den Umsatz von Jahr zu Jahr wichtiger", erklärt er. Auch bei einem anderen großen Zukunftsthema hat der IT-Spezialist Standards geschaffen — beim Thema Cybersicherheit. „In diesem Bereich können wir nicht warten, bis unsere Kunden auf uns zukommen. Wir treiben das Thema deshalb eigenständig und proaktiv voran", betont Berndt. Sein ausgeprägtes Commitment für Trends und Innovationsthemen ist nicht zu überhören.

Klare Innovationsstruktur

Auch durch einen strukturierten Innovationsprozess sticht der Mittelständler mit Sitz in Bad Mergentheim hervor. „Wir behandeln mit zwölf Competence-Centern unterschiedliche IT-Themen mit ganz klar abgesteckten Zielen und Aufgaben", erklärt der Geschäftsführer Dr. Thomas Burkhart. Wichtige Trends wie New Work oder Cybersicherheit werden von interdisziplinär besetzten Taskforces erforscht, die agil und flexibel zusammenarbeiten. Denn für die Zukunft stehen große Aufgaben an, davon ist Burkhart überzeugt: „In 15 bis 20 Jahren wird die IT für den Konzernerfolg entscheidend sein", sagt er. Mit seinem Team dürfte das kein Schreckensszenario sein.

Würth IT GmbH
97980 Bad Mergentheim
www.wuerth-it.com
Beschäftigte (D): über 200
IT-Entwicklung/-Beratung

Geschäftsführer
Christian Berndt und
Dr. Thomas Burkhart

ZECHA Hartmetall-Werkzeugfabrikation GmbH

Partnerschaften beflügeln

Gemeinsam zu technologischen Höhenflügen aufbrechen – das gelingt der ZECHA Hartmetall-Werkzeugfabrikation GmbH mit ihren langjährigen Partnerschaften immer wieder. Wohl auch deshalb gehört das badische Familienunternehmen heute zu den weltweiten Innovationsführern für Miniatur- und Präzisionswerkzeuge. Dieser Erfolg ruht aber noch auf einem weiteren Pfeiler: einer Geschäftsführung, die von Innovation nicht nur redet, sondern entschlossen in sie investiert.

In der Nische zu Hause und trotzdem maximal offen: Diesen Balanceakt beherrscht der Mittelständler mit Sitz in Königsbach-Stein virtuos. Er ist spezialisiert auf Miniaturwerkzeuge mit höchster Präzision, entwickelt aber immer wieder neue Technologien und Produkte für die verschiedensten Branchen. Verantwortlich für diese erfolgreiche Mischung sind die beiden Geschäftsführer Stefan Zecha und Reiner Kirschner, die ein klares Ziel verfolgen. „Wir wollen immer das neueste und beste Produkt am Markt haben", betont Zecha.

Unbekannte Branchen erobern

Dafür besucht die Geschäftsleitung Messen rund um den Globus. Auch handfeste Investitionen zeigen, dass die Chefs Innovation systematisch fördern: Mehr als 10 % des Jahresumsatzes fließen in neue Entwicklungen. Das ermöglicht es dem Mittelständler, in vielen Branchen Schritt zu halten und sich neue Geschäftsfelder zu erschließen. Zuletzt gelang das dem Familienunternehmen mit dem Einsatz neuester 3-D-Lasertechnologie, mit der das Team einen Technologiesprung in der Fertigung der Mikrowerkzeuge erreichte. „Wir fokussieren uns immer wieder ganz bewusst auf relevante Zukunftsthemen. So wollen wir auch in den Segmenten Elektromobilität, Brennstoffzellen und neueste Antriebstechniken mitspielen", erklärt Kirschner.

Partner beflügeln Innovationen

Um das zu realisieren, setzen die Geschäftsführer auf ein weiteres Erfolgsrezept: strategische Kooperationen. In Zusammenarbeit mit Partnern erzielt der Mittelständler immer wieder bahnbrechende Ergebnisse. Kontinuierlich arbeitet er beispielsweise mit einem Hersteller von Hartmetallen sowie renommierten Technologieträgern in der Präzisionstechnik zusammen: „Als Partnerfirmen beschreiten wir schon seit vielen Jahren gemeinsam neue Wege", unterstreicht Stefan Zecha. Die neueste Lasertechnologie zum Schärfen diamantbeschichteter Schneidkanten ist ebenfalls das Produkt einer fruchtbaren Kooperation: „Perfektion ist bei uns fast immer das Ergebnis innovativer Zusammenarbeit", betont Reiner Kirschner.

ZECHA Hartmetall-Werkzeugfabrikation GmbH
75203 Königsbach-Stein
www.zecha.de
Beschäftigte (D): 51 bis 200
Metallverarbeitung

Geschäftsführer
Reiner Kirschner und Stefan Zecha

TOP 100

zeitsprung GmbH

Ein digitaler Knoten

Ein ganz neues Geschäftsmodell einführen — das ist die Königsdisziplin beim Innovationserfolg und gelang der zeitsprung GmbH. Das Team aus Softwareentwicklern und Versicherungsspezialisten versorgte anfangs nur Versicherungsmakler mit Daten. Heute ist das Unternehmen ein „digital hub" der Branche und unterstützt insgesamt 6.000 Kunden aus der Versicherungswelt beim digitalen Wandel. Dieser Erfolg wird auch gespeist von einem effizienten und stabilen Innovationsprozess.

Klar ist: Ein neues Geschäftsmodell entwickelt man nicht von heute auf morgen. „Wir haben anfangs viel Denkarbeit und strategische Überlegungen in unser neues Geschäftsmodell gesteckt", sagt der Geschäftsführer Marcel Hanselmann. Doch irgendwann stand fest: „Nur Versicherungsmaklern Daten zur Verfügung zu stellen ist ineffizient. Wir müssen auch die Prozesse der Versicherungsunternehmen digitalisieren, von denen die Daten kommen", erzählt er. Damit war die Idee zum neuen Geschäftsmodell geboren.

Die Zukunft nicht aus dem Blick verlieren

Die Realisierung gelang dem Mittelständler dank eines zielgerichteten Innovationsprozesses: „Wir kannten die Branche schon gut und wussten, wie die passende Lösung aussehen musste. Deshalb haben wir die Software für Versicherungsfirmen effizient und zügig entwickelt und implementiert", erläutert der Geschäftsführer Sasha Justmann. Heute ist das Unternehmen mit Software- und Cloudlösungen ein umfassender Datenknotenpunkt in der Branche. Es bietet seinen Kunden mit Automatisierung, künstlicher Intelligenz und Machine-Learning hohe Effizienzgewinne und Kosteneinsparungen. Und trotzdem verliert der Softwarehersteller die Zukunft nicht aus dem Blick: Zwei Business-Analysten beobachten intensiv den Markt und die Branche. „Wir wissen immer genau, was die Kunden umtreibt und welche Neuerungen in Zukunft Sinn ergeben werden", ergänzt Justmann.

Stabile Prozesse

Auch intern überlässt der Mittelständler wenig dem Zufall: Ein Prozessmanager arbeitet systematisch an der Optimierung interner Abläufe. Hier geht es dem Unternehmen um einen goldenen Mittelweg: „Stabilität und Innovation – das sind für uns Werte, die wir ausbalancieren wollen", betont Hanselmann. Dazu nutzt das Team vielfältige Methoden, die agiles und klassisches Arbeiten bedarfsgerecht mischen. Ob nun Scrum, Design-Thinking oder die Wasserfallmethode: „Wir schneiden die Methoden individuell auf unsere aktuellen Bedürfnisse zu", sagt Hanselmann. Er ist davon überzeugt: Auch Innovationen brauchen stabile Prozesse, die sie tragen.

zeitsprung GmbH
75179 Pforzheim
www.zeitsprung.digital
Beschäftigte (D): bis 50
IT-Entwicklung/-Beratung

Geschäftsführer
Sasha Justmann und
Marcel Hanselmann

Bayern

Die Zahl der goldenen Sternchen in den nachfolgenden Unternehmensporträts entspricht der Zahl der TOP 100-Auszeichnungen.

* „Innovator des Jahres“ 2023 in der Größenklasse B
** „Innovator des Jahres“ 2023 in der Größenklasse C

TOP 100

A. Eberle GmbH & Co. KG

★★★★★

Intelligente Energiesysteme

Die Themen „Verfügbarkeit der Energieversorgung“ und „Versorgungssicherheit“ stehen mehr denn je im Fokus der Öffentlichkeit. Die elektrotechnischen Produkte und Dienstleistungen der A. Eberle GmbH & Co. KG dienen dem Ziel, die Energieversorgung sicherzustellen, sodass die Lichter nicht ausgehen. Das erfolgreiche Unternehmen in Nürnberg hat dabei immer seine Kunden im Blick. So entstehen in kontinuierlicher und enger Kooperation mit Kunden und Partnern innovative Erzeugnisse funktionaler Exzellenz.

A. Eberle startete 1980 mit dem Ziel, Entwicklungs- und Fertigungsleistungen für andere Elektronikunternehmen durchzuführen. Mittlerweile verfügt man über ein eigenes innovatives Produktportfolio im Bereich der Mess- und Regelungstechnik für die Energieversorgung und Industrie sowie eine weltweit agierende Vertriebsorganisation mit Hauptmarkt DACH. International kooperiert der Betrieb mit einem Netzwerk selbstständiger Handelspartner. „Für uns als mittelständisches Unternehmen ist es enorm wichtig, kontinuierlich neue Ideen und Ansätze zu entwickeln, um uns von Mitbewerbern abzuheben und am Markt weiterhin erfolgreich zu bleiben“, erläutert der Geschäftsführer Thomas Smolka.

Außenorientierung als Schlüssel zum Erfolg

Der enge Kontakt zu progressiven Kunden und kooperierenden Universitäten ist ein wichtiger Bestandteil der Innovationsstrategie von A. Eberle. Idealerweise handelt es sich hierbei um große Unternehmen und Institutionen, wodurch produkt- und marktspezifische Synergien entstehen. Hier bringt sich der Mittelständler mit dem Know-how aus über 40 Jahren Entwicklung ein sowie mit dem über jahrzehntelang gewachsenen Vertrauen der Kunden. Diese Art von Kooperationen bilden nach einer erfolgreichen Prototyp-Phase schon während des Entwicklungsprozesses den Grundstock für die weitere kommerzielle Verwertung und erweitern für beide Seiten den Blick auf den Markt.

Inspirierendes Innovationsklima

Um die Innovationskraft des Unternehmens zu erhalten, fördert das engagierte Top-Management systematisch ein gutes Innovationsklima. Ein fixes Budget für unkonventionelle Ideen belegt dies ebenso wie jährliche Gratifikationen. Die Ideen können direkt an den für Innovation zuständigen Geschäftsführer adressiert werden, der die Machbarkeit zum Beispiel mittels der Design-Thinking-Methode bewertet. Positive Anregungen werden bei entsprechenden Erfolgsaussichten unterstützt und zeitnah auf den Weg gebracht. Der Geschäftsführer Stefan Hoppert unterstreicht die Bedeutung des Teamspirits bei A. Eberle: „Innovation ist nicht nur eine Frage des Willens, sondern auch die Fähigkeit, als Team zusammenzuarbeiten und gemeinsam zu lernen.“

A. Eberle GmbH & Co. KG
90461 Nürnberg
www.a-eberle.de
Beschäftigte (D): 51 bis 200
Elektronik/Elektrotechnik

Geschäftsführer
Thomas Smolka und
Stefan Hoppert

agilimo entwickelt individuell konzipierte Lösungen für IT-Sicherheit und Enterprise-Mobility, die Anwenderfreundlichkeit und moderne Cybersecurity miteinander vereinen.

agilimo Consulting GmbH

★★

Hochsicheres digitales Arbeiten

Innovation gehört quasi zur Firmen-DNA der agilimo Consulting GmbH. Die bayerischen IT-Spezialisten realisieren tagtäglich individuell konzipierte Lösungen für flexibles und sicheres mobiles Arbeiten, bei denen Anwenderfreundlichkeit immer an erster Stelle steht. Der kontinuierlich wachsende Mittelständler in Elsenfeld verdankt seinen Erfolg unter anderem einem innovationsfördernden Top-Management, das den Nutzen eines fruchtbaren und kreativen Innovationsklimas zu schätzen weiß.

Das 2010 von Marcus Heinrich gegründete Unternehmen hat sich rasant entwickelt – von einem Ein-Mann-Betrieb zu einer Firma, die sich mit knapp 50 Beschäftigten in der Privatwirtschaft und auch im öffentlichen Sektor einen hervorragenden Ruf erarbeitet hat. Der Geschäftsführer Marcus Heinrich erklärt den Erfolg so: „Innovation bewirkt das Erschließen neuer Möglichkeiten. Was beim Menschen als Weiterentwicklung bezeichnet wird, ähnelt dem in der IT angewendeten Prinzip. Denn es geht um Lösungen, die es den Nutzern ermöglichen, mit ihnen zu wachsen."

Innovation als Basis für den Erfolg

Bei agilimo hört man den Kunden ganz genau zu, blickt aus deren Sicht auf die jeweiligen Anforderungen und bezieht alle denkbaren Prozesse mit ein. Im Fokus steht dabei immer die Datensicherheit, die durch Hochsicherheitslösungen wie das neue Security-Operation-Center jederzeit gewährleistet ist. „Innovation wird genährt vom Verständnis für das Ganze. Wenn wir Lösungen aus neuen Blickwinkeln betrachten oder bekannte Möglichkeiten weiterentwickeln und übertragen, verlieren wir dabei nie den Blick für das große Ganze. Nur so kann echte Innovation entstehen", fügt der zweite Geschäftsführer Thomas Edelmann hinzu. Das Top-Management ist auch stets nah an internen Entwicklungen, nimmt gute Ideen und Verbesserungsvorschläge bei regelmäßigen Meetings auf und gibt sie nach erfolgreicher Prüfung zur Realisierung frei.

Positives Innovationsklima schafft Motivation

Alle Mitarbeiter können jederzeit über ein internes Service-Management-Tool neue Ideen und Verbessevorschläge einbringen. Dadurch werden schnelle und auch vielversprechende Ergebnisse erzielt. Da die Beschäftigten über ihre Arbeitszeiten selbst bestimmen dürfen, können sie auch immer mal einen Tag freinehmen, um an einer Innovation weiterzuarbeiten. So hat sich zum Beispiel wegen einer neuen Sicherheitsfreigabe beim „Bundesamt für Sicherheit in der Informationstechnik" sofort ein Team gebildet, das ab Tag eins an der Entwicklung eines neuen Produkts mitwirkte. Das zeigt, dass man bei agilimo zu Recht auf die innovative Kraft von Teamspirit und Zusammenarbeit als Einheit setzt.

agilimo Consulting GmbH
63820 Elsenfeld
https://agilimo.de
Beschäftigte (D): bis 50
IT-Entwicklung/-Beratung

Geschäftsführer
Marcus Heinrich und
Thomas Edelmann

AKE technologies GmbH

Gut gerüstet für die Zukunft

Die Automobilbranche ist im Umbruch, deshalb sind hier Innovationen mehr denn je gefragt. Das weiß die AKE technologies GmbH, Spezialistin für Anlagentechnik mit Fokus auf den Automotivesektor, schon seit Längerem. Sie entwickelt und fertigt Produktionssysteme auf den Gebieten Montage- und Prüftechnik, Störgeräuschakustik, Fahrzeuginterieur und Umwelttechnik. Ihr überdurchschnittliches Unternehmenswachstum geht nicht zuletzt auf ein positives Innovationsklima zurück, in dem sich kreatives Potenzial entfalten kann.

Das Unternehmen wurde 1978 gegründet und beliefert weltweit führende Automobilhersteller und -zulieferer, die neben der zuverlässig guten technischen Qualität auch eine hohe Verarbeitungsgüte im Fahrgastraum zu schätzen wissen. Denn Innovativität hat bei AKE technologies schon immer eine große Rolle gespielt. So wurden etwa aufgrund der Zuliefererkrise die Beschaffungsprozesse optimiert. Und für einen schnelleren Anlagenaufbau realisierte man mechanische und elektrische Verbesserungen, die zu einer verkürzten Inbetriebnahmezeit und reduzierten Herstellungskosten führten.

Mit den Herausforderungen gewachsen

Dank der Möglichkeit einer virtuellen Anlageninbetriebnahme können Programme nun schon während der Planungsphase auf ihre Machbarkeit geprüft und Abläufe optimiert werden. Zudem richtete man die Prozesse schon früh auf E-Mobilität mit all seinen Herausforderungen aus. Dabei wurde die Montage- und Prüftechnik für nahezu jede Komponente im Antriebsstrang bereitgestellt oder angepasst und zudem für die Ladeinfrastruktur erweitert. Und da sich der Markt im Bereich E-Mobilität zunehmend an Systemlieferanten orientiert, ist das Know-how von Vorteil, mit dem produktübergreifende Anlagen selbst gefertigt werden können. Aber auch bei der Störgeräuschakustik gehört AKE mit seiner patentierten Shaker-Technologie – einem elektrischen Aktor zur Fahrzeugpositionierung – zu den weltweit führenden Anbietern.

Positives Innovationsklima

Mehrere Projektteams arbeiten abteilungsübergreifend zusammen, um schnell effiziente Lösungen zu finden. Dies ist nur durch kurze Entscheidungswege, flache Hierarchien und ein gutes Betriebsklima möglich. Alle Mitarbeiter werden dazu ermutigt, neue Ideen einzubringen. Zudem gibt es eigens einen Innovationsraum. Die Geschäftsleiter Michael Schurm und Michael Wagner meinen abschließend: „Innovationen entstehen aus Ideen, die wir im Berufsalltag, in Gesprächen mit den einzelnen Mitarbeitern und in unserem Netzwerk aufnehmen. Es ist wichtig, mit offenen Augen durchs Berufsleben zu gehen und die Chancen hinter jeder einzelnen Idee zu erkennen."

AKE technologies GmbH
94034 Passau
www.ake-technologies.de
Beschäftigte (D): über 200
Anlagen-/Maschinenbau

Das Top-Management

TOP 100

Alumina Systems GmbH

★★★

Problemlöser in der Nische

Keramik-Metall-Verbundkomponenten kommen in den verschiedensten Feldern zum Einsatz, zum Beispiel in der Weltraum-, der Laser- und der Sensortechnik. Hier liegt die Expertise der Alumina Systems GmbH. Sie fertigt innovative Verbundsysteme und 3-D-gedruckte Keramikbauteile für Speziallösungen in verschiedenen Nischenmärkten. Der einfallsreiche Spezialist überzeugt mit seinen Innovationserfolgen und damit, wie er den Austausch mit Kunden, Hochschulen und Fachinstituten für Innovation nutzt.

Aus dem Werkstoff Aluminiumoxid fertigt die Alumina Systems speziell auf Kundenbedürfnisse zugeschnittene Keramik-Metall-Verbundkomponenten mit Multifunktionsnutzen. Was Halbleitergehäuse mit bis zu 6 Zoll Chipdurchmesser angeht, beliefert der Keramikspezialist rund 60 % des Weltmarkts und stellt im Serienlötprozess mehr als 200.000 Bauteile pro Jahr her. Weitere Produkte kommen in der Laser-, der Medizin-, der Energie- und der Messtechnik zum Einsatz. Die Produktpalette von Alumina wächst stetig, Innovation gehört also zum Geschäft.

In jedem Produkt steckt eine geniale Idee

Ein Innovationsbeispiel: Mit einem speziellen Postprozessor können unterschiedliche Bauteile schnell miteinander verglichen und so spannungstechnisch optimierte Designvarianten ausgewählt werden, bevor man den ersten Prototypen baut. Dadurch lassen sich die Kosten signifikant reduzieren und die Bauzeiten um mehrere Wochen verkürzen. Eine weitere wichtige Innovation liegt in der Weiterentwicklung des Materials für die Natrium-Nickelchlorid-Zelle. Diese umweltfreundliche, wartungsarme und auch kostengünstige „grüne Batterie" benötigt als Elektrolyte nur Kochsalz und Nickel. Beide Rohstoffe können in Europa beschafft und im Gegensatz zu Lithium und Kobalt auf umweltfreundliche Weise gewonnen werden. Der Geschäftsführer Dr. Holger Wampers sagt: „In jedem Produkt steckt eine geniale Idee. Deshalb werden Innovationen weiterhin der Schlüssel zum Erfolg der Alumina Systems sein."

Impulse von außen klug nutzen

Mannigfaltige Partnerschaften sind für diesen Mittelständler selbstverständlich. Deshalb greift er auf ein breites Forschungsnetzwerk aus Universitäten und privaten Forschungseinrichtungen zurück; dazu zählen etwa die RWTH Aachen, Bayern Innovativ und der Lehrstuhl Keramische Werkstoffe an der Universität Bayreuth. Zudem werden alle Kundenrückmeldungen zu gelieferten Produkten im Customer-Relationship-Management-System erfasst und intern diskutiert, um das Portfolio weiter zu optimieren. Denn nichts ist spannender und innovationsfördernder, als gemeinsam neue Lösungswege zu finden.

Alumina Systems GmbH
96257 Redwitz
www.alumina.systems
Beschäftigte (D): 51 bis 200
Elektronik/Elektrotechnik

Geschäftsführer
Dr. Holger Wampers

argusto GmbH

★★

Wissen, was der Kunde braucht

Erfolg ist nicht dadurch gekennzeichnet, dass einer gewinnt und der andere verliert. Erfolg basiert vielmehr darauf, dass alle am Prozess Beteiligten am Ende besser dastehen als zu Beginn. Davon ist Norbert Klamt, der Gründer und Geschäftsführer der argusto GmbH, überzeugt. „Gemeinsam gewinnen – gemeinsam weiterkommen“, so könnte das Motto dieser Marktforschungsagentur für den Lebensmitteleinzelhandel lauten, welche in der TOP 100-Bewertungskategorie „Außenorientierung/ Open Innovation“ herausragend abgeschnitten hat.

Woher weiß ein Unternehmer, vor welchen Herausforderungen seine Kunden stehen? Im Fall der argusto GmbH ist das ganz einfach: Norbert Klamt hat lange Zeit auf der anderen Seite des Schreibtisches gesessen, nämlich bei einem Lebensmittelhersteller. Dort stellte er fest, dass valide Informationen zu den Eigenmarken des Handels für Lebensmittelhersteller und -händler oftmals Mangelware sind. Also beschloss er, diese Infos selbst anzubieten und gründete 2015 mit zwei Freunden ein Unternehmen, das seither auf mehr als 35 Beschäftigte angewachsen ist.

Kollaboratives Vorgehen

Der Mittelständler erhebt und bündelt Marktinformationen aus der Praxis für die Praxis. Damit verschafft er dem stationären Handel die Datenbasis, die der Onlinehandel schon längst hat. Bei der Entwicklung ihrer Angebote und Softwarelösungen verfolgen die Verantwortlichen einen kollaborativen Ansatz. So entstehen die Programme in enger Zusammenarbeit mit den Kunden und sind dafür gedacht, deren Probleme zu lösen. Bessere Marktinformationen auf Knopfdruck, davon ist Klamt überzeugt, schaffen letztlich für alle Beteiligten eine Win-win-win-Situation: Die Hersteller können passender produzieren und liefern, die Händler können ihre Sortimente bestens an die Nachfrage anpassen, und die Kunden finden genau die Produkte, die sie suchen.

Kooperationen und Netzwerke

Wichtige Impulse erhält das Unternehmen aus der eigenen Vertriebsabteilung, von befreundeten Agenturen und auch bei den Treffen des Kompetenznetzwerks von argusto. Dort tauscht man sich regelmäßig mit Geschäftsführern sowie mit Vertriebs- und Marketingleitern ausgewählter Kunden aus und entwickelt dabei gemeinsame Innovationsprojekte. Auch hier gilt wieder die Devise des Mittelständlers, dass Kooperation erfolgreich macht — vorausgesetzt, man achtet darauf, dass es am Ende keine Verlierer, sondern nur Gewinner gibt. Eine weitere Win-win-Situation entsteht durch die fruchtbare Zusammenarbeit mit dem Lehrstuhl für E-Commerce an der OTH Amberg-Weiden: Sie dient nicht nur dem fachlichen Austausch, sondern auch der Nachwuchsgewinnung.

argusto GmbH
92681 Erbendorf
www.argusto.de
Beschäftigte (D): bis 50
Nahrungsmittelindustrie/-handel

Geschäftsführer
Norbert Klamt

TOP 100

ASAP Gruppe

★★★★★★★

Neue Wege ausloten

Autonomes Fahren wird nicht über Nacht als neue Mobilitätslösung zur Verfügung stehen — auf dem Weg dorthin gibt es viele Meilensteine. Einer davon ist ein Augmented-Reality-Head-up-Display, kurz AR-HUD, das die Realität erweitert und Fahrern verständliche Echtzeitanzeigen in das direkte Sichtfeld projiziert. Das schafft Vertrauen in Fahrerassistenzsysteme und perspektivisch auch in das autonome Fahren. Da klassische Testingansätze bei der AR-HUD-Absicherung nicht zum Ziel führen, hat die ASAP Gruppe eine neue Absicherungsmethode entwickelt.

Der Automotive-Engineering-Dienstleister überzeugt in den TOP 100-Bewertungskategorien „innovationsförderndes Top-Management" sowie „Innovationserfolg". Mit dem Ziel der Entwicklung zukunftsorientierter Technologien stellt er sich auch komplexesten Herausforderungen. Eine davon ist die Automatisierung von Entwicklungs- und Absicherungsprozessen. Für die Absicherung des AR-HUD beispielsweise hat der Mittelständler das szenariobasierte Testing für das Infotainment adaptiert. In Kombination mit dem Keyword-Driven-Testing sorgt er damit für eine Zeit- und Kostenreduktion bei gleichzeitig umfassender Absicherung.

Mehr Zeit für Kreativität

Ein weiterer Innovationserfolg ist auch das Process-Automation-Kit, kurz PAK: Mit der individuell skalierbaren Automatisierungssoftware lassen sich Komplexität, Zeit und Kosten in der Entwicklung reduzieren und zugleich Entwicklerakzeptanz und Qualität steigern. Die anwenderfreundliche Baukastensystematik erlaubt es, die Entwicklungsschritte für spezifische Entwicklerrollen zu definieren, zu automatisieren und später für weitere Prozesse wiederzuverwenden. Die Software führt die Entwickler intuitiv durch ihre Tätigkeit, entlastet sie und gibt ihnen so mehr Zeit für kreative, wertschöpfende Leistungen.

Speed up – ASAP 2025

ASAP ist in den vergangenen Jahren stetig gewachsen: Heute sind deutschlandweit rund 1.600 Beschäftigte für den Mittelständler tätig. Ermöglicht wird dieser Erfolg durch ein strategisch denkendes und weitsichtiges Top-Management. Unter der Leitung des Vorsitzenden der Geschäftsführung Michael Neisen hat man in den vergangenen Jahren zum Beispiel kontinuierlich in die Entwicklung und die Absicherung im Bereich E-Mobilität investiert. Im Rahmen des Strategieprojekts „Speed up – ASAP 2025" hat das Top-Management 2022 seine Leistungsschwerpunkte präzisiert, um das Portfolio noch stärker zu fokussieren und technologischer zu gestalten. Nach der Neuausrichtung findet sich das Leistungsspektrum nun in den fünf Leistungssegmenten Elektrik/Elektronik, Software, Consulting & Service, Erprobung und Fahrzeugentwicklung wieder.

ASAP Gruppe
85080 Gaimersheim
www.asap.de
Beschäftigte (D): über 200
Automobilzulieferer/Fahrzeugbau

Vorsitzender der Geschäftsführung
Michael Neisen

attempto GmbH & Co. KG

Eine feine Nase für Trends

Was hat eine IT-Unternehmensberatung mit Trüffelschweinen im Piemont zu tun? Auf den ersten Blick nicht viel, doch das Lab der attempto GmbH & Co. KG hat im Grunde die gleiche Aufgabe wie ein Trüffelschwein: neugierig sein, Potenzial suchen und am Ende auch finden. Das überdurchschnittlich gute Abschneiden des Mittelständlers in den TOP 100-Bewertungskategorien „Innovationserfolg", „Innovationsklima" und „Außenorientierung/Open Innovation" zeigt, wie wichtig und wertvoll das für eine Unternehmensberatung sein kann.

Als Teil der Innovationsmanufaktur beschäftigt sich das Lab der attempto vor allem mit dem Aufspüren neuer Entwicklungen und Trends. Dabei arbeitet es eng mit der Produktentwicklung zusammen. Aber nicht nur die Lab-Spürnasen genießen große Freiräume – alle Mitarbeiter sind in die Schwarmintelligenz der Firma eingebunden. „Wir sind überzeugt, dass IT-Unternehmensberatungen ihrer Zeit glücklicherweise immer etwas voraus sein müssen und die Kollegen damit besonders begeistern und ausbilden können", sagt der Geschäftsführer Franz Berno Breitruck. Trends und Ideen sind vor allem in der Produktentwicklung angesiedelt und finden im besten Fall in einem erfolgreichen Business-Modell ihre Vollendung.

CO_2-Verbrauch als entscheidende Währung

Trends erkennen, etwa die Megathemen Klimaschutz und Nachhaltigkeit, hilft bei der Entwicklung neuer, innovativer Produkte. Mit dem Online-CO_2-Verbrauchs- und Ausgleichstool „Treeam" geht der bayerische Mittelständler mit Standorten in München, Münster und Karlsruhe mit gutem Beispiel voran: Die Nutzer können damit ihren eigenen ökologischen Fußabdruck berechnen und ihn mittels Baumspenden für wirkungsvolle Aufforstungsprojekte in Indonesien und Uganda kompensieren. „Wir haben diese Plattform entwickelt, um sinnnvolle Initiativen zu fördern, und natürlich auch, um den Anwendern die Möglichkeit zu geben, ihr Ökodepot sichtbar zu machen und es bewusst zu steuern. Die Währung dafür definiert sich nicht durch Geld, sondern durch das, um das es geht – CO_2", betont der Geschäftsführer.

Exakt passende Kundenlösungen

Der Schwerpunkt von attempto liegt auf IT-Projekten für Banken, Versicherungen, Industrie, Handel und den öffentlichen Sektor. „Wir sind eine Unternehmensberatung, die auch die IT-Umsetzung anbietet. Es geht nicht allein darum, IT-Plattformen zu entwickeln, sondern auch darum, das jeweilige Geschäftsmodell des Kunden zu verbessern – also um Plattformökonomie", sagt Breitruck. Die Expertise reicht von Browserlösungen über Anwendungen auf dem Tablet bis hin zu Smart-Contracts-Lösungen. Demnächst sind sicherlich auch neue Ansätze auf der Basis von ChatGPT, KI und Metaverse zu erwarten.

attempto GmbH & Co. KG
82041 Oberhaching
www.attempto.eu
Beschäftigte (D): 51 bis 200
IT-Entwicklung/-Beratung

Geschäftsführer
Franz Berno Breitruck

AUMÜLLER AUMATIC GmbH

★★★★★★★

Stark durch die Krise

Wie reagiert die Geschäftsführung eines Unternehmens, wenn es kritisch wird – wenn Lieferketten wegbrechen und der persönliche Kundenkontakt zeitweise unmöglich wird? Wegducken ist keine Option, Innovation hingegen kann dazu führen, dass ein Unternehmen gestärkt aus der Krise hervorgeht. Bei der AUMÜLLER AUMATIC GmbH ist genau das der Fall gewesen. So überzeugt der Mittelständler vor allem in den TOP 100-Bewertungskategorien „Außenorientierung/Open Innovation", „Innovationserfolg" und „innovationsförderndes Top-Management".

Das Unternehmen mit Stammsitz im Landkreis Augsburg ist der weltweit führende Hersteller rund um die Automatisierung von Fenstern. Dies sind technisch anspruchsvolle Produkte, von denen eine hohe Lebensdauer erwartet wird. Entsprechend langfristig ausgerichtet sind sowohl die Produktzyklen als auch die internen Entwicklungszeiträume. Als dann im Zuge der Coronapandemie plötzlich die Zulieferer wegbrachen, musste sich das Top-Management in kurzer Zeit komplett neu orientieren – und hat das grandios gemeistert: Es wurden zusätzliche Entwickler eingestellt und sämtliche Entwicklungsprozesse beschleunigt, was dazu führte, dass das Unternehmen statt eines Rückschritts einen Sprung nach vorn machte.

Innovationserfolg dank künstlicher Intelligenz

Die AUMÜLLER AUMATIC überzeugt mit ihren Produkt- und Prozessinnovationen gleichermaßen. So schafft es das Unternehmen mithilfe künstlicher Intelligenz, die Lebensdauer von Fenstersystemen deutlich zu verlängern, etwa indem eingebaute Prozessoren bei Unregelmäßigkeiten automatisch ein Signal abgeben, bevor größere Schäden entstehen. „Auf diese Weise können wir das Produkt langlebiger machen, und wir erhalten wertvolle Anregungen für die Entwicklung", erläutert die Geschäftsführerin Ramona Meinzer. Sie vertritt die Firma auch bei spannenden Kooperationsprojekten, zum Beispiel mit der Hochschule und der Universität Augsburg. Dabei geht es unter anderem um künstliche Intelligenz im Vertriebsprozess, aber auch um neue Sensortechniken, die den Be- und Entlüftungsvorgang in medizinischen Einrichtungen automatisiert optimieren.

Agil auf Wachstumskurs

Mehr Details darf die Geschäftsführerin aufgrund von Geheimhaltungsvorschriften zwar nicht verraten, doch hochinnovativ sind diese Verbundprojekte mit Sicherheit. Schneller und agiler zu sein als die Konkurrenz und sich Veränderungen ohne Angst zu stellen – all das ist für sie mehr Lust als Last: „Das gesamte Führungsteam ist in den vergangenen zwei Jahren deutlich flexibler geworden. Dadurch fühlen wir uns lebendiger und kreativer", sagt Meinzer stolz, die mit ihrem Unternehmen weiterhin auf Wachstumskurs ist.

AUMÜLLER AUMATIC GmbH
86672 Thierhaupten
www.aumueller-gmbh.de
Beschäftigte (D): 51 bis 200
Elektronik/Elektrotechnik

Geschäftsführerin
Ramona Meinzer

Awesome Technologies Innovationslabor GmbH

Vom Buzzwort zum Business

Neue, vielversprechende Technologien gibt es zahlreich auf dem Markt. Die Kunst besteht darin, sie intelligent und anwenderfreundlich einzusetzen. Genau das ist die Stärke der Awesome Technologies Innovationslabor GmbH in Würzburg, die in der Industrieautomatisierung und in der Digitalkommunikation im Medizinbereich schon viele Projekte erfolgreich realisiert hat. Derzeit übersetzt sie gemeinsam mit Forschungspartnern weitere Zukunftstechnologien in konkrete Anwendungen.

Der Mittelständler überzeugt in den TOP 100-Bewertungskategorien „innovative Prozesse und Organisation", „Außenorientierung/Open Innovation" sowie „Innovationserfolg". Seine IT-Lösungen kommen oft in mittelständischen Produktionsbetrieben zum Einsatz, bei denen Fertigungen leichter automatisiert oder automatisierte Insellösungen intelligenter miteinander verknüpft werden sollen. Der zweite Geschäftsbereich sind IT-Dienste für den Medizinsektor. Hier bietet das Unternehmen anwenderfreundliche und datenschutztechnisch abgesicherte Produkte für Chats, Besprechungen und Dokumentationen.

Professionelles Qualitätsmanagement

Die 2017 gegründete Awesome Technologies ist in den vergangenen Jahren enorm gewachsen – und ist weiterhin auf Wachstumskurs. Denn neben der Weiterentwicklung des Unternehmens und der Skalierung der Produkte und Lösungen steht auch die Internationalisierung des Geschäfts auf der Agenda. „Wir sind froh, dass uns unser internes Qualitätsmanagement bestätigt hat, dass die Prozesse für weiteres Wachstum vorbereitet sind", erklärt die Geschäftsführerin Dr. Cornelia Kolb. Der Mittelständler ist mehrfach zertifiziert, als Medizinproduktehersteller ebenso wie in Sachen Datensicherheit. Dafür setzt er auf crossfunktionale Teams, die über verschiedene Kompetenzfelder hinweg zusammengesetzt sind.

Forschung an haptischem Feedback

Die Awesome Technologies favorisiert kollaborative Entwicklung und nutzt in der Regel Open-Source-Technologien. Beim Aufbruch in neue Einsatzfelder, beispielsweise Mixed Reality, haptisches Feedback oder 5G in der Produktion, arbeitet sie mit Forschungsinstituten, Universitäten und Kliniken zusammen. Von diesen Kooperationen profitieren beide Geschäftsfelder. So kann ein haptischer Handschuh einem Monteur an der Maschine Hinweise geben – Haptik ermöglicht aber auch eine virtuelle Umarmung in der Pflege. Die Technik kann heute sehr viel, und das Würzburger Innovationslabor tut alles dafür, dass sie auch anwenderfreundlich zum Einsatz kommt.

Awesome Technologies Innovationslabor GmbH
97074 Würzburg
www.awesome-technologies.de
Beschäftigte (D): bis 50
IT-Entwicklung/-Beratung

Geschäftsführer
Dr. Cornelia Kolb und
Dr. Christoph Günther

B-Horizon GmbH

★★

Faszination Mikroelektronik

Wie zeigt sich Innovationskraft? Ein wichtiger Indikator sind die Patente, die ein Unternehmen anmeldet und erhält. Die 2017 gegründete B-Horizon GmbH im bayerischen Sinzing verfügt über ein umfangreiches Patentportfolio, das mit durchschnittlich 35 Patentanmeldungen im Jahr weiter wächst. Der Geschäftsführer Mohammad Kabany ist einer der Haupttreiber, der dies ermöglicht. Da verwundert es nicht, dass sein Unternehmen in den TOP 100-Bewertungskategorien „Innovationserfolg" und „innovationsförderndes Top-Management" Bestnoten erzielt hat.

Die B-Horizon GmbH hat zwei Geschäftsbereiche, die beide so hochinnovativ sind, dass das Unternehmen kein separates Innovationsmanagement mehr benötigt. Die Business-Unit „Smarte Sensoren" arbeitet durchgehend an Innovationsprojekten und ist gerade dabei, moderne Sensortechnologie aus der Automobilindustrie in den Pflegebereich zu übertragen. Innovationsgetrieben ist auch die Business-Unit „Mikroelektronik", die hochkomplexe Kundenprojekte konzipiert und umsetzt. Sie übernimmt Mikroelektronikprojekte für mittelständische Unternehmen – von der Konzeption über die Koordination und Überwachung der Entwicklung bis hin zur Qualitätssicherung.

Mikroelektronik-Kompetenz für den Mittelstand

Der Gründer und Geschäftsführer Mohammad Kabany ist studierter Elektrotechniker und Elektroniker. Vor der Unternehmensgründung organisierte und leitete er erfolgreich die Mikroelektronik-Entwicklung bei verschiedenen Tier-1-Automobilzulieferern, also Automobilzulieferer, die ihre Produkte direkt an Automobilhersteller liefern. Seine Idee war es, sein Know-how auch mittelständischen Unternehmen zur Verfügung zu stellen, denn Kabany ist ein gefragter Referent zum Thema Chipdesign und wirkt unter anderem im Beirat der BAVARIAN CHIPS ALLIANCE aktiv mit. Auch bei Regierungen und Behörden sind seine Expertise und sein Know-how gefragt.

Smarte Sensoren

Mit dem Geschäftsfeld „Smarte Sensoren" hat B-Horizon schon etliche Patente anmelden können. In diesem Bereich werden Prototypen für hochinnovative Anwendungen entwickelt, die später gemeinsam mit Partnern als Serienprodukte auf den Markt gebracht werden sollen. Solche intelligenten Sensoren können beispielsweise helfen, sich per Handschuh in virtuellen Realitäten zurechtzufinden, sie können den punktgenauen Einsatz eines Airbags ermöglichen oder in Pflegeheimen das Personal sekundenschnell informieren, wenn bei der Betreuung eines Patienten Handlungsbedarf besteht. Ein Markt also mit großem Potenzial, in dem die B-Horizon ihren Technologievorsprung auch weiterhin durch Patentanmeldungen sichert.

B-Horizon GmbH
93161 Sinzing
www.b-horizon.com
Beschäftigte (D): bis 50
Elektronik/Elektrotechnik

Geschäftsführer
Mohammad Kabany

Bisping & Bisping GmbH & Co. KG

Auf der Höhe der Zeit

Wie automatisiert man die IT-Infrastruktur einer Messegesellschaft? Eine keineswegs triviale Aufgabe, die aber von der Bisping & Bisping GmbH & Co. KG souverän gemeistert wurde. Das IT- und Telekommunikationsunternehmen, das in den TOP 100-Bewertungskategorien „Innovationserfolg“ und „Außenorientierung/Open Innovation“ Bestnoten erzielte, hat für die Messe Nürnberg einen automatisierten ITK-Prozess geschaffen, der bislang einzigartig ist – inklusive automatisierter Schaltung von LAN, WLAN und Routersystemen.

Der neuartige Service, der nun auch anderen Messegesellschaften angeboten werden soll, hat zu rund zehn neuen Arbeitsplätzen und zum Aufbau eines gänzlich neuen Geschäftsfelds geführt, den „Managed Services“. Das Konzept ist überzeugend: Anstatt die einzelnen Schaltungen der ITK-Dienste händisch einzurichten, geschieht dies jetzt zu großen Teilen automatisiert. Dank einer neu entwickelten Software können dabei die Instruktionen für die Schaltungen direkt aus dem ERP-System der Messegesellschaft übernommen werden. Die Mitarbeiter vor Ort stehen für relevante Hilfestellungen zur Verfügung.

Verantwortungsvolle ITK-Dienste

„Immer auf der Höhe der Zeit, versetzen wir unsere Kunden in die Lage, die Digitalisierung nachhaltig, effektiv und effizient für sich zu nutzen“, so fasst der Geschäftsführer Johannes Bisping die Mission seines vor mehr als 30 Jahren gegründeten Unternehmens zusammen. Auf der Höhe der Zeit war dieser Mittelständler, als er als einer der ersten ITK-Anbieter auf den Ausbau der Glasfasertechnologie bis ins Haus setzte. Auf der Höhe der Zeit war er auch, als sein 2017 eröffnetes Hochleistungsrechenzentrum in Lauf an der Pegnitz neu gebaut und gestaltet wurde: Die Beheizung des kompletten Bürogebäudes erfolgt ausschließlich mit der Abwärme der Rechner, während das Rechenzentrum mittels Geothermie gekühlt wird. Die Rechner werden mit 100 % Strom aus regenerativen Energien betrieben. Innovativer und intelligenter lässt sich die heute so wichtige CO_2-Neutralität kaum erreichen.

Bestens vernetzt

Johannes Bisping ist nicht nur als Unternehmer innovativ und erfolgreich, er übernimmt auch gesellschaftliche Verantwortung. So ist er unter anderem Vorsitzender der örtlichen IHK, außerdem Vizepräsident der mittelfränkischen IHK und seit vielen Jahren Pate für das Thema „Breitbandinfrastruktur“ im IKT-Ausschuss der DIHK. Zudem ist er maßgeblich am „DigitalPakt Bayern“ beteiligt, den er auch mit entwickelt hat. Sein Ansatz ist so einfach wie überzeugend: Er will seinen Kunden, aber auch dem Land, in dem er lebt, helfen, in Sachen Telekommunikation, Digitalisierung und Vernetzung ganz vorn mit dabei zu sein.

Bisping & Bisping GmbH & Co. KG
91207 Lauf
www.bisping.de
Beschäftigte (D): 51 bis 200
Internet/Multimedia/E-Commerce

Geschäftsführer
Johannes Bisping

TOP 100

Brückner Maschinenbau GmbH

★★

Ein echter Hidden Champion

Weltmarktführer mit einem Exportanteil von 99 %, mehr als 80 internationale Patente in den vergangenen Jahren, und im Schnitt mehr als 14 % Umsatzwachstum pro Jahr: Die Brückner Maschinenbau GmbH ist auf Technologien für die Kunststofffolienproduktion spezialisiert und hierin Technologie- und Innovationsführer. Sie überzeugt mit ihren Innovationserfolgen und arbeitet zu etwa 70 % an Maschinen für die Lebensmittelverpackung. Doch technische Spezialfolien werden immer wichtiger.

Kaum jemand kennt diesen Weltmarktführer — das Unternehmen im bayerischen Siegsdorf ist ein echter Hidden Champion. Den Großteil seines Geschäfts wickelt der Maschinenbauer, der aber eher Engineering betreibt, in Asien ab. China, Indien und andere asiatische Länder sind seine wichtigsten Märkte. „Wir sind in einer Nische unterwegs und haben hier weltweit einen Marktanteil von rund 60 %", erläutert der Geschäftsführer Michael Baumeister. Das Erfolgsgeheimnis der Firma: Sie setzt sich durch Neuentwicklungen, Innovationen und Leistungsfähigkeit der Anlagen vom Wettbewerb ab und liefert Standard- und Sonderanwendungen gleichermaßen.

Batterie-Separatorfolien für die Gigafactorys

Anstatt sich zu verzetteln, konzentriert sich das Unternehmen konsequent auf seine Kernkompetenz: das biaxiale Verstrecken von Kunststoff zu Folie in einem Schritt. So entstehen extrem dünne Folien, die ihren Zweck, etwa den Schutz vor Feuchtigkeit und Aromaverlust, dennoch herausragend erfüllen können. Die circa 24 Mikrometer dünnen Verpackungsfolien sind jedoch nur ein Teil des Geschäfts — auch 2 Mikrometer dünne Spezialfolien für Kondensatoren und elektrische Bauteile sowie 9 bis 12 Mikrometer Membranfolien für Lithium-Ionen-Akkus können mit den Spezialmaschinen des Unternehmens produziert werden. „Batterie-Separatorfolien für Lithium-Ionen-Akkus sind eine Anwendung, die zunehmend wichtiger wird. Denn derzeit werden überall neue Gigafactorys gebaut, nicht nur in China und Japan, sondern weltweit – auch in Europa", erläutert Michael Baumeister.

Plastik und Nachhaltigkeit

Gleichzeitig beschäftigt sich der Mittelständler mit seinem ökologischen Fußabdruck: Er unterstützt Recyclinginitiativen und hat gemeinsam mit Rohstoffherstellern neuartige biaxial verstreckte PE-Folien entwickelt, die einfacher recycelbar sind. Um sie im Markt einzuführen, hat Brückner „PP/PE Hybrid-Anlagen" entwickelt. Mit ihnen können die Anwender schrittweise von Polypropylen auf Polyethylen umstellen. Das zeigt: Nicht nur in Sachen Technik, sondern auch in Bezug auf Nachhaltigkeit haben diese Oberbayern die Nase vorn.

Brückner Maschinenbau GmbH
83313 Siegsdorf
www.brueckner-maschinenbau.com
Beschäftigte (D): über 200
Anlagen-/Maschinenbau

Geschäftsführer
Michael Baumeister

CB Bank GmbH

Innovation als Kernkompetenz

Papierakten sucht man bei der CB Bank GmbH in Straubing vergebens. Bei der 1972 gegründeten Spezialbank, die sich auf Factoring, die Refinanzierung von Leasinggesellschaften und Lohnsteuervorfinanzierung konzentriert, werden sämtliche Akten elektronisch geführt. Ein sechsköpfiges Team arbeitet laufend daran, die digitalen Prozesse zu optimieren. Damit schneidet das Unternehmen in der TOP 100-Bewertungskategorie „innovative Prozesse und Organisation" hervorragend ab.

„Kundenorientiert, leistungsfähig, erfolgreich" – so lautet das Leitbild der CB Bank, die entgegen dem allgemeinen Branchentrend wächst. Die 100%ige Tochter der VR-Bank Ostbayern-Mitte eG konzentriert sich auf Nischengeschäftsfelder und ist hier kontinuierlich auf der Erfolgsspur. Das ist ein Resultat davon, dass das Innovationsmanagement des Hauses Trends frühzeitig analysiert, deren Auswirkungen auf das eigene Geschäftsmodell hin prüft und auf dieser Basis neue innovative Produkte und Strategien entwickelt. Diese werden durch digitale Prozesse einfach und kundenfreundlich abgebildet. „Dank eigenem Rechenzentrum und eigener Softwareentwicklung sind wir in der Lage, höchst flexibel auf Marktbedürfnisse zu reagieren und unsere Kooperationspartner über Schnittstellen einzubinden", erläutert der Sprecher der Geschäftsführung, Andreas Stegbauer.

Neues Kundenportal

Um in allen Geschäftsfeldern die Nase vorn zu haben, werden die entsprechenden Prozesse kontinuierlich optimiert und verbessert. Beispiele hierfür sind etwa ein neues Kundenportal für den Bereich Factoring, das mit einer hochmodernen Software für das Auslesen von Rechnungen ausgestattet ist, und die Kooperation mit einer Financial Technology, kurz FinTech, im Bereich der Lohnsteuervorfinanzierung. So können die Nutzer einer marktführenden Steuersoftware die Vorfinanzierung im Rahmen der digitalen Lohnsteuererklärung gleich mitbeantragen. Schneller und einfacher geht Lohnsteuervorfinanzierung nicht.

Automatisierte Kreditentscheidung

Auch die Prozesse bei der Finanzierung von Leasinggesellschaften wurden optimiert und sind durchgängig digitalisiert – inklusive automatisierter Kreditentscheidung. Gleichzeitig wurden neue Prozesse in der Forfaitierung von Leasingverträgen für Dienstfahrräder entwickelt. „Innovation, Digitalisierung und Kundenorientierung sind für uns untrennbar miteinander verbunden, denn nur so können neue Produkte, Prozesse und Technologien ihren vollen Nutzen entfalten", erklärt der Geschäftsführer Bernd Hackl. Das fortlaufende Wachstum der CB Bank zeigt, dass diese Rechnung aufgeht.

CB Bank GmbH
94315 Straubing
www.cb-bank.de
Beschäftigte (D): 51 bis 200
Finanzdienstleistungen/
Versicherungen

Geschäftsleitung
Andreas Stegbauer
und Bernd Hackl

CIP Mobility GmbH

Ein Cargobike, das für Aufsehen sorgt

Die Aussage, dass die CIP Mobility GmbH das Fahrrad neu erfunden hat, wäre untertrieben. Vielmehr hat das Tochterunternehmen der CIP GROUP mit seinen 23 Beschäftigten eine völlig neue Fahrzeugklasse entwickelt: Beim „mocci Smart Pedal Vehicle" treiben die Pedalen einen Generator an, der die Energie für den Elektromotor im Hinterrad erzeugt. Dabei kommt es ohne Kette oder Riemen aus. „mocci" ist eine Wortschöpfung aus dem Chinesischen und bedeutet so viel wie das englische „magic ride", also „magische Fahrt".

Bei der Entwicklung von „mocci" hat der Mittelständler die Schwachstellen der aktuellen E-Bike-Generation genau untersucht und dann ein revolutionäres Arbeits- und Lasten-E-Bike kreiert – auf der Grundlage innovativer Prozesse und einer entsprechenden Organisation. „Im Zentrum unseres Handelns steht immer ein holistisches Verständnis von Digitalisierung, Umwelt, Urbanisierung und dem menschlichen Wohlbefinden", erklärt Ralf Busse. Er ist Head of Business Development und unmittelbar daran beteiligt, mit einer entsprechenden Infrastruktur im Unternehmen Innovationen wie „mocci" zu ermöglichen.

Innovationsgetrieben von Anfang an

„Das Innovationsgetriebene ist Bestandteil unser Firmenkultur", ergänzt der Geschäftsführer Dimitrios Bachadakis. „Creating Intelligent Products" ist nicht ohne Grund der Claim der CIP GROUP. Da ist es nur konsequent, dass das Innovationsmanagement übergeordnet verankert ist und nicht nur in einzelnen Teams. Eine Innovation-Roadmap gibt die Richtung und das Ziel vor. Einmal im Monat findet ein entsprechender Workshop statt. In der Regel nehmen hier mehr als 20 Personen daran teil – fast die ganze Belegschaft. „Dabei kombinieren wir verschiedene Methodiken mit einer offenen Gestaltung. Wir sind projektgetrieben, wollen aber auch, dass die Gedanken sich frei bewegen", betont Busse. Die beiden Gründer und Geschäftsführer Yao Wen und Dimitrios Bachadakis bringen sich aktiv in die Meetings ein, da die Organisation des Unternehmens durch flache Hierarchien geprägt ist.

Auf dem Weg in eine vernetzte grüne Zukunft

Zudem arbeitet CIP Mobility mit Unternehmens- und Strategieberatungen zusammen, um den Design-Thinking-Prozess auch unter Anleitung zu durchlaufen und Innovationspotenzial aufzudecken. „Alle Prozesse sind darauf ausgelegt, Innovation den höchsten Stellenwert einzuräumen, sodass wir einen entscheidenden Beitrag zu einer vernetzten grünen Zukunft leisten können", sagt Busse. Dafür reinvestieren die beiden Geschäftsführer jedes Jahr Millionenbeträge in Innovation. Damit werden neue Firmen wie die bayerische CIP Mobility GmbH geschaffen. Sie sollen die Lebensqualität der Menschen verbessern – etwa mit einem intelligenten E-Bike wie „mocci".

CIP Mobility GmbH
82031 Grünwald
www.mocci.com
Beschäftigte (D): bis 50
Verkehr/Logistik

Geschäftsführer
Dimitrios Bachadakis
und Yao Wen

Cognizant Mobility GmbH

Die Mobilität von morgen

Mobilität ist ein Megatrend: Wie wir uns in Zukunft fortbewegen, verändert Wirtschaft und Gesellschaft, Städte und Umwelt. Die Cognizant Mobility GmbH erarbeitet Lösungen für komplexe elektrisch-elektronische und informationstechnologische Systeme im Bereich Automotive. Zu ihrem Portfolio gehören Softwareentwicklung, Connectivitylösungen, E/E-Gesamtfahrzeugentwicklung, Datenanalyse, Systemintegration und Cybersecurity. Der Erfolg des Unternehmens mit Sitz in München geht auch auf sein innovationsförderndes Top-Management zurück.

„Eigentlich machen wir gar nichts anderes als innovativ zu sein", sagt Michael Pollner, Head of Business & Innovation. „Wir bauen jeden Tag innovative Produkte für unsere Kunden." Manche dieser Projekte sind schon auf den ersten Blick spektakulär, etwa der vollständig elektrisch und autonom fahrende Kleinbus „Holon". Er soll 2023 in ersten Pilotprojekten eingesetzt werden und beispielweise in Hamburg als Shuttle den ÖPNV ergänzen. „Für den ‚Holon' haben wir die elektrisch-elektronische Architektur gebaut. Da steckt richtig viel Technik drin", erklärt Pollner.

Technologische Herausforderungen

Die Technik ist so komplex, dass das Projekt auch auf den zweiten, den Profiblick, spektakulär ist. Denn ein selbstfahrender Bus muss „unkaputtbar" für Hacker sein, also quasi „unhackbar". Seine Software muss schnell und in höchstem Maße sicher upzudaten sein, und das nicht nur ein paar Jahre lang wie beim Handy, sondern jahrzehntelang. Es geht um KI-Anwendungen, Embedded-Technologie und Cloudanbindung. 1,5 Jahre hat man an der Architektur gearbeitet und dabei ein intelligentes Baukastensystem geschaffen, das auch für zukünftige Projekte genutzt werden kann. Nachhaltige, zuverlässige und inklusive Mobilitätslösungen können weltweit helfen, die Verkehrsprobleme in den Städten zu lösen – ein riesiger Wachstumsmarkt. „Unsere Sichtbarkeit in der Branche ist mit Leuchtturmprojekten wie dem ‚Holon' sehr stark gewachsen", ergänzt Michael Pollner.

Autoschlüssel auf dem Smartphone

Der Geschäftsführer Jörg Ohlsen agiert oft als Innovationstreiber, weil ihn Technik begeistert. „Und weil Technologie und Entwicklung unser Geschäftsmodell sind", erzählt Ohlsen. Er gibt viele Impulse und pflegt ein großes Netzwerk, aus dem sich oftmals Kooperationen ergeben, so auch zu den Trendthemen Embedded-Software-Entwicklung, künstliche Intelligenz, Cybersecurity oder Ultra-Breitband-Technologie, kurz UWB. „Die UWB-Technologie ist eine Bluetooth-Nachfolgetechnik, die wir bereits in Verbindung mit neuartigen Embedded-Technologien genutzt haben, um so einen digitalen, nicht zu hackenden Autoschlüssel zu entwickeln", erläutert Ohlsen, der der Zukunft auf den Fersen ist.

Cognizant Mobility GmbH
80807 München
www.cognizant-mobility.com
Beschäftigte (D): über 200
IT-Entwicklung/-Beratung

Geschäftsführer
Jörg Ohlsen

Consolinno Energy GmbH

Energie neu gedacht

Wenn Technologie auf ambitionierte Ziele trifft, entsteht Innovation. Genau das macht die Consolinno Energy GmbH aus Regensburg. Deren hauseigene Hardware und intelligente, KI-basierte Software haben einen Fokus: unser Klima zu schützen. Das 1,5-Grad-Ziel aus dem Pariser Klimaabkommen erfordert milliardenschwere Investitionen in erneuerbare Energien und die Digitalisierung der Energieversorgung. Das engagierte Top-Management von Consolinno agiert als starker Innovationstreiber – und der Erfolg gibt ihm recht.

„Innovativ sind unsere Produkte, unsere Dienstleistungen und unsere Prozesse", sagt der Gründer und Geschäftsführer Klaus Nagl, „und auch die Tatsache, dass wir diese drei Dinge immer synchron denken und miteinander verknüpfen." Mehr Klimaneutralität erfordert neue Produkte, neue Produkte erfordern Beratung. Und die verschiedenen Schritte bei der Optimierung eines Energiesystems erfordern neu definierte, effiziente Prozesse. „Genau das bieten wir, und zwar für Einfamilienhäuser, Mehrfamilienhäuser, für ganze Quartiere und für Industrieanlagen", erklärt Klaus Nagl.

Smarte Vorzeigeprodukte

Mit dem „Leaflet HEMS" hat das Start-up eine Hardware-Software-Lösung für maximale Energieeffizienz geschaffen. Die zentrale Steuerbox verbindet Erzeuger und Verbraucher und lässt sich per App bedienen. Auf der Basis von Wetterdaten und Lastprofilen berechnet sie optimale Laufzeiten: Wann steht möglichst viel per Photovoltaik erzeugter Solarstrom zur Verfügung? Wann läuft die Wärmepumpe? Wann wird das E-Auto am ökonomischsten geladen? Nagl erklärt: „Unser ‚Leaflet HEMS' sorgt dafür, dass das System möglichst wenig Energie aus dem Netz beziehen muss oder sogar Energie zurückspeist. Damit sind wir Technologieführer." Auch andere Innovationen gehen auf Nagl zurück. Als Physiker gründete er das Unternehmen 2017 – inzwischen arbeiten fast 100 meist junge Beschäftigte daran, die Energiewende voranzutreiben. „Dieser große Wille schafft ein ganz besonderes Spannungsfeld, eine starke Kraft für Innovationen", erzählt der Geschäftsführer.

Es knistert vor Energie

Einen Tag pro Woche konzentriert sich das Führungsteam ganz auf Innovation: Was passiert in der Forschung, was auf dem Markt? Wohin führt unser nächster Schritt? „In diesen Weeklys entwickeln wir sowohl eine Innovations- als auch eine technologische Roadmap und matchen beide", berichtet Klaus Nagl. „Für neue Ideen stelle ich Ressourcen zur Verfügung." Dank seiner Innovativität konnte sich der Mittelständler verschiedene neue Geschäftsfelder erschließen und den Umsatz steigern. Inzwischen bietet er für jedes Energiesystem Lösungen für mehr Energieeffizienz an.

Consolinno Energy GmbH
93053 Regensburg
www.consolinno.de
Beschäftigte (D): 51 bis 200
Erneuerbare Energien

Geschäftsführer
Klaus Nagl

croit GmbH

Probleme sind dazu da, gelöst zu werden

Es ist eine dieser Garagengeschichten – wobei die Garage, genau genommen, ein Kellerraum war: 2017 gründeten die Softwareentwickler Martin Verges, Matthias Grandl und Paul Emmerich eine Firma. Sechs Jahre später ist die Münchner croit GmbH ein Unternehmen mit 21 Beschäftigten in zehn Ländern auf fünf Kontinenten. Das schnelle Wachstum basiert auf einer sehr dynamischen Grundhaltung und einem herausragenden Innovationsklima, in dem permanent neue kreative Ideen für Datenspeicherlösungen entstehen.

„Wenn Sie Ihre Unterlagen analog abheften, haben Sie irgendwann 10, 100 oder gar 1.000 Aktenordner in 10 oder 100 Schränken", meint der CEO Martin Verges. Suchen Sie dann etwas Bestimmtes, stellt sich die Frage nach dem Verbleib. Bei digitalen Daten und konventionellen Speichersystemen ist es ähnlich: Wächst ein Unternehmen, wachsen auch die Datenmengen, sodass Server hinzugekauft werden. „In unserer auf ‚Ceph' basierenden Datenspeicherlösung müssen Sie nicht lange suchen, weil beliebig viele Server zu einem Cluster miteinander verbunden und so alle Daten einheitlich zugänglich gemacht werden", sagt Verges.

Beeindruckendes Wachstum

Mit „Ceph" nutzten Verges und seine Partner eine bestehende Open-Source-Technologie, die sie für Firmen einfacher nutzbar machten, indem sie sie in eine smarte Lösung einbetteten. Später kam eine weitere Storage-Lösung auf der Basis von DAOS dazu: einer Supercomputertechnologie, die das schnellste Speichersystem der Welt darstellt. Bau und Betrieb der Produkte ermöglichen zudem eine wesentlich einfachere Datenspeicherung. Sie sind nutzerfreundlich, kosteneffizient, skalierbar und verlässlich. Schnell hat das junge Unternehmen Kunden auf der ganzen Welt gewonnen, KMU ebenso wie Konzerne. Zwischen 2018 und 2022 stieg der Umsatz um 850 %! Im Grunde, so Verges, seien junge Firmen immer innovativ, sonst würden sie nicht existieren. „Was uns antreibt und so innovativ macht, ist, dass wir unsere technologische Neugier mit einer starken Kundenorientierung verbinden", fügt er hinzu.

Nur okay ist nicht genug

Um in einer sich so schnell entwickelnden Branche wie der IT permanent innovativ zu sein, braucht man intrinsisch motivierte Mitarbeiter. Darum schaffen die CEOs ein innovationsförderndes Klima. So trifft sich etwa das Team, das in verschiedenen Zeitzonen arbeitet, immer wieder zu Workations, einer Mischung aus Arbeit und Urlaub. In Reviewprozessen werden Ideen diskutiert und Produkte weiterentwickelt. Von finanziellen Anreizen für Einzelleistungen halten die Partner nichts. „Wir wollen keine Ellenbogenmentalität fördern", sagt Martin Verges. „Wir sind gemeinsam stark – und davon profitieren dann alle."

croit GmbH
81247 München
www.croit.io
Beschäftigte (D): bis 50
IT-Entwicklung/-Beratung

Geschäftsführer
Martin Verges

CSP GmbH & Co. KG

Ständig neue Wege gehen

Seit 30 Jahren entwickelt die CSP GmbH & Co. KG in Niederbayern maßgeschneiderte Software für modulares Qualitätsmanagement, für visuelle Montageassistenzsysteme und für Datenbankarchivierungen. Sie hat sich in vielen Branchen des produzierenden Gewerbes einen Namen gemacht, ob Automotive, erneuerbare Energien oder Chemie, ob Batterietechnik, Raumfahrt, Agrar- oder Medizintechnik. Der Erfolg fußt nicht zuletzt auf einer starken Außenorientierung und auf einem innovationsfördernden Top-Management.

„Wir kooperieren intensiv mit externen Partnern", erklärt der Geschäftsführer Korbinian Hermann. „Wir verfolgen aktuelle Entwicklungen in Fachkreisen und suchen Gespräche mit Kunden, Verbandsvertretern und Forschern. Außerdem verfolgen wir, welche Institute wo auf der Welt in welche Themen investieren oder neue Spin-offs gründen." Um all diese Informationen auszuwerten und neue Innovationspotenziale für das eigene Unternehmen aufzuspüren, nutzen die Teams Kanban-Boards.

Bewährte Kernprodukte weiterdenken

„Die Kanban-Boards können die Mitarbeiter der Projektteams jederzeit einsehen und verwalten. Sie erleben, dass ihre Ideen bearbeitet werden – und das ist sehr motivierend", ergänzt Hermann. Ein anderes Tool, der „Gartner Hype Cycle", prognostiziert, wie sich eine Technologie im Laufe der Zeit entwickeln wird. „So bekomme ich eine relativ neutrale Einschätzung und kann dann den Einsatz neuer Technologien im Kontext unserer Geschäftsziele steuern", sagt der Geschäftsführer. In regelmäßigen Meetings, an denen auch das Top-Management und Entscheider aus den diversen Fachabteilungen teilnehmen, erarbeiten die Projektteams multidimensionale Analysen: Welche Megatrends zeichnen sich ab? Welche Einzelthemen dominieren darin, wo häufen sich Trends, wo verdichten sich Entwicklungen? Was wünschen sich unsere Kunden, und wo sollten wir neue Schwerpunkte setzen und Ressourcen freigeben? „Somit können wir flexibel und thematisch breit gefächert reagieren", fügt Korbinian Hermann hinzu.

Effizienz wird Wirklichkeit

Das Top-Management unterstützt all diese Prozesse intensiv und stellt die Weichen: Wo investieren wir, um innovativ zu sein? Wo gehen wir neue Kooperationen ein? CSP-Produkte sind weltweit im Einsatz, das Unternehmen hat einen hervorragenden Marktzugang. Es hat eine erprobte Innovationsstruktur und arbeitet agil, in cross-funktionalen Teams. Darum sieht Korbinian Hermann die Firma bestens aufgestellt: „Alle unsere Kunden müssen sich mit einer Vielzahl technischer Veränderungen auseinandersetzen. Weil auch wir ständig neue Wege gehen, sehe ich darin eine große Chance."

CSP GmbH & Co. KG
94431 Großköllnbach
www.csp-sw.de
Beschäftigte (D): 51 bis 200
Mess-/Prüftechnik

Geschäftsführer
Korbinian Hermann

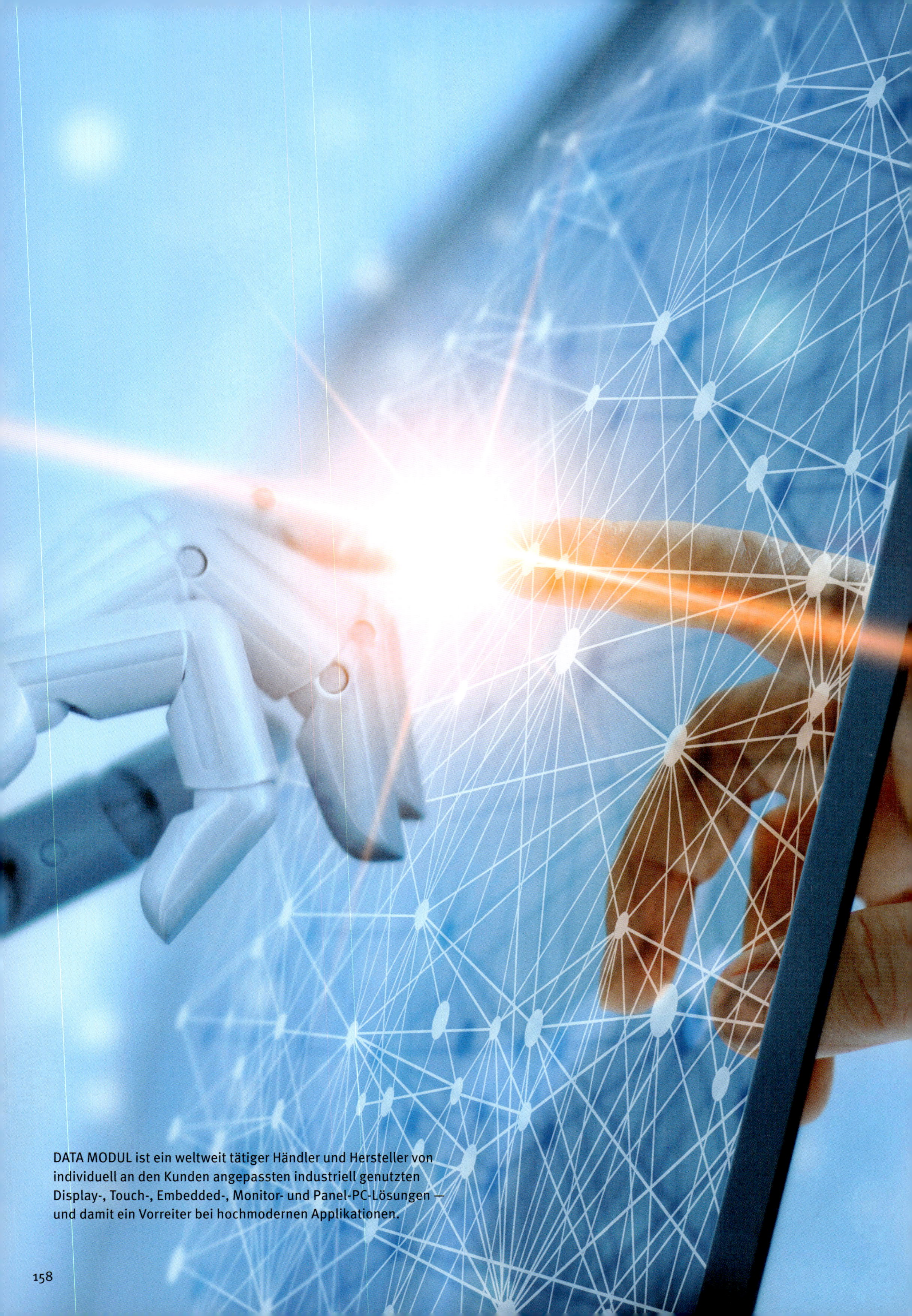

DATA MODUL ist ein weltweit tätiger Händler und Hersteller von individuell an den Kunden angepassten industriell genutzten Display-, Touch-, Embedded-, Monitor- und Panel-PC-Lösungen – und damit ein Vorreiter bei hochmodernen Applikationen.

DATA MODUL AG

Engineering auf höchstem Niveau

Eine der weltweit führenden Firmen auf dem Gebiet der industriellen Display-, Touch- und Embedded-Technologien ist die Münchner DATA MODUL AG: Von Systemlösungen für die Labordiagnostik über moderne Anzeigesysteme als Informationsfläche bis zu Monitoren im Bereich der Fluggastinformation — auf der Grundlage seines modularen Produktkonzepts liefert der Mittelständler höchst moderne visuelle Lösungen. Sein Erfolg basiert nicht zuletzt auf effizienten Prozessen und einem innovationsfördernden Klima.

Die Ideen sprudeln nur so: Mehrere Hundert ausgefeilte Innovationsideen gehen jedes Jahr von den Mitarbeitern der 21 Standorte in Europa, Asien und den USA beim Unternehmen ein. Sie adressieren Fragen wie: Wie entwickeln wir auch künftig moderne Displaylösungen, und wie gestalten wir sie kosteneffizient? Welche operativen Verfahren oder neuen Fertigungstechnologien eignen sich dazu, Produkte weiterzuentwickeln? Auch zu sozialen Themen werden Vorschläge eingebracht, etwa zu Benefits für die Mitarbeiter. Interdisziplinäre Komitees diskutieren sie, Fachabteilungen steuern ihre Expertise bei, Machbarkeitsstudien werden erstellt. Dabei sind die Ideengeber stets in die Prozessentwicklung involviert.

Unternehmenswerte als starke Innovationstreiber

Neben dem Bekenntnis zu nachhaltigem Wachstum prägen auch Professionalität, Teamgeist, Leidenschaft, Erfolg und Innovation die Firmenkultur. „DATA MODUL ist ein innovatives Unternehmen", sagt der Vorstand Dr. Florian Pesahl, „weil wir uns schon heute den Technologien von morgen widmen." So wird mittlerweile in jedem Mitarbeiterjahresgespräch auch das konkrete Einbringen innovativer Ideen bewertet. „Innovation ist ganz tief in unserem Denken und Handeln verankert", sagt Dr. Pesahl. Eine Grundvoraussetzung dafür sind stetige Weiterbildungsmöglichkeiten. So kann sich auf der internen Schulungsplattform jeder anmelden, auch zu Workshops, die nicht die eigenen Jobskills betreffen. „Wir sind überzeugt davon, dass manchmal erst die Weichen gestellt werden müssen, um Kreativität zu entfachen", ergänzt er.

Schlanke Prozesse

Regelmäßige Strategietage und Reviews, flache Hierarchien und kurze Abstimmungswege – auch darin gründet laut Dr. Florian Pesahl die Innovationskraft seines Hauses. Mit einem gut ausgearbeiteten Verbesserungsvorschlag bekommt jeder Mitarbeitende einen Termin bei ihm, ohne langwierige Abstimmungen: „Der direkte Austausch und das Pflegen persönlicher Kontakte sind immens wichtig, wenn man kontinuierlich an der Verbesserung seiner Prozesse und Technologien arbeitet, um so Qualität auf höchstem Niveau zu gewährleisten. Das erleben wir im Alltag immer wieder", sagt der Vorstand.

DATA MODUL AG
80687 München
www.data-modul.de
Beschäftigte (D): über 200
Elektronik/Elektrotechnik

Vorstand
Dr. Florian Pesahl

DS elektrotherm GmbH

Unternehmenskultur mit positivem Einfluss

Die Welt steht aktuell vor enormen Herausforderungen: die Folgen der Coronapandemie, der Krieg in der Ukraine, Energiekrise, Klimakrise ... Die DS elektrotherm GmbH mit Sitz in Landshut hilft Unternehmen, nachhaltiger zu werden. Ihre Klimaexperten entwickeln Komplettlösungen für eine effiziente Gebäudetechnik, mit denen sich Energiekosten senken lassen. Ein positives Innovationsklima und ein engagiertes Top-Management, das intern als Innovationstreiber wirkt, fördern das Entstehen von cleveren neuen Ideen.

„In der Gebäudetechnik wird viel Energie verschleudert", erklärt der Geschäftsführer Christian Stürzer. „Bei Standardlösungen denke ich oft: Hier werden zu häufig erprobte Energieerzeugungssysteme geplant und die Energieeffizienz vernachlässigt." Dabei gibt es innovative Konzepte für mehr Nachhaltigkeit, zum Beispiel die clevere Vernetzung von Kälte- und Wärmetechnik oder die Kombination von Blockheizkraftwerken und Absorptionskältemaschinen, die keine klassischen Kältemittel nutzen und im Sommer durch die Kälteerzeugung Strom erzeugen.

Verschwendung macht innovativ

Wie erzeuge ich Energie, und wie bringe ich die Energie in Gebäude? Um ökologische Antworten auf diese Kernfragen zu entwickeln, beobachtet Stürzers Team die technologische Entwicklung am Markt und überlegt ständig, wie sich Neuheiten in innovative klimaneutrale Gesamtlösungen integrieren lassen. Damit das Entwickeln und Ausprobieren neuer Ideen noch stärker gefördert wird, dürfen die Mitarbeiter ihre Arbeitszeit selbst einteilen – und dabei auch gern mal Job und Hobby verbinden. „Einer meiner besten Programmierer ist passionierter Landwirt. Auf seinem Hof arbeitet er an einem neuen Energiemanagementsystem, das das Wetter weit im Voraus bestimmt und frühzeitig bewirkt, dass Gebäude nicht mehr beheizt oder gekühlt werden", sagt Stürzer. Jeder, der eine überzeugende Idee hat, darf die Realisierung begleiten und den Prozess bis zum Ende führen.

Etwas für den Planeten tun

Die Hierarchien in diesem Familienunternehmen sind flach, und das engagierte Top-Management ist immer offen für Neues. In kleinen Teams werden potenzielle Innovationen diskutiert, Feedback erfolgt schnell. Etwa ein Viertel seiner Arbeitszeit, schätzt Stürzer, investiert er in innovative Energielösungen. „Die Energiewende ist die Zukunft, und wir unterstützen Unternehmen, künftig keine Energie mehr zu verschwenden." Natürlich sind neue Konzepte zur Energieeffizienz immer erst einmal eine Investition. Allerdings eine, die sich schnell rechnet.

DS elektrotherm GmbH
84036 Landshut
www.elektrotherm.com
Beschäftigte (D): über 200
Klima/Sanitär/Heizung

Geschäftsführer
Christian Stürzer

ECOLINE Holzsystembau GmbH & Co. KG

Das Haus der Stunde

Viele Betriebe kämpfen mit den Folgen der Coronapandemie, des Ukraine-Kriegs, der Klima- und der Energiekrise. Und so manches Unternehmen entwickelt angesichts solcher Multikrisen die innovativsten Produkte. Der oberbayerische Mittelständler ECOLINE Holzbausystem GmbH & Co. KG hat beispielsweise ein Hausbaumodell konzipiert, das perfekt in die jetzige Zeit passt. Der enorme Erfolg des Unternehmens wurzelt stark in seinem engagierten Top-Management.

„Mir kam plötzlich diese eine Idee", erzählt Wolfgang Merx, einer der drei Geschäftsführer. „Die haben wir dann gemeinsam weitergedacht." Dabei hatten die drei Partner stets vor Augen, wie viele Menschen sich hierzulande aufgrund steigender Grundstückspreise, steigender Baukosten sowie steigender Zinsen kein Wohneigentum mehr leisten können. Selbst Gutverdiener können den Bau eines Einfamilienhauses oft nicht finanzieren. Am Ende dieses Prozesses entstand ein innovatives Holzhaus, das wie der große Bruder vom Tiny House wirkt.

Ein durchdachtes Zuhause

Das Prinzip hinter dieser Idee sieht folgendermaßen aus: Die Bauherren kaufen kein Grundstück, stattdessen mieten sie es. Ein Eigentümer stellt dafür Grund zur Verfügung, erschließt und vermietet ihn entsprechend für etwa 30, 40 oder 50 Jahre. Das spart Investitionen. Ein weiteres Merkmal: Nicht der Grundbesitzer baut, sondern der Kunde bringt seine Wohnstätte mit. Das speziell konzipierte Haus aus Holzmodulen macht es sogar möglich, dass man mit ihm umziehen kann. Auf diese Weise lässt sich wunderbar ökologisch und nachhaltig bauen. „Unsere jüngste Entwicklung, das sogenannte Sonnenhaus, erreicht eine Energieautarkie von rund 80 %", sagt Wolfgang Merx. Auch spare man durch strukturierte Eigenleistung bares Geld. „Wir können ein 100 Quadratmeter großes Haus für 100.000 Euro bauen. Von außen ist es fix und fertig – Bodenplatte und Innenausbau übernehmen die Bauherren. Dafür stellen wir ihnen einen Baucoach zur Seite. Die Gesamtkosten belaufen sich auf rund 350.000 Euro. Würden wir hingegen das komplette Haus bauen, lägen die Kosten bei 500.000 Euro", sagt der Geschäftsführer.

Bauen wieder bezahlbar machen

Das Top-Management ist der Treiber hinter der Idee. Die übergeordnete Innovationsstrategie? „Cradle to cradle" – der ökologische Fußabdruck beim Hausbau soll möglichst klein sein. Auch seien die Bau- und die Energiekosten die zwei größten strategischen Herausforderungen in der Baubranche. „Doch mit unserem Modell können auch junge Familien endlich wieder ein Haus bauen und Wohneigentum erwerben", erklärt Wolfgang Merx.

ECOLINE Holzsystembau GmbH & Co. KG
85540 Haar
www.ecoline-hsb.de
Beschäftigte (D): bis 50
Baugewerbe/Handwerk

Geschäftsführer
Christian Miller,
Wolfgang Merx und
Jürgen Schröder

Ehret+Klein GmbH

★★

Quartierentwicklung nachhaltig planen

Statt auf kühl kalkulierte Investorenarchitektur setzt die Ehret+Klein GmbH auf eine nachhaltige Quartierentwicklung. Diese Bau- und Immobilienexperten in Starnberg denken immer aus der Perspektive zukünftiger Nutzer und haben stets im Blick, wie sich Standorte langfristig entwickeln. Deshalb werden alle Akteure frühzeitig an den Planungen beteiligt. Zum Innovationserfolg trägt außerdem die neue interne Führungs- und Beteiligungsstruktur bei: 2022 übergaben die zwei Gründer die operative Verantwortung an drei Geschäftsführer aus den eigenen Reihen.

Bis klar ist, was mit einer leer stehenden Immobilie passieren soll, vergeht in Deutschland viel Zeit. Damit verlassene Areale weiterhin Aufenthaltsqualität bieten und Orte der Begegnung bleiben, organisiert die Ehret+Klein GmbH Zwischennutzungen, zum Beispiel im Bereich Kunst, Musik oder Kreativwirtschaft. Häufig entstehen die privat finanzierten Projekte durch Bürgerbeteiligungen, in denen ergänzend über Stadtentwicklung und Gemeinwohl diskutiert wird. „Dieser Erfolg bestärkt uns, weiterhin zukunftsweisende Projekte und Quartiere zu entwickeln, die einen spürbaren Mehrwert für die Gesellschaft bieten", erklärt der geschäftsführende Gesellschafter Michael Baureis.

Fruchtbare Zusammenarbeit

Mittels eines eigens gegründeten Start-ups plant und realisiert der Mittelständler neuerdings sogar eigene Mobilitätslösungen für Quartiersentwicklungen. Das rund 80-köpfige Team ist interdisziplinär aufgestellt und setzt auf eine vertrauensvolle Zusammenarbeit mit regionalen Investoren, Bauträgern und Handwerkern. Immer mit im Boot sind die zukünftigen Nutzer. „Nur mit dieser Konstellation schaffen wir urbane Lebensräume als nachhaltige und profitable Erbstücke für die Gesellschaft", sagt Michael Baureis. Zusätzlich zu den Innovationserfolgen in zahlreichen Kommunen gelingen auch firmeninterne Verbesserungen: Über den „Innovationsbriefkasten" lieferten die Mitarbeiter 2022 beispielsweise digitale Konzepte zur Mietpreiskalkulation und für den Rechnungslauf bei Tankbelegen.

Top-Management realisiert Beteiligungsmodell

Grundlegende Weichenstellungen für die Zukunft des Unternehmens kamen im Frühjahr 2022 von den Gründern Michael Ehret und Stefan Klein. Sie übergaben das operative Geschäft an verdiente Mitarbeiter, die nun auch über eine Minderheitenbeteiligung zusätzlich vom Firmenerfolg profitieren. Die zwei Gründer sind jetzt Beiräte und kümmern sich um Innovationen, Joint Ventures, Markttrends und Mitarbeiterförderung. Damit der Mittelständler weiter solide wachsen kann, ist außerdem ein zahnärztliches Versorgungswerk als institutioneller Investor eingestiegen — ein Novum in der Branche!

Ehret+Klein GmbH
82319 Starnberg
www.ehret-klein.de
Beschäftigte (D): 51 bis 200
Immobilien/Facility-Management

Geschäftsführender Gesellschafter
Michael Baureis

ENDEGS GmbH

★★★

Begleiten statt delegieren

Damit giftige Gase so umweltfreundlich wie möglich in Ölraffinerien oder Industrieparks verbrennen, braucht es neben entsprechenden Lösungen mobile Brennkammern auf Anhängern. Die Brennkammern müssen zum Kunden transportiert werden und dort autonom arbeiten. Mit dieser Innovation erschließt sich die ENDEGS GmbH aus Pförring in Bayern immer neue Einsatzfelder. Die Weiterentwicklungen des Unternehmens entstehen in einem kommunikationsfreundlichen und lockeren Innovationsklima und mit persönlicher Beteiligung des Top-Managements.

Alle für einen, einer für alle: Der Geschäftsführer Kai Sievers weiß, dass Ziele und technische Verbesserungen nur erreicht werden, wenn wirklich alle im Unternehmen darauf hinarbeiten. Deshalb war es ihm ein besonderes Anliegen, eine interkulturelle und interdisziplinäre Kommunikation zu etablieren, die möglichst frei von Hierarchien ist. Stattdessen sollte das Miteinander geprägt sein von begleitender Führung. Jeder Mitarbeiter soll schlichtweg „sein Ding" machen können. Aus diesem Grund gibt es bei ENDEGS keine permanenten Kontrollen. Wer im Außendienst arbeitet, muss keine Reports zum Tag X abliefern.

Das Resultat zählt

Für den Geschäftsführer gilt der Grundsatz: „Nur das Resultat zählt, nicht der Weg dorthin." Die Mitarbeiter des Mittelständlers übernehmen bewusst Verantwortung für die ihnen anvertrauten Aufgaben und fühlen sich für den Unternehmenserfolg mitverantwortlich. Das gelingt nur mit einer Vertrauenskultur und einem Innovationsklima, in dem Fehler als Chance gesehen werden. Das engagierte Top-Management ist als Gesprächspartner in der Werkstatt und im Vertrieb gern gesehen. Aus der Belegschaft heraus wurde zum Beispiel das Servicepaket „N2-Vaporizer" für das Mietgeschäft des Unternehmens entwickelt. „In nur einem Jahr hat sich die Zahl der eingebrachten Ideen und Verbesserungsvorschläge verdoppelt", sagt der Geschäftsführer erfreut. Damit die internationalen Projekte parallel gut vorankommen, finden regelmäßige Videokonferenzen zwischen den Projektleitern und den Operation-Managern statt, hinzu kommen turnusmäßige Innovationsmeetings.

Top-Management initiiert neue Anwendungen

Der Geschäftsführer setzt sich als „Trusted Advisor" in diversen staatlichen und wirtschaftlichen Gremien dafür ein, dass die Technologien der ENDEGS auch in komplett neuen Bereichen rechtssicher angewendet werden können. Denn die Substanzen, mit denen die Kunden arbeiten, veränderten sich fortlaufend. Aktuell gefragt seien beispielsweise Ammoniak und Flüssigerdgas. Der Blick geht zudem in neue Ländermärkte. Derzeit im Fokus sind vor allem Staaten des Gulf Cooperation Councils, für die das Unternehmen eine neue Niederlassung in Saudi-Arabien eröffnet hat.

ENDEGS GmbH
85104 Pförring
www.endegs.com
Beschäftigte (D): bis 50
Umweltschutz/-technik

Geschäftsführer
Kai Sievers

EOS GmbH Electro Optical Systems

★★★★★★★

Schicht für Schicht erfolgreich

Der additive 3-D-Druck wird nur dann viele Branchen erobern, wenn die Anwender die Technik und die Chancen begreifen. Für die EOS GmbH Electro Optical Systems sind deshalb die Kunden, neben Universitäten und Forschungseinrichtungen, die wichtigsten Entwicklungspartner. Mit seinen Schlüsselkunden tüftelt der Mittelständler im „Innovationslabor" an Verbesserungen. Viel Neues liefern außerdem die weltweit tätigen Mitarbeiter – in einem inspirierenden Innovationsklima, zu dem auch Barcamps und interdisziplinäre Meetings beitragen.

Wie künstliche Intelligenz gilt auch der 3-D-Druck von Metallen und Kunststoffen als eine große Zukunftslösung für zahlreiche Industrieanwendungen. EOS gehört in diesem Bereich schon heute zu den führenden Anbietern. Um die Schlagzahl zu halten, hat man im Unternehmen ein Innovationsklima geschaffen, das jedem Einzelnen vielfältige Entfaltungsmöglichkeiten bietet. „Wir realisieren für unsere Kunden industrialisierte Lösungen und haben uns im Bereich der Innovation einen Start-up-Spirit erhalten", erklärt Dr. Marco Nock, Leiter des Innovationsmanagements.

Auf kreative Weise zu neuen Ideen

Im Jahresverlauf gibt es deshalb Innovation-Jams und Barcamps auf Bereichsebene, zudem unternehmensweite „Pitch Days". Hier können sich Mitarbeiter oder Teams um ein Geld- und Zeitbudget für ihre neuen Projekte bewerben. Die Jury besteht aus Vertretern aller Bereiche, die zu bewertenden Innovationsthemen kommen aus allen internationalen Standorten. Inspirationen pur bringt auch der jährliche „EOS Group Summit". Im Rahmen dieser Hybridveranstaltung treffen sich sämtliche Firmen der Gruppe und stellen ihre Innovationsprojekte und ihre Key-Performance-Indikatoren vor. Nach einem Rückblick und einem Update darüber, welche Kernthemen man zuletzt realisiert hat, werden neue Fokusprojekte vorgestellt und von Experten aller Units diskutiert. Der jeweils rund zwei Tage dauernde Summit fördert gezielt interdisziplinäre Arbeits- und Sichtweisen bei dem Mittelständler.

Gemeinsam für additive Fertigung

Neben der Produktentwicklung betreibt EOS gemeinsam mit Partnern aus dem akademischen und industriellen Umfeld Forschungsprojekte. So ist das mittelständische Unternehmen aktuell in circa 25 Projekte mit Förderhintergrund eingebunden. In diesen Projekten kooperiert EOS mit etwa 165 Partnern aus Forschung, Industrie und Anwendung. Ein weiterer Punkt hinsichtlich der starken Außenorientierung der Firma ist das Engagement von Dr. Nock, der als Mitglied im Expertengremium der Bayrischen Staatsregierung die Koordinierungsstelle Additive Fertigung mit seinem breit gefächerten Wissen unterstützt. Ein gelungenes Fundament, um weiterhin Schicht für Schicht erfolgreich zu bleiben.

EOS GmbH Electro Optical Systems
82152 Krailling
www.eos.info
Beschäftigte (D): über 200
Anlagen-/Maschinenbau

Geschäftsführerin
Marie Niehaus-Langer

TOP 100

ErgoPack Deutschland GmbH

★★★

Ergonomische Packhilfe

Sie sind ergonomisch und einfach zu handhaben – die mobilen Palettenumreifungssysteme der ErgoPack Deutschland GmbH. Und sie kommen gut an, denn die Beschäftigten in der Logistik schonen damit ihren Rücken und erfahren mehr Wohlbefinden bei der körperlichen Arbeit. Bei dem Mittelständler im bayerischen Lauingen tüftelt man derweil schon an der nächsten Innovation. Immer wieder lädt der Geschäftsführer Witali Neumann zu den Innovationsworkshops seines Hauses auch externe Experten ein, um so neue Sichtweisen aufzugreifen.

Ob bei ErgoPack im idyllische Lauingen an der Donau schon mal Dankesschreiben von Lageristen aus aller Welt eingegangen sind? Wir wissen es nicht. Was wir wissen: Mit den mobilen Palettenumreifungssystemen des Mittelständlers arbeiten Millionen von Menschen in der Logistik- und Versandbranche gesünder und effektiver. Und das nicht nur in den Megahallen der Onlineversender, sondern auch in Fabriken, die ihren Sitz in Schwellenländern haben. Dem Firmengründer Andreas Kimmerle war es von Anfang an wichtig, dass sein Produkt mithilft, die Arbeitsbedingungen zu verbessern – und zwar weltweit!

Zwei kreative Meetings, eine Wissensplattform

Der Innovationserfolg kommt auf Rollen zur Palette. Mittels einer patentierten Kettenlanze wird das Umreifungsband um die Ware gelegt, dann mit einem Handgriff verspannt und verschweißt. Der Vorgang schont den Rücken und sorgt für weniger Krankmeldungen. Der Geschäftsführer Witali Neumann und sein Team im Top-Management sind die obersten Innovatoren: „In unseren Executive-Innovationsmeetings kommen wir mit der Leitungsebene aus Technik, Vertrieb und Produktion zusammen", erzählt der Geschäftsführer. Erkenntnisse aus diesen Besprechungen werden mit News aus einer „Top-Technikerrunde" auf einer digitalen Plattform zusammengeführt. Daraus entstehen dann oftmals neue Innovationsprojekte. Immer wieder organisiert das Top-Management auch Workshops, bei denen externe Experten teilnehmen, sodass andere Sichtweisen einfließen können.

Innovativ für bessere Arbeitsumgebungen

Witali Neumann ist stolz auf den internen kontinuierlichen Verbesserungsprozess, der in allen Bereichen zu Veränderungen führt. Anregungen aus der Belegschaft können zu grundlegenden Innovationen führen oder zu Feintuning in Prozessen oder der Organisation. In Abstimmung mit den direkten Vorgesetzten und der für den Vorschlag zuständigen Abteilung wird offen diskutiert und abgestimmt. Bemerkenswert: Die Geschäftsführung sieht bei den Ergebnissen nicht unbedingt Gewinnsteigerung oder Kostensenkung an erster Stelle, sondern mehr Qualität und optimale Arbeitsbedingungen. So lebt ErgoPack selbst vor, was man den Kunden verspricht.

ErgoPack Deutschland GmbH
89415 Lauingen
www.ergopack.de
Beschäftigte (D): 51 bis 200
Anlagen-/Maschinenbau

Geschäftsführer
Witali Neumann

estos GmbH

★★

Immer im Austausch bleiben

Wer intelligente Kommunikationssoftware für Unternehmen entwickelt und vermarktet, der sollte auch selbst intern optimal kommunizieren können. Dass aber auch Impulse von außen wichtig sind, wenn man erfolgreich sein möchte, weiß die estos GmbH. Sie sammelt regelmäßig Ideen von außen, indem sie eng mit Kunden und den beiden Schwesterfirmen kooperiert. Diese frischen und unterschiedlichen Impulse sorgen zudem für ein fruchtbares Innovationsklima, das Raum zulässt für das Engagement der Mitarbeiter.

Damit die Anwendungen der estos GmbH auch künftig so stark nachgefragt werden wie aktuell, werden die Kunden sehr regelmäßig nach ihren Bedürfnissen befragt. „Wir haben unsere Kundenkontakte und Kundeninterviews 2022 mehr als verdoppelt. Jede wichtige Anregung von außen fließt in die Produktinkrementplanung ein oder wird unverzüglich von unserem sogenannten NexGen-Client-Team bearbeitet", erklärt der Geschäftsführer Florian Buzin. Open Innovation bedeutet für den Mittelständler in Starnberg aber auch eine enge Kooperation mit den beiden Unternehmen STARFACE und TeamFON.

Innovationen im Firmenverbund

Gemeinsam mit den beiden Schwesterfirmen arbeitet man aktuell an Produkten und der Marktführerschaft im Bereich Unified-Communications-as-a-Service, kurz UCaaS. Auf dem Weg dorthin ist Kommunikation und Interaktion Pflicht. Florian Buzin berichtet aus der Praxis: „Es wurden zentrale Tools für den gemeinsamen Austausch etabliert, die Transparenz in der Firmengruppe gewährleisten. So etwa ein Veranstaltungskalender für interne und externe Termine oder ein Anwendungsblog." Weiter gibt es Arbeitsgruppen für Innovationsprojekte. Ein erster Erfolg des Teamworks: die Integration von Voice-Services in das Bestsellerprodukt „ProCall" sowie ein darauf basierendes umfängliches UCaaS-Angebot. Impulse wie die aus der Außenorientierung des Betriebs will man in den nächsten Jahren auch intern stärker anregen.

Externe Experten ansprechen

Ein erster Schritt dazu war, das Prinzip der agilen Softwareentwicklung auch auf andere Kernprozesse zu übertragen. Das verhilft zu einem positiven Innovationsklima und steigert die soziale Komponente nachhaltig. „Mitarbeiter und Teams sollen zu den von ihnen bearbeiteten Themen eigeninitiativ den Austausch mit externen Experten suchen", sagt Florian Buzin. Schon heute ist das Arbeitsklima hervorragend bei estos, was auch die vielen Verbesserungsvorschläge widerspiegeln, die über ein Ticketsystem erfasst werden. Selbstredend, dass jeder Einreicher seine Idee dann persönlich präsentieren darf und im Falle einer Realisation entsprechend belohnt wird.

estos GmbH
82319 Starnberg
www.estos.de
Beschäftigte (D): 51 bis 200
IT-Entwicklung/-Beratung

Geschäftsführer
Florian Buzin

Euroglas Verpackungsgesellschaft mbH

Den Glasmarkt neu denken

Ansprechende Verpackungen fördern den Verkauf von Markenprodukten, auch bei Getränken und Lebensmitteln. Deren Hersteller beliefert die Euroglas Verpackungsgesellschaft mbH mit Flaschen, Konservengläsern, Verschlüssen und Transportgebinden. Die Inhaber des familiengeführten Betriebs in Germaringen fokussieren ihr Innovationsmanagement auf ein fortschrittliches Lieferanten-, Kunden- und Mitarbeitermarketing. In ihrer als konservativ geltenden Branche haben sie damit die Nase vorn.

Als Value-added-Distributor kooperiert die Euroglas Verpackungsgesellschaft mit Glasherstellern, Logistikfirmen und Abfüllern, um eine hochwertige, rentable und nachhaltige Produktion zu ermöglichen. Der Mittelständler übernimmt das Projektmanagement für die Entwicklung individuell designter Verpackungen, er steuert Bestellungen, Transporte und Lagerlogistik für Start-ups wie auch Markenführer, und er leistet Aftersales-Dienste. Rund 250 Millionen Glasbehälter bringen die Experten jährlich auf den Weg.

Digitalisierung anschieben

2010 übernahmen Christoph und Johannes Jäckle das Unternehmen von ihrem Vater, seither fließt der Großteil ihrer Investitionen in Projekte für den digitalen Wandel. So fungiert die 2021 erneuerte Website als Dreh- und Angelpunkt für die Interaktion mit Kunden. Auf ihr lassen sich Glasverpackungen konfigurieren und bestellen, den jeweiligen Lieferstatus bildet sie jederzeit exakt ab. Christoph Jäckle erklärt: „Damit übertragen wir ein im Online-Einzelhandel etabliertes Modell auf unser B2B-Geschäft. Hinsichtlich Onlinekommunikation und -services positionieren wir uns in der eher konservativen Branche als Innovator." Auf diese Weise treiben die Geschäftsführer auch ihr Projekt „klimaneutrale Glasverpackung" voran: Im Webshop können die Kunden jetzt das bei der Produktion und beim Transport ihrer Gläser freigesetzte CO_2 berechnen und diese Emissionen mit Klimazertifikaten neutral stellen.

Attraktiv für Fachkräfte

Um qualifiziertes Personal wirbt das Top-Management nicht zuletzt mit guter Bezahlung: Es gewährte die höchstmöglichen steuerfreien Corona- und Inflationsausgleichprämien, hob 2022 proaktiv und freiwillig die Gehälter der Arbeitnehmer inflationsbedingt an und wirkt auch mit seinen kürzlich neu geordneten Vertriebsboni ausgleichend: „Gute Teamergebnisse gewichten wir bei Sonderzahlungen neuerdings stärker als die Leistungen Einzelner", betont Christoph Jäckle. „Damit wollen wir den Teamgedanken stärken und auch zukünftige Mitarbeiter mit dem gleichen Spirit ansprechen. So stellen wir die Zukunft unseres Betriebs sicher."

Euroglas Verpackungsgesellschaft mbH
87656 Germaringen
www.euroglas.de
Beschäftigte (D): bis 50
Druck/Papier/Verpackung

Geschäftsführer
Christoph Jäckle

Evosys entwickelt und produziert Maschinen für das Laserschweißen von Kunststoffen und bietet dazu auch die entsprechende Anwendungsberatung an.

TOP 100

Evosys Laser GmbH

★★

Innovative Lasersysteme

In der Automobilindustrie und in der Medizintechnik finden elektronische Komponenten ihren Platz in Gehäusen aus Kunststoff. Die 2015 gegründete Evosys Laser GmbH in Erlangen bringt fortschrittliche Lösungen hervor, um solche Behälter sicher, präzise und kostengünstig zu verschweißen. Ihre beiden Geschäftsführer halten das Unternehmen trotz zuletzt schwieriger Umstände kontinuierlich auf Wachstumskurs. Neue Entwicklungen beschleunigen sie mittels wichtiger Impulse aus Forschung und Lehre.

Frank Brunnecker, Holger Aldebert und ihr 85-köpfiges Team bringen Kunststofftechnik, Lasertechnik, Optik, Digitalisierung und Maschinenbau zusammen. Ihren Kunden bieten sie modulare Lasersysteme an, die auf der innovativen Next-Generation-Optics-Technologie basieren, ergänzt um Designberatung, Prozessentwicklung und After-Sales-Services. Seit der letzten TOP 100-Teilnahme 2020 ist die Belegschaft der Evosys Laser GmbH um mehr als die Hälfte gewachsen, der Umsatz stieg in den vergangenen zwei Jahren um 60 %. Schon lange sind die Maschinenbauer mit einer Niederlassung in China präsent, 2023 ist auch der wegen Coronabeschränkungen zunächst verzögerte Sprung auf den US-Markt geglückt.

Klippen umschiffen

Frank Brunnecker verweist stolz auf diese trotz Corona und der Energiekrise erreichten Erfolge: „Wie alle mittelständischen Betriebe sind wir mit steigenden Produktionskosten und fragilen Lieferketten konfrontiert. Weil wir mögliche Knackpunkte früh erkennen und die Weichen richtig stellen, sind wir bis dato gut durch die schwierige Zeit gekommen." Als Beispiel dafür steht das 2022 zur Marktreife gebrachte, patentierte Advanced Quasi-Simultanschweißen, abgekürzt AQW. Dabei werden zwei Laserstrahlquellen miteinander kombiniert, um die Einbringung von Strahlungsenergie und Wärme bei Schweißvorgängen besser kontrollieren zu können.

Wirksame Open Innovation

Als Innovationsführer ist Evosys eng mit der Forschung und Lehre verbunden. Der Mittelständler kooperiert mit dem Bayerischen Laserzentrum in Erlangen sowie mit den technischen Hochschulen in Nürnberg und Regensburg, zudem zählt er zu den Sponsoren des Süddeutschen Kunststoff-Zentrums in Würzburg. Im Zuge solcher Zusammenarbeit koppeln die Experten ihr praktisches Know-how mit neuen wissenschaftlichen Erkenntnissen – auf diese Weise entstand auch das mit Mitteln des Freistaats Bayern geförderte AQW-Verfahren. „Übrigens binnen einer außerordentlich kurzen Entwicklungsfrist von nur drei Jahren", erklärt Holger Aldebert erfreut. „Gewöhnlich nehmen derartige Projekte von der Idee bis zum Produktlaunch doppelt so viel Zeit in Anspruch."

Evosys Laser GmbH
91058 Erlangen
www.evosys-laser.de
Beschäftigte (D): 51 bis 200
Anlagen-/Maschinenbau

Geschäftsführer
Frank Brunnecker und
Holger Aldebert

TOP 100

TOP 100 TOP 100 TOP 100 TOP 100
TOP 100 TOP 100 TOP 100 TOP 100 TOP 100
TOP 100 TOP 100 TOP 100 TOP 100 TOP 100
TOP 100 TOP 100 TOP 100 TOP 100 TOP 100
TOP 100 TOP 100 TOP 100 TOP 100 TOP 100
TOP 100 TOP 100 TOP 100 TOP 100 TOP 100
TOP 100 TOP 100 TOP 100 TOP 100 TOP 100

Exeltis Germany GmbH

Frauengesundheit im Fokus

Menstruation, Schwangerschaft und Menopause verursachen Beschwerden, die sich mit innovativen Medikamenten lindern lassen. Derartige Präparate sowie ein breites Spektrum weiterer Arzneimittel bringt der spanische Konzern Insud Pharma hervor. Seine hiesige Vertriebsorganisation, die Exeltis Germany GmbH, konzentriert sich ausschließlich auf das Sortiment für Frauengesundheit und ist mit deutlich zweistelligen jährlichen Wachstumsraten marktführend in diesem Segment.

Die in Ismaning bei München ansässige Exeltis Germany GmbH wurde 2010 gegründet. Sie erwirtschaftet heute 60 Mio. Euro im Jahr, die Hälfte ihrer 90-köpfigen Belegschaft ist im Facharztaußendienst tätig. Das Vertriebsteam reagiert flexibel auf die Anforderungen von rund 11.000 Gynäkologen und setzt damit wichtige Impulse für die Entwicklung neuer Wirkstoffe im Bereich Frauengesundheit. Der Geschäftsführer Jan Tangermann erklärt: „Das von uns in den Gesamtkonzern gespiegelte ärztliche Feedback triggert dort das Innovationsklima. Zwar bleiben preisgünstige Arzneimittel, deren Patente auslaufen, wichtig, dank unserer Kundennähe erzielen wir aber bereits die Hälfte unseres Umsatzes mit Präparaten, die wir selbst entwickelt und in den letzten drei Jahren eingeführt haben."

Top-Management fördert direkten Draht zum Kunden

Der Mittelständler punktet bei seiner Zielgruppe, weil die Muttergesellschaft als eines von wenigen Pharmaunternehmen nach wie vor stark in die Forschung und Entwicklung neuer Wirkstoffe für die Gesundheit von Frauen investiert. Infolgedessen kann die bayerische Firma bislang unerfüllte medizinische Bedarfe decken. Damit das so bleibt, setzt das deutsche Top-Management auf einen möglichst direkten Draht zum Kunden – auch von der Firmenzentrale in Ismaning aus. So fanden während der Coronapandemie regelmäßig virtuelle Messen, Webinare und Onlinesymposien statt, bei denen sich Gynäkologen über das aktuelle Sortiment informierten und interaktiv in einen Austausch mit ihren persönlichen Ansprechpartnern, Fachkollegen und Wissenschaftlern treten konnten.

Agile Strukturen und intrinsische Motivation

Jan Tangermann und seine Führungskräfte zählen allesamt auf eigenmotiviertes Personal, das sich mit den agilen Strukturen und der „It's all about people"-Philosophie des mittelständischen Unternehmens identifiziert. „Unsere Kolleginnen und Kollegen arbeiten sehr gern hier. Das zeigt sich nicht zuletzt an der geringen Fluktuation. Die Atmosphäre ist durch ein familiäres Miteinander geprägt, das sich auf unsere Kunden überträgt", sagt der Geschäftsführer.

Exeltis Germany GmbH
85737 Ismaning
www.exeltis.de
Beschäftigte (D): 51 bis 200
Pharma/Labortechnik

Das Top-Management

FENECON ist ein führender Hersteller von Stromspeichern und Energiemanagementsystemen für private Haushalte, Gewerbe, Industrie, Energieversorger und Ladeparks.

FENECON GmbH

Innovator des Jahres

Beschleuniger der Energiewende

Die Erderwärmung auf 1,5 Grad zu begrenzen wird nur gelingen, wenn erneuerbare Energien für Strom, Wärme und Mobilität sorgen. Auf diesem Gebiet leistet die FENECON GmbH mit ihren modernen Stromspeichern und fortschrittlichen Energiemanagementlösungen Pionierarbeit. Die 190-köpfige Belegschaft treibt der Wunsch, einen Beitrag zur Verwirklichung der Energiewende zu leisten. Ein Dreh- und Angelpunkt der Innovationsstrategie ist die konsequente Außenorientierung des Unternehmens: Sie ist die Triebfeder für neue Entwicklungen.

Der 2011 von Franz-Josef Feilmeier gegründete, in Deggendorf beheimatete Betrieb gilt als Vorreiter seiner Branche und als eine der am schnellsten wachsenden Techfirmen Deutschlands. FENECON übersprang 2018 die Umsatzmarke von 10 Mio. Euro, 2022 waren 90 Mio. erreicht, 2023 werden 200 Mio. Euro erwartet. Der Mittelständler entwickelt und fertigt Stromspeicher für Wohngebäude, Gewerbe und Industrie. Ungefähr 20.000 Systeme sind schon europaweit im Einsatz, bis jetzt noch vorwiegend im privaten Bereich. Das hauseigene Energiemanagementsystem FEMS nutzen auch Netzbetreiber und Energieversorger, Fahrzeughersteller und Solarparkbetreiber.

Open Innovation aus Prinzip

„Wir sind der einzige Anbieter von Indoor- und Outdoorspeichern in dieser Bandbreite", berichtet Feilmeier. „Übrigens auch der einzige noch vom eigenen Management geführte Hersteller, überall sonst herrschen Konzernstrukturen." Von FENECON-Innovationen soll die Gesamtgesellschaft profitieren, deshalb bedienen die Experten sich des Open-Source-Prinzips – auch bei ihrer Energiemanagementsoftware, die herstellerunabhängig funktioniert und für Forschung und Lehre zur Verfügung steht. Einen Quantensprung hinsichtlich des Industriegeschäfts verspricht die Eröffnung der mit EU-Mitteln geförderten „CarBatteryReFactory": Am neuen Produktions- und Logistikstandort in Iggensbach werden ab November 2023 große Containerspeicher aus jeweils Hunderten von gebrauchten und überzähligen neuen Elektrofahrzeugbatterien gebaut. „Ein hochgradig skalierbares Geschäftsmodell, auf das viele Fahrzeughersteller dringend warten", betont der Geschäftsführer.

Neue Wege gehen

Franz-Josef Feilmeier und sein Führungsteam fördern im Haus ein Innovationsklima, in dem alle Beteiligten ihre Fähigkeiten und Talente weiterentwickeln können. „Dabei beschreiten wir oft bislang unbekannte Wege bei der Konzeption neuer Anwendungsmöglichkeiten oder bei der praktischen Umsetzung, ob in der Produktion, der Auftragsbearbeitung oder in der Logistik. Gemeinsam bildet unsere Belegschaft den Verstand, die Hand und das Herz von FENECON."

FENECON GmbH
94469 Deggendorf
www.fenecon.de
Beschäftigte (D): 51 bis 200
Erneuerbaren Energien

Geschäftsführer
Franz-Josef Feilmeier

„Wir setzen
im Unternehmen
vor allem
auf intrinsische
Motivation."

Franz-Josef Feilmeier
Geschäftsführer

Ihre Belegschaft ermöglicht Ihren Innovationserfolg und trägt zu einem gesamtgesellschaftlich wichtigen Projekt bei, dem Gelingen der Energiewende. Wie schlägt sich das Wissen darum im Teamspirit und im täglichen Tun nieder?
Für unser Team ist die Vision der vollständigen Energiewende mit konsequentem Einsatz erneuerbarer Energien gemeinsames Ziel und Antrieb. Das schweißt zusammen und führt interessanterweise sogar dazu, dass verantwortungsbewusste Lieferanten und Kunden bevorzugt mit uns zusammenarbeiten. Wir haben ein eigenes Klimaschutzkonzept verabschiedet und im Zuge dessen schon längst auf einen komplett elektrifizierten Fuhrpark, Firmenfahrräder und auf Bahn- statt Flugreisen umgestellt. Viele Mitarbeiter nutzen auch privat Stromspeicher mit Photovoltaikanlagen.

Wie belohnen Sie besonders innovative Leistungen?
Zunächst einmal setzen wir auf intrinsische Motivation. Unser Personal bearbeitet Themen, von denen es überzeugt ist und verbessert die Rahmenbedingungen dafür mithilfe eigener Ideen. Wir gewähren allen Mitarbeitern jährlich einen gleich hohen finanziellen Bonus, der sich am Gesamterfolg von FENECON bemisst. Zusätzlich gibt es individuell bemessene Bonuszahlungen, die sich an besonderen Leistungen orientieren, die wiederum mit unseren Unternehmenswerten im Einklang stehen.

Bei FENECON gibt es den Geschäftsbereich „Team & Culture“, das klingt ungewöhnlich. Warum wurde er eingerichtet, und welche Wirkung entfaltet er?
Diesen Geschäftsbereich haben wir 2020 im Zuge unseres dynamischen Personalwachstums ins Leben gerufen. Die Verantwortlichen dieses Bereichs entwickeln und pflegen die Unternehmenskultur, nehmen sämtliche Funktionen einer Personalabteilung wahr und unterstützen unsere interne Academy. Der Begriff „Team“ steht hier für Kooperation, Gemeinschaft und Partizipation anstelle von Konkurrenzdenken. Dafür bedarf es einer bestimmten Haltung und inneren Einstellung, die wir in unseren Werten und ganz generell in unserer Unternehmenskultur fest verankert haben. Wenn Stellen neu besetzt werden, achten wir sehr auf einen starken persönlichen Wertekodex. Die Teambildung im Haus unterstützen wir mit interdisziplinär und nach individuellen Interessen zusammengesetzten Arbeitsgruppen, aber auch mit vielen gemeinsamen Veranstaltungen.

Wie die FENECON GmbH ihre Mitarbeiter für ein gemeinsames Ziel begeistert und somit ein ausgezeichnetes Innovationsklima schafft, erklärt **Franz-Josef Feilmeier.**

Foundation Medicine GmbH

★★★

Transformation der Krebstherapie

Die auf onkologische Gentests spezialisierten Wissenschaftler der US-amerikanischen Foundation Medicine bringen ein umfassendes Portfolio innovativer molekularer Tumoranalysen hervor. Ihre deutsche Tochtergesellschaft, die Foundation Medicine GmbH, hat sich seit ihrer Gründung 2016 zu einem internationalen Drehkreuz für Analysen von Blut- und Gewebeproben sowie für weltweiten Wissenstransfer entwickelt. Dank kontinuierlich verbesserter Prozesse führt sie wichtige Fortschritte in der Krebsforschung und der Krebstherapie herbei.

Im oberbayerischen Penzberg untersucht der Mittelständler anhand spezieller Profilingverfahren eine stetig steigende Zahl von Proben auf Hunderte von Tumormarkern, um klinisch relevante Genveränderungen zu erkennen. Dies geschieht äußerst kurzfristig, jeweils binnen weniger Tage. Zu jedem Testergebnis liefert das Labor im Sinne der personalisierten Medizin eine individuelle Zusammenstellung möglicher Therapieoptionen und auch passender klinischer Studien, sodass Onkologen auch neue Krebstherapien bei der Therapieplanung berücksichtigen können. Ärzte aus insgesamt 40 Ländern nehmen diese Leistungen inzwischen schon in Anspruch.

Kooperationen mit mehr als 70 Pharmafirmen

„Seit 2018 hat sich das jährliche Volumen auf zuletzt 22.000 Proben pro Jahr verfünffacht. Von 2019 bis 2021 stieg unser Umsatz um 30 %. Auch, weil wir unsere Verfahren inzwischen an zahlreiche Partnerlabore in Europa und Asien transferieren", erklärt die Geschäftsführerin Dr. Vera Grossmann. In Strategie- und Marketingteams der Muttergesellschaft eingebunden, wirken die deutschen Experten maßgeblich an weiteren Roll-outs mit. Hinsichtlich Forschung und Entwicklung kooperiert Foundation Medicine mit mehr als 70 großen Pharmaunternehmen, um aus Hunderttausenden genomischer und klinischer Patientendaten empirische Erkenntnisse abzuleiten, klinische Studien zu verkürzen und neue Medikamente schnell in den Markt einzuführen.

Veränderungen aktiv anstoßen

In Penzberg installierte das Top-Management unlängst eine Change-Implementation-Working-Group, die auf der Basis regelmäßig durchgeführter Mitarbeiterbefragungen die innerbetriebliche Organisation verbessert und Kommunikationsprozesse beschleunigt. Im Zuge dessen wurde der Intranet-Content erweitert, das Onboarding für neues Personal optimiert und ein flexibles Homeoffice-Arbeitsmodell dauerhaft etabliert. Ein Mitarbeiterrotationsmodell, das ebenfalls neu verabschiedet wurde, fördert die abteilungsübergreifende Zusammenarbeit. „‚Never change a running system' ist für uns definitiv keine Option", betont die Geschäftsführerin Vera Grossmann.

Foundation Medicine GmbH
82377 Penzberg
www.foundationmedicine.com
Beschäftigte (D): 51 bis 200
Gesundheitswesen

Geschäftsführerin
Dr. Vera Grossmann

Frank Dental GmbH

Prozesse vereinfachen und beschleunigen

Als Dentalhändler und Hersteller von rotierenden Instrumenten ist die Frank Dental GmbH seit vielen Jahren eine feste Größe am Markt. In Gmund am Tegernsee produziert sie hochwertige Diamantbohrer – ein Herstellungsprozess, der bisher mit viel Handarbeit verbunden war. Doch dank der Initiative des Firmengründers Armin Frank und des Forschungs- und Entwicklungsleiters können die Markierungsringe nun vollautomatisch auf die Diamantbohrer aufgebracht werden.

Der Mittelständler überzeugt in den TOP 100-Bewertungskategorien „innovationsförderndes Top-Management", „innovative Prozesse und Organisation" und „Innovationsklima". Armin und Anja Frank, die beiden Geschäftsführer des Familienbetriebs, sind wichtige Innovationsmotoren. Armin Frank recherchierte mehr als ein Jahr lang im Internet, um für die Automatisierung der Produktion Lösungen zu eruieren. Die Idee: Die manuellen Prozesse zu automatisieren, ohne dafür 300.000 Euro auszugeben. Gemeinsam mit dem Forschungs- und Entwicklungsleiter, einem passionierten Modellbauer, fand er schließlich die Lösung: Sie kauften einen Roboterarm samt Steuerungssoftware, und die dazugehörige Prozessstrecke konstruierten und bauten sie dann einfach selbst. Inzwischen werden die Markierungsringe automatisch aufgetragen, künftig soll auch die Diamantbeschichtung automatisiert werden.

Papierlose Abläufe

Auch in der Administration setzt man auf intelligente Lösungen, die die Prozesse vereinfachen und beschleunigen. „Wir sind gerade dabei, eine neue Software einzuführen, um das gesamte Unternehmen komplett papierlos zu machen", erklärt Anja Frank, „das ist ein Prozess, den wir vor etwa eineinhalb Jahren begonnen haben." Dabei geht es der Geschäftsführerin nicht nur darum, die bisherigen Abläufe papierlos zu gestalten, sondern auch darum, sämtliche Prozesse infrage zu stellen und optimal neu aufzusetzen.

Umwelthandbuch und Kleiderkreisel

Ein wichtiges Ziel von Anja Frank ist es, das Unternehmen zukünftig noch nachhaltiger auszurichten. Dabei nimmt sie auch die Belegschaft mit ins Boot: Gemeinsam hat man schon ein Umwelthandbuch erarbeitet und verschiedene Projekte initiiert, die zum sparsamen Umgang mit Ressourcen beitragen. „Wir haben zum Beispiel einen Kleiderkreisel, das war eine Idee aus der Belegschaft", berichtet Anja Frank. Nachhaltiges Füllmaterial anstelle von Kunststoff, Jobräder, Baumpflanzprojekte in Deutschland und Hybridfahrzeuge – das gemeinsame Engagement für Nachhaltigkeit und Umweltschutz ist ein Motivationskick für das gesamte Team.

Frank Dental GmbH
83703 Gmund
www.frank-dental.com
Beschäftigte (D): bis 50
Medizintechnik

Geschäftsführer
Armin und Anja Frank

Wolfram Industrie ist der einzige Hersteller von Wolframelektroden in Deutschland und thorierten Elektroden in Europa. Zu seinem Produktangebot zählen unter anderem Orbitalschweißelektroden mit unterschiedlichen Schliffen.

Gesellschaft für Wolfram Industrie mbH

★★

Vertrauen in die nächste Generation

Wolfram und Molybdän sind Schwermetalle mit einzigartigen Eigenschaften: Sie besitzen eine hohe Dichte, Härte und Festigkeit. Aus ihnen fertigt die Gesellschaft für Wolfram Industrie mbH im bayerischen Traunstein hochbelastbare Produkte für den Einsatz in der Industrie. Aktuell übergibt die Geschäftsführerin Marion Freifrau von Cetto den Staffelstab an die nächste Generation. Ihr Sohn Sebastian Freiherr von Cetto will den Erfolg des mittelständischen Unternehmens künftig fortführen.

1911 wurde die damalige „Wolfram Draht-Fabrik GmbH" zur Herstellung und Verarbeitung von Wolfram und Molybdän in Berlin gegründet. Heute ist der Firmensitz der Wolfram Industrie im bayerischen Traunstein, weitere Standorte befinden sich in Dachau und in der Schweiz. In Traunstein entsteht derzeit eine neue Firmenzentrale, die mehr Platz und Raum für Innovationen bietet. Der moderne Neubau ermöglicht den Ausbau von Service und Anwendungstechnik sowie eine Erweiterung der Produktpalette.

Technische Servicekomponenten sind gefragt

Bei der Wahl der Standorte hat sich das Top-Management bewusst für Deutschland und die Schweiz entschieden und setzt damit auf eine hochwertige Produktion in Mitteleuropa. „Wir wollen unsere Produkte dort anbieten und fertigen, wo die Nachfrage besteht", betont die Geschäftsführerin Marion Freifrau von Cetto. Die Kunden des Mittelständlers schätzen vor allem die technischen Servicekomponenten des Unternehmens. „Wir überlegen bei unseren Innovationen immer wieder, wie wir dem Anwender noch mehr Vorteile bieten können", erklärt die Geschäftsführerin. So sorgt zum Beispiel ein Nachschleifservice für eine dauerhaft hohe Qualität von Elektroden und deren Schweißprozessen. Würde der Kunde selbst nachschleifen, kostete ihn das weit mehr Zeit und Geld als der professionelle Service der bayrischen Experten. Am Standort im schweizerischen Winterthur wird zudem viel Forschung und Entwicklung in Sachen Schweißtechnik betrieben.

Erfolg bedeutet Teamarbeit

Die Geschäftsführung setzt bei ihrem täglichen Tun bewusst auf flache Hierarchien. Marion Freifrau von Cetto und ihr Sohn Sebastian sind ebenso in die Innovationsprozesse eingebunden wie die Schwiegertochter Angelika Freifrau von Cetto, die das Marketing verantwortet. „Der Erfolg unserer Firma beruht aber auf Teamarbeit aller Mitarbeiter", betont die Geschäftsführerin. „Unsere Aufgabe als Führungsriege ist es, unseren Beschäftigten genügend Freiraum für kreative Ideen zu geben." Eine Haltung, die das innovationsorientierte Top-Management der Traunsteiner Gesellschaft für Wolfram Industrie mbH auch in Zukunft beibehalten will.

Gesellschaft für Wolfram Industrie mbH
83278 Traunstein
www.wolfram-industrie.de
Beschäftigte (D): 51 bis 200
Metallverarbeitung

Geschäftsführerin
Marion Freifrau von Cetto

TOP 100	TOP 100	TOP 100	TOP 100	TOP 100	TOP 100	TOP 100	TOP 100	TOP 100	TOP 100
TOP 100	TOP 100	TOP 100	TOP 100	TOP 100	TOP 100	TOP 100	TOP 100	TOP 100	TOP 100
TOP 100	TOP 100	TOP 100	TOP 100	TOP 100	TOP 100	TOP 100	TOP 100	TOP 100	TOP 100
TOP 100	TOP 100	TOP 100	TOP 100	TOP 100	TOP 100	TOP 100	TOP 100	TOP 100	TOP 100
TOP 100	TOP 100	TOP 100	TOP 100	TOP 100	TOP 100	TOP 100	TOP 100	TOP 100	TOP 100
TOP 100	TOP 100	TOP 100	TOP 100	TOP 100	TOP 100	TOP 100	TOP 100	TOP 100	TOP 100
TOP 100	TOP 100	TOP 100	TOP 100	TOP 100	TOP 100	TOP 100	TOP 100	TOP 100	TOP 100
TOP 100	TOP 100	TOP 100	TOP 100	TOP 100	TOP 100	TOP 100	TOP 100	TOP 100	TOP 100
TOP 100	TOP 100	TOP 100	TOP 100	TOP 100	TOP 100	TOP 100	TOP 100	TOP 100	TOP 100
TOP 100	TOP 100	TOP 100	TOP 100	TOP 100	TOP 100	TOP 100	TOP 100	TOP 100	TOP 100
TOP 100	TOP 100	TOP 100	TOP 100	TOP 100	TOP 100	TOP 100	TOP 100	TOP 100	TOP 100
TOP 100	TOP 100	TOP 100	TOP 100	TOP 100	TOP 100	TOP 100	TOP 100	TOP 100	TOP 100
TOP 100	TOP 100	TOP 100	TOP 100	TOP 100	TOP 100	TOP 100	TOP 100	TOP 100	TOP 100
TOP 100	TOP 100	TOP 100	TOP 100	TOP 100	TOP 100	TOP 100	TOP 100	TOP 100	TOP 100

TOP 100

GHS Separationstechnik GmbH

Mit Ehrgeiz Marktführer in der Nische werden

Ob beim Recycling von Plastik, bei der Herstellung von Fruchtsäften oder im Spezialtiefbau: Wenn in der Industrie Festes von Flüssigem getrennt werden muss, wird eine Zentrifuge benötigt. Die GHS Separationstechnik GmbH in Landshut hat sich auf Industriezentrifugen, Dekanter, Pumpen und Filter spezialisiert, die für mineralische Anwendungen, aber auch in vielen anderen Gebieten eingesetzt werden. Die Geschäftsführung des bayerischen Mittelständlers und sein 30-köpfiges Team können auf viele Innovationserfolge zurückblicken.

Günter Haider hat das Maschinenbauunternehmen mit viel Erfahrung in der Branche vor 15 Jahren gegründet. Vor zwei Jahren ist sein Sohn Benedikt Haider in die Geschäftsführung mit eingetreten. Beide gehen regelmäßig auf Baustellen und zu den Kunden, um zu sehen, ob ihre Produkte gut arbeiten und wo Optimierungsbedarf besteht. Oftmals bringen sie von dort neue Ideen mit zurück in die Firma. „Unser Ziel ist es, unser Alleinstellungsmerkmal als Systemlieferant im Markt auszubauen, vor allem in Nischenmärkten", sagt Benedikt Haider.

Beteiligung an Forschungsprojekten

Anregungen für Innovationen erhalten sie zum einen durch ihre Beteiligung an mehreren Forschungsprojekten mit Hochschulen. Diese Ideen fließen in die Arbeit der Entwicklungsabteilung und des Ingenieurbüros mit ein, das Anlagen für andere Maschinenbauunternehmen plant. Ein Beispiel für eine erfolgreiche Innovation ist ein mobiles System für das Recycling auf Baustellen, das auf einen Autoanhänger passt. Dadurch entfällt das Warten auf den Saugwagen, der bisher die Bohremulsion von der Baustelle zur Deponie gefahren hat. Der Maschinenbauer ist zudem einer der sehr wenigen, der eine Anwendung entwickelt hat, mit der Wasser aus Zementschlamm separiert und aufbereitet werden kann. Bislang haben sich nur wenige Unternehmen an Zementspülungen herangetraut, weil die Abbindezeit von Zement extrem kurz ist und sich das Produkt innerhalb des Systems in kürzester Zeit festsetzt.

Anwenderfreundlicher und kostengünstiger

Ein weiterer Antrieb für Neuerungen und Verbesserungen ist der Anspruch des Mittelständlers, seine Anlagen anwenderfreundlicher und kostengünstiger zu gestalten. So testen Benedikt Haider und sein Team derzeit zum Beispiel modernste Sensoren mit dazugehöriger Steuerungstechnik, um die Zentrifugen in die Industrie 4.0 zu überführen. Das Ziel ist es, dass die Anlagen mit den jeweiligen Einflüssen agieren und nicht auf sie reagieren. „Nachhaltigkeit und Ressourcenschonung sind bei unseren Produkten ein wichtiger Faktor", erläutert der Geschäftsführer, der zusammen mit seinem Vater zukünftig auch weitere Märkte erobern möchte.

GHS Separationstechnik GmbH
84028 Landshut
www.ghsgmbh.com
Beschäftigte (D): bis 50
Anlagen-/Maschinenbau

Geschäftsführer
Benedikt Haider

Die happybrush GmbH wurde gegründet, um zeitgemäße, effektive und erschwingliche Mundpflege zu vereinen.

happybrush GmbH

In aller Munde

Die Ideen zu einer neuen elektrischen Zahnbürste kamen Stefan Walter und Florian Kiener auf einer WG-Party, auf der sie feststellten, dass viele Freunde noch eine Handzahnbürste nutzten. Also entwickelten sie eine elektrische Zahnbürste mit sechs Wochen Akkulaufzeit, die Technologie und Nachhaltigkeit verbindet, und gründeten die happybrush GmbH. Mittlerweile haben sie rund 50 weitere Mundpflegeartikel im Programm. Zahlreiche Innovationserfolge beweisen ihr ausgesprochen gutes Gefühl für neue Trends und Optimierungen.

Nachhaltig, ästhetisch, technisch gut – das sind die drei Voraussetzungen, die die Gründer definiert haben und die alle neuen Produkte erfüllen müssen. „Wir sind große Fans von kundenrelevanten Innovationen", sagt Stefan Walter. „Die Produkte müssen stets auch einen Mehrwert für den Kunden bieten." Über 12 Millionen verkaufte Produkte seit dem Start des Unternehmens im Jahr 2016 können sich sehen lassen — und sie helfen auch sozial: Ein Teil der Umsätze wird regelmäßig an ein Wasserprojekt in Afrika gespendet, derzeit in Kooperation mit PLAN International.

Interner Open-Innovation-Ansatz

„Bei uns ist jeder hoch motiviert und schaut über seinen Tellerrand hinaus", berichtet Florian Kiener. Nicht nur die Ingenieure und Designer haben gute Ideen: Auch zum Beispiel ein Kollege aus dem Bereich Finanzen hat schon die Idee zu einem neuen Produkt beigesteuert. „Bei uns gilt intern der Open-Innovation-Ansatz. Es agiert also jeder als kleiner Unternehmer im Unternehmen und wächst somit über seinen Horizont hinaus", ergänzt Kiener. Damit auch genügend Freiräume bleiben, um tiefer in die eigenen Projekte einsteigen zu können, gibt es regelmäßig meetingfreie Vormittage und Brainstormingrunden mit Kollegen aus unterschiedlichen Abteilungen. Das bringt immer wieder Auftrieb: Manche Projekte im Haus konnten in nur wenigen Tagen von der Idee bis zum fertigen Konzept entwickelt werden. Für Feedback auf neue Produktideen arbeitet man mit Fokusgruppen und Online-Umfragen, außerdem tauscht man sich mit Produktionspartnern aus.

Persönliches Social-Media-Marketing

Das Marketingbudget des Start-ups ist nicht sehr groß, trotzdem wollen die Gründer das Optimum herausholen: Statt die medizinischen Vorzüge ihrer Produkte zu loben, setzen sie vor allem in den Social-Media-Kanälen auf den persönlichen Touch und zeigen dort Konsumenten, wie sie Gutes für ihre Zähne und ihre Umwelt tun. Sei es durch die Schallzahnbürste aus recyceltem Material, die Aufsteckbürsten aus nachwachsenden Rohstoffen oder die Mundspülung in der recycelten Flasche. Die Ideen für nachhaltige und ästhetische Innovationen werden dem kreativen Team in München noch lange nicht ausgehen.

happybrush GmbH
80337 München
www.happybrush.de
Beschäftigte (D): bis 50
Konsumgüter

Gründer
Stefan Walter und
Florian Kiener

Humanus Personalservice GmbH

Die europäische Lösung

Der demografische Wandel bedeutet für die deutsche Wirtschaft die größte Herausforderung seit der Nachkriegszeit, davon ist Philipp Erik Breitenfeld überzeugt. Unzählige Facharbeiter werden künftig im Handwerk und in der Industrie fehlen. Deshalb hat der Unternehmer 2013 die Humanus Personalservice GmbH gegründet. Der Personaldienstleister vermittelt seinen Kunden Fachpersonal aus ganz Europa. Breitenfeld bringt selbst viele Ideen ein und schafft damit Innovationserfolge in seinem Unternehmen.

Rund 4.000 Menschen hat Humanus in den vergangenen Jahren schon in den ersten Arbeitsmarkt integriert. Und täglich werden es mehr. Das Ziel ist es, dass die Fachkräfte auf Zeit letztlich von den Firmen übernommen werden. Aktuell beschäftigt der Personaldienstleister, der dieses Jahr sein 10-jähriges Jubiläum feiert, ungefähr 750 Mitarbeiter. „Unser Team beherrscht die Landessprachen aller EU-Länder, in denen wir Fachpersonal rekrutieren", erklärt Breitenfeld. Büros in Polen und der Slowakei unterstützen bei der Fachkräftesuche vor Ort.

Softwaretool für passende Vermittlung

Damit die Vermittlung von Personal schnell und exakt passend erfolgt, hat man ein digitales Tool entwickelt, mit dem die Bewerber und die offenen Aufträge automatisch zusammengebracht werden. Doch nicht nur Qualifikation und Arbeitsplatz müssen stimmen: Das Tool sucht auch direkt eine passende Unterkunft für die jeweilige Fachkraft und organisiert bei Bedarf den Transport vom Heimatland zum Einsatzort nach Deutschland. Zukünftig soll der Einsatz künstlicher Intelligenz die Funktionen der Software noch weiter verbessern. „Bei uns steht der Mensch im Vordergrund", betont der Geschäftsführer. Fachkräfte erhalten zum Beispiel Begleitung bei Behördengängen und werden in die ihnen oftmals fremde Kultur eingeführt. „Ein gutes Onboarding schafft mehr Zufriedenheit bei den Kunden und auch bei den Beschäftigten", erklärt Breitenfeld, denn das weiß er aus Erfahrung.

Problemlöser für den Mittelstand

Der Gründer hat noch zahlreiche Ideen, die er verwirklichen will, und zieht sich daher immer mehr aus dem operativen Geschäft zurück. „Ich bin sehr häufig in Europa unterwegs und halte die Augen immer wieder auf für neue Möglichkeiten", unterstreicht der 38-Jährige. Zu Gründungszeiten ist er noch selbst mit seinem Auto nach Rumänien gefahren, um die Verträge mit neuem Fachpersonal abzuschließen. Inzwischen ist es sein Ziel, in den nächsten Jahren zum Problemlöser für den deutschen Mittelstand und zum allerersten Ansprechpartner für alle Personalfragen zu werden.

Humanus Personalservice GmbH
86720 Nördlingen
www.humanus-zeitarbeit.de
Beschäftigte (D): über 200
Personaldienstleistungen

Geschäftsführer
Philipp Erik Breitenfeld

INCON GmbH & Co. Assekuranz KG Versicherungsmakler

Ein neues Geschäftsmodell setzt neue Maßstäbe

Ein Versicherungsmakler ist die Schnittstelle zwischen Versicherungskunden und Versicherungsunternehmen. Als Netzwerker für beide Seiten sieht sich auch die INCON GmbH & Co. Assekuranz KG. Der Mittelständler hat sich auf Kunden aus der Immobilienwirtschaft spezialisiert und kann auf viele Innovationserfolge bei seinen Versicherungsprodukten und Dienstleistungen verweisen. Vor allem in den vergangenen zwei Jahren haben diese Versicherungsexperten ihr Geschäftsmodell revolutioniert.

„Digitales, vernetztes Arbeiten" lautet die Devise bei INCON. „Wir wollten unsere Zusammenarbeit mit den Versicherern verbessern und außerdem die Versicherungsbranche und die Immobilienwirtschaft besser miteinander vernetzen", erläutert der Geschäftsführer Martin Schellhorn. Herausgekommen ist ein neues Geschäftsmodell, welches das Thema Schadenmanagement gleichermaßen auf die Bereiche Immobilien und Versicherung überträgt. Für Schadenmeldungen kann das Maklerunternehmen nun auf das Immobilienmanagement zugreifen und relevante Daten direkt an den Versicherer senden. Das macht die Arbeit für die Kunden, aber auch für den Makler leichter.

Mut, Fehler zu machen

Mit mehr als 120 Beschäftigten zählt das Unternehmen zu den größten Häusern mit Fokus auf die Immobilienwirtschaft. „Der Faktor Mensch steht trotz aller Digitalisierung bei uns weiterhin im Mittelpunkt", unterstreicht Schellhorn. Die Beschäftigten arbeiten viel in Projektgruppen an neuen Ideen oder ziehen sich für einwöchige Workshops aus dem Tagesgeschäft zurück, um sich Gedanken über Neuerungen zu machen. „Bei uns herrscht eine große Bereitschaft, Dinge einfach auszuprobieren – auch mit dem Risiko, dabei mal einen Fehler zu machen", beschreibt der Geschäftsführer das Innovationsklima im Haus. „Der Mut, aus Fehlern zu lernen und neue Maßstäbe setzen zu wollen, zieht sich wie ein roter Faden durch unser Unternehmen." Manche bezeichnen die 1988 gegründete INCON gern auch als „Traditionsfirma mit Start-up-Qualitäten".

Blick auf andere Branchen

Neue Ideen entstehen häufig beim Blick auf andere Branchen. „Wir schauen uns zum Beispiel Technologien an, die in der Versicherungs- und der Immobilienbranche bisher noch gar nicht genutzt werden, und generieren daraus eigene Lösungen", erklärt Martin Schellhorn. Auch mit Forschungsinstituten tauschen sich die Mitarbeiter bei technischen Fragen aus. Neue Ideen werden mit Kunden diskutiert, die die Innovationen dann oft sogar mitgestalten. So ist auch das neuartige Geschäftsmodell bezüglich des branchenübergreifenden Schadenmanagements ein Gemeinschaftswerk vieler Beteiligter.

INCON GmbH & Co. Assekuranz KG Versicherungsmakler
80335 München
www.incon-vm.de
Beschäftigte (D): 51 bis 200
Finanzdienstleistungen/
Versicherungen

Geschäftsführer
Martin Schellhorn

TOP® 100	TOP® 100	TOP® 100	TOP® 100	TOP® 100
TOP® 100	TOP® 100	TOP® 100	TOP® 100	TOP® 100
TOP® 100	TOP® 100	TOP® 100	TOP® 100	TOP® 100
TOP® 100	TOP® 100	TOP® 100	TOP® 100	TOP® 100
TOP® 100	TOP® 100	TOP® 100	TOP® 100	TOP® 100
TOP® 100	TOP® 100	TOP® 100	TOP® 100	TOP® 100
TOP® 100	TOP® 100	TOP® 100	TOP® 100	TOP® 100

TOP 100

INRO Elektrotechnik GmbH

First Mover und Trendsetter

„Sich unabhängig vom globalen Markt machen und in der heimischen Region produzieren": Dieses Motto gilt bei der INRO Elektrotechnik GmbH nicht erst seit der allgemeinen Lieferkettenproblematik im Zusammenhang mit Covid-19, sondern schon seit der Gründung 1991. Die Experten in Stockstadt im unterfränkischen Landkreis Aschaffenburg fertigen und prüfen Elektronikkomponenten und -baugruppen. Das Top-Management sorgt dafür, dass der Innovationsmotor am Laufen bleibt.

Ein Schwerpunk der Unternehmenstätigkeit ist die Entwicklung der Steuertechnik für Flurförderzeuge – also für Fördermittel, die dem horizontalen Transport von Gütern dienen, zum Beispiel Gabelstapler. Mit ihrer Expertise in der Forschung, Entwicklung und Produktion haben sich die Elektronikspezialisten einen Namen gemacht. Wie wichtig diesen Franken die innovative Weiterentwicklung ihrer Produkte ist, zeigt schon der Umstand, dass von den 150 Mitarbeitern stolze 35 in der Entwicklungsabteilung beschäftigt sind.

Den Fortschritt antizipieren

Der Firmengründer Michael Ries lenkt mit seiner Frau Barbara Ries die Geschicke des Hauses. Zu den Aufgaben der Geschäftsführung gehört es, kontinuierlich die Märkte zu beobachten und die Trends zu analysieren. „Wir sehen uns als Trendsetter und First Mover und wollen die Entwicklung des Markts schon Jahre vorher antizipieren", sagt Michael Ries. Zudem hält der Mittelständler engen Kontakt zu Universitäten, nicht zuletzt, um Nachwuchskräfte zu rekrutieren. Mit dem Know-how dieser Digital Natives wird in der Firma der Fortschritt vorangetrieben. Darüber hinaus hat die Geschäftsleitung zwei Wissensmanagerinnen eingestellt, die das im Betrieb gewachsene Wissen, etwa von langjährigen Mitarbeitern, dokumentieren und für die nachrückende Generation aufbereiten. Dies geschieht auf anschauliche Weise, etwa mit Videos und im Rahmen eines modernen Intranets. „So können wir effizienter arbeiten als zuvor", unterstreicht Barbara Ries.

Elektronik für die Mobilitätswende

Eine Herausforderung für die Zukunft ist es, geeignetes Fachpersonal zu finden. Allein dazu hat das Unternehmen drei Expertinnen angestellt, die tagtäglich nach Talenten Ausschau halten. Diese Talente werden auch benötigt, um Trends wie die Mobilitätswende vom Verbrennungs- zum Elektromotor mitzugestalten, beispielsweise durch die Entwicklung einer innovativen Ladelösung für E-Autos. So hat man jüngst eine neuartige kompakte Ladestation entwickelt, die fest installiert, aber auch mobil im Fahrzeug transportiert werden kann. Auf diese Weise bleiben das E-Auto und zugleich der Innovationsmotor am Laufen.

INRO Elektrotechnik GmbH
63811 Stockstadt
www.inro-et.de
Beschäftigte (D): 51 bis 200
Elektronik/Elektrotechnik

Geschäftsführer
Barbara und Michael Ries

ipm Werbemittel GmbH

Immer einen Schritt voraus

Während der Coronapandemie hat auch die Werbemittelindustrie gelitten: keine Events, keine Kampagnen mit persönlichen Begegnungen – und kaum noch Gelegenheiten, Kunden ein Werbegeschenk zu überreichen. Der Großhändler ipm Werbemittel GmbH in Kissing bei Augsburg reagierte darauf mit Dynamik und Innovation. Dabei halfen eine innovationsfördernde Unternehmenskultur und ein Top-Management, das Kreativität und neue Ideen zur Chefsache gemacht hat.

„Innovation ist Teil unserer Jobbeschreibung", sagen die Geschäftsführer Peter Beichel und Tino Gerstner. „Wir haben keine, wir sind unsere Entwicklungsabteilung", ergänzen sie schmunzelnd. Die beiden entwickeln Lösungen, welche die Markenbotschaften ihrer Kunden optimal präsentieren. Während der Coronapandemie fragte zum Beispiel ein Kunde: Wie können wir Weihnachten feiern, wenn keiner kommen darf? Ihre Antwort: Dann bringen wir die Weihnachtsfeier zu den Beschäftigten. Und sie erfanden „imp|inthebox": ein Geschenkset, bei dem sich alle Mitarbeitenden etwas aussuchen dürfen.

Notwendigkeit ist die Mutter der Innovation

Wichtig sind ein Gefühl für Design, eine gute Kommunikation und auch Fehlertoleranz. „Nicht jedes Produkt muss gleich ‚über-marktreif' sein", sagt Beichel, „Produkte entwickeln sich auch." Wichtig ist den Partnern vielmehr, eine Infrastruktur für zukünftige Innovationen zu schaffen. „Wir haben eine sehr gute IT-Struktur und schon vor Corona mit ‚Teams' gearbeitet", berichtet Gerstner. Immer einen Schritt voraus zu sein hilft, schnell auf Herausforderungen zu reagieren. Darüber hinaus verbinden sie jetzt ihre Kompetenzen bei Werbemitteln, Prämiensystemen und Full-Service-Lösungen. „Damit sind wir ein sehr starker Brandingpartner", fügt Gerstner hinzu. Statt einer großen Innovationsstrategie verfolgen sie eine höchst umtriebige Politik der kleinen Schritte: „Wir versuchen, jeden Tag etwas besser zu werden. Und das leben wir auch unseren Beschäftigten vor."

Kreative und dynamische Unternehmenskultur

Die Mitarbeiter bringen ebenfalls Ideen ein, dafür stehen die Türen der Chefs immer offen. Umgekehrt diskutieren Beichel und Gerstner ihre Ideen auch mit dem Team. „Es gibt bei uns keine Trennung in oben und unten, wir begegnet uns auf Augenhöhe", sagen die beiden. Alle Beschäftigten können ihre Arbeit frei und selbstständig organisieren. Und alle haben ein ausgeprägtes Bewusstsein für die Bedeutung von Innovation. „Deshalb", erklärt Peter Beichel, „arbeiten wir hier alle auf ein gemeinsames Ziel hin." Und Tino Gerstner bilanziert: „Geht es dem Unternehmen gut, geht es uns allen gut."

ipm Werbemittel GmbH
86438 Kissing
www.ipmgruppe.de
Beschäftigte (D): bis 50
Kommunikation/
Marketing/Medien

Geschäftsführer
Peter Beichel
und Tino Gerstner

Die ipm Werbemittel GmbH ist ein Werbemittelgroßhändler und bietet an deutschlandweit drei Standorten das ganze Spektrum von Werbeartikeln an.

IQM entwickelt und produziert Quantencomputer-Hardware und ist einer der führenden Akteure im dynamischen Quantenökosystem Europas.

IQM Germany GmbH

Die Supercomputer der Zukunft

Es gibt Zukunftstechnologien, die für Laien sehr abstrakt und somit nur schwer zu verstehen sind. Dazu gehören auch Quantencomputer, also Rechnersysteme, die für ihre Kalkulation die Effekte der Quantenphysik nutzen. Die IQM Germany GmbH baut diese Rechner. Sie sollen in der Zukunft Probleme lösen, an denen selbst die größten Supercomputer bislang scheiterten. Der Mittelständler mit Sitz in München kann bei TOP 100 nicht nur mit seinen Innovationserfolgen glänzen, sondern auch mit Open Innovation und einem hervorragenden Innovationsklima.

Mit dem Begriff „Quant" wird in der Physik der kleinstmögliche Wert einer physikalischen Größe benannt; er beschreibt eine Art „Stückelung", wie es auch die Pixel eines digitalen Fotos sind. Ein Quant kann nicht geteilt werden, sondern nur als Ganzes erzeugt oder vernichtet werden. In der Welt der Quanten gelten Gesetze, die unserer Alltagserfahrung widersprechen. Wissenschaftler wollen mit diesen Computern zum Beispiel die Wechselwirkungen von Molekülen oder auch ihre möglichen Zustände simulieren. Dies könnte bei der Entwicklung von Medikamenten zu Durchbrüchen führen.

Austausch mit renommierten Partnern

Externe Innovationsimpulse werden von den Verantwortlichen gezielt genutzt. So kommt etwa durch den intensiven Austausch mit renommierten Partnern oft Open Innovation zustande. „Unsere wichtigsten Partner sind an bahnbrechenden Projekten zur Beschleunigung von supraleitenden Quantenschaltungen und Quantencomputern beteiligt", erklärt der Geschäftsführer Dr. Jan Goetz. IQM profitiert somit vom Zugang zu einer erstklassigen Infrastruktur für die Innovation, für Niedertemperaturphysik und Hochleistungsrechner. „Wir verfügen über das größte und führende Team von Quantenexperten für Quantencomputing in ganz Europa mit mehr als 640 wissenschaftlichen Veröffentlichungen", fügt Goetz hinzu. Als Spin-off der Aalto University und des VTT Technical Research Centre in Finnland baut die IQM mit ihrer Kerntechnologie auf der jahrzehntelangen Forschung des weltberühmten QCD-Labors auf.

Raum für Ideen und Vorschläge

Experten erklären den Leistungsunterschied zwischen einem Quantencomputer und einem PC mit dem Vergleich zwischen einem Überschalljet und einem Zeppelin. Da Quantencomputer aber noch nicht für die Praxis ausgereift sind, werden weitere Innovationen benötigt. Deshalb fördert das Top-Management ein fruchtbares Innovationsklima, in dem kreative Ideen der Mitarbeiter wachsen und gedeihen können. Zudem gibt es regelmäßige Ideenwettbewerbe und eine globale IQM-Richtlinie für Arbeitnehmererfindungen. Die Weichen für den Supercomputer der Zukunft sind also schon einmal gestellt.

IQM Germany GmbH
80636 München
https://meetiqm.com/de
Beschäftigte (D): bis 50
Anlagen-/Maschinenbau

Geschäftsführer
Dr. Jan Goetz

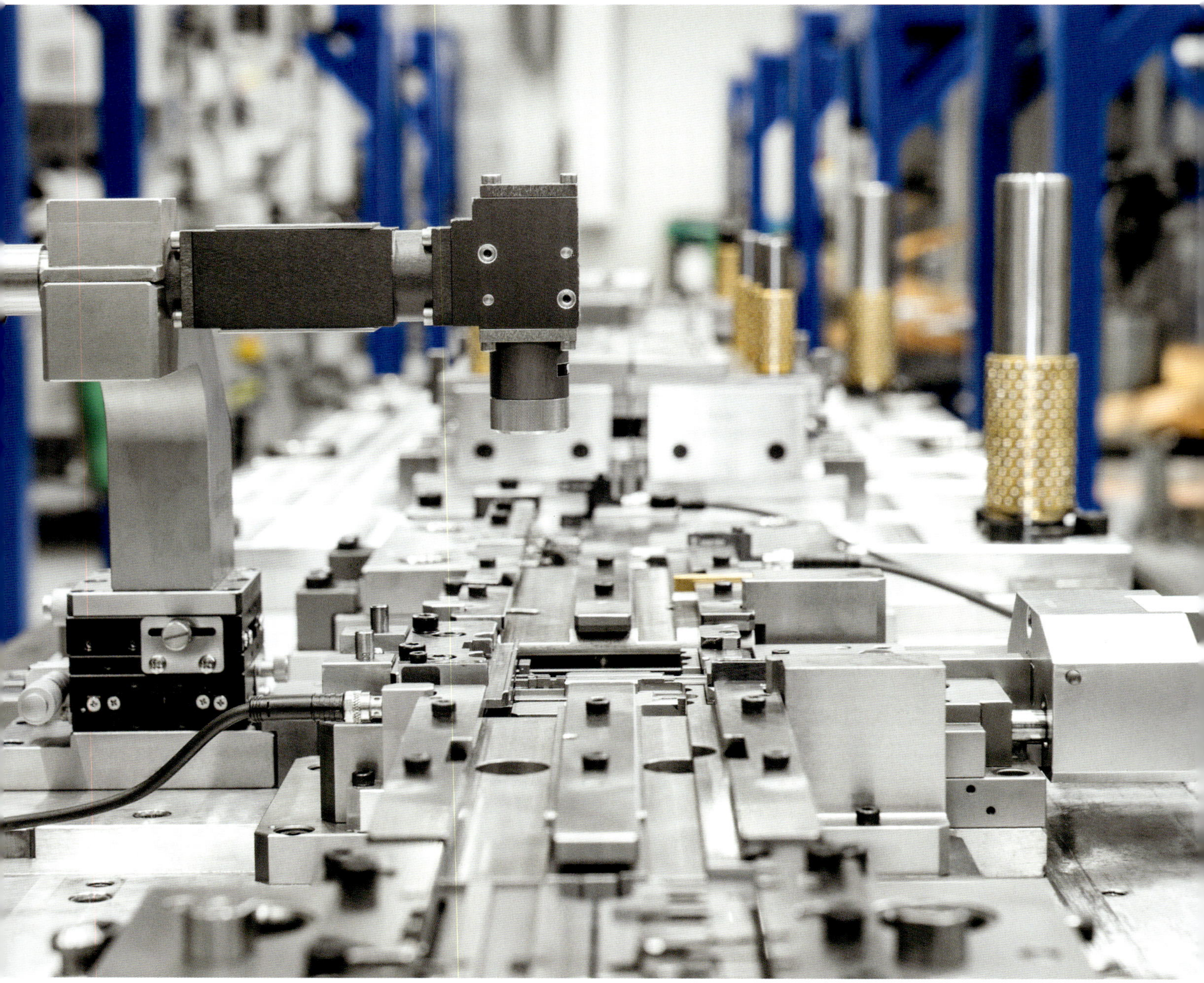

Mit ihren vier Unternehmensdivisionen produziert iwis mehr als 6 Milliarden Baugruppen für diverse Industriesparten und die Automobilindustrie. Dazu nutzt der 1916 gegründete Mittelständler verschiedenste selbst entwickelte Technologien.

iwis smart connect GmbH

Produkte, die die Welt bewegen

Hochpräzise Arbeit ist bei der Fertigung von elektronischen Verbindungen oberstes Gebot. Das wissen auch die Experten der iwis smart connect GmbH. Sie beliefern weltweit unterschiedliche Branchen wie die Automobilindustrie oder auch den Bereich der erneuerbaren Energien mit entsprechenden Hightechbauteilen. An Innovationen und den daraus resultierenden Erfolgen hat das engagierte Top-Management großen Anteil. Durch Innovationspartnerschaften mit Kunden, Hochschulen und Lieferanten agiert der Mittelständler am Puls der Zeit.

Die Gegenwart und die Zukunft sind für die Spezialisten für elektronische Verbindungstechnik gleichermaßen wichtig. So haben die Inhaber des Unternehmens ein Automotiveprojekt mit dem Namen „Mechatronics & Mobility“ initiiert, bei dem ein elektrisches und ein mit Wasserstoff angetriebenes Fahrzeug jeweils in ihre Einzelteile zerlegt wurden. Unter der Überschrift „Trends 2030“ wurde anschließend analysiert, wie die nächste Generation der Fahrzeuge und die in ihnen enthaltene Produkttechnologie aussehen könnte.

Herausforderungen des Markts meistern
Neben Batteriekontaktsystemen für Elektroautos entwickelt und produziert iwis Produkte für den Einsatz in der Sensortechnik von autonomen Fahrzeugen sowie Steckverbinder für alternative Energiesysteme. Dazu investiert das innovationsfördernde Top-Management viel Zeit, um tragfähige Ideen zu entwickeln: etwa in Workshopserien mit Technologieexperten, in der Ausarbeitung potenzieller Business-Cases mit Kunden und Lieferanten sowie im Austausch mit anderen Experten auf Messen und Fachveranstaltungen. „Wir müssen stets auf dem neuesten Stand sein, denn am Markt gilt es, kontinuierlich Herausforderungen zu meistern“, sagt der Geschäftsführer und technische Leiter Holger Bodenstein. Und das gilt nicht nur im Hinblick auf die hohen Ansprüche der Hightechwelt, denn auch der akute Fachkräftemangel ist für den bayerischen Mittelständler ein großes Thema: Mit Ansprechpartnern aus Hochschulen, Politik und befreundeten Firmen werden neue Konzepte zur Arbeitsplatz- und Arbeitszeitgestaltung entwickelt und in der Praxis erprobt.

Erfolg als Ergebnis von Engagement
Die intensive Innovationstätigkeit von iwis zahlt sich regelmäßig aus. Manchmal später als gedacht. So entwickelten die Verbindungsspezialisten gemeinsam mit Partnern sogenannte Hochstromkontaktierungen für Energiesysteme, die es in dieser Form bisher noch nicht gab. Damit ist die sichere Stromübertragung in leistungselektronischen Systemen zu jeder Zeit gegeben. „Wir haben dieses Produkt am Markt angeboten, der Erfolg stellte sich allerdings erst nach über einem Jahr ein“, berichtet Holger Bodenstein. Jetzt werden diese Produkte Stück für Stück in Neuentwicklungen integriert und im Markt eingeführt.

iwis smart connect GmbH
87669 Rieden
www.iwis.com
Beschäftigte (D): über 200
Metallverarbeitung

Geschäftsführer
Holger Bodenstein, Andreas Wagner und Jürgen Fochler

„Unsere Innovationen treffen den Nerv der Zeit.“

Holger Bodenstein
Geschäftsführer

Im Rahmen eines Förderprojekts des Bundesministeriums für Bildung und Forschung haben Sie 2020 quasi ein neues Produkt erfunden. Wie war die Resonanz am Markt?
Vor zwei Jahren entwickelten wir Hochstromkontakte für leistungselektronische Systeme in E-Fahrzeugen und realisierten im Rahmen dessen unseren „Power Connection Adapter". Am Anfang hatten wir das Gefühl, dass am Markt nur geringes Interesse an steckbaren Lösungen zur Übertragung hoher Ströme vorhanden war. Seit Ende 2022 ist die Produktgruppe aber ein regelrechter Hit. Durch die steckbare Kontaktierung einer massiven Stromschiene oder eines Kontaktstifts mit toleranzausgleichenden Kontaktaufnahmen wird eine sichere Stromübertragung zu jeder Zeit garantiert. Die Industrie hat dieses Potenzial inzwischen erkannt. Das zeigt, dass wir mit unseren Innovationen auf dem richtigen Weg sind – und manchmal sind wir der Zeit sogar ein Stück voraus.

Eine weitere erfolgreiche Innovation haben Sie im Bereich Wasserstoff etabliert. Er gilt ja als großes Zukunftsthema, vor allem bei der Antriebstechnik von Elektrofahrzeugen.
Das ist richtig. Wir haben dazu einen Prozess entwickelt, mit dem man ein Blech so umformen kann, dass eine maximal mögliche Oberfläche zur Generierung von Wasserstoff entsteht. Dies führt wiederum zu einer deutlichen Erhöhung des Wirkungsgrads in der Elektrolysetechnologie. Der Prozess ist technologisch realisiert worden und wird derzeit in einer Versuchsanlage in den USA getestet. In Europa ist das System aktuell in Vorentwicklungs- und Forschungsprojekten integriert.

Ist die Automotivebranche für Sie ein zukunftsträchtiger Markt?
Wir analysieren diesen Sektor sehr genau. Unsere Ingenieure interessieren sich vor allem dafür, wie die nächste Generation Fahrzeug aussehen könnte. Die Motorisierung muss im Zuge der verschwindenden Verbrennungsmotoren immer höheren Ansprüchen genügen. Das gilt für die Leistungsseite, aber auch für die Datenseite vor dem Hintergrund einer stetig steigenden Zahl von Assistenzsystemen. Aufgrund der steigenden Datenmenge steigt gleichzeitig der Anspruch an die Übertragungswege in den Fahrzeugen. Für uns als Hersteller von elektronischer Verbindungstechnik ergeben sich dadurch immense Chancen, vor allem bei der Hochfrequenzübertragung.

Wie die iwis smart connect die
Zeichen der Zeit in Innovationserfolge umwandelt,
erklärt **Holger Bodenstein.**

KADE GmbH

Der Ideenmotor läuft

Nur Mut: Die Geschäftsführung der KADE GmbH lädt alle Beschäftigten dazu ein, das Ingenieurbüro kreativ und einfallsreich zu bereichern. Und davon profitieren am Ende auch die Kunden. „Wir wollen die Hürde, sich selbst einzubringen, niedrig halten und freuen uns immer über neue Ideen der Mitarbeiter", sagt der Geschäftsführer Alexander Rau. Dabei will die Firmenleitung nichts dem Zufall überlassen. Deshalb halten innovative Prozesse und eine gute Organisation den Innovationsmotor am Laufen.

Alexander Rau leitet das Ingenieurbüro in Puchheim gemeinsam mit seinem Vater Christoph Rau. Sie und ihr Team unterstützen mit ihren Ingenieurdienstleistungen im Bereich Engineering und Softwareengineering namhafte Kunden aus verschiedenen Branchen. Ein Sektor ist zum Beispiel der Maschinenbau: Wenn Kunden neue Systeme entwickeln müssen, bringen die Puchheimer Experten ihre Ideen auf dem kurzen Dienstweg ein. Dabei überlegen sie beispielsweise, wie man die Messgenauigkeit oder das Produktionstempo von Maschinen verbessern kann.

Ideen schnell verwirklichen

„Bei uns hat jeder die Möglichkeit, seine Ideen oder Verbesserungsvorschläge einzubringen", sagt Alexander Rau. Dafür wurde eigens ein Prozess definiert: Die Mitarbeiter machen ihre Vorschläge im direkten Gespräch mit dem Vorgesetzten oder der Geschäftsführung. Bei der Ideenfindung helfen standardisierte Formulare, die auch strukturierte Vorgaben zur Innovationsentwicklung enthalten. Finden die neuen Ideen Anklang, werden sie mit dem Business-Development diskutiert und anschließend verwirklicht. Kreative und realisierbare Vorschläge werden nicht nur mündlich, sondern auch in Form von Bonuszahlungen honoriert. Zudem arbeitet die Geschäftsleitung mit Hochschulen zusammen, um das Generieren von Innovationen zu fördern. Ein Beispiel dafür ist ein Studienprojekt mit der Hochschule Augsburg zum Thema „Einsatz von Faserverbundbauteilen".

Innovativ durch Kooperationen

Spannende und marktfähige Innovationen kommen bei dem inhabergeführten Unternehmen häufig auch durch Kooperationen zustande, die bestens organisiert sind. Dazu trägt das gut ausgebaute Netzwerk aus leistungsfähigen Partnern bei. Dabei verfolgen die Ingenieure stets das Ziel, auf Anforderungen und Schwierigkeiten der Kunden einzugehen und ihnen passende Lösungen anzubieten. Christoph Rau: „Uns begeistert es immer, mit technologisch führenden Unternehmen zusammenzuarbeiten, um gemeinsam kreative Novitäten zu realisieren."

KADE GmbH
82178 Puchheim
www.kade-gmbh.de
Beschäftigte (D): bis 50
Engineering

Geschäftsführer
Alexander und
Christoph Rau

Karmeliten Brauerei Karl Sturm GmbH & Co. KG

★★

Tradition neu interpretiert

Warum immer im eigenen Saft schmoren? Das fragt sich Christoph Kämpf, wenn er über das Image von Bier nachdenkt. Der Geschäftsführer der Karmeliten Brauerei Karl Sturm GmbH & Co. KG schaut sich deshalb gern an, wie sich verwandte Branchen darstellen – etwa die Weinbauer. Der Blick über den eigenen Maßkrug hilft ihm, die Dinge bisweilen anders zu machen, als andere es vielleicht erwarten. Genau das spricht für das innovationsfördernde Top-Management des Straubinger Bierexperten.

Der jährlich erscheinende „Bierbauchkalender" steht für Christoph Kämpf stellvertretend für das, was viele mit dem Genuss des Gerstensafts verbinden — eben Bierbäuche bei älteren, bärtigen Männern. „Die Weinbranche vermarktet sich wesentlich cleverer als die Bierbranche. Mit Wein verbindet man oftmals Eleganz, schöne Gläser und ein sehr feines Ambiente", sagt der Geschäftsführer. Natürlich ist Bier nicht gleich Wein. Dennoch findet Kämpf, dass man auch Bier stilvoller bewerben kann, beispielsweise mit attraktiven Menschen, die es trinken.

Auf den Spuren der Mönche

Der Geschäftsführer legt großen Wert auf neue und frische Ideen und Konzepte, die zugleich in einer Linie mit der Historie des Unternehmens stehen. Die 1367 von Karmelitenmönchen gegründete Brauerei in Straubing wurde 1879 vom Urgroßvater der heutigen Besitzer gekauft. Die gegenwärtige Philosophie des Mittelständlers ruht auf drei Säulen: Achtsamkeit, regionaler Bezug und soziale Verantwortung. Zu Ersterem zählt etwa das Thema Energieeffizienz. Indem man eng mit Partnern aus dem Umland zusammenarbeitet, schafft das Unternehmen außerdem einen regionalen Bezug zu seinen Produkten. Und drittens möchte die Brauerei ihren Mitarbeitern in sozialer Hinsicht gerecht werden. Zudem gilt: Wie schon die Urväter der Brauerei sehen es die Verantwortlichen als ihre Pflicht an, Leben und Wirtschaften in harmonischen Einklang mit der Natur zu bringen.

Energiesparen als Geschäftsbereich

Ökologische Nachhaltigkeit spielt bei dem bayrischen Mittelständler eine besonders wichtige Rolle. Gemeinsam mit Technologiepartnern hat man das Konzept der energieautarken Brauerei entwickelt. Hier beginnt der Brauprozess in einem zweistöckigen Kaskaden-Sudhaus. Auf der oberen Etage wird eingemaischt, und die Flüssigkeit fließt durch die Schwerkraft von allein in die untere Etage. So benötigt man keine zusätzliche Energie für Pumpen. „Schon damals im Kloster wurde nach diesem Prinzip verfahren", berichtet Christoph Kämpf. Das zeigt, dass Innovationen nicht immer neu erfunden werden müssen.

Karmeliten Brauerei Karl Sturm GmbH & Co. KG
94315 Straubing
www.karmeliten-brauerei.de
Beschäftigte (D): bis 50
Nahrungsmittelindustrie/-handel

Geschäftsführer
Christoph Kämpf

TOP 100

TOP 100
TOP 100
TOP 100
TOP 100
TOP 100
TOP 100
TOP 100
TOP 100
TOP 100
TOP 100
TOP 100
TOP 100
TOP 100
TOP 100

KASPAR SCHULZ Brauereimaschinenfabrik & Apparatebauanstalt GmbH

★★★

Exzellentes Bier braucht beste Brauanlagen

Bestes Bier braucht Hopfen, Malz – und einen bewährten Anlagenbau. Bis ins Jahr 1677 kann die KASPAR SCHULZ Brauereimaschinenfabrik & Apparatebauanstalt GmbH auf Expertise auf diesem Gebiet zurückblicken. Auch heute noch liegen die Geschicke in Familienhand, bereits in zehnter Generation. Das engagierte Top-Management sorgt für eine gelungene Mischung aus Tradition und Innovation. Bei der Suche nach neuen Ideen setzt der Mittelständler auf durchdachte Innovationsprozesse und selbst entwickelte Digitalprodukte.

Wo seit Jahrhunderten meisterliche Kenntnisse nötig waren, um ein hervorragendes Bier zu brauen, unterstützt heute Software die Automation der Brauanlagen und damit die Bierherstellung. Für den Inhaber Johannes Schulz-Hess liegt in der Digitalisierung die Chance auf neue Innovationen innerhalb eines historischen Handwerks: „Bereits seit Jahrhunderten wird die ‚Hardware' des Bierbrauens optimiert, also die Anlagentechnik und die Peripherie. Jetzt ist es auch möglich, das Zusammenspiel dieser Hardware durch intelligente Software zu optimieren."

Tradition weiterentwickeln

Der Inhaber hat die Weiterentwicklung der hauseigenen Steuerungssoftware „SCHULZ Pioneer Pro" vorangetrieben. Damit lassen sich Brauanlagen mittels mobiler Endgeräte steuern und über eine Cloudanbindung leichter warten. Auch sonst legt Schulz-Hess Wert auf eine harmonische Mischung aus Tradition und nachhaltiger Trendsuche. „Wir sind seit 346 Jahren am Markt, uns geht es nicht um schnelle Effekte", sagt er mit einem Lächeln. Dabei kommt ihm die Vielfalt der Brauanlagen zugute, die das Unternehmen entwickelt. Jede Anlage wird individuell gefertigt und bietet so die Möglichkeit, im Sinn des Kunden Innovationen zu verwirklichen.

Innovation auf Kundenwunsch

Um die Wünsche des Kunden fokussiert im Auge zu behalten, befindet sich der Kundenservice des Unternehmens in räumlicher Nähe zur Forschungs- und Entwicklungsabteilung. „Unser Kundenservice hat selbst viel Expertise und geht bei der Lösung von Herausforderungen mit einer hohen Eigendynamik an die Sache", lobt der Geschäftsführer Kai Neubauer die aktive Herangehensweise des gesamten Teams. Große Innovationsprojekte, etwa in Kooperation mit der Universität Bayreuth, erhalten den neuesten Forschungsstand in den eigenen Reihen. Und wie beim Bier sind auch bei KASPAR SCHULZ die Rohstoffe der wichtigste Faktor für ein gutes Gelingen: Ideenreichtum und Weitblick sind seit weit über 300 Jahren – und auch in Zukunft – Erfolgsgaranten für den Mittelständler in Bayern.

KASPAR SCHULZ Brauereimaschinenfabrik & Apparatebauanstalt GmbH
96052 Bamberg
www.kaspar-schulz.de
Beschäftigte (D): 51 bis 200
Anlagen-/Maschinenbau

Geschäftsleitung
Johannes Schulz-Hess und Kai Neubauer

Keller & Kalmbach ist ein in Europa, Amerika und Asien agierender Großhändler mit den Schwerpunkten Verbindungselemente und Befestigungstechnik.

TOP 100

Keller & Kalmbach GmbH

★★

Von der großen Passion für kleine Teile

Schrauben, Schellen oder Werkzeuge: Diese kleinen, aber für den Produktionsfluss relevanten C-Teile zu besorgen, zu ordnen und zu lagern nimmt eine Unmenge Zeit in Anspruch. Seit Jahrzehnten ist die Keller & Kalmbach GmbH eine internationale Größe im C-Teile-Management. Einen Innovationserfolg erzielte sie mit der ersten offenen Logistiksoftware „Logtopus". Kreative Mitarbeiter und ein reges Innovationsklima bewirken außerdem, dass kein „GeDANKEnblitz" verloren geht.

Schon 1878 durch den Eisenhändler Heinrich Kalmbach gegründet, steht Keller & Kalmbach heute nicht mehr nur für den Großhandel mit Hunderttausenden C-Teilen, sondern auch für ausgefeilte Logistiklösungen. So lässt sich jetzt etwa Material nachbestellen, und zwar durch Drehen, Abstellen oder Einwerfen eines leeren Behälters in eine funküberwachte Box. In der neuen Logistikplattform „Logtopus" fließen sämtliche Kompetenzen des Dienstleisters zusammen: Materialbeschaffung, digitale Überwachung und anwenderfreundliche Handhabung.

Überzeugender Innovationserfolg

Diese erste offene Plattform der Logistikbranche bietet die Möglichkeit, über Schnittstellen auch Drittanbieter einzubinden. „Wir wollten unseren Kunden die Möglichkeit geben, ihre Lieferanten in der Logistiksoftware abzubilden", sagt der Geschäftsführer Hans van der Velden. Gängige Software zur Überwachung von Lager und Logistik ist meist für die unternehmensspezifische Kommunikation zwischen Kunde und Lieferant entwickelt. Hier bietet „Logtopus" den Unterschied, der das Produkt für viele Branchen interessant macht – ob Krankenhausversorger oder mittelständischer Industriebetrieb. „Wir haben in erster Linie unser Wissen zur Verfügung gestellt, um einen Mehrwert für unsere Kunden zu schaffen", erklärt van der Velden. Mithilfe eines Abonnementsystems soll die Innovation jedoch auch einen finanziellen Mehrwert für Keller & Kalmbach generieren.

Dankbar für Gedankenblitze aus der Belegschaft

Kreative Ideen der Mitarbeiter haben für das Unternehmen einen hohen Stellenwert. Damit sie nicht im Tagesgeschäft untergehen, hat das neu gegründete „Business Innovation Team" eine raffinierte App entwickelt, den „GeDANKEnblitz". „Die Hervorhebung von ‚Danke' ist dabei wörtlich zu nehmen", unterstreicht van der Velden. Verbesserungsvorschläge und gute Einfälle werden in der App für alle Mitarbeiter sichtbar eingestellt und können dann von ihnen „geliked" werden. Auch in Zukunft werden also digitale Logistiklösungen dabei helfen, die 145-jährige Erfolgsgeschichte von Keller & Kalmbach fortzuschreiben.

Keller & Kalmbach GmbH
85716 Unterschleißheim
www.keller-kalmbach.de
Beschäftigte (D): über 200
Handel

Geschäftsführer
Hans van der Velden

LABOKLIN ist ein akkreditiertes Fachlabor für veterinärmedizinische Diagnostik und hat sich auf diesem Gebiet zu einem der führenden Dienstleister entwickelt.

TOP 100

LABOKLIN LABOR FÜR KLINISCHE DIAGNOSTIK GmbH & Co. KG

★★

Innovative Labordiagnostik für Tiere

Wenn Tiere erkranken, ist eine zuverlässige Labordiagnostik genauso unerlässlich wie beim Menschen. Seit ihrer Gründung im Jahr 1989 steht die LABOKLIN LABOR FÜR KLINISCHE DIAGNOSTIK GmbH & Co. KG Veterinärpraxen und -kliniken als akkreditiertes Fachlabor zur Seite. Und dies inzwischen sogar europaweit. Das Labor zeichnet sich durch seine starke Außenorientierung aus, die geprägt ist von regelmäßigem Kontakt zur Wissenschaft. Zudem herrscht ein äußerst fruchtbares Innovationsklima vor, in dem die Mitarbeiter ihre eigenen Ideen realisieren.

Ein Alleinstellungsmerkmal des Diagnostikunternehmens ist sein differenziertes Portfolio: „Unser Spektrum reicht von Untersuchungen aus der Mikrobiologie, der klinischen Labordiagnostik und Allergie bis hin zu solchen zur Pathologie und Genetik", erzählt die Geschäftsführerin Dr. Elisabeth Müller. Durch viel Recherche in wissenschaftlichen Fachgruppen kommen immer wieder neue Ideen zur Sprache.

Vernetzte Ideensuche

„Wir sind in allen wichtigen nationalen und internationalen Fachgruppen und bei Kongressen vertreten", sagt Müller. Dazu gehört unter anderem eine Gruppe für Pathologie und eine für klinische Labordiagnostik. Auch für das neue Angebot „Phagendiagnostik" sucht man den Kontakt zu wissenschaftlichen Stellen in der Humanmedizin, in der die Behandlung von multiresistenten Keimen durch Phagen schon gut erforscht ist. Ihr Wissen geben die Experten von LABOKLIN gern weiter. So versorgt etwa die interne Akademie Tierärzte, Züchter und andere Interessierte mit spannendem Spezialwissen. Überhaupt ist das Unternehmen dank seiner topmodernen Website hervorragend mit Kunden und externen Spezialisten vernetzt: Mittels eines Log-in unter „Mein Labor" verläuft die Auftragsabwicklung nahezu vollkommen digital. Zudem binden die Kunden-App „4paws" und der neue Newsletter „FürSieGelesen" Tierbesitzer und medizinisches Fachpersonal in die Forschungswelt des Labors ein.

Freie Hand für Ideen

Traditionell genießen die hoch qualifizierten Mitarbeiter der LABOKLIN viel Freiheit bei der Realisierung neuer Ideen. „Unsere Fachleute haben nach der Vorstellung einer Projektidee freie Hand bei der Wahl ihrer Mittel und Kollaborationspartner", sagt Müller. Die verwirklichten Ideen erweitern oftmals das vielfältige Angebot des Unternehmens. „Einer unserer Mitarbeiter erforschte schon das humane Mikrobiom und hat nun ein neues Testverfahren für Hunde, Pferde und Katzen entwickelt", erzählt Müller. Wenn eine Innovation für die Katz ist, haben die Beschäftigten dieses Labors also alles richtig gemacht.

LABOKLIN LABOR FÜR KLINISCHE DIAGNOSTIK GmbH & Co. KG
97688 Bad Kissingen
www.laboklin.com
Beschäftigte (D): über 200
Pharma/Labortechnik

Geschäftsführerin
Dr. Elisabeth Müller

„Gestaltungsfreiheit schafft Innovationen."

Dr. Elisabeth Müller
Geschäftsführerin

Was zeichnet aus Ihrer Sicht das Innovationsklima bei LABOKLIN aus?
Als veterinärmedizinisches Fachlabor mit mehr als 600 Mitarbeitern und mit Standorten in ganz Europa beschäftigen wir viele hoch qualifizierte Kräfte wie Tiermediziner, Molekularbiologen oder Pathologen. Für unsere Angestellten im Hauptlabor in Bad Kissingen gehört die Forschung und das Ausarbeiten neuer Testverfahren zum Alltag. Unsere exzellente Laborausstattung und hohe Budgets für neue Forschungsvorhaben sind mit ein Grund dafür, dass unsere wissenschaftlichen Mitarbeiter gern an Novitäten arbeiten.

Welches Forschungsvorhaben ist Ihnen aus dem Jahr 2022 noch besonders in Erinnerung?
Hier fällt mir ein interdisziplinäres Projekt aus der Onkogenetik ein. Dank der hervorragenden Zusammenarbeit einer Molekularbiologin und einer Pathologin konnten Tests entwickelt werden, die genetische Mutationen bei Krebs identifizieren. In der Humanmedizin gibt es bereits Therapien, die auf diese Gene zugeschnitten sind. Im Rahmen einer Forschungskooperation mit der Tierklinik in Hofheim konnten die Mitarbeiterinnen nachweisen, dass dieser Ansatz auch bei der Krebsbehandlung von Hunden und Katzen zum Erfolg führen kann.

Wie frei sind Ihre Mitarbeiter, wenn sie eigene Ideen haben?
Meine Mitarbeiter dürfen sich ausleben, ihre Ideen einbringen und zeitnah realisieren. Natürlich frage ich bei einer bestimmten Budgethöhe noch einmal nach, aber prinzipiell sind die Ideengeber frei in der Wahl ihrer Mittel oder Kooperationspartner. Auch in der Zeiteinteilung sind sie frei, sie sollten nur einmal im Monat ihren Projektstand rückmelden.

Gibt es für kreative Ideen besondere Boni?
Es gibt zwar teilweise Prämien für neu etablierte Tests, aber der größte Lohn ist für unsere Mitarbeiter die wissenschaftliche Anerkennung, die sie für ihre Forschung erhalten. Forschungsergebnisse werden publiziert und regelmäßig auf Fachkongressen vorgestellt. Dadurch, dass wir ausgesprochen gut vernetzt sind, erreicht eine Innovation aus der Diagnostik zudem einen großen Interessentenkreis. Die bei uns vorherrschende Gestaltungsfreiheit für Ideen bringt also einen Mehrwert für unsere Mitarbeiter und zugleich für LABOKLIN als Unternehmen.

Was das hervorragende Innovationsklima
bei LABOKLIN ausmacht und
wie es zur Ausweitung des Portfolios beiträgt,
erklärt **Dr. Elisabeth Müller.**

LiangDao GmbH

★★

Digitale Zwillinge von Städten erstellen

Innovative Sensoren helfen, wertvolle Daten der städtischen Umgebung in Echtzeit zu erheben. Dies ist die Grundlage für die Smart-City-Strategie der Bundesregierung, zu der vor allem auch eine nachhaltige Verkehrsplanung gehört. Spezialistin für diese Sensorsysteme ist die LiangDao GmbH. Um die Einsatzmöglichkeiten ihrer Zukunftstechnologie bekannt zu machen, investiert das Top-Management sehr viel Zeit in Forschungsprojekte. Auch die Mitarbeiter bringen sich mit großem Engagement ein, nicht zuletzt dank eines dynamischen Innovationsklimas.

Um den Verkehr in Städten zu überwachen, müssen große Mengen von Daten verlässlich und datenschutzkonform erfasst werden. LiangDao setzt dafür LiDAR-Sensoren ein, die das Umfeld dreidimensional erfassen. „LiDAR“ steht für „Light Detection and Ranging“, ein optisches Messsystem, das sowohl zur Erfassung des Verkehrs als auch zur Gefahrenerkennung verwendet werden kann.

Partner der Forschung

Der Geschäftsführer Dr. Yang Ji fasst das Ziel seines Unternehmens klar zusammen: „Unsere Vision ist es, durch optimierte Verkehrsströme die Verkehrsunfälle auf nahezu null zu senken und die Emissionen zu reduzieren.“ Um die bisher dafür eingesetzte Technologie weiter zu optimieren und neue Trends zu recherchieren, investiert die Geschäftsführung stolze 80 % ihrer Arbeitszeit. Darüber hinaus hat sie seit 2020 bereits drei von Bundesministerien geförderte Forschungsprojekte unterstützt. Eines davon ist „5 GoIng“: Ein Kreisverkehr in Ingolstadt wird dabei zum Testgelände für das Zusammenspiel der neuen Technologien LiDAR-Sensorik und 5-G-Kommunikation. Der Verkehr im Autokreisel soll durch Daten, die mithilfe des 5-G-Standards gesammelt werden, aus unterschiedlichen Perspektiven erfasst werden. Auf diese Weise lassen sich dann im zweiten Schritt Verkehrs- und Gefahrenmuster identifizieren.

Feedback und Freiraum als Motivation

Die Mitarbeiter des Unternehmens sind immer projektübergreifend eingebunden. So nehmen an jedem Innovations- oder Forschungsprojekt Kollegen aus verschiedenen Abteilungen teil, auch an den persönlichen Gesprächen mit den Kunden. „Es ist für uns wichtig, gemeinsam über den Tellerrand zu schauen“, bekräftigt Dr. Ji. Das Feedback der Kunden erreicht die Mitarbeiter somit direkt und zahlt auf deren Motivation ein. Dies gilt auch für den großen Handlungsspielraum, den sie bei der Realisierung ihrer Ideen haben. 80 % ihrer Vorschläge konnten realisiert werden, der Umsatz erhöhte sich dadurch um 20 % – weitere Gründe für das hohe Engagement der Belegschaft. Dank kreativer Teamarbeit und eines tatkräftigen Top-Managements könnte die Vision der LiangDao GmbH also bald Wirklichkeit werden.

LiangDao GmbH
80639 München
www.liangdao.de
Beschäftigte (D): 51 bis 200
IT-Entwicklung/-Beratung

Geschäftsführer
Dr. Yang Ji

MaxSolar GmbH

★★

Strom und Wärme klimaneutral produzieren

Deutschland braucht Photovoltaikanlagen – und die MaxSolar GmbH baut die größten und komplexesten ihrer Art. Längst sind sie mit Batteriespeichern und Lösungen für E-Mobilität verbunden. Jetzt will das Unternehmen mit Sitz in Traunstein auch Windkraft dazunehmen und Fernwärme anbieten, die auf Sonnenenergie basiert. Außerdem möchte der Mittelständler seine „deutsche Ingenieurskunst" und seine Erfahrung beim Aufbau großer Photovoltaikanlagen exportieren.

Die Nachfrage ist enorm, sodass die Belegschaft der MaxSolar in nur sieben Monaten von 120 auf 170 Menschen angewachsen ist. Bis Ende 2023 sollen es 230 sein, die Bewerber stehen jetzt schon Schlange. Der Umsatz verdoppelte sich im Jahr 2022. Schließlich ist der Mittelständler ein wichtiger Partner von Unternehmen und Kommunen, die auf dem Weg zur Klimaneutralität sind. Er plant, errichtet und betreibt Photovoltaikanlagen sowie die gesamte dazugehörige Infrastruktur in integrierten Systemen.

Jeder soll Verantwortung übernehmen

Trotz des schnellen Wachstums legt der Geschäftsführer Christoph Strasser Wert darauf, dass das agile und ideenreiche Mindset in der Firma erhalten bleibt: „Jeder soll mit überlegen und Verantwortung übernehmen." Damit das geschieht, werden die Teams für einzelne Projekte immer wieder neu zusammengesetzt, und das auch standortübergreifend. Auf diese Weise lernen sich alle gut kennen, und die Informationen fließen bei Bedarf schnell. Die Kommunikation ist komplett digitalisiert, selbst auf den Baustellen werden Ersatzteile per Smartphone oder Tablet bestellt.

Viele Mitarbeitende loben den guten Zusammenhalt im Unternehmen, alle duzen sich. Der Geschäftsführung ist Transparenz so wichtig, dass sie ihre Beschäftigten in regelmäßigen Updates über relevante Themen informiert. Die Entscheidungswege werden bewusst flach gehalten.

Immer wieder neue Geschäftsmodelle

Ergeben sich plötzliche Änderungen am Markt, stimmen sich die Führungsteams sehr kurzfristig ab und entscheiden teilweise innerhalb von 48 Stunden. So konnte der Mittelständler schnell neue Geschäftsmodelle entwickeln, etwa ein Angebot über Fernwärme aus Solarstrom in Verbindung mit Energiespeichern oder die Finanzierung von Photovoltaikanlagen. Das übergeordnete Ziel ist es, preisgünstig und langfristig Strom und Wärme klimaneutral zu produzieren. Da MaxSolar dabei nicht als Erfinder auftritt, sondern als Ermöglicher, sind gut laufende Prozesse entscheidend für den Unternehmenserfolg.

MaxSolar GmbH
83278 Traunstein
www.maxsolar.de
Beschäftigte (D): 51 bis 200
Erneuerbare Energien

Das Managementteam

Die MEL-LOP AG entwickelte während der Coronapandemie den automatischen Raumluftreiniger „ViraClinAir", der einen sehr effizienten Virenschutz bietet. Dabei wird eine Luftwand zwischen den Personen im Raum geschaffen.

TOP 100

MEL-LOP AG

Immer offen für neue Ideen

Rund 20 Unternehmen baute Hans-Jürgen Langer im Laufe seines Lebens auf, vor allem im Bereich Computer und Technik, und viele davon verkaufte er später gewinnbringend. Noch aktiv ist die MEL-LOP AG, die sich sehr unterschiedlichen Themen widmet: Während der Coronapandemie entwickelte der Geschäftsführer mit seinem Team das Luftreinigungssystem „ViraClinAir“, das einen besonders hohen Virenschutz bietet. Die Wirkung wurde von zwei Fraunhofer-Instituten bestätigt.

Bei der Entwicklung half es dem Unternehmer, dass er seit 55 Jahren Erfahrung darin hat, Probleme zu lösen. Für die fachlichen Details suchte er im Internet nach Experten und rief sie einfach an. Denn Hans-Jürgen Langer wollte genau wissen, wie und wo das Coronavirus übertragen wird. Nur so konnte er eine hochwertige Lösung bieten: „Wir schaffen eine Luftwand zwischen den Personen im Raum“, erläutert er sein Produkt. Seine Kooperationspartner maßen dafür unter anderem die Luftbewegung im Raum.

Unkonventionelle Mitarbeiter

Wichtig sind Langer Beschäftigte, die selbstständig Lösungen für Probleme suchen. Dafür ist er bereit, auch unkonventionelle Menschen oder solche ohne Abschluss einzustellen. Lieber sind ihm kreative Köpfe, die manchmal etwas mehr Führung benötigen als Mitläufer ohne Eigeninitiative. Bei den Abläufen setzt der Unternehmer auf das persönliche Gespräch. Er ist davon überzeugt, dass nur in der gemeinschaftlichen Diskussion und im Kontakt mit Menschen aus der Praxis tragfähige Innovationen entstehen können. Dabei ist er auch bereit, ungewöhnliche Ideen zu verfolgen: beispielsweise die zu einem Messer, das mittels Ultraschallschwingung Sahnetorten oder Mozzarella perfekt schneidet. In der Vergangenheit war Langer jedoch mit seinen Ideen manchmal zu früh dran. So wurde sein 1986 entwickeltes optisches Auffahrschutzsystem zu seiner Zeit von führenden Automobilherstellern abgelehnt — heute sind solche Systeme Standard.

Zwei Ohren am Markt

Mit vielen anderen Lösungen, etwa mit Sensoren für Roboter oder Steuerungen für Satellitenfunk, hatte er hingegen Erfolg. Dabei half dem Manager seine Außenorientierung und die Tatsache, dass er Kunden und Kooperationspartnern genau zuhörte. „Unsere Innovationen sind somit meistens aufgrund eines dringenden Bedarfs am Markt entstanden.“ Heute sucht er mit seinem kleinen Team nur noch nach Lösungen für Probleme, die ihn interessieren. Und er hofft, dass er mit seinem effizienten Luftreinigungssystem die Lage in der nächsten Pandemie verbessert.

MEL-LOP AG
85386 Eching
www.viraclinair.com
Beschäftigte (D): bis 50
Elektronik/Elektrotechnik

Geschäftsführer
Hans-Jürgen Langer

Das MLL ist ein weltweit führendes Labor für die Diagnostik von Leukämieerkrankungen und Lymphomen. Sein Ziel ist es, eine optimal zugeschnittene medizinische Behandlung für jeden einzelnen Patienten zu gewährleisten.

TOP 100

MLL Münchner Leukämielabor GmbH

★★★★★

Modernste Krebsdiagnostik

Innovator des Jahres

Die Krebsforschung schreitet rasant voran. Ganz vorne mit dabei ist die MLL Münchner Leukämielabor GmbH, die bis zu 600 Blutproben am Tag auswertet. Durch die Automatisierung, die Digitalisierung und den Einsatz von künstlicher Intelligenz wurden die Prozesse stark beschleunigt. Möglich gemacht haben das auch die vielen guten Verbesserungsvorschläge aus dem Team, in dem Laboranten, Wissenschaftler und Computerexperten eng zusammenarbeiten.

Wer nur Routinearbeiten erledigen möchte, ist bei MLL falsch. „Unsere medizinisch-technischen Laborassistenten müssen hier sehr viele verschiedene Methoden anwenden", sagt Prof. Torsten Haferlach, einer der drei Geschäftsführer. Ständiges Lernen gehört zur Unternehmenskultur. Firmen stellen hier neue Geräte auf, um sie von dem erfahrenen Personal des MLL testen zu lassen. Oder Geräte werden exakt für die Bedürfnisse des Mittelständlers entwickelt. Selbst die amerikanische Zulassungsbehörde FDA reist an, um Prozesse zu zertifizieren. Dieses positive Innovationsklima spornt die Mitarbeiter an.

Forschung in neuen Gebieten

Schnelligkeit ist wichtig bei der Krebsdiagnose. Deshalb wird die Belegschaft kontinuierlich zu Verbesserungsvorschlägen animiert. Dass 70 % der Vorschläge auch realisiert werden, zeugt von der hohen Qualität der Ideen. Sie werden nicht nur mit individuellen Boni honoriert, sondern auch bei der monatlichen Laborbesprechung vorgestellt. Mehr als 8 % des Gesamtumsatzes sind 2022 in Innovation geflossen. So können immer wieder neue Methoden ausprobiert werden. Nachdem die Leukämiediagnostik mittlerweile stark verbessert und beschleunigt worden ist, widmet sich der Mittelständler zukünftig neuen Bereichen: Hämoglobinveränderungen, zum Beispiel Sichelzellanämie oder Thalassämien, sollen ebenfalls diagnostiziert werden. Mit der Methode „Liquid Biopsy" möchte MLL außerdem bald solide Tumore anhand von Blutproben identifizieren. Das würde die gegenwärtige Krebsdiagnostik revolutionieren.

Belegschaft soll um zwei Drittel wachsen

Das stete Streben nach höchster Qualität und Zuverlässigkeit schlägt sich auch im Innovationserfolg nieder. So hat die MLL in den vergangenen Jahren ihren Umsatz pro Jahr um fast 10 % gesteigert. In den nächsten drei Jahren soll die Belegschaft von derzeit 295 Mitarbeiter um ein weiteres Drittel wachsen. Für medizinisch-technische Laborassistenten, Wissenschaftler und Computerexperten bietet die Firma viele Möglichkeiten, mit großen Datenmengen neue Erkenntnisse zu gewinnen. Das lockt ambitionierte Arbeitnehmer an – ebenso wie die motivierende Gewissheit, etwas Gutes für die Patienten zu vollbringen.

MLL Münchner Leukämielabor GmbH
81377 München
www.mll.com
Beschäftigte (D): über 200
Gesundheitswesen

Geschäftsführer
Prof. Dr. Dr. Torsten Haferlach,
Prof. Dr. Claudia Haferlach und
Prof. Dr. Wolfgang Kern

„Die globale Vernetzung ist für unsere Forschung sehr wichtig.“

Prof. Dr. Dr. Torsten Haferlach
Geschäftsführer

Wo holen Sie sich neue Anregungen, damit Ihr Unternehmen weiterhin innovativ bleibt?
Mein Team und ich sind weltweit auf Kongressen unterwegs und ich selbst halte etwa 60 Vorträge pro Jahr. Diese globale Vernetzung ist für unsere Forschung sehr wichtig. Auf dem vergangenen Hämatologenkongress in New Orleans haben Mitarbeiter von MLL 21 Beiträge geleistet. Derart viele hat keine deutsche Universität. Das motiviert auch unsere Belegschaft. Zudem gehöre ich zur KI-Taskforce der amerikanischen Hämatologengesellschaft, was mir die Möglichkeit verschafft, mich immer wieder mit Kollegen auszutauschen. Und wenn wir dabei nicht auf neue Ideen stoßen, sind es eventuell unsere Kooperationspartner aus New York oder anderen US-Städten, und wir arbeiten die frischen Impulse dann im weiteren Verlauf gemeinsam aus.

Wie hoch schätzen Sie Ihren Einfluss auf die internationale Leukämieforschung?
Wir haben letztes Jahr 62 wissenschaftliche Abhandlungen mit hohem „impact factor" publiziert, so viele wie nie zuvor – alle nach Peer-reviewed-Verfahren. Im Durchschnitt hatten wir alle sechs Tage eine Publikation. Wir arbeiten zudem weltweit mit den führenden Forschungsuniversitäten zusammen. Unsere regelmäßigen Ausgaben in diesem Bereich sind demzufolge extrem hoch, und wir finanzieren sie fast vollständig autark. Dafür ist unser Team besonders schnell, denn Anträge für Forschungsmittel dauern oft sehr lange. Von Unternehmen auf der ganzen Welt bekommen wir auch immer wieder neue Geräte angeboten, die sich noch in der Entwicklungsphase befinden. Oft machen wir hier Betatests, weil wir über ein gutes Know-how verfügen und eine begeisterungsfähige Mannschaft haben, mit motivierten medizinisch-technisch Laborassistenten, Wissenschaftlern und Bioinformatikern. So sind wir immer vorne mit dabei.

Welche signifikante Rolle spielt qualifiziertes Fachpersonal aus dem Ausland für Ihr Unternehmen?
Im Bereich Forschung haben wir regelmäßig Gäste aus der ganzen Welt, die bis zu einem Jahr im Unternehmen bleiben. Das ist sehr bereichernd. In den letzten zwei Jahren waren 15 internationale Forscher hier bei uns in München. Was in unserem laufenden Routinebetrieb allerdings für Probleme sorgen könnte, ist das Fehlen von Deutschkenntnissen. Denn wir müssen dem Patienten oder dem Hämatologen die Befunde verständlich erklären, und dazu ist gutes Deutsch notwendig. Diese Zusatzqualifikation bringen Fachleute aus dem Ausland zunächst oft noch nicht mit.

Warum der internationale Austausch für den Unternehmenserfolg und den Innovationserfolg von MLL entscheidend ist, erklärt **Prof. Dr. Dr. Torsten Haferlach.**

Die Moralt AG bietet Türensysteme mit Funktionen wie Brand-, Rauch- und Schallschutz sowie Einbruchhemmung bis hin zu zertifizierten Passivhaustürkomponenten. Innovation ist für das Unternehmen ein wichtiger Erfolgsfaktor.

Moralt AG

★★

Ein Türensystem als Weltneuheit

Erfindungen gehörten schon immer zum Geschäftskonzept der Moralt AG, einer Spezialistin für Türrohlinge und Türensysteme für Funktionstüren aus Holz. In diesem Segment ist der Mittelständler mit Sitz im bayerischen Hausham bestens etabliert und international erfolgreich. Es geht dabei immer um spezielle technische Funktionen von Türen, zum Beispiel um Brand-, Rauch-, Schall- und Wärmeschutz oder Einbruchhemmung. Eine Weltneuheit ist ein Türrohling, der 120 Minuten Feuerwiderstand und sehr starken Schallschutz in Höhe von 44 Dezibel bietet.

Aus den Türrohlingen von Moralt fertigen Lizenzbetriebe auf der Basis von Systemzertifikaten hochwertige Innen- oder Außentürelemente in individuellem Design. Die stetige Suche nach neuen Absatzmärkten bestimmt die Arbeit des innovationsfördernden Top-Managements. So hat man kürzlich im Rahmen eines Projekts, das durch das „Zentrale Innovations-Programm des Bundesministeriums für Wirtschaft und Klimaschutz" gefördert wird, Brandschutz- und Schallschutztüren nach amerikanischer Norm entwickelt. Neben europäischen und britischen Märkten stehen nun auch Kanada, die USA und der Mittlere Osten im Fokus. So unterstützt die Moralt AG in Saudi-Arabien einen heimischen Vertriebspartner bei der Umsetzung der Vision 2030 der saudischen Regierung.

Wissenschaftliche Erkenntnisse fördern Innovation

Frühzeitig hat der Mittelständler erkannt, dass Umweltprobleme vor allem durch CO_2-Emissionen entstehen. Heute arbeitet die 40-köpfige Belegschaft an der kontinuierlichen Reduzierung des CO_2-Ausstoßes, kompensiert ihn zusätzlich durch Klimaschutzzertifikate und unterstützt die von der Bundesregierung initiierte „Allianz für Entwicklung und Klima". Um ein positives Innovationsklima zu fördern, geben der Vorstand und der Aufsichtsrat Aktien an die Mitarbeitenden heraus. Das fördert die persönliche Identifikation und stärkt die Motivation. Jeder Beschäftigte hat die Freiheit, neue Ideen zu verfolgen. So entstehen immer wieder Marktneuheiten, die sich auch in fünf Patenten widerspiegeln. „Innovation innerhalb sich immer schneller verändernder Märkte, ist ein sehr wichtiger Faktor für uns", betont der Vorstand Klaus Feile. Die langjährige Vernetzung mit Kooperationspartnern erleichtert neue Entwicklungen.

Qualität, die weltweit Maßstäbe setzt

Wichtig ist eine kurze Reaktionszeit: Täglich werden aktuelle Entwicklungen besprochen. Vorschläge aus der Belegschaft werden zeitnah realisiert. So wurde die Moralt AG weltweit zur Branchenführerin in ihrer Nische. Denn sie ist in der Lage, viele Türenfunktionen zu vereinen, höchste Anforderungen zu erfüllen und dabei ein langes Leben der Türen zu garantieren – ob bei Hitze oder Kälte. Das schätzen immer mehr Architekten und Türenhersteller weltweit.

Moralt AG
83734 Hausham
www.moralt-ag.de
Beschäftigte (D): bis 50
Holzindustrie/-verarbeitung

Vorstand
Klaus Feile

Murata Electronics Europe B. V. Germany Branch

★★★

Lernen als Firmenphilosophie

Ob groß oder klein – in fast jedem elektronischen Gerät sind Komponenten von Murata enthalten. Die Produktpalette des japanischen Konzerns ist breit und bedient die Automobilindustrie ebenso wie die Smartphonebranche und Roboticunternehmen. Die Murata Electronics Europe B. V. Germany Branch mit Standorten in München und Nürnberg legt viel Wert darauf, die Belegschaft zu innovativen Ideen zu ermutigen. Das umfangreiche weltweite Patentportfolio des Konzerns demonstriert den großen Erfolg des inspirierenden Innovationsklimas.

Ständiges Lernen gehört bei Murata zur Firmenphilosophie. Die Mitarbeiter sind angehalten, rund 2 % ihrer Arbeitszeit in entsprechende Trainings zu investieren. Inhaltlich geht es um die Grundlagen für effizientes Arbeiten ebenso wie um Managementfähigkeiten oder Soft Skills. Murata Deutschland entwickelt die passenden Trainings sogar teilweise selbst. Eine frühzeitige Karriereplanung sowie unterschiedliche Entwicklungsmöglichkeiten sollen die gesamte Belegschaft zu Höchstleistungen anspornen.

Awards für besonders innovative Teams

„Unsere umfangreichen Weiterbildungen ermöglichen es den Mitarbeitern, selbstständig neue Ideen zu entwickeln", betont Rüdiger Scheel, der Geschäftsführer der Murata Electronics Europe. In der Business-Innovation-Abteilung zum Beispiel sollen sie Trends und neue Geschäftsfelder für das Unternehmen entdecken. Knapp 80 % der Belegschaft nutzt einen Teil der Arbeitszeit für kreative Ideen. Wer besonders herausragende Projekte schafft, wird speziell geehrt: Jedes Jahr werden in gleich mehreren Kategorien „President's Awards" verliehen, die in der Belegschaft einen hohen Stellenwert genießen. Gleichzeitig werden Innovationsleistungen und das Erreichen gesetzter Ziele auch monetär belohnt. Dank dieses guten Innovationsklimas kann Murata schnell auf Marktveränderungen oder neue Kundenbedürfnisse reagieren.

Nachhaltige Lösungen und Ideen für Smart Citys

Innovative Verbesserungen der Produkte sorgen bei der Murata Germany Branch für gut ein Drittel des Umsatzes. Neben neuen Produkten steht eine Verbesserung des Kundenservices im Fokus des Unternehmens. Dafür hält man einen kontinuierlichen und engen Kontakt mit den Kunden und den Stakeholdern. Die Teams beschäftigen sich mit zukunftsträchtigen Themenfeldern, beispielsweise mit Projekten, in denen es um Smart Citys oder nachhaltige Lösungen geht. Ein jährliches Umsatzwachstum von rund 10 % verdeutlicht den Innovationserfolg. Schließlich lautet das Motto der Murata Electronics Europe B. V. Germany Branch „Innovator in Electronics".

Murata Electronics Europe B. V.
Germany Branch
90441 Nürnberg
www.murata.com
Beschäftigte (D): über 200
Elektronik/Elektrotechnik

Geschäftsführer
Rüdiger Scheel

noris network AG

Sich immer wieder neu erfinden

Vor 30 Jahren fanden sich in Nürnberg drei Studenten zusammen, verbanden ihre Computer in einem kleinen Serverraum und starteten mit ersten Internetdienstleistungen. Heute sind die drei im Vorstand oder im Aufsichtsrat der noris network AG, eines Unternehmens mit mehr als 500 Beschäftigten, das anstrebt, der beste Enterprise-IT-Service-Provider Deutschlands zu werden. Eine Erfolgsstory, die nur durch Innovationskraft möglich wurde – und dadurch, dass sich der Mittelständler immer wieder neu erfunden hat.

Bei TOP 100 überzeugt die noris network AG, die mittlerweile acht Hochleistungsrechenzentren betreibt, in den Bewertungskategorien „innovationsförderndes Top-Management", „innovative Prozesse und Organisation" sowie „Außenorientierung/Open Innovation". Zwei der drei Studenten von damals, Joachim Astel und Ingo Kraupa, bilden heute den Vorstand, gemeinsam mit Florian Sippel, der dem Unternehmen seit mehr als 20 Jahren angehört. Den Gründergeist aus dem Jahr 1993 hat sich der Mittelständler, der seine Gewinne regelmäßig reinvestiert, bis heute bewahrt. „Immer um die Ecke denken, die Professionalität steigern und neue Märkte erschließen, so haben wir es damals gemacht, und so gehen wir auch heute vor", erklärt der Vorstand Joachim Astel.

Vorstand koordiniert Innovationsmanagement

Gestartet waren die Nürnberger als reiner Internetprovider, später fingen sie an, eigene Rechenzentren zu betreiben. Als nächstes folgten Cloudanwendungen nach europäischen Datenschutzstandards, und aktuell liegt ein besonderer Fokus auf nachhaltiger und klimaneutraler IT-Technologie. „Es ist wichtig, sich immer wieder neu zu erfinden. Denn nichts ist schlimmer, als stehen zu bleiben und rechts und links überholt zu werden", sagt Joachim Astel. Auch heute noch wird der Innovationsprozess vom Vorstand koordiniert. Geht es um die Detailumsetzung, kümmert sich das Produktmanagement um die Produktinnovationen, die Abteilung Technology & Engineering um die Technologieinnovationen, und „noris Prozesse" modelliert und verstetigt interne Prozessinnovationen.

Kundenbeirat und Kooperation im Netzwerk

In Kundenprojekten setzt das Unternehmen vor allem auf agile Methoden, ist aber in stark regulierten Branchen wie dem Finanzsektor auch äußerst sattelfest, was die Regulierungen betrifft. Um künftig noch besser zu werden, hat die AG einen Kundenbeirat ins Leben gerufen, und ihr Vorstand engagiert sich in Verbänden und Organisationen wie Gaia-X, eco und Bitkom. Denn sich neu zu erfinden gelingt nicht im stillen Kämmerlein, sondern fußt auf intensivem Austausch und auf Rückmeldungen vom Markt.

noris network AG
90471 Nürnberg
www.noris.de
Beschäftigte (D): über 200
Internet/Multimedia/
E-Commerce

Vorstände
Joachim Astel,
Ingo Kraupa und
Florian Sippel

Pfennigparade SIGMETA GmbH

Unternehmen mit sozialer Weitsicht

Digitale Barrierefreiheit gewinnt im Arbeitsleben zunehmend an Relevanz. Einer der Wegbereiter dafür ist die SIGMETA GmbH, ein Unternehmen der gemeinnützigen Stiftung Pfennigparade, die sich für Menschen mit körperlicher Beeinträchtigung einsetzt. Das Innovationsklima des Mittelständlers profitiert von der Arbeit gemischter Teams in flexiblen und agilen Arbeitsmodellen. Eine interne Innovationsbeauftragte koordiniert die Innovationsprozesse, an denen sich vielfach auch das Top-Management engagiert beteiligt.

„Bei uns arbeiten Menschen mit und ohne körperliche Einschränkung erfolgreich zusammen. Dabei vereinen wir Inklusion und Fördermaßnahmen mit Effizienz und wirtschaftlichem Handeln", erklärt der Geschäftsführer Dirk Höpner. Das Inklusionsunternehmen beschäftigt derzeit etwa 45 % schwerbehinderte Mitarbeitende und ist auf die Bereiche IT, Beratung und kaufmännische Services spezialisiert. Zu seinem Kundenkreis zählen auch namhafte Wirtschaftsunternehmen, die nach Bedarf Vor-Ort-Services erhalten.

Vision einer inklusiven Gesellschaft

Das Geschäftsmodell „Digitale Barrierefreiheit" hatte jemand aus der Belegschaft als Zukunftsthema vorgeschlagen. Die Idee bekam eine Chance und ist inzwischen die Grundlage für das gleichnamige Geschäftsfeld. Anja Dirmhirn ist die zweite Geschäftsführerin und sagt: „Unser großes Ziel ist es, das beste Ergebnis für unsere Kunden und Kundinnen sowie unsere Belegschaft zu erreichen, und gleichzeitig unserer Vision einer inklusiven Gesellschaft näherzukommen." Jeder Mitarbeiter und jede Mitarbeiterin darf und soll Vorschläge einbringen, sei es für ein Kundenprojekt oder für interne Belange. Neue Impulse können sie entweder über die Innovationsbeauftragte des Hauses einreichen oder direkt bei den Geschäftsführern. In die Beratungsgespräche mit den Kundenfirmen fließen neben dem fachlichen Know-how auch Erkenntnisse aus dem eigenen Arbeitsalltag ein: zum Beispiel aus der Zusammenarbeit „im Tandem" oder dem Umgang mit besonderen Bedürfnissen.

Studiensemester und Weiterbildungsangebote

Das engagierte Top-Management hat das Thema Innovation sowohl in der Strategie als auch im Leitbild der Stiftung verankert. Deshalb erhalten die Mitarbeitenden gezielte Weiterbildungsangebote zu Innovationsthemen, etwa in Sachen Digitalisierung. Eine weitere Option sind berufsbegleitende Semester an der Hochschule der Medien in Stuttgart. Michael Düren, der Leiter des Bereichs IT & Digitale Barrierefreiheit, erläutert: „Unser Anliegen ist es, dass alle Menschen einen barrierefreien Zugang zur digitalen Welt bekommen. Die TOP 100-Auszeichnung zeigt uns, dass wir damit auf dem richtigen Weg sind."

Pfennigparade SIGMETA GmbH
80809 München
www.pfennigparade.de
Beschäftigte (D): 51 bis 200
Wohlfahrtspflege

Geschäftsleitung
Michael Düren, Anja Dirmhirn und Dirk Höpner

PRAENATAL Pränatalmedizin, Gynäkologie und Genetik (MVZ) GbR

★★

Ambulant bestens versorgt

Medizinische Versorgungszentren, kurz MVZ, müssen sich im sehr stark regulierten Gesundheitsmarkt geschickt aufstellen. Die PRAENATAL Pränatalmedizin, Gynäkologie und Genetik (MVZ) GbR hat dies unter der Leitung seines Top-Managements erfolgreich verwirklicht. Entscheidend für den Innovationserfolg sind hier softwaregestützte Marktanalysen und effiziente Praxisabläufe. In dem innovationsfreundlichen Klima des MVZ erhalten sowohl die Praxismanager als auch die Arzthelfer einen größeren Verantwortungsbereich. Und damit steigt die Motivation.

Das spezielle Konzept des MVZ vereint Pränatalmedizin, Genetik und Gynäkologie an drei Standorten in Nordbayern. Der ganzheitliche Ansatz verbindet die mehr als 35-jährige medizinische Expertise mit hochmoderner Technologie im humangenetischen Labor. In jüngster Zeit ist ein weiterer Vorteil für die Patienten hinzugekommen: „Die Pränataldiagnostik ist in neue Räumlichkeiten umgezogen und bietet nun eine sehr angenehme Atmosphäre, in der sich unsere Patientinnen während ihrer Termine entspannen und wohlfühlen können", sagt der Geschäftsführer Dr. Michael Schälike, der das MVZ zusammen mit der zweiten Geschäftsführerin Dr. Heike Nelle leitet.

Vorausschauendes Top-Management

Mit rund 20 Fachärzten ist das MVZ eine der größten pränataldiagnostischen Praxen in Deutschland. Um sich frühzeitig auf neue Markttendenzen einzustellen, arbeitet das vorausschauende Top-Management stets mit einer geeigneten Software zur statistischen Analyse des Gesundheitswesens. So erkennen die beiden Geschäftsführer wichtige Trends und können rechtzeitig Maßnahmen einleiten, um Schwankungen am Markt auszugleichen. Eine um 10 % reduzierte Geburtenrate etwa war 2022 der Anlass, die Schwerpunkte des Unternehmens verstärkt auf den Bereich genetische Analysen auszurichten. Dank einer Optimierung der Kommunikation auf allen Praxisebenen erreicht man eine höhere Kosteneffizienz und ein hohes Tempo bei Rückmeldungen an die zuweisenden Ärzte.

Neue Führungsebene

Um das innovationsfreundliche Klima der PRAENATAL weiter auszugestalten, entsteht derzeit eine zweite Führungsebene, auf der die Praxismanager selbstständig einzelne Abläufe ohne Rücksprache mit den Geschäftsführern optimieren können. Zusammen mit den medizinischen Fachangestellten, den medizinisch-technischen Assistenten, den Biologen und den Verwaltungsmitarbeitern tragen sie damit als Innovationstreiber zum Innovationserfolg des MVZ bei. „Im nächsten Schritt werden wir in weitere Geschäftsbereiche expandieren und das Spektrum der genetischen Analysen erweitern", sagt Dr. Michael Schälike und gibt damit einen strategischen Ausblick.

PRAENATAL Pränatalmedizin,
Gynäkologie und Genetik (MVZ) GbR
90402 Nürnberg
www.praenatal.com
Beschäftigte (D): 51 bis 200
Gesundheitswesen

Geschäftsführer
Dr. Michael Schälike

Profol GmbH

★★

Reinheit macht den Unterschied

Als erfahrener Hersteller von Kunststofffolien verfolgt die Profol GmbH das Ziel, nachhaltige und recyclingfähige Produkte und Komponenten zu entwickeln. Im Mittelpunkt steht der Werkstoff Polypropylen, der ohne Mischkomponenten vollständig recyclingfähig ist. Um geeignete Innovationsideen zu selektieren, hat das Top-Management einen eigenen Stage-Gate-Prozess entwickelt. In dem innovationsfreundlichen Klima des oberbayrischen Unternehmens können die Mitarbeiter viele Projekte selbstständig durchführen.

„Wir erweitern kontinuierlich unser Produktportfolio und entwickeln Alternativen zu gesundheitsschädlichem Weich-PVC", sagt der Geschäftsführer Dr. Philipp Schieferdecker. Ursprünglich auf den Büroartikelmarkt spezialisiert, in den der Mittelständler erstmals Folien aus Polypropylen einführte, haben sich die Zielmärkte zwischenzeitlich verlagert: Heute bietet man nachhaltige Produkte für die Verpackungsindustrie an, aber auch moderne Möbeloberflächen und recyclingfähige Nutzschichten für Fußböden.

Fokus auf Kreislaufwirtschaft

Im Innovationsmanagement hat das Top-Management ein strukturiertes Vorgehensmodell etabliert und setzt auf einen Stage-Gate-Prozess, der klare Vorgaben für die einzelnen Entwicklungsphasen beinhaltet. So geht es in der frühen Phase des Ideenmanagements darum, strategisch relevante Ansätze mit Blick auf nachhaltiger Innovationen zu erkennen. Anschließend prüft das Top-Management die Optionen für das künftige Portfolio und entscheidet dabei auch über neue Technologien und Wertschöpfungsstufen. „Wir achten bei unseren Neuerungen immer darauf, dass sie sich für die Kreislaufwirtschaft eignen", betont Dr. Schieferdecker. So ersetzen etwa in der Nahrungsmittelindustrie neu entwickelte Deckel für Joghurtbecher vielfach die klassischen Aluminiumdeckel, sodass weniger Aluminiumreste das Kunststoffrecycling behindern.

Fruchtbares Innovationsklima

Einen wichtigen Beitrag zur Innovationskraft des Mittelständlers leisten die Mitarbeiter, die mit viel Engagement und Begeisterung eigene Projekte durchführen und bewirken, dass innovationsrelevante Maßnahmen zeitnah realisiert werden. Eine Kultur der Offenheit und des eigenverantwortlichen Arbeitens sowie umfassende Weiterbildungsprogramme fördern die Motivation und einen langen Atem in der Belegschaft. „Wir sehen für die Zukunft noch viel Potenzial für einstoffliche Kunststoffprodukte, für biologisch abbaubare Kunststoffe und für einen Ausbau der Technologien. Unsere Teams setzen sich auf den verschiedensten Ebenen dafür ein, und darüber freuen wir uns sehr", sagt der Geschäftsführer.

Profol GmbH
83128 Halfing
www.profol.de
Beschäftigte (D): über 200
Chemie/Kunststoff

Geschäftsführer
Dr. Philipp Schieferdecker

qualido GmbH

In Qualität denken

In einem wertschätzenden Umfeld entwickeln die Beschäftigten der qualido GmbH im oberbayerischen Aschau am Chiemsee eine Software, die fortlaufend erweitert und verbessert wird. Der Mittelständler hat sich auf Softwarelösungen und Dienstleistungen zur Umsetzung von Qualitätsmanagementsystemen im Gesundheitswesen spezialisiert. Das Credo dabei lautet: „Nicht allein die Information ist wichtig, sie muss auch bei den Adressaten richtig ankommen."

qualido – schon der Name ist Programm und steht für Qualität und Tun. Der hohe eigene Anspruch des Hauses bezieht sich aber nicht nur auf die Software und den Service für die Kunden: „Einen hohen Anspruch haben wir auch hinsichtlich der Lebens- und Arbeitsqualität unserer Mitarbeiter", sagt der Geschäftsführer Dr. Thomas Lachauer. Die 2005 gegründete Firma beschäftigt über IT-Spezialisten und Qualitätsauditoren hinaus auch Mediziner, die auf eine langjährige Berufserfahrung und auf Expertise im Gesundheitswesen zurückgreifen können.

Wertschätzendes Umfeld für Mitarbeiter

Die Mitarbeiter von qualido finden nicht nur einen nachhaltigen Arbeitsplatz mit Blick auf die Alpen vor, sie werden auch am Firmengewinn beteiligt – je nach Art des Beschäftigungsverhältnisses und Dauer der Betriebszugehörigkeit stehen hierfür bis zu 50 % des Firmengewinns zur Verfügung. In diesem wertschätzenden Umfeld entstehen viele kreative Ideen: Ein Kundenbetreuer hat zum Beispiel ein komplett neues Zertifizierungsverfahren vorgeschlagen, das „Qualitätssiegel Digitales Managementsystem", und es dann auch mit realisiert. Zu den Kunden zählen Firmen aus der Sozial- und der Gesundheitsbranche, beispielsweise Krankenhäuser, Therapiezentren oder Rettungsdienste, aber mittlerweile auch öffentliche Verwaltungen. Gerade in einer Klinik, in der etliche Berufsgruppen hoch konzentriert am Patienten arbeiten, ist ein reibungsloser digitaler Informationsfluss elementar für die Handlungssicherheit der Mitarbeiter.

Information sicher übermitteln

Die Entwickler von qualido stellen deshalb eine intuitive Dokumentenverwaltung bereit, die die Anwender nicht überfordert und die Dokumente sicher an ihren Bestimmungsort bringt. „Informationen sollen sicher und nachweisbar an die Mitarbeiter von Sozial- und Gesundheitsdiensten gelangen", erklärt Lachauer das Ziel seines digitalen QM-Systems. Die verschiedenen Module der Software sind einfach zu bedienen und ermöglichen zudem eine unkomplizierte Dokumentenlenkung, die Planung von Fortbildungen und die Durchführung interner Audits. Denn auch hier wird in Qualität gedacht.

qualido GmbH
83229 Aschau
www.qualido.com
Beschäftigte (D): bis 50
IT-Entwicklung/-Beratung

Geschäftsführer
Dr. Thomas Lachauer

RAPA Automotive ist auf die Entwicklung und die Fertigung von Ventilen und mechatronischen Systemen spezialisiert. Davon profitieren die Automobilindustrie und die Medizintechnikbranche sowie die moderne Industrie.

RAPA Automotive GmbH & Co. KG

★★

Ein Unternehmen mit Weitblick

Innovativ sein – das hieß für viele Automobilzulieferer lange nur eines: die eigenen Prozesse und Produkte schrittweise optimieren. Dabei besteht allerdings die Gefahr, dass man neue Megatrends übersieht. Die RAPA Automotive GmbH & Co. KG, die in den Bewertungskategorien „Innovationsförderndes Top-Management" und „Außenorientierung" besonders überzeugt, hat diese Gefahr erkannt und richtet ihre Strategien deshalb an der sich schnell verändernden Welt und den neuen technologischen Entwicklungen aus.

Ein Familienunternehmen, das seit mehr als 100 Jahren im Markt aktiv ist und in der vierten Generation von der Gründerfamilie Pausch geführt wird – das ist die eine Facette von RAPA Automotive. Ein international präsenter Automobilzulieferer, der mit seinen Kunden partnerschaftlich zusammenarbeitet und sich auf bezahlbare kundenspezifische Entwicklungen in der Nische der Ventil- und Fluidtechnik spezialisiert hat – das ist die zweite Facette. Ein Unternehmen, das technologische Megatrends frühzeitig aufspürt und seine Geschäftsstrategie daran ausrichtet, das ist die dritte Facette und die Überlebensversicherung für die Zukunft von RAPA Automotive.

Strategischer Innovationsprozess

Dass der Elektroantrieb auf lange Sicht den Verbrennungsmotor ablösen wird und dass autonomes Fahren immer wichtiger wird – das sind die Trends der Zukunft. RAPA Automotive hat ihre Unternehmensstrategie jedoch bereits vor acht Jahren auf diese Megatrends ausgerichtet. Die Geschäftsleitung stieß einen strategischen Innovationsprozess an, in dessen Rahmen sich die Produktpalette stark verändert hat. Mittlerweile arbeitet man nicht mehr überwiegend an Produkten für den Antriebsstrang, sondern vor allem an Systemen für das aktive Fahrwerk und an Lösungen zur Sensorreinigung für Fahrassistenzsysteme. Dabei steht die mechanische Funktionalität für die Entwicklung der Komponenten und Systeme im Vordergrund. Diese tragen dazu bei, Fahreigenschaften zu optimieren und den Fahrkomfort wie auch die Fahrsicherheit zu erhöhen.

Innovationsimpulse von Kunden

Die Umsetzung der Innovationsstrategie bei RAPA Automotive erfolgte als Top-down-Prozess. Sie wurde von der Geschäftsführung initiiert und im Unternehmen weitergeführt. Wenn es nicht um strategische Entscheidungen geht, sondern um Produktentwicklungen, dann kommen die Innovationsimpulse auch häufig von den Kunden. Mit ihnen arbeitet die Firma oftmals über die gesamte Lebensdauer der Produkte hinweg zusammen – einige Kooperationsverträge haben Laufzeiten von zehn Jahren und mehr. Denn eines ist RAPA Automotive ganz sicher: ein Unternehmen mit Weitblick.

RAPA Automotive GmbH & Co. KG
95100 Selb
www.rapa.com
Beschäftigte (D): über 200
Automobilzulieferer/
Fahrzeugbau

Geschäftsführer
Karin Wolf und
Dr. Roman Pausch

TOP 100	TOP 100	TOP 100	TOP 100	TOP 100	TOP 100	TOP 100	TOP 100	TOP 100	TOP 100
TOP 100	TOP 100	TOP 100	TOP 100	TOP 100	TOP 100	TOP 100	TOP 100	TOP 100	TOP 100
TOP 100	TOP 100	TOP 100	TOP 100	TOP 100	TOP 100	TOP 100	TOP 100	TOP 100	TOP 100
TOP 100	TOP 100	TOP 100	TOP 100	TOP 100	TOP 100	TOP 100	TOP 100	TOP 100	TOP 100
TOP 100	TOP 100	TOP 100	TOP 100	TOP 100	TOP 100	TOP 100	TOP 100	TOP 100	TOP 100
TOP 100	TOP 100	TOP 100	TOP 100	TOP 100	TOP 100	TOP 100	TOP 100	TOP 100	TOP 100
TOP 100	TOP 100	TOP 100	TOP 100	TOP 100	TOP 100	TOP 100	TOP 100	TOP 100	TOP 100
TOP 100	TOP 100	TOP 100	TOP 100	TOP 100	TOP 100	TOP 100	TOP 100	TOP 100	TOP 100
TOP 100	TOP 100	TOP 100	TOP 100	TOP 100	TOP 100	TOP 100	TOP 100	TOP 100	TOP 100
TOP 100	TOP 100	TOP 100	TOP 100	TOP 100	TOP 100	TOP 100	TOP 100	TOP 100	TOP 100
TOP 100	TOP 100	TOP 100	TOP 100	TOP 100	TOP 100	TOP 100	TOP 100	TOP 100	TOP 100
TOP 100	TOP 100	TOP 100	TOP 100	TOP 100	TOP 100	TOP 100	TOP 100	TOP 100	TOP 100
TOP 100	TOP 100	TOP 100	TOP 100	TOP 100	TOP 100	TOP 100	TOP 100	TOP 100	TOP 100
TOP 100	TOP 100	TOP 100	TOP 100	TOP 100	TOP 100	TOP 100	TOP 100	TOP 100	TOP 100

Rogers Germany GmbH

Produkte, die die Zukunft prägen

Geschichten des Scheiterns wie die von Nokia oder Kodak zeigen, dass Technologiefirmen zur Innovation verdammt sind. Die Rogers Corporation mit Hauptsitz in Arizona, USA, richtet daher sämtliche Prozesse und die gesamte Organisation darauf aus, zeitgemäße Neuheiten auf den Markt zu bringen. Als Motor der Forschung und Entwicklung ist die Rogers Germany GmbH im oberpfälzischen Eschenbach mittendrin. In enger Zusammenarbeit mit Kunden entstehen neue Hochleistungsmaterialien für unterschiedliche Anwendungsfälle.

Keramische Substrate sind wegen ihrer hohen Beständigkeit, der sehr guten Wärmeleitfähigkeit und weiterer Eigenschaften wahre Allrounder in der Industrie. Ob Industrie 4.0, E-Mobilität, Ladestationen, Solar- und Windenergie oder Smart Grid: Fast kein technologisches Zukunftsthema kommt ohne diese Hochleistungsmaterialien aus. Allerdings verhalten sich die Wachstumsmärkte überaus dynamisch. Rogers setzt daher in der Forschung und Entwicklung, aber auch auf der operativen Projektebene agile Methoden ein, um die Potenziale der Megatrends auszuschöpfen.

Koordinierte Prozesse für belastbare Ergebnisse

Immer wieder kommen externe Trainer nach Eschenbach, um die Teams fit zu machen im agilen Arbeiten. Auch ein breites Spektrum digitaler Tools zur Zusammenarbeit und zum Ideenmanagement setzt Rogers ein. Dabei überlässt die deutsche Niederlassung des Konzerns mit weltweit mehr als 3.500 Beschäftigten nichts dem Zufall: Innovative Produkte entstehen aus harter Arbeit und im Rahmen klar definierter Prozesse. Ein Innovationskoordinator wacht über die Abläufe, die auch automatisierte Bewertungen beinhalten. In monatlichen Reviews diskutieren die Teams die Ergebnisse anhand festgelegter und allgemein bekannter Kriterien. Danach durchlaufen sie einen Stage-Gate-Prozess. Gleichzeitig stellt ein Portfolio-Management-Prozess sicher, dass man eine gute Balance zwischen inkrementellen Innovationsvorhaben und disruptiven Ansätzen mit höherem Risiko findet.

Der Kundennutzen gibt die Richtung vor

Am Anfang eines Innovationsprozesses steht die Herausforderung eines Kunden, nicht die Lösung selbst. Um geniale Einfälle nicht im Keim zu ersticken, erfahren Mitarbeiter in dieser Phase breite Unterstützung. Erst im nächsten Schritt schauen sich die Beteiligten den Marktnutzen und den generellen Bedarf genauer an. Auf diese Weise gelingt es dem Mittelständler, mit seinen Hochleistungsmaterialien auf vielen Märkten ganz vorne mit dabei zu sein. Zur strukturierten Teamarbeit gehört auch, dass der Kunde in der Regel mit am Tisch sitzt: Jedes keramische Substrat wird individuell auf seine Anwendung zugeschnitten. Aus dieser Präzisionsarbeit mit internen und externen Beteiligten entstehen Produkte, die die Zukunft prägen.

Rogers Germany GmbH
92676 Eschenbach
www.rogerscorp.com
Beschäftigte (D): über 200
Elektronik/Elektrotechnik

Vice President
Jeff Tsao

RZB entwickelt und fertigt technologisch hochwertige Lichtsysteme mit Designanspruch. Das Unternehmen hat auch ein modulares Konzept von Leuchten mit integrierter Ladefunktion entwickelt.

RZB Rudolf Zimmermann, Bamberg GmbH

★★★★★

Technisch erleuchtet und alles hinterfragend

Welchen Mehrwert könnten elektrische Löffel bieten? Dr. Sergio Drawert ist der technische Leiter des Leuchtenherstellers RZB Rudolf Zimmermann, Bamberg GmbH und stellt sich abseits des Alltagsgeschäft viele solcher Fragen. Auf diese Weise kommt das Top-Management des Unternehmens zu überraschenden Produktideen, auch jenseits des klassischen Leuchtengeschäfts. Darüber hinaus hat RZB Nachhaltigkeit und Corporate Social Responsibility zur Chefsache erklärt.

Dr. Sergio Drawert liest gern. Dabei zieht er aus fast jedem Buch Ideen, die sich dann oftmals in den Produkten des Bamberger Traditionsunternehmens niederschlagen. „Unser Eigentümer und Geschäftsführer ist auch Techniker und immer offen für Neues. So entstehen bei uns regelmäßig neue ausgereifte und hochwertige Produkte", sagt Dr. Drawert. Dabei achtet das Top-Management darauf, dass Kosten und Nutzen in einem guten Verhältnis stehen: „Auch der einfache Häuslebauer soll sich unsere Leuchten leisten können", fügt er hinzu.

Chefsache Nachhaltigkeit

Das Thema Nachhaltigkeit ist auf der Führungsebene fest verankert und zieht sich durch alle Handlungen und auch durch die Produktpalette. Eine Ratingagentur bestätigte dem Leuchtenhersteller eine vorbildliche Corporate Social Responsibility. Die lange Nutzungsdauer und Wiederverwertbarkeit, die Tauschbarkeit von Komponenten und eine umweltfreundliche Entsorgung gehören zur Produktphilosophie von RZB. „Wir schrauben sehr viel", beschreibt der technische Leiter den Innovationsgeist, der die gesamte Firma motiviert, vom Top-Management bis zur 700-köpfigen Belegschaft. So kann eine kleine patentierte Metallfeder, die für Außenstehende völlig unscheinbar wirkt, bei RZB begeistern, weil sie eine technische Herausforderung löst. Wie viel Zeit die Geschäftsführung in Innovation investiert, kann Sergio Drawert schwer einschätzen: „Aber wir tauschen uns ständig aus."

Erwartungen übertreffen

Viel Wert wird auch auf das Produktdesign gelegt. So erhielt die Leitung des neu gegründeten Geschäftsbereichs RZB Energy für seine Außenleuchten mit integrierten Ladestationen und Energiespeichern das überraschende Kompliment „Ich hätte gar nicht erwartet, dass es so etwas auch in Schön gibt". Diesen Überraschungsmoment provoziert RZB regelmäßig: Wie kann eine App oder ein QR-Code einem physischen Produkt einen zusätzlichen Pfiff verpassen? Welche digitalen Informationen machen dem Fachhändler das Leben leichter? „Wer nicht fragt, bleibt dumm", das Motto aus der Sesamstraße, treibt den Vorreiter in Sachen Licht an, die Erwartungen des Markts immer wieder zu übertreffen.

RZB Rudolf Zimmermann, Bamberg GmbH
96052 Bamberg
www.rzb.de
Beschäftigte (D): über 200
Elektronik/Elektrotechnik

Geschäftsführer
Dr. Alexander Zimmermann und Reiner Jürgens

Prof. Dr. Nikolaus Franke ist einer der führenden Innovationsforscher weltweit. Seit 2002 hat er die wissenschaftliche Leitung von TOP 100.

Thomas Wörl ist seit 2021 Inhaber und Geschäftsführer der compamedia GmbH, die seit 30 Jahren den Innovationswettbewerb TOP 100 organisiert.

30 Jahre TOP 100 – Innovation braucht doch kein Mensch?

Seit 1993 wird der Innovationswettbewerb TOP 100 ausgerichtet. Was damals als regionale Initiative im Großraum Stuttgart begann, hat sich mittlerweile zu einem bundesweiten Wettbewerb mit großer Strahlkraft entwickelt. Was ist das Erfolgsrezept von TOP 100? Wie hat sich der Stellenwert von Innovation im Mittelstand über die Jahrzehnte verändert? Und wohin geht die Reise in Deutschland angesichts eines sich rasant ändernden Umfelds? Ein Interview mit **Prof. Dr. Nikolaus Franke** und **Thomas Wörl.**

Oben: Der ehemalige „Tagesthemen"-Moderator Ulrich Wickert im Gespräch mit dem TOP 100-Gründer Joachim Schuble, der CSU-Politikerin Dagmar Wöhrl und Gästen auf der TOP 100-Preisverleihung 1994 in Fürth.

Unten: Die Fernsehjournalistin Anne Will, der damalige TOP 100-Mentor Lothar Späth, ehemaliger baden-württembergischer Ministerpräsident, mit Prof. Dr. Nikolaus Franke und Martin Hubschneider von CAS Software, dem „Innovator des Jahres 2006".

Herr Wörl, 2021 haben Sie die Nachfolge von Joachim Schuble, dem Gründer von TOP 100, angetreten. Wie fühlt es sich an, nun für den führenden Innovationswettbewerb des deutschen Mittelstands verantwortlich zu sein?

Thomas Wörl: Da würde ich tatsächlich mal frei aus „Spiderman" zitieren: „Große Macht bedeutet große Verantwortung." Das drückt es eigentlich in vielen Punkten aus. Zunächst beinhaltet es, dass wir TOP 100 und compamedia im Sinne, im Geiste und im Wertegerüst von Joachim Schuble weiterführen. Ich glaube, das schaffen wir auch als Team sehr gut. Hinzu kommt die Verantwortung für die Mitarbeiter — Thema Pandemie, Thema Krise: „Hoffentlich treffen wir die richtigen Entscheidungen, wie gehen wir nun weiter vor?" Solche Fragen haben uns in den vergangenen Jahren beschäftigt, genau wie die anderen Mittelständler auch. Und natürlich wollen wir weiterhin den „Hidden Champions" mit TOP 100 eine Bühne bieten. Gerade in der heutigen Zeit ist das wichtiger als jemals zuvor, denn der deutsche Mittelstand ist das Rückgrat der deutschen Wirtschaft.

Als Ihr Vorgänger Joachim Schuble 1993 TOP 100 ins Leben rief, war es noch ein regionales Projekt, bezogen auf den Großraum Stuttgart. Doch rasch wurde TOP 100 größer und größer, seit vielen Jahren ist es ein bundesweiter Wettbewerb. Wie erklären Sie sich den Erfolg?

Thomas Wörl: Nun, es kann ja jeder von sich behaupten: „Wir sind innovativ." Doch das TOP 100-Siegel liefert auch einen Beweis dafür. Es ist ein Differenzierungsmerkmal, das innovative Mittelständler von anderen Mittelständlern unterscheidet. Im Lauf der Jahre hat TOP 100 immer mehr Strahlkraft entwickelt: Man macht etwas Gutes, das Renommee steigt, dann verbessert man das Gute immer weiter, das Renommee steigt weiter, und inzwischen ist TOP 100 selbst zu einer Marke geworden. Und diese Strahlkraft färbt auf die ausgezeichneten Unternehmen ab.

Warum, denken Sie, ist es so attraktiv für Mittelständler, sich um das TOP 100-Siegel zu bemühen?

Thomas Wörl: Das dürfte mehrere Gründe haben. Zum einen die schon angesprochene Strahlkraft des TOP 100-Siegels, die beispielsweise für die Medienarbeit, das Marketing und auch das Recruiting der Unternehmen wichtig ist. Zum anderen der Nutzen: Mit der TOP 100-Innovationsbilanz können die Teilnehmer ihre Innovationsprozesse verbessern. Nicht zu vernachlässigen ist auch der Aspekt der Vernetzung: Beim Deutschen Mittelstands-Summit kommen alle Top-Innovatoren zusammen – eine sehr gute Gelegenheit, Kontakte zu knüpfen. Darüber hinaus bieten wir unseren Top-Innovatoren viele Events an, was ebenso der Vernetzung dient. So reist zum Beispiel regelmäßig eine Gruppe aus TOP 100-Unternehmern ins Silicon Valley, das bekanntlich als das Innovationszentrum schlechthin gilt. Ich vermute aber, dass es noch einen weiteren Grund gibt: Die Mittelständler wollen sich auch einmal selbst feiern. Und das völlig zu Recht, denn häufig steht hinter einer innovativen Firma – das sind ja oft Familienunternehmen – auch ein beeindruckendes Lebenswerk. Diese Unternehmer tun das, was sie tun, mit Leidenschaft. Und wenn man etwas mit Leidenschaft macht, möchte man auch Wertschätzung dafür bekommen. TOP 100 bietet diese Wertschätzung.

So wie TOP 100 sich im Laufe der Jahrzehnte verändert hat, haben sich wahrscheinlich auch die Top-Innovatoren verändert – oder, Herr Prof. Dr. Franke? Sie begleiten TOP 100 ja nun schon seit mehr als 20 Jahren als wissenschaftlicher Leiter und haben schon mehr als 10.000 Unternehmensanalysen vorgenommen. Wie haben sich die teilnehmenden Mittelständler in diesem Zeitraum verändert? Ist das Kandidatenfeld im Lauf der Jahre beispielsweise stetig innovativer geworden?

Prof. Dr. Nikolaus Franke: Ja, ganz eindeutig. Die Welt steht nicht still, und das gilt auch für das Innovationsmanagement. Viele Methoden sind dazugekommen, Technologie, Konnektivität und Digitalisierung haben uns ganz neue Möglichkeiten eröffnet, und der Wettbewerb und die Globalisierung bringen ständig neue Herausforderungen hervor. Es ist in etwa so, als vergliche man den FC Bayern München, Manchester City oder Real Madrid von heute mit dem Fußball der

Oben: Die ehemalige „Tagesschau"-Sprecherin Linda Zervakis, Prof. Dr. Nikolaus Franke, TOP 100-Juror Christoph Keese und der TOP 100-Mentor Ranga Yogeshwar mit der Geschäftsleitung von TESVOLT, dem „Innovator des Jahres 2022".

Unten: Thomas Wörl und die wissenschaftliche Leitung von TOP 100, Dr. Rudolf Dömötör und Prof. Dr. Nikolaus Franke, im Gespräch mit Gästen auf der TOP 100-Preisverleihung 2022 in Frankfurt.

deutschen Weltmeisterelf von 1990. Damals war sie die beste Mannschaft des Turniers, heute hätte sie in Bezug auf Tempo, Athletik und Taktik keine Chance. Genauso sind die aktuellen „Innovatoren des Jahres" mit den Unternehmen von vor 20 Jahren nicht vergleichbar. Und die Entwicklung wird weitergehen – in 20 Jahren wird es Möglichkeiten zur Innovation geben, die wir uns heute nicht einmal vorstellen können.

Heute haben viele Unternehmer erkannt, wie wichtig Innovationskraft ist, um in einem globalisierten Markt überleben zu können. Doch welchen Stellenwert hatte das Thema Innovation hierzulande vor 30 oder auch noch vor 20 Jahren?

Prof. Dr. Nikolaus Franke: Wettbewerb war in erster Linie Kosten- und/oder Qualitätswettbewerb. Es galt: Wenn wir gewinnen wollen, dann machen wir das beste, leistungsstärkste und zuverlässigste Produkt, oder wir bieten eine definierte Qualität zum günstigsten Preis an. Beide Faktoren begünstigen übrigens große Firmen – Stichworte: Skaleneffekte, Lernkurve und Marktmacht. Aber wäre das alles, dann dürfte es eigentlich keine Start-ups und auch keine Mittelständler geben. Unser Smartphone wäre von Nokia, wir würden bei Kaufhof online shoppen, und zu Hause hätten wir Rechner von Atari oder Commodore. Die Beispiele zeigen: Im Zweifel schlägt Innovation Kosten und Qualität.

Ist die Erkenntnis, dass Innovation eminent wichtig ist, eigentlich aus den USA zu uns in den deutschsprachigen Raum „herübergeschwappt"?

Prof. Dr. Nikolaus Franke: In gewisser Weise ja. Natürlich haben Unternehmer schon immer nach innovativen Möglichkeiten gesucht, ihre Produkte besser oder billiger zu machen. Aber selbst der Urvater von Entrepreneurship und Innovation, der Harvard-Ökonom Schumpeter, ging davon aus, dass der Raum für Innovation irgendwann ausgeschöpft sein wird und am Ende nur die großen Unternehmen übrig bleiben. Doch dann gab es in den USA 1979 den sogenannten Birch-Report. Er stellte fest, dass die „Fortune 500" (Anmerkung der Redaktion: eine Liste der US-Zeitschrift „Fortune" mit den 500 umsatzstärksten Firmen der USA) seit langer Zeit Personal abbauten. Der Grund dafür, dass es dennoch keine Massenarbeitslosigkeit gab: Kleine innovative Unternehmen waren im gleichen Zeitraum entstanden und gewachsen. Für Politik und Wissenschaft war das eine wichtige Erkenntnis: Wenn wir wettbewerbsfähig sein wollen, zählt nicht, wie gut wir die Dinosaurier päppeln – wir müssen Strukturen schaffen, damit neue Spezies entstehen können. Diese Erkenntnis ist in Deutschland um die Jahrtausendwende angekommen. Als ich 2001 in Wien Professor wurde, haben mich Kollegen noch mit den Worten „Was wollen Sie denn hier? Innovation braucht doch kein Mensch" empfangen. Heute wirkt das wie ein Witz.

Als Innovationsforscher haben Sie ja den Überblick: Wie gut steht der deutsche Mittelstand heute beim Thema Innovation im weltweiten Vergleich da? Was läuft gut, was muss besser werden?

Prof. Dr. Nikolaus Franke: „Den" deutschen Mittelstand gibt es nicht, denn er hat eine große Spannweite. Natürlich gibt es Unternehmen, die nicht wahrhaben wollen, wie Wettbewerb heute funktioniert, oder die an der Realisierung scheitern. Der Markt wird sie aussortieren. Die Mehrheit hat jedoch verstanden, dass die grundsätzlichen Vorteile des Mittelstands – Agilität, Flexibilität, Kreativität – genau die Zutaten sind, die man für Innovationsführerschaft braucht. Das ist auch der Grund dafür, dass wir in den TOP 100 so viele Weltmarktführer und Hidden Champions haben. Was besser werden muss: Na ja, bei jedem immer alles natürlich (lacht). Wer stehen bleibt, wird zurückfallen. Es gibt ständig neue Technologien, neue Marktgelegenheiten, neue Möglichkeiten für radikal andere Geschäftsmodelle. All das macht eine ständige innovationsbezogene Weiterentwicklung von Führung, Organisation, Kultur und Außenorientierung notwendig.

Und sind dabei Unterschiede zwischen den TOP 100-Unternehmen und dem restlichen deutschen Mittelstand erkennbar?

Prof. Dr. Nikolaus Franke: Absolut. Die TOP 100 sind die Leistungselite. Es sind Unternehmen, die aus der Herausforderung Innovation eine Chance machen. Man sieht das beispielsweise daran, wie gut sie durch die Coronakrise gekommen sind – viele haben hier sogar entscheidende Wachstumssprünge gemacht. Unsere

Analysen zeigen auch, dass sie sich nicht auf ihren Lorbeeren ausruhen, sondern sehr systematisch an der Gestaltung der Strukturen von morgen arbeiten. Das wird sich im langfristigen Erfolg niederschlagen.

Um die Jahrtausendwende sprach man manchmal von Deutschland als dem „kranken Mann Europas". Später setzte, auch dank des Mittelstands, ein großer Boom ein, sodass mitunter sogar vom „zweiten deutschen Wirtschaftswunder" die Rede war. In Zeiten von Pandemie, Krieg, Inflation und Klimawandel hat sich der Horizont aber wieder verdunkelt. Was ist Ihr Gefühl: Haben Deutschland und sein Mittelstand schon den Zenit überschritten, oder gehen wir langfristig goldenen Zeiten entgegen?

Prof. Dr. Nikolaus Franke: Wenn wir eine Zukunft mit Frieden, Gesundheit und Wohlstand wollen, müssen wir sie uns schon selbst schaffen. Um die gegenwärtigen und zukünftigen Krisen meistern zu können, brauchen wir Innovation. Der deutsche Mittelstand ist dabei nicht das Problem – das enorme Potenzial ist klar erkennbar, ich kann da nur erneut auf die TOP 100-Unternehmen verweisen. Natürlich benötigen wir noch mehr solcher Unternehmen; und wir müssen daran arbeiten, dass sich unsere klügsten Köpfe mit Entrepreneurship und Innovation befassen. Eine Schlüsselrolle wird aber spielen, ob es uns gelingt, auch Politik und Verwaltung an die Anforderungen der aktuellen und künftigen Herausforderungen anzupassen. Die Coronapandemie haben wir im Grunde mit Mitteln des 19. Jahrhunderts bekämpft, im 21. geht das nicht mehr. Regierungen und generell der öffentliche Sektor in Deutschland, Europa und in der ganzen Welt müssen problemorientierter und schneller werden, marktnäher, agiler, kreativer, konsequenter in der Umsetzung und besser in der Nutzung von Technologien. Wenn wir das schaffen, haben wir in der Tat alle Chancen auf goldene Zeiten.

Nach diesem optimistischen Ausblick wollen wir zum Schluss einen Blick auf die Zukunft von TOP 100 werfen. Herr Wörl, wohin wird sich der Wettbewerb in den nächsten Jahren entwickeln?

Thomas Wörl: Wir haben in den zurückliegenden Jahren gesehen: Digitalisierung ist in aller Munde, und das ist auch wichtig. Dennoch sind der persönliche Austausch und echte Begegnungen essenziell. Videotelefonie und dergleichen können den persönlichen Kontakt nicht ersetzen. Und sie sind erst recht kein Ersatz für eine zwischenmenschliche Beziehung. Wir wollen deshalb vor allem den Community-Gedanken innerhalb von TOP 100 stärken und weiter ausbauen. Auf unseren vielen Events haben wir nämlich von den Teilnehmern immer wieder zurückgespiegelt bekommen, dass es den Wunsch nach einer solchen Community, nach einer Plattform, gibt – auch weil der gegenseitige Austausch bereichernd für ein Unternehmen sein kann. Wir überlegen außerdem, wie wir Leistungsbausteine wie die TOP 100-Innovationsbilanz noch informativer und wertschöpfender für unsere Top-Innovatoren gestalten können. Und ich denke, dass das Thema Nachhaltigkeit auch im Mittelstand in der Zukunft noch weitaus bedeutender werden könnte, als es jetzt schon ist. Dem wollen wir natürlich mit TOP 100 ebenfalls Rechnung tragen.

SAS-Softec GmbH

★★

Globalen Herausforderungen technologisch begegnen

Im Global Village müssen alle zusammen anpacken. Denn kein Unternehmen, keine Organisation und keine Regierung kann die Probleme unserer Zeit im Alleingang lösen. Als wichtiger Zulieferer in der Chip- und Solarindustrie hat die SAS-Softec GmbH für sich die Außenorientierung zum Prinzip erklärt: Innovationen entstehen gemeinsam mit Marktführern und Forschungseinrichtungen. Zudem stärkt die Technologiefirma im Verbund mit weiteren Akteuren die europäische Halbleiterindustrie.

Bei allen Differenzen ist sich die Staatengemeinschaft einig: Europa braucht eine starke Halbleiterindustrie. Die EU-Kommission leitet daraus das Ziel ab, den globalen Marktanteil in der Chipherstellung von aktuell weniger als 10 % auf 20 % zu steigern. Dazu trägt die SAS-Softec GmbH bei. 2009 als Softwaredienstleister im Maschinenbau gegründet, baute der Mittelständler 2018 zunächst eine eigene Abteilung für den Anlagenbau auf, um sich 2021 in ein Technologieunternehmen zu transformieren.

Ein Fünftel des Umsatzes fließt in Open Innovation

Mit diesem Wandel waren sehr hohe Investitionen in Open Innovation verbunden: Die SAS-Softec GmbH ist als strategische Partnerin an einem österreichischen Hightechforschungszentrum der AT&S Austria Technologie & Systemtechnik AG beteiligt. AT&S, die weltweite Nummer zwei in der HDI-Technologie, treibt in ihrem Zentrum die Forschung und Entwicklung in der Mikroelektronik voran. Die beiden Partner verfolgen das Ziel, IC-Substrate zu entwickeln. Diese werden als „Packaging" eines Halbleiters dazu benötigt, hochkomplexe Mikrochips mit den Leiterplatten zu verbinden. Dieser elementare Baustein der Mikrochips ist unverzichtbar für die Digitalisierung.

Neue Zelle macht mehr aus der Sonne

Ein weiteres Innovationsfeld tut sich der Firma in der Solartechnologie auf: Sie ist beteiligt an einem Forschungs- und Innovationsprojekt von Qcells Germany. Dieses europäische Leuchtturmprojekt soll der Tandem-Perowskit-Solarzelle zum Durchbruch verhelfen. Verglichen mit reinen Silizium-Zellen, senken sie die Stromgestehungskosten effektiv. Außerdem erzeugen sie mehr Energie auf kleinerer Fläche und sind daher besonders gut für Dächer, Fassaden und Fahrzeuge geeignet. Das Open-Innovation-Projekt zahlt auf den Standort Deutschland ein, aber auch auf die angestrebte und politisch geforderte Klimaneutralität. Ein schnelles Wachstum der Belegschaft und Investitionen in weitere Fertigungskapazitäten auf einer Fläche von 40.000 Quadratmetern belegen die Entschlossenheit der SAS-Softec GmbH, ihren Platz unter den innovativsten Unternehmen Deutschlands langfristig zu halten.

SAS-Softec GmbH
92665 Altenstadt
www.sas-softec.com
Beschäftigte (D): 51 bis 200
Anlagen-/Maschinenbau

Geschäftsführer
Christian Schmidt

Schneider Kunststofftechnik stellt durch Spritzgießen hochwertige technische Kunststoffteile her, die anschließend weiterverarbeitet werden. Die Herstellung von E-Ladesäulen ist das neueste Produkt im Kernportfolio.

Schneider Kunststofftechnik GmbH

★★★★★

Sich einfach mal was trauen

„Kunststoffverarbeiter gibt es wie Sand am Meer", sagt Drita Schneider, die Geschäftsführerin der Schneider Kunststofftechnik GmbH. Da bleibe ihrem Familienbetrieb im schwäbischen Kirchheim gar nichts anderes übrig, als permanent hochinnovativ zu sein. Ein innovationsförderndes Top-Management und ein kleines begeistertes Team sind der Grund dafür, dass der Mittelständler zur Innovationselite zählt und sich erfolgreich gegen die zahlreichen Wettbewerber am Markt behauptet.

Wenn Drita Schneider eine Idee hat, trommelt sie ihr Team zusammen und fragt: „Trauen wir uns das zu, sie zu realisieren?" Anschließend prüfen der Produktionsleiter, der Betriebsleiter, die Leiterin des Qualitätsmanagements und die Geschäftsführerin gemeinsam das potenzielle Produkt auf seine Innovationskraft und seine Realisierbarkeit. Natürlich gibt es technische Grenzen, sagt Schneider. „Aber wenn es mir gelingt, unsere Ingenieure bei ihrem Stolz zu packen, dann geht eine ganze Menge."

Mutige Tüftler

„Why not" – das beschreibt die Mentalität von Drita Schneider ziemlich genau. Zusammenhalt und Mut kennzeichnen die Säulen ihrer Unternehmensstrategie. Das äußert sich unter anderem darin, dass die 25 Mitarbeitenden 5 % ihrer Arbeitszeit in eine Weiterbildung mit Innovationsbezug investieren können. Und sie dürfen neue Produkte ohne Druck entwickeln. „Für mich zählt stets das Ergebnis, der Weg dorthin ist zweitranging." Die Schneider Kunststofftechnik in Kirchheim produziert Kunststoffteile für den Maschinenbau, die Verpackungs- und die Sensortechnik. Sie vermarktet zudem eigene Entwicklungen wie Verschlussstopfen, Wasserfilter oder Outdoortresore. Der Mittelständler wagt sich jedoch auch in völlig neue Gefilde: 2020 fertigte er nach kurzer Vorbereitungszeit medizinische Masken. Und den Erfindern einer neuen schnellen Ladesäule für Elektroautos griff er ebenfalls unter die Arme, indem er bei der Produktion maßgeblich mitwirkte.

Prozessinnovationen sichern Wettbewerbsvorteile

Das Top-Management investiert gut 80 % seiner Zeit in die Entwicklung neuer Produkte. Vor Kurzem wurde zudem eine Anlage gekauft, die Steckereinsätze, die in der Sensor- und der Regeltechnik gebraucht werden, vollautomatisiert fertigt. Drei Beschäftigte stehen nun für andere Aufgaben zur Verfügung. Die Schneider Kunststofftechnik kann den ständig steigenden Bedarf eines Großkunden bedienen – und das günstiger als zuvor. Und sie konnte sich gegen Wettbewerber durchsetzen und liefert deshalb jetzt nach China. „Darauf sind wir stolz", sagt Drita Schneider, „denn das sind wir. Und wir trauen uns was!"

Schneider Kunststofftechnik GmbH
87757 Kirchheim
www.sk-tech.de
Beschäftigte (D): bis 50
Chemie/Kunststoff

Geschäftsführerin
Drita Schneider

TOP 100

TOP 100 TOP 100 TOP 100 TOP 100
TOP 100 TOP 100 TOP 100 TOP 100 TOP 100
TOP 100 TOP 100 TOP 100 TOP 100 TOP 100
TOP 100 TOP 100 TOP 100 TOP 100 TOP 100
TOP 100 TOP 100 TOP 100 TOP 100 TOP 100
TOP 100 TOP 100 TOP 100 TOP 100 TOP 100
TOP 100 TOP 100 TOP 100 TOP 100 TOP 100

Schreinerei Ziegelmeier GmbH & Co. KG

Alles für den Schutz der Kunden

Während die Ahnen von Gunter Ziegelmeier noch mit klassischen Schreinerarbeiten ihren Lebensunterhalt verdienten, hat er selbst es sich zur Aufgabe gemacht, seine Kunden zu schützen — beispielsweise vor Hochfrequenzen, vor Kälte, vor Energieverlust und vor Einbruch. In fünfter Generation führt der Handwerksmeister die Schreinerei Ziegelmeier GmbH & Co. KG mit Sitz im bayerischen Nördlingen. Ihr Grundstein wurde bereits 1876 gelegt.

Wie gelingt ökologisches und gesundes Wohnen? Das ist die Frage, die Gunter Ziegelmeier aktuell am meisten umtreibt – nicht nur im Hinblick auf sich und seine Familie, sondern auch und vor allem im Hinblick auf seine Kunden. Also hat er sich entsprechend spezialisiert: Seine Auftraggeber erhalten von ihm nachhaltige Fenster, aber auch Haustüren und Hebeschiebetüren mit modernster Technik. „Vor allem, was unsere hochdämmenden Dünngläser mit Vakuumtechnik angeht, sind wir Vorreiter", sagt er und benennt damit einen weiteren Schwerpunkt. So trägt er zum Schutz seiner Kunden bei, auf vielen verschiedenen Ebenen.

Nah dran an den Bedürfnissen der Kunden

Den Anstoß für Innovationen erhalten der Geschäftsführer und sein sechsköpfiges Team oftmals von Kunden, Architekten oder öffentlichen Auftraggebern. Doch auch er selbst sucht den Kontakt nach außen, wenn Neuerungen, etwa in der Hochfrequenzabschirmung, an die Universität der Bundeswehr nach Neubiberg gehen oder an akkreditierte Prüflabore. Als öffentlich bestellter Sachverständiger für Fensterbau und Inneneinrichtung ist Ziegelmeier außerdem nah dran an den Themen seiner Kunden und weiß aus erster Hand, wo Verbesserungen vonnöten sind. „Viele Menschen denken zum Beispiel, wir wären der Belastung durch Elektrosmog schutzlos ausgeliefert. Doch das stimmt nicht", erklärt er. Seine abschirmenden Fenster halten diese Hochfrequenzen ab und finden Abnehmer in Griechenland, Frankreich, Österreich und der Schweiz.

Kleines Team mit kurzer Reaktionszeit

„Wir sind ein kleiner Betrieb und müssen uns entsprechend Nischen suchen, in denen wir schneller sind als Großunternehmen", sagt der Geschäftsführer. Damit auch unter Zeitdruck Innovation möglich ist, schafft er ein gutes Betriebsklima. So haben alle seine Mitarbeiter freitags frei. Und sein „Thinktank" besteht in gemeinsamen Treffen an den Arbeitstagen. Bei einer Tasse Kaffee tauscht er sich mit dem Team darüber aus, wo Weiterentwicklungen anstehen. „Das ist vielleicht nicht gerade die klassische Innovationsrunde. Aber viel wichtiger finde ich, dass wir miteinander im Gespräch bleiben", sagt Ziegelmeier.

Schreinerei Ziegelmeier GmbH & Co. KG
86720 Nördlingen
www.schreinerei-ziegelmeier.de
Beschäftigte (D): bis 50
Baugewerbe/Handwerk

Geschäftsführer
Gunter und Julia Ziegelmeier

Schuster Maschinenbau GmbH

Den Standard immer wieder neu definieren

Vom Maschinenbauer zum Zukunftsgestalter der Metallbearbeitung – so lässt sich die Geschichte der Schuster Maschinenbau GmbH kurz und bündig zusammenfassen. Das Unternehmen mit Sitz im oberbayerischen Denklingen entwickelt die heute gültigen Standards der Metallindustrie permanent weiter. Nur so ist es Jürgen Dommer, Christian Steidle und ihrem Team aus 90 Beschäftigten gelungen, Dreh- und Schleifprozesse in nur einer Maschine zu kombinieren, und das auch noch in der Vertikalen und nicht in der Horizontalen.

„Move the standard“ war schon immer das Motto der Schuster Maschinenbau GmbH, wenn auch nicht offiziell. Am Anfang ließen sich mit ihren Maschinen vor allem Gesteins- und Hammerbohrer herstellen. Mehr als 40 Jahre später baut sie Anlagen, über die der Geschäftsführer Jürgen Dommer sagt: „Vorne legen Sie ein Stück Stahl ein, und am Ende kommt ein fertig beschriftetes Bauteil im Karton heraus.“ Weil die Drehachse vertikal angeordnet ist, ist der komplette Bereich unterhalb des Bauteils frei, sodass die Späne ungehindert nach unten fallen können. Dadurch kann man sehr viel länger zerspanen.

Produktiver als in einem Billiglohnland

„Wir erfinden die Zukunft der Metallverarbeitung“, sagt der Geschäftsführer Christian Steidle. Die Innovationserfolge des Unternehmens geben ihm recht. „Wir führen sie unter anderem darauf zurück, dass wir mit unseren Kunden die ‚Metaebene der Metallverarbeitung‘ erreichen. So ermöglichen wir ihnen den Eintritt in neue Märkte, reduzieren ihre Kosten oder erhöhen die Sicherheit in der Leistungserstellung. Und nicht selten erreichen wir alle drei Ziele gleichzeitig“, fügt er hinzu. Der Mittelständler ist eines von wenigen Unternehmen in Deutschland, das individuelle Vertikaldrehmaschinen produziert. Mit ihnen lassen sich Anlagen in der Bundesrepublik produktiver betreiben als Anlagen in einem Billiglohnland. Für die Kunden lohnt sich das: „Sie sparen bis zu 40 % an Herstellungskosten mit den Teilen, die auf unseren Maschinen hergestellt werden“, betont Steidle.

Das Unmögliche möglich gemacht

Bis zu 85 % an innovativen Bauteilen enthält jede einzelne der maßgefertigten Anlagen. Eine Konsequenz daraus ist die Innovationsführerschaft bei den vertikalgedrehten Teilen. Eine weitere ist der wirtschaftliche Erfolg: Schuster konnte in den vergangenen zwei Jahren sowohl die Zahl der eingegangenen als auch der abgewickelten Aufträge verdoppeln. Damit das auch so bleibt, hat man jüngst eine Technologie entwickelt, mit der sich der Drehprozess mit einer Genauigkeit von zwei bis drei Tausendstel Millimeter abwickeln lässt. „Eigentlich ist so etwas gar nicht möglich“, sagt Dommer. Sein Team hat es trotzdem geschafft – und mal wieder den Standard neu definiert.

Schuster Maschinenbau GmbH
86920 Denklingen
www.schuster-maschinenbau.de
Beschäftigte (D): 51 bis 200
Anlagen-/Maschinenbau

Geschäftsführer
Christian Steidle und Jürgen Dommer

Schuster Maschinenbau ist ein Spezialist für die Bearbeitung wellen- und scheibenförmiger Teile und bietet die gesamte Prozesskette an — vom Drehen und Fräsen über Schleifen und Verzahnen bis zum Überwachen und Messen.

Smart Battery Solutions GmbH

★★

Mit Energie in neue Märkte

Produktneuerungen sind zum Erleben da. Zumindest gilt dies bei der Smart Battery Solutions GmbH. Ihre rund 100 Beschäftigten entwickeln und fertigen Batterien, aber auch Cluster zum Verschalten mehrerer Batteriesysteme inklusive der passenden Servicesoftware. Und: Sie probieren ihre Ergebnisse selbst aus. So ist das Innovationsklima in dem Kleinostheimer Unternehmen besonders geprägt von der Begeisterung fürs eigene Schaffen – ein wichtiger Treiber für den Innovationserfolg.

Einen Roboter steuern, ein Ultraleichtflugzeug in den Himmel schicken, mit E-Bike, E-Scooter oder E-Surfboard auf Tour gehen: Lässt sich jemand von der Smart Battery Solutions GmbH auf ein solches Vergnügen ein, könnte der Kontext durchaus beruflich sein. Denn das Selbstausprobieren gehört zur Kultur des Unternehmens, das intelligente Energiespeichersysteme und Ladetechniken entwickelt und fertigt. „Die Mitarbeiter sollen die Applikationen, an denen sie mitgewirkt haben, selbst erleben. Das fördert weitere Ideen für Optimierungen und Produkte, die sich noch in der Entwicklung befinden", erklärt der Geschäftsführer Jens Pohl. Also: Antrieb, der aus Antrieb entsteht.

Im Wettbewerb mit sich selbst

Dieser starke persönliche Praxisbezug, aber auch viel Abwechslung halten das Feuer der Begeisterung am Lodern, meint Jens Pohl. „Mal eine Anwendung für ein Wassersportgerät, mal für ein fahrerloses Transportsystem: Wir sind vielfältig und arbeiten mit vielen innovativen Firmen. Unsere Lithium-Ionen-Energiespeicher werden überwiegend in Marktneuheiten eingesetzt." All dies förderte das positive Innovationsklima enorm. Weitere Pfeiler: Transparenz und gemeinsames Wertesystem. „Wir haben Spaß an der Sache und denken unternehmerisch. Wir fördern Menschen, die sich für ihre Ideen einsetzen", sagt Pohl. Risikobereitschaft inklusive: „Fehler gehören zur Innovativität. Wir stellen die eigenen Produkte infrage. Dieser interne Wettbewerb regt dazu an, die bisherigen Entwicklungen mit noch besseren vom Markt zu verdrängen."

Batteriemanagement der Zukunft

Der Innovationserfolg zeigt sich auf mehreren Ebenen: 2021 wuchs das Unternehmen um 64 % – über dem Branchendurchschnitt. Die neuartigen Produkte locken Fachkräfte. Der Jahresumsatz aus den 20 Fertigungslinien stieg zuletzt stets um mehr als 50 %. Auf Innovativität der Kundschaft zahlt vor allem die permanente Weiterentwicklung von „UniPower" ein, einer konfigurierbaren, hochkapazitären Akkufamilie, von der sich ein Element in der Patentanmeldung befindet. „Per Standardisierung machen wir das Modulsystem zügig anpassbar", berichtet Pohl. „So führen unsere Energiespeicherlösungen die Kunden noch schneller in neue, spannende Märkte."

Smart Battery Solutions GmbH
63801 Kleinostheim
www.smart-battery-solutions.de
Beschäftigte (D): 51 bis 200
Erneuerbare Energien

Die Gründer und Geschäftsführer

TKUC GmbH

Rechner in Quarantäne schicken

Bis vor zwei Jahren verhalf die TKUC GmbH ihren Kunden noch zu einheitlichen Telekommunikationslösungen. Dann erkannten die Verantwortlichen den Zeitgeist und setzten einen effektiven Innovationsprozess in Gang. Das Ergebnis: Heute agiert der Mittelständler auch als Spezialist für Cybersecurity. Mit seinen smarten Lösungen schickt er ganze IT-Landschaften in wenigen Sekunden in Quarantäne – und hilft damit Firmenchefs, am Wochenende wieder ruhig zu schlafen.

Schritt für Schritt zum neuen Geschäftsmodell: Effektiv und systematisch bauten Thomas Kress und sein Team in den vergangenen zwei Jahren ein innovatives Geschäftsfeld auf. „Aufmerksam wurden wir auf das Thema Cybersicherheit durch einen Zufall. Ein Hacker bot uns eine innovative Lösung dafür an", berichtet Kress. Die Zusammenarbeit mit dem Computernerd war schwierig, doch die Idee unwiderruflich geboren. „Der Bedarf an IT-Sicherheit war damals schon offensichtlich", erinnert sich Kress.

Was passt zu uns? Was funktioniert?

Mit Sinn für einen konsequenten und schlanken Innovationsprozess machte sich das Team ans Werk: „Am Anfang stand ein intensives Monitoring: Was passiert gerade bei dem Thema draußen? Gibt es Marktlücken? Was könnte für uns funktionieren? Die IT-Spezialisten adaptierten relevante Technologien und entwickelten bestehende Marktlösungen geschickt weiter. Auch seine Kunden verlor der Mittelständler dabei nicht aus den Augen: „Oft arbeiten nur eine Handvoll Leute in einer IT-Abteilung. Hyperkomplexe Systeme, die am Ende niemand anwenden kann, bringen dann nichts", unterstreicht Kress. Sein Ziel sind hingegen leicht bedienbare IT-Sicherheitslösungen, die automatisiert, schlank und effizient arbeiten.

Ein Buchhalter um Mitternacht am Rechner

Etliche solcher Securitylösungen hat der Mittelständler inzwischen im Portfolio. Viele von ihnen integrieren neueste Technologien wie KI oder „deep learning" und funktionieren automatisiert. „Wenn dann gerade am Wochenende etwas passiert, schickt unser System automatisch alle Rechner, Netzwerke und Ports in Quarantäne", erläutert Kress, der gemeinsam mit seinem Team die Produktpalette immer weiter entwickelt: „Dafür probieren wir bei TKUC bis heute viel aus. Und wir haben zwei Scouts, die Wettbewerbern genau auf die Finger schauen und mit Start-ups und Investoren im Gespräch bleiben", erzählt er. Er weiß: „Strategische Entscheidungen sind mit einem solch intensiven Monitoring natürlich viel einfacher."

TKUC GmbH
63808 Haibach
www.tkuc.de
Beschäftigte (D): bis 50
IT-Entwicklung/-Beratung

Geschäftsführer
Thomas Kress

Treffler Maschinenbau GmbH & Co. KG

★★

Ein innovatives Feld

Innovative Technik statt Glyphosat: Die Treffler Maschinenbau GmbH & Co. KG, Herstellerin von Agrar- und Mühlentechnik, baut weltweit einzigartige Maschinen für den ökologischen Landbau. Da verwundert es nicht, dass in ihren Geräten etliche Patente stecken, denn etwas nachzubauen kommt für den Maschinenbauer nicht infrage. Er ermöglicht es Landwirten rund um den Globus, auf chemische Düngemitteln zu verzichten – angesichts deren negativer Auswirkungen auf Böden, Gewässer, Klima und Biodiversität eine echte Zukunftstechnologie „made in Bayern".

Es gab Zeiten, da galten chemische Düngemittel als fortschrittlich. Sie ersparten Landwirten viel Arbeit, das Unkraut verschwand geräuschlos und ohne Graben und Rupfen von den Feldern. Inzwischen findet ein Umdenken statt: „Immer mehr Landwirte erkennen die Vorteile einer mechanischen Unkrautvernichtung", berichtet der Geschäftsführer Paul Treffler. Sein Team entwickelt dafür geeignete Maschinen in Breiten, die von 80 Zentimeter bis zu 27 Meter reichen. Diese Maschinen vernichten das Unkraut schonend und effektiv – ganz ohne Chemie.

Vom Provinzschmied zum Innovationsführer

Bei diesen Unkrautvernichtern, sogenannten Hackgeräten, Striegeln und Grubbern, setzt der Mittelständler auf Kamera-, Bewegungs- und Sensortechnologien. „Unsere Maschinen basieren allesamt auf patentierten Verfahren", erklärt Treffler. Er hat das bayerische Traditionsunternehmen entscheidend verändert, denn begonnen hat es als Provinzschmiede im 17. Jahrhundert. „Noch vor 20 Jahren hatten wir keine eigenen Maschinen im Sortiment, erst 2003 konnten wir unsere Pioniermaschine auf den Markt bringen", erzählt der Geschäftsführer. Heute exportiert das Familienunternehmen seine Maschinen in die ganze Welt, denn Biobauern und Vollkornbäckereien gibt es inzwischen so gut wie überall. Und auch konventionelle Bauern zeigen vermehrt Interesse. „Der Einsatz von Chemie ist heutzutage mit immer höheren Kosten verbunden", erklärt Treffler.

Bayerische Bauern und japanische Vollkornbäcker

In der Branche hat der Mittelständler längst die Rolle eines Innovationsführers inne: „Heute schaut man in den großen Agrartechnikunternehmen eher auf uns und fragt sich, was wir denn wohl als Nächstes bauen werden", sagt Treffler. Auch die innovativen Getreidemühlen des Maschinenbauers liegen bei Vollkornbäckern, Müllern und Landwirten weltweit im Trend: „Unsere Mühlen mahlen bei niedrigen Temperaturen, wodurch das Mehl geschont wird und die Enzyme und Inhaltsstoffe erhalten bleiben." Und das begeistert den Müller in Bayern genauso wie den Vollkornbäcker in Japan.

Treffler Maschinenbau GmbH & Co. KG
86554 Pöttmes
www.treffler.net
Beschäftigte (D): 51 bis 200
Anlagen-/Maschinenbau

Geschäftsführer
Paul Treffler

TOP 100

varmeco GmbH & Co. KG

Wärme mit grünem Hut

Gas, Heizkessel und basta — das ist aus der Sicht der zukunftsgerichteten varmeco GmbH & Co. KG Wärme von gestern. Mit ihrer intelligenten Wärmetechnik setzt sie auf spezifische künstliche Intelligenz, Konnektivität und Touch-Displays. Der dazu nötige Innovationsgeist durchweht das gesamte Team, sodass Kreativität, Lernwillen und Eigendynamik zum Arbeitsalltag gehören. Vielleicht liegt das auch am gemeinsamen sinnstiftenden Ziel: zu einer besseren, nachhaltigeren Welt beizutragen.

Intelligentes Wärmemanagement: Wer dabei nur an den Heizkessel im Keller denkt, lebt eindeutig in der Vergangenheit. „Wir vernetzen Wärme, Solarenergie und Wasser durch intelligente, sich selbst steuernde und sich selbst optimierende Systeme", berichtet der Geschäftsführer Siegfried Schmölz. Denn der Einsatz spezifischer künstlicher Intelligenz in der Gebäudetechnik spart nicht nur Kosten, er ist auch energieeffizient und verringert klimaschädliche Emissionen, wie der Geschäftsführer betont.

Nicht jeder Prototyp kann ein Produkt werden

Eine grünere Zukunft – dafür brennt das gesamte Team. „Nachhaltige und energieeffiziente Lösungen zu finden, das ist für meine Belegschaft kein lästiges Pflichtprogramm. Ganz im Gegenteil, vieles entsteht aus echter Begeisterung heraus", betont Schmölz. Damit diese Motivation im stressigen Arbeitsalltag nicht verloren geht, genießt das Team viel Vertrauen und Freiheit, zum Beispiel in Form von großzügigen Homeoffice-Regelungen. Hinzu kommen eine konsequente Gewinnbeteiligung und eine große Portion Eigenverantwortung. „Die Teamleiter treffen bei uns möglichst viele Entscheidungen selbst", erläutert Schmölz, der auch eine Kultur der Fehlertoleranz hochhält. Denn er weiß: Wer ein produktives Innovationsklima pflegt, schaut auch mal in die Röhre: „Nicht alle Prototypen, die wir entwickeln, schaffen es am Ende zum marktfähigen Produkt", sagt der Geschäftsführer.

Glücklich und kreativ

Die interne Kreativität fordern und fördern – das gelingt bei varmeco im Alltag auch mithilfe zahlreicher Methoden und Schulungen. „Es vergeht bei uns kein Meeting, in dem wir uns nicht den ‚grünen Hut' der bekannten Kreativitäts- und Innovationsmethode von Edward De Bono aufsetzen und konsequent kreativ denken", erzählt Schmölz. Auch Weiterbildung ist ein fester Bestandteil der Unternehmensentwicklung. Und dabei geht es nicht immer nur ums Fachliche: „Mir sind auch Seminare zur Persönlichkeits- und Teamentwicklung ein sehr großes Anliegen", betont Schmölz, der davon überzeugt ist: Ein positives Innovationsklima lebt nicht zuletzt vom Glücklichsein!

varmeco GmbH & Co. KG
87600 Kaufbeuren
www.varmeco.de
Beschäftigte (D): 51 bis 200
Klima/Sanitär/Heizung

Geschäftsführer
Siegfried Schmölz

TOP 100

vfm Gruppe

★★★

Immer schön den Kopf frei haben

Einfach mal machen lassen: Was viele Chefs abschreckt, ist beim Thema Innovation oft das Salz in der Suppe. Die vfm Gruppe, ein Verbund selbstständiger Versicherungsmakler, lässt ihren Mitarbeitern viele Freiheiten. Sie toleriert auch mal einen Fehltritt, und sie beteiligt ihr Team konstant an Gewinnen. In diesem hervorragenden Innovationsklima gedeiht Neues bestens — ein entscheidender Erfolgsfaktor, wenn man in der schnelllebigen Versicherungsbranche erfolgreich sein will.

Wie ein Sprung ins kalte Wasser, so beschreiben viele Angestellte ihren Schritt in die Selbstständigkeit. Die 86 Beschäftigten dieses Mittelständlers mit Sitz in Pegnitz begleiten daher Versicherungsmakler bei der Gründung ihres eigenen Business: mit Fachwissen, Weiterbildung, Marketing – und mit vielen kleinen Ideen. Die strömen in diesem Team scheinbar unablässig aus den Köpfen in ein digitales Forum. Dort werden sie zusammen mit den Anregungen der Kunden gesammelt, bewertet und idealerweise weiterentwickelt. Und zu einem beeindruckend hohen Anteil dann auch tatsächlich verwirklicht.

Idealer Nährboden für Neues

Woher kommt diese Lust der Belegschaft am Neuen? Der Geschäftsführer Klaus Liebig hat eine klare Antwort darauf: „Aus den großen Freiräumen, die die Mitarbeiter bei uns genießen." Alle Abteilungen, ob Recht, Technik oder Marketing, agieren ähnlich wie kleine Subunternehmen, nämlich mit enorm viel Eigenverantwortung. Außerdem lockt bei neuen Ideen eine hohe Gewinnbeteiligung von bis zu zwei Monatsgehältern — ein idealer Nährboden für unternehmerisches Denken.

Kein Wunder, dass dieser Boden schon Früchte getragen hat: Das Marketing etwa entwickelte zuletzt Werbemittel, die in großer Stückzahl produziert werden und dennoch für jeden Makler individualisierbar sind. Zudem sind IT und Marketing nun geschickt vernetzt. „Im Versicherungsfall gibt es dann schon mal eine ‚Trostschokolade', die der Makler einfach per Mausklick mit seinem Namen versehen und an Kunden verschicken kann", erzählt der Geschäftsführer Robert Schmidt schmunzelnd.

Ein neues Geschäftsmodell? Aus dem Team!

Sogar die Idee zu einem ganz neuen Geschäftsmodell kam bei der vfm Gruppe, na logisch, direkt aus dem Team. Seitdem bietet der Verbund seine Dienste auch angestellten Versicherungsvertretern an: „Seit zwei Jahren beschert uns dieses Angebot regen Zulauf", berichtet Liebig freudestrahlend. Er ist davon überzeugt: Freiheit schafft Kreativität. Und Fehlertoleranz und Selbstverantwortung zahlen sich am Ende immer aus — auch wirtschaftlich.

vfm Gruppe
91257 Pegnitz
www.vfm.de
Beschäftigte (D): 51 bis 200
Finanzdienstleistungen/
Versicherungen

Geschäftsführer
Klaus Liebig und
Robert Schmidt

WIRL Elektrotechnik GmbH

Clevere Energiesparfüchse

Weit mehr als nur Steckdose und Stromleitung – die bayerische WIRL Elektrotechnik GmbH erstellt ganzheitliche Energiekonzepte mit intelligenter Steuerung. Ihr neues Geschäftsmodell ist ein Innovationserfolg, mit dem die Kunden erheblich Kosten und Energie sparen. Doch auch mit seinem zweiten Geschäftsfeld läuft der Mittelständler dem Zeitgeist keineswegs hinterher. Der Erfolgsgarant in diesem Bereich sind langjährige Partnerschaften.

Wenn es darum geht, Wärme und Strom zusammenzudenken, kann diesem Team niemand so schnell etwas vormachen: „Wir vernetzen und optimieren beide Energiearten für unsere Kunden auf vielfältige Weise. Auf diese Weise können wir den Energiebedarf von Gebäuden um rund die Hälfte reduzieren", betont der Geschäftsführer Kai Wirl. Der Betrieb steht für einen ganzheitlichen Ansatz beim Energiemanagement: „Oftmals werden Solaranlagen einfach so aufs Dach gepackt, Heizungsbauer und Elektriker reden nur das Nötigste miteinander", erklärt Wirl, der zusammen mit Meike und Jan Wirl das Familienunternehmen in der dritten Generation führt.

Blick aufs Ganze

Bei diesem Mittelständler lautet hingegen das Credo: Wärme, Strom und Gebäude als Ganzes betrachten. „Wir blicken stets auf das komplette Energiemanagement und stimmen Verbrauch und Produktion intelligent aufeinander ab", sagt Kai Wirl. Der intelligente Einsatz von Solarmodulen produziert nicht nur Strom, sondern auch Wärme. Somit wird ein um 75 % höherer Wirkungsgrad erreicht als bei der klassischen Nutzung der Module. Zudem nutzt man die Restwärme verschiedener Prozesse, also zum Beispiel die von Kompressoren, Generatoren oder Serverräumen. Diese spezielle Expertise eignete sich das Team ab 2016 an und experimentierte dafür im eigenen Unternehmen: „Wir haben auf unserem Gelände viel Neues ausprobiert und viel dazugelernt. In einem Jahr wollen wir 90 % unserer Wärme und unseres Stroms selbst produzieren", sagt der Geschäftsführer.

Partnerarbeit ist Trumpf

Auch in seinem zweiten Geschäftsfeld, der Automatisierung, hat sich das Unternehmen auf zukunftsweisende Branchen ausgerichtet, etwa auf die Elektromobilität. Dafür bindet es geschickt die Kompetenzen von Partnerfirmen ein. „Wir vereinen die Technologien und das Know-how unterschiedlichster Fachbereiche. Das gelingt uns wunderbar in enger Zusammenarbeit mit zwei langjährigen Partnern", unterstreicht Kai Wirl. Und auch in Sachen Innovation gilt stets: Gemeinsam ist besser als einsam.

WIRL Elektrotechnik GmbH
63924 Kleinheubach
www.wirl-elektrotechnik.de
Beschäftigte (D): 51 bis 200
Elektronik/Elektrotechnik

Geschäftsführer
Jan, Meike und Kai Wirl

TOP® 100

TOP® 100
TOP® 100
TOP® 100
TOP® 100
TOP® 100
TOP® 100
TOP® 100
TOP® 100
TOP® 100
TOP® 100
TOP® 100
TOP® 100
TOP® 100
TOP® 100

TOP 100

Waldaschaff Automotive

★★★

Mitten im weltweiten Elektroboom

Der frühe Vogel ist eventuell auch der bessere Innovator: Der Automobilzulieferer Waldaschaff Automotive GmbH erkannte den Trend zur Elektromobilität frühzeitig und richtete sein Produktportfolio konsequent darauf aus. 2016 landete der Mittelständler mit einem ausgeklügelten Batteriekasten für Elektroautos einen echten Innovationserfolg. Seitdem hat er seine innovativen Leichtbaulösungen stetig weiterentwickelt – und gilt heute als weltweiter Technologieführer der Branche.

Batteriekästen sind ein entscheidendes Bauteil für die Autos von morgen: „Sie müssen aufgrund der hohen Voltzahlen robust, leicht und vor allem absolut dicht sein“, erklärt der Vertriebsleiter Michael Englert. Sein Unternehmen entwickelt solche Hochsicherheitsbatteriekästen und andere innovative Leichtbaulösungen aus den Materialien Stahl und Aluminium. Immer wieder optimiert das Team seine Produkte und lanciert neue Prototypen. Und das mit Erfolg: Waldaschaff zählt zu den am schnellsten wachsenden Automobilzulieferern in Deutschland.

Hohe Geschwindigkeit, geringe Kosten

Für diese Innovationserfolge setzt der Mittelständler vor allem auf neueste Technologien. So verbesserte er gezielt das Fräsen und Schweißen mit Laser- und Lichtbogentechniken und gehört auf diesen Gebieten weltweit zu den Technologieführern. „Natürlich erweitern wir dazu auch regelmäßig unseren Maschinenpark“, betont der Geschäftsführer Hongxing Shi. So konnte der Zulieferer die Dichtigkeit seiner Kästen weiter verbessern, ihr Gewicht reduzieren und den Bauraum vergrößern: „Die technische Weiterentwicklung, die wir mit unseren Kunden zusammen durchführen, führt zu einer Kostenreduktion der Batteriekästen. Preislich liegen wir im Durchschnitt inzwischen nur bei etwa einem Drittel wie vor fünf Jahren“, unterstreicht Englert. Er weiß, dass das Unternehmen am schnelllebigen Markt für Elektromobilität nur dank dieser hohen Entwicklungsgeschwindigkeit und Kosteneffizienz mithalten kann.

Weltweite Entwicklungskraft

Um ihre Innovationskraft noch weiter zu stärken, fusionierte die Waldaschaff Automotive 2015 mit der chinesischen Lingyun Industrial Group. „Für unsere Entwicklungskompetenz ist das bis heute wertvoll, da wir von Innovationen an den Märkten weltweit profitieren“, erläutert Englert. Ob in China, in den USA oder in Europa: Rund um den Globus scannt das Team den Markt, adaptiert Know-how und Technologien und arbeitet eng mit den Kunden zusammen. So ist es wenig überraschend, dass dieser Mittelständler heute internationale Premiummarken beliefert – und dass er zu den weltweit führenden Spezialisten für automobilen Leichtbau gehört.

Waldaschaff Automotive
63857 Waldaschaff
www.waldaschaff.com
Beschäftigte (D): über 200
Automobilzulieferer/Fahrzeugbau

Geschäftsführer
Hongxing Shi

Westhouse ist ein Anbieter exklusiver Personaldienstleistungen in den Feldern IT und Engineering, aber auch im kaufmännischen Bereich.

Westhouse Holding GmbH

Mit digitalen Netzen

Dieser Recruitingspezialist setzt auf Speed, Kompetenz und Technologie: Die Westhouse Holding GmbH profitiert dabei von einem guten Innovationsklima. So bildet sie Mitarbeitende permanent weiter, vernetzt sie digital und erweitert konsequent ihr Wissen. Stark zeigt sich das Unternehmen auch bei Partnerschaften und Kooperationen außerhalb der eigenen vier Wände. So entstehen immer wieder kundenspezifische Lösungen, die mehr Digitalisierung in die Personalvermittlung bringen.

Ein Personaldienstleister, der digitale Lösungen vorantreibt, fällt auf: Westhouse nutzt künstliche Intelligenz, Machine-Learning und Automatisierungen, um Experten aus der IT und dem Engineering mit renommierten Kunden zusammenzubringen. „Ob Freelancer, Arbeitnehmerüberlassung oder Festanstellung, wir nutzen systematisch digitale Technologien, sodass wir mit höchster Geschwindigkeit vermitteln können. Dieser Speed zeichnet uns aus", betont der Geschäftsführer Andreas Philippi.

Personaldienstleister als Schulungsmeister

Kompetenz im Team stärken – auch das ist ein wichtiger Baustein der Unternehmensstrategie. So kommt hier durchschnittlich jeder Mitarbeitende auf beeindruckende 24 Tage Weiterbildung pro Jahr. Fortlaufend bietet der Mittelständler Möglichkeiten zur Wissenserweiterung an. Er bildet sein Team systematisch im Umgang mit den eigenen digitalen Tools weiter, bietet aber auch zahlreiche Schulungen an, etwa zu Themen wie Vertrieb, Compliance oder Soft Skills. „Jeder bekommt einen wöchentlichen Lernplan, mit Livetrainings und On-Demand-Formaten. Wir erwarten, dass sich alle in ihrem Gebiet gut auskennen. Und dass sie sich gemäß ihrer Spezialisierung und Position konsequent fortbilden", betont Philippi.

Digitaler Facilitator

Auch enge Kundenbeziehungen gehören zu den Stärken des Technologiespezialisten. So schlüpft er gern in die Rolle eines „digital facilitator": „Gerade in der Coronazeit haben wir viele Kunden beim Umstieg auf digitale Technologien unterstützt", erläutert Philippi. Aus dieser Zusammenarbeit entstanden zuletzt sogar Apps zur digitalen Zeiterfassung und zur Freelancersuche: „Mit diesen individuell entwickelten Produkten unterstützen wir Kunden genau da, wo sie es brauchen", erklärt der Geschäftsführer. In Zukunft will man aus einer Kundenbeziehung sogar ein Joint Venture machen: Gemeinsam mit einem Start-up und einer Plattform sollen Kompetenzen aus der Automatisierung und der Digitalisierung zusammenfließen. Ein Paradebeispiel für Open Innovation!

Westhouse Holding GmbH
85748 Garching
www.westhouse-group.com
Beschäftigte (D): über 200
Personaldienstleistungen

Geschäftsführer
Andreas Philippi

Wust — Wind & Sonne GmbH & Co. KG

Wind of Change in Süddeutschland

Es ist ein echter Hoffnungsschimmer für die Energiewende: Nach der Devise „Nicht warten, selbst machen!“ hilft die Wust — Wind & Sonne GmbH & Co. KG. den Bürgern, eigene Windkraftanlagen und Solarparks zu bauen. Mittlerweile hat sie 45 Bürgerenergieprojekte in Süddeutschland realisiert, die das Klima schützen und die ländlichen Regionen stärken. Innovativ ist der Mittelständler auch in seiner Außenorientierung: Unablässig baut er Kooperationen auf und vergrößert so sein Know-how.

Das Geschäftsmodell entstand ursprünglich in einem bayerischen 5.000-Seelen-Dorf. Dort wollten einige Landwirte 2005 unabhängig von fossilen Brennstoffen werden und bauten kurzerhand ihr eigenes Windrad. Erich Wust stand dem Projekt beratend zur Seite und gründete begeistert sein eigenes Unternehmen. „Bürgerenergieprojekt“ heißt das Modell, das nicht nur echte grüne Energie liefert, sondern auch die ländlichen Regionen stärkt. „Die involvierten Bürgerinnen und Bürger erhalten die Rendite aus ihrem eigenen Projekt. Und sie tun nicht nur dem Klima etwas Gutes, sondern auch der gesamten Gemeinde, denn der Strom und die Wertschöpfung bleiben vor Ort“, erläutert die Geschäftsführerin Nadine Paulus.

Geschickte Kuppler

Doch bevor sich auch nur ein einziges Windrad dreht, müssen zunächst viele Kompetenzen zusammenspielen. Und so gehört es zu den Stärken des Mittelständlers, geeignete Netzwerke und Kooperationen auf die Beine zu stellen. Zu Beginn muss sich eine Gruppe von Initiatoren oder auch Grundstückseigentümern finden, die eine GmbH & Co. KG gründen. „Hierbei stehen wir den Gesellschaftern beratend zur Seite“, erklärt Paulus. Danach geht es um Genehmigungen, die Bauausführung und natürlich um die geeignete Finanzierung. „Um diese Aufgaben effizient abwickeln zu können, bringen wir unser gesamtes Know-how in das Projekt ein“, erläutert Nadine Paulus. Für jedes Projekt feilt das Team zusammen mit zahlreichen lokalen Akteuren an individuellen Lösungen. „Aus diesen Netzwerken entsteht auch immer wieder Neues“, unterstreicht die Geschäftsführerin.

Energiewende, aber lokal

So ging das Unternehmen zuletzt noch einen Schritt weiter: Der Strom soll nicht nur lokal produziert, sondern auch lokal verkauft werden. „Andernfalls würde er anonym an der Börse gehandelt. Einen Einfluss auf den Preis hätten die Erzeuger dann nicht“, sagt Nadine Paulus. Mit der Gründung des lokalen Stromanbieters RegioGrünStrom ist das nun anders. Diese Tochter bietet den regional erzeugten Strom jetzt auch direkt vor Ort an. Auf diese Weise wird die Energiewende buchstäblich greifbar.

Wust — Wind & Sonne GmbH & Co. KG
91459 Markt Erlbach
www.wust-wind-sonne.de
Beschäftigte (D): bis 50
Erneuerbare Energien

Geschäftsleitung
Nadine Paulus, Erich Wust und Stefan Paulus

Berlin
Brandenburg

Die Zahl der goldenen Sternchen in den nachfolgenden Unternehmensporträts entspricht der Zahl der TOP 100-Auszeichnungen.

atene KOM GmbH

★★★

Die Kommunalversteher

Von Projekten zur Energieneutralität über den Betrieb des europäischen Breitbandportals bis hin zu Projektträgerschaften und einer eigenen Akademie für die öffentliche Hand als Fort- und Weiterbildungszentrum für den Digitalbereich: Die atene KOM GmbH gilt mit Fug und Recht als Online- und Breitbandpionierin. Dass das Unternehmen so erfolgreich ist, liegt in erster Linie daran, dass die Kunden und ihre Anforderungen verstanden werden wie bei kaum einem zweiten Dienstleister.

Als Dienstleister, Projektmanager und Organisationsentwickler ist das Unternehmen breit aufgestellt – Schwerpunkte sind die Bereiche Mobilität, Energie, Digitalisierung und Bildung. Es lebt dabei vor allem von dem Fachwissen seiner Mitarbeitenden. „Wir wollen in unserer Rolle auch immer einen auf den Kunden zugeschnittenen individuellen Ansatz und ein gemeinsames Vorgehen bieten und erarbeiten. Es beginnt jedoch stets mit der Identifikation des endogenen Potenzials. Die Zielsetzung muss sein, dass die Projekte und Strategien selbstlebend werden und wir damit nachhaltige Entwicklung anstoßen“, erläutert Geschäftsführer Tim Brauckmüller.

Aktiv auf vielen Gebieten

Die Projekte von atene KOM sind äußerst vielfältig und reichen von der Förderung der Energieeffizienz mittels Fernwärme bis hin zu Breitbandinfrastruktur, smarten Städten und Regionen sowie Geoinformationssystemen. Das Unternehmen hat einen Ruf als „Kommunalversteher“, ist technologisch immer am Puls der Zeit und fördert Neuerungen aktiv. Daher ist es Vorreiter bei der Entwicklung digitaler Plattformen und auch bei der Verwaltungsdigitalisierung. Besonderen Wert legt man außerdem auf die Stärkung der ländlichen Räume.

Bestens vernetzt

Das Unternehmen engagiert sich auch stark für die Vernetzung von Akteuren. Tim Brauckmüller und sein Team sind davon überzeugt, dass sich vor allem im Bereich der digitalen Daseinsvorsorge Chancen für Kommunen und somit auch für die Bürger vor Ort ergeben werden. Mit einer großen Zahl europäischer, nationaler und kommunaler Partner aus unterschiedlichsten Bereichen und Projekten sowie Thinktanks ist atene KOM bestens vernetzt. Somit verfügt das Unternehmen für jedes Vorhaben über den passenden Kontakt. Dabei behält man immer im Blick, dass die Projekte, Strategien und Partnerschaften, an denen man beteiligt ist, auch realisierbar und tragfähig sind – denn nur so lässt sich eine erfolgreiche nachhaltige Entwicklung anstoßen.

atene KOM GmbH
10115 Berlin
www.atenekom.eu
Beschäftigte (D): über 200
Kommunikation/Marketing/Medien

Geschäftsführer
Tim Brauckmüller

autarq GmbH

Mehr Sonne aufs Dach

Mehr als 600 Millionen Dachziegel werden jährlich in Deutschland produziert. Was wäre, wenn jeder dieser Ziegel auch Strom erzeugen könnte? Mit dieser Vision entwickelte der Elektrotechnikingenieur Cornelius Paul, der Gründer der autarq GmbH, eine einzigartige gebäudeintegrierte Plug-and-Play-Modultechnologie. Dabei werden herkömmliche Tondachziegel zu leistungsstarken und verschattungsresilienten Solardachziegeln veredelt und schließlich mithilfe eines patentierten Kabelbaums auf dem Dach verlegt.

Gleich dreifach punktet das Unternehmen mit Sitz in Prenzlau bei TOP 100: Es überzeugt mit seinen Innovationserfolgen ebenso wie in den Bewertungskategorien „innovationsförderndes Top-Management" und „Außenorientierung/Open Innovation". autarq ist der einzige Anbieter von Solardachziegeln, der auf der Basis von Kleinspannung arbeitet. Dadurch ist das System absolut sicher, und die Ziegel können problemlos von ganz normalen Dachdeckern auf den Dachstuhl aufgebracht werden. Die Dachdecker stecken beim Verlegen lediglich am Ziegel ein Kabel in einen Kabelbaum – ein Handgriff, der gerade mal 10 bis 15 Sekunden dauert.

Top-Management mit Visionen und großen Zielen

Paul Cornelius und Kai Buntrock, die die Firma gemeinsam führen, sind Unternehmer mit Visionen. Sie wollen die Energiewende vorantreiben und gleichzeitig die traditionelle Baukultur und Dachästhetik bewahren. Sie haben große Ziele, wissen aber auch, dass sie sie nicht alleine erreichen können. Deshalb arbeiten sie mit einer Reihe von Forschungsinstituten an der Weiterentwicklung ihrer Technologie. Zusammen mit dem Fraunhofer-Institut für Solare Energiesysteme optimieren sie die Leistungsdichte. „Mit dieser Kooperation gelingt es uns, die optimalen Materialkompositionen und Fertigungstechniken herauszuarbeiten", berichtet Kai Buntrock.

Mit starken Partnern zur automatisierten Fertigung

Um größere Stückzahlen anbieten zu können, betreibt autarq gemeinsam mit dem norwegischen Ziegelhersteller Skarpnes eine gemeinsame Fertigungslinie. Dort sollen zukünftig bis zu 500.000 Solardachziegel pro Jahr produziert werden. Das einzigartige automatisierte Herstellungsverfahren wird derzeit im Rahmen eines von der EU geförderten Forschungsprojekts unter Einbindung der Universität Aalborg noch weiter perfektioniert. Außerdem kooperiert das Unternehmen mit den renommierten Dachziegelherstellern CREATON und Jacobi-Walther, um gemeinsam neue Märkte zu erschließen. Denn wer ein großes Rad dreht, braucht starke Partner.

autarq GmbH
17291 Prenzlau
www.autarq.com
Beschäftigte (D): 51 bis 200
Erneuerbare Energien

Geschäftsführer
Kai Buntrock und
Cornelius Paul

Berlin Space Technologies GmbH

Kleinsatelliten fast wie vom Fließband

Was hat ein Berliner Raumfahrtunternehmen mit Henry Ford zu tun? Auf den ersten Blick nicht viel. Sieht man jedoch genauer hin, erkennt man den gleichen Quantensprung: Ein vormaliges Luxusprodukt wird durch standardisierte Produktionsabläufe zum erschwinglichen Gebrauchsgegenstand. Kleine und günstige Satelliten machen somit weltraumgestützte Projekte für neue Nutzungsformen interessant. Und genau hier ist die Berlin Space Technologies GmbH ganz vorn mit dabei.

Doch nicht nur Henry Fords Idee der günstigen Massenproduktion treibt den Geschäftserfolg dieses Mittelständlers an: Letztlich hat kein Geringerer als Elon Musk die Erfolgsvoraussetzungen für das Unternehmen geschaffen, denn erst durch ihn wurde der Transport von Satelliten in den Weltraum erschwinglich. Die damit verbundenen Chancen hatten Tom Segert, Björn Danziger und Matthias Buhl, die die Berlin Space Technologies GmbH 2010 gründeten, früh erkannt. Einen ersten Auftrag zur Produktion eines Satelliten erhielten sie 2013 aus Singapur, 2019 starteten sie ein Joint Venture mit einer indischen Firma und begannen dann mit dem Aufbau einer Kleinsatellitenfabrik in Indien, die seit Ende 2022 einsatzbereit ist.

Einzigartiger Innovationserfolg

Wer Chancen erkennt, sollte sie nutzen. Die treibenden Köpfe hinter der Berlin Space Technologies GmbH, die mit ihren Innovationserfolgen und ihrem innovationsfördernden Top-Management bei TOP 100 überzeugen konnten, haben das getan und können inzwischen eine beeindruckende Erfolgsbilanz vorweisen: Keine deutsche Firma hat in den vergangenen zehn Jahren mehr kommerzielle Satelliten verkauft, und keine deutsche Firma hat im selben Zeitraum mehr Satelliten in der Größenklasse 50 bis 500 Kilogramm gebaut als die Berliner Newcomer, die im ersten Quartal 2023 an drei Satelliten gleichzeitig arbeiteten.

Auf dem Weg zum Massenmarkt

Der Erfolg des Unternehmens ist nicht allein seiner hohen Technologietiefe zu verdanken. Er liegt vor allem darin begründet, dass die Gründer sehr frühzeitig das große Potenzial von „New Space“ erkannt haben. Bei einer Weltraumnutzung, die nicht mehr von Regierungen und Militärs dominiert wird, sondern vor allem kommerziell ausgerichtet ist, gelten andere Regeln als bisher. Günstigere Preise machen es nun möglich, Satelliten im Verbund für Anwendungen zu nutzen, die früher ökonomisch nicht sinnvoll waren. Die Berliner Pioniere witterten zu einem frühen Zeitpunkt das wirtschaftliche Potenzial dieser Entwicklung – und auf dieser Basis schufen sie somit eine Art Henry-Ford-Moment in der Kleinsatellitenproduktion.

Berlin Space Technologies GmbH
12489 Berlin
www.berlin-space-tech.com
Beschäftigte (D): bis 50
Luft-/Raumfahrt

Geschäftsführer
Matthias Buhl,
Tom Segert,
Björn Danziger

DELONGCARE e. Kfr. K. Yildiz de Longueville

Innovation heißt, niemals stehenzubleiben

Eine neuromuskuläre Grunderkrankung, eine chronische Lungenerkrankung wie COPD oder ein Wachkoma – die Gründe, aus denen Menschen auf eine dauerhafte Beatmung angewiesen sein können, sind zahlreich. Der ambulante Intensivpflegedienst DELONGCARE e. Kfr. hat sich auf Patienten spezialisiert, die zu Hause gepflegt und dauerhaft invasiv oder nicht-invasiv beatmet werden. Innovativität, Erfolg und Betriebsklima sind in dem Berliner Familienunternehmen eng miteinander verknüpft.

„Wir sind Dienstleister", sagt der Geschäftsführer Jan de Longueville, „somit ist unser Hauptansatzpunkt für Innovationen unsere Unternehmenskultur." Und die ist von Vertrauen und Integrität geprägt, von Offenheit und der Einbindung aller Kolleginnen und Kollegen. „Das haben meine Frau und ich, bevor wir uns selbstständig gemacht haben, auch anders erlebt. Wir sind aber überzeugt davon, dass Gutes nur in einem Klima des Vertrauens entstehen und wachsen kann", fügt Jan de Longueville hinzu.

Innovatives Arbeitsmodell

In der Pflege ist der Fachkräftemangel eklatant. Deshalb zählt die Personalgewinnung zu den Hauptaufgaben des Geschäftsführers: „Ich versuche, mich in die Bewerber hineinzudenken: Wie schaffe ich es, dass sie gern bei uns arbeiten wollen?" Erster Ansatzpunkt: Eine Pflegekraft versorgt einen schwerstkranken Menschen, die sogenannte Beobachtungspflege dauert 12 Stunden. „Da hat man nach 15 Tagen die monatlichen Stunden voll – und 15 Tage frei. Die Mitarbeiter schätzen das sehr", berichtet de Longueville. Weitere Ansatzpunkte sind: Im Onlinecampus können sich die Beschäftigten, auch während einer Schicht, zu Fachthemen fortbilden. Es gibt eine gute Fehlerkultur und Lohntransparenz, ein Newsletter informiert über Internes. Und es gibt regelmäßige Events und Budgets für Unternehmungen des Teams. „Da wir nicht alle, wie andere Menschen, jeden Tag im selben Büro arbeiten, ist es uns wichtig, den Zusammenhalt auf andere Weise zu fördern", erzählt der Geschäftsführer.

Der Erfolg: ein guter Ruf

Der Erfolg der Investitionen und Innovationen zeigt sich in einem Spitzenplatz unter den Pflegediensten in Berlin und Umgebung. So hat DELONGCARE offenbar einen ausgezeichneten Ruf — bei Patienten, Pflegekräften und Krankenkassen. Deshalb bewerben sich dort überdurchschnittlich viele Pflegekräfte. Und aus demselben Grund bevorzugen viele Patienten diesen ambulanten Intensivpflegedienst. Das Unternehmen betreut inzwischen zur Hälfte gesetzlich Versicherte und zur Hälfte privat Versicherte. „Wer innovativ sein will", sagt Jan de Longueville, „muss sich immer wieder infrage stellen."

DELONGCARE e. Kfr. K. Yildiz de Longueville
10625 Berlin
www.delongcare.de
Beschäftigte (D): 51 bis 200
Gesundheitswesen

Geschäftsführer
Jan Maurice de Longueville

EFEN GmbH

Kreativ im Umgang mit Herausforderungen

Selbst ist der Mann: Als Otto Frees 1922 eine Sicherung für sein Auto brauchte und wochenlang auf ihre Lieferung warten musste, baute er sie schließlich selbst. Daraus entstand ein Unternehmen, die EFEN GmbH. Heute ist der Mittelständler mit Stammsitz in der Lausitz einer der führenden Hersteller von Sicherungseinsätzen und Stromverteilungskomponenten nach IEC/DIN-Standard. Sein gutes Innovationsklima und seine Außenorientierung machen ihn so erfolgreich.

„Wenn wir Fachleute suchen, müssen wir ihnen etwas bieten. Schließlich zieht es die Menschen eher nach Leipzig, Dresden oder Berlin als nach Uebigau", sagt der Geschäftsführer Thomas Münch. Er klingt dabei aber keineswegs verzweifelt. „Wir bieten sehr gute Entwicklungsmöglichkeiten. Bei uns kann jeder eigene Ideen einbringen und sie auch während der Arbeitszeit entwickeln. Wir schätzen und fördern Kreativität und Entfaltung." So macht der gelernte Werkzeugmacher, der selbst seit 30 Jahren in der Firma ist, aus der Not eine Tugend – und schafft ein höchst kreatives Unternehmensklima.

Kurze Wege, gute Abstimmungen

Jüngstes Resultat dieser Innovationsfreudigkeit: eine digitale Schaltleiste zur Steuerung des Stromnetzes, die EFEN zusammen mit einem großen Energieversorger entwickelt hat. „Neue Ideen entstehen bei uns im Haus oder in Kooperation mit externen Entwicklungsteams. Oder sie werden von Kunden angestoßen – Kunden in aller Welt übrigens, wir beliefern mehr als 60 Nationen", erzählt Thomas Münch. Bei der Realisierung der Ideen arbeitet der Mittelständler auch mit Forschungsinstituten zusammen oder mit der Brandenburgischen Technischen Universität Cottbus-Senftenberg. Auch der Leiter des technischen Marketings begleitet die Entstehung von Neuerungen intensiv. So fließen regelmäßig Voice-of-Customer-Studien in die Produktentwicklung ein. Der Geschäftsführer ergänzt: „Unsere Innovationskraft begründet sich in einer ausgezeichneten Markt- und Produktkenntnis und einem exzellenten Netzwerk. Außerdem sind wir klein und somit schnell."

Nachhaltig innovativ

Die EFEN GmbH setzt auf Nachhaltigkeit. Sie selbst wirtschaftet zu 100 % CO_2-neutral, alle hergestellten Produkte sind recycelbar. Doch damit die Energiewende gelingt, damit sich Solaranlagen einbinden und Transformationsverluste vermeiden lassen und die Bremsenergie wieder ins Netz eingespeist werden kann, müssen zukünftig die Versorgungsnetze von Wechselstrom auf Gleichstrom umgestellt werden. „Das ist die nächste Innovationsstufe", erläutert Thomas Münch. „Eine Riesenherausforderung, und wir machen mit!"

EFEN GmbH
04938 Uebigau
www.efen.com
Beschäftigte (D): 51 bis 200
Elektronik/Elektrotechnik

Geschäftsführer
Thomas Münch

eGroup Holding GmbH

Perfekter Auftritt für jedes Unternehmen

Mit ihren Smart-Office-Lösungen unterstützt die eGroup vor allem kleine und mittelgroße Firmen dabei, flexibel und kosteneffizient die Potenziale heutiger Arbeitsumgebungen zu nutzen. Die wichtigsten Schlüssel zu diesem Erfolg: Das innovationsfördernde Top-Management ist immer aktiv eingebunden, nimmt sich Zeit für Kundenbefragungen und Qualitätskontrollen, während intelligente Prozesse dafür sorgen, dass alle Informationen in neue Produkte und Features umgesetzt werden.

Ein selbstständiger Finanzberater verbringt den Großteil seiner Zeit meistens in Kundenterminen. Er benötigt kein Büro, nur ab und zu einen Meetingraum und ein zuverlässiges Sekretariat, insbesondere für Terminvereinbarungen. In solchen Fällen oder wenn eine Marketingagentur für eine bestimmte Kampagne neue Telefonnummern buchen will, unterstützt die eGroup mit innovativen Dienstleistungen im Bereich Sekretariat und mit virtuellen Büros.

Automatisierter Prozess der Kundenbefragung

Gut möglich, dass Benjamin Benz, der Vice President Product & Software Development, auch mal persönlich bei einem Kunden anruft, um Nutzungsszenarien genau zu verstehen. Er prüft, ebenso wie die anderen Mitglieder der Geschäftsleitung, täglich die „Net Promoter Scores“(NPS) – Kennzahlen, die die Zufriedenheit, Treue und Bindung von Kunden darstellen. Der Geschäftsführer Michael Hartwig erklärt: „NPS ist ein kontinuierlicher Prozess bei uns. So senden wir Kunden an bestimmten Punkten ihrer Customer-Journey automatisiert Befragungen.“ Zusätzlich können Kunden im Webportal und via App jederzeit Lob oder Kritik loswerden. Damit die Informationen sämtliche Entscheider bei eGroup erreichen, werden sie digital zusammengeführt, verschlagwortet, auf Dashboards visualisiert und in Echtzeit in Team-Channels gepostet. Darüber hinaus finden sie Eingang in das wöchentliche Cross-Functional-Board zur Produktoptimierung.

Kreative und produktive Tech-Summits

Der Mittelständler sieht sich als Technologieführer im Markt und unterhält eigene Forschungs- und Entwicklungsteams. Damit Feedback von Kunden oder Mitarbeitern in Verbesserungen oder neue Produkte münden, hat das Management verschiedene Methoden etabliert. Dazu gehören etwa die transparente Quartalsplanung mittels „Objectives & Key Results“ sowie agile Methoden und Scrums innerhalb der Entwicklungsteams. Innovative Ideen und Problemlösungen sind zudem das Resultat sogenannter Tech-Summits. Hier versammeln sich Entwickler verschiedener Standorte und arbeiten 14 Tage lang jenseits des Tagesgeschäfts an Innovationsthemen. Zusätzlicher Mehrwert der Treffen: Die cross-funktionale Zusammenarbeit und Kommunikation wird verbessert.

eGroup Holding GmbH
10827 Berlin
www.ebuero.de
Beschäftigte (D): über 200
Internet/Multimedia/E-Commerce

Geschäftsführer
Michael Hartwig und
Roland Becker

TOP 100

ehotel AG

★★★★★★★

Grüne Businessreisen

Hotels aller Kategorien und Extras rund um die Geschäftsreise – über die Metasuchmaschine und die ausgefeilten Digitallösungen der ehotel AG erhalten die Kunden einen Rundumservice und Bestpreisgarantien. Eine aktuelle Innovation des Berliner Mittelständlers ist das Ausweisen des jeweiligen CO_2-Fußabdrucks während eines Hotelaufenthalts. Dank seiner agilen Arbeitsatmosphäre werden Trends im Buchungsverhalten der Kunden rasch in neue Angebote integriert.

Trotz Videocalls und digitaler Konferenzen: Im Business bleiben persönliche Begegnungen der Schlüssel für Vertrauen, für neue Kunden und Umsätze. Das spürt man auch bei der ehotel AG. Denn die Buchungszahlen gehen seit Mitte 2022 wieder stark nach oben, auch dank neuer Kunden, die während der Coronaphase auf diese Travelexperten aufmerksam wurden. Immer mehr der Anfragen beziehen sich auf das Feature „grüne Hotels". Damit lassen sich per Filterfunktion Hotels recherchieren, die über E-Ladestationen verfügen – einzigartig für Hotelbuchungsplattformen!

CO_2-Fußabdruck im Hotel erfassen

Genauso revolutionär und ein Megatrend auch bei Geschäftsreisen ist die Möglichkeit, den CO_2-Fußabdruck während des Hotelaufenthalts zu kompensieren. ehotel arbeitet hier mit den Klimaschutzexperten von ClimatePartner zusammen. Mittels eines bewährten wissenschaftlichen Verfahrens wird die jeweils verbrauchte CO_2-Menge in Kilogramm angegeben. „Wir liefern außerdem den Kompensationspreis. Im Rahmen ihrer CSR-Programme können die Firmen dann entsprechende Gegenleistungen erbringen", erklärt der Vorstand Fritz Zerweck. „Wir erfassen die Bedürfnisse der Kunden auf der Basis ihres Buchungsverhaltens und können somit zielgerichtete Neuerungen einführen." Beispiele dafür sind etwa das „ehotel Central Billing" und ein spezielles Analysetool. Eine derartige Weiterentwicklung der eigenen Angebote gelingt allerdings nur, wenn es auch ein Team gibt, das selbst großes Interesse an Innovationen hat.

Bewährte Ideenpool-Meetings

Das ist bei diesem Mittelständler der Fall, und so kommen bei internen Ideenpool-Meetings immer wieder neue Verbesserungsvorschläge zusammen. Auf diese Weise werden auch interne Prozesse optimiert und neuartige Arbeitsschritte festgelegt. Damit sich das Mitdenken noch mehr lohnt, hat man ein Bonussystem etabliert. Es ist dank messbarer Kennzahlen für alle Beschäftigten transparent: Sie können erreichte Quartalsziele einsehen und sämtliche Prämien nachvollziehen. Nach der Corona-Delle läuft es rund bei ehotel – auch in den neu etablierten Niederlassungen in Timisoara, Rumänien, und in Paris.

ehotel AG
10405 Berlin
www.ehotel.de
Beschäftigte (D): bis 50
Internet/Multimedia/E-Commerce

Vorstand
Fritz Zerweck

Hotel Esplanade Bad Saarow GmbH

Ein Hotel zum Wohlfühlen

Seit 20 Jahren empfängt dieses inhaber- und familiengeführte Haus Gäste aus aller Welt: Das Hotel Esplanade Bad Saarow hat sich von Beginn an auf die Fahnen geschrieben, seinen Besuchern besondere Momente zu schenken. Auch um seine Mitarbeiter kümmert sich der brandenburgische Mittelständler in besonderem Maße. Das Thema Innovation wird im Top-Management großgeschrieben – Innovationserfolge zeigen sich in der Außenwirkung ebenso wie innerhalb des Unternehmens.

Der Begriff „Fachkräftemangel" ist für den geschäftsführenden Hoteldirektor Tom Cudok ein Fremdwort: Während viele Gastronomen und Hoteliers dringend nach Mitarbeitern suchen, freut er sich über ein stabiles Team. Damit sich die rund 170 „Wunscherfüller" des Unternehmens wohlfühlen, wird ihnen so einiges geboten: Sie erhalten zum Beispiel eine betriebliche Altersvorsorge und eine Bonuskarte. Zudem bekommen sie Unterstützung für den öffentlichen Personennahverkehr und profitieren von zahlreichen Weiterbildungsangeboten in der hauseigenen Hotelakademie. Diese reichen von diversen Sprachkursen bis zu Resilienztrainings für die Beschäftigten aus insgesamt 21 Nationen.

Das Branchenimage verbessern

Der Geschäftsführer, der sich dankbar zeigt, dass die Inhaberfamilien ihm bereits seit 2013 das Vertrauen schenken, ist zudem Gründungsmitglied des Vereins „Fair Job Hotels", der sich dafür einsetzt, das Branchenimage nachhaltig zu verbessern. Der Mittelständler geht dabei mit gutem Beispiel voran. Die positive Stimmung im Haus bekommen auch die Gäste zu spüren: 170 Zimmer, Wellness auf 3.500 Quadratmetern, 4 Restaurants mit internationaler Küche, ein großer Sandstrand am See, eine eigene Marina: Das Viersterne-Superiorhotel in Bad Saarow tut alles, damit seine Gäste sich rundum wohlfühlen. Dafür sind regelmäßig renommierte Köche in den hauseigenen Restaurants zu Gast. Oder der innovationsorientierte Geschäftsführer reist mit seinem Chefkoch durch Italien, damit der sich von der lokalen Küche inspirieren lassen kann. Die Marketingchefin wurde bewusst nicht aus der Hotelbranche gewählt, um einen offenen Blick zu bewahren.

Ein Top-Management, das sich vernetzt

Vernetzung in alle Richtungen ist für den geschäftsführenden Hoteldirektor ein wichtiger Erfolgsfaktor. So findet er etwa immer wieder interessante Coachs, die in der Hotelakademie Trainings für Tagungsgäste oder die Angestellten anbieten. Oder er knüpft Kontakte zu Firmen, die das Hotel für ihre Veranstaltungen buchen. „Ich halte ständig die Augen dafür offen, wie wir uns noch weiter verbessern können und auch der steigenden Erwartungshaltung unserer Gäste gerecht werden können", erklärt Cudok.

Hotel Esplanade Bad Saarow GmbH
15526 Bad Saarow
www.esplanade-resort.de
Beschäftigte (D): 51 bis 200
Hotel/Gastronomie/Tourismus

Geschäftsführender Hoteldirektor
Tom Cudok

TOP 100 TOP 100 TOP 100

TOP 100 TOP 100

TOP 100 TOP 100 TOP 100

TOP 100 TOP 100

TOP 100 TOP 100 TOP 100

TOP 100 TOP 100

TOP 100 TOP 100 TOP 100

HSH Soft- und Hardware Vertriebs GmbH

Verwaltungen und Bürger miteinander vernetzen

Rund zwei Drittel der deutschen Einwohnermeldeämter, Bürgerämter und Bürgerbüros arbeiten mit MESO oder mit VOIS|MESO, der Software für das Einwohnerwesen der HSH Soft- und Hardware Vertriebs GmbH. Das Unternehmen hat sich auf Softwarelösungen für Kommunen spezialisiert, vor allem für Melde,- Gewerbe-, Ausländer- und Staatsangehörigkeitsbehörden. Um die Digitalisierung der Verwaltung stärker voranzutreiben, entwickelt das mittelständische Softwarehaus mit Sitz im brandenburgischen Ahrensfelde seine Software stetig weiter.

Den Gedanken „Das haben wir doch schon immer so gemacht" gibt es bei HSH nicht. „Jeder hat bei uns die Möglichkeit, neue Ideen einzubringen, und wird von uns auch dazu aufgefordert", sagt der Geschäftsführer Stephan Hauber. Er gründete sein Unternehmen 1991 und beschäftigt mittlerweile rund 250 Mitarbeiter – die meisten von ihnen in den Bereichen Softwareentwicklung und Support. „Wir möchten mit unseren Produkten anders sein als andere und verstehen uns darauf, die verschiedenen Verwaltungszweige sowie Verwaltung und Bürger miteinander zu vernetzen", sagt Hauber.

Product-Owner sind für Vorschläge verantwortlich

Als wichtigste Aufgaben der Geschäftsführung sieht Hauber es, permanent über Verbesserungen nachzudenken und ein Klima zu schaffen, in dem Ideen von allen Mitarbeitern gern weiterentwickelt werden, so auch die plattformbasierte VOIS-Software. Wer einen Verbesserungsvorschlag hat, tritt damit an den Product-Owner heran, der eine erste Bewertung vornimmt. Er ist auch dafür verantwortlich, alle Ideen zu verwalten und nachzuhalten. „Wir haben eine sehr ausgeprägte Diskussionskultur", betont Hauber. Nach einer breit angelegten fachspezifischen Diskussion wird die Idee der gesamten Belegschaft vorgestellt, „damit alle stolz darauf sein können, mit welchen Neuerungen wir uns beschäftigen". Da es für echte Innovationen meist keine Referenz gibt, an der man sich orientieren kann, ist es erlaubt, beim Ausprobieren auch mal einen falschen Weg einzuschlagen.

Cloud und KI als wichtigste Trends

Bedeutende Trends sieht der Geschäftsführer vor allem bei den Fragen rund um Clouds und künstliche Intelligenz. „Wir müssen unsere Software so umbauen, dass sie auch künftigen Sicherheitsanforderungen für die Cloud gerecht wird", erklärt der Geschäftsführer. Für das Thema KI gibt es bereits einen Verantwortlichen im Haus, der die Entwicklung in den nächsten Jahren begleiten wird. Abschließend ergänzt Hauber: „Das Besondere an unserer Software: Wir haben bei den Meldebehörden mit sehr sensiblen Daten zu tun, die geschützt werden müssen." Und dafür eignen sich die HSH-Produkte bestens. VOIS-Online 2.0 ist der nächste Schritt in Richtung Zukunft bei der HSH.

HSH Soft- und Hardware Vertriebs GmbH
16356 Ahrensfelde
www.hsh-berlin.com
Beschäftigte (D): über 200
IT-Entwicklung/-Beratung

Geschäftsführer
Stephan Hauber

MICRO-MEDICAL vertreibt Produkte aus der Medizintechnik. Dazu zählen etwa Geräte zur Diagnostik, für die Endoskopie und COVID-19-Produkte.

MICRO-MEDICAL Instrumente GmbH

★★

Prävention für ein gesundes Leben

Gesundheit ganzheitlich zu betrachten, das ist Elisabeth und Horst Bruckmoser wichtig. Aus diesem Grund entwickelten sie ihre MICRO-MEDICAL Instrumente GmbH im ländlichen Senftenberg in Brandenburg vom Händler für Diagnostikgeräte zum Dienstleister für Gesundheitsprävention. Und ständig kommen neue Geschäftsbereiche und Spin-offs dazu. In nur drei Jahren wuchs die Belegschaft von 2 auf 23 Menschen. Der Umsatz stieg allein 2022 von 12 auf 63 Mio. Euro.

Durch den Verkauf von Diagnostikgeräten ist MICRO-MEDICAL Instrumente permanent in Kontakt mit Apotheken, Krankenhäusern und Laboren. So hören die Mitarbeiter früh, wenn neue Bedarfe entstehen. Die Prozesse sind schlank: „Wir können schnell reagieren, weil wir kein Fremdkapital brauchen und schnell entscheiden können", erklärt Elisabeth Bruckmoser. Im Team wird diskutiert, ob sich ein neues Projekt oder Geschäftsfeld lohnt. Wenn sich alle einig sind, legen sie gemeinsam mit voller Kraft los.

Neues Immunanalyse-Zentrum in zwei Monaten

Während der Coronazeit konnte MICRO-MEDICAL so in kürzester Zeit einen Antikörpertest und Schutzprodukte auf den Markt bringen. Auch drei Patente hält die Medizintechnikfirma inzwischen. Wie effizient ihre Prozesse organisiert sind, veranschaulicht ein Projekt aus dem Jahr 2022: In nur zwei Monaten baute das Ehepaar Bruckmoser in Dresden ein Immunanalyse-Zentrum auf. Weitere Zentren in Berlin, Potsdam und Wien folgten. Derzeit optimiert das Team die Prozesse für dieses Projekt noch weiter, doch finanziell lohnt es sich schon heute. Es hat einen deutlichen Anteil am starken Umsatzwachstum von MICRO-MEDICAL. Mit ihrem Konzept einer Untersuchung des Mikrobioms im Darm, der Verfügbarkeit von Mikronährstoffen und der ATP-Balance der Mitochondrien stößt das Unternehmen in eine Marktlücke vor. Weitere Standorte sollen bald in Form eines Franchisesystems folgen.

Viele Projekte gleichzeitig

Das kleine Team, das aus nur 23 Mitarbeitern besteht, schafft es dank schneller Absprachen und einer hohen Motivation, sehr viele Projekte gleichzeitig zu bearbeiten. So möchte das Unternehmerehepaar mit einem weiteren Angebot Urlaub und Gesundheitsprävention verbinden und dadurch gleichzeitig seine Heimat Lausitzer Seenland stärken. Ein entsprechendes Portfolio baut das Team gerade auf. Ein Intensivmobil in Form eines Feuerwehrautos zum Transport schwer kranker Kinder ins Krankenhaus oder ein besonderes Babybett zeugen davon, dass das Team nicht nur zahlreiche gute Ideen hat, sondern sie auch zielstrebig zur Marktreife weiterentwickelt.

MICRO-MEDICAL Instrumente GmbH
1968 Senftenberg
www.micromedical.de
Beschäftigte (D): bis 50
Medizintechnik

Geschäftsführer
Horst und Elisabeth Bruckmoser

„Unser starkes Gemeinschafts-gefühl ist die Basis unseres Erfolgs."

Elisabeth und **Horst Bruckmoser**
Geschäftsführer

Was tun Sie, um Ihre Belegschaft zu kreativen Ideen zu ermutigen?
Bei uns herrscht eine Firmenkultur der Offenheit mit ganz wenigen Hierarchieebenen. So kann jederzeit jeder zu uns kommen, Fragen stellen oder auch Anregungen geben. Alle kennen das Unternehmen und wissen, was wir erreichen wollen. Wir haben auch einen transparenten Personalauswahlprozess, in dem die Mitarbeiter mitbestimmen können, wer neu ins Team aufgenommen wird. Auch dadurch entsteht ein starkes Wirgefühl. Und jeder kann an jeder Position arbeiten. Einmal am Tag kommen wir zu einer gemeinsamen Mittagspause zusammen und tauschen uns aus, das stärkt das Gemeinschaftsgefühl.

Sie legen viel Wert auf die Weiterbildung Ihrer Mitarbeiter. In welchen Bereichen besonders?
Für uns als Medizintechnikfirma spielen Fortbildungen im Qualitätsmanagement und in der Zulassung eine große Rolle. Darin investieren wir sehr viel Zeit und Geld, die Anforderungen sind hoch. Früher haben wir auch viele Managementseminare besucht. Außerdem schulen wir uns im Team gegenseitig, jeder hält mal einen Vortrag über ein Thema.

Werden bei Ihnen Mitarbeiter ausgezeichnet, die gute Ideen einbringen?
Wir finden es nicht gut, jemanden besonders hervorzuheben. Wir feiern viel gemeinsam oder fahren mit dem gesamten Team weg. Aber immer als Ganzes, es zählt die Gemeinschaft. Wir legen Wert darauf, im Alltag viel zu loben. Und am Jahresende gibt es für jeden eine Erfolgsbeteiligung, aber für alle die gleiche. Aus früheren Arbeitsverhältnissen wissen wir: Am wichtigsten ist es, dass sich alle wertgeschätzt fühlen.

Wie schaffen Sie es, dass neue Ideen auch wirklich realisiert werden?
Bei uns ist erst mal alles erlaubt, dazu gehört auch konstruktive Kritik. Wir sind ein sehr diverses Team mit unterschiedlichen Grundkenntnissen und Erfahrungen, die alle mit einfließen. Die meisten Ideen kommen von unseren Mitarbeitern oder von unseren Kunden. Wir besprechen sie dann in unserem offenen Zirkel. Wenn sich alle einig sind, wird eine gute Idee schnell realisiert. Es kann viel Geld gespart werden, wenn die Mitarbeiter aktiv mitdenken, weil sie sich für das Unternehmen verantwortlich fühlen. Wir freuen uns sehr darüber, dass dies bei uns der Fall ist.

Was die Grundlage für das hervorragende Innovationsklima bei MICRO-MEDICAL ist, erklären **Elisabeth** und **Horst Bruckmoser.**

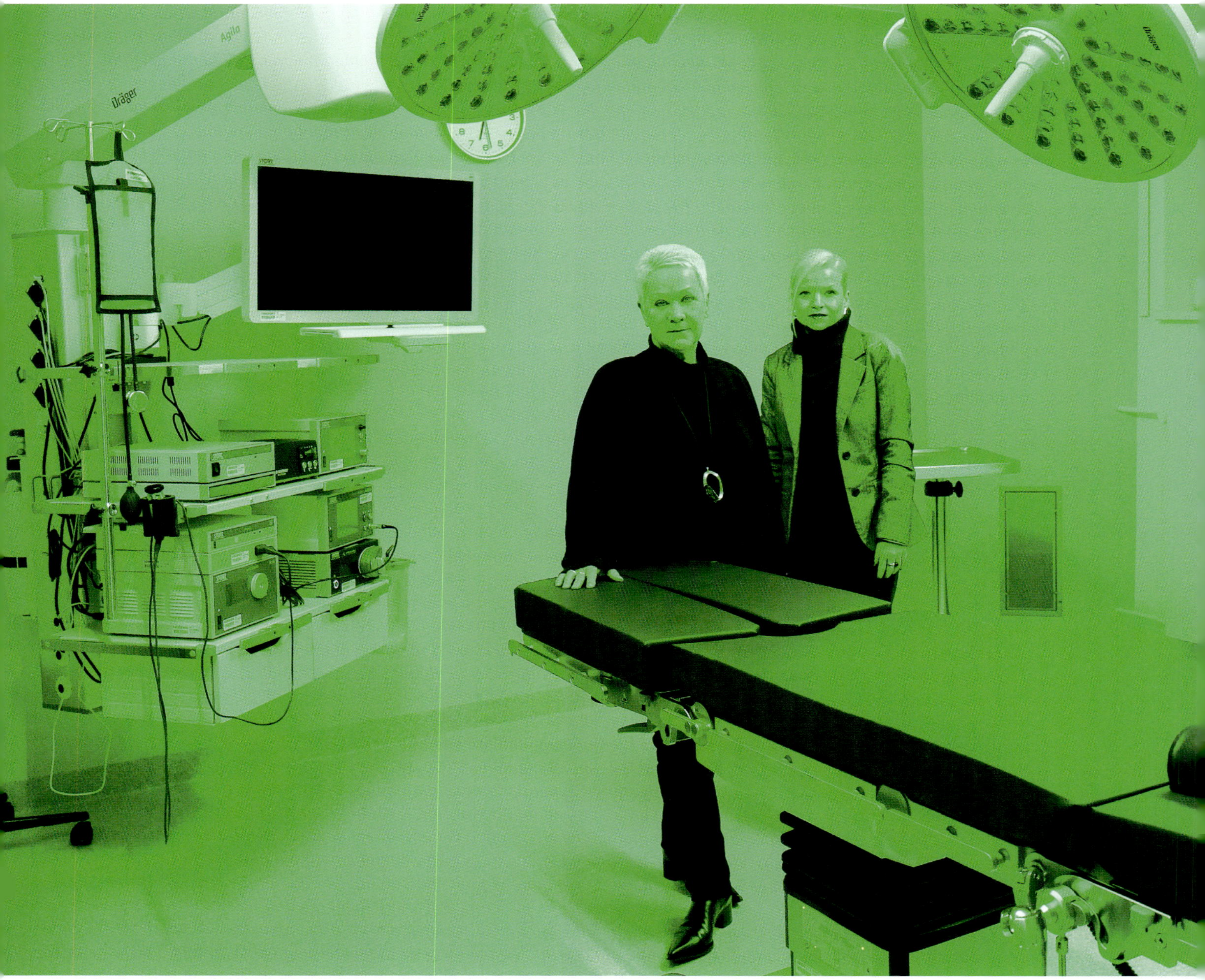

Die OGD ist eine Tochter des Universitätsklinikums Ruppin-Brandenburg. Ausgerichtet auf die Bedürfnisse der Patienten, bietet das Fachärztezentrum der OGD beispielsweise einen ambulanten OP.

OGD Ostprignitz-Ruppiner Gesundheitsdienste GmbH

Spitzenmedizin für die Region

Wer kennt das nicht: Man ruft in der Arztpraxis an, doch das Telefon ist besetzt. Oder man hängt in der Warteschleife. Dass es auch anders geht, beweist die OGD Ostprignitz-Ruppiner Gesundheitsdienste GmbH, die in ihrem neuesten Gesundheitszentrum, dem Haus G auf dem Gelände des Universitätsklinikums Ruppin Brandenburg, eine Art Facharztzentrum der Zukunft realisiert hat. Den Mittelständler kennzeichnen kurze Wege, ein digitales Wartezimmermanagement und modernste Telemedizin zur Patientenüberwachung.

Das Unternehmen, eine Tochtergesellschaft des Universitätsklinikums Ruppin Brandenburg, punktet in den TOP 100-Bewertungskategorien „innovationsförderndes Top-Management" und „Innovationserfolg". Um ein neues und modernes Gesundheitszentrum zu realisieren, braucht es engagierte Denker und Macher. Susanne Rost, die Betriebsleiterin des Mittelständlers und ihre Stellvertreterin Kathrin Kickhefer, waren dafür genau die richtigen Frauen am richtigen Platz – und sind gewissermaßen die Mütter des Erfolgs. „Wir arbeiten schon lange in der Branche und haben schon viele Bereiche der Gesundheitsversorgung gesehen. Deshalb wussten wir genau, welche Dinge aus Patientensicht oftmals als störend empfunden werden. Wir haben deshalb zusammen mit Telekommunikations- und IT-Anbietern an innovativen Prozessen gearbeitet. Und die kommen allen zugute – den Mitarbeitern, den Patienten und auch dem Betreiber", erläutert Susanne Rost.

Fachübergreifende Cluster

Eine der maßgebenden Leitideen bei der Gestaltung des 4.000 Quadratmeter großen Fachärztezentrums, in das 12 Mio. Euro investiert wurden, war die Aufteilung in Cluster, die fachlich nahe beieinander liegen, um Synergien zu nutzen. So haben die Chirurgie und die Gastroenterologie einen gemeinsamen Aufwach- und Überwachungsbereich. Weitere Cluster bilden die fünf Bereiche Orthopädie, Rehamedizin und Neurologie sowie Kardiologie und Angiologie. „Diese Cluster haben wir so eingeteilt, dass Einrichtungen gemeinschaftlich genutzt werden können und das Personal fachübergreifend eingesetzt werden kann", ergänzt Susanne Rost.

Patientenwohl und Wirtschaftlichkeit

Als Betriebsleiterin hat sie die Wirtschaftlichkeit der Zukunftsinvestition ebenso im Blick wie das Wohl der Patienten. Diese profitieren nun unter anderem von kurzen Wegen, langen Öffnungszeiten, einem digitalem Wartezimmermanagement und telemedizinischen Angeboten zur Überwachung von Herzerkrankungen. Ganz auf den Patienten ausgerichtet ist auch ein weiteres innovatives Projekt des engagierten Mittelständlers: Im Gesundheitsbahnhof Wittstock sind es nur wenige Meter vom Bahngleis bis ins Wartezimmer.

OGD Ostprignitz-Ruppiner Gesundheitsdienste GmbH
16816 Neuruppin
www.ukrb.de
Beschäftigte (D): über 200
Gesundheitswesen

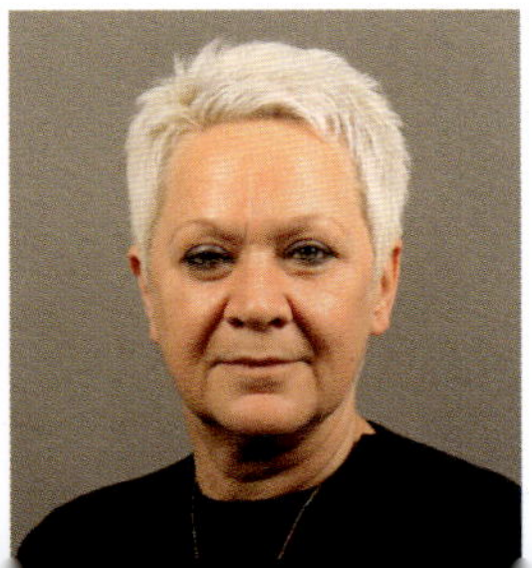

Betriebsleiterin
Susanne Rost

TOP 100	TOP 100	TOP 100	TOP 100	TOP 100
TOP 100	TOP 100	TOP 100	TOP 100	TOP 100
TOP 100	TOP 100	TOP 100	TOP 100	TOP 100
TOP 100	TOP 100	TOP 100	TOP 100	TOP 100
TOP 100	TOP 100	TOP 100	TOP 100	TOP 100
TOP 100	TOP 100	TOP 100	TOP 100	TOP 100
TOP 100	TOP 100	TOP 100	TOP 100	TOP 100

WSD permanent security GmbH

Für eine sichere Zukunft

„Sicherheitslösungen State of the Art" — das ist das Aushängeschild der WSD permanent security GmbH. Sie verbindet mehr als 30 Jahre Markterfahrung mit einer modernen Kultur und einer starken Innovationskraft. Der Sicherheitsspezialist setzt auf den kontinuierlichen Austausch mit Partnern, um modernste Technologien bedarfsgerecht mit bewährten Sicherheitskonzepten zu kombinieren. Mit seinen Innovationserfolgen erzeugt er Mehrwerte für die Kunden und die Mitarbeiter.

Fachkräftemangel und Digitalisierung — diese Trends haben auch den Sicherheitssektor stark verändert. „Wir stehen gerade vor einem disruptiven Umbruch der gesamten Branche", erzählt der Geschäftsführer René Helbig. Mit zahlreichen innovativen Verbesserungen haben er und sein Team sich dieser Herausforderung erfolgreich gestellt. So kombiniert der Mittelständler heute in hybriden Sicherheitskonzepten modernste Technologien und Menschen.

Komplexe Lösungen – einfaches Handling

Komplexe Technologie, jedoch einfach anzuwenden: Die performanten, ganzheitlichen Lösungen der WSD sollen sich leicht in den laufenden Unternehmensprozess integrieren. Dazu nutzte das Team den Trend der Simplexity. Dabei wird viel Wert auf Usability und Interaktionen zwischen Menschen und Technologie gelegt. Die innovativen Sicherheitslösungen sind in den täglichen Arbeitsprozess integrierbar und intuitiv bedienbar, Firmen jeder Größe und Branche können somit von ihnen profitieren. Und das zahlte sich aus. So erzielte das Unternehmen mit diesen innovativen Verbesserungen in den vergangenen Jahren ein Umsatzwachstum von jährlich rund 12 %. Und auch in Zukunft will man technologisch auf dem neuesten Stand sein. Dazu ist das Team in der Sicherheitswirtschaft 4.0 aktiv, tauscht sich mit Experten, Unternehmen und Forschern aus, organisiert Informationsveranstaltungen und ist Mitglied in vielen Verbänden und Arbeitskreisen.

Vorausschauende Sicherheit

„Ob Drohnen oder Robotik, moderne Multisensorik oder künstliche Intelligenz, all diese zukunftsweisenden Technologien wollen wir gemeinsam mit Partnern weiterentwickeln", betont Helbig. Auch mit datenbasierter Predictive Analytics sollen in Zukunft Gefahren und Risiken noch präziser erkannt und proaktiv verhindert werden. Dafür vernetzt der Mittelständler auch gern seine Kunden miteinander, die gemeinsam von intelligenten Sensoriken, einem zentralen Monitoring und schnelleren Informationsflüssen profitieren. Und das alles mit einem Ziel: nachhaltige und optimierte Sicherheit zu schaffen.

WSD permanent security GmbH
14513 Teltow
www.wsd-sicherheit.de
Beschäftigte (D): über 200
Sicherheit

Geschäftsführer
René Helbig

Bremen/Hamburg
Mecklenburg-Vorpommern
Niedersachsen
Schleswig-Holstein

TOP 100

Die Zahl der goldenen Sternchen in den nachfolgenden Unternehmensporträts entspricht der Zahl der TOP 100-Auszeichnungen.

TOP 100

TOP 100 TOP 100 TOP 100 TOP 100
TOP 100 TOP 100 TOP 100 TOP 100 TOP 100
TOP 100 TOP 100 TOP 100 TOP 100 TOP 100
TOP 100 TOP 100 TOP 100 TOP 100 TOP 100
TOP 100 TOP 100 TOP 100 TOP 100 TOP 100
TOP 100 TOP 100 TOP 100 TOP 100 TOP 100
TOP 100 TOP 100 TOP 100 TOP 100 TOP 100
TOP 100 TOP 100 TOP 100 TOP 100 TOP 100
TOP 100 TOP 100 TOP 100 TOP 100 TOP 100
TOP 100 TOP 100 TOP 100 TOP 100 TOP 100
TOP 100 TOP 100 TOP 100 TOP 100 TOP 100
TOP 100 TOP 100 TOP 100 TOP 100 TOP 100
TOP 100 TOP 100 TOP 100 TOP 100 TOP 100
TOP 100 TOP 100 TOP 100 TOP 100 TOP 100

A. V. Branth KG

Pioniere der Rostschutzfarben

Rostentfernung kann mühsam und aufwendig sein. Deshalb sollen Rostschutzmittel Metallteile im Außenbereich vor Korrosion schützen – so wie die Produkte der A. V. Branth KG. Wer sie nutzt, erhält mit wenig Aufwand und viel Zeitersparnis einen umfassenden Korrosionsschutz. Das Unternehmen in Glinde ist auf die Herstellung von Rostschutzfarben und Brantho-Korrux-Metallschutzfarben spezialisiert. Für anhaltenden Erfolg sorgt ein auf Nachhaltigkeit bedachtes und innovationsförderndes Top-Management.

Die norddeutsche Firma wurde 1887 als Lieferant für Farben und Lacke von Arnold Valentiner=Branth gegründet. Seine Erfahrungen mit der Rost- und Schimmelbildung beim Betrieb der ersten Dampfmolkereien in Dänemark und die am Hamburger Hafen verfügbaren Rohstoffe waren für diesen Schritt ausschlaggebend. Schon früh spielte Umweltschutz eine große Rolle, denn seit Mitte der 1950er-Jahre wurden bleifreie Rostschutzfarben und dann gekapselte Fertigungsverfahren entwickelt. Die Produkte hatten und haben immer den Anspruch, einfach in der Anwendung und möglichst gesundheits- und umweltschonend zu sein.

Top-Management setzt auf Nachhaltigkeit

Vater Axel und Sohn Tim Valentiner=Branth sind als Geschäftsführer und stellvertretender Geschäftsführer aktiv in den Innovationsprozess eingebunden und tauschen sich regelmäßig mit den Meistern zu neuen Ideen und möglichen Verbesserungen aus. Dank einer kreativen Firmenkultur werden zudem ständig neue Impulse durch Weiterbildungen, Veranstaltungen und Fachliteratur aufgenommen. Und das lateinische Motto „per aspera ad astra“ ist nicht ohne Grund Teil des Branth'schen Familienwappens und ein Leitgedanke des Hauses. Denn „je holpriger der Weg, desto besser ist in der Regel das Ergebnis. Dies treibt uns auch in schwierigen Phasen an“, meinen die Geschäftsführer. Der „Weg zu den Sternen“ ist immer auch mit Nachhaltigkeit verbunden, früher und heute. Ein Beispiel dafür ist das erfolgreiche Lacksystem „Brantho-Korrux 3 in 1“, das teilweise mit einem Druckgas aus zersetzter organischer Biomasse betrieben wird.

Zielgerichtete Prozesse

Kontinuierlich an Verbesserungen der breiten Produktpalette zu arbeiten steht auf allen Ebenen im Fokus. So werden gute Ideen, die etwa den Lackierprozess vereinfachen und mit weniger Aufwand ein noch besseres Ergebnis erzielen könnten, bei regelmäßigen Meetings gesammelt und anhand einer festen Protokollstruktur bewertet. Sobald wichtige Meilensteine erreicht sind, geht es über die Entwicklung von Prototypen in die Realisierungsphase. Denn die Geschäftsleitung ist stets von dem Gedanken getrieben, den Kunden etwas noch Besseres bieten zu wollen, das die Umwelt noch weniger belastet.

A. V. Branth KG
21509 Glinde
www.branth-chemie.de
Beschäftigte (D): bis 50
Chemie/Kunststoff

Geschäftsleitung
Tim und Axel Valentiner=Branth

Berner ist ein Spezialist für pharmazeutische und biotechnologische Schutzsysteme, vor allem von Sicherheitswerkbänken. Die Sicherheitswerkbank „claire neo“ setzt neue Maßstäbe hinsichtlich der Anpassungsmöglichkeiten künftiger Laborarbeitswelten.

Berner International GmbH

Vorreiter in Sachen Laborsicherheit

Wer nach einem Papiertaschentuch fragt, verlangt oft schlicht und einfach ein „Tempo“-Taschentuch. Der Markenname ist zum Synonym geworden für das Produkt. Nur wenige Unternehmen erreichen eine solch starke Markenpositionierung. Der Berner International GmbH, die durch ihr innovationsförderndes Top-Management und ihre Innovationserfolge überzeugt, ist genau das gelungen. Denn wenn es um Sicherheitswerkbänke geht, spricht man in der Branche oftmals schlicht und ergreifend von „Berner-Boxen“.

Die erste Sicherheitswerkbank aus dem Hause Berner wurde 1984 entwickelt und produziert. Damals traten strengere Arbeitsschutzvorschriften für die individuelle Herstellung von Chemotherapeutika im Rahmen der Krebstherapie in Kraft. Beim Umgang mit Zytostatika musste das Personal von Produktions- und Krankenhausbetrieben und Apotheken besser geschützt werden. Denn wenn die Haut, die Schleimhäute und die Atemwege mit derart toxischen Medikamenten in Kontakt kommen, können sie im Extremfall Krebs auslösen.

Alles für die Laborsicherheit

Mit Sicherheitswerkbänken, deren Kernelemente effiziente Lüftungs- und Filtrationssysteme sind, war Berner europaweiter Pionier in Sachen Arbeitsschutz im Labor. Der Mittelständler hat sich in 40 Jahren zum Qualitäts- und Innovationsführer für Laborsicherheit entwickelt. Das Top-Management hat seither diesen Vorsprung stetig ausgebaut, unter anderem durch intensive Forschungstätigkeiten. Einer der jüngsten Erfolge ist die Anpassung der Größen der Sicherheitswerkbänke an das sogenannte Rastermaß. Denn um eine effiziente Flächennutzung und Kostensenkung zu erreichen, wird die Grundfläche von Laboren tendenziell im 300-mm-Raster von Architekten geplant und ausgeführt. Viele Labormöbel und Laborgeräte entsprechen bereits heute diesem Rastermaß. Mit der digitalen Übertragung von Daten aus der neuen Sicherheitswerkbank „claire neo“ in Softwaresysteme zwecks Monitoring, Ferndiagnose und künftiger Fernwartung setzt das Unternehmen neue Maßstäbe.

Unterschiedliche Perspektiven

Seit 2011 wird das Unternehmen mit Sitz in Elmshorn von Thomas Hinrichs und Malte Schneider geführt. Sie haben nicht nur die Geschäftsführung übernommen, sondern auch alle Firmenanteile. „Malte Schneider ist der kaufmännische Kopf, ich bin der technische. Wir arbeiten sehr gut zusammen und entscheiden auch alles gemeinsam. Dabei haben wir immer zwei unterschiedliche Perspektiven, was ein wesentlicher Schlüssel zum Erfolg ist“, erklärt Thomas Hinrichs. Ein Erfolg, der sich auch an den Zahlen zeigt: Seit 2011 hat sich die Zahl ihrer Beschäftigten mehr als verdoppelt.

Berner International GmbH
25337 Elmshorn
www.berner-safety.de
Beschäftigte (D): 51 bis 200
Pharma/Labortechnik

Geschäftsführer
Thomas Hinrichs und
Malte Schneider

„Wir wollen
die Besten sein,
wenn es
um Sicherheit im
Labor geht."

Thomas Hinrichs und **Malte Schneider**
Geschäftsführende Gesellschafter

Wie hat sich Ihr Innovationsmanagement in den letzten zwei Jahren verändert?
Malte Schneider: Wir haben im Frühjahr 2021 einen umfangreichen Innovationscheck von der Wirtschafts- und Technologieförderungsgesellschaft Schleswig-Holstein bei uns durchführen lassen und daraus eine Reihe von Maßnahmen abgeleitet. So haben wir seit diesem Jahr die Zahl der Kreativtage für die Mitglieder unseres Managementteams verdoppelt. Außerdem bauen wir gerade die neue Abteilung „Strategie und Business Development" auf, weil wir davon überzeugt sind, dass wir uns enorme Geschäftschancen erschließen können, wenn wir neue Wege gehen. Wir wollen nicht Mainstream sein, nicht das machen, was alle machen; vielmehr wollen wir besondere Lösungen bieten, kreative Vertriebswege beschreiten und besondere Kunden ansprechen. Und das gelingt nicht, wenn man sich damit nur nebenbei befasst.

Sie erhalten kontinuierlich neue Patente. Wie kann ich mir Ihre Forschungs- und Entwicklungstätigkeit vorstellen?
Thomas Hinrichs: Impulse und Ideen für Forschungsprojekte erhalten wir unter anderem durch unsere Kunden, Marktbeobachtungen sowie Normungs- und Gremientätigkeiten und dank des stetigen Austauschs mit entsprechenden Forschungseinrichtungen. Hieraus resultieren Projekte für die Grundlagenforschung oder die Entwicklung von Prototypen. Naturgemäß sind nur wenige Forschungsprojekte erfolgreich, um am Ende ein Produkt vermarkten zu können und idealerweise patentieren zu können. Unser Hauptforschungspartner ist das Institut für Umwelt & Energie, Technik & Analytik e. V. in Duisburg, mit dem wir viele Themen angehen. Darüber hinaus forschen wir an praxisnäheren Themen im Rahmen des Zentralen Innovationsprogramms Mittelstand.

Welche Themen beschäftigen Sie derzeit besonders?
Thomas Hinrichs: Beim Thema Energieeffizienz sind wir einer der weltweiten Pioniere. Schon 2010 haben wir uns in einem Forschungsprojekt intensiv mit dem Energiebedarf und den steigenden Betriebskosten von Sicherheitswerkbänken beschäftigt. Durch die Auswahl von energieeffizienten Komponenten, einer ausgeklügelten Luftströmungstechnik und einer An- und Abschaltautomatik wird der Stromverbrauch und der CO_2-Ausstoß um bis zu 84 % reduziert. Im Bereich der Sprachsteuerung kooperieren wir mit der Christian-Albrechts-Universität zu Kiel. Diese Technologie soll dazu beitragen, Gefährdungspotenziale wie Kontamination so weit wie möglich zu reduzieren.

Wie die Berner International GmbH
ihre Innovationsprozesse neu aufstellt, erklären
Thomas Hinrichs und **Malte Schneider.**

TOP 100

TOP 100
TOP 100
TOP 100
TOP 100
TOP 100
TOP 100
TOP 100
TOP 100
TOP 100
TOP 100
TOP 100
TOP 100
TOP 100
TOP 100
TOP 100
TOP 100
TOP 100

blau direkt GmbH

Teamgeist schlägt Alphatier

Die Versicherungsbranche ist oft von Alphatieren geprägt. Ein Führungsstil, der Freiräume gewährt und der Mitarbeiter ihre Ideen verfolgen lässt, ist hier nicht die Regel, sondern die Ausnahme. Die blau direkt GmbH in Lübeck jedoch erzielt in der TOP 100-Bewertungskategorie „Innovationsklima" Bestnoten. Der Mittelständler überzeugt darüber hinaus mit seinen Innovationserfolgen. Dass die Belegschaft zufrieden ist, zeigt sich auch im Recruiting: Die meisten Neueinstellungen erfolgen aufgrund persönlicher Weiterempfehlungen.

Dass es sich auszahlt, den Mitarbeitern Türen zu öffnen und nicht zu verschließen, zeigt das intelligente Reklamationstool „Reklama" der blau direkt GmbH. Eine Innovation, die nicht von der IT-Entwicklung angestoßen wurde, sondern von den Kollegen aus der Buchhaltung. Sie stellten fest, dass immer mehr Personal nötig ist, um die eingehenden Reklamationen zu bearbeiten, mit denen sich Endkunden an ihre Versicherungsmakler wenden. Die Kollegen schlugen deshalb vor, dieses Problem technisch zu lösen – mit einem dynamischen Abfragesystem, das den Nutzer Schritt für Schritt durch die Reklamation führt. Die Vorprüfung erfolgt nun weitgehend automatisiert und mit deutlich geringerem Personalaufwand.

Kostenlose Pflege der Daten

Das ist aber nicht die einzige Prozessinnovation, die das Unternehmen auf Wachstumskurs hält. Die weitgehend automatisierte und maschinelle Verarbeitung von Dokumenten und Vorgängen sowie die Software „Octi" erlauben es dem Lübecker Mittelständler, den Versicherungsmaklern die Pflege sämtlicher Kunden- und Vertragsdaten anzubieten und dabei sogar ihre Kundenbestände mit Direktvereinbarungen kostenfrei zu integrieren. „Im Grunde sind wir ein innovatives IT- und Technikhaus, das sich auf Dienstleistungen für Versicherungsmakler spezialisiert hat", erläutert der Chief Product Officer Marcel Canales.

Roadmaps für neue Produkte

Damit Innovationsideen nicht verloren gehen, sammelt er als Produktverantwortlicher die Impulse und Vorschläge der Kollegen, bildet daraus inhaltlich zusammenhängende Themengruppen und prüft dann, welche Ideen in welcher Form in die Roadmaps für die Entwicklung neuer Produkte einfließen. Dabei kennt er seine Grenzen und lässt jungen Mitarbeitern und Kollegen viel Freiraum, etwa wenn es um Aufgabengebiete wie Social-Media-Auftritte geht. „Der größte Wachstumshemmer und Frustrationspunkt in Unternehmen ist oft, dass es zu wenig Möglichkeiten zur Entfaltung gibt", betont Canales. Bei der blau direkt GmbH ist das anders – und genau das ist das Geheimnis ihres Innovationserfolgs.

blau direkt GmbH
23560 Lübeck
www.blaudirekt.de
Beschäftigte (D): 51 bis 200
Finanzdienstleistungen/
Versicherungen

Chief Product Officer
Marcel Canales

CLAGE entwickelt und produziert energiesparende Warmwassergeräte. Ob in der Küche oder im Bad, ob für die Dusche oder für das Waschbecken – es gibt für jede Anwendung ein passendes Gerät, das optimal geeignet ist.

CLAGE GmbH

★★

Innovativ durch Widerstand

Von H wie Handwaschbecken bis W wie Wellnessbad: Die CLAGE GmbH ist Spezialistin für alles rund um die dezentrale Warmwasserversorgung. Der Mittelständler gehört zu den Marktführern bei Durchlauferhitzern und arbeitet kontinuierlich daran, noch energieeffizienter zu werden, um warmes Wasser in Küche und Bad so nachhaltig und komfortabel wie nur möglich zu erzeugen. Das hervorragende Innovationsklima des Lüneburger Familienunternehmens trägt stark zu seinem Erfolg bei.

„Unser Innovationsklima ist historisch gewachsen", sagt der Geschäftsführer Jörg Gerdes. Als sein Vater das Unternehmen 1951 gründete, war es üblich, warmes Wasser zentral über Boiler zu erzeugen. Mit einem dezentralen Durchlauferhitzer, rechnete Claus-Holmer Gerdes vor, lässt sich Wasser jedoch viel einfacher und ohne großen Energieverlust erwärmen. „Mein Vater war ein Vordenker, und wie viele Vordenker stieß er auf Widerstand. Gegen den musste die Familie lange ankämpfen. So kam es, dass wir uns schon mit Energieeffizienz befasst haben, als Nachhaltigkeit noch gar kein Thema war", erzählt Gerdes.

Immer einen Schritt voraus

Die Entschlossenheit, mit der Gerdes senior an seiner Idee festhielt, prägt die Firmenkultur bis heute, berichtet der Geschäftsführer: „Der Kampf hat uns zusammengeschweißt, und er hat uns innovativ gemacht." So baute der Mittelständler früh einen eigenen Vertrieb auf, ungewöhnlich für seine Größe. Man arbeitete mit Computern, als andere noch ihre Karteikästen pflegten. Das Credo in Sachen technologische Innovation lautet auch hier: „Weg vom Gas!" Jörg Gerdes sieht das ebenso: „Kein Privathaushalt braucht einen Gasanschluss. Warmes Wasser lässt sich mit Strom, der aus Sonnen- oder Windkraft gewonnen wird, viel nachhaltiger erzeugen." Um das Innovationsklima weiterzuentwickeln, etablierte man verbindliche Unternehmenswerte: Und so prägen lebenslanges Lernen, eine konstruktive Fehlerkultur und der Wille, jeden Tag ein bisschen besser zu werden, den CLAGE-Kosmos mit seinen rund 300 Mitarbeitern.

Dynamisches Wachstum

Effiziente Geräte zur Warmwasserversorgung made in Germany: Auch heute entwickelt, produziert und vertreibt das Unternehmen alle Produkte selbst. Und daran wird laut Gerdes auch festgehalten, weil man damit immer gute Erfahrungen gemacht hat: „Qualität ist nicht nur das Ergebnis der Fertigung, sondern das Zusammenspiel vieler Abteilungen." Der Anteil von Marktneuheiten am Umsatz lag in den vergangenen drei Jahren bei 30 %, der Anteil innovativer Verbesserungen bei 35 % – beide Werte sind überdurchschnittlich hoch. Und: Im Schnitt wächst CLAGE jedes Jahr um stolze 7 %.

CLAGE GmbH
21337 Lüneburg
www.clage.de
Beschäftigte (D): über 200
Elektronik/Elektrotechnik

Geschäftsführer
Jörg A. Gerdes

Comparus GmbH

★★

Technologie und Design – ein ideales Doppel

Die digitale Transformation ist eine der größten Herausforderungen für die Wirtschaft und die Gesellschaft. Die Comparus GmbH in Hamburg begleitet Unternehmen bei der Digitalisierung ihrer Geschäftsprozesse und Geschäftsmodelle – mit strategischer Beratung, mit maßgeschneiderter Technologie und mit reibungslos funktionierender Software. Vor allem effiziente Prozesse spielen eine entscheidende Rolle für den Innovationserfolg des mittelständischen Betriebs.

„Wir arbeiten seit mehr als 20 Jahren an der IT-Konsolidierung des Bankenwesens mit. Aktuell kooperieren wir mit IBM in Sachen Process-Mining. In wenigen Stunden analysieren wir dabei die Prozesse innerhalb der Finanzbranche – zuvor dauerte das mehrere Tage", sagt der Geschäftsführer Dmitri Gamarnik. Vor sieben Jahren hat er gemeinsam mit seiner Frau Britta Microservices und Cloudlösungen in den Fokus ihrer Arbeit gerückt. „Die technologische Zukunft ist die Cloud. Ob ein Unternehmen auf eine Software zugreift oder alles, vom Speicherplatz bis zum Netzwerk, in der Cloud verwaltet – den Möglichkeiten sind kaum Grenzen gesetzt", erklärt Gamarnik.

Technologie kombiniert mit Design

Auch bei der Entwicklung der größten cloudbasierten Plattform für den Bankenbereich in Europa war der Mittelständler als Experte und Realisierungspartner involviert. 7,5 Millionen Bundesbürger seien so problemlos „umgezogen". Bei der Durchführung des Projekts überzeugte die Comparus GmbH mit Technologie und Design. Die App des Portals landete sogar auf Platz eins der Finanzcharts. „Prozesse optimieren, digitalisieren, transformieren und mit agilem Management realisieren – das ist der Anspruch an unsere Arbeit", sagt die Geschäftsführerin Britta Gamarnik. Dafür nutzten die Teams Frameworks wie „Business Model Canvas" oder „Value Proposition Canvas". Auf diese Weise wurde eine agile Organisationsstruktur implementiert, mit deren Hilfe Dienstleistungen und Produkte schnell angepasst werden können. „Innovationsmanagement ist für uns die konsequente Verwirklichung von Ideen, die einen bestimmten Reifegrad erreicht haben", fügt Gamarnik hinzu.

Wachstum und Inspiration

Die Zahl der Mitarbeitenden des Unternehmens wuchs 2022 um 35 %. „Es heißt, wir sind die, die Sachen tatsächlich zum Laufen bringen", sagt Dmitri Gamarnik stolz. Künftig will der Mittelständler seine hoch entwickelten Lösungen auch mit künstlicher Intelligenz verbinden. So konnte Gamarnik einst bei einem Besuch im Silicon Valley schon vor der offiziellen Veröffentlichung den Chatbotprototypen „ChatGPT" kennenlernen — ein Impuls, der die Comparus GmbH schon damals für ihre Arbeit inspirierte.

Comparus GmbH
22419 Hamburg
www.comparus.de
Beschäftigte (D): bis 50
IT-Entwicklung/-Beratung

Geschäftsführung
Dmitri und Britta Gamarnik

Deutsche Gesellschaft für Cybersicherheit mbH & Co. KG

Innovative Risikomanager

Der digitale Wandel ist eine Herausforderung. Er birgt Chancen – und Risiken. Denn mehr Digitalisierung bedeutet auch, dass sich Firmen gut vor Angriffen von außen schützen müssen. Die Deutsche Gesellschaft für Cybersicherheit mbH & Co. KG mit Hauptsitz in der Schweiz, einer deutschen Zentrale in Flensburg und einem Standort in Abu Dhabi hilft ihren Kunden, den Wandel sicher zu gestalten. Ein innovationsförderndes Top-Management trägt maßgeblich zum Erfolg bei.

Wo lauern Schwachstellen, die Cyberkriminelle nutzen könnten? „Wir haben ein ganzheitliches Sicherheitssystem entwickelt", erklärt der Geschäftsführer Dino Huber, „ein Portal, das Scanner, Penetrationswerkzeug und Open-Source-Intelligence-Tool vereint." Alle IP-Adressen und Sub-Domains einer Domain werden damit gecheckt, die Ergebnisse in einer selbstlernenden Datenbank abgeglichen. Sämtliche Daten bleiben dabei im Unternehmen des Kunden. „Außerdem kann der Scanner die intern und extern erreichbare Infrastruktur checken. Das ist wirklich innovationsstark und ein USP", ergänzt Huber.

International beachtet

Maßgeblich verantwortlich ist der Gründer Matthias Nehls. „Er beschäftigt sich ausschließlich mit Innovationen – ein Cyberexperte durch und durch, mit viel Erfahrung und visionärer Kraft", erzählt Dino Huber. 2015 als Start-up gegründet, expandierte das Unternehmen aufgrund seines Innovationserfolgs bald in Europa und im Nahen Osten. Branchenriesen wurden aufmerksam. Jüngst schlossen der Computerhersteller Dell und die US-Firma Cisco Systems technische Partnerschaften mit den Sicherheitsprofis. „Offenbar nimmt man wahr, dass wir interessante Daten haben. Es ist das erste Mal, dass Cisco ein solches Joint Venture eingeht", betont der Geschäftsführer. Zusätzlich zu seinen Securityprodukten bietet der Mittelständler Services, die ständig weiterentwickelt werden. Die Produkte und die Services greifen ineinander, das Ergebnis sind laut Huber „Sicherheitslösungen einer neuen Generation".

Disruptive Kräfte

Eine der jüngsten Innovationen ist eine App, die das Filmgeschäft verändern könnte. Via Blockchain beteiligt sie alle Mitarbeiter einer Produktion an den Einspielergebnissen. Ebenfalls ganz neu ist ein IT-Security-Awareness-Training, bei dem Unternehmer mittels Virtual Reality erleben, wo im Netz Gefahren lauern. Dafür hat man sogar „Oscar"-prämierte Visual-Effects-Producer aus Hollywood engagiert. Dino Huber berichtet: „Diese Neuerung wird sehr bald ausgegründet. Das machen wir oft: Ein innovatives Produkt entwickeln, eine Firma gründen und die Neuigkeit auf den Markt bringen."

Deutsche Gesellschaft für Cybersicherheit mbH & Co. KG
24944 Flensburg
www.dgc.org
Beschäftigte (D): 51 bis 200
IT-Entwicklung/-Beratung

Geschäftsführer
Dino Huber

Die DRS hat sich auf die Beseitigung von Hagelschäden, Produktionsschäden und Transportschäden für Fahrzeughersteller, Versicherungen und Händlerverbände spezialisiert. Mit seinem Geschäftsmodell ist der Mittelständler weltweit tätig.

DRS Hagelschaden GmbH

Dynamisch aus der Coronakrise herausgesteuert

Geht irgendwo auf der Welt ein Hagelschauer nieder und zerstört zum Beispiel die gesamte Neuwagenproduktion eines Automobilherstellers, fliegt ein Team des Hamburger Unternehmens DRS Hagelschaden GmbH los, um den Schaden zu beheben. Auch bei Produktions-, Transport- oder anderen industriellen Großschäden helfen diese Experten schnell und professionell. Ein innovationsfreudiges Unternehmensklima sowie neu strukturierte und digitalisierte Prozesse machen die DRS erfolgreich.

„Bei unserem täglichen Tun setzen wir auf Wertschätzung“, sagt der Geschäftsführer Danny Ralf Stepputis. „Dazu gehören eine offene Kommunikation, flache Hierarchien und der ständige Austausch über neue Produktionsweisen und Arbeitsmethoden.“ Fliegt ein Team zu einem Kunden nach Australien, dann müssen sich die folgenden drei, vier Monate alle fest aufeinander verlassen können. Das geht nur mit Mitarbeitern, die flexibel und kreativ sind und die improvisieren können. Genau diese Eigenschaften sind ein hervorragender Nährboden für Innovativität.

Coronapandemie befeuerte Innovationskraft

Während der Coronapandemie konnten die Spezialisten der DRS plötzlich nicht mehr reisen. Wie sollten sie nun Hagelschäden in Übersee reparieren? „Wir hatten die Wahl, zu resignieren oder Gas zu geben“, sagt Stepputis. Die gesamte Belegschaft gab Gas – und dachte das Geschäftsmodell neu. So fing man an, mit Freelancern im Ausland zu kooperieren und sie in der eigenen Technologie zu coachen. Man baute eine Plattform auf, richtete ein TV-Studio ein und drehte Schulungsvideos. Auch begann man die Prozesse zu digitalisieren und eine neue CAM-Software einzuführen, die die Produktion, das Projektmanagement, das Monitoring und die Buchhaltung vereinfacht. „Corona war für uns ein Brandbeschleuniger. Vorher lief alles gut, und wir haben unsere Komfortzone nicht wirklich verlassen. Dann änderte sich über Nacht die Welt. Heute haben wir die digitale Transformation so weit vorangebracht, dass wir besser dastehen als vor der Pandemie.“

Enormes Wachstum

Die Teams des Unternehmens arbeiten jetzt agil. Ein Mitarbeiter hat sich zum Beispiel zum Scrum-Master ausbilden lassen, um schneller von der Planung in die Realisierung zu kommen. „In unserer Branche gilt nicht das übliche ‚Groß frisst Klein‘, sondern ‚Schnell frisst Langsam‘“, sagt Danny Ralf Stepputis. Dank der vielen Innovationen zählt die DRS Hagelschaden GmbH heute zu den internationalen Branchenführern. Allein 2022 hat sie vier Wettbewerber aufgekauft und drei Unternehmen neu gegründet. Mag sein, dass dieser Mittelständler immer noch eher klein als groß ist – aber er ist eben auch sehr schnell.

DRS Hagelschaden GmbH
20457 Hamburg
www.drs-group.com
Beschäftigte (D): bis 50
Automobilzulieferer/Fahrzeugbau

Geschäftsführer
Danny Ralf Stepputis

Funk ist einer der führenden internationalen Versicherungsmakler und Risikoberater mit deutschen Wurzeln.

Funk Gruppe GmbH

★★

Netzwerk hält Ideen zusammen

1879 gründete Theodor Funk in Berlin eine Generalagentur mit dem Schwerpunkt auf Transportversicherungen. Daraus ist mittlerweile ein internationaler Versicherungsmakler und Risk-Consultant mit mehr als 1.500 Beschäftigten an 36 Standorten im In- und Ausland geworden. Die Funk Gruppe GmbH wird in fünfter Generation geführt. Das Top-Management hat heute das Thema Innovation mehr denn je im Blick. Gute Ideen werden über ein internes Innovationsnetzwerk in die richtigen Prozesse gelenkt, damit daraus Neues entstehen kann.

Und das läuft so: Über das Intranet reichen Mitarbeiter ihre Vorschläge ein. Das Innovationskernteam, bestehend aus Vertretern unterschiedlicher Bereiche, prüft jede Idee. Soll sie weiterverfolgt werden, erfolgt das entweder in der Linie oder im Innovationsnetzwerk. Eine Innovationsinitiative entwickelt dann in kurzer Zeit ein Konzept oder einen Prototypen. Sind längere Entwicklungszeiten nötig, werden Projekte aufgesetzt. Zwei Vertreter aus der Geschäftsführung sind Mitglied im Innovationskernteam, sodass gute Ideen bei Bedarf schnell in Projekte verwandelt werden können.

Perfekte Prozesse

„Wir gestalten unsere Prozesse sehr transparent. Auf diese Weise können alle im Haus jederzeit sehen, wer an der Idee arbeitet, wie weit sie fortgeschritten ist und wie man sich beteiligen kann", erklärt die Geschäftsführerin Dr. Anja Funk-Münchmeyer. Das Innovationsnetzwerk verfolgt einen interdisziplinären Ansatz. „Die Mitwirkenden arbeiten experimentell und mit innovativen Methoden. Scheitern ist ausdrücklich erlaubt", ergänzt sie. Innovationen „denkt" Funk in vielerlei Hinsicht, etwa bei Produkten, der Digitalisierung und auch im Bereich Nachhaltigkeit. Als Systemhaus für Risikolösungen unterstützt Funk die Kunden beispielsweise mit neuen Beratungsdienstleistungen zu Nachhaltigkeitsrisiken. Denn über die Tätigkeit als Versicherungsmakler hinaus bietet Funk Unternehmen auch Beratung im betrieblichen Risikomanagement an. Die betriebliche Altersvorsorge ist eine weitere wichtige Komponente im Dienstleistungsportfolio des Hamburger Mittelständlers.

Digital gut aufgestellt

Die derzeit größte Herausforderung sieht Anja Funk-Münchmeyer in der Digitalisierung der Versicherungsbranche. Bei Funk sollen sowohl die Prozesse als auch die Kommunikation und die Zusammenarbeit mit dem Kunden digitaler werden. So geht es im persönlichen Dialog mit dem Kunden um den Kern der Dienstleistung: die beste Empfehlung. Schon in den vergangenen Jahren hat sich das Unternehmen hier sehr stark aufgestellt. Ein weiterer Trend ist das Thema Nachhaltigkeit. Dies spiegelt sich nicht nur in der Beratung wider, sondern auch intern: Seit dem Jahr 2022 ist die Funk Gruppe klimaneutral.

Funk Gruppe GmbH
20354 Hamburg
www.funk-gruppe.com
Beschäftigte (D): über 200
Finanzdienstleistungen/
Versicherungen

Geschäftsführerin
Dr. Anja Funk-Münchmeyer

Die Gebr. Schütt KG blickt auf eine langjährige Geschichte zurück. 1889 als Zimmerei gegründet, hat sich der Familienbetrieb zu einer leistungsstarken Baufirma mit internationalen Referenzen entwickelt. Ein innovativer Baupartner von A bis Z.

Gebr. Schütt KG (GmbH & Co.)

Nachhaltiger Baustoff

Seit mehr als 130 Jahren ist die Gebr. Schütt KG (GmbH & Co.) mit Holz verbunden: 1889 gründete Johann Schütt eine Zimmerei, heute leitet Tillmann Schütt das Bauunternehmen in fünfter Generation. Nach wie vor setzen die Experten für Industrie- und Gewerbebau mit Sitz in Schleswig-Holstein auf den natürlichen Baustoff Holz. Die Kreislauffähigkeit von Baumaterialien zu verbessern ist ihnen ein großes Anliegen. Um noch nachhaltiger zu arbeiten, pflegen sie viele Netzwerkkontakte.

Ein eigenes Planungsbüro, eine Brettschichtholzproduktion, 200 Mitarbeiter, die sich mit allen Aufgaben rund um den Bau auskennen – bei Schütt erhalten Kunden alles aus einer Hand. „Wir sehen uns als Baupartner von A bis Z, von der Projektentwicklung bis zur schlüsselfertigen Übergabe", betont der Geschäftsführer Tillmann Schütt. Um den Innovationsgedanken in der Unternehmenskultur zu verankern, haben er und sein Führungsteam die Stabsstelle „Programm Management Office", kurz PMO, ins Leben gerufen.

Module eigenverantwortlich bearbeiten

Im PMO erhalten interdisziplinäre Projektteams aus allen Hierarchiestufen verschiedene Module, die sie eigenverantwortlich bearbeiten. Die Themen reichen von Vertrieb, Planung und Baubetrieb über Digitalisierung, Standardisierung und Markenentwicklung bis zu Kundenbeziehung und Bonussystem. Im zweiwöchentlichen Rhythmus berichten alle Teams wiederum dem Vorstand über ihre Fortschritte. Alle drei Monate gibt es ein Reporting für das gesamte Unternehmen, das über eine interne Kommunikations-App an alle verteilt wird. „Die Einrichtung des PMO war für uns ein riesiger Schritt, um die Projektarbeit zu strukturieren", sagt Schütt. Mittlerweile wurde bereits die zweite Runde mit neuen Themen eingeläutet. „Die Mitarbeiter erkennen dadurch, dass wir es mit der Weiterentwicklung ernst meinen, und Innovation wird bei uns zu einer festen Routine", sagt er überzeugt.

Von Start-ups profitieren

Als Quelle für optimierte Prozesse und neue Produkte nutzt der Mittelständler sein großes Netzwerk. Besonders gern arbeitet Schütt mit Start-ups zusammen, die sich mit nachhaltigem Bauen beschäftigen. Durch die Teilnahme an diversen internationalen Branchentreffen erfahren die Holzexperten zudem von neuen Trends und Entwicklungen. Und auch aus der Zusammenarbeit mit Partnerfirmen ergeben sich immer wieder neuer Input und frische Ideen. So plant man aktuell zum Beispiel gemeinsam, Schnittstellen zwischen den Gewerken zu vereinheitlichen, um die Arbeit auf dem Bau zu erleichtern. Alles mit dem Ziel, die Baubranche nachhaltiger zu machen.

Gebr. Schütt KG (GmbH & Co.)
25572 Landscheide/Flethsee
www.schuett-holzbau.de
Beschäftigte (D): 51 bis 200
Baugewerbe/Handwerk

Geschäftsführer
Tillmann Schütt

TOP 100

TOP 100 TOP 100 TOP 100 TOP 100
TOP 100 TOP 100 TOP 100 TOP 100 TOP 100
TOP 100 TOP 100 TOP 100 TOP 100 TOP 100
TOP 100 TOP 100 TOP 100 TOP 100 TOP 100
TOP 100 TOP 100 TOP 100 TOP 100 TOP 100
TOP 100 TOP 100 TOP 100 TOP 100 TOP 100
TOP 100 TOP 100 TOP 100 TOP 100 TOP 100

GPI Consulting GmbH

★★

Hilfe zur Selbsthilfe

Gestartet sind die Hamburger Berater 2009 als „Übersetzer" an der Schnittstelle zwischen Informationstechnik und Fachabteilung. Heute konzentriert sich die GPI Consulting GmbH voll und ganz auf das Thema digitale Transformation. Das inhabergeführte Beratungshaus bringt einiges an technologischem Know-how mit und hilft damit seinen Klienten, sich an neue Marktentwicklungen anzupassen. Das engagierte Top-Management des Mittelständlers sorgt stets für gut laufende Innovationsprozesse bei den knapp 50 Beschäftigten.

„Wir wollen mit unseren Kunden die Zukunft in die Gegenwart holen", fasst die Geschäftsführerin Sarah Ickert die Arbeit der Berater zusammen. Damit das gelingt, müssen sie ihren Klienten immer einen Schritt voraus sein. Deshalb sorgt das dreiköpfige Geschäftsführerteam dafür, dass die Belegschaft Raum und Ressourcen bekommt, um sich entsprechend mit Innovationen beschäftigen zu können. „Dabei üben wir keinen Druck aus", betont Ickert. „Nicht alle müssen ständig gute Ideen haben. Oft ist vielmehr ihr Expertenwissen für die Realisierung hilfreich."

Business-Development sammelt Ideen

Zentrale Anlaufstelle für Verbesserungsvorschläge ist die Abteilung Business-Development. Hier laufen alle Ideen zusammen, die zum Beispiel im Rahmen des viermal pro Jahr stattfindenden Office-Day gesammelt wurden. Hier besetzen statt der Geschäftsleitung die Mitarbeiter die Agenda mit wichtigen Innovationsthemen. Auch die Praxisteams, die sich mit Agilität, Trends, entsprechender Weiterbildung und Diversität beschäftigen, liefern immer wieder Input. „Und natürlich entwickeln Inhalte aus Kundenterminen auch oft eine eigene Dynamik", sagt Sarah Ickert. Die Zusammenarbeit unter den Kollegen erfolgt dabei häufig digital. Denn um Ressourcen zu sparen, haben zwei der drei Standorte des Beratungsunternehmens keine angemieteten Büroräume mehr, zumal die Berater ohnehin häufig beim Kunden sind. Stattdessen setzt das innovationsfördernde Top-Management auf die Möglichkeit, vom Homeoffice aus zu arbeiten, sowie auf flexibel gestaltbare Coworking-Plätze.

Die Menschen mitnehmen

Die Innovationsstrategie der Führungsriege lautet: „Wir wollen nicht nur innovativer, sondern auch effizienter werden." Statt sich als Berater im Kundenbetrieb unverzichtbar zu machen, setzen die Geschäftsführer vielmehr auf Hilfe zur Selbsthilfe. „Wir verkaufen dem Kunden keine Standardlösungen", erklärt Ickert. „Wir kennen die Technologietrends, aber nicht jeder Trend passt zu jedem Unternehmen." Die Aufgabe der Berater sei es, zu bewerten, was eine Organisation braucht, und die Menschen bei der Einführung mitzunehmen. Nur so seien nachhaltige Erfolge möglich.

GPI Consulting GmbH
22335 Hamburg
www.gpi-consulting.de
Beschäftigte (D): bis 50
IT-Entwicklung/-Beratung

Geschäftsführer
Dimitrios Horozidis,
Sarah Ickert,
Roberto Richter

Seit mehr als 75 Jahren erarbeitet Harms & Wende Lösungen für die Widerstands- und Reibschweißtechnik sowie für die Qualitätssicherung bei diesen Schweißverfahren. Damit will das Unternehmen in der Elektronikbranche die Benchmark sein.

Harms & Wende GmbH & Co. KG

Inspiration schweißt zusammen

Sie befinden sich überall: am Einkaufswagen, an Baustahlmatten, an der Karosserie von Autos. Die Rede ist von Schweißpunkten. Die Chance, dass einer dieser Punkte mithilfe der Steuerungstechnik der Harms & Wende GmbH & Co. KG in Hamburg gesetzt wurde, ist groß. Der Mittelständler beliefert Maschinenbauer von Schweißrobotern ebenso wie Anwender von Schweißtechnik. Der Geschäftsführer ist eng in den Innovationsprozess eingebunden und Vorbild für den hohen Qualitätsanspruch der Produkte.

30 der 120 Beschäftigten des Unternehmens arbeiten in der Entwicklung. Eine so hohe Quote an kreativen Köpfen, darunter Ingenieure, Physiker und Informatiker, bringt ständig neue Ideen hervor. Das passt zur Innovationsstrategie der Geschäftsleitung: „Wir wollen in unserer Branche die Benchmark in der Fügetechnik sein", erklärt der Geschäftsführer Ralf Bothfeld. Die strategischen Planungen dazu, wie dieses Ziel ganz konkret erreicht werden soll, werden transparent im Unternehmen kommuniziert.

Megatrends als Inspirationsquelle

Bei der Fünf-Jahres-Planung schauen sich das Top-Management und die Bereiche Entwicklung und Vertrieb die aktuellen Megatrends in der Gesellschaft an und leiten daraus ab, wie sich die Anforderungen im Markt in Zukunft vermutlich verändern werden. Dabei hat das Unternehmen auch das Thema Nachhaltigkeit auf dem Radar: Neuartige Stahl- und Aluminiumverbindungen sollen Autos leichter machen. Dieses neue Material erfordert wiederum neue effiziente Schweißtechniken, die der Mittelständler folglich für seine Kunden entwickelt. Als Geschäftsführer ist Bothfeld nach wie vor stark in die Entwicklungsprozesse involviert. Impulse für Innovationen erhält er unter anderem, weil er im Deutschen Verband für Schweißtechnik der Ansprechpartner für Universitäten und Institute ist. Aber auch viele internationale Netzwerke sowie die Beteiligung an europäischen Forschungsprojekten inspirieren ihn zu Neuerungen.

Selbsterklärende Bedienoberflächen

Als Herausforderung für seine Branche sieht Ralf Bothfeld zum einen die Digitalisierung und den Einsatz künstlicher Intelligenz. Die dafür nötige Datenerhebung erfolgt bereits in den Systemen von Harms & Wende. Zum anderen nennt der Geschäftsführer die Demografie: Schweißanlagen müssen künftig einfacher zu bedienen sein, damit nicht mehr nur Fachkräfte damit umgehen können, die auf dem Markt schwer zu bekommen sind. Eigens entwickelte, selbsterklärende Bedienoberflächen sollen hier helfen. Die angestrebten Benchmarks wurden also bereits gesetzt.

Harms & Wende GmbH & Co. KG
21079 Hamburg
www.harms-wende.de
Beschäftigte (D): 51 bis 200
Elektronik/Elektrotechnik

Geschäftsführer
Ralf Bothfeld

Heinrich Meyer-Werke Breloh GmbH & Co. KG

An die nächsten Generationen denken

Den Grundstein für das Unternehmen legte der Zimmermannsmeister Hans Christoph Meyer 1836. Heute werden die Heinrich Meyer-Werke Breloh GmbH & Co. KG in der sechsten und siebten Generation geleitet. Vater und Sohn fungieren im Top-Management als Innovationstreiber. Der Familienbetrieb fertigt Fenster und Türen, Carports, Terrassenüberdachungen und Gartenschränke sowie in einem Beteiligungsunternehmen Kalksandsteine in allen Variationen – alles made in Germany.

„Seit mehr als 185 Jahren haben wir uns weiterentwickelt – und das werden wir auch weiterhin tun“, betont der Geschäftsführer Heinrich Moritz Meyer. Gemeinsam mit seinem Vater diskutiert er auf verschiedenen Ebenen regelmäßig darüber, wie die Baubranche in Zukunft aussehen wird und wie man das Bauen effizienter machen kann. Viele Ideen stammen aus dem engen Kontakt der Geschäftsleitung mit den Kunden. Das Innovationsmanagement liegt in ihren Händen. „Wir entscheiden sehr flexibel und schnell, welche Innovationsprojekte wir verfolgen, und organisieren die dafür nötigen Ressourcen“, erklärt Heinrich Moritz Meyer.

Co-Creation mit Kunden und Zulieferern

Die größten Herausforderungen sehen die Geschäftsführer im Fachkräftemangel und bei den steigenden Preisen für Baumaterialien. Daher konzentrieren sie sich mit ihrer Firma stark auf modulares Bauen: Vorgefertigte Teile anzuliefern, statt Einzelteile an der Baustelle zusammenzusetzen – das spart Zeit, Geld und Manpower. Hierbei hilft auch das neuartige HM-Modul, das sämtliche Teile, beispielsweise Fenster, Beschattungssysteme und Lüftung, enthält und wie ein XL-Stein per Kran im Neubau versetzt und vermauert werden kann. „Die Idee kam von der Geschäftsleitung. Wir haben sie mit einem Kunden kurzfristig ausprobiert und anschließend weiterentwickelt“, erklärt Heinrich Volker Meyer. Diese Art von Co-Creation hat ein Ziel: Stets Vorreiter beim Thema Bauen zu sein — und genau so lautet auch die Innovationsstrategie der Unternehmensleitung.

Nachhaltigkeit als Innovationsthema

Darüber hinaus ist dem Führungsteam Nachhaltigkeit besonders wichtig. Energie- und Rohstoffeffizienz sind Kerninnovationsthemen. So wird zum Beispiel seit einiger Zeit beim Fensterbau weniger Stahl verwendet, weil das Material einen hohen CO_2-Abdruck hinterlässt. Stattdessen setzt man auf Kleberoboter. Dass das Familienunternehmen zudem nachhaltige Forstwirtschaft betreibt, passt gut ins Bild. „Auch hier denken wir, wie bei allem, was wir tun, immer an die nächste Generation“, betonen Vater und Sohn.

Heinrich Meyer-Werke Breloh GmbH & Co. KG
29633 Munster
www.hm-werke.de
Beschäftigte (D): über 200
Baugewerbe/Handwerk

Geschäftsführer
Heinrich Volker Meyer und
Heinrich Moritz Meyer

KROMI Logistik AG

Weltweites Werkzeugmanagement

Wo Metall verarbeitet wird, müssen regelmäßig Werkzeuge eingekauft, gelagert und nachbestellt werden. Die KROMI Logistik AG hat sich auf das digital optimierte Werkzeugmanagement für Zerspanungsbetriebe spezialisiert und verfügt weltweit über Standorte. Dank einer guten Organisation und innovativer Prozesse gelingt es dem Unternehmen, lokal präsent zu sein. Dazu tragen vor allem die Mitarbeiter bei, die im Rahmen eines fruchtbaren Innovationsklimas vor Ort Lösungen für die Kunden entwickeln.

Das Besondere am Portfolio der KROMI Logistik AG ist, dass es nicht nur die Lieferung von Zerspanungswerkzeugen umfasst, sondern auch die digitale Analyse aller mit dem Werkzeug verbundenen Produktionsdaten. So bindet das „Toolmanagement 360 Grad" alle Services mit ein: Einkauf, Logistik, Datenanalyse und technologische Überwachung. „Um die Werkzeugqualität und die Produktionskosten für unsere Kunden zu optimieren, behalten wir täglich große Datenmengen im Blick", sagt der Vorstand Bernd Paulini.

Gut organisiert dank digitaler Prozesse

Im Kernmarkt Deutschland verfügt KROMI über vier Standorte, sechs weitere sind es in Europa und vier in Brasilien. „Unsere Mitarbeiter sind geografisch weit verteilt und orientieren sich stets am Markt des jeweiligen Landes", erklärt der zweite Vorstand Christian Auth. Deshalb ist es für die Projektleiter des Unternehmens selbstverständlich, mithilfe von Cloudsystemen oder digitalen Projektmanagementtools zusammenzuarbeiten. „Unser Teamleiter für den Standort Slowakei arbeitet zum Beispiel von Hamburg aus", ergänzt Bernd Paulini. Prinzipiell sind die Ingenieure von KROMI jeden Tag in den Kundenunternehmen im Einsatz und entwickeln vor Ort gemeinsam mit dem Kunden schnell und flexibel Lösungen. Müssen komplexe Projekte mit hohem organisatorischem Aufwand realisiert werden, koordiniert das Projektmanagementbüro am Hauptstandort die Prozesse.

Selbstständiges Handeln macht kreativ

An den jeweiligen Standorten agieren die Mitarbeiter selbstständig und unabhängig, sie arbeiten in ihrem Geschäftsalltag mit ihren Kundenbetrieben eng vernetzt zusammen. „Unsere Beschäftigten vor Ort haben viel Freiheit und lösen beinahe täglich Probleme für die Kunden", sagt Bernd Paulini. Im Rahmen dieser Zusammenarbeit entwickelte zum Beispiel ein Mitarbeiter eine Applikation, die Standzeiten von Werkzeugen und Prozessfehler überwacht – zur großen Zufriedenheit des Kunden. Bald soll eine zentrale Plattform verwirklicht werden, um die vielen Ideen zu sammeln, die täglich in der Belegschaft aufkommen. Die KROMI Logistik AG zeigt damit, dass Innovation jede Distanz überwinden kann.

KROMI Logistik AG
22419 Hamburg
www.kromi.de
Beschäftigte (D): 51 bis 200
Engineering

Vorstände
Christian Auth und
Bernd Paulini

LG Industriebauservice GmbH

Hallenbau aus einer Hand

Ob für Industrie oder Gewerbe, für Sport oder Landwirtschaft: Hallen sind die ideale Bauform für viele Einsatzgebiete. Die LG Industriebauservice GmbH hat sich dem Hallen- und Stahlbau verschrieben und ihn geradezu perfektioniert. So hat sich beispielsweise der schlüsselfertige Hallenbau mit nachhaltigem Fußabdruck als lukrativer Innovationserfolg erwiesen. Mit ein Grund dafür ist die Offenheit für neue Ideen aus der Energieforschung und der Wissenschaft.

Seit seiner Gründung 2010 ist das Unternehmen rasant gewachsen und hat dabei sein Portfolio ständig erweitert: vom Stahltorbau über die Fassadenverkleidung bis zum autarken, schlüsselfertigen Hallenbau. Aus der Sicht des geschäftsführenden Gesellschafters Ludger Gerlemann fußt der Erfolg vor allem auf der hohen Motivation seiner Mitarbeiter, die sich schnell in neue Themengebiete einarbeiten. So ist es der LG Industriebauservice gelungen, sich vom Markt unabhängig zu machen und eigene Maßstäbe zu setzen.

Innovationserfolg durch Unabhängigkeit

„Vor unserer Neustrukturierung waren wir in allen Punkten von anderen Gewerken und deren Zeitplänen abhängig“, sagt Gerlemann. „Wir hätten unsere Leistung vielleicht pünktlich erbringen können, aber das Gewerk vor uns nicht.“ Die Lösung des Problems hieß „Alles aus einer Hand“: Vom Stahlbau bis zur technischen Gebäudeausrüstung fertigt oder organisiert das Unternehmen jetzt alles selbst. Dabei achtet die Firmenleitung auf eine nachhaltige Errichtung und eine hervorragende Energieeffizienz der Hallen. Der Umsatz hat sich dadurch in drei Jahren mehr als verdoppelt. Die Kunden schätzen vor allem die Terminsicherheit und die vorausschauende Planung ihrer Gebäude, bei der neue Trends der Energiegewinnung berücksichtigt werden. „Wir bauen die Hallen unserer Kunden stets so, als würden wir sie für uns selbst bauen“, verrät Gerlemann das Motto seines Unternehmens.

Offen für Neues

Wie gut, dass die LG Industriebauservice selbst schon seit 2014 mit Hackschnitzeln heizt und ihren eigenen Strombedarf durch Sonnenlicht deckt! Die Offenheit für neue Ideen bestimmt auch die Zukunftsplanung der Firma. So will der Geschäftsführer in den nächsten Jahren zum Beispiel verstärkt nachhaltige Baustoffe einsetzen, etwa Mineralwolle oder recycelbare Plastikkomponenten. Auf Messen wie der EXPO REAL in München wird der Mittelständler bei der Ideensuche fündig. Und bei der Suche nach neuen Mitarbeitern ist Instagram die erste Wahl. Neue Mitarbeiter wird die innovative LG Industriebauservice GmbH auch 2023 wieder dringend brauchen, um all die gesammelten Ideen realisieren zu können.

LG Industriebauservice GmbH
48488 Emsbüren
www.lg-industriebau.de
Beschäftigte (D): 51 bis 200
Baugewerbe/Handwerk

Geschäftsführer
Ludger Gerlemann

NSB Niederelbe Schiffahrtsgesellschaft mbH & Co. KG

★★

Auf Kurs Richtung Zukunft

Volle Fahrt voraus! Schon vor einigen Jahren hat die NSB Niederelbe Schiffahrtsgesellschaft mbH & Co. KG im niedersächsischen Buxtehude einen Transformationsprozess angestoßen. Seitdem dringt der Mittelständler aus der maritimen Industrie stetig in neue Dimensionen vor. Zusätzlichen Schwung brachte die neue Eigentümerstruktur: NSB ist zu einem echten Familienunternehmen geworden, das mit Universitäten kooperiert und in Start-ups investiert. Das positive Innovationsklima ist geprägt durch Offenheit für stetigen Wandel.

In gleich drei der TOP 100-Bewertungskategorien überzeugt das Unternehmen ganz besonders: im „innovationsfördernden Top-Management, im „Innovationsklima“ und in der „Außenorientierung“. Seit Januar 2022 wird der Mittelständler, der bis dahin vier Gesellschafter hatte, von einem einzigen Gesellschafter gesteuert. Da der Firmenmitgründer Helmut Ponath sämtliche Anteile für seine Familie erwarb, hat der Geschäftsführer Tim Ponath nun alle Möglichkeiten, den Wandel weiter zu forcieren — weg vom reinen Bereederungsunternehmen, das Tanker sowie Containerschiffe managt und Schiffsneubauten betreut, hin zu einem umfassenden maritimen Dienstleister, der auch als Business-Angel und Investor aktiv ist.

Top-Management immer offen für neue Ideen

„Es gehört zu unserer Strategie, uns sehr bewusst mit dem Wandel und mit digitalen Lösungen auseinanderzusetzen und die Innovationskultur im Haus zu fördern“, erläutert Tim Ponath. Die Mitarbeiter werden ermutigt, stets neue Ideen einzubringen, unter anderem durch ein neues Ideenmanagementtool, und wer Vorschläge macht, der findet Gehör. Es gibt eine sehr hohe Bereitschaft, sich Neuerungsideen anzuhören und sich damit auseinanderzusetzen. Kreative Impulse kommen direkt aus der Belegschaft, aber auch von außen, etwa durch die vielen Studenten und Studentinnen aus verschiedenen Fachbereichen, die bei NSB ihre Abschlussarbeiten schreiben und anschließend oft übernommen werden.

Business-Angel und Co-Creator

Einzigartig in der Branche ist die Bildungspartnerschaft des Unternehmens mit der World Maritime University in Malmö: Studierende der Universität können ihre Masterarbeiten bei NSB in Buxtehude schreiben – und NSB-Manager halten Vorlesungen in Malmö. Neue Wege geht der Mittelständler auch bei seiner Tätigkeit als Business-Angel. Hier versteht er sich als Co-Creator für neue Geschäftsmodelle: Er begleitet Digital-Start-ups auf dem Weg zum Markterfolg und bündelt diese Aufgaben im Geschäftsbereich „zero 2 one“. Dieses Geschäftsfeld nimmt derzeit gewaltig an Fahrt auf – wie vieles andere im Rahmen dieser umfassenden Transformation.

NSB Niederelbe Schiffahrts-gesellschaft mbH & Co. KG
21614 Buxtehude
www.nsb-group.com
Beschäftigte (D): 51 bis 200
Schifffahrt/Schiffsbau

Geschäftsführer
Tim Ponath

OCC Assekuradeur GmbH

★★★

Zurück auf der Überholspur

Auch ein etabliertes Unternehmen, das in seinem Marktsegment führend ist, kann in eine Sackgasse geraten. So erging es vor rund vier Jahren der OCC Assekuradeur GmbH, Deutschlands führendem Versicherer für Oldtimer. Das Unternehmen hatte bei der Digitalisierung aufs falsche Pferd gesetzt, viele Prozesse waren nicht mehr zeitgemäß. Seit das Top-Management komplett neu aufgestellt worden ist, hat sich das geändert – der Mittelständler fährt jetzt wieder mit voller Kraft auf der Überholspur.

Wer Wandel initiiert, stößt nicht nur auf Begeisterung, sondern auch auf Skepsis und Ängste. Das musste auch das Managementteam um Marcel Neumann und Christian Pursch erfahren, das gemeinsam mit Nina Schmal und Andreas Vietor die Geschicke des Unternehmens lenkt. Doch wer Veränderungen konsequent und tatkräftig vorantreibt, erntet schließlich auch ihre Früchte – und kreiert somit Neuerungen, die das Unternehmen erfolgreicher und die Mitarbeiter zufriedener machen.

Attraktiv für kreative Köpfe

Dem Engagement des Top-Managementteams ist es zu verdanken, dass sich die OCC in Sachen Digitalisierung und Community-Building inzwischen zum Vorreiter der Branche entwickelt hat. Dadurch ist der Mittelständler zudem als Arbeitgeber für kreative Köpfe und sogar für die Vordenker und „Rockstars" der Branche interessant und attraktiv geworden. Ein Nebeneffekt des Erfolgs: Auch wenn etliche altgediente Mitarbeiter anfangs skeptisch waren, ist die generelle Mitarbeiterzufriedenheit im Unternehmen inzwischen deutlich gestiegen.

Top-Management zündet Innovationsfeuerwerk

„Wir sind die einzige Marke in der Versicherungswelt, die eine Community aufgebaut hat, die weit mehr als nur Versicherungen umfasst. Dazu zählt zum Beispiel auch ein Magazin und ein umfangreicher Onlineshop", berichtet Marcel Neumann, der in der Geschäftsführung für Digitalisierung, Produktentwicklung, Marketing und Vertrieb zuständig ist. Der neue Ansatz des Top-Managements umfasst aber noch viel mehr: beispielsweise die Automatisierung der Kundenbetreuung, inklusive automatischer Erinnerung an regelmäßige Wertanpassungen. Hinzu kommen noch attraktive Zusatzangebote, von der Diebstahlsicherung bis zur Verkaufsanzeige, sowie ein neu aufgebautes professionelles Qualitätsmanagement für den Kundenservice und eine eigene Wallet-Lösung, mit der die Kunden im Schadensfall ihre Versicherungsdaten per QR-Code übermitteln können. Weitere Innovationen, da kann man sich sicher sein, hat die OCC-Geschäftsführung bereits in der Pipeline.

OCC Assekuradeur GmbH
23558 Lübeck
www.occ.eu
Beschäftigte (D): 51 bis 200
Finanzdienstleistungen/
Versicherungen

Mitglied der Geschäftsleitung
Marcel Neumann

OQmented GmbH

Neue Perspektiven im Metaverse

Technologische Fortschritte ermöglichen neue Kommunikationsprodukte für das Metaverse – ein digitales Aktionsfeld, das ein Zusammenwirken von physischer, erweiterter und virtueller Realität erlaubt. Internationale Resonanz in diesem Markt finden die Technologien der OQmented GmbH. Ein impulsgebendes Top-Management führt das junge Start-up zu Innovationserfolgen mit bedeutendem Zukunftspotenzial. Im Rahmen seiner Außenorientierung finden derzeit Gespräche mit zahlreichen potenziellen Partnern statt.

Mit innovativen Technologiekonzepten für die Anwendungsgebiete Augmented Reality, Mikroprojektion und 3-D-Tiefenmessung zielt das junge Unternehmen vor allem auf das weite Feld der Unterhaltungselektronik ab. Darüber hinaus sind auch kreative Funktionen für weitere Zielmärkte denkbar, beispielsweise im Automotivebereich. Zu den jüngsten Innovationserfolgen zählen ultrakompakte Laserstrahl-Scanning-Anzeigesysteme für Augmented-Reality-Geräte und 3-D-Sensorik für mobile und stationäre Einsatzfelder.

Wachsendes Interesse der Industrie

„Wir verzeichnen seit geraumer Zeit ein wachsendes Interesse der Produktmarktführer. Deshalb streben wir aktuell eine akkurate Integration unserer Technologie in Datenbrillen für Augmented Reality an", sagt der Geschäftsführer Thomas von Wantoch. Für die Entwickler geht es dabei um besonders kleine und leichte Komponenten, die sich optimal in moderne Brillendesigns integrieren lassen. Einen bemerkenswerten Erfolg verzeichnete das Entwicklerteam mit der Integration einer Steuerung, die sich zu einem vollständigen System ausbauen lässt. „Das ist eine einzigartige Innovation, die uns vom Komponentenentwickler zum Systementwickler gemacht hat", fügt der Geschäftsführer Ulrich Hofmann hinzu.

Starke Position im Wettbewerb

Eine auch langfristig starke Position im internationalen Wettbewerb steht in der Unternehmensstrategie an erster Stelle. Nachdem die beiden Geschäftsführer mit einer einzigartigen Technologie den Grundstein für eine international führende Marktposition gelegt haben, geht es jetzt darum, weitere Technologien voranzutreiben und in Zusammenarbeit mit Partnern die Produktvisionen zu realisieren. Dazu liefert das Top-Management kontinuierlich neue Impulse an die Entwicklungsteams. Zusätzlich sind hohe Investitionen in die Entwicklungsarbeit vorgesehen, mit der das Start-up unter anderem ein innovatives Messsystem für 3-D-Objekte vorantreibt. Potenzielle Produktpartner sucht OQmented vor allem außerhalb Europas – in den Wachstumsmärkten Asien und USA.

OQmented GmbH
25524 Itzehoe
www.oqmented.com
Beschäftigte (D): 51 bis 200
IT-Entwicklung/-Beratung

Geschäftsführer
Thomas von Wantoch
und Ulrich Hofmann

Plansysteme Gesellschaft für Softwareentwicklung mbH

3-D-Kommunikation der Zukunft

Wie wäre es, statt der Reise zum Kundentermin eine Augmented-Reality-Brille aufzusetzen und im Gespräch dann anschauliche 3-D-Modelle im virtuellen Raum zu teilen? Als ein internationaler Vorreiter hat sich die Plansysteme Gesellschaft für Softwareentwicklung mbH auf Mixed-Reality-Technologien und -Apps spezialisiert. Das Top-Management ist international vernetzt und kann so Innovationen in neuen Märkten positionieren. Mittels eines innovationsfreundlichen Klimas fördert man eigenverantwortliche Projekte.

Seit mehr als 20 Jahren entwickelt dieser Softwarespezialist maßgeschneiderte Programme für die Industrie. Seine Kernkompetenz ist die 3-D-Technologie, auf deren Basis Produkte für Augmented- und Virtual-Reality-Prozesse entstehen. So bietet etwa die Plattform „HoloDesk" ein 3-D-Kollaborationssystem, mit dem Unternehmen 3-D-Modelle präsentieren, prüfen und kommentieren können. „In ähnlicher Weise sind auch 3-D-Prozesse möglich, die Auskunft über den Zustand von Maschinen geben oder räumliche Konzepte erfahrbar machen", erläutert der Gründer und Geschäftsführer Ulrich Bönkemeyer.

Agile Methoden

Das Innovationsklima zeichnet sich durch flache Hierarchien und kurze Entscheidungswege aus. Die Softwareentwickler nutzen agile Methoden wie Kanban-Boards, um gemeinsam an Kundenprojekten und an innovativen Konzepten zu feilen. In der konstruktiven Atmosphäre zählen der Teamgedanke und ein intensiver Austausch genauso wie die Freude daran, elegante Lösungen nach den neuesten technologischen Standards zu entwickeln. In diesem Rahmen können die Mitarbeiter bei Bedarf auch eigenverantwortlich Projekte realisieren, für die sie zugleich das Budget verantworten. So entstand in jüngster Zeit erstmals ein eigenes Leitsystem für eine Anlagensteuerung, die seither die Produktqualität optimiert.

Internationale Kooperationen

Um die Neuerungen in zukünftigen Produkten und Märkten zu positionieren, ist das Top-Management mit verschiedensten Branchenvertretern und Herstellern weltweit im Gespräch. Darüber hinaus ist Plansysteme einer von weltweit nur 34 Microsoft-zertifizierten Mixed-Reality-Partnern und unterhält einen regen Austausch mit anderen Partnern dieser Gemeinschaft. Ulrich Bönkemeyer betont: „Wir stehen seit mehr als 20 Jahren im Dienst unserer industriellen Kunden und stimmen unsere Produkte exakt auf diesen Markt ab. Das gilt auch für die Zukunftstechnologie Augmented Reality. Wir sind überzeugt davon, dass sie das Kommunikationsmedium der Zukunft sein wird."

Plansysteme Gesellschaft für Softwareentwicklung mbH
20097 Hamburg
www.plansysteme.com
Beschäftigte (D): bis 50
IT-Entwicklung/-Beratung

Geschäftsführer
Ulrich Bönkemeyer

Q1 Energie AG

★★

Mit Energie und Mobilität punkten

Ein klimaneutrales Produktportfolio bis 2035 – das ist das ambitionierte Ziel der Q1 Energie AG. Eigens dafür entwickelte der mittelständische Energie- und Mobilitätsdienstleister den Geschäftsbereich „Nachhaltige Energien", aus dem heraus innovative Lösungen rund um E-Mobilität und Flüssigerdgas entstehen. In diesem Zusammenhang identifizierte das Unternehmen, dessen positives Innovationsklima im TOP 100-Wettbewerb besonders gut bewertet wurde, außerdem E-Fuels und Wasserstoff als weitere Möglichkeiten zukunftsorientierter Antriebsstoffe.

„Qualität zuerst", so lauten Philosophie und Markenversprechen der in Osnabrück ansässigen Q1 Energie AG. Schon früh machte sich das Unternehmen vom reinen Kraftstoffbereich unabhängig. Flache Hierarchien und eine familiäre Atmosphäre prägen außerdem das fruchtbare Innovationsklima. Auch Transparenz, Agilität und Zukunftsgewandtheit definieren die Firmenkultur. „Mit den Freiräumen, die wir unseren Mitarbeitern anbieten, steigern wir ihre Identifikation mit dem Unternehmen", erläutert der Vorstand Frederick Beckmann. Aus diesem positiven Innovationsklima heraus entwickelte die IT-Abteilung des mittelständischen Betriebs zum Beispiel eine Software für ein Preisanalyse-Tool für Tankstellen.

Die Mobilität der Zukunft gestalten

Kurze Entscheidungswege führen dazu, dass neue Ideen den notwendigen Raum zur Entfaltung erhalten und schnell realisiert werden können. Das innovationsfördernde Umfeld wird verstärkt durch die enge Verbindung mit dem „SmartCityHouse", welches im Hafencampus der Unternehmenszentrale beheimatet ist. Sämtliche Mitarbeiter profitieren von dem regen Austausch mit den dort ansässigen Start-ups. Das Innovationsmanagement der Q1 Energie AG ist integraler Bestandteil im Firmenalltag. „Der 2021 gegründete Geschäftsbereich ‚Nachhaltige Energien' ist unser Innovationsmotor und wirkt als Schnellboot für die Transformation unserer klimafreundlichen Aktivitäten", erklärt Beckmann. Damit will das Top-Management die Mobilität der Zukunft aktiv gestalten.

Top-Management setzt auf E-Fuels und Scanner

Im nächsten Schritt will man neben Wasserstoff auch synthetische Kraftstoffe, sogenannte E-Fuels, etablieren. Der neuartige Sprit verbindet CO_2 mit grünem Wasserstoff in einem komplexen chemischen Verfahren zu einem Treibstoff. Das Unternehmen hat auch schon eine Vision von der Tankstelle der Zukunft – weg von den klassischen Kassierprozessen, hin zu mehr Aufenthaltsqualität. So sollen die Mitarbeiter in der Beratung eingesetzt werden statt an der Kasse. „Ein spezielles Kamerasystem erfasst dafür das Verhalten der Kunden und fungiert als Scanner", deutet Frederick Beckmann seine Vision an.

Q1 Energie AG
49090 Osnabrück
www.q1.eu
Beschäftigte (D): über 200
Energie

Vorstand
Frederick Beckmann

SALT AND PEPPER Holding GmbH & Co. KG

Wegbegleiter in die Zukunft

Engineeringdienstleistungen, Consulting, Softwareentwicklung und Weiterbildung aus einer Hand – dafür steht die SALT AND PEPPER Holding GmbH & Co. KG. Das deutschlandweit tätige Unternehmen ist als Fortschrittspartner der Industrie durch ein vitales Innovationsklima geprägt. Dies liegt nicht zuletzt daran, dass die Belegschaft sich durch viele unterschiedliche Berufsbilder auszeichnet. Auch der „Innovators Club" nutzt die Schwarmintelligenz: Mit dem hauseigenen Format lädt man Firmen dazu ein, gemeinsam auf die Suche nach neuen Ideen zu gehen.

„Unsere Mitarbeitenden sind das Kapital, das unseren Wert als Dienstleister ausmacht", sagt Sven Scholz, Vorsitzender der Geschäftsführung. Sein agil organisiertes Unternehmen hat die Vision, den technologischen Fortschritt der Kunden voranzutreiben. Dabei profitiert es von der Vielfalt der Berufsbilder in der Belegschaft: Denn hier finden sich Experten für alle Zukunftsbranchen – ob Automobilbranche, Maschinen- und Anlagenbau, Energiebranche oder Luft- und Raumfahrtindustrie.

Innovation durch Vielfalt

Durch kombiniertes Wissen und unterschiedliche Perspektiven die besten Lösungen zu finden gehört zur DNA des Unternehmens. „In unseren internen Competence-Hubs treffen Ingenieure und Softwareentwickler verschiedener Branchen aufeinander und lernen voneinander", sagt Scholz über das Format, das man den Mitarbeitenden anbietet. Dadurch entstehen zukunftsweisende Lösungen, etwa in Sachen Nachhaltigkeit und künstliche Intelligenz. Die eigene Academy ist ein weiteres Beispiel für die Innovationskraft der Firma: Hier werden die Mitarbeitenden in agilen Methoden und neuartigen Coachingtechniken geschult. So sind sie auf dem neuesten Stand, wenn sie Kunden auf ihrem Weg in die Zukunft begleiten. „Unser Mehrwert besteht darin, unseren Kunden immer schon einen Schritt voraus zu sein", unterstreicht Scholz.

Lernen aus Niederlagen

Als Plattform für neue Ideen hat man einen eigenen „Innovators Club" gegründet. Firmen aller Branchen sind eingeladen, sich in regelmäßigen Treffen auszutauschen, frei nach dem Motto: „Wissen wird mehr, wenn man es teilt!" Dabei geht es erfrischend offen zu: „Neben den Erfolgsstorys gibt es natürlich auch die ‚Fuck-up-Storys', also Geschichten über Niederlagen, aus denen die Teilnehmenden genauso viel lernen können", sagt Scholz mit einem Lachen. Ganz klar, dass die Beschäftigten von SALT AND PEPPER dabei mit gutem Beispiel vorangehen, denn Offenheit und die gemeinsame Suche nach Visionen gehören zu ihren Grundwerten. „Geheimwissen im stillen Kämmerlein zu horten empfinden wir als Ressourcenverschwendung", betont Scholz.

SALT AND PEPPER Holding GmbH & Co. KG
28359 Bremen
www.salt-and-pepper.eu
Beschäftigte (D): über 200
Engineering

Vorsitzender der Geschäftsführung
Sven Scholz

Sea & Sun Technology GmbH

★★

Die Chancensucher

Wenn Prof. Heinz Schelwat Tomaten besorgen will, kommt es schon mal vor, dass er gleich das ganze Gewächshaus kauft. Und dass er darin dann keine Tomaten anbaut, sondern eine besondere Algenart züchtet, um Betacarotin zu gewinnen. Der Geschäftsführer der Sea & Sun Technology, die in allen TOP 100-Bewertungskategorien Bestnoten erzielt, erkennt Chancen dort, wo andere achtlos vorbeigehen. Da bleibt der Innovationserfolg nicht aus.

Quasi über Nacht brach dem Mittelständler der komplette russische Markt weg. Er zählt zu den Weltmarktführern bei der Entwicklung und dem Bau von Spezialsensoren für die supergenaue Messung verschiedenster Parameter im Wasser. Heinz Schelwat reagierte sofort – und suchte nach neuen Kunden und neuen Geschäftsfeldern in Afrika. Dort wird nun unter anderem ein Vulkansee in Ruanda überwacht, aus dem Methan gewonnen werden soll. Verlöre man hier die Kontrolle, wäre das Leben von Millionen Menschen bedroht.

Zehn Großforschungsprojekte

Neuartige Sensoren und Sensorsysteme bauen, die kein anderer in dieser Qualität und Genauigkeit herstellen kann, ist die Spezialität dieses Unternehmens, das in zehn große nationale und internationale Forschungsprojekte eingebunden ist. Zwar sind bei der Sea & Sun Technology nur ungefähr 40 Mitarbeiter beschäftigt, doch insgesamt sind mehr als 140 Wissenschaftler in die laufenden Innovationsprojekte einbezogen, viele davon bei den Kooperationspartnern. Dabei geht es etwa um Unterwasserbergbau, um die Erkennung und Räumung von Seeminen, um Messungen in 12.000 Metern Tiefe und um die Ermittlung der Eisschmelze unterhalb der Polkappen. Dazu gehört aber auch die Überwachung von Unterwasserkabeln, die Daten oder den Strom übertragen, der durch Offshore-Windparks gewonnen wird.

Mit Betacarotin gegen Makuladegeneration

Auf die Zusammenarbeit mit Uni-Krankenhäusern setzt Heinz Schelwat bei einem Projekt, das er seit mehr als zehn Jahren verfolgt und das nun kurz vor dem Durchbruch steht: die Gewinnung des Wirkstoffs Astaxanthin aus der einzelligen Süßwasseralge Haematococcus pluvialis. Die Substanz, die in dieser Qualität niemand sonst in Europa gewinnen kann, enthält Betacarotin und schützt vor Hautkrebs – und höchstwahrscheinlich bewahrt sie Menschen, die an der bislang unheilbaren feuchten Makuladegeneration leiden, auch dauerhaft davor, zu erblinden. Zudem steht ein Nahrungsergänzungsmittel mittlerweile kurz vor der Markteinführung. Die Grundstoffe dafür, man ahnt es, stammen aus Heinz Schelwats Gewächshaus.

Sea & Sun Technology GmbH
24610 Trappenkamp
www.sea-sun-tech.com
Beschäftigte (D): bis 50
Elektronik/Elektrotechnik

Geschäftsführer
Prof. Heinz Schelwat

Secop Group Holding GmbH

Minusgrade mitten in Afrika

Als in Afrika und Südamerika der Impfstoff gegen das Coronavirus zum Einsatz kommen sollte, stand die Weltgesundheitsorganisation WHO vor einem Problem: Wie die Vakzine in den teilweise sehr entlegenen Gegenden kühl halten? Noch dazu ohne Strom? Also bat sie den deutschen Kühlkompressorhersteller Secop Group Holding GmbH um Hilfe. Binnen kürzester Zeit war die „Ultralow Temperature Box" entwickelt. Sie kühlt ihren Inhalt mittels Solarpaneelen auf bis zu –80 °C.

Doch nicht nur die WHO setzt auf die Produkte der Firma mit Sitz in Flensburg. „Vermutlich hatte schon fast jeder Deutsche einmal Kontakt mit unseren Kompressoren für Kühlkreisläufe", meint der Geschäftsführer Dr. Jan Ehlers. Sie kommen in den Truhen und Theken von Restaurants und Supermärkten zum Einsatz, aber auch in Eisspendern und Automaten mit gekühlten Getränken. Im Medicalsegment vertrauen immer mehr Kliniken und Forschungsinstitute auf Kühlsysteme mit Secop-Verdichtern. Bei den Bauteilen für Kühlschränke in Campern, Booten oder Trucks ist das Unternehmen sogar Weltmarktführer.

Innovation strukturell einplanen

Die Geschäftsleitung hat es sich auf die Fahne geschrieben, Innovationen auch zukünftig gezielt zu fördern. „Deshalb haben wir 2022 eine Innovationsmanagerin zu unserem Managementteam dazu geholt", erklärt Ehlers. Sie kümmert sich ausschließlich um Innovationsprojekte und ist bei jedem Meeting mit den Entscheidungsträgern dabei. „Wir verstehen uns als Innovationsführer. Da ist es natürlich wichtig, dass wir uns entsprechend aufstellen." Zweimal pro Jahr werden daher Strategie und Prozesse adaptiert und Ziele neu ausgerichtet. Ein konkretes Beispiel: Bis 2027 will man 45 % des Umsatzes mit Produkten erzielen, die heute noch nicht industrialisiert sind. Im selben Jahr will Ehlers mit der Firma und seinen 1.350 Beschäftigten den Absatz von Produkten mit geringem Energieverbrauch und den von Produkten mit nachhaltigen grünen Kältemitteln auf 65 % erhöht haben.

Un-Struktur schafft Spielraum für Ideen

10 % ihrer Arbeitszeit dürfen die Mitarbeiter aus Forschung, Entwicklung und Engineering auf sogenannte privatberufliche Projekte verwenden und sich Gedanken über Innovationsmöglichkeiten machen. „Auf Wirtschaftlichkeitsanalysen verzichten wir hier. Ideenfindung braucht mitunter eine Un-Struktur, auch, wenn wir normalerweise viel Wert auf strukturierte Prozesse legen", erklärt der Geschäftsführer. Seine Erfahrung: Die Vorschläge für Neuerungen kommen nicht nur aus der F&E-Abteilung, sondern auch und vor allem aus der Anwendungstechnik. Bei der Box, die Impfstoffe selbst in der afrikanischen Savanne auf –80 °C herunterkühlt, war es genauso.

Secop Group Holding GmbH
24941 Flensburg
www.secop.com
Beschäftigte (D): über 200
Klima/Sanitär/Heizung

Geschäftsführer
Dr. Jan Ehlers

Secop ist Experte für hermetische Verdichtertechnologien und Kühllösungen in der gewerblichen Kühlung. Die neueste Innovation des mittelständischen Unternehmens in Flensburg ist der „BD Nano-Verdichter".

Superseven GmbH

Für einen Planeten ohne Plastik

Mehr Plastik als Fische im Meer? Die Superseven GmbH kämpft mit innovativen Produkten gegen dieses Schreckensszenario an. Als erstes Unternehmen in Europa hat das Start-up eine transparente Folienverpackung entwickelt, die komplett aus Naturprodukten besteht. Ein Innovationserfolg, bei dem man geschickt das Prinzip „Open Innovation" nutzte. Dieser Verpackungsspezialist kooperiert immer wieder mit Forschern, Prüfinstituten oder Maschinenbauern und entwickelt neue Technologien für einen plastikfreien Planeten.

Bunt und ansprechend sollen sie sein und leicht zu produzieren – und sie sollen dafür sorgen, dass Kaffee aromatisch und Chips knusprig bleiben. Verpackungen müssen echte Allroundtalente sein. Naturmaterialien wie Papier, Cellulose oder Stärke in diese Alleskönner zu verwandeln erfordert besonders viel Innovationskraft und Pioniergeist. Denn es gibt noch nicht viele passende Technologien und Prozesse. „Wir betreiben ein disruptives Geschäftsmodell und müssen jeden Schritt neu denken", betont der Geschäftsführer Hannes Füting.

Kosmos der Offenheit für Innovationen

Ob Beutel, Säckchen oder Folien, bedruckt, transparent oder opak: Hier bestehen alle Verpackungen zu 100 % aus Naturprodukten und folgen einem natürlichen Kreislauf. Dafür arbeitet das Team konsequent mit Partnern zusammen, etwa mit Forschungsinstituten, Maschinenherstellern und Materialexperten. „Vieles in diesem Bereich wird gerade erst erforscht. Deshalb ist es so wichtig, in den offenen Austausch mit den unterschiedlichsten Akteuren zu treten", betont Füting. Gerade Produktionslandschaften sind oftmals noch nicht auf nachhaltige Verpackungen ausgelegt: „Wir schaffen es zusammen mit führenden Maschinenherstellern, nachhaltige Verpackungslösungen effizient und mit höchsten Taktzahlen in bestehende Produktionsprozesse zu integrieren", erläutert Füting.

No plastic please!

Auch Materialneuerungen sind ein wichtiger Baustein für innovative Verbesserungen. Hierfür kooperiert das schleswig-holsteinische Start-up ebenfalls mit Forschungspartnern. „Wir entwickeln gerade eine natürliche Beschichtung, um den Materialeinsatz unserer Folienverpackung weiter zu reduzieren", erzählt Hannes Füting. Zudem will der Mittelständler einen gesellschaftlichen Wandel gestalten. Daher beteiligt er sich an den Verfahren der europäischen Gesetzgebung, engagiert sich bei der Mitgestaltung von DIN-Normen beim Thema „Zero Waste" und trägt das Thema konsequent in die Öffentlichkeit. Denn es geht der Superseven GmbH um echtes Umdenken – für einen plastikfreien Planeten!

Superseven GmbH
21039 Börnsen
www.superseven.eu
Beschäftigte (D): bis 50
Druck/Papier/Verpackung

Geschäftsführer
Sven Seevers,
Katja Seevers und
Hannes Füting

Treppenbau Plath GmbH

Stufe für Stufe per Smartphone

Digitalisierung und traditionelles Handwerk? It's a match! Denn die Treppenbau Plath GmbH in Kritzow in Mecklenburg-Vorpommern entwickelte gemeinsam mit Forschern eine innovative Software für Handwerker, die viele Betriebe effizienter und digitaler machen könnte. Der Mittelständler nutzt die App schon und kann heute Aufträge besser planen, Mitarbeiter projektbezogen zuteilen und Termine setzen. Seitdem gibt es weniger Fehler und mehr Effizienz im Unternehmen.

Digitalisierte Prozesse sind eher etwas für die Großindustrie als für mittelständische Firmen: Davon war der Geschäftsführer Robert Plath lange überzeugt. Dabei erlebte er jeden Tag hautnah, wie schwerfällig, chaotisch und fehleranfällig analoge Prozesse sein können. „Als ich dann auf einer Messe eine Software für digitale Prozesse entdeckte, war ich total begeistert", erzählt Plath. Aus Zettel und Stift, einer riesigen Plantafel und vielen bunten Kärtchen und Post-its sollten nun endlich strukturierte, digitale Prozesse werden. Es fehlte nur noch ein geeigneter Partner.

Kooperation mit Forschern

Fündig wurde er im Jahr 2018 beim Fraunhofer-Institut für Großstrukturen in der Produktionstechnik, kurz IGP, in Rostock. Dort lief schon ein Forschungsprojekt zur Digitalisierung des Handwerks. „Das wollten wir auch und starteten sofort eine Kooperation mit den Forschern vor Ort. Als Lead-User haben wir dabei die Software maßgeblich mitgestaltet", sagt der zweite Geschäftsführer Alexander Mirow. Das Endprodukt ist eine App in Form eines digitalen Werkzeugkoffers für das Handwerk, aus dem sogar ein eigenes Start-up hervorging. „Uns war schnell klar, dass der Bedarf gerade im Handwerk riesig ist", ergänzt Plath. Und er muss es wissen, denn sein Unternehmen profitiert schon von der effizienten Auftrags- und Personalplanung. Passende Dokumente sind seitdem schnell zur Hand, der Status quo eines Auftrags durch Fotos ist in Echtzeit dokumentierbar und abrufbar. Die weiteren Vorteile der App liegen auf der Hand: geringere Kosten, weniger Fehler, eine transparentere Dokumentation und riesige Effizienzgewinne.

Auch sonst erfindungsreich

Während er seine Prozesse erfolgreich umkrempelte, vergaß der Tischlereibetrieb in Kritzow in Mecklenburg-Vorpommern sein Kerngeschäft nicht: den Treppenbau. Auch in diesem Bereich experimentiert man immer wieder mit neuesten Materialien, erforscht innovative Technologien und erweitert kontinuierlich den hauseigenen Maschinenpark: „Am Ende geht es für uns immer noch darum, schöne Treppen von höchster Qualität herzustellen", betont Mirow. Mit den digitalen Prozessen ist das jetzt aber noch viel einfacher.

Treppenbau Plath GmbH
23970 Kritzow
www.treppenbau-plath.de
Beschäftigte (D): 51 bis 200
Baugewerbe/Handwerk

Geschäftsführer
Alexander Mirow und
Robert Plath

Dr. Erny Gillen ist als Ethikprofessor ein führender, international erfahrener Wegbegleiter für die Themen Ethik und Leadership. In Luxemburg führte er soziale und wirtschaftliche Betriebe der Caritas, und er war Präsident der Caritas Europa. Heute leitet er sein eigenes Moral-Factory-Institut, das Unternehmen und Organisationen beim Aufbau einer Wertekultur und auch bei schwierigen ethischen Entscheidungen berät.

Mit Werten in die Zukunft

Werte sind die Energie, die ein Unternehmen und seine Produkte befeuert. Sie sind die immateriellen Träger einer Marke, die verknüpft ist mit einem Namen, einer Tradition oder einem Symbol. Werte fördern das Vertrauen der Kunden und Mitarbeiter, sodass diese dem Unternehmen, seinen Führungspersonen und seinen Leistungen einen Vorschuss an Vertrauen schenken für zu erwartende Ergebnisse. So verbinden Werte Menschen über Produkte, Dienstleistungen oder Versprechen. Mehr dazu von **Dr. Erny Gillen.**

Basiswerte sind das Fundament der Firmenkultur:
Der Respekt etwa gebietet, dass neue Mitarbeiter nicht ins kalte Wasser geworfen werden und die Unternehmenskultur mühsam in der Praxis kennenlernen müssen. Stattdessen sollten sie achtsam in die Kultur eingeführt werden, sodass sie als moralische Akteure ihren Beitrag leisten können.

Die Einzigartigkeit des Mittelstands erfordert einen spezifischen Umgang mit Werten. Gründergenerationen leben ihre Werte oftmals aus dem Bauch heraus — der Erfolg im Geschäft gibt ihnen recht. Darauf können die nachfolgenden Generationen aber nur teilweise zählen und bauen. Sie müssen ihren Vorgängern und Kunden beweisen, dass auch sie es wert sind, den Betrieb zu führen.

Mittelständler erleben dieses Phänomen der Abhängigkeit von ihren Werten hautnah und mehr als größere Firmen, weil sie ihren Kunden und Mitarbeitern auf Augenhöhe begegnen. Anders als bei Großunternehmen stehen sie mit ihrer Person, ihrer Familie und ihren Geschäftspartnern für den Wert und für die Werte ihres Betriebs gerade.

Ethikkompetenz hilft bei der Mitarbeiterbindung

Ethik als eigenständiges Fachgebiet hilft, die tatsächlich gelebten Werte zuerst einmal genauso ehrlich und methodisch zu erheben wie die vom Unternehmen gewollten Werte zu formulieren. Das sich dabei offenbarende Spannungsfeld zwischen Ist und Wollen legt das unternehmensspezifisches Entwicklungspotenzial frei.

So wie etwa Buchhaltung oder Logistik ein Unternehmen bei der Erfüllung seines Grundauftrags unterstützen, so hilft die Fachethik dem Unternehmer, seine Werte treffsicher als innere Anforderungen zu verstehen und erfolgreich als eigenen Kompass in den Alltag zu integrieren. Jeder gute Mittelständler spürt, ob seine Mitarbeiter ihm und dem Unternehen über eine gemeinsame Wertekultur verbunden sind. Dort, wo dies (noch) der Fall ist, lohnt es sich, die Werte in Worte zu fassen und zu prüfen, ob die Menschen bei der gefundenen Sprache mitschwingen. Dort, wo Zweifel bestehen, sollte rasch und zielgerichtet gehandelt werden, bevor Zukunftspotenzial verloren geht.

Mittelständler sollten Werte-Raster erstellen

Werte sollten in zusammenhängenden Sätzen daherkommen und Teil interaktiver und dynamischer Raster sein, die später bei anstehenden Abwägungen und Entscheidungen im Kleinen wie im Großen zum Tragen kommen.

Der Fachethiker unterscheidet Basiswerte, Zielwerte und ethische Werte, um solche interaktiven Werte-Raster zu erstellen. Diese Unterscheidung hilft, ein Feld zu öffnen, in dem moralische Fragen nachvollziehbar besprochen und angegangen werden können. So schaffen Unternehmen sich zusätzlich zu einem betriebseigenen Wertekompass das notwendige moralische Feld, in dem Diskussionen über Vielfalt und Diversität, über unterschiedliche Gewichtungen und Anschauungen einen legitimen und geschützten Austragungsort finden. Auch harte moralische Grenzfragen können in einem solchen Rahmen sauber und fair geklärt und beantwortet werden, sodass niemand moralisch verletzt wird. Wir wissen heute, dass moralische Verletzungen und moralische Müdigkeit große Energieverluste für die Mitarbeiter und das Unternehmen bedeuten.

Basiswerte: das Fundament der Firmenkultur

Zu den Basiswerten zählen Werte wie Respekt, Zuverlässigkeit oder Präzision. Sie bilden das Fundament einer Unternehmenskultur und sind gut messbar. Der Kunde erfasst diese Werte beim ersten oder regelmäßigen Kontakt sofort intuitiv. Neue Mitarbeiter werden entweder ins kalte Wasser geworfen und lernen die Unternehmenskultur in der Praxis kennen, oder sie werden explizit und kritisch als neue Talente in die Kultur eingeführt, sodass sie von Anfang an auch als moralische Akteure ihren Beitrag leisten können. Regelmäßige Schulungen für alle sind notwendig, damit die Basiswerte in den Köpfen, den Herzen und in den Umgangsformen der Mitarbeiter verankert und an den konkreten Zielwerten eines Unternehmens ausgerichtet werden können.

Zielwerte: sollen in der Zukunft erreicht werden

Die Zielwerte sollten so konkret wie möglich formuliert werden, zum Beispiel Beitrag zu besserem Leben, Umweltschutz oder sparsamer Umgang mit Ressourcen. Sie stellen den Wertehorizont eines Unternehmens dar. Somit wandeln sie sich mit den Entwicklungen im Innen und Außen eines Unternehmens, und zwar stärker als die Basiswerte.

Für die Kommunikation der Zielwerte gilt: Offenherzige Transparenz dient der Sache am meisten. Genau hier kommen die ethischen Werte der Vermittlung und Abwägung zum Tragen. Zielwerte verbessern und unterstützen die Basiswerte und können in Etappen über bestimmte Zeiträume hinweg erreicht werden. Wo die Zwischenschritte benannt und terminiert werden, entstehen Freiräume für Entwicklung und Innovation. Wo aber die Bewertung der tatsächlich gemachten oder eben nicht gemachten Fortschritte willkürlich geschieht, nehmen die Mitarbeiter still Abschied, und die Kunden suchen nach Alternativen.

Ethische Werte: die realistische Messlatte

Ethische Werte wie Gerechtigkeit oder Verhältnismäßigkeit bieten einen guten Maßstab dafür, wie die Zielwerte und die Basiswerte im täglichen Wettstreit um Ressourcen und Anerkennung ohne Überforderung moralisch realistisch im konkreten Alltag gelebt werden können. Die ethischen Werte dienen einer expliziten Abwägung und tragen der Tatsache Rechnung, dass wir nicht in einer heilen Welt leben, sondern moralische Kompromisse schließen müssen, die sich in einem Werte-Raster systemisch sinnvoll halten. Um dem ethischen Wertediskurs gerecht werden zu können, braucht man formelle Orte und Zeiten, in denen die Werte und ihr Zusammenspiel situativ und im Kontext periodisch ausgehandelt und für alle Betroffenen transparent gemacht werden.

Dieses fachlich moderierte Gespräch über moralische Entscheidungen entlastet die Geschäftsführer und befreit sie aus ihrer Einsamkeit. Es trägt zudem zum Zusammenhalt im Unternehmen und zum Verständnis der moralischen Verantwortung aller bei. So werden Mitarbeiter zu Mitwissenden und Wertebotschaftern ihres Unternehmens.

Werte haben ihren Preis

„Wieso kostet dieses Fenster, dieser Filter, dieses Programm mehr als jene, die im Internet vertrieben werden?", fragt eine Kundin die Praktikantin. Die antwortet freundlich und mit sicherer Stimme: „Damit ich hier im ländlichen Raum ortsnah ausgebildet werden kann!" Ihre Mentorin strahlt und ergänzt: „In unseren Produkten und in unserem Unternehmen stecken viele Werte: Wir beschäftigen mehr als 20 Menschen aus der Region, wir nutzen die Ressourcen klimafreundlich, und wir unterstützen zwei Sportvereine hier vor Ort." Das Gesicht der Kundin entspannt sich, und sie berichtet erfreut, dass ihr Sohn gern im hiesigen Fußballverein spielt. „Ja, Werte verbinden", antwortet die Praktikantin. Denn so hatte es ihr der Chef am ersten Tag gesagt.

Mittelständler dürfen gerade heute selbstbewusst zu ihrem spezifischen Mehrwert stehen. Dass er seinen Preis hat, verstehen immer mehr Menschen. Immer mehr sind gewillt, fair oder Bio zu kaufen. Wertegetragene Firmen dürfen sich mit ihren realen Werten am Markt positionieren und die dazugehörigen moralischen Entscheidungen, etwa für lebenswerte Löhne oder hochwertige und energieeffiziente Verarbeitung, offen kommunizieren und vertreten.

Authentisches wertevolles Handeln wird geschätzt und bezahlt, wenn es stimmig ist. Diese Stimmigkeit ist das Resultat interner Arbeit an den Werten, den getroffenen Abwägungen und den eingenommenen moralischen Standpunkten eines Unternehmens.

Es lohnt sich gerade heute, in Deutschland und in der ganzen Welt für Werte einzustehen, damit sich eine Kultur weiterentwickelt und enkelfähig bleibt. In diesem friedfertigen Kampf spielen die immateriellen Werte die Hauptrolle. Greifbar aber werden sie erst in konkreten Produkten, Dienstleistungen, Prozessen und in Unternehmen, die ihre Werte explizit formulieren, vertreten und leben.

Variotech GmbH

★★★★★★

Nachhaltigkeit als Antriebsmotor

Was hat Kunststoff mit Nachhaltigkeit zu tun? Auf diese Frage findet das Team der Variotech GmbH überraschend kreative Antworten. Das verwundert nicht, denn der Hersteller von Werkstückträgern pflegt ein lebhaftes Innovationsklima und verfolgt eine zukunftsgerichtete Strategie. „Ahead of times" – das wollen der Geschäftsführer und sein Team vor allem bei folgenden Fragen sein: Wie kann unser Unternehmen nachhaltiger werden? Und wie grün kann Kunststoff eigentlich sein?

Eine Recyclingquote von 99 %, eine funktionierende Kreislaufwirtschaft, der Verzicht auf Chemie und nicht zuletzt Energie aus der Photovoltaikanlage: Die Werkstückträger dieses Mittelständlers mit Sitz in Nordhorn sind zwar aus Kunststoff, aber sie sind dennoch CO_2-neutral. Geschafft hat dies ein innovationsbegeistertes Team, das für Nachhaltigkeit brennt und das seine Ideen mutig kommuniziert. „Dadurch sind ausgesprochen viele kleine Neuerungen entstanden, die unseren Alltag energieeffizienter machen. Dazu zählt beispielsweise eine papierlose Produktion", sagt der Geschäftsführer Benedikt Fleig.

Wo sich kreatives Denken lohnt

Für dieses günstige Innovationsklima hat das Top-Management genau die richtigen Voraussetzungen geschaffen: vor allem mit einer effizienten digitalen Kommunikation. „Ideen kommen bei uns schnell auf, und sie kommen dann auch zügig bei mir an. Wir setzen Neues oft binnen weniger Tage um", erklärt Fleig. Am Ende lockt sogar für jeden Vorschlag eine Belohnung: „Sogar die Ideen, die sich im Endeffekt als nicht realisierbar erweisen, werden honoriert", stellt der Geschäftsführer heraus. Diese dynamische Unternehmenskultur ist gut eingebettet in eine konsequente Innovationsstrategie. „Wir sind inzwischen ein Top-Player in der Branche, weil Innovation ein Kern unserer Unternehmensentwicklung ist", betont Fleig.

Ahead of times

Das oberste Ziel, nämlich noch nachhaltiger zu werden, bleibt für die Zukunft der Variotech GmbH der wichtigste Antriebsmotor. Bei diesem Thema ist die Geschäftsführung des Mittelständlers ihren Kunden auch gern einen Schritt voraus. „Prinzipiell weniger Material verwenden, das ist für uns ein sehr wichtiges und gleichzeitig interessantes Zukunftsszenario", erzählt Fleig. Er wünscht sich vor allem, dass dabei seine Kunden in Zukunft noch stärker mitziehen. Denn das Thema wird zwar in vielen Branchen immer wichtiger, aber so begeistert wie Fleig und sein Team treiben es leider nur sehr wenige voran.

Variotech GmbH
48529 Nordhorn
www.variotech.de
Beschäftigte (D): 51 bis 200
Chemie/Kunststoff

Die Geschäftsleitung

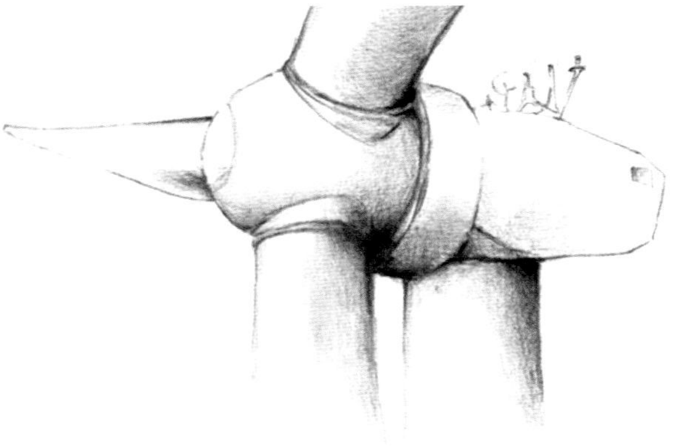

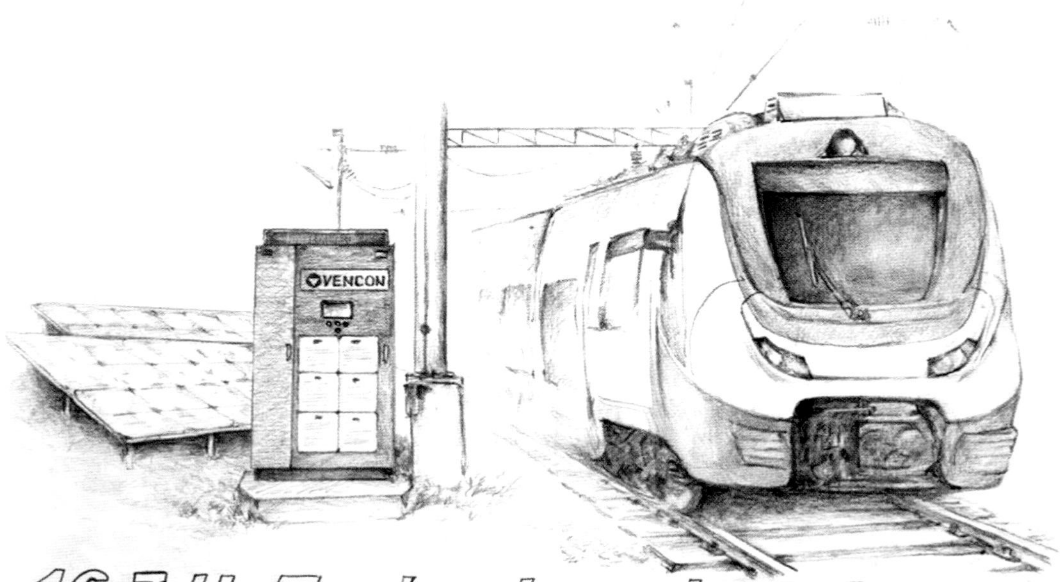

VENSYS Elektrotechnik ist spezialisiert auf die Fertigung und die Entwicklung von Elektrotechnikkomponenten für Windenergie-, Solarenergie- und Speicheranlagen. Ein Schwerpunkt sind Rotorblattverstellsysteme für Windenergieanlagen.

VENSYS Elektrotechnik GmbH

★★

Kampf für Windmühlen

Nach der Reaktorkatastrophe in Tschernobyl war sich Urban Schippmann sicher: Er will den Ausbau erneuerbarer Energien persönlich vorantreiben. Die von ihm gegründete VENSYS Elektrotechnik GmbH hat sich auf elektronische Komponenten von Windkraftanlagen und Solarparks spezialisiert. Dass sie seit Jahren zur internationalen Weltspitze gehört, verdankt er aber vor allem einem Team voller Ideen und seiner Leidenschaft, das Unternehmen kontinuierlich auf die Zukunft auszurichten.

Die Katastrophe von Tschernobyl liegt fast 40 Jahre zurück. Für Urban Schippmann persönlich war es ein entscheidender Moment. „Mir wurde damals klar: Ich will mich für umweltfreundliche Zukunftstechnologien einsetzen", erzählt der Geschäftsführer rückblickend. Vor allem die Windkraft hatte es dem passionierten Tüftler angetan. Um diese Technologie von Grund auf zu verstehen, wohnte er sogar zeitweise in einer Windmühle, die er selbst instand gesetzt hatte.

Bahnbrechende Teamarbeit

Heute ist er der Kopf eines weltweit führenden Hightechunternehmens. Und immer noch investiert er viel Zeit in neue Technologien und Entwicklungen. Der Mittelständler behauptet sich seit Jahren in einem schnelllebigen Markt. Seine Strom- und Wechselrichter für Windkraftanlagen, Solarparks und die Elektromobilität sind rund um den Globus gefragt. Dieser Erfolg beruht nicht zuletzt auf den vielen durchschlagenden Ideen aus der Belegschaft. „Ziel unserer Überlegungen ist es, zu verstehen und zu entwickeln, was die Menschheit in Zukunft brauchen wird. Eine dieser Überlegungen war etwa die Idee eines Mitarbeiters, Windenergie direkt in das Bahnstromnetz einzuspeisen", berichtet Schippmann. Die von VENSYS daraufhin zügig entwickelte Bahnstrom-Windenergieanlage war weltweit einzigartig. Diesen Erfolg machte erst das positive Innovationsklima möglich, das im Haus herrscht und das den Mitarbeitern viel Freiraum lässt: „Theoretisch kann unser Team die gesamte Arbeitszeit für eigene Ideen nutzen", erklärt Schippmann.

Schneller digital

Dass dieser Ansatz tatsächlich fruchtet und sich in barer Münze auszahlt, zeigt eine weitere Verbesserung, die ein Mitarbeiter anregte: „Unsere Leute aus der Fertigung haben gemerkt, dass wir viel Zeit sparen könnten, wenn wir unsere Prozesse stärker digitalisieren würden", erinnert sich der Geschäftsführer, der diese Idee begrüßte und zeitnah realisierte. Dass dieser Mittelständler heute Qualitätsware produziert und dennoch mit asiatischen Wettbewerbern mithalten kann, liegt auch an dieser gut funktionierenden Innovationskultur.

VENSYS Elektrotechnik GmbH
49356 Diepholz
www.vensys-elektrotechnik.de
Beschäftigte (D): 51 bis 200
Erneuerbare Energien

Geschäftsführer
Urban Schippmann

TOP 100

WAGNER Group GmbH

Feuer und Flamme

Feuer kann Menschenleben kosten – und viel Material und Sachwerte vernichten. Man denke nur an Lagerhallen, Museen oder Bibliotheken. Zum Glück helfen die Brandschutzsysteme der WAGNER Group GmbH, Brände zu vermeiden und effizient zu bekämpfen. Technologisch mischt der niedersächsische Mittelständler weltweit auf höchstem Niveau mit. Das liegt auch an Torsten Wagner: Der Geschäftsführer hat Unternehmensstrategie und Innovation untrennbar miteinander verwoben und stößt unermüdlich Neues an.

„Wir retten Leben und schützen Sachwerte!" – das kann nicht jedes Unternehmen von sich behaupten. Bei diesem Mittelständler mit Sitz in Langenhagen bei Hannover denkt man sich dafür besonders innovative Systeme aus. Und das geht zu einem großen Teil auf das Konto von Torsten Wagner, denn bei aller Leidenschaft fürs Feuer ist er doch auch ein kühler Stratege: Er betreibt ein kontinuierliches und intensives Monitoring, lotet strategische Ziele aus und beweist Mut zum digitalen Wandel. Kurz: Innovation ist der Dreh- und Angelpunkt seiner Philosophie.

Innovativer Brandschutz

Mit der eigens gegründeten Stabsstelle namens „Innovation & Wissen" stößt der Kopf des Unternehmens immer wieder ganz konkrete Innovationsprojekte an. Er hat dabei stets ein klares Ziel vor Augen: „Wir wollen unsere Technologie- und Innovationsführerschaft weltweit behaupten", unterstreicht Wagner. Das ist in Branchen mit so hohen Entwicklungsgeschwindigkeiten wie in der Logistik bei Weitem keine Selbstverständlichkeit. „Hier herrscht ein enormer Anpassungsdruck", berichtet Torsten Wagner. Digitalisierung, Automatisierung und neue Technologien, Energieeffizienz und Nachhaltigkeit: Immer neue Trends, einer bedeutender als der andere, stellen Wagner und sein Team vor immense Herausforderungen in Sachen innovativer Brandschutz. „Für uns ist klar, dass die Entwicklungszyklen seit einigen Jahren kontinuierlich kürzer werden. Diesen rasanten Wandel wollen wir aktiv mitgestalten", erklärt er.

Fahrplan in Richtung Zukunft

Um das zu erreichen, schuf der Mittelständler 2019 auch eine eigene Stabsstelle für Digitalisierung: das „Digital Transformation Office", abgekürzt DTO. „Unser Digitalteam hilft uns maßgeblich, mit den sich immer rascher verändernden digitalen Marktanforderungen Schritt zu halten", betont Wagner. Doch die sich wandelnden Erwartungen der Kunden reichen dem Brandschutzspezialisten als Antrieb noch nicht: Weitere Märkte, Zielgruppen und Länder will er sich erschließen. Und das ist bei diesem Mittelständler mit weltweit mehr als 700 Angestellten kein kühnes Fernziel – Torsten Wagner widmet diesen Zielen seinen Alltag.

WAGNER Group GmbH
30853 Langenhagen
www.wagnergroup.com
Beschäftigte (D): über 200
Elektronik/Elektrotechnik

Geschäftsführer
Torsten Wagner

Wiethe Content GmbH

★★★

Einkaufserlebnisse der Zukunft

Schuhe in 360-Grad-Ansicht oder Küchen, die virtuell begehbar sind: Wer heute online shoppt, stößt immer häufiger auf innovative Foto- und Videoansichten. Die dazu benötigte Technik wird von Firmen wie der Wiethe Content GmbH entwickelt: Sie lotet systematisch die neuesten Technologien aus, bringt Innovationsexperten mit Spezialisten für Digitales zusammen und folgt klaren Innovationsmethoden. Damit erzielt das Team immer wieder Innovationserfolge, die den E-Commerce revolutionieren.

Wer seine Schuhe online kauft, kann seine Wunschobjekte von allen Seiten betrachten – Farbechtheit und realitätsnahe Ansichten von Texturen und Stoffen inklusive. Potenziellen Käufern Produkte digital ganz nah zu bringen: Bei dieser Aufgabe unterstützt die Wiethe Content GmbH ihre Kunden mit innovativer digitaler Bildtechnik. Zuletzt entwickelte sie dafür gemeinsam mit Forschungspartnern Scanverfahren, mit denen die Produkte digital so erlebbar werden, dass der Unterschied zum realen Einkaufserlebnis verschwimmt.

Agil und schlank zum Ziel

Ob Augmented Reality oder Virtual Reality: Viele digitale Technologien könnten den Onlinehandel weiter revolutionieren. Diese Zukunft möchte der Mittelständler mit Sitz im niedersächsischen Georgsmarienhütte mitgestalten. Und setzt dazu auch auf ein äußerst effektives Monitoring: „Der Dreiklang von Markt, Wettbewerb und Technologie ist zentral bei unseren Innovationsprozessen. Er ermöglicht es uns, Trends und Chancen frühzeitig zu identifizieren", berichtet der Geschäftsführer Markus Wiethe. Computeranimierte Bilder, sogenannte CGI, die man aus der Filmindustrie kennt, gehören bereits zum Standardrepertoire des Teams. Doch in diesem Bereich ist der Markt schnelllebig und erfordert eine hohe Innovationsgeschwindigkeit: „Deshalb setzen wir in dieser Abteilung auf agile Methoden wie ‚Lean Startup'", betont Wiethe. Mit dieser Methode kann das Team Ideen schnell testen und validieren, indem es Prototypen baut und dazu in einem frühen Stadium das Feedback von Kunden einholt. „Das hilft uns, die vielversprechendsten Ideen zügig zu filtern und unsere Ressourcen effektiver zu nutzen", ergänzt der Geschäftsführer.

Auf Erfolg geprüft

Um seine Innovationskraft in konkrete Erfolge zu überführen, setzt der Mittelständler auch auf die Methode „Design Thinking". „Sie ermöglicht es uns, die Bedürfnisse und Herausforderungen unserer Kunden stärker einzubeziehen. Außerdem testen wir somit sehr früh neue Ideen auf Machbarkeit und Akzeptanz", erklärt Wiethe. Kein Wunder, dass das Unternehmen Innovation nicht nur gut managt, sondern auch immer wieder konkrete Erfolge verbuchen kann.

Wiethe Content GmbH
49124 Georgsmarienhütte
www.wiethe.com
Beschäftigte (D): 51 bis 200
Internet/Multimedia/E-Commerce

Geschäftsführer
Markus Wiethe

TOP 100	TOP 100	TOP 100	TOP 100	TOP 100	TOP 100	TOP 100	TOP 100	TOP 100	TOP 100
TOP 100	TOP 100	TOP 100	TOP 100	TOP 100	TOP 100	TOP 100	TOP 100	TOP 100	TOP 100
TOP 100	TOP 100	TOP 100	TOP 100	TOP 100	TOP 100	TOP 100	TOP 100	TOP 100	TOP 100
TOP 100	TOP 100	TOP 100	TOP 100	TOP 100	TOP 100	TOP 100	TOP 100	TOP 100	TOP 100
TOP 100	TOP 100	TOP 100	TOP 100	TOP 100	TOP 100	TOP 100	TOP 100	TOP 100	TOP 100
TOP 100	TOP 100	TOP 100	TOP 100	TOP 100	TOP 100	TOP 100	TOP 100	TOP 100	TOP 100
TOP 100	TOP 100	TOP 100	TOP 100	TOP 100	TOP 100	TOP 100	TOP 100	TOP 100	TOP 100
TOP 100	TOP 100	TOP 100	TOP 100	TOP 100	TOP 100	TOP 100	TOP 100	TOP 100	TOP 100
TOP 100	TOP 100	TOP 100	TOP 100	TOP 100	TOP 100	TOP 100	TOP 100	TOP 100	TOP 100
TOP 100	TOP 100	TOP 100	TOP 100	TOP 100	TOP 100	TOP 100	TOP 100	TOP 100	TOP 100
TOP 100	TOP 100	TOP 100	TOP 100	TOP 100	TOP 100	TOP 100	TOP 100	TOP 100	TOP 100
TOP 100	TOP 100	TOP 100	TOP 100	TOP 100	TOP 100	TOP 100	TOP 100	TOP 100	TOP 100
TOP 100	TOP 100	TOP 100	TOP 100	TOP 100	TOP 100	TOP 100	TOP 100	TOP 100	TOP 100
TOP 100	TOP 100	TOP 100	TOP 100	TOP 100	TOP 100	TOP 100	TOP 100	TOP 100	TOP 100

Zender Germany GmbH

★★★

Aus Krisen lernen

Dieses Unternehmen hat eine ungewöhnliche Chance schnell ergriffen: Ab 2019 stellte die Zender Germany GmbH im niedersächsischen Osnabrück ihre Produktion auf die vollautomatische Maskenherstellung um. So bescherte ausgerechnet die Coronapandemie dem Mittelständler beeindruckende Innovationserfolge. Aus dieser Erfahrung zieht er bis heute Lehren. In den vergangenen Jahren digitalisierte das Team konsequent seine Produktionslandschaft und lotet seitdem systematisch neue Branchen und Geschäftsfelder aus.

Hochwertige Lederbezüge und Carbonteile für Autos, die mit Nähen, Stanzen und Cutten in Form gebracht werden: Das war das Kerngeschäft der Zender Germany GmbH bis zum Jahr 2019. „Plötzlich griff in Italien die Coronapandemie um sich. Innerhalb von nur einer Woche haben wir die ersten Masken gefertigt und dorthin geliefert. In wenigen Wochen bauten wir außerdem eine neue Produktionsstätte auf", erzählt der Geschäftsführer Sebastian Schmidt.

Schnellere Prozesse

Als sich die Pandemie in ganz Europa rasant ausbreitete, passte sich der mittelständische Betrieb dem Bedarf schnell und flexibel an. „Zu Beginn schafften wir 20.000 Masken am Tag, am Ende haben wir beeindruckende 300 fertig verpackte Masken pro Minute hergestellt, und zwar vollautomatisch", sagt Schmidt. Das Unternehmen in Osnabrück vervierfachte nicht nur innerhalb eines Jahres seine Umsätze, auch strategisch blieb der Erfolg nicht ohne Folgen, nachdem die Pandemie wieder abebbte: „Wir haben das verdiente Geld konsequent in eine digitalisierte Produktion investiert, dadurch unsere Effizienz erhöht und auch Kosten gespart", erläutert der Geschäftsführer Marco Dei Vecchi. Heute kann der Mittelständler seine Produkte und Prozesse vollständig digital tracken. „So können wir unsere Mitarbeiter besser schulen und die Produkte entsprechend nachverfolgen", fügt er hinzu.

Innovativ aus der Krise

Geblieben ist zudem der Mut, ganz neue Geschäftsfelder zu erschließen. So produziert der Mittelständler heute auch Carbonteile, und zwar sowohl für Fahrräder und Lastenräder als auch für Schiffe und Jachten. Inzwischen hat er sogar die Luft- und Raumfahrtbranche im Blick und dafür eine wichtige Zertifizierung erlangt. „Seit dem großen Erfolg mit der Maskenproduktion ist für uns klar, dass wir auch in anderen Branchen erfolgreich sein können", sagt Schmidt. Innovation bedeutet für das Unternehmen heute den Mut, sich breiter aufzustellen, neue Geschäftsmodelle zu entwickeln und Kernkompetenzen auf ganz neue Branchen zu übertragen.

Zender Germany GmbH
49076 Osnabrück
www.zendergroup.com
Beschäftigte (D): 51 bis 200
Gesundheitswesen

Geschäftsführer
Sebastian Schmidt und
Marco Dei Vecchi

Hessen

Die Zahl der goldenen Sternchen in den nachfolgenden Unternehmensporträts entspricht der Zahl der TOP 100-Auszeichnungen.

TOP® 100

TOP® 100 TOP® 100 TOP® 100 TOP® 100
TOP® 100 TOP® 100 TOP® 100 TOP® 100 TOP® 100
TOP® 100 TOP® 100 TOP® 100 TOP® 100 TOP® 100
TOP® 100 TOP® 100 TOP® 100 TOP® 100 TOP® 100
TOP® 100 TOP® 100 TOP® 100 TOP® 100 TOP® 100
TOP® 100 TOP® 100 TOP® 100 TOP® 100 TOP® 100
TOP® 100 TOP® 100 TOP® 100 TOP® 100 TOP® 100

ADVISORI FTC GmbH

★★★★★

IT-Berater am Puls der Zeit

Die Themen „Cyberrisiko" und „effiziente Handhabung von großen Datenmengen" sind inzwischen bei fast allen Unternehmen angekommen. Sie wissen, man muss sich darum kümmern, um auf der Höhe der Zeit und vor Datenverlust geschützt zu sein. Die Frankfurter ADVISORI FTC GmbH hat schon frühzeitig die Auswirkungen der Digitalisierung auf unterschiedlichste Branchen erkannt. Deshalb bietet sie eine umfassende IT-Beratung an und ist damit sehr erfolgreich – nicht zuletzt dank ihres herausragenden Innovationsklimas.

Die hessische Beratungsfirma wurde 2014 gegründet und ist seitdem hervorragend am Markt aufgestellt. Von ihren Dienstleistungen profitieren Mittelständler ebenso wie international agierende Konzerne diverser Branchen, wie etwa Finanzdienstleistung, Chemie, Logistik und Handel. Inzwischen hat ADVISORI mehr als 100 Beschäftigte und der Umsatz steigt konstant. Das Rezept dafür ist, laut des Gründers und Geschäftsführers Boris Friedrich, dass Unternehmen nur dann langfristig erfolgreich sein können, wenn alle gemeinsam gewinnen und gute Leistung wertgeschätzt wird.

Teamspirit ist mehr als nur ein Wort

Seit der Firmengründung steht die Zufriedenheit der Belegschaft im Fokus des Top-Managements. Daher werden viele Mitarbeiterbenefits wie zum Beispiel Teamevents und finanzielle Anreize geboten, innovative Projekte werden regelmäßig mit einem großzügigen Budget und bei erfolgreicher Meilensteinerreichung mit Boni bedacht. Und dass jedes Mitglied der „ADVISORI-Familie" seine Ideen und Verbesserungsvorschläge niedrigschwellig einbringen kann, ist der Geschäftsleitung wichtig. Junge Kollegen profitieren dank praxisorientierter Mentoringprogramme von der Expertise erfahrener Teammitglieder, aber auch von technischen und fachlichen Weiterbildungen. Zudem können die Mitarbeiter immer wieder an Fachtagungen im In- und Ausland teilnehmen. „Denn nur, wenn man sich mit den Besten trifft und austauscht, kann man selbst auch spitze sein", sagt Boris Friedrich.

Stetiges Wachstum

ADVISORI verdankt seinen großen Erfolg nicht zuletzt berufserfahrenen Experten, die Firmen diverser Branchen darin beraten, wie sie ihre Potenziale optimal ausschöpfen können. Dabei geht es stets darum, für die Kunden individuelle Lösungen zu erarbeiten. Die kontinuierlich steigende Zahl zufriedener Kunden gibt den Beratern recht. Und damit innovative Neuerungen weiterhin eine große Rolle spielen, übernimmt eine eigene Innovationsabteilung zusammen mit dem Top-Management die systematische Planung sowie Steuerung kreativer Ideen. „Innovation zu leben heißt, sich für eine Aufgabe leidenschaftlich einzusetzen und ein bestimmtes Ziel anzustreben", meint Boris Friedrich.

ADVISORI FTC GmbH
60329 Frankfurt am Main
www.advisori.de
Beschäftigte (D): 51 bis 200
IT-Entwicklung/-Beratung

Geschäftsführer
Boris Friedrich

Die AQON Water Solutions GmbH ist eine Spezialistin für Wasseraufbereitung. Ihre jüngste Innovation, die „AQON Pure"-Kalkschutzanlage reduziert Kalkablagerungen auf umweltfreundliche Weise, nämlich ohne Salz.

AQON Water Solutions GmbH

Mit der Plattformstrategie zum Turbowachstum

Katalytische Wasseraufbereitung durch Impfkristallbildung statt Wasserenthärtung durch salzhaltige Entkalker – das ist das Kerngeschäft der AQON Water Solutions GmbH. Doch ihr phänomenaler Innovationserfolg besteht nicht allein aus einer umweltfreundlichen und kostengünstigen technischen Lösung: Dem Mittelständler mit Sitz in Bensheim ist es überdies gelungen, ein klassisches Business-to-Business-Geschäft durch eine intelligente Plattformstrategie in ein Business-to-Consumer-Geschäft zu verwandeln.

In 40 % bis 50 % aller deutschen Haushalte fließt hartes, stark kalkhaltiges Wasser aus der Leitung. Der Markt für Wasserenthärtung ist demzufolge riesig: Mindestens 40 % der 19 Millionen Wohngebäude in Deutschland haben Entkalkungsbedarf. Die klassische Ionenaustauschmethode erhöht den Chloridgehalt des Abwassers und ist somit ökologisch problematisch. AQON setzt deshalb auf eine andere, bereits erprobte und äußerst umweltfreundliche Technologie, die zudem günstiger ist: ein Wasseraufbereitungsverfahren, das mit Impfkristallbildung arbeitet.

Direktvermarktung gekoppelt mit Partnernetzwerk

Bei der Vermarktung der Technologie stießen Maximilian und Konstantin Wilk, die beiden Geschäftsführer des Familienunternehmens, jedoch auf Hürden. Viele traditionelle Sanitärbetriebe hatten wenig Interesse, das neue Wasseraufbereitungsverfahren aktiv anzubieten. Also gingen die Geschäftsführer einen anderen Weg: Sie begannen mit dem Direktvertrieb an den Endkunden und bauten parallel dazu seit 2018 ein Netzwerk aus Partnerbetrieben aus dem Sanitärhandwerk auf, die den Einbau zum Festpreis übernehmen. Inzwischen ist dieses Netzwerk auf mehr als 350 Partnerbetriebe angewachsen.

Reibungslos perfektionierte Abläufe

Wer eine Plattform betreibt, benötigt eine hochleistungsfähige IT und eine zuverlässige Abwicklung und Logistik. Genau das hat das Unternehmen geschaffen: Stellt jemand eine Anfrage, erhält er innerhalb eines Tages ein Angebot. Und wenn ein Artikel verschickt wird, erhält der Kunde die Garantie, dass er innerhalb von vier Wochen eingebaut wird. Der Installateur bekommt vorab Fotos und Informationen über die Örtlichkeiten; und wenn ihm für bestimmte Rohrdimensionen das passende Werkzeug fehlt, kann er es sich kostenlos ausleihen. So entsteht eine Situation, in der alle gewinnen: Der Kunde erhält eine kostengünstige Lösung, der Sanitärbetrieb einen einfach abzuwickelnden Auftrag, die AQON Water Solutions GmbH erfährt einen enormen Wachstumsschub – und die Umwelt wird geschont, weil kein salzhaltiges Abwasser anfällt.

AQON Water Solutions GmbH
64625 Bensheim
www.aqon-pure.com
Beschäftigte (D): bis 50
Klima/Sanitär/Heizung

Geschäftsführer
Konstantin und Maximilian Wilk

TOP 100	TOP 100	TOP 100
TOP 100	TOP 100	TOP 100
TOP 100	TOP 100	TOP 100
TOP 100	TOP 100	TOP 100
TOP 100	TOP 100	TOP 100

Auktion & Markt AG

★★★

Gebrauchtwagenmarkt neu gedacht

Zwischen 2019 und 2021 hat sich die Auktion & Markt AG, die unter anderem die Onlineplattform www.autobid.de betreibt und die sich an Autohändler richtet, tiefgreifend gewandelt: Die Auktionen werden nun nur noch online durchgeführt. Begleitet wurde diese Umstellung von einer Reihe erfolgreicher Prozessinnovationen, die den Kunden des Wiesbadener Mittelständlers das Leben leichter machen – von der App zur Fahrzeugbeschreibung über die integrierte Finanzierungsmöglichkeit bis zum Lieferservice auf Knopfdruck.

Der Markt für Gebrauchtfahrzeuge im professionellen Bereich ist anders aufgebaut als der private Gebrauchtwagenhandel. Viele Einlieferer des europaweit tätigen Mittelständlers, beispielsweise Automobilhersteller, Leasinggesellschaften oder Flottenbetreiber, legen Wert darauf, dass sie im Rahmen einer B2B-Auktion ihre Fahrzeuge revisionssicher veräußern. Auch mögliche steuerliche Hürden, etwa beim Verkauf ins Ausland, übertragen sie lieber dem Plattformbetreiber. All das bietet die Auktion & Markt AG, die in Deutschland an 17 Standorten vertreten ist und deren Website in 22 Sprachen verfügbar ist.

Intuitive App zur Fahrzeugerfassung

Schon seit 1988 führt das Unternehmen in Wiesbaden, welches in der TOP 100-Bewertungskategorie „Innovationserfolg" überzeugt, Autoversteigerungen durch. Innovativ ist aber nicht nur das inzwischen rein digitale Geschäftsmodell, sondern auch die Abwicklung vieler Einzelschritte. So erfolgt die Fahrzeugerfassung digital per App. Diese führt den Mitarbeiter, der das Fahrzeug erfasst, schrittweise und intuitiv durch die Anwendung. „Von der korrekten Aufzeichnung des Schadenfalls über die richtige Reihenfolge der Fotos bis hin zu vielen weiteren Extras – hier wird der Anwender ganz entspannt durch das Programm geleitet", erläutert der Vorstandsvorsitzende Günter Kaufmann. Durch diesen konsistenten Prozess werden außerdem Fehler reduziert, und die Kunden können sich exakt auf die Fahrzeugbeschreibungen verlassen.

IT-Entwicklung im eigenen Haus

Weitere aktuelle Innovationen sind die integrierte Einkaufsfinanzierung, die seit 2022 zusammen mit einem Bankpartner angeboten wird, und der digitale Abholschein mit Vertretungsvollmacht per QR-Code. Ebenfalls neu eingeführt wurde ein Lieferservice auf Knopfdruck, den man gemeinsam mit einer internationalen Spedition anbietet – und den der Käufer direkt nach der Ersteigerung online beauftragen kann. Dies sind Innovationen, die den Kunden das Leben leichter machen und die der Mittelständler auch deshalb so schnell realisieren konnte, weil die IT-Programmierung und Entwicklung im eigenen Haus zu finden ist.

Auktion & Markt AG
65197 Wiesbaden
www.auktion-markt.de
Beschäftigte (D): über 200
Internet/Multimedia/E-Commerce

Vorstandsvorsitzender
Günter Kaufmann

B&B Hotels ist die führende und am schnellsten wachsende unabhängige Hotelkette im Bereich der Budget- und Economyhotels in Europa.

B&B Hotels Germany GmbH

Hier wird nicht geschlafen

Die Hotellerie im Allgemeinen ist in Bezug auf Innovation nicht unbedingt ein Vorreiter. Und veraltete IT-Strukturen sind in der Branche eher die Regel als die Ausnahme. Bei der B&B Hotels Germany GmbH ist das anders: Sie überzeugte in den TOP 100-Bewertungskategorien „Innovationsklima" und „innovative Prozesse und Organisation". Angefangen hat der Wandel des Unternehmens mit einem digitalisierten Projektmanagement, inzwischen sind auch die Innovationsprozesse digital aufgesetzt.

Auf der Basis des international renommierten Projektmanagementstandards des Project Management Institute hat das Unternehmen sein eigenes Project-Management-Office-Framework geschrieben. Realisiert wird das Ganze zudem mithilfe von zwei führenden Produkten aus der Softwareentwicklung: „Atlassian Jira" für das Task Management und „Confluence" für den Aufbau einer firmeninternen Wissensdatenbank im Wikipedia-Stil. „Damit haben wir eine Art Werkzeugkoffer geschaffen, der den Projektmanagern jede Menge Freiraum lässt, wenn sie Projektmanagement- oder Innovationsprojekte angehen. Er eignet sich für Wasserfallprojekte ebenso wie für agile Projekte", sagt Alexander Brandt, Head of Innovation and IT Project Management Office.

Hotel in a Box

Eine wesentliche Prozessverbesserung war die komplette Verlagerung der Daten aus den einzelnen Hotels der Kette in eine zentralisierte Cloud. Dies spart Kosten, erhöht die Datensicherheit und ist kundenfreundlich. Dank digitaler Checklisten, welche Papier sparen, trägt die Verbesserung zum Firmenziel Nachhaltigkeit bei. Die digitalen, cloudbasierten Prozesse ermöglichen es dem Unternehmen zudem, neue Hotelfilialen in kürzester Zeit in das B&B-System einzugliedern. Dieser neue, digitalisierte Hoteleröffnungsprozess nennt sich „Hotel in a Box" und hat das Wachstum der Hotelgruppe in Deutschland enorm erleichtert.

Unternehmensziel Nachhaltigkeit

Verbunden ist all dies mit einem Arbeitsklima, das Freiräume bietet, Fehler zulässt und die Mitarbeiter dazu ermuntert, täglich unternehmerisch zu denken. Alle Angestellten können sich jederzeit digital austauschen. Über die Software „linchpin.", eine Art firmeninternes Facebook, wird zudem Wissen weitergegeben und die Zusammenarbeit organisiert. In diese Software hat man 2023 auch ein Onlinetool für das Einbringen von Verbesserungsvorschlägen eingebaut, das von der Belegschaft gern genutzt wird. Mit wichtigen Unternehmenszielen wie dem Thema Nachhaltigkeit beschäftigen sich die Mitarbeiter natürlich auch offline, etwa beim jährlich stattfindenden CSR-Tag. Innovation und Nachhaltigkeit – bei der B&B Hotels Germany GmbH geht beides Hand in Hand.

B&B Hotels Germany GmbH
65239 Hochheim am Main
www.hotel-bb.com/de
Beschäftigte (D): 51 bis 200
Hotel/Gastronomie/Tourismus

Geschäftsführer
Max Luscher

B+T Group

Innovation im Dienste der Umwelt

„Für ein grüneres Morgen“ lautet der Slogan der B+T Group. Die rasch wachsende Unternehmensgruppe ist ein Pionier in Sachen Umweltschutz. Sie unterstützt ihre Kunden beim Recyceln und Verwerten und gewinnt aus Reststoffen außerdem noch Strom und Wärme. Der Wandel zum Umweltdienstleister, der zahlreiche Kraftwerke betreibt, wurde vor allem vom geschäftsführenden Gesellschafter Ralf Bohn vorangetrieben. In den TOP 100-Bewertungskategorien überzeugt der Mittelständler bei „Innovationserfolg“ und „innovationsförderndes Top-Management“.

Das 1854 gegründete Familienunternehmen kann auf eine lange Historie zurückblicken und hat sich im Laufe der Jahrzehnte immer wieder neu erfunden: Vom Holzhandel und Fuhrunternehmen entwickelte es sich zum Entsorgungsdienstleister für die Papierindustrie. Seit Ralf Bohn 1998 in die Geschäftsführung eintrat, hat man weitere Geschäftsfelder erschlossen. So investierte die Firma aufgrund von Deponieschließungen in Aufbereitungsanlagen, die aus Restmaterialien Ersatzbrennstoffe für Zementwerke und für die Ziegelindustrie herstellen. Dadurch werden dort fossile Brennstoffe – vor allem Gas und Kohle – eingespart und gleichzeitig Reststoffe sicher entsorgt.

Expertise aus einer Hand

Der Schwerpunkt des Mittelständlers liegt auf dem Bau und Betrieb von Aufbereitungsanlagen und Kraftwerken. Die unterschiedlichen Anlagen ermöglichen die intelligente Wiederverwendung von Abfällen, die nach vorheriger Qualitätseinstufung und Sortierung erneut dem Recyclingkreislauf zugeführt werden. Der Rest wird energetisch verwertet, und zwar so, dass fossile Brennstoffe eingespart werden können. Das reduziert wiederum CO_2-Emissionen. Dank einer eigenen Logistik, eigenen Aufbereitungsanlagen und Kraftwerken, die mittlerweile über ein Dutzend zählen, kann das Unternehmen seinen Kunden viel Expertise aus einer Hand anbieten. Durch die günstige Lage der Kraftwerke nah am Ursprung des Brennstoffs werden außerdem Transportwege reduziert, sodass Benzinkosten gespart werden können.

Klärschlamm als Brennstoff

Unter der Leitung von Ralf Bohn ist das Unternehmen mittlerweile auch international auf Expansionskurs. So betreibt es inzwischen in Frankreich eine erste Aufbereitungsanlage und ein erstes Kraftwerk. Chefsache war auch die Realisierung einer ersten Klärschlammtrocknung in Horn-Bad Meinberg. Die Idee dahinter: Der getrocknete Klärschlamm kann im Kraftwerk mitverbrannt und damit in Energie umgewandelt werden. Wieder ein neues Geschäftsfeld für den Mittelständler, das attraktive Wachstumschancen verspricht — und durch das der Umsatz der B+T Group schon jetzt um 10 % gestiegen ist.

B+T Group
36304 Alsfeld
www.bt-umwelt.de
Beschäftigte (D): über 200
Recycling/Entsorgung

Geschäftsführender Gesellschafter
Ralf Bohn

DAW SE

★★★★

Für mehr Farbe im Leben

Vor 138 Jahren erwarb der Hamburger Kaufmann Eduard Murjahn Schürfrechte im Odenwald. In der Gegend war er auf Amphibolvorkommen gestoßen. Mit diesem Rohstoff und einem Verfahren, das er selbst entwickelte, stellte er das erste Farb- und Verputzpulver her: Amphibolin. Heute sind die Deutschen Amphibolinwerke, kurz DAW, im hessischen Ober-Ramstadt mit weltweit rund 5.600 Beschäftigten einer der größten Baufarbenhersteller. Das engagierte Top-Management und wegweisende Prozesse wirken als stabile Innovationstreiber.

Der Gründer und auch seine Nachfahren fanden ihre berufliche Passion in der Chemie. „Mehr als 100 Jahre bedeutete Innovation vor allem Produktinnovation", erzählt Uwe Michaelis, Head of Innovation Management. „Aber das reicht heute nicht mehr aus." 2016 schuf das Top-Management deshalb die Position des Innovation-Managers. Seitdem sorgt Michaelis dafür, dass die DAW ihr Leistungsspektrum um Services jenseits des Kerngeschäfts kontinuierlich erweitert. Dabei spielen technologische Entwicklungen und Trends eine Rolle, aber auch gesellschaftliche Entwicklungen wie zum Beispiel die Themen Nachhaltigkeit oder der Fachkräftemangel.

Strategisches Innovationsmanagement

Michaelis etablierte 2017 das Stage-Gate-Modell, um auch Entwicklungsprozesse und Innovationsprozesse zu optimieren. So gibt es heute eine Group-Innovation-Strategy, die beschreibt, in welchen Bereichen und mit welchen Ressourcen der Mittelständler Innovationen generieren will. Es gibt eine Innovation-Value-Chain: Ein Trendradar strukturiert Strömungen und Technologien nach Relevanz, ein Report beschreibt Branchenentwicklungen, und Innovationsgelegenheiten werden in Opportunity-Space-Workshops identifiziert und priorisiert. Es gibt Ideen-Champions und Innovation-Camps, Innovations-Talks, Symposien und Botschafter. In Entscheidungsmeetings, an denen der geschäftsführende Direktor Dr. Jörg Leuninger ebenfalls teilnimmt, stellen Innovations-Teams ihre Ideen vor. „Nur die besten setzen sich durch. Oder wie der Apple-Gründer Steve Jobs einmal sagte: ‚Innovation comes from saying no'", berichtet Michaelis.

Heute Vision, morgen Realität

Weil tolle Ideen nichts nützen, wenn das Mindset nicht passt, fördert das Top-Management auch eine innovationsbegeisterte Kultur innerhalb der Firma. „Wir alle sind für Innovation verantwortlich, und diese Haltung ist heute im gesamten Unternehmen verankert." Schließlich sei Innovationskraft die größte Chance zur Differenzierung. „Wir kooperieren beispielsweise mit einem israelischen Start-up, das kollaborative Roboter entwickelt", sagt Uwe Michaelis stolz. „Der Roboter streicht Decken und Wände – in Zeiten des Fachkräftemangels eine sehr kluge Innovation."

DAW SE
64372 Ober-Ramstadt
www.daw.de
Beschäftigte (D): über 200
Chemie/Kunststoff

Geschäftsführender Direktor
Dr. Jörg Leuninger

Die DZT ist im Auftrag der Bundesregierung für die internationale Vermarktung des Reiselands Deutschland tätig. Im Fokus stehen dabei die wichtigen Zukunftsthemen Nachhaltigkeit und digitale Transformation.

Deutsche Zentrale für Tourismus e. V.

★ ★ ★

Alles ist möglich

Im Auftrag des Bundesministeriums für Wirtschaft und Klimaschutz vermarktet die Deutsche Zentrale für Tourismus e. V. die Destination Deutschland. Im Mai 1948 gegründet, hat die Organisation heute 25 Niederlassungen auf der ganzen Welt. Sie entwickelt Marketingstrategien, um Deutschland als attraktives Reiseziel zu positionieren, den Tourismus zu fördern und auf diese Weise den Wirtschaftsstandort zu stärken. Eine lebendige Außenorientierung und ein äußerst innovationsfreudiges Top-Management sind die wesentlichen Innovationstreiber.

„Schon der Vereinsgedanke spiegelt wider, dass die Arbeit bei uns ein Miteinander ist", erläutert die Vorstandsvorsitzende Petra Hedorfer. „Wir binden Wissenschaft, Politik, Leistungsträger und gesellschaftliche Organisationen ein." Als beispielsweise eine Jahrhundertflut das Ahrtal verwüstete, sprach man mit Betroffenen – und mit Vertretern von Ländern, die auch schon von einem Hochwasser heimgesucht worden waren: Wie sind die dortigen Tourismusorganisationen damit umgegangen? Mit welchen Strategien konnten sie ihre Reisebranche unterstützen?

Innovation ist immer interdisziplinär

Rund 5.000 Reiseveranstalter werden viermal im Jahr befragt: Wie verändern sich Reiseverhalten, Buchungen, Ansprüche? Und wie kann die DZT darauf reagieren? „Wie Akrobaten jonglieren wir stets mit mehreren Bällen in der Luft", sagt die Vorstandsvorsitzende. Das Top-Management agiert dabei als starker Innovationsmotor, beschäftigt sich mit Prozessen, durchdenkt Entwicklungen entlang der Customer-Journey. „Und", betont Hedorfer, „wir sind sehr technologieaffin." Als etwa im November 2022 in München ein Spiel der American Football League stattfand, setzte man ein Pilotprojekt auf: Mithilfe von Lead-User-Methode und Mobile Location-Tracking erforschten Datenanalysten: Wo übernachten die internationalen Gäste? Fahren sie vom Stadion in die City? Gehen sie shoppen? Die Erkenntnisse können Städte für ihre Veranstaltungen nutzen.

Innovation ist immer auch Chefsache

Schon 2011 hat die Vorstandsvorsitzende eine Innovationsstabstelle etabliert, denn „die digitale Transformation und die Dekarbonisierung in ihrer disruptiven Kraft hatten die Tourismusbranche bereits längst erreicht, lange bevor die Gesellschaft sie als Zukunftsthema begriff", berichtet Petra Hedorfer. Die übergeordnete Innovationsstrategie des Vereins lautet „Alles ist möglich". Sie ist auch die Grundlage der wöchentlichen Meetings und der Managementrunden. Hedorfer ergänzt: „Wir sind sehr permeabel, wie man heute sagt. Wir nehmen also Entwicklungen auf, filtern sie und entwickeln dann gemeinsam Marketingstrategien für das Reiseland Deutschland."

Deutsche Zentrale für Tourismus e. V.
60325 Frankfurt am Main
www.germany.travel
Beschäftigte (D): 51 bis 200
Hotel/Gastronomie/Tourismus

Vorstandsvorsitzende
Petra Hedorfer

e-shelter security technologies GmbH

Ein innovatives Ökosystem

Moderne Gebäude interagieren mit ihren Nutzern: Sie können lernen und somit auf Nutzungsverhalten und Sicherheitsbedürfnisse reagieren. Die e-shelter security technologies GmbH in Frankfurt am Main entwickelt maßgeschneiderte Konzepte für solche sicheren, smarten und nachhaltigen Gebäude. Dabei verbindet sie digitale Technologien mit modernster Sicherheitstechnik. Transparente Prozesse und eine vitale Außenorientierung machen das Unternehmen innovativ.

„Wir tummeln uns in einem hochinnovativen Ökosystem", erklärt der Geschäftsführer Dr. Tristan Haage. „Unser Gesellschafter Rupprecht Rittweger investiert in Start-ups im Bereich Property-Technology, also in junge Firmen, die an der Digitalisierung der Immobilienbranche arbeiten. Durch diese Interaktion konnten wir schon einige neue Lösungen und Dienstleistungen in unser Portfolio integrieren." Zudem nutzen Entwickler, Produktmanagement, Marketing und Geschäftsführung ein großes Netzwerk, um Entwicklungen und Trends für die Zukunft weiterzudenken.

Gebäudesicherheit weitergedacht

Auch im Kontakt mit Kunden entstehen Innovationen. Dabei führt das Problem eines Einzelnen oft zu einer Lösung für die gesamte Branche. „Weil Lithium-Ionen-Batterien für Elektroautos bei ihrer Lagerung warm werden und in Brand geraten könnten, musste ein Kunde seine eingelagerten Batterien täglich manuell kontrollieren. Wir haben mittels Thermalradiometrie und einer aufgesetzten KI-Lösung eine automatisierte Anwendung entwickelt, die die Temperatur überwacht und den Kunden schnell über jegliche Veränderung informiert", berichtet Dr. Haage. Die neue Technologie lässt sich für die gesamte E-Auto-Branche nutzbar machen. Außerdem hat das Top-Management ein Innovationsteam gegründet, das sich nicht allein mit klassischer Sicherheitstechnik beschäftigt, sondern auch überlegt, wie sie sich mit dem Internet der Dinge verbinden lässt.

Nutzer, Systeme und Gebäude vernetzen

e-shelter plant und liefert, implementiert und betreibt sicherheitstechnische Systeme. Zudem nutzt der Mittelständler seinen großen Erfahrungsschatz, um seine internen Prozesse zu optimieren. Als Prozesswerkzeug nutzt man das Design-Thinking. Haage erläutert: „Wir versuchen, alle Ideen entlang der Customer-Journey zu denken. Wie ist beispielsweise der Zutritt zu einer Einrichtung der kritischen Infrastruktur organisiert? Was erlebt die Persona? Wie können wir den Zutritt so optimieren, dass wir ihn erleichtern – und zugleich höchste Sicherheitsstandards einhalten?" Dank seiner Innovationskraft gehört das Unternehmen heute international zur Branchenspitze.

e-shelter security technologies GmbH
60489 Frankfurt am Main
www.e-shelter.io
Beschäftigte (D): 51 bis 200
Sicherheit

Geschäftsführer
Peter Wenzel,
Dr. Tristan Haage und
Kai Friedrich

EintrachtTech GmbH

★★★

Vom intelligenten Stadion zur smarten Region

Auch wenn die Kicker der Eintracht Frankfurt mal einen „Hänger" haben – das Team der in der Mainmetropole ansässigen EintrachtTech GmbH stürmt weiter nach vorn. Mit der von ihr gegründeten „Arena of IoT" entsteht eines der innovativsten digitalen Ökosysteme im europäischen Sport. Ein Vorbild für andere Orte, an denen Tausende Menschen auf Zeit zusammenkommen. Bei ihrem IoT-Projekt und bei der beliebten Fan-App „mainaqila" bedient sich die Digitaltochter des hessischen Fußballvereins der Open Innovation mit externen Partnern.

Wer den „Deutsche Bank Park" in Frankfurt besucht, erwartet spannende Fußballspiele der Eintracht oder ein emotionales Popkonzert. Genauso besonders sind die IoT-Lösungen für Energie, Logistik oder Mobilität, die hier erprobt werden: Sensoren steuern die Bewässerung des Rasens bedarfsgerecht, Robotermobile transportieren Waren und Personen auf dem Gelände. „Mit unserer ‚Arena of IoT' schaffen wir digitale Verbundlösungen, die so oder ähnlich an anderen Orten für Nachhaltigkeit und Effizienz sorgen könnten", sagt der Geschäftsführer Timm Jäger.

Regionales Ökosystem ausbauen

Jäger denkt dabei an Einkaufszentren, Verkehrsknotenpunkte, Festivalgelände. Und er hat eine Vision: die Entwicklung vom smarten Stadion zur smarten Stadt, die in einer smarten Rhein-Main-Region mündet. Ein erster Volltreffer ist mit der Fan-App „mainaquila", gelungen, die kontinuierlich weiterentwickelt wird. Sie fördert das Wirgefühl in der Region und in der Eintracht-Community. Auf dem digitalen Marktplatz finden sich zudem Angebote des Vereins, von Energielieferanten, Finanz- und Versicherungsdienstleistern, Radiosendern oder dem öffentlichen Personennahverkehr. Die App wird laufend aktualisiert und bietet den Sponsoren des Traditionsvereins einen weiteren Vertriebskanal. „So tragen wir mit unserer Plattform aktiv zur Digitalisierung der Region bei", sagt Jäger.

Digitale Dienstleistungen

Die EintrachtTech soll neue Geschäftsfelder außerhalb des Sports erschließen und eine stärkere wirtschaftliche Unabhängigkeit ermöglichen. Das Thema Open Innovation ist deshalb eine tragende Säule in der Firmenphilosophie des Mittelständlers, die nicht mehr wegzudenken ist, wie auch das Beispiel Mobile Payment zeigt. So wurde gemeinsam mit der Deutschen Bank eine virtuelle Debitcard geschaffen, die sich mit jedem Bankkonto verknüpfen lässt und mit der weltweit bezahlt werden kann. Erlöse, die EintrachtTech in den vergangenen Jahren erzielte, halfen mit, die pandemiebedingten Verluste aus der Profisparte auszugleichen. Zudem heimste das Team auf dem „World Football Summit" in Sevilla den Preis für die beste digitale Transformation im Weltfußball ein. 2:0 also für das Team Eintracht!

EintrachtTech GmbH
60528 Frankfurt am Main
www.eintracht.de
Beschäftigte (D): bis 50
Internet/Multimedia/E-Commerce

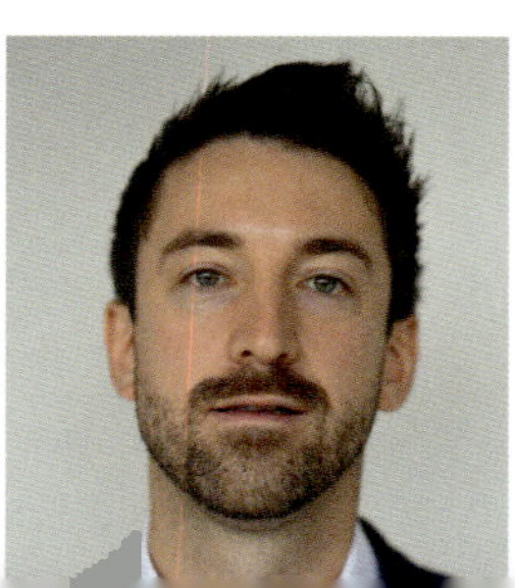

Geschäftsführer
Timm Jäger

Ferag Deutschland GmbH

★★★★

Perfect Match für Intralogistik

Seit 1957 gilt die schweizerische Ferag AG als führend bei der Konstruktion von Förder- und Sortieranlagen. Tausende Patente zeugen von der Innovationskraft des mittelständischen Familienunternehmens. Als eine von 20 Vertriebs- und Servicegesellschaften betreut die Ferag Deutschland GmbH Kunden in mehreren europäischen Ländern. Dank ihres Top-Managements agiert Ferag dort zunehmend als Generalunternehmen für ganzheitliche Intralogistiklösungen – wenn erforderlich, auch gemeinsam mit externen Partnern.

Das Portfolio des Maschinenbauers gründet auf Technologien, die für die Druckindustrie entwickelten wurden – heute bauen auch viele Automobil-, Mode- und Lebensmittelhersteller und große Onlineversandhändler auf seine Produkte. Software-, Automations- und Engineeringlösungen für ihre fortschrittlichen Materialflusssysteme entwickeln und implementieren die Schweizer inzwischen inhouse. Das 90-köpfige Team der Ferag Deutschland GmbH konfiguriert, installiert und wartet die Anlagen für hiesige Abnehmer und für ihre mittel- und osteuropäischen Kunden.

Innovationsorientiertes Top-Management

In engem Verbund mit der Muttergesellschaft initiiert und steuert das deutsche Top-Management gemeinsam mit dem Marketing und dem Vertrieb Projekte mit Investitionsvolumina bis zu 150 Mio. Euro. Geschäftsführer Nikolas Baumann erklärt: „Natürlich nehmen wir gern Aufträge an, bei denen lediglich die bei Ferag gefertigte Fördertechnik nachgefragt wird. Da wir aber Rundum-sorglos-Pakete schnüren, agieren wir neuerdings häufig auch als Generalunternehmer und Integrator für ganzheitliche Intralogistiklösungen – dies kann Verpackungsmaschinen und Palettiersysteme namhafter externer Partner einschließen.“ Gern verweist Baumann auf den daraus resultierenden Reputationsgewinn: „Kunden empfinden es als ein Perfect Match, wenn sie dank unserer Expertise langlebige Anlagen zusammenstellen können, die ihren Bedürfnissen bestmöglich entsprechen.“

Kompetenzzuwachs ermöglichen

Um das eigene Know-how zu stärken, integrierte man unlängst in Tschechien ein Kompetenzzentrum für Robotics und Software in die Ferag-Gruppe. Und eine im Mai 2023 in Österreich eröffnete Engineeringniederlassung gewährleistet den Support für die dortigen und für die ungarischen Kunden. Baumann und sein Führungsteam fördern an allen von ihnen geleiteten Standorten ein Innovationsklima, das Mut zu Neuem macht: „Wir brauchen einen unverbauten Blick auf die bestehenden Prozesse, um freie Bahn für frische Ideen zu schaffen und damit weitere Innovationen voranzutreiben.“

Ferag Deutschland GmbH
65843 Sulzbach
www.ferag.com
Beschäftigte (D): 51 bis 200
Anlagen-/Maschinenbau

Geschäftsführer
Nikolas Baumann

firesys GmbH

★ ★ ★

Firmenberichte auf Knopfdruck

Der Katalog an Auskunftspflichten, die den Unternehmen von der EU vorgegeben werden, wächst stetig. Beim Erstellen von Geschäftsberichten hilft moderne Software wie jene der firesys GmbH. Deren Top-Management schafft jetzt die Voraussetzungen dafür, das Reportingsystem, das bei Konzernen weit verbreitet ist, auch für mittelständische Betriebe tauglich zu machen, die ab 2025 Nachhaltigkeitsberichte veröffentlichen müssen. Es geht um einen neuen Markt, dessen großes Potenzial sich die IT-Firma als Erste erschließen will.

Der Unternehmens- und Produktname firesys steht für „financial reporting system". Was vielen Firmen einen hohen Bürokratieaufwand jenseits ihres Kerngeschäfts verursacht, ist die Geschäftsgrundlage des inhabergeführten Softwarehauses: Die firesys GmbH ist darauf spezialisiert, Unternehmensinhalte automatisiert in optisch ansprechende Berichte umzuwandeln – maschinenlesbar, mit gesetzeskonform vorgefertigten Textbausteinen und im Corporate Design der Kunden. Diana Kaufhold führt in der 28-köpfigen Firma die Geschäfte mit ihrem Ehemann Imran Mohammed.

Impulse an die Belegschaft

Diana Kaufhold erklärt: „Wir leiten und verantworten sämtliche Projekte mit Innovationsbezug selbst, geben aber jeweils nur den Rahmen und die Timeline vor. So fördern wir kollaborative Prozesse in ansonsten selbstbestimmten Teams, die uns regelmäßig über ihre Fortschritte berichten." Auf diese Weise bereitet firesys derzeit eine standardisierte Software vor, mit der Tausende Mittelständler ihrer baldigen Berichtspflicht mit Blick auf die Unternehmensführung sowie auf Maßnahmen für Umweltschutz und soziale Gerechtigkeit nachkommen können. Als Mitglied vieler Fachverbände kennt die Geschäftsführerin kommende regulatorische Herausforderungen genau, entsprechend gut kann sie ihr Personal darauf einstellen: „Bei der Projektplanung stellen wir sicher, dass wir unsere Produkte konsequent im Sinne ihrer Anwender weiterentwickeln. Eingangs ist das immer auch ein Blindflug, wir sind es aber gewohnt und sind dank unserer Anpassungsfähigkeit krisensicher."

Support für Führungskräfte

Alle Personalverantwortlichen bei firesys können in monatlichem Turnus Trainings zur beruflichen und privaten Persönlichkeitsentwicklung besuchen. „Die Teilnahme ist freiwillig. Wir als Geschäftsführung erfahren nicht, was dabei im Einzelnen besprochen wird", betont Imran Mohammed. „Das wird durch die Bank gern angenommen, übrigens auch von meiner Frau und mir selbst. Im Zuge unserer Supervision hinterfragen wir immer wieder, wie gut wir als auch privat miteinander verbundenes Führungsduo interagieren."

firesys GmbH
60486 Frankfurt am Main
www.firesys.de
Beschäftigte (D): bis 50
IT-Entwicklung/-Beratung

Geschäftsführer
Imran Mohammed und
Diana Kaufhold

TOP 100	TOP 100	TOP 100	TOP 100	TOP 100	TOP 100	TOP 100	TOP 100	TOP 100	TOP 100
TOP 100	TOP 100	TOP 100	TOP 100	TOP 100	TOP 100	TOP 100	TOP 100	TOP 100	TOP 100
TOP 100	TOP 100	TOP 100	TOP 100	TOP 100	TOP 100	TOP 100	TOP 100	TOP 100	TOP 100
TOP 100	TOP 100	TOP 100	TOP 100	TOP 100	TOP 100	TOP 100	TOP 100	TOP 100	TOP 100
TOP 100	TOP 100	TOP 100	TOP 100	TOP 100	TOP 100	TOP 100	TOP 100	TOP 100	TOP 100
TOP 100	TOP 100	TOP 100	TOP 100	TOP 100	TOP 100	TOP 100	TOP 100	TOP 100	TOP 100
TOP 100	TOP 100	TOP 100	TOP 100	TOP 100	TOP 100	TOP 100	TOP 100	TOP 100	TOP 100
TOP 100	TOP 100	TOP 100	TOP 100	TOP 100	TOP 100	TOP 100	TOP 100	TOP 100	TOP 100
TOP 100	TOP 100	TOP 100	TOP 100	TOP 100	TOP 100	TOP 100	TOP 100	TOP 100	TOP 100
TOP 100	TOP 100	TOP 100	TOP 100	TOP 100	TOP 100	TOP 100	TOP 100	TOP 100	TOP 100
TOP 100	TOP 100	TOP 100	TOP 100	TOP 100	TOP 100	TOP 100	TOP 100	TOP 100	TOP 100
TOP 100	TOP 100	TOP 100	TOP 100	TOP 100	TOP 100	TOP 100	TOP 100	TOP 100	TOP 100
TOP 100	TOP 100	TOP 100	TOP 100	TOP 100	TOP 100	TOP 100	TOP 100	TOP 100	TOP 100
TOP 100	TOP 100	TOP 100	TOP 100	TOP 100	TOP 100	TOP 100	TOP 100	TOP 100	TOP 100

TOP 100

FocusFirst GmbH

★★★★

Schnelle Transformation

Firmen neu auszurichten kann lange dauern, hohe Kosten verursachen und Widerstände bei den Beteiligten hervorrufen. Die FocusFirst GmbH strukturiert und orchestriert Transformationsprozesse mit ihrem innovativen PEAK-Verfahren. Ihren Mandanten verspricht sie 33 % Zeitgewinn und eine hohe Stakeholder-Zufriedenheit. Zur erfolgreichen Außenorientierung der Consultants zählt, dass der Geschäftsführer die Zielgruppe als Fachbuchautor und Gastgeber eines viel gehörten einschlägigen Podcasts erreicht.

Das Angebot der FocusFirst richtet sich an Geschäftsführer, Vorstände, Aufsichtsräte sowie erfahrene Führungskräfte mittelständischer und großer Unternehmen in Europa und darüber hinaus. Das Akronym PEAK steht für die Begriffe „Perceive", „Envision", „Architect" und „Kick-off" – in Summe für vier aufeinander aufbauende Phasen, um beschleunigt von der Erfassung des Status quo über die ganzheitliche Ausrichtung einer Organisation auf ein vorab definiertes neues Ziel, das „OneGoal", zu kommen.

Inspiriert und fokussiert

Innerbetrieblich führt der Geschäftsführer René Esteban ein Innovationsklima herbei, das den „Inspired Focus"-Ansatz der Berater widerspiegelt: „Wir agieren diszipliniert und mit inspirierender Lebensfreude. Dies hilft unseren Auftraggebern, sich auf das gemeinsame Ziel zu konzentrieren und nimmt ihnen die Angst vor Veränderungen." Das Team besteht aus PEAK-erfahrenen Betriebswirten und Psychologen, ergänzt durch ein Netzwerk selbstständiger Change-Experten, allesamt gestandene ehemalige Top-Manager. „Dieses Set-up erleichtert Change-Prozesse, weil unsere Kunden es mit Ansprechpartnern zu tun haben, die auf Augenhöhe agieren und schon vor vergleichbaren Herausforderungen standen wie sie selbst", ergänzt der Geschäftsführer.

An Renommee gewonnen

Die Consultants arbeiten seit zwei Jahren weitgehend remote, ohne gemeinsam genutzte Büroräume und mit minimalen Reiseaufwendungen. Auf diese Weise sparen sie rund 20 % ihrer früheren Fixkosten. Ihren Umsatz konnten sie 2021 um 50 % steigern. René Esteban macht die PEAK-Methodik als Fachbuchautor publik; zudem moderiert er einen 14-täglichen Podcast namens „Transformation Leaders", der auf der eigenen Website, bei Spotify und auf vielen weiteren Onlineplattformen abrufbar ist. „Darin berichten hochrangige Gäste aus der Wirtschaft darüber, wie sie Transformationsprojekte strukturieren und ihre Organisationen schneller entwickeln. Damit erzielen wir eine beträchtliche Reichweite und machen bestehende und potenzielle Kunden zu FocusFirst-Fans", erzählt Esteban sichtlich erfreut.

FocusFirst GmbH
60311 Frankfurt am Main
www.focus-first.com
Beschäftigte (D): bis 50
Unternehmensberatung

Geschäftsführer
René Esteban

FS ist Expertin in Sachen mechanische Fertigung und Vertriebspartnerin für die von der MOTOREX AG in Langenthal entwickelten neuen Produkte der FLUIDLYNX-Linie, die zur Überwachung von Kühlschmierstoffen genutzt wird.

FS Filter- und Schmierstofftechnik GmbH

★★

Partnerschaftliche Lösungen für die Industrie

Die Industrie erwartet, dass ihre Maschinen zuverlässig und effizient funktionieren. Die FS Filter- und Schmierstofftechnik GmbH sorgt dafür, dass bei ihren Kunden Fertigungsprozesse verbessert werden, die Verwendungszeit der Maschinen erhöht wird und weniger Betriebsmittel nötig sind. Der Mittelständler vertreibt Werkzeugmaschinen, Automation und Kühlschmierstoffe und übernimmt die schmiertechnische Wartung. Ideen für Verbesserungen der Produkte und Dienstleistungen entstehen dabei oft über den Austausch mit Kunden und Partnern.

Vor fast 30 Jahren gründete Roland Ranisch sein Unternehmen mit Schwerpunkt auf industrielle Filtration. Heute sind die Maschinenbauexperten breiter aufgestellt: Die rund 30 Mitarbeiter am Firmenstandort im hessischen Bickenbach pflegen Partnerschaften mit namhaften Firmen, unter anderem Werkzeugmaschinenhersteller, die die Kundenmaschinen nach den Vorgaben der FS Filter- und Schmierstofftechnik GmbH fertigen. Einer der wichtigsten Partner ist der Schmiermittelhersteller MOTOREX in der Schweiz. Aus dieser Kooperation sind in seinem Labor bereits zahlreiche Innovationen entstanden.

Automatisierte Wartung

„Wir bei FS haben durch unsere Ideen und Impulse einen wichtigen Beitrag zur Entwicklung von Geräten für die automatisierte Wartung geleistet. Damit können Prozesse nun nachhaltiger und kostengünstiger gestaltet werden", sagt der Geschäftsführer Roland Ranisch. Der Verbrauch der Betriebsstoffe kann somit gesenkt und die Umwelt geschont werden — auch, weil der Einsatz der Flüssigkeiten digital steuerbar ist. Einmal in der Woche treffen sich Ranisch und sein Mitgeschäftsführer Jacek Masztalerz mit einem sechs- bis achtköpfigen Team, bestehend aus Projektleitung und Vertrieb, um neue Entwicklungen zu besprechen. „Die meisten Anregungen für innovative Dienstleistungen stammen aus Kundengesprächen", erläutert Roland Ranisch. Da die Mitarbeiter bei den Kunden Betrieb, Wartung und Instandhaltung der Maschinen übernehmen, halten sie stets Augen und Ohren offen. Wünsche der Kunden, Veränderungen der rechtlichen Vorgaben oder der Marktanforderungen sind Auslöser für die Entwicklung von Neuerungen.

Digitaler Fingerabdruck

„Unsere Aufgabe ist es, dass Unternehmen weltweit mit gleichbleibend hohen Maßstäben produzieren können und ihre Lieferfähigkeit sichergestellt ist", erklärt Ranisch. „Dabei wird der Anteil vorbeugender Wartung und Instandhaltung immer weiter zunehmen", sagt er überzeugt. Als Zukunftstrend sieht der Geschäftsführer das Thema „digitaler Fingerabdruck", bei dem alle Daten einer Maschine intelligent miteinander verknüpft werden. Auch hier denkt man bereits gemeinsam mit Partnern über entsprechende Lösungen nach.

FS Filter- und Schmierstofftechnik GmbH
64404 Bickenbach
www.fsfiltergmbh.de
Beschäftigte (D): bis 50
Anlagen-/Maschinenbau

Geschäftsführer
Roland Ranisch,
Heidrun Ranisch und
Jacek Masztalerz

Die GD Optical Competence GmbH ist einer der führenden internationalen Anbieter, was die Entwicklung und Fertigung von hochpräzisen Linsen aus Glas angeht. Eingesetzt werden sie unter anderem im Maschinenbau und in der Elektrotechnik.

TOP 100

GD Optical Competence GmbH

Die kleinsten Linsen der Welt

Sensoren oder Laser, die zum Beispiel in der Medizintechnik oder im Automobilbau zum Einsatz kommen, brauchen oft winzige Linsen. Die GD Optical Competence GmbH ist Expertin für die Entwicklung und die Fertigung dieser hochwertigen Mikrolinsen aus Glas. Der Mittelständler hat seinen Umsatz und die Zahl der Beschäftigten in den vergangenen zwei Jahren verdoppelt. Das ist nicht zuletzt auf den Erfolg eines innovationsfördernden Top-Managements zurückzuführen, das das Unternehmen noch stärker für die Zukunft aufstellen will.

„Wir wollen alle zwei Jahre einen großen Sprung nach vorn machen. Dazu übernehmen wir am Markt verfügbare Technologien und entwickeln daraus völlig neue Lösungen", sagt der Geschäftsführer Winfried Czilwa, der die Firma seit 2021 leitet, über seine Innovationsstrategie. Innovationsthemen werden im Führungskreis gemeinsam besprochen. Abgestimmt darauf stellen dann der Entwicklungsleiter und der technische Leiter unterschiedliche Innovationsteams zusammen, die an den Ideen weiterarbeiten.

Verfeinerte Fertigungsverfahren

„Das Geheimnis liegt darin, für die Linsen, die unsere Kunden benötigen, das passende Werkzeug mit der richtigen Beschichtung zu bauen", erklärt Czilwa. Dazu testet die Firma verschiedene neuartige Materialien und entwickelt so die Fertigungstechnologien immer weiter. „Auf diese Weise können wir mit den immer höheren Anforderungen an Linsen für den technischen Bereich mithalten." Ein Highlight ist etwa ein spezielles Fertigungsverfahren, bei dem mithilfe einer Ultrapräzisionsmaschine bei Arbeiten im Nanometerbereich Werkzeugformen hergestellt werden. Die damit produzierten winzigen Linsen gehören zu den kleinsten der Welt und wurden unter anderem in einem Forschungsprojekt in Zusammenarbeit mit dem Fraunhofer-Institut verwendet. Dabei geht es im Kern darum, die Datenverarbeitung in Rechenzentren mittels einer neuartigen Glasfaserankopplung deutlich zu beschleunigen und Energie zu sparen.

Mit Weitsicht und Können wettbewerbsfähig bleiben

Ein Innovationsprozess beginnt bei dem Mittelständler in der Regel nach einem Gespräch mit Interessenten, die ein bestimmtes Optikproblem gelöst haben wollen oder die eine spezielle Linsenform benötigen. Kontakte ergeben sich im Vorfeld oft über internationale Branchenmessen. Die innovationsfreudigen und kreativen Ingenieure und Physiker von GD Optics erarbeiten dann gemeinsam mit dem potenziellen Kunden Entwürfe und erstellen Prototypen. Die größte Herausforderung ist es, stets wettbewerbsfähig zu bleiben und technologisch an die Grenzen des Machbaren zu gehen. „Mit unseren intelligenten Fertigungsverfahren haben wir die Nase vorn", betont Czilwa.

GD Optical Competence GmbH
35764 Sinn
www.gdoptics.de
Beschäftigte (D): bis 50
Optik/Akustik

Geschäftsführer
Winfried Czilwa

gkk DialogGroup GmbH

Das Sprachrohr der Kunden

Wenn Kunden bei BMW anrufen, sich mit PAYBACK per E-Mail austauschen oder mit Samsung via Facebook interagieren, kommunizieren sie höchstwahrscheinlich mit einem Mitarbeiter der gkk DialogGroup GmbH: Die Fullservice-Agentur für Dialogmarketing verantwortet den Kontakt zu den Kunden ihrer Klientel via Telefon, E-Mail und Social Media. Mehr als 900 Beschäftigte an vier Standorten konzipieren und betreiben individuelle Customer-Experience-Lösungen. Neue interne Innovationsprozesse sollen auch den Kunden zugutekommen.

„Wir sind das Ohr und das Sprachrohr der Unternehmen", sagt der Geschäftsführer Dr. Markus Gräßler. „Für jedes Unternehmen ‚bauen' wir eine passende Lösung für seine individuelle Marketingkommunikation." Das Besondere seines Angebots: Die Kunden erhalten alles aus einer Hand. Während Mitbewerber sich meist nur auf einem Gebiet auskennen, ist gkk Digitalagentur, Social-Media-Agentur und PR-Agentur in einem. Nun will sie noch besser werden in dem, was sie tut.

Transformationsmanagerin unterstützt Prozesse

„Wir überarbeiten aktuell unser gesamtes Human-Experience-Ökosystem", sagt Markus Gräßler. „Damit werden wir noch kundenorientierter und professioneller, wovon am Ende alle profitieren: unsere Mitarbeiter, unsere Kunden und die Kunden unserer Kunden." Für den Prozess wurde eine Innovationsboutique ins Leben gerufen, in der die Mitarbeiter lernen, die Welt neu zu sehen. Eine Transformationsmanagerin begleitet sie dabei. Mittels Influencer-Workshops, die sie selbst gestalten, werden die Mitarbeiter in Veränderungsprozesse einbezogen. Sie schlagen Themen vor, an denen sie arbeiten wollen, und erarbeiten Konzepte für die Umsetzung. „Dadurch können wir wesentlich schneller agieren und noch mehr Ideen realisieren als bisher", erläutert der Geschäftsführer. Auch die Motivation in den Teams an den vier Standorten steigt, seit alle enger zusammenarbeiten.

Individualisierte Standards

„So viel standardisieren wie nötig und so viel individualisieren wie möglich" lautet die neue Devise des Mittelständlers. Dadurch können die Mitarbeiter heute mehrere Kunden betreuen, da sich die Prozesse sehr ähneln. Der Einsatz moderner Software und künstlicher Intelligenz unterstützt die Belegschaft bei ihrer Arbeit, ebenso wie die Einrichtung besserer Ticketsysteme und einer neuen Wissensdatenbank. „Dank unseres neuen Agenturmodells bringen wir die Bedürfnisse unserer Kunden und die unserer Mitarbeiter besser zusammen", sagt Markus Gräßler überzeugt. Für die Zukunft fühlen sich die Frankfurter Dialogmarketingexperten damit gut gewappnet.

gkk DialogGroup GmbH
60314 Frankfurt am Main
www.gkk.de
Beschäftigte (D): über 200
Kommunikation/Marketing/Medien

Geschäftsführer
Dr. Markus Gräßler

Hausengel Unternehmensgruppe

Automatisiertes Matching

Viele Menschen, die pflegebedürftig sind, möchten so lange wie möglich in ihren eigenen vier Wänden bleiben. Die Hausengel Unternehmensgruppe hilft ihnen dabei: Eine 24-Stunden-Betreuung unterstützt die Betroffenen im Alltag, und ambulante Pflegedienste übernehmen die häusliche Pflege. Der 2005 gegründete Pflegedienstleister bietet als einziger Pflege und Betreuung aus einer Hand an und gehört zu den größten seiner Art in Deutschland. Das ist vor allem das Verdienst des hochinnovativen Top-Managements.

Als Simon Wenz' Großeltern zum Pflegefall wurden, gestaltete sich die Suche nach passender Hilfe schwierig. „Das kann man doch besser machen", sagte sich der Jurist – und aus der Organisation einer Pflegehilfe für die eigene Familie wurde schnell ein wachsendes Unternehmen. Heute beschäftigt Hausengel rund 300 Mitarbeiter in Deutschland und Osteuropa, die auf 10.000 bis 12.000 Betreuungskräfte zugreifen können. „Simon Wenz ist der Innovationstreiber in unserem Unternehmen", berichtet die Vorstandskollegin Juliane Bohl. „Wir diskutieren ständig über seine neuen Ideen."

Zeit und Ressourcen sparen

Eine davon ist die Vereinfachung der Arbeitsprozesse für die Mitarbeiter und für die Familien von Pflegebedürftigen. „Wir haben unser CRM-System komplett neu aufgestellt und stark automatisiert", sagt Juliane Bohl. So können Betreuungskräfte ein Profil mit ihren Präferenzen und Verfügbarkeiten im System hinterlegen. Wenn eine Familie dann Bedarf anmeldet, erfolgt automatisch ein Matching mit den passenden Kräften. Die Mitarbeiter des Pflegedienstleisters brauchen so nur noch die Feinauswahl vorzunehmen, und die Betreuungskräfte werden über eine Push-Nachricht über ihren Einsatz informiert. „Das spart uns enorm viel Zeit und Ressourcen, was in Zeiten von Fachkräftemangel ein entscheidender Faktor ist", betont Bohl. Auch Schnittstellen zu Behörden und Krankenkassen sind im System angelegt.

Vernetzt denken

Neben der Idee zur Prozessautomatisierung haben Wenz und Bohl noch viele weitere Ansätze in petto, um ihr Unternehmen voranzubringen. Impulse erhalten sie unter anderem durch Netzwerkarbeit in Verbänden und der Politik, auf Messen und Kongressen. „Unsere Branche muss vernetzter denken und arbeiten, um die künftigen Herausforderungen zu meistern", erklärt Juliane Bohl. Sie schaut sich oft auch in anderen Branchen nach Anregungen für Innovationen um und hält jederzeit Augen und Ohren offen. Selbst eine Krimiserie am Abend mit dem Thema Pflege brachte bereits neue Ideen zutage.

Hausengel Unternehmensgruppe
35085 Ebsdorfergrund-Heskem
www.hausengel.de
Beschäftigte (D): 51 bis 200
Gesundheitswesen

Vorständin
Juliane Bohl

HDP Management Consulting GmbH

Gemeinsam Innovationen vorantreiben

Prozessautomatisierung auf der Basis künstlicher Intelligenz ist das neue Geschäftsfeld der HDP Management Consulting GmbH. Es fügt sich gut in das bestehende Portfolio des Frankfurter Beratungsunternehmens ein: Die Felder IT-Sourcing, IT-Strategien und -Prozesse sowie Digitalisierung haben sich bereits etabliert. Eine intensive Außenorientierung sorgt dafür, dass die Consultants stets mit einem Wissensvorsprung bei ihren Kunden punkten und für sie passende Lösungen entwickeln können.

„Unsere mittelständischen Kunden erwarten von uns als Managementberatung, dass wir immer ganz vorn dabei sind“, sagt der Geschäftsführer Wolfgang Heymann. „Daher dreht sich bei uns im Unternehmen viel um das Thema Innovation.“ Das Innovationsmanagement der HDP Management Consulting ist zum einen nach innen auf die Beratungsabläufe und -methoden ausgerichtet, zum anderen nach außen, was sich in den innovativen Ansätzen bei der Beratung und deren Wirkung für die Kunden widerspiegelt.

Sich an Marktentwicklungen anpassen

Die Competence & Solution Center, in denen die Teams sich organisieren, sind dazu angehalten, ihre Beratungsmethoden und -inhalte laufend an die Entwicklungen im Markt anzupassen und bei Bedarf komplett neue Lösungsansätze zu entwickeln. Um zu wissen, was die wirklich relevanten Themen der Zukunft sein werden, scannen die Beschäftigten regelmäßig den gesamten Markt. „Wir betreiben extrem viel Recherche weltweit“, betont der Geschäftsführer. Die Innovationsquellen sind vielseitig: Man beobachtet die Mitbewerber und ihre Lösungen, besucht Fachmessen mit hoher Qualität, sichtet Studien zu interessanten Fragestellungen oder nimmt daran teil. Der Austausch mit technischen Partnern, darunter auch ein KI-Start-up im Silicon Valley, oder mit verschiedenen Unternehmensberatungen, die inhaltlich andere Schwerpunkte haben, führt immer wieder zu kreativen Anregungen für Innovationen.

Prototypen gemeinsam mit Kunden testen

Auch die Rückmeldungen der Kunden aus der Vertriebsphase und aus den Projekten wird in der HDP Management Consulting diskutiert. Und wenn Prototypen von Prozessen oder Methoden erprobt werden sollen, holt man ebenfalls oft einen Kunden mit an Bord, um Neuerungen gemeinsam mit ihm weiterzuentwickeln. Hat sich der Prototyp bewährt, können die Methoden in weiteren Kundenprojekten zum Einsatz kommen. „Der direkte Austausch und die Zusammenarbeit mit vielen Akteuren beweisen uns immer wieder, dass es am effektivsten ist, wenn man gemeinsam neue Dinge schaffen kann“, sagt der Geschäftsführer überzeugt.

HDP Management Consulting GmbH
60486 Frankfurt am Main
www.hdp-management.com
Beschäftigte (D): bis 50
Unternehmensberatung

Geschäftsleitung
Uwe Will, Wolfgang Heymann und Heiko Feuerbacher

HOF Sonderanlagenbau GmbH

★★★★★★★★

Eine Unternehmensführung, die sich einsetzt

Ein Großteil von Arzneimitteln wird über Gefriertrocknungsverfahren hergestellt. Dazu benötigt die Pharmaindustrie entsprechende Anlagen, Beladesysteme und Entladesysteme sowie Einfriergeräte und Auftaugeräte. Die HOF Sonderanlagenbau GmbH im hessischen Lohra hat sich auf den Bau von Gefriertrocknungsanlagen samt dem passenden Equipment spezialisiert und fertigt seit 35 Jahren individuelle Produkte für ihre Kunden. Die Geschäftsführung in zweiter Generation ist in das Thema Innovation eng eingebunden und fördert ein positives Innovationsklima.

„Wir wollen termingerecht Qualität für anspruchsvolle Kunden liefern“: So lauten der Anspruch und die Innovationsstrategie von Dr. Alexander Hof, der vor zwei Jahren die Geschäftsführung des Maschinenbauunternehmens übernommen hat. Bei dessen Produkten handelt es sich immer um Einzelanfertigungen. „Daher ist in jeder Anlage ein gewisses Maß an Innovation enthalten“, erklärt Hof.

Eine Kommunikationskultur der Offenheit leben

Um zu wissen, welche Anforderungen der Markt aktuell an Gefriertrocknungsanlagen stellt, sind Hof und seine Mitarbeiter stets besonders aufmerksam auf Messen und anderen Veranstaltungen mit potenziellen Kunden. „Schon bei der Ausbildung unserer Fachkräfte legen wir Wert darauf, dass alle sich gegenüber Neuerungen offen zeigen“, sagt der Geschäftsführer, der auch selbst oft bei Kundenterminen dabei ist. „Neue Ideen kommen im Unternehmen aus den unterschiedlichsten Bereichen“, erläutert Hof. Dank einer flachen Hierarchie sowie einer offenen Kommunikationskultur ist er stets im Bilde darüber, an welchen Projekten gerade gearbeitet wird. Alle Vorschläge, die die Mitarbeiter auf diversen Wegen einreichen, werden vierteljährlich mit Unterstützung eines externen Beraters in einem moderierten Gremium besprochen.

Kaltlufttechnik als umweltfreundliche Alternative

Als größte Herausforderung für seine Branche sieht Hof die neue europäische Gaseverordnung an, die ab 2030 den Einsatz bislang häufig genutzter Kältemittel untersagt. „Wir haben uns hier jedoch einen guten Vorsprung erarbeitet, indem wir schon seit mehreren Jahren an einer neuartigen Kaltlufttechnik arbeiten, mit der auch bestehende Geräte umgerüstet werden können“, erklärt der Geschäftsführer. Die frühzeitige Beschäftigung mit dem Thema war wichtig, denn von der ersten Idee bis zur Inbetriebnahme der Anlage beim Kunden vergehen meist drei Jahre. Auch beim Thema Digitalisierung hat die gut besetzte Abteilung Anlagenautomatisierung und Prozessautomatisierung die Nase weit vorn. Gefriertrocknungsanlagen immer stabiler, sicherer und effizienter machen, das ist das Ziel dieses Mittelständlers.

HOF Sonderanlagenbau GmbH
35102 Lohra
www.hof-sonderanlagen.de
Beschäftigte (D): über 200
Anlagen-/Maschinenbau

Geschäftsführer
Dr. Alexander Hof

Jökel Bau bietet alles aus einer Hand – von der Projektentwicklung über die Planung bis zur schlüsselfertigen Bauausführung, etwa beim Neubau von Verwaltungsgebäuden.

TOP 100

Jökel Bau GmbH & Co. KG

★★

Anpacken statt zuschauen

Tradition und unkonventionelle Ideen schließen sich nicht aus. Dies gilt auch für die Jökel Bau GmbH & Co. KG. Gegründet wurde das heute in fünfter Generation geführte Familienunternehmen 1887. Mit der Idee, ein Haus ausschließlich von Auszubildenden bauen zu lassen, fand man bei den Medien große Resonanz. Die Realisierung zeigt die innovativen Prozesse und die gute Organisation in der Firma. Andere Innovationen entstehen durch eine permanente Außenorientierung, die geprägt ist vom Austausch mit externen Bauexperten.

Die Idee, ein Haus nur von Azubis bauen zu lassen, kam von einem Bauleiter der Firma: Gerade in Zeiten des Fachkräftemangels wäre das doch mal ein Statement. Der Nachwuchs könne damit zeigen, was in ihm stecke und wozu die Jugend imstande sei, wenn man ihr die Möglichkeiten gebe. Gesagt, getan. Der Bau des Einfamilienhauses in Hessen hat im Winter 2022 begonnen – mittlerweile steht der Rohbau.

Einzigartiges Projekt, das ankommt

Bei diesem Projekt sollten Auszubildende und junge Facharbeiter ganz allein den Rohbau eines Hauses errichten. Ein Polier, ebenfalls anwesend auf der Baustelle, hat dabei stets die Verantwortung, dass alles richtig und nach Plan läuft. Auch der Bauherr ließ sich gern von dem Konzept überzeugen. Das Projekt in Neuhof mit dem Namen „MARKE azubi_bau" ist in Hessen einzigartig. „Lehrlinge sollen auf Baustellen nicht nur aufräumen oder Geräte halten. Um ordentlich was zu lernen, müssen sie vielmehr Verantwortung übernehmen und mit anpacken", erklärt Peter Jökel, der mit seinem Bruder Stefan die Geschicke des Unternehmens leitet. Stefan Jökel ergänzt: „Wir beugen dem Fachkräftemangel aktiv vor, weil wir die Nachwuchskräfte schon sehr früh in alle Arbeiten integrieren, statt sie nur zuschauen zu lassen." Die ungewöhnliche Idee kam an, und zahlreiche Medien aus Print, Online und TV interessierten sich für die Geschichte.

Blick über den Tellerrand

Nicht nur dieses eigene Projekt, sondern auch der Blick über den viel zitierten Tellerrand spielt bei dem hessischen Mittelständler eine große Rolle. Die Geschäftsleitung und die Abteilungsleiter besuchen daher regelmäßig Fachtagungen, um sich über aktuelle Themen der Baubranche auszutauschen. Für die Presse- und Öffentlichkeitsarbeit hat man außerdem eine Agentur beauftragt, die sich gemeinsam mit der Geschäftsleitung über geeignete Maßnahmen und über Pressethemen verständigt. Der Input von außen ist für das innovationsfördernde Top-Management wichtig, um den Ideenmotor auch in Zukunft weiterhin erfolgreich am Laufen halten zu können.

Jökel Bau GmbH & Co. KG
36381 Schlüchtern
www.joekel.de
Beschäftigte (D): 51 bis 200
Baugewerbe/Handwerk

Geschäftsführer
Stefan und Peter Jökel

Le Bihan Consulting GmbH

★★★★

Als Berater in die Zukunft sehen

Mit viel technologischem Know-how in die Zukunft sehen und die Kundenfirmen dementsprechend beraten – das ist die Kernkompetenz der Le Bihan Consulting GmbH. Seit 2008 beschäftigt sich das industriell sehr erfahrene Beratungsunternehmen mit den digitalen Einflüssen auf die Unternehmenswelt. Einen Innovationserfolg erzielt der Mittelständler durch eine mutige Investitionsentscheidung. Im Top-Management gehören die Marktbeobachtung und die Innovationssuche zum Alltag.

In ihrem Arbeitsalltag begegnen den Beratungsexperten oft interessante Geschäftsideen, deren Zukunftspotenzial analysiert werden soll. 2020 übernahm der Geschäftsführer Thomas Brunschede ein Beratungsmandat, das sein Unternehmen entscheidend verändert hat: Es sollte eine neuartige Ausbildungsplattform für Schüler bewertet werden. „Heute ist dieses Projekt ein wesentlicher Bestandteil unserer Unternehmensstrategie", sagt Brunschede.

Idee mit gesellschaftlicher Relevanz

Die innovative Schülerplattform soll mittels neuer virtueller Möglichkeiten bekannte Probleme lösen. Brunschede erläutert: „Knapp 25 % aller Auszubildenden brechen ihre Ausbildung wieder ab, weil sie sich den Beruf anders vorgestellt haben. Durch VR-Headsets könnte man nun Schülern vorher realistische Eindrücke vermitteln und sogar virtuelle Praktika ermöglichen." Der Einsatz der Le Bihan Consulting spiegelt den Umfang des Projekts wider: Knapp zehn Mitarbeiter kümmern sich in einer eigenen Unit darum. Gemeinsam mit namhaften Bildungswissenschaftlern werden Fragenkataloge entwickelt, die die „Schüler zum Teil zu durchaus überraschenden Antworten führen im Hinblick darauf, welche Berufe tatsächlich ihren Begabungen entsprechen", erklärt Brunschede. Dank seiner Investition realisiert Le Bihan eine Idee mit gesellschaftlicher Relevanz und entwickelt somit einen Innovationserfolg für die Zukunft.

Innovation ist Chefsache

Für Brunschede gehört die Suche nach innovativen Trends zum Alltag: Allein 60 % seiner Arbeitszeit widmet er dem Thema „innovationsförderndes Top-Management". Dazu gehört für ihn auch, dass er Innovationsprojekte anstößt und begleitet. 2022 half ihm vor allem ein durch TOP 100 organisierter Field-Trip ins Silicon Valley, neue Erkenntnisse zu gewinnen. Besuche bei etablierten Unternehmen wie Intel und neuen Start-ups verdeutlichten ihm, wie wichtig eine Vorbereitung auf disruptive Veränderungen ist: „Für Firmen ist die Frage entscheidend: Wie wird die Welt in zehn, fünfzehn Jahren sein?" Die Kunden der Le Bihan Consulting GmbH können darauf vertrauen, dass die innovativen Unternehmensberater schon jetzt hilfreiche Antworten parat haben.

Le Bihan Consulting GmbH
65510 Hünstetten
www.lebihan.de
Beschäftigte (D): 51 bis 200
Unternehmensberatung

Geschäftsführer
Thomas Brunschede

Lenus GmbH

Berater für optimale Fürsorge

Wenn Kliniken und Krankenhausträger Fragen zur Optimierung ihrer alltäglichen Prozesse haben, ist die Lenus GmbH die richtige Ansprechpartnerin. Sie unterstützt ihre Kunden bundesweit dabei, die täglichen Abläufe und Aufgaben wirtschaftlich, gesetzeskonform und nachhaltig zu gestalten. Das Beratungsunternehmen behält aber nicht nur die Prozesse der Kunden, sondern auch die eigenen Innovationsprozesse im Blick. Dank eines positiven Innovationsklimas sprießen bei den Mitarbeitern regelmäßig neue Ideen.

Die Experten der Lenus GmbH decken ein weites Feld an wichtigen Themen ab, etwa Energiemanagement, Medizintechnik und Infrastruktur. Von zentraler Bedeutung ist das Thema „Medizin-IT", also die Verwaltung und die Digitalisierung von Gesundheitsdaten. Hier steuert der Mittelständler mit seinem jährlichen Branchentreff „mtTalk" entscheidende Impulse zu aktuellen Debatten im Gesundheitswesen bei. „Die Digitalisierung fordert die Gesundheitseinrichtungen heraus, bietet aber auch neue Möglichkeiten", berichtet der Prokurist Daniel Nilles.

Pionier am Markt

Damit auch Lenus immer wieder für neue Herausforderungen gewappnet ist, analysiert ein dreiköpfiges Innovationsteam kontinuierlich Kundenwünsche und Marktentwicklungen. Im Rahmen von Kongressen wie dem „Hauptstadtkongress Gesundheitswirtschaft" in Berlin oder mittels digitaler Fachvorträge informieren sich die Mitarbeiter zu Neuheiten im Gesundheitswesen. „Prinzipiell interessieren wir uns für Ideen, die wir als Pioniere auf dem Markt präsentieren können", erklärt Nilles. Potenzielle Innovationsideen werden im wöchentlichen Gespräch mit der Geschäftsführung erörtert. Ist eine der Ideen vielversprechend, lässt das Unternehmen seinen Mitarbeitern bei der Realisierung weitgehend freie Hand. „Freiheiten lassen und die notwendige Unterstützung liefern, das ist unser Innovationsmotto", sagt Nilles.

Partner mit Ideen

Mit seinen Anregungen ist das Unternehmen ein sehr beliebter Partner in Innovationsnetzwerken, zum Beispiel in der „Entscheiderfabrik" in Düsseldorf, einem Aktionsbündnis zur Verbesserung der Digitalisierung im Gesundheitswesen. Und seit der Einführung eines umfassenden ERP-Systems können die Beschäftigten jetzt noch leichter auf essenzielle Firmenkennzahlen zugreifen, was auch die Zusammenarbeit vereinfacht. So bleibt mehr Zeit für das Wesentliche: für die Beratung der Kunden und das Entwickeln neuartiger Ideen. Und mit diesen Ideen wird der Lenus GmbH auch in Zukunft die optimale Beratung für innovative Fürsorge gelingen.

Lenus GmbH
60323 Frankfurt am Main
www.lenus.de
Beschäftigte (D): bis 50
Unternehmensberatung

Prokurist
Daniel Nilles

TOP 100

TOP 100 TOP 100 TOP 100 TOP 100
TOP 100 TOP 100 TOP 100 TOP 100 TOP 100
TOP 100 TOP 100 TOP 100 TOP 100 TOP 100
TOP 100 TOP 100 TOP 100 TOP 100 TOP 100
TOP 100 TOP 100 TOP 100 TOP 100 TOP 100
TOP 100 TOP 100 TOP 100 TOP 100 TOP 100
TOP 100 TOP 100 TOP 100 TOP 100 TOP 100

TOP 100

Lock Your World GmbH & Co. KG

★★★★★

Das sicherste Schloss der Welt

Jeder Tresor, jedes zu sichernde Objekt hat eine entscheidende Schwachstelle: das sichtbare Schloss. Dieses Problems hat sich das Unternehmen Lock Your World GmbH & Co. KG angenommen und mit seiner branchenweit einzigartigen Lösung „pylocx“ einen Innovationserfolg erzielt. Der digital gesicherte Schließmechanismus kommt hauptsächlich im Bereich kritischer Infrastrukturen zum Einsatz. Bei der Weiterentwicklung von Einsatzmöglichkeiten achtet der Mittelständler mit Sitz in Bad Orb auch auf seine Innovationsprozesse.

Bis „pylocx“ einsatzbereit war, mussten einige Stolpersteine aus dem Weg geräumt werden: Technische Probleme beispielsweise und das Warten auf Zertifizierungen erschwerten den Start. „Alle Fehler waren für mich allerdings entscheidende Stationen auf dem Weg zum Erfolg“, sagt die geschäftsführende Gesellschafterin Manuela Engel-Dahan. Nachdem man alle Schwierigkeiten gelöst hatte, konnte das „sicherste Schloss der Welt“ 2020 seinen Siegeszug durch verschiedene Branchen antreten. Ein Jahr später half das Unternehmen vor allem Anbietern digitaler Stromzähler, ihre Transportkoffer nach allen Vorgaben des Bundesamts für Sicherheit in der Informationstechnik, kurz BSI, zu sichern.

Doppelt und dreifach sicher

Seinen hohen Sicherheitsstandard erhält der digital gesicherte Schließmechanismus „pylocx“ durch den bewussten Verzicht auf mögliche Angriffsstellen: Statt mit einem sichtbaren Schloss wird das zu sichernde Objekt mit einer magnetischen Kontaktstelle versehen. Auf diese Kontaktstelle wird der „pyKey“, eine mobile Tastatur, aufgesetzt. Illegale Zugriffe aus dem Netz sind damit ausgeschlossen, da die Schlosskomponenten offline und ohne Strom funktionieren. Erst mit dem richtigen Code sendet der „pyKey“ Daten und Strom über die Kontaktstelle an das System. Für Manuela Engel-Dahan ist das hochsichere Schließsystem, das vom BSI zum Schutz kritischer Infrastruktur, beispielsweise Energieversorgung und Wasserversorgung, verwendet wird, das positive Resultat der Herausforderungen.

Gemeinsam tüfteln

Der Weg zum Innovationserfolg war für die Geschäftsführerin und ihre 15 Mitarbeiter geprägt durch unerwartete neue Aufgaben und Prozesse. Gemeinsam mit einem Kunden hat das Unternehmen zum Beispiel die sichere Lieferkette im „Smart Metering“ mitentwickelt, damit der Roll-out seiner Produkte in „pylocx“-gesicherten Transportkoffern überhaupt möglich wurde. „Unsere Überlegungen haben die Leitlinie des BSI zu einer sicheren Lieferkette für sensible Daten und Güter entscheidend mitgeprägt“, sagt sie und beweist damit, dass die innovative Lock Your World GmbH & Co. KG inzwischen jeden Hürdenlauf souverän meistert.

Lock Your World GmbH & Co. KG
63619 Bad Orb
www.lockyourworld.com
Beschäftigte (D): bis 50
Sicherheit

Geschäftsführende Gesellschafterin
Manuela Engel-Dahan

Die M&L AG ist ein strategisches Beratungsunternehmen mit Sitz in Frankfurt und hat sich auf die Analyse von Unternehmensdaten und Märkten spezialisiert.

M&L AG

★ ★ ★

Erfolg ist berechenbar

Wenn Unternehmen neue Märkte erobern oder wichtige Entscheidungen treffen wollen, brauchen sie verlässliche Daten. Die strategische Unternehmensberatung M&L AG hat sich auf die Analyse von Big Data und Smart Data spezialisiert, um den Erfolg ihrer Kunden zu optimieren. Ihr Top-Management behält künftige digitale Trends im Blick und realisiert immer wieder neue Dienstleistungen. Dabei unterstützt ein versiertes Team im Rahmen eines herausragenden Innovationsklimas.

Die Kernkompetenz der M&L AG liegt in der Sammlung, Vernetzung und Auswertung großer Datenmengen. „Unternehmen jeder Branche benötigen valide Daten, um Vertriebs- und Marketingstrategien zu planen und zu realisieren", erklärt der Vorstand Matthias Mauer. Die dabei zum Einsatz kommenden Analyseinstrumente und die Beschäftigung mit zukünftigen Trends verlangen von den Mitarbeitern ein hohes Maß an Einarbeitung und Engagement.

Neue Ideen im Blick

Aus diesem Grund setzt die M&L AG auf eine Extraportion Wissen: An 16 Tagen bildeten sich die Mitarbeiter 2022 weiter, ob zu Themen wie etwa Cloud-to-Cloud-Communication oder zu dem neuen Techtrend Metaverse. „Das Top-Management legt viel Wert auf Weiterbildung in den relevanten Zukunftsthemen", sagt Mauer. Um alle 35 Beschäftigten aktiv in die Suche nach Neuerungen einzubinden, werden hierzu konkrete Ziele im Gespräch mit dem Vorstand festgelegt. Diese Vereinbarungen werden als Teil einer Balanced Scorecard festgeschrieben. Mit dem eigens entwickelten „M&L 2 Visit" wurde zudem eine Intranetplattform geschaffen, die für Transparenz sorgt. So sind sämtliche Informationen rund um den Veranstaltungskalender, das Innovations- und Ideenmanagement, den HR-Bereich und den firmeneigenen Nachrichtenkanal mit Unternehmensmeldungen für jedermann zugänglich. Im integrierten Schulungs- und Weiterbildungsprogramm der Corporate Academy der M&L können Fortbildungen selbst gewählt und gebucht werden.

Innovation ist Chefsache

Für Matthias Mauer und seinen Partner im Vorstand, Jürgen Lessnich, ist Innovation Chefsache. Sie bewerten die eingegangenen Vorschläge und sind aktiv auf der Suche nach neuen Trends. Aktuell steht die Erweiterung des Portfolios um den Punkt Innovation-as-a-Service ganz oben auf der Liste: „Wir wollen unsere Kunden dabei unterstützen, ihr Innovationsmanagement langfristig und professionell aufzubauen", erklärt Lessnich. Dabei helfen dem Frankfurter Unternehmen 30 Jahre Branchenwissen und Beratungskompetenz – neben der Prämierung als Top-Innovator 2023 ist das Firmenjubiläum ein weiterer guter Grund für die M&L AG, in diesem Jahr zu feiern.

M&L AG
60528 Frankfurt am Main
www.mlconsult.com
Beschäftigte (D): bis 50
Unternehmensberatung

Vorstände
Matthias Mauer und Jürgen Lessnich

„Wir schaffen deutliche Wettbewerbsvorteile für den Erfolg unserer Kunden."

Matthias Mauer
Vorstand

Wie ist die M&L AG entstanden, und welche Meilensteine waren für Sie wichtig?
Jürgen Lessnich und ich begannen 1993 als Pioniere im Geo- und Database-Marketing und konnten schon bald erste Kunden wie Intergraph und Computervision für die Vertriebssteuerung gewinnen. Es folgten der Aufbau der Unternehmensdatenbank „Top5000" für den Wirtschaftsverlag WIDAT und ein Zielkreisscanner als Marktmonitor für den Aufbau des Mobilfunkmarkts in Deutschland. Schon seit 2016 arbeiten wir außerdem intensiv mit Forschungsinstituten an Bewegungs- und Frequenzanalysen von Kunden, mit denen sich das Einkaufsverhalten in verschiedenen Einzugsgebieten simulieren lässt.

Wie hat sich das Profil der M&L AG über die Jahre geschärft?
Daten sind wichtig bei allen Marketing- und Vertriebstätigkeiten. Wir richten unsere Beratung daher schon lange nicht mehr nur auf Einzelhändler und Filialisten aus. Big-Data-Analytics und Smart-Data-Solutions sind auch für mittelständische Firmen ein verlässlicher Weg zur Erschließung neuer Marktchancen und zur gezielten Anpassung von Strategien an veränderte Rahmenbedingungen. Wir sind kein reiner Datenspezialist, sondern eine strategische Unternehmensberatung, die über Kompetenz und Wissen in allen Feldern der Unternehmenssteuerung verfügt.

Was treibt Sie und Ihren Partner in der Geschäftsführung heute an?
Wir bilden uns täglich weiter und sind auf allen großen Events der Geomarketingbranche vertreten. 2022 waren das bestimmt zehn Veranstaltungen, darunter beispielsweise der „Gigabitgipfel Hessen" oder die „Big Data Conference Europe". Unser Ziel ist es weiterhin, Trends zu erkennen, die übermorgen relevant sind. Wir investieren einen Großteil unseres Tages in die Suche nach digitalen Innovationen und in die Weiterentwicklung unserer eigenen Tools, zum Beispiel der „TargetMatrix".

Welche Ziele haben Sie sich für die Zukunft gesetzt?
Wir haben den Beratungspunkt Innovation-as-a-Service in unser Programm aufgenommen und möchten damit auch Kunden aus dem Mittelstand erreichen. Nicht zuletzt liegt uns der Rudersport am Herzen. So werden wir als Unterstützer des FRG Germania, eines der größten Ruderclubs in Deutschland, 2024 den „M&L Cup" ausrichten, ein neues Highlight im regionalen Rudersport.

Welche Rolle das innovationsorientierte Top-Management in der 30-jährigen Unternehmensgeschichte der M&L AG hat, erklärt **Matthias Mauer.**

MAINGAU Energie GmbH

★★★

Energieversorgung und noch mehr

Von einem Energieversorger erwartet der Kunde, dass er Strom, Gas und vielleicht auch Erdwärme oder Nahwärme anbietet. Die MAINGAU Energie GmbH in Obertshausen liefert auf Wunsch noch einiges mehr: Autostrom-, Telefon-, Internet- und Mobilfunktarife. Mit seinem außergewöhnlichen Portfolio ist dem hessischen Mittelständler auch 2023 ein Innovationserfolg gelungen. Um weiterhin große Ziele zu erreichen, koordiniert er seine Innovationsprozesse mit der Managementmethode „Objectives and Key Results“, kurz OKR.

Will man mit der MAINGAU Energie GmbH Schritt halten, muss man schon sprinten. „Allein in den vergangenen vier Jahren, von 2018 bis 2021, haben wir jeweils ein neues Geschäftsfeld an den Start gebracht“, sagt der Geschäftsführer Richard Schmitz. 2018 hat man Autostrom als neues Geschäftsfeld etabliert – ein Jahr später den Bereich Internet und Telefon. Und 2020 gründete das Unternehmen dann die Tochtergesellschaft Yippie GmbH, die Ökostrom anbietet. Im Jahr darauf, 2021, folgte die Sparte Mobilfunk.

Neues noch besser machen

Bei so viel Veränderung müssen die Früchte der Arbeit natürlich auch einmal Zeit haben zu reifen. „Vergangenes Jahr haben wir hauptsächlich unser Ökosystem erfolgreich optimiert und professionalisiert“, erklärt Schmitz. Ganz bestimmte Prozessanpassungen wurden durch das große Kundeninteresse nötig. Vor allem im Bereich Energiemarkt verzeichnet der Mittelständler einen enormen Kundenansturm: „In den ersten drei Monaten dieses Jahres konnten wir schon mehr als 110.000 neue Energiekunden gewinnen“, erzählt er. Eine so große Zahl von Neuanmeldungen ist mit menschlichem Personal nicht mehr zu bewältigen. Softwarebots und ein Chatbot übernehmen deshalb automatisierbare Arbeitsschritte, was eine entscheidende Prozessverbesserung darstellt. Insgesamt ist der Umsatz durch die vier Geschäftsmodellinnovationen seit 2017 um 40 % gestiegen.

Neue Ziele setzen

Um die Mitarbeiter in die dynamische Entwicklung des Unternehmens einzubinden, werden alle drei Monate die im OKR-Prozess vereinbarten neuen Ziele vorgestellt. „Unsere Mitarbeiter sollen wissen, wo die Reise hingeht“, sagt der Geschäftsführer. Die Managementmethode OKR bringt dabei Ziele, Schlüsselergebnisse und messbare Maßnahmen in Einklang. Wöchentlich tauscht sich die Geschäftsführung in kurzen Meetings mit den Projektleitern über weitere Schritte auf dem Weg zu neuen Zielen aus. Vermutlich wird dieser Weg bei der MAINGAU Energie GmbH auch weiterhin im Sprint zurückgelegt.

MAINGAU Energie GmbH
63179 Obertshausen
www.maingau-energie.de
Beschäftigte (D): über 200
Energie

Geschäftsführer
Richard Schmitz

NOBILIS Group GmbH

★★

Die Komplexitäts-bewältiger

Sie feiert in diesem Jahr ihr 30-jähriges Bestehen, und sie ist größer und erfolgreicher denn je: Die Rede ist von der NOBILIS Group GmbH. Sie ist während der Coronajahre nicht in die Krise gerutscht, sondern hat richtig durchgestartet. Seit 2019, als Udo Heuser als geschäftsführender Gesellschafter gemeinsam mit Dr. Joachim Henseler die Leitung übernommen hat, ist das Unternehmen auf Wachstumskurs – auch dank eines modifizierten Geschäftsmodells und verbesserter Prozesse.

Als Distributeur und Servicepartner von Luxus-, Prestige- und Lifestyledüften verantwortet NOBILIS das Marketing und den Vertrieb von hochwertigen Markendüften sowie die Steuerung der Supply-Chain vom Hersteller bis in den Handel. Zu ihren Kunden zählen Parfümerie- und Drogeriemarktketten ebenso wie eine Vielzahl von unabhängigen Einzelhändlern. NOBILIS vertritt rund 50 weltweit bekannte Parfümmarken im DACH-Markt. Dabei meistert der Mittelständler mit Sitz in Wiesbaden eine Vielzahl komplexer Herausforderungen, die sich aus der Vielschichtigkeit der Handelslandschaft, aber auch aus den unterschiedlichen Anforderungen und Strategien der Hersteller und der Lizenzinhaber der Marken ergeben.

Einzigartige Prozesse

Die Firma überzeugt vor allem in der TOP 100-Bewertungskategorie „Innovationsklima", zudem mit ihrem innovationsfördernden Top-Management und in der Kategorie „innovative Prozesse und Organisation". Klar ist: Wer ein vielschichtiges Geschäftsmodell verfolgt, der braucht maßgeschneiderte Prozesse, die speziell auf seine Anforderungen ausgerichtet sind. „Unsere Prozesse und Systeme sind keine Anwendungen, die man einfach auf dem Markt kaufen kann. Denn eine Komplexität wie die unsere bewältigt man nicht ‚mit Copy and Paste', sondern nur mit Einzigartigkeit", erklärt der Geschäftsführer Udo Heuser, der von fünf weiteren Top-Managern unterstützt wird.

Die Menschen befähigen

Doch nicht nur die Technik macht den Erfolg aus, ebenso entscheidend ist der Faktor Mensch. „Wir legen viel Wert auf Weiterbildung. So stellen wir uns stets die Frage, wie wir es schaffen, Menschen noch mehr dazu zu befähigen, die Arbeitsabläufe zu verbessern", sagt Heuser. Ein wichtiges Instrument zur Weiterentwicklung des Unternehmens sind dabei die zweistündigen Round-Table-Gespräche der Geschäftsleitung mit je 10 bis 15 ausgewählten Mitarbeitern. „Damit haben wir alle drei Wochen eine Plattform für den Austausch, so ergeben sich immer wieder neue Denkanstöße und Innovationsprojekte", erzählt Udo Heuser. Komplexität bewältigt man nur, wenn man die Menschen einbezieht — und dank des guten Innovationsklimas ist dies bei NOBILIS der Fall.

NOBILIS Group GmbH
65201 Wiesbaden
www.nobilis-group.com
Beschäftigte (D): 51 bis 200
Konsumgüter

Geschäftsführer
Udo Heuser

PROLIFE homecare ist spezialisiert auf die Beratung chronisch erkrankter Menschen und ihre Versorgung mit Hilfs- und Heilmitteln. Die Beratung der Hilfesuchenden ist unabhängig und kostenfrei und kann vor Ort oder online erfolgen.

PROLIFE homecare GmbH

★★★★★

Omnipräsente Wissensvermittler

Die Beratung zu Medizinprodukten für chronische erkrankte Menschen ist ein sensibles Geschäft. Patienten sind heute immer aufgeklärter und hinterfragen Therapien und Behandlungen. Die PROLIFE homecare GmbH in Kaufungen begegnet dem Wissensbedarf mit hochwertigem Website- und Social-Media-Content sowie mit Webinaren und Schulungen zu krankheitsbezogenen Themen. Das Credo des Unternehmens lautet „Die beste Versorgung“ und spiegelt sich nicht zuletzt in einer überzeugenden Außenorientierung wider.

Zu den Fachbereichen des Homecare-Anbieters zählen Hilfsmitteltherapien bei Darm- und Harnstoma, bei Inkontinenz und Tracheotomie sowie klinische Ernährungstherapien, Diabetesversorgung und die Behandlung chronischer Wunden. Das Unternehmen setzt auf Wissensweitergabe an Endkunden und an Fachkräfte gleichermaßen. Es verfügt über ein enges Netz aus medizinischen Experten und kooperiert mit Krankenkassen und Kliniken. Die Nähe zu ihren Kunden und eine intensive Rundumbetreuung zeichnen die PROLIFE homecare GmbH aus.

Hybrides Geschäftsmodell

Der Dienstleister ist aus einem klassischen Sanitätshaus hervorgegangen und hat schon früh seine Kernkompetenz entwickelt. Sie liegt in seinem hybriden Geschäftsmodell, das die digitale Welt mit der stationären verzahnt – ein Alleinstellungsmerkmal in der Branche. Dem Wissensbedürfnis der Patienten und der Fachkräfte kommt man mit einer fundierten Internetplattform nach, mithilfe von Onlinevorträgen werden medizinische Informationen proaktiv an Kunden und Interessenten weitergegeben. „Je mehr Wissen wir auf diese Weise vermitteln, desto höher die Qualität unserer Außenwirkung mit Blick auf unsere speziellen Therapiefelder“, erklärt der Geschäftsführer Reza Moeini. Diese kundenzentrierte Ausrichtung trägt zur Verbesserung der Lebenssituation von chronisch kranken Menschen bei. Ein neu geschaffenes B2B-Tool ermöglicht einen ganzheitlichen Onlinevertrieb. Außerdem sind die Mitarbeiter in der Lage, in kürzester Zeit auf Nachrichten von Online-Interessenten zu reagieren und Inhalte für sie zu erstellen.

Innovationsklima der Offenheit

Flache Hierarchien und dezentrale Strukturen tragen zu einer Unternehmenskultur der Offenheit bei. Die 180 Beschäftigten arbeiten in einem Umfeld, in dem ihnen der notwendige Freiraum gegeben wird, Neues zu diskutieren, auszuprobieren, aber auch die Ergebnisse zu reflektieren. Innovation, so der Geschäftsführer, ist ein laufender Prozess. Die Generierung und die Bewertung neuer Ideen erfolgt auf allen Verantwortungsebenen, sodass der spätere Prüfungsaufwand deutlich reduziert ist. Auch das trägt zu einem guten Innovationsklima bei.

PROLIFE homecare GmbH
34260 Kaufungen
www.prolife.de
Beschäftigte (D): 51 bis 200
Gesundheitswesen

Geschäftsführer
Reza Moeini,
Manfred Dreisbusch
und Ansgar Tump

„Prozess- und Veränderungswissen ist bei uns kein Statussymbol."

Carola Eilers
Vertriebs- und Fachbereichsleitung

Wie würden Sie Ihr Innovationsklima beschreiben?
PROLIFE verfolgt auf der Ebene des Top-Managements das Ziel, die grundlegenden Unternehmensstrukturen und die darauf aufbauenden Prozesse so schlank wie möglich zu gestalten. Das ist die Basis dafür, Innovationen möglichst schnell in bestehende Prozesse integrieren und das Change-Management anstoßen zu können. Darüber hinaus bezieht die Geschäftsführung das Top-Management und auch die weiteren Mitarbeiter in Veränderungen mit ein, denn Prozesswissen ist bei uns kein Statussymbol. Bestandteil der Firmenstrategie ist eine Mitarbeiterbeteiligung, da die Geschäftsführung die daraus resultierende Motivation und Identifikation der Beschäftigten mit dem Unternehmen als wichtigen Treiber für Innovation ansieht. Dadurch können wir weiter wachsen und kontinuierlich innovativ bleiben.

Wie schaffen Sie es, dass Ihre Mitarbeiter immer ihr Bestes geben, und wie fördern Sie das kreative Denken in der Belegschaft?
Wir haben bewusst keine eigene Innovationsabteilung. Stattdessen bilden wir für Innovationsprojekte individuelle Taskforces, dabei ist die proaktive Beteiligung von noch nicht erfahrenen Teilnehmern ausdrücklich erwünscht. Für die jeweilige Taskforce werden Themen und projektspezifische Koordinatoren benannt. Durch die Partizipation und das Empowerment von Mitarbeitern lassen sich eine stärkere Identifikation mit dem Projekt und ein schnellerer Abschluss erzielen. Zudem können die Mitarbeiter ihre so entstandenen persönlichen Erfahrungsmehrwerte erfolgswirksam in zukünftige Projekte einbringen. Diese Art der Dezentralisierung von Know-how steht im Einklang mit unserer Unternehmensphilosophie, in der unter anderem festgeschrieben ist, die Mitarbeiter umfassend und nachhaltig zu fördern.

Und abgesehen von den Mitarbeitern, was sind weitere Quellen für Innovation in Ihrem Haus?
PROLIFE verfolgt aufmerksam die Veränderungen im Gesundheitsmarkt und bei den Kundenbedürfnissen. Aber auch branchenübergreifend beobachten wir die Trends und Entwicklungen, um frühzeitig Tendenzen und Potenziale erkennen und sie gegebenenfalls in unsere bestehenden Organisationsprozesse integrieren zu können. Also im Grunde genommen scannen wir das gesamte Makro-Umfeld: Wie entwickelt sich der Onlinemarkt, die Digitalisierung – aber vor allem: Wie können wir uns von anderen abheben?

Wie das Empowerment von Mitarbeitern
zu dem guten Innovationsklima bei PROLIFE homecare
beiträgt, erklärt **Carola Eilers.**

Rittal betreibt eine der modernsten Schaltschrankfertigungen der Welt. Mithilfe seiner Schwestergesellschaften beschreitet das Unternehmen in seinem Werk in Haiger den Weg zur Smart Factory. Denn die Fabrik der Zukunft lebt von gebündelten Stärken.

TOP 100

Rittal GmbH & Co. KG

★★★

Eine Familie – für drei digitale Zwillinge

Streit kommt in den besten Familien vor — nicht jedoch bei digitalen Zwillingen. Sie sind heute in der Industrie in aller Munde und bilden ein starkes Team. Genauso wie die Töchter der Friedhelm Loh Group: Die Rittal GmbH & Co. KG mit ihren Schwestergesellschaften Eplan, Cideon und German Edge Cloud stellen sich so auf, dass sie ihre Kunden mit ihrem Domänenwissen für genau diese Zwillinge fit für die Zukunft machen. Die Unternehmen treibt die Frage um, was ihre Kunden brauchen, um zukunfts- und wettbewerbsfähig zu sein.

„Wir sind überzeugt, dass Innovation jenseits von Produkten und Lösungen der Schlüssel dafür ist", erklärt Markus Asch, der CEO von Rittal International. Die Organisation darauf auszurichten, in den Prozessen der Kunden zu denken, diese konsequent zu optimieren und damit nachhaltig Mehrwerte entlang der Wertschöpfungskette schaffen zu können, sei der Antrieb des Unternehmens. „Effizienz und Produktivität sind für unsere Kunden geschäftskritische Faktoren, verbunden mit der steigenden Komplexität der Kundenanforderungen und der hohen Veränderungsgeschwindigkeit. Produkte und Lösungen reichen nicht mehr, um wettbewerbsfähig zu bleiben". Innovation bedeute für den Mittelständler, den Kunden in seiner Performance erfolgreich zu machen. Dafür müsse man in der Lage sein, in neuen Ökosystemen zu denken und auch danach zu handeln. „Wir schaffen das durch Standardisierung. Auf dieser Basis können wir Lösungen für die Zukunft entwickeln." sagt Asch.

Werk mit Vorbildfunktion

Das Rittal-Werk in Haiger, eine der modernsten Schaltschrankfertigungen weltweit, demonstriert mit seinen innovativen, durchgängigen Prozessen den großen Nutzen dieses Ansatzes. Es produziert bis zu 8.000 Kompaktschaltschränke pro Tag. „In Haiger entstehen täglich 18 Terabyte Daten. Zu wissen, welche davon wirklich wichtig sind, ist die große Aufgabe", erläutert Markus Asch. Und Rittal löst sie – mit dem „ONCITE Digital Production System". Dieses sammelt alle Anlagen-, Produkt- und Fertigungsdaten. Anschließend werden sie harmonisiert, analysiert und transparent gemacht. So entsteht ein virtuelles Abbild der Fertigung, um Prozesse maximal zu optimieren.

Nachahmen erwünscht

Mit dem Weg zur „Smart Factory" macht die Rittal GmbH & Co. KG anderen Unternehmen Mut. Der Systemspezialist hat sich auf die Fahne geschrieben, die Optimierung von Wertschöpfungsketten vorzumachen und selbst zu leben. Die Erfahrung teilt das hessische Unternehmen mit Sitz in Herborn mit Kunden und Partnern gleichermaßen. Die Botschaft: Es geht nur mit Kollaboration – technisch und menschlich. Eben wie in einer großen Familie.

Rittal GmbH & Co. KG
35745 Herborn
www.rittal.com
Beschäftigte (D): über 200
Elektronik/Elektrotechnik

Vorsitzender der Geschäftsführung
Markus Asch

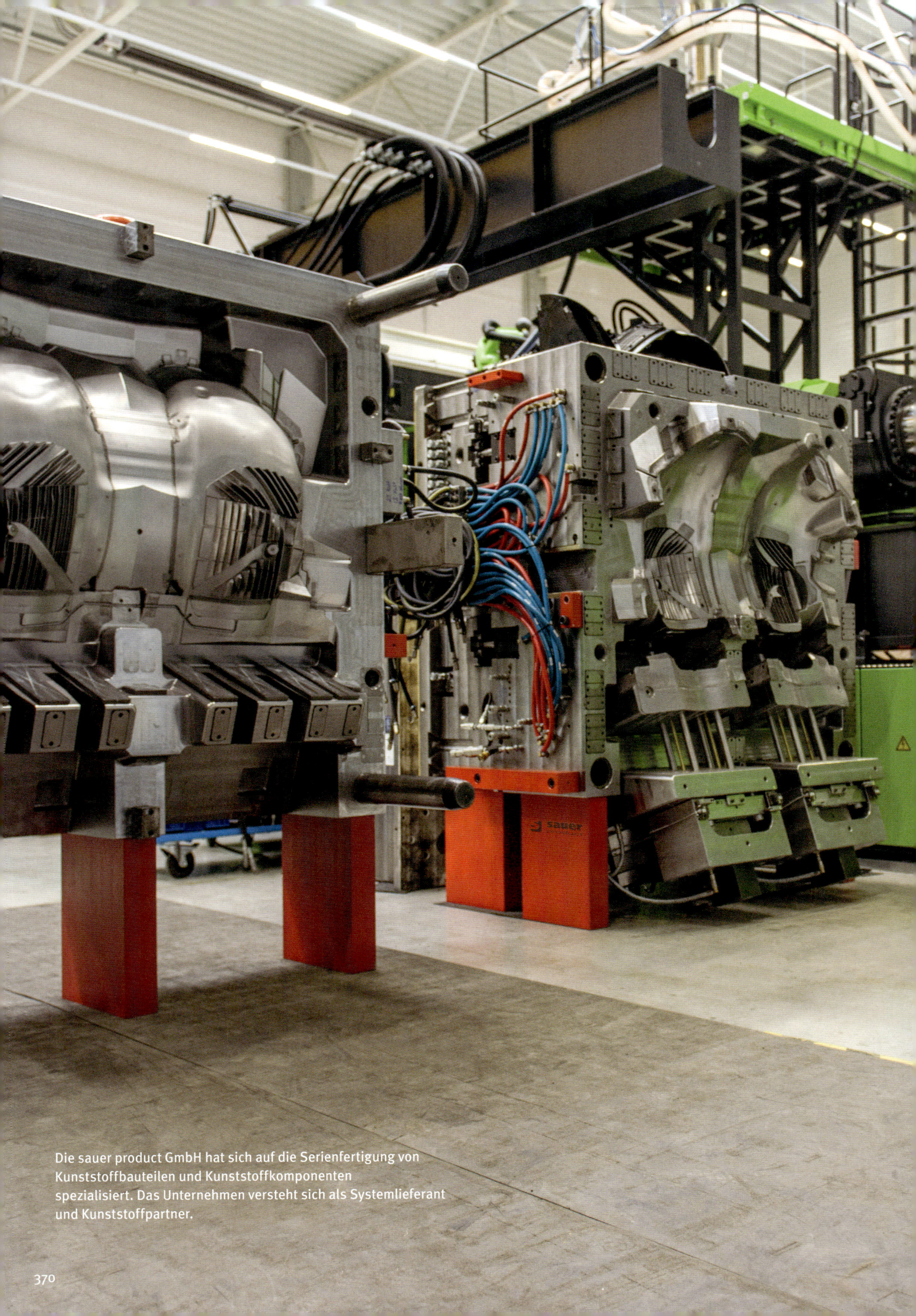

Die sauer product GmbH hat sich auf die Serienfertigung von Kunststoffbauteilen und Kunststoffkomponenten spezialisiert. Das Unternehmen versteht sich als Systemlieferant und Kunststoffpartner.

sauer product GmbH

Mutiges Bekenntnis zur Nische

Die Automobilindustrie befindet sich im Hinblick auf die Zulieferstrukturen im größten Umbruch ihrer Geschichte. Das hat sich die sauer product GmbH im hessischen Dieburg zunutze gemacht und entwickelt dank eines fruchtbaren Innovationsklimas ihre Kundenprodukte immer schneller. Diese Dynamik führte in der Coronapandemie dazu, dass der Dienstleister für Kunststoffteile und Kunststoffmodule ohne staatliche Hilfen auskam und parallel zum Tagesgeschäft auch noch eine Coronaschutzbrille entwickelte, die bis heute erfolgreich vermarktet wird.

Der schnell wachsende Familienbetrieb, dessen Kundenkreis sich vom namhaften Luxusautomobilhersteller bis zum Hidden Champion erstreckt, hatte schon vor Corona eine Schutzbrille für die Nutzung von Kettensägen entwickelt. Und das, obwohl sein Kerngeschäft eigentlich in der Fertigung kleiner Loseinheiten für das Premiumsegment innerhalb der Automobilbranche bestand. Als die Bundesregierung 2020 händeringend nach Herstellern von Schutzbrillen suchte, entwickelte die sauer product GmbH die „Wesion20".

Von 12 auf 220 Mitarbeiter in wenigen Jahren

Das Hybridunternehmen vereint Entwicklung und Produktion unter einem Dach. So war es ein Leichtes, auf die veränderten Bedürfnisse am Markt zu reagieren. Dass es mit seiner Flexibilität aber einen solchen Volltreffer landete, verdankt die Firma ihren Mitarbeitern und deren Teamgeist. „Am Anfang standen ein behördlicher Großauftrag sowie der Mut unserer Führungskräfte. Ins Ziel getragen wurde das Projekt aber von unserer Belegschaft", sagt der Geschäftsführer Martin Sauer anerkennend. Er hat sein Team in den vergangenen Jahren fast verzwanzigfacht – von 12 auf 220 Beschäftigte. „Die Menschen, die bei uns arbeiten, identifizieren sich mit der Philosophie der Firma und gehen mit uns in einem alteingesessenen Industriezweig einen innovativen Weg", sagt er. Doch wie trägt dieses positive Innovationsklima dazu bei, dass ein automobiler Systemlieferant, der unter anderem Ladeklappen für Elektrofahrzeuge entwickelt, eine derartige Erfolgsstory auch in anderen Märkten erfährt?

Top-Management lebt Offenheit für Innovationen

Für Sauer ist es ein schmaler Grat zwischen „Jeder darf Ideen einbringen" und „Nur der Chef entscheidet". Er ist überzeugt: „Unser Start-up-Charakter hat entscheidend dazu beigetragen, hier Menschen mit einer ähnlichen Haltung zu versammeln, die gemeinsam an einem Strang ziehen." Er glaubt fest daran, dass das Top-Management stets Offenheit für Innovation signalisieren muss, wenn es ein Klima schaffen will, in dem Neuerungen möglich sind. Innovationstreiber könne nur sein, wer diesen Geist auch in der Unternehmenskultur verankert. Bei der sauer product GmbH scheint das gelungen zu sein. Warum sonst sollte ein Automobilzulieferer nebenbei Schutzbrillen entwickeln?

sauer product GmbH
64807 Dieburg
www.sauerproduct.com
Beschäftigte (D): über 200
Automobilzulieferer/Fahrzeugbau

Geschäftsführer
Martin Sauer

TOP 100	TOP 100	TOP 100
TOP 100	TOP 100	TOP 100
TOP 100	TOP 100	TOP 100
TOP 100	TOP 100	TOP 100
TOP 100	TOP 100	TOP 100

SEITZ GmbH

★★

Hygienisch sauber – garantiert umweltfreundlich

Textilien einmal verwenden, entsorgen und neu kaufen: mit Blick auf die Klimakrise schlicht undenkbar. Die rund 80 Beschäftigten der SEITZ GmbH im hessischen Kriftel entwickelten deshalb umweltfreundlichere Reinigungs- und Waschsysteme mit dem nachhaltigen Ziel, die Lebensdauer von Textilien signifikant zu verlängern. Dieser Innovationserfolg verhilft der Kundschaft des Unternehmens zu einer besseren Ökobilanz und realisiert zudem Kosteneinsparungen, die zwischen 20 % und 30 % liegen.

Als Heinrich Seitz 1885 sein „Anilinfarben-Fabrik-Geschäft" gründete, war von chemischer Textilreinigung noch nicht die Rede. Das Verfahren der Wahl war das Färben: Es kaschierte Flecken und machte Gewebe somit länger nutzbar. Ab den 1960er-Jahren hatte das Färben ausgedient. Die solide Grundlage für die SEITZ GmbH, Global Player in Sachen Reinigung und Pflege industrieller Faserstoffe, war damals längst gelegt. Bis heute erhalten geblieben ist das Gespür für erfolgversprechende Neuerungen. Alexander Seitz, der 1996 die Geschäftsführung in der vierten Generation übernahm, fügte einen wichtigen Aspekt hinzu: das Streben nach Nachhaltigkeit.

Moderne Textilpflege ist grün

Der Werterhalt strukturierter Textilien aus verschiedenen Fasern nach der Vorgabe des Robert-Koch-Instituts ist bei SEITZ Stärke und Priorität zugleich. „An Feuerwehrbekleidung und Krankenhauswäsche etwa können gesundheitlich bedenkliche Partikel gelangen. Die Reinigung muss perfekt sein. Nur so werden Textilien wiederverwendet", erläutert Seitz. Hier setzte der Zukunftsgedanke an, der bis Oktober 2022 eine Veränderung in der Nassreinigung auslöste: Die Produkte wurden in Einsatzmenge, Reinigungskraft und Abbaubarkeit optimiert. „Sie bestehen aus möglichst umweltneutralen, ökonomisch einsetzbaren Rohstoffen, funktionieren bei niedrigen Temperaturen und belasten auch bei der Aufbereitung wenig. Unser Standard ist das EU-Ecolabel. So ermöglichen wir den Kunden eine nachhaltigere Textilpflege, vom Umweltbundesamt beglaubigt", sagt Seitz.

Waschsysteme auf ökozertifizierter Basis

Derzeit bietet die Firma als einzige auf dem Markt staatlich zertifizierte Produkte für die Nassreinigung an. Das EU-Ecolabel ist ein essenzielles Element im Gesamtkonzept „grüne Textilpflege", das auch eine eigens entwickelte Dosiertechnik für kundenseitig eingesetzte Maschinen einschließt. Die Innovation macht den Einsatz von Energie, Wasser und Produkten transparent und hilft, Ressourcen zu schonen. Zusammen mit der jüngsten Neuerung generiere dies ökologische Vorteile, sagt Seitz: „Die geben wir an unsere Kunden weiter. Sie steigern so ihren Marktwert – ein Nachhaltigkeitserfolg für beide Seiten."

SEITZ GmbH
65830 Kriftel
www.seitz24.com
Beschäftigte (D): 51 bis 200
Chemie/Kunststoff

Geschäftsführer
Alexander Seitz

SOMI ist seit mehr als 13 Jahren als spezialisierter Personaldienstleister für Fach- und Führungskräfte auf dem Gebiet der Informationstechnologie tätig. Er vertritt seine Kunden branchenübergreifend und agiert in der kompletten DACH-Region.

SOMI Solutions GmbH

Immer eine Idee voraus

Es passiert jede Woche – und es betrifft alle knapp 190 Beschäftigten der SOMI Solutions GmbH, wenn sie nicht gerade in Urlaub, Elternzeit oder arbeitsunfähig sind: das Friday-Morning-Meeting. Dieser bereichsübergreifende kreative Austausch ist ein entscheidendes Element der innovativen Prozesse im Unternehmen. Und für die Mitarbeiter des Personaldienstleisters mit Sitz in Frankfurt am Main ist es etwas, auf das sie sich immer wieder freuen. Auf den Ergebnissen dieser Meetings basiert ein Großteil des Innovationserfolgs der Firma.

Hier kommt jede Idee ans Licht. Und in nur fünf Tagen wird in der Regel über ihr Potenzial entschieden. Gibt die Geschäftsführung ihr Go, wird die Idee realisiert. Die meisten Optimierungsvorschläge stammen von einer stetig länger werdenden Liste, die die Mitarbeiter befüllen und freitags gemeinsam besprechen, wie der Geschäftsführer Maani Nayeri erzählt. Kollegen aller Abteilungen kommen dafür in der Firma zusammen. Wer remote arbeitet, schaltet sich virtuell hinzu. Die Idee dahinter: jedes einzelne Mitglied des Unternehmens in die Innovationsprozesse einzubinden.

Innovationserfolg hat viele Facetten

Die Botschaft, dass jeder Beitrag das Unternehmen voranbringe, komme an – und bewähre sich, so Nayeri. Zwei Quality-Manager steuern die Prozesse, ihnen zur Seite steht das Top-Management. Gemeinsam setzten sie zuletzt 60 % von durchschnittlich fast zwei Ideen pro Kopf um. Die innovativen Verbesserungen aus den vergangenen drei Jahren machen derzeit 40 % des Umsatzes aus. Das Personalwachstum betrug im selben Zeitraum mehr als 50 %. Herzstück des Innovationserfolgs des Frankfurter Personaldienstleisters für IT-Fach- und Führungskräfte ist eine digitale Plattform, über die sich Recruitmentprozesse an die Bedürfnisse der branchenübergreifenden Kundschaft anpassen lassen. „Mit ‚MySOMI' steuern und verwalten wir die internen sowie externen Abläufe unabhängig von Fremdsoftware", sagt Nayeri.

Lösungsanbieter statt nur Personaldienstleister

Die „Bauherrin" von „MySOMI" ist die seit 2012 bestehende eigene Entwicklungsabteilung, die ganz auf Optimierung im Sinne von Bedienbarkeit, Effizienz und Kundenzufriedenheit ausgerichtet ist. „Mit unserer Technologie haben wir in der Coronakrise neue Kunden gewonnen, die ihrerseits auch zu den wirtschaftlichen Gewinnern der Pandemie zählen", sagt Nayeri und nennt ein weiteres Beispiel für den Innovationserfolg: „Unsere Schnittstellen zum Kunden ermöglichen exakt passende Lösungen. Mit diesem Prinzip haben wir 2021 eine Ausschreibung gewonnen und für mehr als 25 öffentliche Institutionen aus dem Gesundheitsbereich die Verwaltung zentralisiert. Das hebt uns von reinen Personaldienstleistern ab: Wir liefern Fachkräfte, aber eben auch Technologie."

SOMI Solutions GmbH
60596 Frankfurt
www.somi.de
Beschäftigte (D): 51 bis 200
Personaldienstleistungen

Geschäftsführer
Maani Nayeri

„Bei uns hat jeder eine Stimme. Und die wird gehört."

Maani Nayeri
Geschäftsführer

Herr Nayeri, was ist das Besondere am Innovationsklima Ihres Unternehmens?
Bei SOMI dirigieren wir nicht top-down, sondern von beiden Enden aus Richtung Mitte – aus unserer Sicht ein Alleinstellungsmerkmal in unserer Branche. Als Vertriebshaus leben wir von der Dynamik. Leistungen können wir aber nur abrufen, wenn wir auch Spaß haben, an der Tätigkeit und am Umfeld. Zu Ersterem trägt unser Portfolio bei: Wir vermitteln Fach- und Führungskräfte aus der Informationstechnologie, aber branchenunabhängig. Das bringt Abwechslung. Für den Rest setzt sich die Führungsspitze ein. So stärken wir die Identifikation der Mitarbeiter mit dem Unternehmen auf Teamevents, und wir fördern Ehrgeiz und Einfallsreichtum bei internen Challenges. Nichts motiviert mehr als die Gewissheit, zum Firmenerfolg beizutragen – unabhängig vom erzielten Umsatz.

Wie bringen Ihre Mitarbeiter die eigenen Ideen ein?
Meist schreiben sie sie auf unsere Friday-Morning-Liste. Wir sitzen seit 2016 jeden Freitag alle zusammen im Besprechungsraum zum Austausch der News, damit immer alle auf dem Laufenden sind. Dabei thematisieren wir auch die neuesten Verbesserungsvorschläge. Zu Beginn traute sich kaum jemand, etwas anzuregen. Jetzt wird das Sheet immer länger. Ein toller Wandel. Wer trotzdem anonym bleiben will, kann unsere Inkognito-Box nutzen.

Inwiefern fördert Ihre Freitagsrunde den Erfindergeist in Ihrem Haus?
Mit unserem kollegialen Führungsstil machen wir klar, dass jeder Mitarbeiter an der Unternehmensentwicklung mitwirken kann. Bei uns hat jeder eine Stimme, und die wird auch gehört. Wir gehen auf jede Idee ein, von A bis Z. Die Tatsache, dass das nicht über eine Bezugsperson, sondern über uns alle als großes Team erfolgt, gibt Auftrieb und beflügelt den Anreiz, gemeinsam etwas Neues zu schaffen. Nur so können wir uns weiterentwickeln, und zwar gemeinsam. „Voneinander lernen“ ist unser Credo.

Wie motivieren Sie Ihre Mitarbeiter denn sonst noch zu kreativen Ideen?
Tolle Optimierungsvorschläge werden von uns im großen Kreis wertgeschätzt. Und besonders innovative Beschäftigte können auf Wunsch ins Quality-Management wechseln. Diese Abteilung koordiniert unser Innovationsmanagement. Zudem honorieren wir gute Leistungen mit einer Provision in Höhe von 2 % bis 10 % des jeweils erzielten Gewinns.

Was das herausragende Innovationsklima der SOMI Solutions GmbH ausmacht, schildert **Maani Nayeri.**

Völker Video- und Datentechnik GmbH

Voller Fokus auf Innovation

Den Produkten dieses Mittelständlers möchte man dann doch lieber nicht im Alltag begegnen: Die Völker Video- und Datentechnik GmbH entwickelt hoch spezialisierte Kameras für Operationsleuchten. In der Nähe von Frankfurt tüftelt das kleine, ideenfreudige Team an Speziallösungen für Kunden weltweit — und macht sie oft zu technologischen Marktführern. Hinter diesem Erfolg steckt vor allem ein vorbildliches Innovationsklima und ein Top-Management mit klarem Fokus auf das, was kommt.

Er ist gerade auf dem Sprung. In wenigen Tagen geht es für den Gründer und Geschäftsführer Thomas Völker wieder einmal nach Dubai. Dieses Mal besucht er die „Arab Health", die weltweit größte und bedeutendste Fachmesse für Gesundheit und Medizin. „Dort präsentieren Kunden unsere Produkte Jahr für Jahr als Innovationen. Und wir erfahren alles über neue Trends und die Zukunft der Branche." Und das ist für den Mittelständler geradezu überlebenswichtig.

Immer präziser

Seit Jahren kennt der Markt für Videotechnik vor allem eine Richtung: hin zu immer höheren Auflösungen und Datenmengen. „Um hier mithalten zu können, müssen wir stetig neue Technologien testen und sie in unseren bestehenden Workflow integrieren", erklärt Völker. Dafür setzt er auf ein begeisterungsfähiges Innovationsteam, das fast ein Drittel der gesamten Belegschaft ausmacht. Die Ingenieure und Techniker verbringen viel Arbeitszeit damit, Neues zu erforschen, zu adaptieren und hier und da auch wieder zu verwerfen. „Am ineffizientesten ist es tatsächlich, wenn wir gar keine Fehler machen, denn dann tun wir nur das, was wir sowieso schon können", betont der Geschäftsführer. Umfangreiche Weiterbildungen, kreative Freiräume und viel Zeit, über den Tellerrand des Alltagsgeschäfts zu schauen – das sind die Zutaten für eine Firmenkultur, in der ein positives Innovationsklima entstehen kann und in dem neue Ideen wachsen und gedeihen.

Eine Unternehmenskultur, die Kreativität fördert

Dieses lebendige Innovationsklima lebt nicht zuletzt auch von der kompakten Größe des Teams, das interdisziplinär zusammen tüftelt, agiert und produziert. „Es findet ein permanenter Gedankenaustausch statt", erzählt Thomas Völker. „Hinzu kommen flache Hierarchien und eine schnelle Umsetzung." Bei aller Kreativität gelingt dem Unternehmen aber auch eine reibungslose Produktion. Völker erklärt: „Wir bieten nicht nur innovative Technologie, sondern beliefern unsere Kunden mit fix und fertig produzierten, gelabelten und verpackten Kameras – inklusive der notwendigen Dokumentationsarbeit". Ein stetiger Balanceakt zwischen Kreativität und Effizienz, der dem Mittelständler immer wieder hervorragend gelingt.

Völker Video- und Datentechnik GmbH
63477 Maintal-Dörnigheim
www.voelker-solutions.de
Beschäftigte (D): bis 50
Medizintechnik

Geschäftsführer
Thomas Völker

ZAM eG

Ein kreativer und intelligenter Schwarm

Ohne eine gelungene Innovationskultur sind neue Strategien oft zum Scheitern verurteilt. Diese Haltung hat die ZAM eG von Anfang an in ihrer DNA verankert. Ein ideenreiches Team des Mittelständlers ebnet Neuem daher konsequent den Weg. So bringt die Genossenschaft für zentrales Auslagerungsmanagement der Volks- und Raiffeisenbanken einen kräftigen Schub Kreativität ins regulierte Bankenwesen. Das funktioniert besonders gut nach dem Prinzip der „Schwarmintelligenz“: Was einer nicht kann, das können viele – das klassische Modell der Genossenschaften.

Innovativ war bei diesem Mittelständler bereits der Gründungsakt im Sommer 2020: „Dass sich Banken ein eigenständiges Unternehmen aufbauen, das ihre IT-Dienstleister regulationskonform steuert und überwacht, ist als Geschäftsmodell bis heute einmalig“, sagt Bernd Märzluft. Regulatorik und Innovation sind für den Vorstand der ZAM eG kein Gegensatz, sondern eine inspirierende Mischung: „Die Regulatorik im Bankenwesen ist starr, sie ändert sich aber auch rasant. Innovationen in der Umsetzung sind deswegen gleich doppelt wichtig.“

Die digitale Ideenbörse ist immer voll

Bis heute prägt das junge Unternehmen eine Start-up-Kultur. Denn um neue Regeln innovativ anzuwenden, müssen die Mitarbeitenden Altes hinterfragen. „Das macht unsere Identität als Unternehmen aus“, erzählt Bernd Märzluft, der vor allem auf interdisziplinäre Teams setzt. „Diese gemischten Teams arbeiten sich stetig in neue Geschäftsfelder, Regeln und Vorgaben ein. Und entwickeln oft komplexe und überraschende Ansätze“, fügt die Vorständin Sarah Horn hinzu. Das Besondere: Fast alle Beschäftigten sind über ganz Deutschland verteilt und arbeiten aus dem Homeoffice. „Da sind die Hierarchien natürlich flach – die Freiheiten hingegen groß.“ Für Sarah Horn ist klar: Das Homeoffice schadet der Kreativität der Teams ganz und gar nicht.

Wie die Fische im Wasser

Expertentum und Teamwork – auch das passt hier gut zusammen: „Unsere Mitarbeitenden sind auf ihrem Fachgebiet oft Experten, dennoch lernt hier jeder von jedem. Diese Kräfte zu bündeln ist unsere wichtigste Aufgabe“, betont Sarah Horn. Das erinnert stark an das Konzept der „Schwarmintelligenz“, denn nicht nur Fische, auch Menschen treffen im regen Austausch klügere Entscheidungen. Und das wusste natürlich auch schon einer der Gründer der Volks- und Raiffeisenbanken, Friedrich Wilhelm Raiffeisen, vor beinahe 200 Jahren: Von ihm stammt der Satz „Was dem Einzelnen nicht möglich ist, das vermögen viele“.

ZAM eG
63263 Neu-Isenburg
www.zam-eg.de
Beschäftigte (D): bis 50
Finanzdienstleistungen/
Versicherungen

Vorstände
Sarah Horn und
Bernd Märzluft

Die ZAM eG ist eingebettet in die genossenschaftliche Finanzgruppe der Volks- und Raiffeisenbanken und bündelt die Interessen ihrer Mitglieder und Kunden. Sie übernimmt in deren Namen die Steuerung und Überwachung der (IT-)Dienstleister der Banken.

Nordrhein-Westfalen

TOP 100

Die Zahl der goldenen Sternchen in den nachfolgenden Unternehmensporträts entspricht der Zahl der TOP 100-Auszeichnungen.

ADN — Advanced Digital Network Distribution GmbH

Wachstumsperspektiven gemeinsam ausloten

Ein Mangel an Wissen, aber auch Zeitknappheit und Scheu vor Investitionskosten können kleine und mittelgroße Unternehmen davon abhalten, bei der Digitalisierung so richtig durchzustarten. Hier kann die in Bochum ansässige ADN – Advanced Digital Network Distribution GmbH mit ihrem fundierten und breit gefächerten IT-Wissen Abhilfe schaffen. Der Erfolg der IT-Experten beruht unter anderem auf einem motivierenden und fruchtbaren Innovationsklima, das die Belegschaft zu schätzen weiß.

Der führende Anbieter von digitalen End-to-End-Lösungen für IT-Fachhändler und IT-Hersteller ist auf die Bereiche Cloud, wiederkehrende IT-Dienstleistungen, Datensicherheit und Gestaltung von Arbeitsplätzen der Zukunft spezialisiert. Die steigende Zahl von Fachhandelspartnern zeugt ebenso von der hohen Kompetenz bei innovativen Technologien und Zukunftslösungen wie das überdurchschnittliche Wachstum der Firma. Europaweit vertrauen rund 6.000 Kunden und Partner auf die Expertise der mehr als 250 Spezialisten des Bochumer Mittelständlers.

Wissen, Engagement und Zukunftsorientierung

Ein weiteres wichtiges Standbein ist die eigene Akademie, die zahlreiche Unternehmenspartner in Sachen Support, Vertrieb, Marketing und Technik unterstützt. Denn ständig neue und komplexe IT-Produkte erfordern ein umfassendes Fachwissen, das effektiv und nutzergerecht vermittelt werden will. Anfang 2023 ist ADN zudem eine Kooperation mit der Bochumer Wirtschaftsentwicklung eingegangen und führt bei den dort ansässigen Firmen vor Ort oder remote einen kostenlosen Check der digitalen Infrastruktur durch. Anschließend werden gemeinsam digitale Handlungsempfehlungen entwickelt, die die Perspektiven der einzelnen Firmen zielführend voranbringen. „Wir müssen vorausdenken, wohin sich der Markt entwickelt, unsere Partner in diese Richtung führen und ihnen die IT-Lösungen anbieten, die sie für ihr Business von morgen brauchen“, betont der Geschäftsführer Hermann Ramacher.

Innovationen durch Teamarbeit

Die ADN setzt auf flache Hierarchien und ein Team, das innovative Prozesse aktiv mitgestaltet. So können alle Angestellten auch während ihrer Arbeitszeit an der stetigen Entwicklung eigener Ideen und innovativer Vorschläge arbeiten. Außerdem steht die Tür des Top-Managements für spontane Geistesblitze der gesamten Belegschaft immer offen. Die Ansprüche sind hoch und das Ziel klar: „Wir sind weltweit auf der permanenten Suche nach Novitäten. Für diese bauen wir dann im DACH-Raum mit unseren Partnern einen Markt auf und ermöglichen so einer Vielzahl von Firmen, mit innovativen Lösungen erfolgreich zu arbeiten“, erklärt Ramacher stolz.

ADN — Advanced Digital Network Distribution GmbH
44866 Bochum
www.adn.de
Beschäftigte (D): über 200
IT-Entwicklung/-Beratung

Geschäftsführer
Hermann Ramacher

ALVI GmbH

Vorreiter bei nachhaltiger Babyausstattung

Wenig wissen Eltern mehr zu schätzen als den gesunden und tiefen Schlaf ihres Nachwuchses. Genau darum kümmert sich die ALVI GmbH, die alles rund um den Babyschlaf herstellt und sich vor allem mit Babyschlafsäcken einen Namen gemacht hat. Der Marktführer für Kleinkindausstattung legt besonders viel Wert auf Qualität und Nachhaltigkeit. Dafür sorgt in erster Linie ein Top-Management, das die Hauptverantwortung für die Entwicklung innovativer Produkte und damit für den Innovationserfolg trägt.

Anfang der 1960er-Jahre realisierte der Unternehmensgründer Alfred Viehofer seinen Plan, möglichst vielen neuen Erdenbürgern mit ausgeklügelten Babymatratzen einen guten Start ins Leben zu ermöglichen. Heute ist der Geschäftsführer Gabriel Zboralski dafür verantwortlich, dass umweltschonende Herstellungsverfahren und eine sorgfältige Verarbeitung von schadstoffgeprüften Materialien einen sicheren und entspannten Schlaf von Kleinkindern bewirken. Besonders stolz ist er auf das neue umweltfreundliche Produkt „C2C-Mäxchen“, den wohl weltweit ersten vollständig recycelbaren Babyschlafsack der Welt.

Zukunftsorientiert auf Wachstumskurs

C2C steht für „Cradle to Cradle“, also für eine durchgängige Kreislaufwirtschaft. Auch trägt der Schlafsack das Gütesiegel „OceanSafe Certified“ und entspricht damit einem der strengsten Qualitätsstandards in der Textilindustrie. Und seit Frühjahr 2023 arbeitet ALVI an der „B Corp“-Zertifizierung“, mit der Unternehmen sich dazu verpflichten, ihr soziales und ökologisches Wirken kontinuierlich zu messen und zu verbessern. Gabriel Zboralski meint dazu: „Als Marktführer bei Babyschlafsäcken in Deutschland fühlen wir uns der Umwelt, dem Klimaschutz und den Verbrauchern verpflichtet, die Vorreiterrolle im Segment der nachhaltigen textilen Babyausstattung einzunehmen. Mit unserem Handeln möchten wir weitere Textilhersteller dazu motivieren, sich ebenfalls mit ökologischen Produkten zu beschäftigen, um künftig gemeinsam die Kreislaufwirtschaft voranzutreiben“.

Firmenleitung als Impulsgeber

Das Top-Management trägt die Hauptverantwortung für die Entwicklung innovativer Produkte und Methoden. Daher stehen typische Aufgaben wie die Steuerung des Innovationsprozesses und das Identifizieren innovationsrelevanter Bereiche auf der Agenda. Einmal pro Woche findet auf Einladung der Geschäftsleitung ein „weekly call“ mit internen Projekt- und Kompetenzteams statt, auf dem mögliche Neuerungen besprochen und Milestones festgelegt werden. Kreative Ideen können von Mitarbeitern jederzeit eingereicht werden, ein Feedback bekommen sie zeitnah. Kein Zweifel: Mit dieser Innovationskultur wird ALVI auch weiterhin auf Erfolgskurs bleiben.

ALVI GmbH
37671 Höxter
www.alvi.de
Beschäftigte (D): bis 50
Mode/Textilien

Geschäftsführer
Gabriel Zboralski

ATLAS® gehört in Europa zu den führenden Herstellern von Sicherheitsschuhen. Der neue „Recycling Safety Shoe“ besteht nicht nur aus recycelten Materialien, sondern jedes Teil dieses Produkts wurde ganzheitlich und nachhaltig durchdacht.

TOP 100

ATLAS® Schuhfabrik GmbH & Co. KG

★★

Recyclingschuhe aus der Hightechproduktion

Sicherheitsschuhe sind schwer und klobig? Das war einmal! Der moderne Sicherheitsschuh ist angenehm zu tragen, und seine Sohlen sind an die Einsatzbedingungen angepasst. Wenn Firmen ihre Ökobilanz verbessern wollen, können sie für ihre Mitarbeiter sogar Sicherheitsschuhe anschaffen, die zu mehr als 90 % aus recyceltem Kunststoff bestehen. Die ATLAS® Schuhfabrik GmbH & Co. KG überzeugt durch ihre Innovationserfolge bei ihren Produkten – und auch bei ihren Prozessen.

Sicherheitsschuhe für die Großindustrie, die Automobil- und die Energieindustrie sowie für die Logistik und den technischen Handel sind die Kernprodukte des mittelständischen Traditionsunternehmens. Die Schuhschäfte fertigt ATLAS® größtenteils in Brasilien. Die Endprodukte hingegen, vor allem die angespritzten Laufsohlen und die Zwischensohlen, werden auf hochmodernen Produktionsanlagen in Dortmund fertiggestellt. In der europaweit größten Polyurethane-Spritzanlage dieser Art werden pro Jahr 2,6 Millionen Paar Sicherheitsschuhe aus hochinnovativen Materialien produziert. Pro Anspritzstation und Schicht arbeiten drei Mitarbeiter mit acht Robotern zusammen. Ein KI-System, das stetig dazulernt, prüft bei der Endkontrolle, ob die Sohle auch 100%ig richtig sitzt.

Spritzgussformen aus dem 3-D-Drucker

Um für jeden Untergrund und für jeden Einsatzzweck die passende Sohle zu entwickeln, sind zahlreiche Spritzformen nötig. Für Prototypen und neue Modelle müssen sie nun nicht mehr langwierig und energieintensiv aus Aluminium angefertigt werden, sondern können per 3-D-Drucker schnell und individuell erzeugt werden. Durch dieses innovative Vorgehen werden Entwicklungsprozesse beschleunigt und neue, angepasste Sohlentypen können schneller auf den Markt gebracht werden. Ebenfalls innovativ: Der Mittelständler hat eine spezielle App zur Fußvermessung entwickelt, mit der Interessenten die benötigte Größe und Ausführung exakt bestimmen können.

Vorreiter in Sachen Nachhaltigkeit

Die Firma deckt 60 % ihres Strombedarfs mithilfe von Photovoltaik selbst und nutzt auch Solarthermie, um ihre Spritzformen vorzutemperieren. Seit 2023 hat sie zudem einen Recyclingsicherheitsschuh im Angebot. Dessen Obermaterial sowie die Zwischen- und die Einlegesohlen bestehen überwiegend aus Recyclingmaterial: Das REPREVE-Polyester für den Schaft stammt zu mehr als 90 % aus recycelten PET-Flaschen. Die Zwischen- und die Laufsohlen werden aus wiederaufbereiteten Produktionsreststoffen gefertigt. Ein dreifach grüner Sicherheitsschuh fast ohne ökologischen Fußabdruck — wenn das nicht innovativ ist!

ATLAS® Schuhfabrik GmbH & Co. KG
44319 Dortmund
www.atlasschuhe.de
Beschäftigte (D): über 200
Mode/Textilien

Geschäftsführer
Hendrik Schabsky

Bank11 für Privatkunden und Handel GmbH

★★★

Alles andere als staubtrocken

Wie bewahrt sich ein Unternehmen, das in elf Jahren von 50 auf 400 Mitarbeiter gewachsen ist, seinen Start-up-Spirit? Keine leichte Aufgabe, aber die Bank11 für Privatkunden und Handel GmbH hat sie mit Bravour gemeistert. Eine permanente Aufbruchstimmung beflügelt das vergleichsweise junge Team mit einem Durchschnittsalter von unter 40 Jahren. Zudem kooperiert das Neusser Unternehmen, das in der TOP 100-Bewertungskategorie „Innovationsklima" überzeugt, mit vielen Start-ups.

„Schnell, schlau, digital" – so lautet der Slogan des nordrhein-westfälischen Mittelständlers, der nicht nur Autofinanzierungen abwickelt, sondern auch über eine große IT-Abteilung verfügt. Etwa 60 bis 70 Mitarbeiter sind in den Bereichen IT-Entwicklung, IT-Testing und IT-Betrieb tätig. „Dabei haben wir das Verständnis, dass wir uns auf keinem Erfolg ausruhen. Auch dann nicht, wenn wir eine ganz tolle Kreditantragsstrecke haben, die bereits mehrfach ausgezeichnet wurde. Wir schauen immer, wo wir uns verbessern können und wie wir den Prozess für unsere Partner und für die Endkunden schneller und einfacher machen können", sagt der Geschäftsführer Jörn Everhard.

Von Elektroauto-Förderprämien und Auto-Abos

Werden Ideen vorgetragen, die überzeugen, dauert es oft nur wenige Monate, bis sie in die Praxis umgesetzt werden. So war es beispielsweise bei einem speziellen Kreditangebot, mit dem Autokäufer die Förderprämie für Elektrofahrzeuge schnell und unbürokratisch zwischenfinanzieren können. „Autohändler wollen nun mal Autos verkaufen und keine Formulare ausfüllen", betont Jörn Everhard. Eine weitere Idee, mit der sich der Mittelständler in Neuss als Vorreiter positioniert, ist das „smive Auto-Abo". Das ist ein Angebot, bei dem lokale Händler Fahrzeuge, die im Moment nicht verkauft werden sollen, auf einer neu kreierten Plattform per Fahrzeug-Abo zum Verleih anbieten.

Aus Fehlern lernen

Das sind nur zwei Beispiele von Ideen, die sich rasch und erfolgreich am Markt durchgesetzt haben. Die Voraussetzung dafür ist eine Unternehmenskultur, die Fehler und Fehlschläge nicht als Makel, sondern als Lernerfahrung ansieht. „Wenn etwas nicht geklappt hat, dann machen wir es einfach noch einmal. Oder wir versuchen einen anderen Ansatz", erläutert Jörn Everhard. Statt nach Schuldigen sucht man im Unternehmen nach passenden Lösungen – und genau diese Einstellung bringt die Bank11 für Privatkunden und Handel GmbH immer weiter voran.

Bank11 für Privatkunden und Handel GmbH
41460 Neuss
www.bank11.de
Beschäftigte (D): über 200
Finanzdienstleistungen/
Versicherungen

Geschäftsleitung
Sandra Ebert,
Jörn Everhard und
Nina-Stephanie Bartha

Beratung Wink® e. K.

★★★★

Energieberatung mit Helikopterblick

Kaum ein Unternehmer hat 2022 nicht gemerkt, dass die strategische Planung und Absicherung der eigenen Energieversorgung essenziell ist. Genau dieses Thema ist die Kernkompetenz der Beratung Wink® e. K.: Sie bietet eine ganzheitliche und kostenneutrale Energieberatung mit Helikopterblick und vermittelt exakt passende und langfristige Verträge. Dabei kooperiert der Mittelständler mit zahlreichen Energieversorgern und Stadtwerken, mit Spezialisten für verschiedene Energiethemen und auch mit Start-ups.

„Im vergangenen Jahr hatten wir oft das Gefühl, dass wir die Einzigen sind, die jetzt noch Rettungsringe auswerfen", beschreibt der Inhaber Alexander Wink die Herausforderungen des Jahres 2022. Viele Firmen, die darauf spekulierten, von den schwankenden Energiepreisen am Spotmarkt profitieren zu können, wurden plötzlich auf dem falschen Fuß erwischt. Nun wurde jedem die Notwendigkeit bewusst, dieses Thema langfristig und strategisch anzugehen. Doch nicht immer ist der günstigste Anbieter auch der beste, auch weitere Aspekte fallen bei der Entscheidung ins Gewicht, etwa die Versorgungssicherheit oder innovative Unterstützung beim Energiesparen.

Pionier als Energiemakler

„2022 sind viele Kunden zu uns gekommen, die keine langfristigen Verträge hatten und auch keine Verträge mehr bekommen haben. Den meisten davon konnten wir weiterhelfen", berichtet Alexander Wink, der stolz ist auf die Geschäftsmodellinnovation seines Unternehmens: Man hat das Modell des provisionsfinanzierten Versicherungsmaklers auf den Energiemarkt übertragen und vermittelt so den Kunden auf der Basis eines umfassenden Portfolios an Energieerzeugern und Stadtwerken den exakt passenden Energielieferanten. Die Stammkunden, betont die Prokuristin Heike Wink, ließ das Jahr 2022 ohnehin eher kalt, denn sie waren fast alle langfristig abgesichert.

Regelmäßiger Austausch mit Start-ups

Der Mittelständler, der seit einigen Jahren auch in den Bereichen Messstellenbetrieb und Energiedatenmanagement tätig ist, überzeugte ganz besonders in den TOP 100-Bewertungskategorien „Innovationserfolg" und „Außenorientierung/Open Innovation". So pflegt er zahlreiche Partnerschaften, unter anderem mit mehr als hundert Energieanbietern, die das von ihm entwickelte Kooperations- und Maklermodell zu schätzen wissen. Zudem führt die Beratung Wink® fast jede Woche Gespräche mit Start-ups, um sich über die Entwicklungen auf dem Energiemarkt auf dem Laufenden zu halten, etwa über die neuesten Trends in der Schnellladetechnologie. Denn eines hat das Jahr 2022 gezeigt: Die Dinge ändern sich nicht immer langsam, sondern manchmal blitzschnell.

Beratung Wink® e. K.
53819 Neunkirchen-Seelscheid
www.beratung-wink.com
Beschäftigte (D): bis 50
Unternehmensberatung

Geschäftsleitung
Heike und Alexander Wink

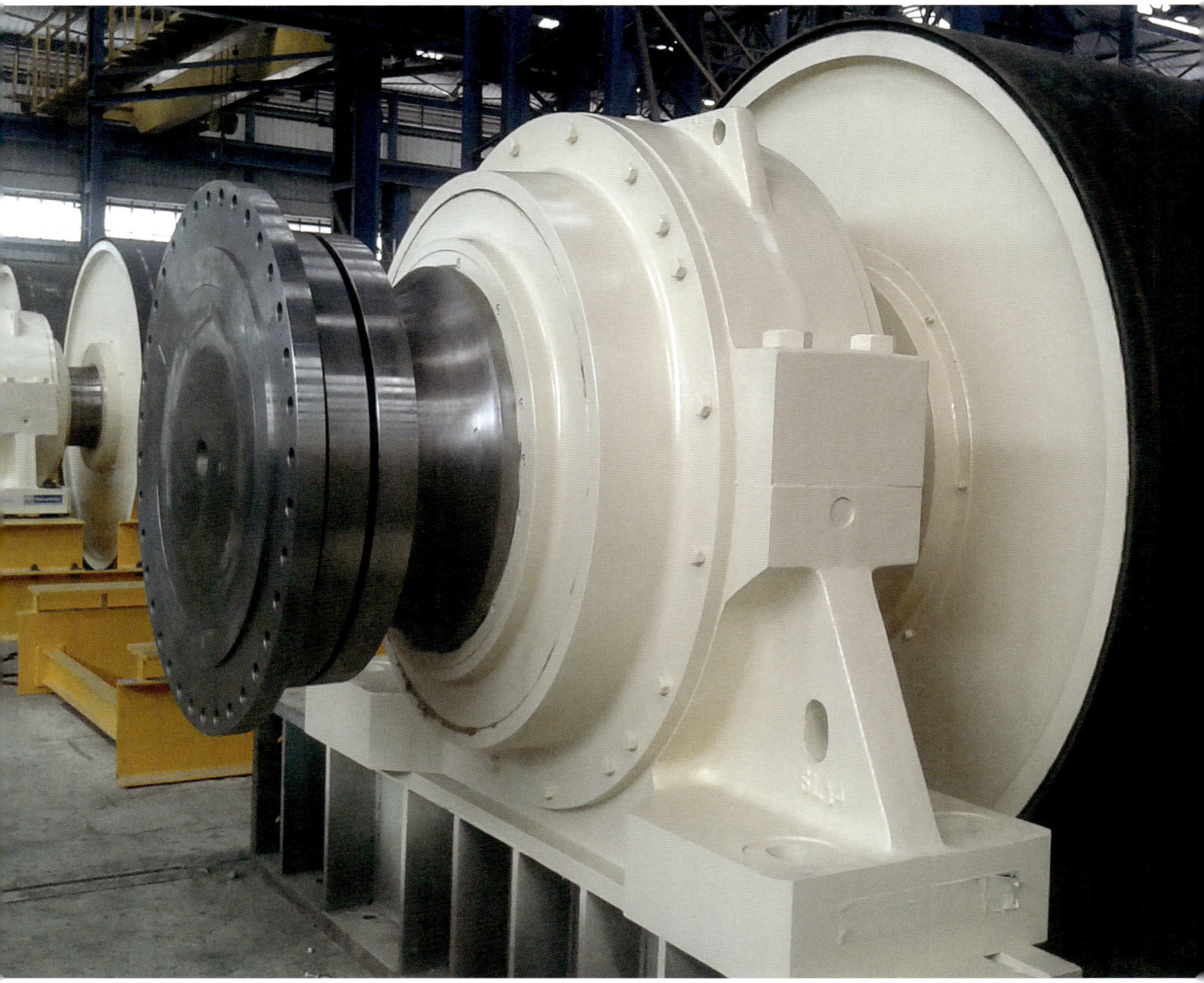

Die BIKON-Technik GmbH ist spezialisiert auf Spannsatz-anwendungen in allen Bereichen der Antriebstechnik. Der Maschinenbauer entwickelt seit 1972 Spannsysteme und hat weltweit mehr als 100 Patente erlangt.

BIKON-Technik GmbH

★★★

Volle Auftragsbücher – leere Schränke

Ein Weltmarktführer mit 4.000 Bestellungen im Jahr und mit gerade einmal acht Beschäftigten — wie kann das gehen, mag sich mancher fragen. Doch die BIKON-Technik GmbH in Neuss, die sich auf Spannsätze und Kupplungen für Baumaschinen konzentriert, ist der beste Beweis: Das nordrhein-westfälische Unternehmen, das sich fokussierter ausgerichtet hat, überzeugt unter anderem durch digitalisierte Prozesse, ein digitales Dokumentenmanagement und ein ausgeklügeltes Statistiksystem.

Kupplungen, Spannsätze oder auch konische Ringe, die übereinander verschoben werden — auf diese Themen hat sich die BIKON-Technik GmbH spezialisiert. Dabei teilt sie mit vielen Marktführern das gleiche Schicksal: Ihre innovativen Entwicklungen werden von Produktpiraten hemmungslos nachgebaut. Doch das kann den Mittelständler nicht ausbremsen, denn er bietet mittels kontinuierlicher Weiterentwicklung und optimierter Prozesse laufend Neuheiten, sodass Nachahmer am Ende immer hinterherhinken. „Außer uns entwickelt keiner mehr, alle warten ab", berichtet der Geschäftsführer Zlatko Dizdarevic. Ein großer Vorteil hierbei ist die eigene Fertigung, die dank intelligenter Materialbeschaffung auch in Krisenzeiten lieferfähig bleibt, was im letzten Jahr zu vollen Auftragsbüchern und einem deutlichen Umsatzplus geführt hat.

Mit Big Data Trends erkennen

Eine wichtige Grundlage für dieses Wachstum sind digitalisierte Prozesse, die stetig optimiert werden, sei es das Dokumentenmanagement oder das ERP-System, der Materialfluss oder die internen Statistiken. Letztere werden konsequent weiterentwickelt, um Trends über längere Zeiträume verfolgen und auswerten zu können. Big Data und KI sind für die BIKON keine Fremdwörter. Ihre ausgeklügelten Datenanalysen waren in den vergangenen Jahren von großem Nutzen, da somit Störungen von Lieferketten, veränderte Materialbeschaffungsmöglichkeiten und neue Preise schnell aktualisiert werden konnten.

Montageanleitung per QR-Code

Auftragsbestätigung, Lieferschein und die gesamte Kommunikation mit dem Kunden werden bei BIKON heute weitgehend digital abgewickelt. Dabei ist das Dokumentenmanagement vor externen Zugriffen bestens geschützt. Optimiert wurde außerdem die Kommunikation mit den direkten Anwendern: Statt Montageanweisungen in Papierform zu nutzen, können sie sie nun per QR-Code abrufen. „Mittlerweile findet man bei uns nur noch wenig Papier, die Schränke werden immer leerer", sagt Zlatko Dizdarevic, dem vor der Zukunft keineswegs bange ist. Schließlich ist das Neusser Unternehmen klein, schnell und flexibel.

BIKON-Technik GmbH
41468 Neuss
www.bikon.de
Beschäftigte (D): bis 50
Anlagen-/Maschinenbau

Geschäftsführer
Zlatko Dizdarevic

BJB GmbH & Co. KG

★★★

Lichtkomponenten für höchste Ansprüche

Innovation im stillen Kämmerlein, davon hält man bei der Arnsberger BJB GmbH & Co. KG wenig. Der Entwicklungspartner und Hersteller von Komponenten für die Lichtindustrie und von Beleuchtungslösungen für die Hausgeräteindustrie hat in den vergangenen Jahren den disruptiven Wandel hin zur LED-Technologie erfolgreich gemeistert. Das Rezept des Mittelständlers: eine enge Abstimmung mit seinen Kunden, um deren Bedürfnisse frühzeitig zu erkennen, und eine aktive und engagierte Mitarbeit in den weltweit wichtigsten Standardisierungsgremien.

Die BJB ist ein Hidden Champion mit über 80 % Exportanteil. „Bei uns gibt es produktspezifische Entwicklungen, die individuell auf den Kunden und seine Anforderungen zugeschnitten sind, aber wir sind auch ein Verfechter von Standards", sagt der Geschäftsführer Philipp Henrici. Das betrifft in erster Linie die Standardisierung von LED-Komponenten für die Leuchtenindustrie. Ein wichtiges Gremium in dieser Hinsicht ist das Zhaga-Consortium, eine freiwillige Kooperation internationaler Hersteller aus der Lichtbranche, in deren Lenkungsausschuss und wichtigsten Arbeitsgruppen die BJB aktiv vertreten ist. Ergänzt wird dies durch die Mitarbeit in weiteren Fach- und Normierungsgremien, vor allem in Deutschland und in den USA. „Wir fertigen unsere Standardprodukte hier in Arnsberg in sehr hohen Stückzahlen. Um sicherzustellen, dass wir bei Neuentwicklungen nicht danebenliegen, diskutieren wir sie grundsätzlich immer mit dem Vertrieb und mit unseren Kunden", erklärt Henrici.

Neues Produktportfolio dank LED-Technologie

Für ihr zweites Geschäftsfeld, Beleuchtungslösungen für die Hausgeräteindustrie, bekommt die BJB viele Innovationsimpulse direkt vom Markt und von ihren Kunden — eine Zusammenarbeit, die sich bewährt hat. So ist es ihr bei der Umstellung auf die LED-Technologie gelungen, gemeinsam mit Kunden, Lieferanten und Partnern ein neues Produktportfolio zu entwickeln.

Kooperation mit Platinenherstellern

Dank der guten Zusammenarbeit mit den Herstellern von LED-Platinen konnten Optiken und Platinen optimal aufeinander abgestimmt werden, sodass innovative Produkte für sehr hohe technische Ansprüche entstanden sind. Dabei konnte die BJB GmbH & Co. KG vor allem durch ihre Kompetenz im Bereich der Optiken in neue Dimensionen vordringen. „Diese Partnerschaften sind nachhaltig, denn es werden stetig neue aufeinander abgestimmte Systeme für die professionelle Beleuchtung entwickelt und angeboten", sagt der Geschäftsführer. Erfolgreiche neue Produkte entstehen eben nicht allein im stillen Kämmerlein, sondern durch einen regelmäßigen Austausch und geeignete Kooperationspartner, mit denen man gemeinsam Visionen verwirklichen kann.

BJB GmbH & Co. KG
59755 Arnsberg
www.bjb.com
Beschäftigte (D): über 200
Elektronik/Elektrotechnik

Die Geschäftsleitung

BUSINESS UNICORNS GmbH

Als Macher auf klarem Kurs

Manche Firmen überlassen es dem Zufall, wohin sie sich entwickeln und wie sie neue Produkte gestalten. Die BUSINESS UNICORNS GmbH hingegen hat einen klaren Plan, der in einer „vivid vision“ festgehalten ist. Verbunden wird diese Vision mit einer Entwicklungsphilosophie, die festlegt, wie neue Produkte aufgebaut sein sollen. Dieses sogenannte MACH-Prinzip hat viele Vorteile, und es hält das Unternehmen flexibel. Das Resultat: ein überragendes Abschneiden in der TOP 100-Bewertungskategorie „innovative Prozesse und Organisation“.

Der Schwerpunkt bei diesem IT-Unternehmen liegt auf der Konzeption und der Entwicklung von webbasierten Firmenlösungen zur Organisation von Daten, seien es Shopsysteme oder Wissensdatenbanken, CRM-Systeme oder ERP-Anwendungen. Um einmal entwickelte Applikationen in verschiedenen Kontexten und Kundenprojekten nutzen zu können, entwickelt man mit Vorliebe einzeln funktionsfähige Microservice-Einheiten. „Im Grunde genommen entwickeln wir unsere Softwarelösungen nach dem Prinzip von Legosteinen, die leicht miteinander kombiniert werden können, aber nicht voneinander abhängig sind“, sagt der Geschäftsführer Max Messing.

Flexibel durch Microservices

Dieses MACH-Prinzip hat der Mittelständler in Velen in Nordrhein-Westfalen bereits bei einigen Kundenprojekten angewandt. Doch was genau verbirgt sich hinter dem MACH-Prinzip? Die vier Buchstaben stehen für „Microservice“, „API-First“, „Cloud“ sowie „Headless“. „API-First“ bedeutet, dass jede Anwendung mit flexiblen Schnittstellen versehen wird und daher leicht mit neuen Anwendungen verbunden werden kann. „Headless“ heißt, dass Anwendungen kombiniert und auch wieder entkombiniert werden können, weil keine der Anwendungen eine Leitfunktion hat.

Prototyping mit Praxisbezug

Ein weiteres Element, das die Innovationsprozesse des Hauses prägt, ist größtmögliche Transparenz. Das zeigt sich zunächst in der sichtbaren Vision des Unternehmens, der „vivid vision“, die für den Zeitraum bis 2025 klar definiert ist und die jeder Kunde auf der Website nachlesen kann. Das zeigt sich aber auch in der Art und Weise, wie Softwareprototypen entstehen: Statt ein Produkt zu Ende zu entwickeln, teilt man einzelne Schritte via Social Media oder direkt mit Schlüsselkunden. Auf diese Weise arbeiten das Marketing und das Prototyping Hand in Hand – und die BUSINESS UNICORNS GmbH geht sicher, dass sie keine Anwendungen entwickelt, die der Markt gerade nicht braucht.

BUSINESS UNICORNS GmbH
46342 Velen
www.business-unicorns.de
Beschäftigte (D): bis 50
IT-Entwicklung/-Beratung

Geschäftsführer
Max Messing

TOP 100

TOP 100
TOP 100
TOP 100
TOP 100
TOP 100
TOP 100
TOP 100
TOP 100
TOP 100
TOP 100
TOP 100
TOP 100
TOP 100
TOP 100
TOP 100
TOP 100
TOP 100

TOP 100

C. D. Wälzholz GmbH & Co. KG

★★★★★★

Technologieführer mit Weitblick

Ein Familienunternehmen in der siebten Generation, das sich die Technologieführerschaft in der Kaltwalzbranche und die permanente Optimierung der Produktionsprozesse auf die Fahnen geschrieben hat: Das ist die C. D. Wälzholz GmbH & Co. KG, die mit ihren Innovationserfolgen ebenso überzeugt wie mit ihrem innovationsfördernden Top-Management. Ein Produkt, bei dem sie marktführend ist, sind Rückholfedern für Sicherheitsgurte. Hier liegt ihr Weltmarktanteil bei weit über 50 %.

Eine Rückholfeder ist keineswegs ein banales Produkt, im Gegenteil: Die Feder wird aus einem hochkomplexen Sonderwerkstoff gefertigt, der nach genau definierten Spezifikationen beim Rohmateriallieferanten erschmolzen wird. „Zur Verarbeitung dieses Werkstoffs verfügen wir über eine spezielle und einzigartige Fertigungsmethode mit eigens dafür erstellter Verfahrens- und Anlagentechnik", sagt Dr.-Ing. Heino Buddenberg, der Vorsitzende der Geschäftsführung. Genau das ist das Besondere an den Innovationserfolgen dieses Mittelständlers aus Hagen, der neben Carbonstählen auch Elektrobänder herstellt: höchste Technologiekompetenz bei der Fertigung hoch spezialisierter Stahlwerkstoffe.

Eigenfinanziert und unabhängig

Das innovationsfördernde Top-Management, in dem mit Henrik Caspar Junius noch immer ein Mitglied der Gründerfamilie vertreten ist, hat die Mission des Unternehmens klar definiert: „Unser Daseinszweck ist es, bisher nicht übliche Spezifikationen aus dem Material Stahl zu entwickeln und dem Kunden passgenau für seine anspruchsvolle Anwendung zur Verfügung zu stellen", sagt Dr. Buddenberg. Und für den Weg in die Zukunft hat man sich klare Leitlinien gesetzt: „Wir sind ein Familienunternehmen und wollen es bleiben. Wir finanzieren uns autark und das soll ebenfalls so bleiben", betont der Geschäftsführer.

Permanente Innovation

„Gerade bei Business-to-Business-Produkten ist Innovation ein permanenter Prozess. Es gibt ständig schrittweise Verbesserungen", sagt Dr. Buddenberg. Kontinuierlich besser werden, darauf setzt die weltweit erfolgreiche Firma auch bei den Produktionsprozessen und der Ausgestaltung der IT. Vor allem das unternehmenseigene ERP-System wird laufend fortentwickelt. Es ist so programmiert, dass es permanent mit den ERP-Systemen vieler Kunden kommuniziert, damit die Fertigungssteuerung stetig angepasst und optimiert werden kann. „Innovation darf kein Strohfeuer sein, sie muss kontinuierlich erfolgen", erläutert der Geschäftsführer. Wer sich auf seinem Erfolg ausruhe – davon ist man bei der C. D. Wälzholz GmbH & Co. KG überzeugt – dem wird der Erfolg vermutlich nicht mehr lange beschieden bleiben.

C. D. Wälzholz GmbH & Co. KG
58093 Hagen
www.waelzholz.com
Beschäftigte (D): über 200
Metallverarbeitung

Die Geschäftsführer

DATASEC ist ein europaweit führender Dienstleister für Business-Process-Outsourcing für dokumentenbasierte Geschäftsprozesse. Er optimiert das Dokumentenmanagement seiner Kunden entlang der gesamten Prozesskette.

DATASEC information factory GmbH

★★

Innovativ und optimistisch

Papier stirbt aus, Aktenordner sterben aus. Deshalb unterstützt die DATASEC information factory GmbH Unternehmen dabei, ihre analogen Geschäftsprozesse umzustellen, ihre Geschäftsdaten zu digitalisieren und ein Dokumentenmanagement entlang der gesamten Prozesskette zu etablieren. In den fast 30 Jahren seit seiner Gründung hat sich das Familienunternehmen mit Sitz im Siegerland zu Europas Marktführer entwickelt. Eine kluge Außenorientierung und ein kreatives Klima sorgen verlässlich für Innovationen.

Natürlich arbeiten bei dem Mittelständler viele schlaue Köpfe – aber auch ein paar kluge Bäuche. „Unser wichtigstes Instrument beim Aufspüren von Innovationspotenzialen ist wohl unser Bauchgefühl", sagt der Geschäftsführer Sebastian Weber. In regelmäßigen Meetings diskutieren und bewerten Mitarbeiter und Geschäftsführung unterschiedlichste Ideen zur Entwicklung neuer Produkte. „Wissenschaftlich orientiert wie wir sind, arbeiten wir oft in Kooperationen mit Unis und Forschungsinstituten", ergänzt Weber.

Brainstormen mit den Kunden

DATASEC integriert verschiedene externe Akteure in sein Innovationsmanagement. Zum einen pflegt man den direkten Zugang zu den Kunden: „Wir laden unsere Kunden regelmäßig zu Innovationsworkshops ein. Da machen wir Vorschläge und stellen sie zur Diskussion. Und wir greifen Anregungen der Kunden auf und durchdenken sie gemeinsam", erzählt der Geschäftsführer. Dieser regelmäßige Austausch wirkt wie ein Motor. Das zeigt sich auch daran, dass das Portfolio ständig an sich verändernde Kunden- und Marktbedürfnisse angepasst wird und gemeinsam neue IT-Lösungen für die Kunden entwickelt werden. Zudem sucht man Kontakt zu Universitäten, zu Start-up-Organisationen und zu Techredaktionen weltweit. Und man kooperiert mit Forschungsinstituten. Diese externen Anreize sind dann weniger produktspezifisch, sondern konzentrieren sich eher auf Trends und Methoden.

Viel Freiraum für die Kreativität

Die Geschäftsleitung schafft Freiräume, in denen sich die Beschäftigten vom Tagesgeschäft zurückziehen und sich neuen Ideen widmen können. Überhaupt fördert das Unternehmensklima Kreativität. Es gibt Rückzugsräume und Open Spaces. Aktuell wird eine Küche eingerichtet, in der Teams miteinander kochen können. Und auch beim Tischtennis oder Dart spielen löst sich mancher Knoten im Kopf. „Das ist eine Investition in unsere Innovativität. Wir investieren zurzeit auch in neue Rechenzentrumstechnologie. Ja, die Zeit ist von enormen Herausforderungen geprägt – aber gerade dann gilt es, optimistisch zu sein und auch mal antizyklisch zu handeln", erklärt Sebastian Weber, dessen Glas immer halb voll ist, nie halb leer.

DATASEC information factory GmbH
57072 Siegen
www.datasec.de
Beschäftigte (D): über 200
IT-Entwicklung/-Beratung

Geschäftsführer
Tobias Weber,
Tobias Wilsmann und
Sebastian Weber

DENIOS entwickelt und produziert Produkte für Umweltschutz und Arbeitssicherheit. Von der Kleinstlösung bis zum großen Raumsystem für die Gefahrstofflagerung bietet dieser Marktführer innovative und gesetzeskonforme Konzepte an.

TOP 100

DENIOS SE

★★★★★

Sichere Lagerung für Gefahrstoffe

Die Erfolgsgeschichte dieses Mittelständlers begann mit einem Unfall: Als am 1. November 1986 eine Lagerhalle des Chemiekonzerns Sandoz in Basel brannte und in der Folge Pflanzenschutzmittel und kontaminiertes Löschwasser in den Rhein flossen, beschloss der Ingenieur Helmut Dennig, dass so etwas nicht noch einmal passieren darf. Er gründete den Vorläufer der heutigen DENIOS SE. Heute ist sie weltweit Branchenführerin bei Lagersystemen für Gefahrstoffe. Grund für den Erfolg sind aber auch effiziente Prozesse und ein fruchtbares Innovationsklima.

„In unserer Innovationsabteilung arbeiten 35 Innovateure ausschließlich daran, neue Ideen für innovative Produkte zu entwickeln", erläutert der geschäftsführende Direktor Horst Rose. Etwa digitale Lösungen, die Kunden helfen, ihr Gefahrstofflagersystem nach dem Einbau selbst zu managen. Um auch außerhalb dieser Spezialabteilung kontinuierlich Dynamik, Kreativität und Lernbereitschaft zu fördern, hat DENIOS mit dem „Blue Campus" einen eigenen Thinktank geschaffen — einen Ort für inspirierenden Austausch und schöpferische Kreativität, der allen zugänglich ist.

Kreatives Klima

20 % ihrer Arbeitszeit kann die Belegschaft nutzen, um Verbesserungen zu entwickeln. Ein strukturiertes Vorschlagswesen erlaubt es jedem, Ideen online einzureichen und den anschließenden Prozess, den sie durchlaufen, auch zu verfolgen: die Prüfung durch die Experten in den Fachabteilungen, durch das Ideengremium und das Projektmanagement, bei dem agile Methoden und Instrumente genutzt werden, zum Beispiel „Design-Thinking", „Scrum" und „Lean-Start-up". Quality-Gates entscheiden dann über die Freigabe weiterer Projektschritte. Für jede Idee, die überzeugt und realisiert wird, bekommt der kreative Kopf eine Prämie – die Höhe regelt eine Betriebsvereinbarung. Der so transparente wie effiziente Prozess erfreut sich hoher Akzeptanz. „Innovation ist für uns geradezu Pflicht, denn wir sind zwar Weltmarktführer, aber wir wollen es auch bleiben", sagt Horst Rose.

Die Krise als Innovationsmotor

Schwierige Situationen wie die Coronapandemie, den Klimawandel, die Energiekrise oder den Ukraine-Krieg spürt das Familienunternehmen: Zum einen investieren Kunden zurückhaltender, zum anderen befeuert eine „Multikrise" aber auch die Innovativität. „Batteriespeicher mit Lithium-Ionen-Technik sind wichtig für die Energiewende, aber sie können auch stark überhitzen. Deshalb haben wir brandgeschützte Raumsysteme entwickelt, in denen sich die Batteriespeicher befinden. Oder unser spezielles Schiebetor mit Brandschutzzulassung – auch so etwas gab es bisher nicht. Und das sind nur zwei unserer jüngsten Innovationen zur sicheren Lagerung von Gefahrstoffen", sagt der geschäftsführende Direktor stolz.

DENIOS SE
32549 Bad Oeynhausen
www.denios.de
Beschäftigte (D): über 200
Umweltschutz/-technik

Geschäftsführender Direktor
Horst Rose

EJOT entwickelt und produziert Verbindungstechnik. Die Kunden der Firma kommen in erster Linie aus der Automobil- und der Zuliefererindustrie, aus der Elektrotechnik und der Elektronik sowie aus dem Baugewerbe.

EJOT SE & Co. KG

★★

Nachhaltig denken

Wenn es um Nachhaltigkeit geht, ist die EJOT SE & Co. KG Vorreiter, denn schon seit 2013 werden alle direkten und indirekten CO_2-Emissionen erfasst und Ideen zu deren Reduzierung vorangetrieben. Heute erhalten Mitarbeiter für erfolgreiche Vorschläge eine Kapitalbeteiligung am Unternehmen, das als Spezialist für Verbindungstechnik weltweit die Auto-, Elektro- und Bauindustrie beliefert. Das Top-Management arbeitet zudem an einer Dezentralisierung der bewährten Innovationslenkungsausschüsse.

Der „EJOT Carbon Footprint" ist zu einem Markenzeichen der Firma geworden. Früher als andere Mittelständler hat dieser Hersteller von Verbindungstechnik eine Nachhaltigkeitsstrategie eingeführt, welche von einem internationalen Lenkungskreis gesteuert wird. Seit 2013 wird die CO_2-Reduzierung anhand von Unternehmenszielen und Unternehmenskennzahlen vorangetrieben, wobei auch Emissionen erfasst werden, die etwa Mitarbeiter bei Kunden verursachen.

CO_2 reduzieren, vom Firmengewinn profitieren

Seit Kurzem gibt es auch eine innovative Form der Mitarbeiterkapitalbeteiligung: Hier bringen die Mitarbeiter einen Beteiligungsbetrag von 250 Euro oder 500 Euro über fünf Jahre hinweg ins Unternehmen ein. EJOT verdoppelt diesen Betrag, wenn die gesteckten CO_2-Ziele für das entsprechende Jahr erreicht werden. Die Summe, die die Angestellten am Ende erhalten, wird dann jährlich entsprechend der Umsatzrendite verzinst. Jeder kann zudem kreative Ideen einreichen, die den CO_2-Ausstoß der Firma senken. Je nach Umsetzungsmöglichkeit werden auch sie prämiert. Aus Sicht des Top-Managements fördern diese Instrumente die ohnehin schon starke Identifikation der Belegschaft mit EJOT. Denn die Fluktuation ist sehr gering und der Zusammenhalt im Haus groß. Dazu trägt auch das gut eingeführte betriebliche Vorschlagswesen bei sowie die Chance, eines Tages in einem der Innovationslenkungsausschüsse, kurz ILA, mitwirken zu können.

Top-Management dezentralisiert Entwicklung

In den drei monatlich tagenden Ausschüssen sieht der geschäftsführende Gesellschafter Christian F. Kocherscheidt mit die wichtigste Quelle für Prozess- oder Produktentwicklungen. Ob im Bereich Konstruktion oder Kunststoffteile – hier wird diskutiert, hier werden Neuheiten vorgestellt oder Testreihen gestartet. Die Geschäftsführung plant gerade die ILA-Transformation in eine globale Matrixorganisation. Nach dem Grund befragt: Die Auschüsse, der erste existiert schon seit mehr als 30 Jahren, sind aktuell noch stark von der deutschen Zentrale dominiert. Mit Blick auf neue Märkte und die Agilität im Innovationsmanagement bei EJOT soll auch die Forschung und Entwicklung dezentralisiert werden. Neue Verbindungen also für diese Verbindungsexperten!

EJOT SE & Co. KG
57319 Bad Berleburg
www.ejot.de
Beschäftigte (D): über 200
Metallverarbeitung

Geschäftsführer
Dr. Jens Weber und
Ralf Birkelbach

TOP 100

TOP 100 TOP 100 TOP 100 TOP 100
TOP 100 TOP 100 TOP 100 TOP 100 TOP 100
TOP 100 TOP 100 TOP 100 TOP 100 TOP 100
TOP 100 TOP 100 TOP 100 TOP 100 TOP 100
TOP 100 TOP 100 TOP 100 TOP 100 TOP 100
TOP 100 TOP 100 TOP 100 TOP 100 TOP 100
TOP 100 TOP 100 TOP 100 TOP 100 TOP 100

ESK-SIC GmbH

Recycling, wie es sein sollte

Gemeinsam mit einem Fraunhofer-Institut hat die ESK-SIC GmbH mit Sitz in Frechen eine Recyclingtechnologie entwickelt für Siliciumcarbid, dessen chemische Formel „SiC" lautet. Dank dieser Technologie lassen sich CO_2-bezogene Emissionen deutlich reduzieren. Das Top-Management des traditionsreichen Herstellers von SiC-Körnungen und -Fraktionen war von Anfang an ein gutes Team mit den externen Wissenschaftlern. Im Hinblick auf die internen Innovationsprozesse sorgt es dafür, dass die Mitarbeiter viel Freiraum für eigene Ideen erhalten.

Schon seit mehr als 100 Jahren wird rohes Siliciumcarbid für industrielle Anlagen hergestellt — allerdings mithilfe des sehr energieintensiven Acheson-Verfahrens, bei dem pro Tonne zusätzlich ungefähr 4,2 Tonnen CO_2 emittiert werden. Für die Geschäftsführung von ESK-SIC ist dies in Zeiten des Klimawandels und der Nachhaltigkeit ein Unding! Gemeinsam mit dem Fraunhofer-Institut für Keramische Technologien und Systeme in Dresden hat man deshalb seit 2010 intensiv an einer Alternative geforscht. Immer voll involviert: das Top-Management sowie Dr. Stefan Wild, der Forschungs- und Entwicklungsleiter.

Neue Produktionsanlage im Bau

Der Einsatz hat sich gelohnt, denn ESK-SIC und das Fraunhofer-Institut haben ein patentiertes Recyclingverfahren entwickelt, bei dem benutztes SiC zu hochwertigem Roh-SiC verarbeitet wird. „So schaffen wir es, die CO_2-Emission pro produzierter Tonne SiC auf 0,75 Tonnen zu reduzieren", erläutert der Geschäftsführer Matthias Hausmann. Welches Einsparpotenzial das neue Verfahren hat, verdeutlicht der globale Siliciumcarbidbedarf pro Jahr: rund eine Million Tonnen! Mit Blick auf seinen Lebenszyklus wird SiC dank dieser Prozessinnovation von einem Cradle-to-Waste-System in ein Circular-Economy-System transferiert. Parallel mit Erreichen der Marktreife der neuen Technologie beschloss die Geschäftsführung, am Standort in Frechen eine entsprechende Produktionsanlage zu planen. Sie wird eine Gesamtkapazität von etwa 12.000 Tonnen SiC-Recycling pro Jahr erreichen und soll Ende 2024 ihren Betrieb aufnehmen.

Flache Hierarchien von Anfang an

Die Entstehung des neuen Recyclingverfahrens ist für Matthias Hausmann ein Musterbeispiel dafür, wie mitarbeiterbezogene Motivationsanreize zur Technologieentwicklung beitragen können. Man habe jedem den nötigen Freiraum gelassen, eigene Ideen und Visionen zu entwickeln. Bereits mit der Gründung von ESK-SIC 1998 setzte man auf extrem flache Hierarchien und kurze Entscheidungsprozesse. Bestens bewährt haben sich darüber hinaus regelmäßige Innovationsworkshops und ein betriebliches Vorschlagswesen. Alles in allem also ein prima Klima für Innovation.

ESK-SIC GmbH
50226 Frechen
www.esk-sic.de
Beschäftigte (D): 51 bis 200
Chemie/Kunststoff

Geschäftsführer
Matthias Hausmann

EUROPART liefert Ersatz- und Zubehörteile für Nutzfahrzeuge aller Klassen. Das Unternehmen ist außerdem Betreiber von Lkw-, Trailer-, Transporter- und Busflotten in Europa. Hybride Veranstaltungen im 360°-Studio gehören zum kreativen Mindset.

EUROPART Holding GmbH

★★★

Mit Herz und Leidenschaft Innovationen schaffen

Betreiber von Nutzfahrzeugflotten verdienen nur Geld, wenn die Räder rollen. Ersatzteile für die Wartung und die Reparatur von Lkw, Trailern und Bussen müssen daher möglichst rasch beschafft werden. Die EUROPART Holding GmbH ist Europas führender Händler und in 28 Ländern vertreten. Ersatzteile liefert das mittelständische Unternehmen in Rekordzeit. Das Top-Management führt ein Innovationsklima herbei, das die gesamte Belegschaft begeistert. Die Resultate sind ein kontinuierliches Wachstum und stetig verbesserte Betriebsergebnisse.

Seit dem Jahr 2018 leitet Olaf Giesen als CEO die EUROPART Holding GmbH. Sein Motto: Wir gewinnen nur als Mannschaft! Der gelernte Diplom-Kaufmann führt aktuell 1.600 Mitarbeitende – etwa 250 davon sind in der Verwaltungszentrale in Hagen beschäftigt. Das Unternehmen ist europaweit in 28 Ländern vertreten und beliefert seine Kunden national und international mit über 400.000 Produkten. Dabei erreicht man 300 Belieferungsstandorte über Nacht.

Innovative Kommunikation als Hebel

EUROPART bricht mit unzeitgemäßen Kommunikationsstrukturen und fordert das Gleiche auch bei allen Führungskräften und Mitarbeitern ein. Früher hätte sich niemand direkt an die Geschäftsleitung gewandt. Heute ist das ausdrücklich gewünscht und über eine konzernweit implementierte Mitarbeiter-App inklusive Chat- und Übersetzungsfunktion möglich. „Wir priorisieren und strukturieren innovative Ideen und garantieren ein persönliches Feedback zum Stand der Realisierung und auch dazu, wie wir entsprechende Anregungen honorieren", sagt der Geschäftsführer. Über die Mitarbeiter-App erhalten die Angestellten aller Standorte zur gleichen Zeit Informationen von der Geschäftsleitung. Aber auch jeder Einzelne kann die Kollegen über Neuigkeiten informieren. „Transparente Prozesse, die begeistern und allen Beteiligten Spaß machen, stärken in jedem Fall den Teamgeist", erläutert Giesen.

Menschliches Miteinander

Als eine Hauptmotivation nennt der Geschäftsführer sein Streben nach Kundennähe mit Herz: „Wir möchten erreichen, dass unsere Belegschaft ein Lächeln auf den Lippen hat, nur dann geht sie im Kundenkontakt auch gern mal eine Extrameile." Dafür bedient er sich teils unkonventioneller Methoden. So überraschte Giesen zum Beispiel eine Kantinenmitarbeiterin damit, dass er sie anlässlich ihres 25-jährigen Firmenjubiläums als Chauffeur verkleidet mit seinem Mercedes-Oldtimer zur Arbeit fuhr. „Oder ich bringe für einen Besuch in einer Verkaufsniederlassung belegte Brötchen für alle Mitarbeiter mit. Auch solche kleinen Gesten bringen eine neue Kultur ins Unternehmen", sagt Giesen überzeugt.

EUROPART Holding GmbH
58135 Hagen
www.europart.net
Beschäftigte (D): über 200
Handel

Geschäftsführer
Olaf Giesen

„Mehr Menschlichkeit im Alltag schafft mehr Freude am Job.“

Olaf Giesen
Geschäftsführer

Einer Umfrage zufolge sind drei Viertel Ihrer Mitarbeitenden zufrieden und wollen EUROPART mindestens fünf weitere Jahre die Treue halten. Worauf führen Sie das zurück?
Im Wesentlichen auf unsere Unternehmenskultur und die Art, wie wir miteinander umgehen. Dazu ein Beispiel: Zu unserem 75. Firmenjubiläum hat jeder Mitarbeiter als Präsent und gleichzeitig als Dankeschön einen Hoodie und Sneakers mit dem Branding unseres Unternehmens bekommen. Und selbstverständlich wurden alle zu unserer Jubiläumsfeier eingeladen. Jeder Angestellte soll spüren, dass bei uns der Mensch im Vordergrund steht. Ich spreche hier über eine Art von Menschlichkeit im Berufsalltag, die uns früher ein Stück weit gefehlt hat. Sie führt nun aber dazu, dass alle im Unternehmen ein bisschen mehr lächeln und mit echter Freude an der Sache zu Werke gehen.

Mit einigen Mitarbeitern testen Sie derzeit, wie sich mehrere Stunden frei verfügbare Zeit pro Woche auf die Entwicklung eigener Ideen auswirkt. Wie bewährt sich das Ganze bislang?
Bevor der Europäische Gerichtshof verfügt hat, dass Arbeitszeiten zwingend erfasst werden müssen, galt bei uns einheitlich das Prinzip der Vertrauensarbeitszeit. Doch nun haben wir diese Freiheiten nicht mehr. Zusammen mit dem Betriebsrat überlegen wir deswegen, wie wir die neue Situation künftig meistern. Eins steht für uns dabei jedoch außer Frage: Es muss eine innovative und mitarbeiterorientierte Lösung sein. Das genannte Angebot für Ideenentwicklung richtet sich aktuell an Nachwuchsführungskräfte, Werkstudenten und Auszubildende in Deutschland. Grundsätzlich steht es aber jedem offen. Die Resonanz der Mitarbeiter ist super, und auch die Ergebnisse überzeugen uns, das Angebot definitiv auszuweiten.

Sie wollen Ihre Belegschaft in Deutschland binnen drei Jahren um 320 Mitarbeiter aufstocken. Ist Fachkräftemangel diesbezüglich ein Thema?
Nein, zum Glück ist das kein akutes Problem für uns. Wir kommunizieren dahingehend intensiv über unsere Social-Media-Kanäle, wir betreiben ein effektives „Mitarbeiter werben Mitarbeiter“-Programm, und ich persönlich habe bei LinkedIn 5.000 Kontakte. Die Personen, die wir primär ansprechen möchten, arbeiten alle im Bereich Aftermarket und sehen, was wir tun und dass EUROPART gut aufgestellt ist. Alles in allem finden wir derzeit schnell qualifizierte Mitarbeiterinnen und Mitarbeiter, die Lust haben auf ein tolles und bereicherndes Teamwork.

Wie die EUROPART ein hervorragendes Innovationsklima schafft und ihr Personal zum Lächeln bringt, erklärt **Olaf Giesen.**

Prof. Dr. Michael Jacob lehrt und forscht an der Hochschule Kaiserslautern im Fachbereich Betriebswirtschaft und hat vielfältige praktische Erfahrungen, vor allem in der Finanzdienstleistungsbranche. Durch seine frühere Tätigkeit in leitender Funktion bei Price Waterhouse Coopers ist er es gewohnt, Theorie und Praxis integriert zu betrachten. Er forscht fachlich interdisziplinär in den Feldern Digitalisierung und Nachhaltigkeit und berät auch Firmen zu diesen Themenkomplexen.

Digitalisierung und Nachhaltigkeit — Herausforderungen der Zukunft

Die Themen Digitalisierung und Nachhaltigkeit werden die Zukunft der Unternehmen und der Gesellschaft in den nächsten Jahrzehnten prägen – der Mittelstand ist davon nicht ausgenommen. Wenn Firmen die Digitalisierung aktiv angehen wollen, müssen sie also ökonomische, ökologische und soziale Aspekte im Sinne der Nachhaltigkeit berücksichtigen. Nur so wird Innovation in Zukunft gelingen. **Prof. Dr. Michael Jacob** erläutert, wie sich Zielkonflikte zwischen Digitalisierung und Nachhaltigkeit lösen lassen und wie Unternehmen so auch ihrer gesellschaftlichen Verantwortung gerecht werden können.

Bei den Unternehmen gibt es einen Trend zu „Greenwashing“, da immer mehr Konsumenten beim Kauf ein gutes Gewissen haben wollen.

Das Universum mit seinen vielen Galaxien, Sonnensystemen, Planeten und anderen Objekten entstand mit dem sogenannten Urknall und wird je nach Theorie in Milliarden von Jahren untergehen. Ein winziger Bestandteil hiervon ist die Erde, auf der sich im Laufe der Evolution seit kurzer Zeit unsere Menschheit entwickelt hat. Der Mensch ist als Nutzenmaximierer grundsätzlich geprägt durch Wettbewerb und Innovationsfreude und zeichnet sich deshalb durch vielfältige kulturelle und vor allem technische Errungenschaften aus. Eine dieser Errungenschaften ist die Digitalisierung, die kontinuierlich weiter voranschreitet. Gleichzeitig belastet der Mensch mehr und mehr die Natur, sodass Kultur und Natur in einem Wettbewerb zueinander stehen.

Nachhaltigkeit und Zielprioritäten

Nachhaltiges Handeln und Nachhaltigkeit haben sich aus diesem Grund in den vergangenen Jahren zu einem großen Thema, ja zu einem Megatrend entwickelt. Dabei bedeutet Nachhaltigkeit nicht nur die Lösung ökologischer Herausforderungen, sondern wird viel breiter definiert: Nach herrschender Meinung umfasst Nachhaltigkeit drei Sachdimensionen — Ökonomie, Ökologie und Soziales —, die im Sinne einer langfristigen Perspektive zu einem Optimum verbunden werden sollen.

Leider hat sich noch keine einheitliche Definition im Detail durchgesetzt, sodass nicht eindeutig ist, was ökonomische, ökologische und soziale Nachhaltigkeit bedeuten. Auch ist vielen nicht bewusst, dass die drei Teilbereiche keine komplementären Zielsetzungen haben, zwischen ihnen also oft keine Zielneutralität besteht. Vielmehr handelt es sich um konfliktäre Zielsetzungen, die es erfordern, dass das handelnde Wirtschaftssubjekt Priorisierungen vornimmt.

Zum nachhaltigen Handeln sind alle Wirtschaftssubjekte aufgerufen, also private Haushalte, Unternehmen und auch Staaten. Da Wirtschaftssubjekte Nutzenmaximierer sind und aktuell bei den meisten von ihnen der ökonomische Teilbereich die Nutzenfunktion dominiert, wird es ohne Regulierungen und ohne veränderte Wertvorstellungen schwer sein, Entscheider dazu zu bewegen, bei Zielkonflikten die Ökologie oder den Bereich Soziales, zwischen denen ebenfalls Zielkonflikte bestehen können, in den Vordergrund zu stellen.

Konkret auf Unternehmen bezogen, betrachten die Entscheider in unserem derzeit bestehenden Wirtschaftssystem daher ökologische und soziale Nachhaltigkeit meistens als eine ökonomische Investitionsentscheidung: Nur wenn ein positiver Kapitalwert aus dieser Investition zu erwarten ist, wird in ökologische und soziale Maßnahmen investiert. Gleichzeitig gibt es bei den Firmen einen Trend zu „Greenwashing“ oder „Bluewashing“, da immer mehr Konsumenten beim Kauf ein gutes Gewissen haben wollen.

Digitalisierung als Instrument für Nachhaltigkeit

Digitalisierung in ihrer modernen Form ist mit Schlagworten verbunden wie „künstliche Intelligenz“ und „Big Data“, „Augmented und Virtual Reality“ sowie „Cloud-Computing“, „Industrie 4.0“, „3-D-Druck“ und „Metaversum“.

Fest steht, dass die Digitalisierung ein Instrument ist, mit dem Ziele erreicht werden können. Folglich ist nicht auszuschließen, dass sie zu mehr Effektivität und Effizienz in den Bereichen Ökonomie, Ökologie und Soziales beiträgt. Jedoch ist dies nicht zwingend gegeben. Unternehmen sollten deshalb bei größeren Investitionen in Digitalisierung genau überlegen, ob die konkreten Maßnahmen für die drei Teilbereiche der Nachhaltigkeit förderlich sind.

So ist es beispielsweise keine Selbstverständlichkeit, dass ein Digitalisierungsprojekt ökonomisch nachhaltig ist: Wenn sich nach kurzer Zeit herausstellt, dass es sich nur um eine Übergangstechnik oder eine technisch bald veraltete Lösung handelt, wäre die Investition besser nicht getätigt worden. Ebenso kann es passieren, dass das Fehlen einer Gesamtstrategie zur „Wertlosigkeit“ digitaler Investitionen führt, wenn zum Beispiel Geschäftsfelder, die in großem Umfang digital aufgerüstet wurden, bei veränderten Marktbedingungen wieder abgebaut werden müssen.

Auch ökologische Ziele lassen sich durch Digitalisierung in Unternehmen erreichen. So erlaubt es digitale Technik zum Beispiel, ähnlich wie in privaten Haushalten, den Energieverbrauch zu optimieren. Dienstreisen können durch Videokonferenzen ersetzt werden, und Fahrzeuge mit digitaler Technik reduzieren den Verbrauch des Betriebsstoffs. Seit Jahren versuchen Unternehmen, auch ihren Papierverbrauch mit digitaler Technik zu reduzieren. Es gibt jedoch Studien, die die damit erzielte Einsparung von Ressourcen oder Treibhausgasen anzweifeln oder zumindest relativieren. Dies hängt damit zusammen, dass auch die Digitalisierung fixe und variable Ressourcen benötigt, die je nach Bewertung die durch die Digitalisierung erzielte Ersparnis überkompensieren können. Grüne Informationstechnik, Green IT, verbraucht zwar weniger Ressourcen als ihre klassischen Pendants, ob sie jedoch tatsächlich langfristig zu Einsparungen führt, ist nicht eindeutig erwiesen. Außerdem entstehen sogenannte Reboundeffekte, das heißt, dass die mittels Digitalisierung eingesparten Ressourcen anderweitig und auf „schädliche" Weise genutzt werden.

Zudem kann Digitalisierung den sozialen Bereich in Unternehmen positiv und negativ prägen: Nicht nur ältere Mitarbeiter lehnen bestimmte Digitalisierungsmaßnahmen ab, sodass Demotivationseffekte entstehen. Wichtig ist es daher, bei geplanten Digitalisierungsmaßnahmen die Beschäftigten frühzeitig zu involvieren und sie auch in Detailfragen mitentscheiden zu lassen. Nur so lässt sich Akzeptanz erreichen.

„Richtige" Digitalisierung als Beitrag eines Unternehmens für mehr Nachhaltigkeit in der Gesellschaft

Integriert betrachtet, kann sich also Digitalisierung positiv auf die ökonomische, die ökologische und die soziale Nachhaltigkeit auswirken. Dies ist jedoch nicht zwingend der Fall. Unternehmen sollten deshalb vor Beginn größerer Digitalisierungsprojekte eine entsprechende Analyse durchführen. Diese Analyse sollte auch mögliche Zielkonflikte zwischen ökonomischen, ökologischen und sozialen Zielsetzungen herausarbeiten. Wenn dies gelingt, leistet Digitalisierung zumindest für das einzelne Unternehmen einen Beitrag zu mehr Nachhaltigkeit.

Ob über das einzelne Unternehmen hinaus die Beiträge zu mehr Nachhaltigkeit ausreichend sein werden, ist eine andere Frage: Wenn die Zahl der Menschen und das Konsumniveau des einzelnen Menschen weiter ansteigen, wird auch die (digitale) Technik diese Komponenten nicht kompensieren können. Vielmehr wird der Staat mit Verboten, Fördermaßnahmen oder sogar einem veränderten Wirtschaftssystem diese Problematik auch im internationalen Kontext lösen müssen.

Der einzelne Unternehmer und vor allem ein innovativer und agiler Mittelständler kann jedoch mit der richtigen Digitalisierungsstrategie zumindest einen kleinen Beitrag zu mehr Nachhaltigkeit leisten und sich gleichzeitig im Wettbewerb mit internationalen Konzernen gut positionieren. Betrachten Sie Digitalisierung und Nachhaltigkeit nicht getrennt, sondern entwickeln Sie eine integrierte Strategie! Packen Sie es an!

FinanzPortal24 GmbH

Finanzberatung per Autopilot

Seit mehr als 20 Jahren leisten die IT-Entwickler der FinanzPortal24 GmbH Pionierarbeit auf dem Gebiet smarter Finanztechnologien. Inzwischen setzen Tausende Versicherungs- und Anlageberater auf den Onlinefinanzplaner des Unternehmens. Dabei handelt es sich um die erste Software-as a-Service, die sich mittels digitaler Schnittstellen in alle einschlägigen Vertriebsprozesse integrieren lässt. Ihren Wettbewerbsvorsprung halten die Experten auch deshalb, weil sie weitgehend frei von privaten Sorgen und Nöten arbeiten können.

Als Hubertus Schmidt die FinanzPortal24 GmbH gründete, hantierten Finanzberater noch mit Papier und Stift, um Kundendaten zu erfassen und Bedarfsanalysen auszuwerten. Die Firma etablierte sich zunächst als Schmiede für Finanzsoftware, die auf PCs, Notebooks oder Tablets installiert wurde. Ein Innovationssprung gelang 2019, als die Entwickler ihr Sortiment vollständig digitalisiert als Software-as-a-Service in der Microsoft-Cloud verankerten. Lizenznehmer können mit den Tools, die auf der Plattform „FinanzPlaner Online" verfügbar sind, individuelle Beratungswelten konfigurieren, einschließlich eines Selbstchecks für die Endkunden. Damit schaffen die Versicherungs- und Anlageberater DIN-konforme Beratungsprozesse und können sich voll und ganz auf ihre Vermittlungstätigkeit konzentrieren.

Innovationsförderndes Top-Management

Hubertus Schmidt leitet das 21-köpfige Unternehmen gemeinsam mit einer Prokuristin und einem Prokuristen. Das Führungstrio widmet fast zwei Drittel seiner Arbeitszeit Projekten mit Innovationsbezug und investierte 2021 die stolze Summe von 800.000 Euro in die Produktentwicklungen. 2018 eröffnete der mittelständische Betrieb einen zweiten Entwicklungsstandort in Marburg. „In der Universitätsstadt sind wir präsent, um dem Mangel an IT-Fachkräften in Nordrhein-Westfalen zu begegnen", erklärt Schmidt. „Unsere dortigen Entwickler arbeiten bis hin zur Einstellung neuen Personals weitgehend autark, sie sind aber über tägliche und wöchentliche Scrum-Meetings eng bei uns eingebunden."

Familienfreundlich mit Brief und Siegel

Als erstes Unternehmen in der Region Burbach erhielt FinanzPortal24 im Jahr 2022 ein Zertifikat als familienfreundlicher Betrieb. Das Kuratorium der Competentia NRW würdigte, dass die Belegschaft vielfältige Unterstützung bei der Verwirklichung privater oder familiärer Lebensziele und handfeste Hilfe in Notlagen erhält – auch finanzieller Art. „Bei uns muss sich niemand um seinen Arbeitsplatz sorgen, wenn er mal in persönliche Turbulenzen gerät", betont Schmidt. „Dies macht sich letztlich bezahlt, denn nur ein unbelasteter Verstand bringt innovative Ideen hervor."

FinanzPortal24 GmbH
57299 Burbach
www.finanzportal24.de
Beschäftigte (D): bis 50
IT-Entwicklung/-Beratung

Geschäftsführer
Hubertus Schmidt

Die Follmann Chemie GmbH entwickelt, produziert und vertreibt Spezialchemikalien für die verarbeitende Industrie sowie Abdichtungssysteme und Markierungswerkstoffe für das Baugewerbe.

Follmann Chemie Gruppe

Ein modernes Zentrum für Technologie und Wissen

Ein Chemieunternehmen in dritter Generation, das unterschiedliche Segmente bedient und in seinen Nischen zum Teil führend ist: Die Follmann Chemie Gruppe in Minden in Nordrhein-Westfalen hat allen Grund, auf das Erreichte stolz zu sein. Doch das Top-Management, darunter auch Dr. Henrik Follmann, der Enkel des Firmengründers, weiß genau, dass nichts so beständig ist wie der Wandel. Permanente Transformation, die das Unternehmen digitaler und nachhaltiger ausrichtet, steht deshalb ganz oben auf seiner Agenda.

Die Firmengruppe besteht aus insgesamt drei Unternehmen. Produktion, Verwaltung, Einkauf, Recruiting, Buchhaltung – um all das kümmert sich die Follmann Chemie. Die Produkte des mittelständischen Unternehmens, die von wässrigen Druckfarben über Tapetendekorationen und Fahrbahnmarkierungen bis zu Mikroverkapselungen reichen, werden von zwei Vertriebsgesellschaften weltweit vermarktet: Die Firma Follmann bietet ein breites Sortimentspotpourri – die Firma Triflex vertreibt Abdichtungs- und Beschichtungsprodukte für den Baubereich.

Klares Bekenntnis zum Standort Deutschland

Mit dieser Struktur ist das beständig wachsende Familienunternehmen schlagkräftig aufgestellt und kann sich flexibel und erfolgreich auf zukünftige Herausforderungen einstellen – zumal sich das Top-Management aller drei Firmen intensiv dem Thema Transformation verschrieben hat. Hinzu kommt, dass sich der Mittelständler klar zum Produktionsstandort Deutschland bekennt und kontinuierlich in neue Fertigungstechnologien, Lagerlogistik und Technologiezentren investiert. Allein am Standort Minden hat man dafür in den vergangenen zehn Jahren mehr als 180 Mio. Euro in die Hand genommen.

Gleichbleibende Qualität durch digitale Prozesse

Diese Investitionen flossen in modernere Gebäude und in die Verbesserung der Produktionsprozesse. So werden seit fünf Jahren alle Bauchemieprodukte in einem neu errichteten Fabrikgebäude hergestellt, welches mit modernster Prozessleittechnik ausgestattet ist. „Auf diese Weise werden menschliche Eingriffe reduziert und somit auch Fehler minimiert, sodass wir unseren Kunden stets einen gleichbleibenden Qualitätsstandard auf höchstem Niveau bieten können", sagt der Geschäftsführer Dr. Henrik Follmann. Allein 15 Mio. Euro investierte die Geschäftsleitung in ein neues Technologie- und Wissenszentrum, das 2022 in Betrieb ging. Dort werden nun Theorie- und Praxisschulungen durchgeführt. Diese Zukunftsinvestitionen zeigen: Das Top-Management ruht sich nicht auf den Erfolgen der Vergangenheit aus, sondern investiert kontinuierlich in die Transformation und den Wandel.

Follmann Chemie Gruppe
32423 Minden
www.follmann-chemie.de
Beschäftigte (D): über 200
Chemie/Kunststoff

Geschäftsführer
Dr. Henrik Follmann

TOP 100

FROLI GmbH & Co. KG

★★★★

Exzellenz in Kunststoff

Erfindergeist zieht sich wie ein roter Faden durch die 60-jährige Geschichte der FROLI GmbH & Co. KG. Die Kernkompetenz des im Kreis Gütersloh ansässigen Mittelständlers liegt in der Entwicklung und der Fertigung hochwertiger Produkte aus Kunststoff. Mehr als 150 Patente und Schutzrechte sprechen für die Innovationskraft des Familienbetriebs, dessen Top-Management gemeinsam mit der 270-köpfigen Belegschaft kontinuierlich neue Wege beschreitet.

Den Grundstein des Familienbetriebs legte Heinrich Fromme, der als „Daniel Düsentrieb der Kunststoffbranche" galt. Er meldete ab 1962 erste Patente zur Herstellung von Kunststofffenstern sowie für Kunststoffoberflächen in Holz- und Lederoptik an. Seit 1998 leiten seine Tochter Dr. Margret Fromme-Ruthmann und Peter Liebing das Unternehmen in der zweiten Generation. Bei FROLI entstehen innovative Montageprodukte für die Büro-, Schlafmöbel-, Reha-, Sonderfahrzeug- und Caravan-Industrie in Spritzguss-, Tiefzieh- und Polyurethanschaum-Verfahren – und zwar von der Idee über den Werkzeug- und Formenbau bis zur Serienreife.

Fortschrittliche Führung

„Wir sind auch Experten für Holzbearbeitung, Polsterei, Näherei und Montage", erläutert die Inhaberin Margret Fromme-Ruthmann nicht ohne Stolz. „Innovation ist eine tragende Säule der Unternehmensphilosophie, und unsere Qualitäts-, Nachhaltigkeits- und Energiemanagementsysteme erfüllen höchste Standards." Bei FROLI achtet man auf ressourcenschonende Materialeigenschaften und Fertigungsprozesse. Zudem strebt das Top-Management danach, alle Produkte einer zirkulären Wertschöpfung zuzuführen. Der Geschäftsführer Peter Liebing ergänzt: „Unser Verständnis von Nachhaltigkeit beinhaltet verantwortungsbewusstes Handeln in Bezug auf Ökonomie, Ökologie und Corporate Social Responsibility. Intern fördern wir ein offenes, vertrauensvolles Miteinander in der Kommunikation und beim stetigen gemeinsamen Lernen."

In die Zukunft investieren

2021 und 2022 wendete die Geschäftsführung jeweils rund 3 Mio. Euro für Projekte mit Innovationsbezug auf. Ein wesentlicher Teil dieser Mittel floss in moderne Lager- und Logistiksysteme, die sich rasch bezahlt machten, weil sie die Abläufe deutlich beschleunigten. „Optimierte Fertigungslayouts und neue Anlagen senken unseren Energie- und Materialverbrauch signifikant", betonen Fromme-Ruthmann und Liebing. „Und unsere Investitionen in Recycling- und Kreislaufprozesse stellen sicher, dass wir ein auf der Höhe der Zeit agierendes, kunststoffverarbeitendes Unternehmen sind und bleiben."

FROLI GmbH & Co. KG
33758 Schloß Holte-Stukenbrock
www.froli.com
Beschäftigte (D): über 200
Chemie/Kunststoff

Geschäftsführer
Dr. Margret Fromme-Ruthmann
und Peter Liebing

fsk industries GmbH & Co. KG

Programmieren smart gelöst

Cobots sind kollaborative Roboter, die sich im Gegensatz zu herkömmlichen Industrierobotern den Arbeitsbereich mit den Beschäftigten in Fertigungsunternehmen ohne trennende Schutzeinrichtung teilen. Die fsk industries GmbH & Co. KG hat es sich zur Aufgabe gemacht, smarte Software- und Hardwarelösungen für Cobots zu entwickeln, mit denen die Kunden ihre Produktionsanlagen ohne Programmierkenntnisse automatisieren können. Das noch junge Unternehmen in Gummersbach kann bereits auf mehrere Innovationserfolge verweisen.

Erst seit fünf Jahren sind die Automatisierungsexperten am Markt, und schon sind sie in aller Munde, wenn es um das Thema Cobots geht. Mit Funktionen für das Schweißen haben sie seinerzeit begonnen. „Mittlerweile haben wir unseren ‚Werkzeugkoffer' für andere Funktionen erweitert, etwa für das Schleifen, das Schrauben und das Handling von Fertigungsteilen", sagt der Geschäftsführer Nils Kühle, der das Start-up 2017 mit Christian Sühwold gegründet hat. Das Besondere an ihrer Plattform mit dem Namen „SmartCell": Die unterschiedlichen Applikationen ähneln sich in der Ansicht und auch in der Bedienung, sodass der Anwender sich schnell damit zurechtfindet.

Zusammenarbeit mit Branchenführer

Zu den Innovationserfolgen des jungen Unternehmens gehört außerdem ein ergonomisches Griffstück, das die Bedienbarkeit des Cobots wesentlich verbessert, beschleunigt und auch vereinfacht. Mit nur drei Tasten kann der Roboter und seine Software intuitiv bedient werden. Zum schnellen Erfolg der Firma trägt unter anderem die erfolgreiche Zusammenarbeit mit Universal Robots bei, dem weltweit größten Hersteller von kollaborierenden Robotern. Als zertifizierter Partner des Konzerns erhält die fsk industries Beta-Versionen der Roboter zum Testen und tauscht sich mit den Entwicklungsabteilungen in den USA und Dänemark aus.

Virtual Reality für realistische Einblicke

Die Kunden des Mittelständlers kommen vornehmlich aus der Metall verarbeitenden Branche. Damit sie sich vorstellen können, wie die Cobots im Zusammenspiel mit der Software funktionieren, arbeitet die fsk industries bevorzugt mit Virtual Reality, kurz VR. Jedes Konzept wird zunächst mit einer Simulationssoftware in 3-D erstellt, sodass die Kunden die Funktionen über eine VR-Brille so realistisch wie möglich erleben können. Und auch die Konstrukteure nutzen häufig diese Technologie, um sich die Anwendung des Cobots im späteren Einsatzgebiet genauer vorstellen zu können. „Das Ziel unserer Arbeit ist es, dass Anwender keine Berührungsängste vor der Technik haben, mit der sie täglich zu tun haben" fügt der Geschäftsführer Christian Sühwold abschließend hinzu.

fsk industries GmbH & Co. KG
51647 Gummersbach
https://fsk-industries.de/
Beschäftigte (D): bis 50
Anlagen-/Maschinenbau

Geschäftsführer
Christian Sühwold
und Nils Kühle

fsk industries ist ein Komplettanbieter von anspruchsvollem Maschinenbau mit einem großen Anteil Softwareentwicklung sowie von richtungsweisender Automatisierungstechnik.

Gebr. Brasseler GmbH & Co. KG

★★

In aller Munde

Wenn in Zahnarztpraxen behandelt wird, stammen die Instrumente dafür höchstwahrscheinlich von der Gebr. Brasseler GmbH & Co. KG. Sie ist das zweitgrößte deutsche Dentalunternehmen in Familienhand und verfügt über eines der weltweit breitesten Produktportfolios für die klassische Zahnmedizin und die Wurzelbehandlung. Zudem liefert sie Produkte an Medizintechnikfirmen, die das Gebiet Knochenchirurgie und dentale Implantologie abdecken. Mit ihrem klaren Innovationsprozess haben die Spezialisten ihre Produktion auf ein neues Level gehoben.

„Wir verfügen über einen großen Pool an Ingenieuren für die Fertigungstechnologie", erzählt Stephan Köhler, der Sprecher der Geschäftsführung. „Dieses Know-how haben wir genutzt, um unsere Produktion digital aufzustellen." In Weiterbildungen haben sich die Fertigungsexperten Kenntnisse in Sachen Digitalisierung angeeignet. Zurück im Unternehmen, hat man dann Konzepte entwickelt, wie die Transformation erfolgen kann. „Dabei setze ich darauf, dass der Prozess mit Blick auf festgelegte Ziele und mit einem hohen Maß an Selbstorganisation abläuft", sagt Köhler.

Partnerschaftlicher Austausch

Über einen Softwarepartner aus dem regionalen Netzwerk hat man anschließend das nötige IT-Wissen für Machine-Learning ins Unternehmen geholt. Auch mit einigen ihrer Lieferanten pflegen die Werkzeugbauer enge Partnerschaften, in denen man sich gegenseitig Anregungen gibt. Auch Leitmessen weltweit sind wichtige Impulsgeber. Medizintechnikfirmen, die Gebr. Brasseler beliefert, werden ebenfalls in den Innovationsprozess einbezogen – schließlich legen sie die Anforderungen an die neuen Produkte fest. Nicht zuletzt arbeitet man mit technischen Hochschulen aus der Region zusammen. „Wir haben uns bewusst nach außen geöffnet, weil wir wissen, dass wir nicht alles selbst machen können", betont Stephan Köhler.

Daten sammeln zur Verbesserung

Die neuen Produktionsprozesse können sich sehen lassen: Der interne Maschinenbau hat das Design und den Bau eigener Fertigungsmittel übernommen, deren Kinematik auf die Größe der zu fertigenden Produkte angepasst ist. Ein Großteil der Maschinen an den Produktionsstandorten wurden miteinander vernetzt, sie sammeln nun in Echtzeit Daten. Dadurch können zum Beispiel Verschleiß und Anomalien erkannt werden – und in ersten Produktionslinien werden autonom Korrekturen im laufenden Prozess vorgenommen. So ist es möglich, komplette Schichten, etwa nachts oder am Wochenende, ohne Personalbetreuung zu fahren. Die Durchlaufzeit, die Herstellungskosten und die Qualitätskosten konnten zudem erheblich gesenkt werden. Brasseler, das bedeutet: „100 years of preparation for tomorrow."

Gebr. Brasseler GmbH & Co. KG
32657 Lemgo
www.brasseler.de
Beschäftigte (D): über 200
Medizintechnik

Sprecher der Geschäftsführung
Stephan Köhler

GKD — Gebr. Kufferath AG

Für eine gesunde, saubere und sichere Welt

Seit beinahe 100 Jahren fertigt die GKD – Gebr. Kufferath AG Gewebe aus Metall- und Kunststoffdrähten sowie aus technischen Fasern. Aus den Materialien produziert sie anschließend industrielle Filtergewebe, Prozessbänder und Architekturgewebe. In vielen Märkten ist der familiengeführte Mittelständler mit Stammsitz in Düren Weltmarktführer. Innovationserfolge kann er sowohl bei seinen Produkten als auch intern bei seinen angewandten Verfahren verzeichnen.

„Wir wollen unseren Beitrag dazu leisten, die Welt gesünder, sauberer und sicherer zu machen", sagt der Vorstand Dr. Stephan Kufferath und beschreibt damit die Vision seines Unternehmens. Vor allem in Zukunftsbereichen, zum Beispiel grüner Wasserstoff, E-Mobilität oder Mikroplastikfiltration, will die GKD mit ihren Produkten ganz vorn dabei sein. Deshalb lautet die Innovationsstrategie des Unternehmens: „Wenn wir in einer Branche nicht die Nummer eins oder die Nummer zwei sein können, widmen wir uns anderen, vielversprechenderen Bereichen."

Transformation für mehr Innovation

Zu den wichtigsten Produktinnovationen des Unternehmens gehört die Entwicklung eines speziellen thermischen Prozesses, der das Glühen und das Schneiden der oftmals sehr feinen Drähte optimiert. Diese Drähte werden zum Beispiel im Flugzeugbau zur Abschirmung elektromagnetischer Strahlungen eingesetzt. Eine Verfahrensinnovation ist vor allem die Digitalisierung der Weberei, die jetzt weitestgehend automatisiert läuft. Insgesamt stehen bei GKD die Digitalisierung und die Transformation der gesamten Gruppe im Fokus der Geschäftstätigkeit. „Unser Ziel ist es, global zu wachsen, die Qualität der Arbeit global zu sichern sowie die Nachhaltigkeit und die Innovationskraft des Unternehmens zu forcieren", erläutert Lara Kufferath, die 2021 in der vierten Generation in den Vorstand eingetreten ist. Aktuell geht es darum, die sieben Produktionsstandorte weltweit und die mehr als 900 Mitarbeitenden besser zu vernetzen, sowohl technisch als auch in der globalen Zusammenarbeit.

Vorträge auf Fachkongressen

Quellen für neue Produktideen sind die Unternehmen, die nach Lösungen für ihre Probleme suchen. In ihren Märkten ist GKD nämlich bestens bekannt, sodass regelmäßig Anfragen eingehen. Auf bedeutenden Fachkongressen halten die Spezialisten zudem wissenschaftliche Vorträge, die ihre Expertise unterstreichen. Des Weiteren profitiert der Mittelständler von seiner Lage: Man arbeitet eng mit der RWTH Aachen und dem Forschungszentrum Jülich zusammen und entwickelt gemeinsam neue Ideen.

GKD — Gebr. Kufferath AG
52353 Düren
www.gkd-group.com
Beschäftigte (D): über 200
Metallverarbeitung

Die Vorstände

TOP 100

TOP 100
TOP 100
TOP 100
TOP 100
TOP 100
TOP 100
TOP 100
TOP 100
TOP 100
TOP 100
TOP 100
TOP 100
TOP 100
TOP 100
TOP 100
TOP 100
TOP 100

GLOBE UAV GmbH

Drohnen für den schnellen Einsatz

Drohnen sind von Natur aus schneller als Fahrzeuge auf der Straße, da sie in der Regel per Luftlinie den direkten Weg nehmen. Das macht sie zur idealen Wahl in Situationen, in denen schnelle Reaktionszeiten gefragt sind. Die Globe UAV GmbH bietet Drohnenkomplettsysteme an und hat bereits vor zehn Jahren damit begonnen, unbemannte Fluggeräte über das mobile Internet zu steuern. Seitdem hat der Mittelständler zahlreiche weitere innovative Ideen erfolgreich realisiert.

Die Drohnen von Globe UAV können in verschiedenen Szenarien eingesetzt werden, zum Beispiel bei Unfällen, Alarmen auf Firmengeländen oder bei der schnellen Lieferung von Defibrillatoren an Patienten mit Herzstillstand. Sowohl Polizei und Feuerwehr als auch Krankenhäuser und Industrieunternehmen nutzen deshalb die Systeme des Mittelständlers. Bei einem Notfall fliegt die Drohne automatisiert aus ihrem Drohnenport zum Einsatzort. Da die Steuerung über das mobile Internet erfolgt, kann das Fluggerät von jedem beliebigen Ort aus gesteuert werden.

Unnötigen Ballast abwerfen

Um eine schnelle Reaktionszeit zu gewährleisten, entwickelten die Experten ein Drohnensystem, über deren Software entschieden werden kann, was transportiert werden soll. Die Fluggeräte stehen in ihren Skyports voll ausgestattet, zum Beispiel mit Defibrillator, Medipack und Rettungsweste, und werfen vor dem Start alles ab, was nicht benötigt wird. So wird das Einsatzspektrum erweitert, aber eben nicht jedes Mal unnötig viel Gewicht mitgeschleppt. Die Globe UAV erhielt als erstes europäisches Unternehmen die Betriebsgenehmigung des Luftfahrtbundesamtes, Einsätze von Drohnen außerhalb der Sichtweite auch über bewohntem Gebiet fliegen zu dürfen. Seitdem sind zahlreiche Projekte in Vorbereitung und die Drohnen künftig noch häufiger im Einsatz.

Anders als andere

Im Gegensatz zu anderen Unternehmen besteht die Innovationsstrategie des nordrhein-westfälischen Mittelständlers aus Softwareentwicklungen, die den Fluggeräten neue Funktionalitäten verleihen. Jörg Brinkmeyer ist der Geschäftsführer des neunköpfigen Teams und gleichzeitig der treibende Kopf hinter neuen Ideen und Impulsen. Als Informatiker hat er immer wieder frische Einfälle, wie die Software noch weiter optimiert und verbessert werden kann. Auch die Hardware, also die Drohnen selbst, wird im eigenen Haus entwickelt. Brinkmeyers Innovationsstrategie lautet: „Wir machen nicht das, was andere machen, sondern wir wollen immer vorneweg schwimmen.“ Oder in diesem Fall: vorneweg fliegen.

GLOBE UAV GmbH
33129 Delbrück
www.g-uav.com
Beschäftigte (D): bis 50
Luft-/Raumfahrt

Geschäftsführer
Jörg Brinkmeyer

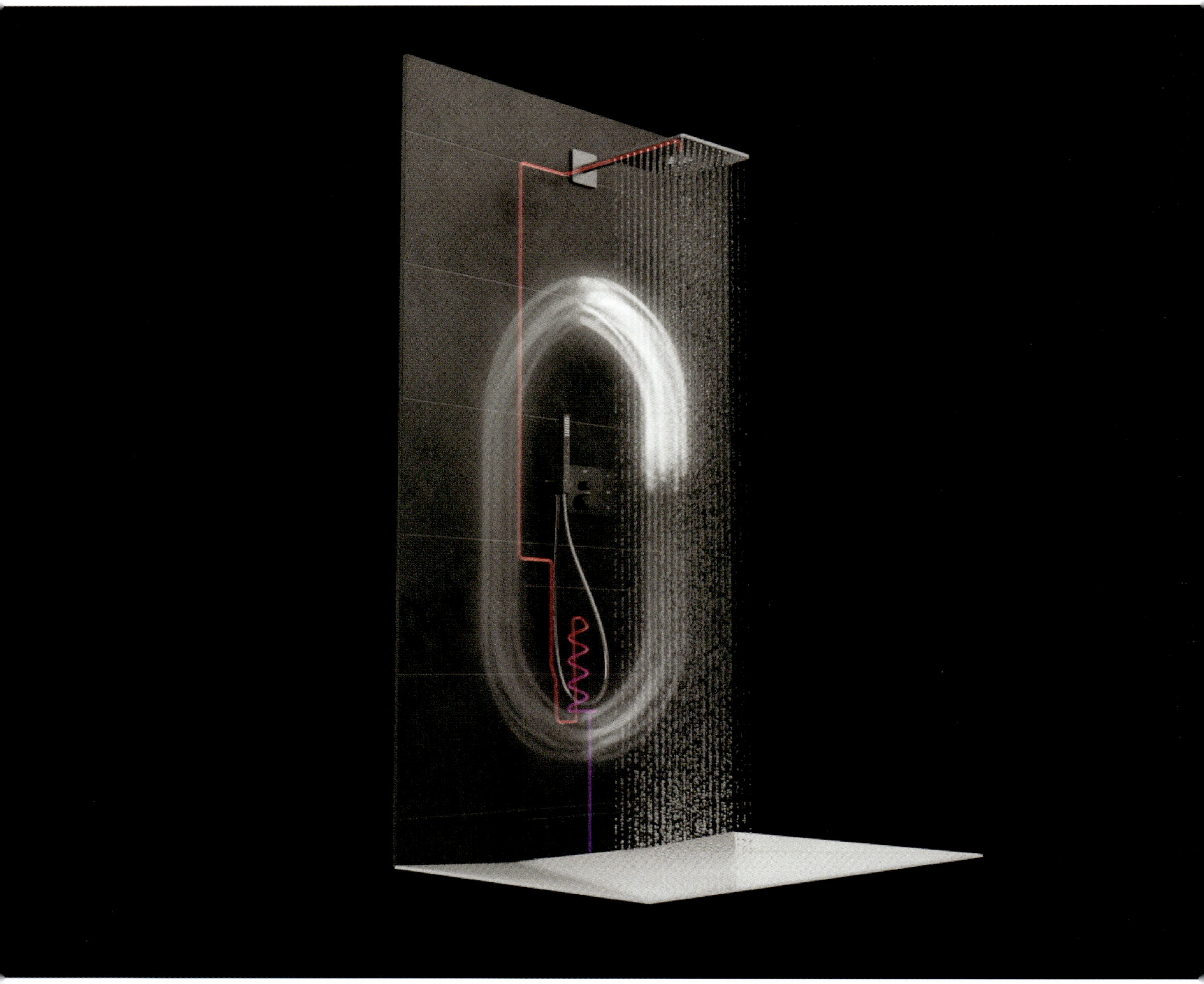

GROHE ist eine führende globale Marke für ganzheitliche Badlösungen und Küchenarmaturen. Das Duschsystem „Everstream“, das aktuell entwickelt wird, soll sowohl viel Wasser als auch Energie sparen.

Grohe AG

★★★★★

Experimentelles Arbeiten im Inkubator

Mit ihren ganzheitlichen Lösungen rund um das Bad und die Küchenspüle hat sich die Grohe AG einen Namen gemacht. Das Ziel des Unternehmens, das zur internationalen LIXIL Corporation gehört, ist es, nur Produkte auf den Markt zu bringen, die das Leben der Konsumenten verbessern. Mittels eines neuen agilen Innovationsprozesses sollen wichtige Trends der Zukunft bei den Produktentwicklungen noch mehr im Fokus stehen: etwa Nachhaltigkeit, Urbanisierung und das persönliche Wohlbefinden.

„Wasserknappheit betrifft uns alle, und so liegt es in unserer Verantwortung als Anbieter von Wassertechnologie, Produkte zu entwickeln, die einen positiven Unterschied bewirken", erläutert der Vorstand Jonas Brennwald. Ein Beispiel für ein solches Produkt: Mit einem neuartigen Duschsystem sollen die Verbraucher im Vergleich zu einer herkömmlichen Dusche in Zukunft ein Viertel Wasser sowie zwei Drittel Energie sparen können. Der Prozess zur Entwicklung dieser Innovation verläuft über eine ganz neue Art von agiler Zusammenarbeit.

Crossfunktionales Team

„Mit flachen Hierarchien und einem agilen, funktionsübergreifenden Team haben wir ein Inkubatorsystem aufgebaut", erklärt Jonas Brennwald. Sechs Mitarbeiter aus dem Produktmanagement, dem Design und der Entwicklung sind ausschließlich für das Innovationsprojekt eingeplant und arbeiten räumlich gemeinsam nur an der einen Idee. So näherte man sich dem Thema experimentell an. Zahlreiche Konzepte wurden erarbeitet und immer wieder in einer eigenen Kleinwerkstatt aufs Neue aufgebaut und erprobt. Alle zwei Monate hat das Team dem Vorstand die Projektfortschritte vorgestellt und mit ihm die nächsten Schritte vereinbart. Die Erfahrungen aus dem Pilotprojekt sollen nun auch in weitere Inkubatoren für Zukunftsprojekte einfließen.

Budget für gute Ideen

Alle Verbesserungsvorschläge und neuen Ideen fließen bei Grohe in einen Ideenpool ein, der von einem Innovationskoordinator betreut wird. Wenn die Ideen einen gewissen Reifegrad erreicht haben, gibt es im Hause ein zusätzliches Budget, um die Entwicklungen voranzutreiben. Bei alledem hat man stets auch den Fachkräftemangel in der Sanitätsbranche im Blick: „Alle unsere Produkte müssen qualitativ einwandfrei sowie einfach und zeiteffektiv verbaut werden können, damit Handwerker möglichst wenig Aufwand mit ihnen haben", erläutert Jonas Brennwald. Bei diesem erfolgreichen Mittelständler werden also Neuerungen konsequent bis zu Ende gedacht.

Grohe AG
40545 Düsseldorf
www.grohe-x.com
Beschäftigte (D): über 200
Klima/Sanitär/Heizung

Vorstand
Jonas Brennwald

Hellweg Maschinenbau entwickelt und produziert Zerkleinerungsmaschinen für die Kunststoffindustrie. Dazu gehören vor allem Schneidmühlen wie die „MDSi 230/150 Smart Control“.

Hellweg Maschinenbau GmbH & Co. KG

Wichtiger Baustein in der Recyclingkette

Der European Green Deal und die damit zusammenhängende Diskussion um die Wiederverwertung von Plastik spielt der Hellweg Maschinenbau GmbH & Co. KG optimal in die Karten: Der Mittelständler mit Sitz in Roetgen in der Eifel hat sich seit 1998 als Hersteller von Kunststoffzerkleinerungsmaschinen etabliert. Seine digitalisierten Schneidmühlen spielen eine wichtige Rolle in der Recyclingkette. Die Geschäftsführung sieht sich als Innovationstreiber und schafft ein begeisterndes Innovationsklima im Unternehmen.

Mark Hellweg leitet die Maschinenbaufirma in der zweiten Generation und beschäftigt aktuell 17 Mitarbeiter. Mit seinen Produkten will er die Branche revolutionieren. Auf das Thema Energiesparen hat man im Haus schon immer viel Wert gelegt. Ein neues digitales Antriebssystem sorgt nun dafür, dass der Mittelständler 75 % besser ist als der Wettbewerb – ein Vorsprung, den Mark Hellweg sich nicht nehmen lassen will.

KI ist die Zukunft

Die Software, die für die Digitalisierung der Schneidmühle „MDSi 230/150" nötig war, hat das Unternehmen allein entwickelt und mit einem Partner realisiert und optimiert. Eine neue Smart-Control-Steuerung mit einem intuitiven Interface bewirkt jetzt noch mehr Sicherheit und Benutzerfreundlichkeit. Zwei Hochschulen haben schon Maschinen gekauft und untersuchen eingehend die eingesetzten Technologien. Sie wollen prüfen, wie unter Umständen künftig künstliche Intelligenz integriert werden kann. Hellweg setzt auf die Zukunft, indem er Trends beobachtet und überlegt, ob und welchen Einfluss sie auf sein Business haben werden. Der Geschäftsführer sieht sich dabei als Innovationstreiber, der die Ideen in seinem Kopf so aufbereiten muss, dass sein Team Lust darauf hat, sie zu verwirklichen.

Mitarbeiter erarbeiten den Weg zum Ziel

„Für die Realisierung gebe ich meistens einen groben Weg vor und lasse dann meine Mitarbeiter unterschiedliche Herangehensweisen entwickeln", erläutert der Geschäftsführer. Dafür schafft er geistige und zeitliche Freiräume, in denen die konkrete Vorgehensweise geplant werden kann. Gemeinsam bespricht man im Anschluss, welches der beste Weg zum Ziel ist. Dabei wird ganz offen miteinander umgegangen. „Bei uns wissen alle, dass es um das große Ganze geht. Daher ist niemand beleidigt, wenn der Vorschlag eines Kollegen angenommen wurde und nicht der eigene." Mark Hellweg hat einen Traum: „Ich will, dass wir der beste Schneidmaschinenhersteller der Welt werden", sagt er. Die Technologieführerschaft haben er und sein Team ja bereits übernommen.

Hellweg Maschinenbau GmbH & Co. KG
52159 Roetgen
www.hellweg-granulators.com
Beschäftigte (D): bis 50
Anlagen-/Maschinenbau

Geschäftsführer
Mark Hellweg

IDEAL-Werk C. + E. Jungeblodt GmbH + Co. KG

Effizient, digital und nachhaltig

Handwerker brauchen sie ebenso wie Industriefirmen: die Widerstandsschweißmaschinen der IDEAL-Werk C. + E. Jungeblodt GmbH + Co. KG. Sie sind vielseitig einsetzbar, sei es für das Verbinden von Draht oder für die Herstellung von Blechprodukten. Seit 100 Jahren ist das Unternehmen in Familienbesitz, anfangs wurden in einer Garage Lötapparate gefertigt. Bis heute beweisen die mittlerweile 180 Beschäftigten, dass immer wieder neue Innovationserfolge möglich sind.

Eine Innovation muss nicht immer gleich die komplette Neuentwicklung einer Maschine sein. „Auch die Weiterentwicklung einer bestehenden Maschinengeneration kann für den Kunden ein bahnbrechendes Novum sein“, erklärt die Geschäftsführerin Katrin Goldhahn. Sie nennt drei Felder, bei denen man in ihrem Maschinenbauunternehmen ein ganz besonderes Augenmerk auf Innovationen legt: Effizienz, Digitalisierung und Nachhaltigkeit.

Vernetzte Maschinen

Ein Beispiel für eine Innovation, die Fertigungsprozesse effizienter macht, ist eine leistungsstärkere Gitteranlage. Diese Anlage konnte so angepasst werden, dass die Gitterstäbe, die zum Beispiel zu Gitterzäunen verarbeitet werden, viel schneller in die Maschine transportiert werden als bisher. Im Bereich Digitalisierung haben sich diese Maschinenbauspezialisten dem Thema Industrie 4.0 gewidmet: Alle beim Kunden eingesetzten Maschinen können jetzt vernetzt werden, was zu einem hohen Automatisierungsgrad führt. Gerade zu Covidzeiten, bei denen es in den Fabriken an Personal fehlte, war dies weltweit eine gefragte Funktion. Als Beispiel für eine nachhaltige Innovation nennt Goldhahn den Wechsel von pneumatischen Antrieben zu Motorantrieben. Denn die brauchen weit weniger Schmiermittel und sind daher umweltfreundlicher.

Ausgewählter Kundenkreis

„Viele Anregungen zu Neuerungen kommen von unseren Kunden, die höhere technische Anforderungen an das Schweißen stellen“, erläutert die Geschäftsführerin. Intern wird dann geprüft, ob eine Neuentwicklung auch für andere Kunden einsetzbar wäre. Ist dies der Fall, beginnt der Entwicklungsprozess – vom Bau über diverse Tests bis zur Vermarktung. „Etwas anders läuft es bei unseren Innovationen im Bereich Digitalisierung“, erklärt Katrin Goldhahn. Hier definiert man bestimmte Standards, die dann nur bei einem ausgewählten Kundenkreis angewendet werden. Die Produktmanager der vier Produktbereiche sind dafür verantwortlich, dass keine gute Idee verloren geht, und setzen dann zur richtigen Zeit die richtigen Impulse für Neuentwicklungen.

IDEAL-Werk C. + E. Jungeblodt GmbH + Co. KG
59557 Lippstadt
www.ideal-werk.com
Beschäftigte (D): 51 bis 200
Anlagen-/Maschinenbau

Geschäftsführerin
Katrin Goldhahn

Ingpuls GmbH

★★★

Wenn sich Metalle erinnern

Können sich Metalle erinnern? Eigentlich nicht. Die Werkstoffexperten der Ingpuls GmbH sehen das jedoch anders: Sie entwickeln und produzieren sogenannte Formgedächtnis-Legierungen, kurz FGL, zum Beispiel Nickel-Titan-Legierungen. Diese FGL können sich nach einer Verformung in ihre ursprüngliche Form zurückverwandeln. Die Ausgangsform wird dabei vorab durch einen Glühprozess fest eingeprägt. Der Innovationserfolg des Unternehmens mit Sitz in Bochum wird durch seine strategische Außenorientierung beflügelt.

Der Einsatz von Formgedächtnis-Legierungen hat sich vor allem im Automotivebereich etabliert, und zwar beim Thermomanagement. „FGL fungieren dabei als energieautarkes und schnell schaltendes Thermostatventil mit sehr hohen Betriebszyklen", erläutert der Geschäftsführer Dr. Christian Großmann. Der heute 40-Jährige gründete das Unternehmen 2009 gemeinsam mit anderen Materialwissenschaftlern während ihrer Promotion an der Bochumer Universität. Beliefert werden neben der Automobilbranche auch die Medizintechnik- und die Haushaltsgeräteindustrie.

Besser als der Standard

„Kein Werkstoff ist perfekt", sagt der Geschäftsführer und fügt mit einem Augenzwinkern hinzu: „Unsere Werkstoffe sind aber perfekter als andere." Ein voller Erfolg für die Firma ist, dass ihre Produkte bestimmte Standardtechnologien hinter sich lassen konnten. So heben sich die FGL-Komponenten stets durch ihren „Leichtbau" hervor, da sie viele Funktionen in sich vereinen, die sonst durch schwerere zusätzliche Peripherie, beispielsweise Bauraum und Gewicht, ersetzt werden müssten. Wie gut die innovativen Produkte bei den Kunden ankommen, zeigt der immense Auftragseingang der vergangenen Jahre. Die Auftragsbücher sind bis 2030 prall gefüllt. „Vor allem in der Automobilbranche und in der Medizintechnik besteht eine extrem hohe Nachfrage, sowohl hierzulande als auch international", unterstreicht Christian Großmann. Das bedeutet für den Mittelständler, dass er in absehbarer Zeit neue Produktionsstandorte errichten muss und wird.

Große Schritte durch Kooperation

Das enorme Wachstum des Unternehmens ist nicht zuletzt auf die fruchtbare Zusammenarbeit mit großen Partnern zurückzuführen. So hat man 2022 ein Joint Venture mit einem weltweit führenden Anbieter von fortschrittlichen Engineering- und Fertigungstechnologien für die Medizintechnik gegründet. Auf diesem Wege will der Mittelständler hochwertige Nickel-Titan-Legierungen für die Medizintechnikindustrie entwickeln und produzieren – ein gutes Beispiel also dafür, wie die hervorragende strategische Außenorientierung der Ingpuls GmbH funktioniert.

Ingpuls GmbH
44894 Bochum
www.ingpuls.de
Beschäftigte (D): bis 50
Automobilzulieferer/
Fahrzeugbau

Geschäftsführer
Dr. Christian Großmann,
Dr. André Kortmann
und Dr. Burkhard Maaß

ins-pi GmbH

★★

Mit der inneren Haltung überzeugen

Die digitale Transformation erfordert Veränderungen – nicht nur bei der Technologie, auch bei den Menschen. Das Innovationsklima der ins-pi GmbH ist auch deshalb so gut, weil kreative Ideen in lockerer Atmosphäre gedeihen können. Vertrauen und Teamwork sind dabei wichtige Säulen der Kölner Softwaremanufaktur, von denen auch die Kunden profitieren. Der Innovationserfolg des nordrhein-westfälischen Mittelständlers beruht nicht zuletzt auf der vertrauensvollen Zusammenarbeit – mit Auftraggebern und auch im eigenen Unternehmen.

„Klaus und ich bezeichnen uns selbst nicht als Chefs, sondern als Seniorpartner", erzählt Kadir Özbayram, der gemeinsam mit Klaus Isenbecker als Geschäftsführer die Geschicke der Firma leitet. Was er damit sagen will: In der Firma heißt es nicht „die Bosse da oben" und die „Mitarbeiter da unten". Das Prinzip der flachen Hierarchien ist in diesem Unternehmen keine Phrase, sondern gehört zum täglichen Geschäft dazu wie die Software zur Hardware. Diese innere Haltung, bei der alle unabhängig von ihrer Position auf Augenhöhe zusammenarbeiten, schafft beste Voraussetzungen, um kreative Ideen wachsen zu lassen.

Karibisches Flair für einen starken Teamgeist

Zum Mindset des 2015 gegründeten Unternehmens passt auch der Umstand, dass nicht alle Mitarbeiter in der Kölner Zentrale sitzen. „Wir haben auch Leute, die aus den USA und aus verschiedenen Ländern Europas für uns arbeiten. Insofern sind wir auch ein virtuelles Unternehmen", meint Klaus Isenbecker. Verbesserungsvorschläge der Belegschaft sind jederzeit sehr willkommen. Das gilt auch für die zweimal im Jahr stattfindenden Firmentreffen in der Karibik, bei denen sich die kreativen Köpfe auf lockerer Ebene austauschen. „Das ist natürlich etwas Besonderes",erzählt Isenbecker und ergänzt: „Unsere Teams kommunizieren jeden Arbeitstag, zum Beispiel über unsere internen Chats, dafür müssen wir nicht extra in exotische Länder reisen. Dennoch fördern und stärken solche Treffen den Teamgeist unserer Mannschaft."

Mit Kooperationen das Angebot erweitern

In Zusammenarbeit mit dem Technologiepartner ServiceNow bietet die ins-pi GmbH eine Plattform an, mit der die Kunden Daten aus allen Bereichen einer Firma in Echtzeit zusammenführen können. Welches Beispiel steht für den Innovationserfolg ihrer gemeinsamen Firma? Kadir Özbayram muss nicht lange überlegen: „Wir stellen unseren Kunden ein kostenloses Tool mit dem Namen FREELUCY zur Verfügung, das die Funktion von ServiceNow erweitert und mit dem sie bei Arbeitsprozessen am Rechner Zeit sparen können. Dank dieses Tools haben wir am Ende viele Kunden für unser gesamtes Produktportfolio begeistert."

ins-pi GmbH
50678 Köln
www.ins-pi.com
Beschäftigte (D): bis 50
IT-Entwicklung/-Beratung

Geschäftsführer
Klaus Isenbecker und
Kadir Özbayram

TOP 100

Inwerk GmbH

★★

Büromöbel mit System

„Wir erschaffen die Zukunft der Arbeitswelt, damit Menschen ihr volles Potenzial entfalten möchten" lautet die Devise der Inwerk GmbH. Damit unterscheiden sich die Möbelexperten deutlich von ihren Wettbewerbern. Der Mittelständler entwickelt und vertreibt Module, die sich horizontal und vertikal kombinieren lassen. Ohne großen Aufwand kann damit jeder beispielsweise Sideboards, Schrankwände, Empfangstheken und Büroküchen selbst aufbauen. Innovative Prozesse und eine gute Organisation sorgen dafür, dass kreative Ideen erfolgreich realisiert werden.

Neue Produktideen werden bei der Inwerk GmbH in der eigenen Entwicklungsabteilung geplant. Die Basis dafür sind ein strategisches Innovationsmanagement und eine offene Innovationskultur. „Da wir über unseren Onlineshop und unsere Showrooms neben eigenen Produkten auch Möbel von rund 80 anderen Herstellern vertreiben, bekommen wir auch hier sehr viel Input", sagt der Geschäftsführer Jan Kegelberg. Designer, Ingenieure, Architekten und Objektplaner des Mittelständlers analysieren zudem aktuelle Markttrends, um herauszufinden, was sie besser machen können als die Konkurrenz.

Das Top-Management definiert Ziele

Inwerk nutzt seine Kundenkontakte und den Dialog mit Arbeitswissenschaftlern und Ergonomen, um Innovationen voranzutreiben und die aktuellen Bedürfnisse und Wünsche am Markt zu bedienen. Einmal im Monat trifft sich das Team der Produktentwicklung mit Experten verschiedener Fachbereiche, um mit der Geschäftsführung Innovationsvorschläge zu besprechen. Danach wird gemeinsam entschieden, ob aus einer Projektidee ein neues Produkt entstehen kann. Das innovationsfördernde Top-Management definiert die jeweiligen Ziele und ist bei der Entwicklung von Anfang an involviert. „Die enge Verzahnung zwischen der Unternehmensführung, den kommerziellen Bereichen und der Produktentwicklung schafft die notwendige Kollaboration, um das Entwicklungstempo und die Marktrelevanz neuer Produkte sicherzustellen", betont der zweite Geschäftsführer David Weidemann.

Ideen sind ausdrücklich erwünscht

Inwerk hat einen speziellen Kommunikationskanal eingerichtet, über den die Entwicklungsteams eingereichte Ideen aufnehmen, zügig auf ihre Praktikabilität prüfen und sie gegebenenfalls weiterverfolgen. An diesem Ideenpool können sich alle Mitarbeiter mit Verbesserungsvorschlägen und Ideen beteiligen. So entstand zum Beispiel ein spezielles Akustiksystem aus Schaumstoff, das in der Automobilbranche als Schallschutz verbaut wird und auch Bürolärm absorbiert. Frische Impulse und Verbesserungsvorschläge der Beschäftigten werden aktiv gefördert, um auch in Zukunft mit taktgebenden Innovationen die Arbeitswelt von morgen zu gestalten.

Inwerk GmbH
40670 Meerbusch
www.inwerk-bueromoebel.de
Beschäftigte (D): 51 bis 200
Büromöbel

Geschäftsführer
David Weidemann und
Jan Kegelberg

ION Deutschland GmbH

Den Erfindergeist weitertragen

Wenn ein Mitarbeiter etwas besser kann als der Boss, ist doch eines klar: Dies ist dann nicht Chefsache, sondern der Job des Mitarbeiters. Nach dieser Philosophie verfährt Marc Flettner, der Geschäftsführer der ION Deutschland GmbH. Der 63-jährige Firmengründer weiß genau, was nötig ist, um im Unternehmen ein innovationsfreundliches Klima zu schaffen. Deshalb gilt für ihn der Grundsatz „Fördere deine Leute, damit sie eigenverantwortlich arbeiten und den Kunden stets beste Qualität liefern können".

Der kleine Mittelständler mit Sitz in Düsseldorf entwickelt und produziert für die Industrie umweltfreundliche Wasserbehandlungssysteme ohne chemische Zusätze. Sowohl im ökologischen als auch im innovativen Sinne agiert man bei ION nachhaltig: „Ich habe keinen Mitarbeiter, der etwas schlechter macht als ich", sagt der Geschäftsführer. Der studierte Betriebswissenschaftler verfolgt das Prinzip, die Beschäftigten zu fördern und zu unterstützen, damit sie fachlich am Ende sogar besser sind als er. Denn das operative Geschäft soll auch ohne den Boss laufen — vor allem dann, wenn der einmal für längere Zeit dienstlich unterwegs ist.

Viel Laisser-faire

Marc Flettner setzt alle Hebel in Bewegung, damit seine Leute eigenverantwortlich und selbstständig arbeiten können. Auch wenn er ein Mann der alten Schule ist – vom Homeoffice hält er nicht viel – und sich selbst mit einem Augenzwinkern als „Autokrat und Guru" bezeichnet, so will er doch mit dem Laisser-faire-Prinzip den Erfindergeist weitertragen, den schon sein Großonkel vor vielen Dekaden versprühte: Der Ingenieur und Erfinder Anton Flettner, ein enger Freund von Albert Einstein, meldete zwischen 1912 und 1960 mehr als 1.000 Patente an. Viele davon waren bahnbrechend und nachhaltig, zum Beispiel die für den Flettner-Rotor oder das Flettner-Ruder. Damit legte Anton Flettner den wissenschaftlichen Grundstein für seine Familie.

Spaß bei der Arbeit

Neben Know-how und Expertise ist für Marc Flettner vor allem eine Sache wichtig, um im Unternehmen innovativ und erfolgreich wirken zu können: Geld zu verdienen soll Spaß machen. „Bei mir arbeiten beispielsweise zwei 67-Jährige, die nicht in Rente gehen wollen", erzählt der Geschäftsführer schmunzelnd. Viele seiner Mitarbeiter freuen sich aber nicht nur über ihre Arbeit, sondern auch auf das Ende eines jeden Jahres. Denn dann winken, wenn alles gut läuft, Bonuszahlungen – die können den Spaßfaktor bei der Arbeit noch einmal steigern.

ION Deutschland GmbH
40629 Düsseldorf
www.aquabion.de
Beschäftigte (D): bis 50
Klima/Sanitär/Heizung

Geschäftsführer
Marc und Oliver Flettner

Die ION Deutschland hat das umweltfreundliche Wasserbehandlungssystem AQUABION entwickelt. Damit funktioniert Wasseraufbereitung ganz ohne Stromanschluss, ohne laufende Wartung und ohne Chemikalien.

IronMaxx Nutrition GmbH & Co. KG

Fitness und Lifestyle

In den vergangenen Jahren sind Kraftsport und Fitness immer populärer geworden. Aus den klassischen Muckibuden wurden moderne Fitnessstudios für Jung und Alt. Das wandelnde Image spiegelt sich auch in den Bereichen Ernährung und Nahrungsergänzungsmitteln wider. Proteinriegel, Proteinpulver und weitere Snackartikel von der in Hürth ansässigen IronMaxx Nutrition GmbH & Co. KG werden inzwischen von der breiten Masse konsumiert. Die gut organisierten internen Prozesse sind ein weiterer Grund für ihren Innovationserfolg.

Ob nun Proteinpulver, eiweißreiche und zuckerarme Snacks, Sportlerartikel, vegane Produkte oder Vitamine und Mineralstoffe – die Ernährungsexperten produzieren und vertreiben Nahrungsergänzungsmittel für Sportler und für gesundheitsbewusste Verbraucher. Vor allem in den letzten Jahren hat sich diese Branche stark entwickelt. Das Unternehmen ist motiviert, innovative Produkte zu realisieren und das Sortiment an die Bedürfnisse und Wünsche der Kunden anzupassen: „Wir bieten klassische Proteinprodukte und Supplements in den verschiedensten Geschmacksvarianten an. Darüber hinaus gibt es zahlreiche neuere Produkte, beispielsweise vegetarische oder vegane Snacks, aber auch proteinhaltige Kekse und Chips“, erläutert der Geschäftsführer Patrick Kruczkowski.

Den Trend frühzeitig erkannt

Das Produktsortiment des Mittelständlers findet großen Anklang und bedient den allgemeinen Trend zu gesunder Ernährung. Herkömmliche Lebensmittel enthalten oft große Mengen an Zucker. Aus diesem Grund hat das Unternehmen begonnen, über die Produktion von geschmacklich ansprechenden Lebensmitteln mit weniger oder sogar komplett ohne Zucker nachzudenken. In der Kombination mit weiteren aktuellen Ernährungstrends, etwa dem Veganismus, kommen die Produkte bei den Verbrauchern sehr gut an. Mittlerweile haben die Ernährungsexperten rund 600 verschiedene Artikel im Angebot.

Finetuning durch Designer

Die Organisation interner Innovationsprozesse erfordert ein systematisches Vorgehen, bei dem nichts dem Zufall überlassen wird. Von Beginn an kooperiert das Unternehmen bei der Entwicklung neuer Produkte mit internen und externen Ernährungswissenschaftlern, um sicherzustellen, dass das gesamte Sortiment auf wissenschaftlich fundierten Erkenntnissen basiert. „Um ein optimales Ergebnis zu erzielen, ist es wichtig, dass Geschmack und Nährwerte stimmen, aber ebenso bedarf es eines individuellen und aussagekräftigen Designs“, erläutert Anne Hillebrand, die Leiterin der Abteilung „Innovation & Development“. In letzter Instanz entscheidet das gesamte Team darüber, ob ein Gesamtkonzept reif für die Vermarktung ist.

IronMaxx Nutrition GmbH & Co. KG
50354 Hürth
www.ironmaxx.de
Beschäftigte (D): bis 50
Nahrungsmittelindustrie/-handel

Geschäftsführer
Patrick Kruczkowski

Jansen Bedachungen GmbH

★★

Alles unter Dach und Fach

Die Arbeit als Dachdecker kann ganz schön anstrengend sein und auf die Knochen gehen. Dies ist auch der Grund dafür, dass die Geschäftsführung der Jansen Bedachungen GmbH viel Wert darauf legt, durch entsprechende Maßnahmen den Job ihrer Mitarbeiter so körperschonend wie möglich zu gestalten. Dazu tragen auch die Beschäftigten bei – sie zeigen, wie dank eines positiven Innovationsklimas in dem bundesweit tätigen Unternehmen neue Ideen wachsen und gedeihen können.

So hat sich einer der Mitarbeiter auf einer Baustelle einmal genau angesehen, wie die Handwerker eines anderen Unternehmens das Abdichtungsmaterial auf einem Dach anbringen. Die Dachbahnen aus thermoplastischem Polyolefin bestehen aus einem steifen Kunststoff, der normalerweise mühevoll manuell verlegt und dabei passgenau geknickt werden muss. Die Kollegen der anderen Firma taten dies jedoch mit einer Maschine, mit der sich die Arbeit viel schneller und mit weniger Kraftaufwand verrichten ließ.

Über die eigene Baustelle hinausblicken

„Seit dieser Entdeckung haben wir uns ebenfalls diese Maschinen angeschafft", berichtet der Geschäftsführer Eric Jansen, der mit seinem Vater Walter Jansen die Geschicke des Unternehmens leitet. Die beiden Chefs haben großes Interesse daran, dass alle Mitarbeiter – ob Bauleiter oder Handwerker – ihre Ideen und Verbesserungsvorschläge einbringen. Nützliche Vorschläge honoriert man mit Sonderzahlungen oder Geschenken. „Wir fördern zudem das Interesse und die Leidenschaft der Leute, ihren Job auszuüben, indem wir sie weiterbilden: etwa durch die Verteilung von Fachzeitschriften, Fortbildungen und Schulungen", erläutert Eric Jansen. Schließlich zahlen sich bei dem Mittelständler Neuerungen, zum Beispiel Arbeitsverbesserungen, am Ende in barer Münze aus. Zum einen lässt sich durch Innovationen effizienter arbeiten, zum anderen können sie die Arbeit erleichtern und damit die Kräfte schonen.

Flexibel bleiben

Die Jansen Bedachungen GmbH investiert rund 5 % ihres Jahresumsatzes in die Innovationsentwicklung. Eine weitere Besonderheit trägt dazu bei, dass das Familienunternehmen erfolgreich am Markt positioniert ist: Je nach Auftragslage können die Dachspezialisten ihr rund 50 Mitarbeiter großes Team mithilfe von Partnerfirmen ohne Weiteres kurzfristig verdoppeln. Dies kann erforderlich sein, wenn beispielsweise Dächer begrünt werden sollen. „Das Netzwerk mit unseren Partnern hilft uns, bei den Aufträgen, die wir annehmen, stets flexibel bleiben zu können", resümiert der Geschäftsführer.

Jansen Bedachungen GmbH
47533 Kleve
www.jansen-bedachungen.de
Beschäftigte (D): bis 50
Baugewerbe/Handwerk

Geschäftsführer
Eric Jansen

Die Konradi GmbH ist Spezialist für Ausbau, Umbau und Sanierung. Trockenbau, Putz und Malerarbeiten sind die Kerngewerke der Firma. Die Geschäftsführer Mark Schilling und Marcell Konradi werden dabei von Bürohund Henry unterstützt.

Konradi GmbH

Handwerk neu gedacht

Vor 70 Jahren wurde die Konradi GmbH als Malerbetrieb gegründet. Doch dabei ist es nicht geblieben: Der Mittelständler hat sich zu einem geschätzten „Partner für Bauwerk" mit vielfältigen Qualifikationen entwickelt. Bei der Neuausrichtung haben vor allem durchdachte Innovationsprozesse dazu beigetragen, die Abläufe effizienter zu gestalten. Das Motto des Top-Managements, „scheinbar Unveränderbares zu verändern", und die stetige Suche nach Optimierungspotenzialen, die die Struktur und das Miteinander verbessern, sind der Motor dieser Firma.

Über die ursprünglichen Tätigkeiten eines Malerfachbetriebs hinaus verfügt die Konradi GmbH heute über langjährige Expertise und versiertes Fachpersonal in den Bereichen Trockenbau, Korrosionsschutz, Wärmedämmung und Bodenbeschichtungen. Auch durchdachte Brandschutzkonzepte sind Teil des Portfolios. „Über die Jahre haben wir uns von einem Malerbetrieb zu einem Generalunternehmer im Innenausbau entwickelt", sagt der Geschäftsführer Marcell Konradi.

Planen nach Zahlen

Die Erweiterung des Firmenangebots hat neue Strukturen notwendig gemacht: Heute werden alle Bereiche des Unternehmens durch individuelles Controlling erfasst und die daraus gewonnenen Zahlen regelmäßig analysiert. So können die Abläufe auf den Baustellen effizient geplant und die Erfolge einzelner Teams gemessen werden. Geschäftsführer Mark Schilling schätzt die neuen Möglichkeiten: „Die Zahlen geben Aufschluss über die Wirtschaftlichkeit der verschiedenen Teams, was uns bei der Projektplanung enorm hilft." Um die Abläufe weiter zu verbessern, wurden die Arbeitsfahrzeuge mit einem maßgeschneiderten Lean-Management-System ausgestattet – ein bisher einmaliges Vorgehen in der Baubranche. Hierbei wurden die Transporter mit einem eigens entworfenen Regalsystem ausgerüstet, das genau an die Reihenfolge der Arbeitsschritte angepasst wurde. „Dadurch erreichen wir schnelle, reibungslose und technisch einwandfreie Abläufe auf jeder Baustelle", erzählt er.

Digitale Tools im Handwerk

Marcell Konradi beschäftigt sich leidenschaftlich gern damit, hervorragende Arbeitsbedingungen für seine Mitarbeiter zu schaffen. Dazu gehört auch der Einsatz von Tablets auf der Baustelle und damit das papierlose Management von Termin- und Bauplänen. Mithilfe digitaler Tools werden Informationen just in time übermittelt und überdies ein tausend Geräte umfassender Maschinenpark projektspezifisch verwaltet. Das gewährleistet eine lückenlose Kommunikation und ein effizientes Arbeiten. Für Konradi ist klar: „Mit unserer Herangehensweise denken wir Handwerk stetig neu." Sieht man sich die innovative Veränderung des Unternehmens an, kann man dem Geschäftsführer der Konradi GmbH nur recht geben.

Konradi GmbH
51503 Rösrath
www.konradi-gmbh.de
Beschäftigte (D): bis 50
Baugewerbe/Handwerk

Geschäftsführer
Marcell Konradi

„Wir denken Handwerk neu!“

Marcell Konradi
Geschäftsführer

Sie haben ein transparentes Lohnsystem für Ihr Unternehmen entworfen und etabliert. Was war der Auslöser dafür, Ihre Mitarbeiter an der Gestaltung der Löhne mitwirken zu lassen?
Ich habe über Jahre branchenübergreifend beobachtet, dass Mitarbeiter, die häufiger nach einer Lohnerhöhung fragen, auch besser bezahlt werden. Die zurückhaltenden, stilleren Kollegen geraten ins Hintertreffen, obwohl sie fachlich auf Augenhöhe mit den anderen sind. Meine Vision war ein gerechteres Lohnsystem, in dem nicht allein das Top-Management über die Höhe des Gehalts entscheidet.

Wer sollte denn die Entscheidung treffen?
Auf den Baustellen arbeiten unsere Mitarbeiter in rotierenden Teamkonstellationen zusammen. Dadurch können sie auch am besten die Leistung ihrer Kollegen bewerten. Dies geschieht nun offiziell und transparent über ein Punktesystem. Alle bewerten sich untereinander, sodass sich je Mitarbeiter eine durchschnittliche Punktzahl und somit der individuelle Lohn ergibt. Natürlich fließen auch Bewertungen der Vorgesetzten oder von uns als Geschäftsführern ein. Aber unser Anteil an der Gesamtpunktzahl wiegt keinesfalls höher als der der Belegschaft.

Wie haben Sie diese Veränderung vorbereitet?
Vor dieser großen Entscheidung haben wir in separaten Workshops die Grundlagen für ein Punktesystem erarbeitet. Dabei stand zum ersten Mal im Mittelpunkt, welche Qualifikationen die Mitarbeiter bei der Zusammenarbeit mit ihren Kollegen schätzen. Zuerst wurden persönliche Qualitäten wie etwa Höflichkeit, Hilfsbereitschaft und Zuverlässigkeit genannt. Auf der fachlichen Ebene waren sich alle einig, dass eine größere Verantwortung eine bessere Bezahlung rechtfertigt.

Was sind Ihre Erfahrungen mit dem Lohnsystem?
Durch das transparente Vorgehen hat sich das gegenseitige Vertrauen spürbar verbessert. Alle wissen nun, welche Bewertungsfaktoren ihrem Lohn zugrunde liegen und können dies für ihre persönliche Entwicklung entsprechend nutzen.

Haben Sie noch weitere Ideen, wie Sie das Innovationsklima verbessern möchten?
Ich habe hervorragende Erfahrungen mit individuellem Coaching gemacht und mir immer gedacht: Es wäre toll, dies all meinen Mitarbeitern zu ermöglichen. Das ist zwar ungewöhnlich in unserer Branche, aber genau an Punkten wie diesen setzt unser Vorhaben an, Handwerk neu zu denken!

Das Innovationsklima der Konradi GmbH ist unter anderem dadurch geprägt, dass alle Mitarbeiter an einer transparenten Gehaltspolitik aktiv mitwirken. Mehr darüber von **Marcell Konradi.**

MAXIMAGO GmbH

Software mit hoher Sicherheitsstufe

Komplexe Softwareprojekte mit hohen Anforderungen an Sicherheit und Datenschutz sind die Spezialität der MAXIMAGO GmbH mit Sitz in Dortmund: Sie erarbeitet Konzepte für Softwareprodukte oder Internetplattformen für Institutionen mit vielfältigen Bedürfnissen, so auch im Bereich militärischer Aufklärung und Cybersicherheit von Unternehmen mit kritischer Infrastruktur. Dafür brauchen die knapp 50 Beschäftigten nicht nur ein breites Wissen und viel Erfahrung, sondern auch viel Kreativität. Und die wird von der Geschäftsführung gezielt gefördert.

Seit der Coronapandemie arbeiten fast alle Mitarbeiter von MAXIMAGO von zu Hause. Der Gründer und Geschäftsführer Daniel Greitens holt jedoch alle vier Monate das gesamte Team ins Büro, damit ein Austausch stattfindet: „Das ist für die Zusammenarbeit und für die Kreativität extrem wichtig." Auch regelmäßige kleine Reisen mit der gesamten Belegschaft dienen dazu, ein Gemeinschaftsgefühl zu erzeugen. Aus dieser Vertrautheit entwickeln die Mitarbeiter dann in den Projekten schnell gute Lösungsansätze.

Kreativität durch klare Strukturen

Das produktive Innovationsklima im Haus entsteht dank einer Mischung aus gut strukturierten Abläufen, Teamgeist und Kreativitätstechniken. Agiles Arbeiten mit laufender Reflexion und der Design-Thinking-Methode bringen die Projekte zügig voran. Da die Schnittstellen klar definiert sind, können die Mitarbeiter in den Workshops bei den Kunden passende Ideen entwickeln. Um das Geschäft der Kunden aus den verschiedensten Branchen gut zu verstehen, holt man regelmäßig Experten für einzelne Themen dazu. Doch jeder Mitarbeiter hat auch ein Zeitkontigent für freie Recherche. So kann er sich mit neuen Methoden und Trends befassen oder frische Ideen ausprobieren. Damit die Belegschaft immer wieder neu herausgefordert wird, werden die Projekte der Teams nach einiger Zeit gewechselt.

Verzicht auf Cloudspeicherung

Vorträge auf Kongressen oder Beiträge in Fachpublikationen werden von der Geschäftsführung mit einem Zeitkontigent und einem Bonus unterstützt. „Das ist für uns ein wichtiges Marketinginstrument", betont Daniel Greitens. Denn man folgt weniger den Trends, sondern ist vielfach der Zeit voraus, vor allem bei der Datensicherheit: Schon seit Langem verzichtet die Firma auf Cloudspeicherung und verwendet für ihre Kommunikation nur gesicherte Tools. Für sensible Geschäftsbereiche ist das ein entscheidendes Argument, Software gerade von MAXIMAGO planen zu lassen. Und in Zukunft wird dieses Thema nach Greitens' Überzeugung noch stärker im Fokus stehen.

MAXIMAGO GmbH
44263 Dortmund
www.maximago.de
Beschäftigte (D): bis 50
IT-Entwicklung/-Beratung

Geschäftsführer
Daniel Greitens

MDT technologies GmbH

Energie intelligent steuern

Gebäude werden immer smarter. Damit der Mensch sie gut steuern kann, entwickelt und produziert die MDT technologies GmbH KNX-Produkte, die mit der wachsenden Vielfalt der zu verwaltenden Gebäudetechnik mithalten können. Neben optischen Aspekten spielt auch die Funktionalität eine wichtige Rolle, sodass die Bedienung der Produkte für den Endverbraucher sehr einfach ist. Wer also intelligente Systeme für die Elektroinstallation benötigt, der kommt an dem mittelständischen Unternehmen mit Sitz im nordrhein-westfälischen Engelskirchen nicht vorbei.

Alleine 30 neue Produkte und Weiterentwicklungen stellte MDT technologies im Herbst 2022 auf ihrem Messestand vor. Viele Produkte bekommen im Halbjahrestakt zusätzliche Funktionen. Teilweise sind das neue Programmierungen, etwa für Funktionen, die Kunden bisher vermisst haben, teilweise entstehen komplett neue Produkte. 2022 hat der „MDT Glastaster", einst eine Revolution am Markt als erster KNX-Taster mit einer durchgehenden Glasoberfläche, eine Funktionserweiterung erhalten. Jetzt können bei der Smarthome-Steuerung mehr Informationen angezeigt werden, und die Programmierung wurde vereinfacht. Ein Umsatzwachstum von mehr als 25 % pro Jahr unterstreicht den großen Innovationserfolg.

Steigender Bedarf durch Wärmepumpen

Die Energiekrise und die Coronapandemie gaben der MDT einen weiteren Schub. Mit immer mehr Photovoltaikanlagen und Wärmepumpen stieg der Bedarf an einem intelligenten Gesamtsteuerungssystem und an einer intuitiven Bedienung. Die Entwickler des Mittelständlers reagierten, indem sie zusätzliche Möglichkeiten schufen: „Die Nutzer können jetzt zum Beispiel gleichzeitig sehen, wie warm es im Raum ist, wie hoch die Luftfeuchtigkeit ist und wie viel Strom vom Dach kommt", erklärt der Geschäftsführer Roger Karner. Sensoren von MDT können auch genau messen, wie viel CO_2 die Raumluft enthält. So kann das System automatisch gegensteuern. Um schnell auf eine neue Nachfrage reagieren zu können, treffen sich Geschäftsführer, Innovationsmanager und die Abteilungsleiter einmal im Monat. Dann diskutieren sie die Wünsche, die der Kundendienst an sie heranträgt. Findet eine Idee Anklang, wird sie im besten Fall in nur wenigen Tagen verwirklicht.

Schneller Weg für gute Ideen

Darum, dass gute Vorschläge auch weiterhin schnell ihren Weg vom Vertrieb in das Produktmanagement finden, kümmert sich Roger Karner engagiert zusammen mit den 150 Beschäftigten. Entsprechend lautet auch ein Grundsatz bei der MDT technologies GmbH: Jede E-Mail muss innerhalb von 24 Stunden beantwortet werden. Diese Vorgabe beschleunigt die Prozesse und sorgt bei der gesamten Belegschaft nachhaltig für das richtige Mindset.

MDT technologies GmbH
51766 Engelskirchen
www.mdt.de
Beschäftigte (D): 51 bis 200
Elektronik/Elektrotechnik

Geschäftsführer
Roger Karner

Mefina Medical GmbH & Co. KG

Patientensimulatoren für medizinisches Training

Direkte Gespräche und schnelles Handeln bestimmen die Strategie der Mefina Medical GmbH & Co. KG. Als das Ausmaß der Coronapandemie greifbar wurde, berief das Top-Management zügig eine Sitzung zum Brainstorming ein. In kürzester Zeit reagierte der Spezialist für Rettungswesen und Intensivmedizin mit einer angepassten Produktpalette. Sie umfasst zum Beispiel einen bei 95 °C waschbaren Mehrweg-Overall als Alternative zu herkömmlicher Einwegschutzkleidung, die aufgrund internationaler Lieferschwierigkeiten äußerst knapp war.

Da viele der Mitarbeiter selbst Erfahrungen im Rettungsdienst sammeln konnten, verstehen sie die Wünsche der Kunden gut und wissen, worauf sie achten müssen. Schon bei der Firmengründung 2006 ging es Felix Hüther und Andreas Keller darum, den Transport von Intensivpatienten zu verbessern. Als Rettungsassistenten erkannten sie unter anderem die Problematik, dass medizinische Geräte während der Fahrt teilweise auf dem Patienten abgelegt werden mussten. Sie entwickelten deshalb eine Fahrtrage mit sicheren Halterungssystemen für die entsprechenden Geräte.

Plattform für neue Ideen

Der Geschäftsführung war ein gutes Innovationsklima schon immer wichtig. Sobald das Unternehmen so groß geworden war, dass man sich über neue Ideen nicht mehr unkompliziert an der Kaffeemaschine austauschen konnte, richtete es eine interne Plattform dafür ein. Ging es hier zu Beginn noch um reines Feedback, ergänzte bald schon ein Ideenportal die Plattform. „Darüber kommen sehr viele gute Vorschläge", lobt der Geschäftsführer Andreas Keller. Zusätzlich bietet die Plattform eine interne Wissenssammlung sowie Themenchats. Auf diese Weise konnten Anregungen von Mitarbeitern zügig realisiert werden, etwa die zu virtuellen Simulationstrainings. In der Folge lassen sich nun verschiedene Szenarien in Patientensimulatoren abbilden, sodass die Anwender dank der Kombination eines Übungsmodells mit virtuellen Patientendaten realitätsnah trainieren können.

Neues Geschäftsmodell

Entwickelte Mefina Medical zu Beginn noch Produkte wie etwa eine Intensivtransporteinheit, kamen bald dank der Anregungen von Mitarbeitern und Partnern Ideen zur Ausweitung des Geschäftsmodells hinzu. So übernimmt die Firma jetzt auch die Wartung von Medizinprodukten, abgestimmt auf die aktuellen Vorgaben, und vertreibt Simulatoren für medizinisches Fachpersonal. Auch wenn die Kunden häufig noch wenig digital arbeiten, treibt die Geschäftsführung die Digitalisierung voran: Produkte sollen künftig auch in 3-D visualisiert werden können, um den Service zu verbessern, die Effizienz zu steigern und die Patientenversorgung entsprechend zu stärken.

Mefina Medical GmbH & Co. KG
40699 Erkrath
www.mefina-medical.de
Beschäftigte (D): bis 50
Medizintechnik

Geschäftsführer
Andreas Keller

NanoGiants GmbH

App-Entwicklung mit Methodenkompetenz

Eine App entwickeln können einige Anbieter. Die NanoGiants GmbH in Düsseldorf beginnt jedoch einen Schritt früher: Sie begleitet ihre Kunden schon dabei, zu erkennen, welche Bedürfnisse die App erfüllen und welche Ziele sie erreichen soll. „Menschen zu Product-Champions entwickeln" nennt das Unternehmen dieses Angebot, das man in den letzten Jahren ausgebaut hat. Mit einem Mix aus Onlinekursen, Workshops und persönlichen Coachings können die Kunden an ihrer Strategie arbeiten. Das kommt auf dem Markt gut an.

Früher hat der engagierte Gründer und Geschäftsführer Lukas Czarnecki die Prozesse noch selbst entwickelt und strukturiert. Dazu hat er viel Zeit in Interviews mit potenziellen Kunden investiert, um zu erfahren, was ihre Bedürfnisse sind, und auch, was Kunden an den NanoGiants schätzen. Dabei kam heraus, dass vor allem ihre methodische Kompetenz gelobt wurde. Darauf aufbauenc hat das stetig wachsende Team ein Konzept entwickelt und den Kunden angeboten. Nachdem diese zusagten, realisierte man Videos, Fragebögen und auf den Kunden zugeschnittene Konzepte – agiles Arbeiten in Reinform. Parallel zu den Aufträgen verbessert der Mittelständler sein Programm permanent weiter.

Standardisierte Prozesse

Standardisierte Learning-Loops nach jedem Kundenworkshop sorgen dafür, dass das Produkt immer weiter an die Bedürfnisse angepasst wird. „Mit unserem Product-Champion-Programm werden unsere Kunden befähigt, in drei bis sechs Monaten genauso gut zu sein wie wir", erläutert Lukas Czarnecki. Die Kunden bekommen also nicht nur eine App, sondern lernen auch strategisches Denken, das sie dann ebenso in anderen Projekten einsetzen können. Dank des standardisierten Prozesses, für den es inzwischen 60 verschiedene Werkzeuge inklusive Videos gibt, kann der Mittelständler seine Kunden auch mit wenigen Mitarbeitern unterstützen. Die Bearbeitung komplexer Projekte mit hohen Nutzerzahlen ist ein weiterer Vorteil.

Feste Scrum-Teams

Die schnelle Entwicklung von Apps resultiert zum einen daraus, dass man mit einer reduzierten, aber überzeugenden Version beginnt und sie erst später mit weiteren Funktionen bestückt. Zum anderen wird in festen, crossfunktionalen Teams gearbeitet, die sehr gut aufeinander eingespielt sind und die sich sehr schnell abstimmen können. Da der mittelständische Betrieb fast nur noch Großprojekte übernimmt, kann sich ein einzelnes Team im Durchschnitt auf zwei bis drei Projekte gleichzeitig konzentrieren, in denen es sich dann hervorragend auskennt. Aufgrund der guten Auftragslage möchte Lukas Czarnecki seine Mannschaft im Jahr 2023 von derzeit 30 auf mindestens 35 Beschäftigte erhöhen.

NanoGiants GmbH
40233 Düsseldorf
www.nanogiants.de
Beschäftigte (D): bis 50
IT-Entwicklung/-Beratung

Geschäftsführer
Lukas Czarnecki

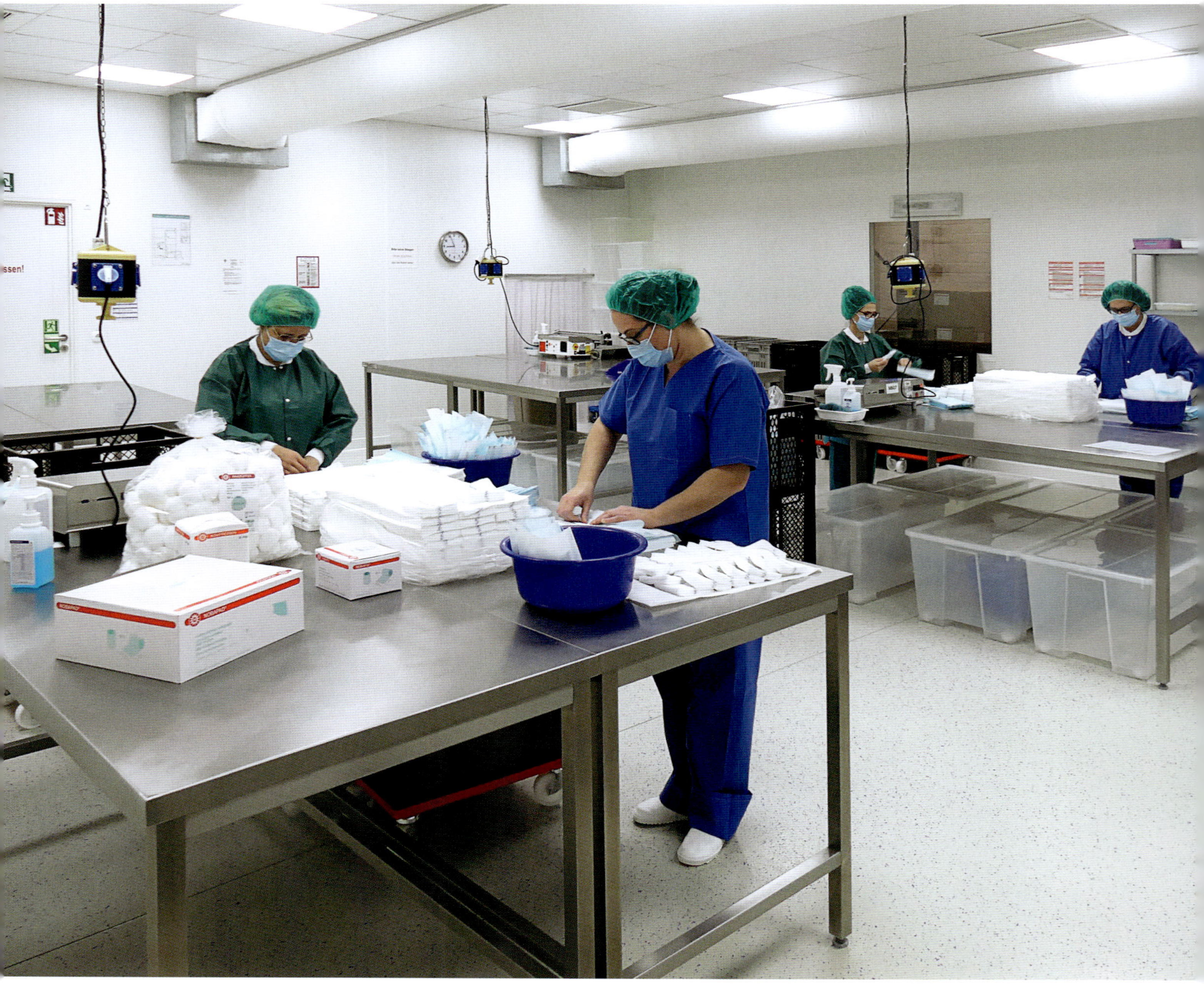

Seit 1915 entwickelt und fertigt NOBAMED Produkte für medizinisch hochsensible Bereiche. Zudem stellt das Unternehmen in seinen Reinräumen kundenindividuelle Behandlungseinheiten mit Medizinprodukten zusammen.

NOBAMED Paul Danz AG

Mehrwert für alle schaffen

Den Kunden verstehen, Lösungen anbieten und einen Mehrwert für alle Seiten schaffen – das ist die Philosophie der NOBAMED Paul Danz AG, die als Herstellerin von Medizinprodukten in einem stark regulierten Umfeld agiert. Wie kann man innovativ sein, wenn vieles genau vorgeschrieben ist? Diese Kernfrage treibt den Mittelständler um. Und er hat darauf reagiert, indem er besonders agile und innovative Prozesse entwickelt hat, die künftig durch eine neu geschaffene Software abgebildet werden sollen.

Nichts ist so beständig wie der Wandel. Das Unternehmen, das in der TOP 100-Bewertungskategorie „innovative Prozesse und Organisation" Bestnoten erzielte, hat dies mehr als nur einmal erfahren. So stellte sich dieser Verbandmittelhersteller, dessen Wurzeln sich rund 400 Jahre zurückverfolgen lassen, in den vergangenen Jahren mehrmals neu auf: Standen früher unsterile Verbandstoffe im Fokus, konzentriert er sich heute auf Sterilprodukte in Reinraumfertigung und liefert seit 2020 auch kundenindividuelle Behandlungseinheiten, mit denen er sich klar als Vollsortimenter für den Klinikbedarf positioniert.

Digitale Transformation

„Wir haben einen Prozessschritt aus der Klinik zu uns geholt und bieten industriell gefertigte sterile Behandlungseinheiten an. Früher haben wir die Einzelprodukte direkt in die Klinik geliefert. Jetzt bieten wir sie prozessgerecht zusammengestellt an und entlasten damit den Anwender erheblich", sagt die stellvertretende Vorstandsvorsitzende Dr. Anja Danz. Ein Dauerthema in der Firma sind die komplexen und umfangreichen Zertifizierungsprozesse. Der innovative Mittelständler reagiert darauf mit digitaler Transformation. Die Idee: Die Produktzulassungen zumindest teilweise zu automatisieren. Gemeinsam mit einem externen Partner arbeitet man daher an einer umfassenden agilen Software für Zulassung, Projekt- und Qualitätsmanagement. Ein dickes Brett gilt es hier zu bohren, denn die Vorgaben auf diesen Gebieten sind extrem umfangreich und weitreichend.

Klare Regeln für Produkt- und Prozessinnovationen

Schon jetzt sind alle Prozesse des Unternehmens im Qualitätsmanagementsystem genau definiert. So gibt es detaillierte Verfahrens- und Arbeitsanweisungen für die Informationsbeschaffung und die Produktentwicklung. Alle Neuentwicklungen werden ganz genau geplant und mit definierten Meilensteinen versehen. Diese Vorgehensweise gilt nicht nur für die Entwicklung neuer Produkte, sondern auch für die Einführung neuer innerbetrieblicher Prozesse. So sichert die NOBAMED Paul Danz AG ihre Innovationskraft in einem stark regulierten Umfeld – und schafft Mehrwert für alle Seiten.

NOBAMED Paul Danz AG
58300 Wetter
www.nobamed.com
Beschäftigte (D): 51 bis 200
Medizintechnik

Vorstände
Sebstian Danz und
Dr. Anja A. Danz

TOP 100	TOP 100	TOP 100	TOP 100	TOP 100
TOP 100	TOP 100	TOP 100	TOP 100	TOP 100
TOP 100	TOP 100	TOP 100	TOP 100	TOP 100
TOP 100	TOP 100	TOP 100	TOP 100	TOP 100
TOP 100	TOP 100	TOP 100	TOP 100	TOP 100
TOP 100	TOP 100	TOP 100	TOP 100	TOP 100
TOP 100	TOP 100	TOP 100	TOP 100	TOP 100

TOP 100

NOFFZ Technologies GmbH

★★

Global Engineering als Innovationszündung

Vom Ein-Mann-Betrieb im Keller eines Einfamilienhauses zum weltweit agierenden Systemintegrator: Die NOFFZ Technologies GmbH ist eine echte Erfolgsstory. Sie konzipiert, fertigt und betreut Prüftechnologien für autonomes Fahren, für Hochleistungssteuergeräte und für das Internet der Dinge. Der Mittelständler agiert nach dem Motto „Global Engineering & Local for Local Support", überträgt seinen Mitarbeitern an den einzelnen Standorten viel Verantwortung und setzt auf Hackathons, um Probleme zu lösen und neue Chancen zu erschließen.

Das Unternehmen überzeugt in den TOP 100-Bewertungskategorien „Innovationserfolg" und „Innovationsklima", die beide eng miteinander zusammenhängen. Denn wer sich täglich mit Zukunftstechnologien wie Radartechnik, Konnektivität oder dem Internet der Dinge beschäftigt, braucht dafür qualifizierte Mitarbeiter. „Wir haben weltweit ungefähr 240 Angestellte, darunter sind viele Entwickler und Techniker. Nimmt man die Bereiche Softwareentwicklung, Hardwareentwicklung, Konstruktion und speicherprogrammierbare Steuerung zusammen, dann ist unsere Entwicklung gut 100 Personen stark", erklärt der Geschäftsführer Markus Solbach.

In zwei Tagen zum Lösungsentwurf

Eine sehr wichtige Impulsquelle für Neuentwicklungen sind Brainstormings und Hackathons, die regelmäßig stattfinden. „Hackathons veranstalten wir etwa zwei- bis dreimal im Jahr, der letzte war in Budapest. Die Teilnehmer kommen aus verschiedenen Abteilungen und Regionen und befassen sich mit unterschiedlichen Aufgaben und Problemstellungen, wobei die Vorgabe ist, schon nach zwei Tagen einen ersten Lösungsentwurf zu präsentieren", sagt der Geschäftsführer. Viele Ideen fließen dann in neue Produkte und Applikationen ein, und aus manchen Ideen entwickeln sich sogar Zugänge zu neuen Märkten.

Plattformstrategie für Prüftechnik

Das beständig wachsende Unternehmen, das als Systemintegrator und Produktlieferant agiert, ist weltweit aufgestellt und betreut seine Kunden nach dem Motto „Global Engineering & Local for Local Support". Dank einer selbst entwickelten Plattformstrategie lässt sich seine Prüftechnik an unterschiedlichste Anwendungsfelder adaptieren, ob an die Elektromobilität, die Medizin oder den Semiconductor-Bereich. „Wir wachsen, weil wir auf Zukunftstrends wie E-Mobility, autonomes Fahren und die völlige Vernetzung durch Wireless- sowie Hochfrequenztechnologien setzen. Aber auch, weil wir uns global weiterentwickeln und nicht allein Testlieferant sind, sondern auch Automatisierungslieferant", sagt Solbach. Ein Erfolg, der voraussetzt, dass die Belegschaft keinen Dienst nach Vorschrift macht – stattdessen ist Mitdenken und das stetige Einbringen von Ideen gefragt.

NOFFZ Technologies GmbH
47918 Tönisvorst
www.noffz.com
Beschäftigte (D): 51 bis 200
Mess-/Prüftechnik

Geschäftsführer
Manuel von Helden,
Tobias Noffz,
Markus Solbach

OASE steht für kreative Inszenierungen von Wasser in Gärten, in der Aquaristik, aber auch im professionellen Bereich der Fountain-Technology. Das Unternehmen bietet seinen Kunden ein Komplettpaket – von der Konzeption bis zur Implementierung.

OASE GmbH

★★★

Leidenschaft für Wasser

Woran liegt es, dass Flugzeuge auch nachts und bei Bodennebel sicher starten und landen? Vor allem daran, dass der Bordcomputer und somit der Pilot im Cockpit alle relevanten Positionsdaten haben und deshalb sicher navigieren können. Eine solide Datenbasis sorgt also für Steuerbarkeit. Gleiches gilt für Unternehmen – das zeigt die OASE GmbH: Der nordrhein-westfälische Mittelständler hat in den vergangenen Jahren ein Multiprojektmanagement-Tool eingeführt, das bereichsübergreifend für umfassende Transparenz sorgt.

Mit ihrem Multiprojektmanagement-Tool steuert das Unternehmen, das in den TOP 100-Bewertungskategorien „innovationsförderndes Top-Management" und „innovative Prozesse und Organisation" überzeugt, seine vielen Innovations- und Organisationsprojekte. Neben dem Überblick über Meilensteine und Projektfortschritte ermöglicht die Software namens „Planisware Orchestra", künftig auch einen systematischen Einblick in die Ressourcenauslastung. So können Engpässe erkannt und behoben werden. Im nächsten Schritt wird dann die gesamte Wirtschaftlichkeit der Prozesse transparent dargestellt. „Damit schaffen wir ein Cockpit zur Unternehmenssteuerung, in dem alle notwendigen Daten transparent vorliegen", erläutert der Geschäftsführer Thorsten Muck.

Lieferanten und Logistik digital einbinden

Der Mittelständler, dessen Sortiment vom Aquarium über Springbrunnen bis zum Gartenteich reicht, ist international aufgestellt und verfügt über sieben verschiedene Produktionsstandorte. Umso wichtiger ist es, eine Software nutzen zu können, die den Mitarbeitern auf der ganzen Welt einen „single point of truth" bietet. Perspektivisch wird die digitale Prozesskette auch über das Unternehmen hinaus weiter ausgebaut. Und die Systeme wichtiger Lieferanten werden stärker mit der eigenen Logistikkette verknüpft.

Top-Management forciert Innovation und Wachstum

Weiterhin zu wachsen und dabei möglichst innovative Technologien einzusetzen gehört zur Philosophie des Top-Managements, das einen ausgefeilten Strategieprozess aufgesetzt hat, der die Kundenorientierung in den Mittelpunkt stellt. Damit verbunden ist eine ehrgeizige Expansions- und Wachstumsstrategie, die auch das Thema Akquisitionen einschließt und die von den drei Geschäftsführern mit dem Eigentümer des Mittelständlers, dem Private-Equity-Unternehmen Argand Partners, abgestimmt wird. Um dabei stets auf Kurs zu bleiben, braucht man im Cockpit Transparenz und Überblick – und genau diese Datengrundlage verbessert das innovationsfördernde Top-Management kontinuierlich.

OASE GmbH
48477 Hörstel
www.oase.com
Beschäftigte (D): über 200
Wassertechnik

Geschäftsführer
Thorsten Muck

PFLITSCH ist internationaler Marktführer, wenn es um das Führen und Schützen von Kabeln und Leitungen im industriellen Maßstab geht. Eine Innovation ist „CABseal“, ein modular aufgebauter Rahmen für das Durchführen von Kabeln und Leitungen.

PFLITSCH GmbH & Co. KG

Leidenschaft für kreative Ideen

Innovation gehört bei der PFLITSCH GmbH & Co. KG zum Tagesgeschäft. Das in vierter Generation geführte Familienunternehmen entwickelt und produziert für eine Vielzahl von Branchen industrielles Kabelequipment, das individuell an den Bedarf der Kunden angepasst wird. Mittels verschiedener Maßnahmen fördert das Top-Management ein innovationsfreundliches Arbeitsklima, beispielsweise durch seine starke Präsenz im Projektgeschäft. Seine Innovationsstrategie ist auf ein ganzes Jahrzehnt ausgerichtet.

Auf externe Projektanfragen antworten die Vertriebs- und Entwicklerteams des Mittelständlers niemals mit Nein. Denn die Entscheidung zu komplexeren Anfragen ist dem Top-Management vorbehalten. „Wir haben früh festgestellt, dass Projekte, die zunächst undurchführbar erscheinen, sich oftmals sehr innovativ lösen lassen", erklärt der Geschäftsführer Roland Lenzing. Wie vielseitig die Entwickler gefordert sind, zeigen die Produktergebnisse für rund 6.000 internationale Kunden, die auf die Entwicklungskompetenz und die Qualität „Made in Germany" des mehr als 100-jährigen Traditionsunternehmens setzen.

Zufriedene Teams prägen den Erfolg

Das wertschätzende Miteinander im Unternehmen motiviert die Beschäftigten dazu, ihre Ideen zu teilen, sich weiterzubilden, Messen zu besuchen und ihr Wissen in internen Datenbanken zugänglich zu machen. Jungen Mitarbeitern, die zum ersten Mal ein Projekt leiten, werden erfahrene Kollegen zur Seite gestellt. In Projektpräsentationen der Entwicklerteams ermittelt das Top-Management, in welchen Bereichen zusätzliche fachliche oder auch finanzielle Fördermaßnahmen benötigt werden. Gleichzeitig bewirken zahlreiche Benefits, dass die Angestellten Raum und Zeit für die Entwicklung innovativer Konzepte finden. Unterstützung durch individuelle Arbeitszeitmodelle, Kinderbetreuung und mobiles Office gehören ebenso dazu wie Angebote in Sachen Fitness, Gesundheits- und Altersvorsorge.

Investitionen mit Weitblick

Im Rahmen des auf jeweils zehn Jahre angelegten Strategieplans von PFLITSCH dienen klare Zieldefinitionen als Kompass für das gesamte Unternehmen. Damit erhalten auch die Beschäftigten frühzeitig Einblicke in die Zukunftsstrategie ihres Arbeitgebers und können ihre Innovationsarbeit entsprechend ausrichten. Mit hohen Investitionen in die neuesten Technologien sichert das Top-Management vorausschauend künftige Fortschritte: „Wir investieren lieber heute als morgen, weil wir wissen: Unsere Teams werden daraus Innovationen entwickeln", sagt der Geschäftsführer Mathias Stendtke.

PFLITSCH GmbH & Co. KG
42499 Hückeswagen
www.pflitsch.de
Beschäftigte (D): über 200
Elektronik/Elektrotechnik

Geschäftsführende Gesellschafter
Roland Lenzing
und Mathias Stendtke

„Klare Ziele sind die beste Basis für Innovation."

Roland Lenzing und **Mathias Stendtke**
Geschäftsführende Gesellschafter

Was bedeutet die TOP 100-Auszeichnung für Sie und Ihr Unternehmen?

M. Stendtke: Diesen Preis verdanken wir vor allem unseren hochengagierten Mitarbeiterinnen und Mitarbeitern. Es ist entscheidend für unseren Innovationserfolg, dass unsere Teams wissen, welche Zukunftsstrategie wir verfolgen.

R. Lenzing: Deshalb haben wir unsere Mitarbeiter auch schon in die Konzeption der ersten Zehn-Jahres-Strategie eingebunden und werden dies nun für den nächsten Zehn-Jahres-Zeitraum weiter intensivieren. Für den ersten Plan hatten wir die Vision der Technologieführerschaft definiert und dafür Produktschwerpunkte und Bilanzziele festgelegt. Diese Ziele haben wir zwischenzeitlich allesamt erreicht.

Wann startet die Entwicklungszeit für den nächsten Zehn-Jahres-Plan, und welche Themen werden dabei im Mittelpunkt stehen?

R. Lenzing: Die ersten Vorarbeiten mit unseren externen Strategieberatern laufen derzeit schon, da der neue Plan bis spätestens 2025 stehen soll. Der Vorteil dieser langfristigen Strategie ist, dass es klare Ziele für die Beschäftigten in allen Verantwortungsbereichen gibt. Bereits im laufenden Planungszeitraum haben sich die betrieblichen Aktivitäten sowohl auf der Prozessebene als auch auf der Produktebene deutlich beschleunigt.

M. Stendtke: Dieses Potenzial wollen wir auch für die Themen der Zukunft nutzen, vor allem in Bezug auf die Digitalisierung und die Automatisierung, auf den Fachkräftemangel und auf die Strukturprobleme in unserer Region.

Gibt es diesbezüglich schon erste Ziele oder sogar Maßnahmen?

M. Stendtke: Die nächste für uns relevante Evolutionsstufe ist das Thema „intelligente Vernetzung". Deshalb erweitern wir unsere Kompetenzen im IT-Bereich und haben dafür schon neue Stellen geschaffen. Im Hinblick auf den Fachkräftemangel entwickeln wir ein hohes Maß an Eigeninitiative, werden unsere Kontaktkanäle für Bewerber weiter ausbauen und neue finanzielle Anreize für unsere Azubis bieten.

R. Lenzing: In der Region schaffen wir zum Beispiel mit einer „Langen Nacht der Unternehmen", organisiert durch die Hückeswagener Firmen, Akzeptanz und Interesse für die Industrie. Entscheidend für unsere Projekte in der Region ist auch die herausragende Hilfe durch die Stadt Hückeswagen, für die wir sehr dankbar sind!

Warum sich die langfristige Strategie von PFLITSCH innovationsfördernd auswirkt, erklären **Roland Lenzing** und **Mathias Stendtke.**

Poppe + Potthoff GmbH

Entwicklungspartner für nachhaltige Technologien

Ein besonderes Erfolgsmodell, das über Jahrzehnte entwickelte eigene Know-how für Innovationen zu nutzen, findet sich bei der Poppe + Potthoff GmbH. Sie hat sich auf ein breites Spektrum der Metallverarbeitung spezialisiert und initiierte einen Know-how-Transfer vom traditionellen Fluidmanagement auf Wasserstoffsysteme und Elektromobilität. Permanente Entwicklungsarbeit prägt das innovationsfreundliche Klima des Unternehmens. Außerdem investiert das Top-Management in industrienahe Start-ups.

Ein Global Player wie er im Buche steht: Die Gruppe Poppe + Potthoff bedient unterschiedlichste Branchen in mehr als 50 Ländern. Das jüngste Ziel des innovativen Mittelständlers ist, sich als führender Entwicklungspartner für nachhaltige Technologien zu etablieren. Durch Investitionen in Start-ups und den Aufbau neuer Partnerschaften treibt das innovationsorientierte Top-Management einen Kulturwandel im Unternehmen voran. Alle Schlüsselkomponenten für die innovativen Wasserstoffsysteme legen die Entwicklungsteams vollständig selbst aus. Auf diesem Weg gelingt es ihnen, die Entwicklungszyklen effektiv zu verkürzen.

Transparenz und definierte Prozesse

Im innovationsfreundlichen Klima des Unternehmens finden die Mitarbeiter Gehör für neue Ideen und erhalten Freiräume, sie zu realisieren. Durch den Einsatz agiler Methoden vereint die Firmengruppe verschiedenste Kompetenzbereiche, die sich über insgesamt 18 Standorte erstrecken. Freiräume für eigenverantwortliches Arbeiten sowie interne Transparenz und definierte Prozesse fördern die Motivation in der Belegschaft. Das Team des Innovation-Labs bearbeitet die von den Mitarbeitern eingebrachten Vorschläge in enger Kooperation mit den Ideengebern und involviert diese in den weiteren Innovationsprozess. Die strukturierte Prüfung der Innovationsideen erfolgt mithilfe eines Lean-Canvas-Modells, bevor im Anschluss ein Innovationskomitee aus wechselnden Mitgliedern des Top-Managements final entscheidet.

Wachsendes Umsatzpotenzial

Die innovationsfördernde Unternehmenskultur zahlt sich aus: In Zusammenarbeit der Geschäftsbereiche Engineering, Musterbau und Finance gelang es dem Mittelständler, in nur zehn Monaten eine Idee bis zum Prototypen auszuarbeiten. Heute dient das daraus entstandene smarte Wasserstoffverteilsystem dazu, neue Märkte und Geschäftsmodelle zu erschließen. „Diese Potenziale ermöglichen einen signifikanten zusätzlichen Umsatz und tragen damit zur Zukunftssicherung unserer Firma bei", erläutert Christian Willem, Head of Innovation & Strategy, und beschreibt damit den Erfolgsradius der Innovationen von Poppe + Potthoff.

Poppe + Potthoff GmbH
33824 Werther
www.poppe-potthoff.com
Beschäftigte (D): über 200
Metallverarbeitung

Geschäftsführer
Markus Kerkhoff

Poppe und Potthoff ist Partner von weltweit tätigen Firmen in der Automobilindustrie, dem Maschinenbau, in der Marine und der Luft- und Raumfahrt, positioniert sich inzwischen aber immer mehr als Entwicklungspartner für nachhaltige Technologien.

TOP 100	TOP 100	TOP 100	TOP 100	TOP 100	TOP 100	TOP 100	TOP 100	TOP 100	TOP 100
TOP 100	TOP 100	TOP 100	TOP 100	TOP 100	TOP 100	TOP 100	TOP 100	TOP 100	TOP 100
TOP 100	TOP 100	TOP 100	TOP 100	TOP 100	TOP 100	TOP 100	TOP 100	TOP 100	TOP 100
TOP 100	TOP 100	TOP 100	TOP 100	TOP 100	TOP 100	TOP 100	TOP 100	TOP 100	TOP 100
TOP 100	TOP 100	TOP 100	TOP 100	TOP 100	TOP 100	TOP 100	TOP 100	TOP 100	TOP 100
TOP 100	TOP 100	TOP 100	TOP 100	TOP 100	TOP 100	TOP 100	TOP 100	TOP 100	TOP 100
TOP 100	TOP 100	TOP 100	TOP 100	TOP 100	TOP 100	TOP 100	TOP 100	TOP 100	TOP 100
TOP 100	TOP 100	TOP 100	TOP 100	TOP 100	TOP 100	TOP 100	TOP 100	TOP 100	TOP 100
TOP 100	TOP 100	TOP 100	TOP 100	TOP 100	TOP 100	TOP 100	TOP 100	TOP 100	TOP 100
TOP 100	TOP 100	TOP 100	TOP 100	TOP 100	TOP 100	TOP 100	TOP 100	TOP 100	TOP 100
TOP 100	TOP 100	TOP 100	TOP 100	TOP 100	TOP 100	TOP 100	TOP 100	TOP 100	TOP 100
TOP 100	TOP 100	TOP 100	TOP 100	TOP 100	TOP 100	TOP 100	TOP 100	TOP 100	TOP 100
TOP 100	TOP 100	TOP 100	TOP 100	TOP 100	TOP 100	TOP 100	TOP 100	TOP 100	TOP 100
TOP 100	TOP 100	TOP 100	TOP 100	TOP 100	TOP 100	TOP 100	TOP 100	TOP 100	TOP 100

TOP 100

PROTOTEC GmbH & Co. KG

Nischenanbieter für die dreidimensionale Welt

Der Zeitpunkt der Markteinführung eines Produkts ist mitentscheidend für den langfristigen Unternehmenserfolg. Um bei einer Serienproduktion einen zeitlichen Vorsprung zu gewinnen, setzen immer mehr Firmen aus diversen Branchen auf den 3-D-Druck. Dank der Entwicklung eigener Verfahren und Werkstoffe hat es das Top-Management der PROTOTEC GmbH & Co. KG geschafft, die Serienfähigkeit in der Dreidimensionalität zu erhöhen. Eine eigene Konstruktionsabteilung ermöglicht die Herstellung von Bauteilen mit einer komplexen Geometrie.

Die wahre Stärke des 3-D-Drucks liegt in der Flexibilität. PROTOTEC hat sich zum Lösungsanbieter in dieser dreidimensionalen Welt entwickelt. Die Geschäftsleitung ist einen eher ungewöhnlichen Weg gegangen und hat investiert, um einen Markt und Kunden zu generieren. „Mit der Entwicklung eigener Verfahren und Werkstoffe, mit Kundenschulungen und Fachgesprächen gelingt es uns, über den Prototypenstatus hinaus auch für die Serienfertigung interessant und produktiv zu sein“, erklärt der Geschäftsführer Torsten Wolschendorf.

Hochleistungsfähige Maschinen

Mit acht Beschäftigten bietet der Mittelständler im sauerländischen Attendorn auf 1.200 Quadratmeter zehn Technologien an. Seine Hochleistungsmaschinen können rund 50 verschiedene Werkstoffe umwandeln. Als einer von nur zwei Dienstleistern in Deutschland bietet er das „Carbon DLS“-3-D-Druckverfahren an. Kleine Bauteile können somit wirtschaftlich, ohne Werkzeugkosten, mit sehr guter Oberflächenqualität und hochwertigen Materialien gedruckt werden. Zum Portfolio zählen auch Entwicklungsdienstleistungen wie die Topologieoptimierung. „Gerade im Leichtbau und mit Blick auf die CO_2-Bilanz bietet der 3-D-Druck unentdeckte Potenziale, die wir heben wollen“, sagt Wolschendorf. Damit könnten beispielsweise hohle Bauteile mit Stützstrukturen im Inneren hergestellt werden – vergleichbar mit Vogelknochen, die leicht und doch ungeheuer stabil stabil.

Sichtbarkeit nach außen, Impulse von außen

Zu den jüngsten Innovationen der Firma zählt die Einführung einer Onlineangebotserstellung und -bestellabwicklung. So bekommen die Kunden die Angebote ohne Wartezeit. Zum Unternehmenserfolg beigetragen hat auch die Erhöhung der Sichtbarkeit im Netz: Die Website wurde in Eigenregie überarbeitet und SEO-optimiert. Kamen 2019 noch rund vier Anfragen von potenziellen Neukunden im Monat, sind es mittlerweile vier Neukundenanfragen pro Tag. Und in der Forschung und Entwicklung arbeitet PROTOTEC mit der Uni Siegen am Projekt „Mov3d“, bei dem es darum geht, metallische Gelenkstrukturen zukünftig direkt im 3-D-Druck erstellen zu können. Auf die Ergebnisse darf man gespannt sein.

PROTOTEC GmbH & Co. KG
57439 Attendorn
www.prototec.de
Beschäftigte (D): bis 50
Engineering

Geschäftsführer
Torsten Wolschendorf

Die Ralf Bohle GmbH wurde 1922 gegründet und produziert unter dem Markennamen „Schwalbe" Reifen und Schläuche für Fahrräder und Rollstühle. In Europa gilt „Schwalbe" als Marktführer der Branche.

Ralf Bohle GmbH

Ein Pionier, der Nachhaltigkeit forciert

Nichts ärgert den Radfahrer mehr als ein Plattfuß. Somit verwundert es nicht, dass einer der Meilensteine der Ralf Bohle GmbH, die unter der Marke „Schwalbe“ Reifen und Schläuche für Fahrräder und Rollstühle entwickelt, ein pannensicherer Reifen mit dem Namen „Marathon Plus“ war. Heute setzt das Top-Management des Familienunternehmens einen Schwerpunkt auf Nachhaltigkeit – sowohl bei den Produkten und deren Wiederverwertung, aber auch generell in der Firmenkultur.

Der Leitspruch klingt ambitioniert: Für jedes Rad den passenden Reifen. Herausfordernd, denn das Angebot an unterschiedlichen Rädern wird immer größer und der Anspruch an die Reifen steigt mit. Die Ralf Bohle GmbH versteht sich auch deshalb als Treiber der Mobilitätwende und baut ihre Produktpalette in einem Nischenmarkt kontinuierlich aus. Zuletzt ist ein Touringreifen entstanden, welcher Langlebigkeit mit Rennradtechnologie verbindet und die Akkureichweite für E-Bikes erhöht. Die Innovationen umfassen aber auch handschonende Reifen für Rollstühle.

Pionier beim Recycling

Darüber hinaus übernimmt die Geschäftsleitung Verantwortung für die nächsten Generationen: Eine eigene Abteilung kümmert sich ausschließlich um Nachhaltigkeitsthemen, und gemeinsam mit den Kooperationspartnern Pyrum Innovations AG und TH Köln hat man das weltweit erste Fahrradreifenrecycling entwickelt. Bisher wurden Fahrradreifen verbrannt, und die Rohstoffe gingen damit verloren. Mithilfe der ganzheitlichen Wiederverwertung werden 80 % CO_2 eingespart. Durch das Pyrolyseverfahren entsteht ein Prozessgas, mit dem die Anlage komplett autark läuft, sowie ein hochwertiges Öl, das sich als Substitut für Rohöl zu wertvollen Feinchemikalien für die chemische Industrie weiterverarbeiten lässt. Der Pyrolysekoks wird wiederum in die neuen Fahrradreifenmischungen von „Schwalbe“ eingebracht. „Die ökologische und soziale Verantwortung ist in unserer Unternehmenskultur verankert und wird in allen Firmenbereichen stetig vorangetrieben“, sagt der Geschäftsführer Frank Bohle.

Gemüsegarten und Freiraum für Mitarbeiter

Auch beim Bau des Firmengebäudes in Reichshof hat man auf Nachhaltigkeit geachtet: Es wurde komplett nach dem Cradle-to-Cradle-Prinzip erbaut, so können insgesamt 98 % der verwendeten Materialien recycelt werden. Und auf dem Dachgarten baut man Gemüse, Obst und Kräuter für die Kantine an. Das Top-Management ist stets offen für kreative Ideen aus der Belegschaft. „Wir räumen unseren Mitarbeitern bewusst viel Freiheit ein. Dazu gehört es auch, völlig neu zu denken sowie mit der Entwicklung von neuen Innovationen anfangen zu dürfen, ohne sofort kontrolliert zu werden“, sagt Bohle.

Ralf Bohle GmbH
51580 Reichshof
www.schwalbe.com
Beschäftigte (D): 51 bis 200
Handel

Geschäftsführer
Frank Bohle

RheinLand Holding AG

★★

Von Hause aus resilient

Der Klimawandel geht alle an. Stark betroffen davon sind auch Versicherungen, bei denen sich nach jedem Starkregen- oder sonstigem Wetterereignis die Schadenfälle häufen. Insofern ist die RheinLand Holding AG ganz nah dran an den Themen, die die Gesellschaft bewegen. Ihren Sitz am RheinLandplatz in Neuss hat sie zur Innovationsschmiede umgebaut. Dank eines dynamischen und fruchtbaren Innovationsklimas entstehen hier kreative Ideen für die Herausforderungen der Zukunft.

Wenn bei der RheinLand die Lichter angehen, geschieht dies in dem Bewusstsein, mit Ressourcen verantwortungsvoll umgehen zu wollen. Schon seit Langem kompensiert das Unternehmen deshalb Emissionen, die am Standort entstehen. Auch die Niederlassungen in den Niederlanden sollen darin zukünftig einbezogen werden. Als die Versicherung 1880 gegründet wurde, sprach zwar noch niemand von Klimaneutralität – nachhaltig zu handeln ist jedoch von jeher ein Grundprinzip des Mittelständlers.

Innovationsfördernde Atmosphäre

Neue Ideen und daraus resultierende Produkte entstehen im Neusser Hauptsitz. Das Top-Management ließ ihn in eine multifunktionale Open-Space-Arbeitswelt umwandeln und schuf so beste Voraussetzungen für eine innovationsfördernde Atmosphäre. Die Raumgestaltung lädt dazu ein, sich interdisziplinär auszutauschen und bietet vielfältige Aktionsmöglichkeiten für kleine und größere Teams. Das integrierte Konferenzzentrum verbindet das Haus mit der Außenwelt, denn bei der RheinLand weiß man, dass Innovationen nur im intensiven Austausch mit der Gesellschaft entstehen. So treffen sich die Mitarbeiter zu Feierabend-Meet-ups, den sogenannten Freisprechern, um neue Ideen zu präsentieren, aber auch, um von Start-ups zu hören, wie sie aktuelle Herausforderungen angehen.

Inspiration aus den Niederlanden

Innovationstätigkeiten werden nicht dem Zufall überlassen, wodurch man transparent und effektiv zu praxisnahen Ergebnissen kommt. Außerdem beflügelt ein firmeninterner „Innovation Award“ die Fantasie der Belegschaft: Prämiert werden Projekte zur Unternehmensentwicklung und zur Steigerung des Kundennutzens sowie besonders kreative Leistungen. In puncto Digitalisierung kommt dem Neusser Mittelständler seine deutsch-niederländische Ausrichtung zugute. Der hohe Reifegrad digitaler Services bei dem westlichen Nachbarn inspiriert und spornt an. Das ausgeprägte Gespür für Chancen und Risiken macht die RheinLand mit ihrer über 140-jährigen Geschichte von Hause aus resilient.

RheinLand Holding AG
41460 Neuss
www.rheinland-versicherungsgruppe.de
Beschäftigte (D): über 200
Finanzdienstleistungen/
Versicherungen

Der Vorstand

TOP 100

rising systems AG

★★★

Mit Sportsgeist völlig Neues entwickeln

Sich selbst immer wieder zu hinterfragen, um IT-Anwendungen mit echtem Mehrwert für die eigenen Kunden und deren Endkunden zu entwickeln, ist anstrengend. Genau das praktiziert das Team der rising systems AG täglich. In einem positiven Innovationsklima spornen sich die Mitarbeiter dieses Software- und Beratungshauses gegenseitig zu immer besseren Lösungen an, die aus Anwendersicht gedacht sind. Jüngster Erfolg des Mittelständlers: der Go-live des Sportportals der Stadt Düsseldorf.

Bis vor Kurzem wusste der Vorstand von rising systems, Sebastian Witzmann, nicht, dass er nur wenige Hundert Meter von zu Hause entfernt das Armbrustschießen ausprobieren kann. Herausgefunden hat er das über das neue Sportportal der Stadt Düsseldorf, das sein Unternehmen entwickelt hat. In diesem Fall fällt es Witzmann leicht, in die Rolle des Anwenders zu schlüpfen. Die Haltung, die dahintersteht, prägt das gesamte Unternehmen. Und das ist kein Zufall, sondern vielmehr das Ergebnis einer systematischen Förderung jedes einzelnen Mitarbeiters.

Positives Treibhausklima für Innovationen

„Nicht härter sollte man arbeiten, sondern smarter", sagt Witzmann überzeugt. Damit sich ein zielorientiertes Mindset entwickeln kann, nutzt rising systems ein breites Spektrum von Methoden und Verfahren. Die Klammer bilden integrative Entscheidungen, die sich nicht nur auf die Produktentwicklung erstrecken, sondern auch auf das transparente, von den Mitarbeitern gestaltete und verwaltete Gehaltssystem. Das Prinzip: Alle dürfen Ideen einbringen, die auch jeder kritisieren kann. „Einwände sind nichts Negatives, sondern eine Bereicherung. Werden sie integriert, ist die neue Version der Idee in der Regel besser", sagt der Vorstand, der viel Wert legt auf eine gesunde Fehlerkultur. Entstanden ist so ein positives Treibhausklima für Innovationen. Maximal zwei Werktage dauert es in der Regel, bis ein Vorschlag angenommen oder abgelehnt wird.

„Pot committed" gibt es nicht

Sebastian Witzmann ist überzeugt, dass Innovationen nur dann entstehen können, wenn das Unternehmen die eigene Vorgehensweise immer wieder radikal infrage stellt. Im Poker gibt es den Moment, in dem ein Spieler „pot committed" ist: Er muss den einmal eingeschlagenen Weg weitergehen, um nicht alles zu verlieren. Teams und einzelne Mitarbeiter neigen dazu, sich permanent in dieser Situation zu fühlen und klammern sich daher an ihre Strategie. „Wir müssen das Bestehende demontieren, um es neu aufzubauen", hält Witzmann dagegen. Ganz in diesem Sinne nutzt er auch die TOP 100-Innovationsbilanz 2022: „Wir haben bereits angefangen, die darin genannten Verbesserungspotenziale voll auszuschöpfen."

rising systems AG
40597 Düsseldorf
www.rising-systems.de
Beschäftigte (D): bis 50
IT-Entwicklung/-Beratung

Vorstand
Sebastian Witzmann

TOP 100

Scayan GmbH

Gesunde Teams für gesunde Firmen

Wie schlecht es in vielen Unternehmen um das Gesundheitsverhalten der Beschäftigten bestellt ist, hat Ben Rünger im Lauf seiner Karriere oft miterlebt – und auch, wie sehr die Firmen wirtschaftlich darunter leiden. Also beschloss der Mitbegründer der Scayan GmbH, etwas daran zu ändern. Dank eines fruchtbaren Innovationsklimas brachte das Start-up binnen kurzer Zeit ein Angebot für ganzheitliche Corporate Health in Unternehmen auf den Markt: eine Kombination aus digitaler Gesundheitsplattform und echten Experten als persönliche Ansprechpartner.

Optimale Rahmenbedingungen für kreative Ideen herrschen überall dort, wo die intrinsische Motivation groß ist, etwas am Status quo zu verändern. Diese Erfahrung hat auch die Scayan GmbH mit ihren zwölf Mitarbeitern gemacht. Den Zustand, den sie zusammen verbessern wollen, beschreibt der Chief Creative Officer Rünger so: „Die klassischen Angebote der betrieblichen Gesundheitsförderung machen nur die Gesunden noch gesünder. Aber sie zielen an den Menschen, die tatsächlich Unterstützung brauchen, vorbei." Das gemeinsame Ziel des Teams: Menschen dazu befähigen, die beste Version ihrer selbst zu sein.

Eine klare Vision schafft Verbindung

Dieser Vision wird im Unternehmen alles untergeordnet. „Indem wir konkret festlegen, wohin die Reise gehen soll, schaffen wir ein gutes Innovationsklima", sagt Rünger. Denn so weiß jeder, wie er sich mit seinen Kompetenzen am besten einbringen kann. Schon im Bewerbungsgespräch mit potenziellen neuen Kollegen geht es darum, wer sich mit den Zukunftsplänen der Scayan GmbH identifizieren kann und wer nicht. „Jedem soll klar sein, dass wir uns ganz nach unserer Vision ausrichten und dass es seine Aufgabe sein wird, in seinem Tätigkeitsfeld einen Beitrag dazu zu leisten", sagt der Geschäftsführer Dr. Axel Endriss. Um sicherzugehen, dass am Ende die Chemie zwischen allen stimmt, sind Kollegen in die Bewerbungsprozesse mit einbezogen. So ist gewährleistet, dass sich später die Kompetenzen komplementär ergänzen.

Beitragskultur als Ideenlieferant

Ein Belohnungssystem zur Förderung des Innovationsklimas braucht die Scayan GmbH nicht. „Unsere Mitarbeiter sind deshalb so motiviert, weil sie mit ihren Beiträgen und kreativen Ideen das große Ganze voranbringen. Auf diese ‚contribution culture' legen wir viel Wert und verzichten daher auf jegliche Denk- oder Maulsperren", erklärt Endriss. Das gilt auch und vor allem für die Scrum-Sprints, die das Team immer wieder einlegt, um vernünftig zu priorisieren und dem nächsten Ziel näherzukommen. Dass diese Vorgehensweise effektiv ist, bestätigen die Nutzer des Scayan-Angebots: Unternehmen berichten unter anderem von weniger Fehltagen, mehr Produktivität und einer besseren Stimmung.

Scayan GmbH
45133 Essen
www.scayan.com
Beschäftigte (D): bis 50
Gesundheitswesen

Geschäftsführer
Dr. Axel Endriss
und Ben Rünger

Schmidt + Clemens GmbH + Co. KG

Idealisten im Einsatz für Edelstahl

Tradition schließt Innovation aus? Nicht bei der Schmidt + Clemens GmbH + Co. KG! Schon seit ihrer Gründung 1879 dreht sich am Stammsitz im nordrhein-westfälischen Lindlar alles um hochwertige und maßgefertigte Lösungen aus Edelstahl. 144 Jahre der kontinuierlichen Neuerungen im Schleuder-, Form- und Feinguss sowie bei Schmiedekomponenten haben das Unternehmen zum Weltmarktführer für Rohrsysteme in der petrochemischen Industrie gemacht – mit Vertriebsbüros und Handelsvertretungen auf dem gesamten Globus.

„Das, was uns ausmacht, ist die Kombination aus einem großen Erfahrungsschatz und enormem Ehrgeiz im Hinblick auf Innovationen", sagt der Geschäftsführer Dominic Otte . Mit nur drei Schlagworten lasse sich die Philosophie des 650 Mitarbeiter starken mittelständischen Betriebs zusammenfassen: „Passion, Innovation und Tradition." Ohne eine entsprechende Kultur, die Innovationen fördert und fordert, stünde das Unternehmen heute nicht da, wo es steht.

Plattform für gute Ideen

Davon ist auch der geschäftsführende Gesellschafter Jan Schmidt-Krayer überzeugt und verweist auf die jüngste Maßnahme des Top-Managements zur Innovationsförderung: „Mit ‚INNOVATION NOW.' haben wir eine Plattform im Unternehmen installiert, über die Mitarbeiter ihre Ideen für Neuerungen unkompliziert einbringen können." Betreut wird sie von zehn sogenannten IDE(E)ALISTEN. Um den Mitbewerbern am Markt immer gleich mehrere Schritte voraus zu sein, setzt man auf die Passion aller Angestellten und fördert sie gezielt. So sammeln Ideengeber auf der Plattform entsprechende Innovationspunkte. Die zehn besten Ideengeber werden zum Jahresende zu einem besonderen Event eingeladen. Diese Form der Wertschätzung kommt gut an bei den Angestellten. Aber auch die offene Fehlerkultur, die das innovationsfördernde Top-Management etabliert hat, spielt eine große Rolle. „Ohne sie gibt es keine Innovationskultur", sagt Jan Schmidt-Krayer.

Auf Erfolgskurs dank Open Innovation

Weil zukunftsweisende Innovation immer auch Inspiration von außen braucht, kooperiert die Schmidt + Clemens GmbH + Co. KG mit diversen Hochschulen, Instituten und Universitäten. Im „Innovation Hub Bergisches RheinLand", in dem der Mittelständler einen Sitz im Beirat übernommen hat, setzt man zusammen mit Informatik- und Maschinenbaufachleuten der TH Köln am Campus Gummersbach innovative Industrie-4.0-Projekte um. „Wir halten es für wichtig, aus dem Alltagsumfeld auszubrechen, um wirklich etwas zu bewegen", fasst Dominic Otte zusammen. Schließlich sollen die drei Schlagworte „Passion, Innovation und Tradition" auch künftig die Segel des Unternehmens auf Erfolgskurs ausrichten.

Schmidt + Clemens GmbH + Co. KG
51789 Lindlar
www.schmidt-clemens.de
Beschäftigte (D): über 200
Metallverarbeitung

Geschäftsführer
Dominic Otte und
Jan Schmidt-Krayer

SEVERIN Elektrogeräte GmbH

★ ★ ★

Über steten Austausch zur Punktlandung

Was haben Kaffee, Barbecue und Staubsauger gemeinsam? Zu wenig, als dass sie sich mit Blick auf die Marktbedürfnisse über einen Kamm scheren ließen. Daher gilt in der SEVERIN Elektrogeräte GmbH ein konsequentes Open-Innovation-Prinzip: Bei dem 1892 gegründeten Hersteller in Sundern kümmert sich ein ganzes Team darum, Endkunden und Partner so früh wie möglich in die Innovationsprozesse einzubinden. Externes Feedback ist von der ersten Idee bis zur Markteinführung ein entscheidendes Erfolgskriterium.

Sascha Steinberg, Director Innovation & Category Management, kocht nicht gern im eigenen Saft. Lieber stellt er den sprichwörtlichen Topf vor seine Zielgruppe, lässt sie kosten, Präferenzen einbringen und Optimierungsvorschläge zur Rezeptur machen. Das Ergebnis dieses agilen Prozesses ist das ideale Gericht. Oder, um Beispiele aus dem Portfolio des Haushaltsgeräteherstellers zu nennen: die perfekte Kaffeemaschine, der Staubsauger oder der Elektrogrill. Seit rund zehn Jahren setzt das Unternehmen auf eine starke Außenorientierung.

In kleinen Schritten zum Prototypen

Die Stimme der Zielgruppen repräsentiert ein hauseigenes interdisziplinäres Innovations- und Category-Management: Das Team aus zehn Mitarbeitern verantwortet als interner Treiber die Initiierung sowie die Bewertung und die Realisierung von Ideen. „Im Sinne des Design-Thinking binden wir Endkunden frühestmöglich in unsere Innovationsprojekte ein“, sagt Steinberg. „Ihr Feedback integrieren wir in alle Prozesse. Das stellt sicher, dass geplante Produkte den Bedarf am Markt bedienen und einen echten Mehrwert bieten.“ Eingeholt werden Rückmeldungen etwa im Servicecenter am Standort, beim Werksverkauf auf dem Firmengelände und in Onlineforen. In der Konzeptphase bilden digitale User-Testings die realistische Nachfrage ab. Steinberg erläutert: „Wir arbeiten iterativ. Erst wenn die Kunden unser Produkt wirklich wollen, entwickeln wir einen Prototypen.“ Auch der müsse vor ausgewählten Probanden bestehen.

Außenorientierung schafft Perspektive

Die jüngste Innovation, ein Vollautomat für Filterkaffee, erreicht dank dieser Vorgehensweise eine 99 %ige Weiterempfehlungsquote – das Go für den Marktlaunch laut Steinberg: „Diese agile Produktentwicklung gibt uns Sicherheit.“ Kooperationen, etwa mit Hochschulen, beleuchteten zudem immer wieder den Status quo. „Wir blicken mit externen Spezialisten disruptiv auf Themen und fragen zum Beispiel, wie die Küche in zehn Jahren funktionieren wird“, erklärt Steinberg. Inhouse sei manche Expertise nicht abbildbar, deshalb nutze man das „externe Ökosystem“. Denn: „Wir wollen Neues kreieren und nicht in der Entwicklung stehenbleiben.“

SEVERIN Elektrogeräte GmbH
59846 Sundern
www.severin.de
Beschäftigte (D): über 200
Elektronik/Elektrotechnik

Geschäftsführerin
Dr. Joyce Gesing

SimpaTec Simulation & Technology Consulting GmbH

Gute Kommunikation für passende Lösungen

„Break your limits": Die Vision der SimpaTec Simulation & Technology Consulting GmbH mit Hauptsitz in Aachen ist klar und fokussiert. Diese Einstellung leben die rund 20 Beschäftigten intern genauso konsequent wie nach außen. Um die Kundschaft dazu zu motivieren und zu inspirieren, ebenfalls über sich hinauszuwachsen, arbeitet der Anbieter einer ganzheitlichen virtuellen Produktentwicklung auf der Basis einer facettenreich angelegten Außenorientierung. Diese ist ein unverzichtbarer Grundstock für die hohe Innovativität des umtriebigen Unternehmens.

„Die kleinsten Gespräche liefern die größten Denkanstöße. Oft erfährt man die wichtigsten Dinge in der Kaffeepause oder beim inoffiziellen Teil einer Abendveranstaltung." Legt der Geschäftsführer Christoph Hinse damit ein Zufallsprinzip nahe? Wohl kaum, denn in puncto Außenorientierung agieren er und sein Team höchst zielstrebig. Da die Kundschaft des Mittelständlers aus unterschiedlichen Branchen stammt, bleibt man intern rundherum wachsam und transparent, um gegenwärtige Herausforderungen schnell zu identifizieren und ihnen mit innovativen Ansätzen zeitnah zu begegnen.

Kooperationen fördern Innovativität

Dieses breit angelegte Open-Innovation-Prinzip greift in allen Stadien: beim ersten Brainstorming, in der Entwicklungsphase oder auch beim Launch neuer Lösungen. Und es greift bei allen Zielgruppen: ob kleine Mittelständler, Großkonzerne verschiedenster Industriezweige oder Universitäten. Im Austausch mit Stakeholdern sind die Geschäftsführung und das Personal gleichermaßen engagiert. Je nach Rolle und Kompetenz beteiligen sie sich etwa an Forschungsprojekten, zum Beispiel zwecks Optimierung von Material- und Ressourcennutzung oder von Fertigungsverfahren. In enger Kooperation mit externen Partnern entstehen zudem für Kunden innovative Ausbildungskonzepte. Und mit anderen Protagonisten geht man Strategiepartnerschaften ein.

Orientierung durch externes Feedback

Dass jeder in der Firma über aktuelle Innovationsprojekte Bescheid weiß, versteht sich für den Geschäftsführer von selbst. Auch die Kunden werden stetig informiert – persönlich, per Newsletter oder Social Media. Der aktive Wissenstransfer ist ihm dabei besonders wichtig. Hinzu kommen regelmäßige Präsenzevents, Anwendertreffen, Messen, Vorträge, Seminare und Schulungen. Ob informativ oder anwenderorientiert, im Fokus steht immer der Mehrwert für die Zielgruppen. „Wir priorisieren nicht", sagt Hinse angesichts der vielfältigen Maßnahmen in Sachen Innovationsmarketing. „Mit allen Varianten erzeugen wir Feedback — zur Reflexion darüber, was wir tun und wohin die Reise gehen soll."

SimpaTec Simulation & Technology Consulting GmbH
52070 Aachen
www.simpatec.com
Beschäftigte (D): bis 50
Weiterbildung

Geschäftsführer
Cristoph Hinse

SITA Bauelemente GmbH

★★

Organisationsentwicklung als Herzenssache

Das Innovationsmanagement bei der SITA Bauelemente GmbH ist ganz klar Chefsache – aber längst keine One-Man-Show. Dass sich dieser Bauteilhersteller für professionelle Flachdachentwässerung in mehr als 40 Jahren international einen Namen in der Branche gemacht hat, ist das Ergebnis konsequenter Verbesserung der Organisation, durchdachter Innovationsprozesse und eines kontinuierlichen Austauschs auf Augenhöhe. In der Entwicklung stagnieren? Für das innovationsfördernde Top-Management definitiv keine Option!

„Lass mal die anderen machen“: Dieser Aussage kann Thomas Kleinegees wenig abgewinnen. Es ist nicht so, dass der Geschäftsführer der SITA Bauelemente GmbH in Rheda-Wiedenbrück jedes Detail im Unternehmen selbst erledigt, Innovation und Veränderung jedoch sollten top-down-getrieben sein, findet er. Kleinegees ist gern Innovationstreiber. Seit er vor 23 Jahren seinen Posten übernommen hat, stellt er den Status quo der Firma mit aktuell 115 Beschäftigten gezielt infrage. „Besser werden und wachsen“ ist seine Devise – und die stetige Optimierung der Organisation eine persönliche Herzensangelegenheit.

Die Branchenspitze im Visier

Etliche Meilensteine setzte Thomas Kleinegees als Teil des Top-Managements und ging sie mit seinem Team an. Zug um Zug machte er so aus der einstigen „Dorfschmiede“ einen über die Landesgrenzen hinaus anerkannten Player. Der Geschäftsführer führte ein neues ERP-System ein, passte Vertriebsgebiete an, erschloss weitere Zielgruppen und nahm die Druckströmungsentwässerung mit eigener Berechnungssoftware ins Portfolio auf – ein zusätzliches Standbein neben dem Kerngeschäft Freispiegelentwässerung, das über den Bedachungsfachhandel abgewickelt wird. Stete Wettbewerbsbeobachtung und Agilität seien für ein innovationsorientiertes Top-Management unentbehrlich. Nicht vernachlässigen dürfe man außerdem den konstruktiven Austausch auf allen Ebenen. Der Kontakt zu Marktpartnern über den Außen- und den Verkaufsinnendienst, über die Anwendungstechnik sowie zur Geschäftsführung helfe, Marktbedürfnisse schneller aufzugreifen. All dies sind Elemente der stringenten Innovationsstrategie.

Am Erfolg sind alle beteiligt

Kurze Entscheidungswege, offene Türen, flache Hierarchien, Feedback-, Strategie- und Alltagsgespräche – all das ist dem Top-Management gleichermaßen wichtig. Auch Wertschätzung und die Ermutigung, den Firmenerfolg mitzugestalten, sind für Kleinegees essenzielle Bestandteile des Arbeitsalltags. Ein betriebliches Vorschlagswesen sorgt dafür, dass jede Idee honoriert und bei realisiertem Einsparpotenzial sogar prämiert wird. So stellt der Geschäftsführer sicher, dass beim Thema Innovation alle an einem Strang ziehen.

SITA Bauelemente GmbH
33378 Rheda-Wiedenbrück
www.sita-bauelemente.de
Beschäftigte (D): 51 bis 200
Baugewerbe/Handwerk

Geschäftsführer
Thomas Kleinegees

SK UV Gele GmbH

Innovationsstark in der Beauty-Industrie

Ob interne oder externe Strukturen, einzelne Produkte oder gleich ganze Linien: Bei Innovationen machen die knapp 30 Beschäftigten der SK UV Gele GmbH in Mönchengladbach gemeinsame Sache. Eine Organisation der Offenheit, kurze Wege und schlanke Prozesse tragen zu einem dynamischen und ergiebigen Innovationsklima bei. Gemeinsame Visionen gehen mit Eigenverantwortung und einer schnellen Realisierung Hand in Hand – und verschaffen dem Private-Label-Hersteller von UV-Gelen einen Vorsprung am Markt.

Es kann überall passieren: Während eines Meetings, im Labor, auf dem Weg in die Pause – ja sogar auf der heimischen Couch: „Eine Eingebung hat keine fixen Zeiten oder Orte", sagt die Geschäftsführerin Nicole Simon. 2010 gründete sie mit ihrem Mann Oliver das Unternehmen, das heute einer der führenden Anbieter von Nagelgelen in Europa ist. Natürlich müssen die Beschäftigten nicht außerhalb der Arbeitszeiten Innovationen ausklügeln. Im Gegenteil: Sie entscheiden selbst darüber, wann und wie sie ihren kreativen Freiraum nutzen. „Haben sie eine Idee, sollen sie ihr ohne Vorgaben nachgehen können", erklärt Nicole Simon.

Volle Unterstützung bei der Ideenverwirklichung

Die Dokumentation und die Realisierung erfolgen mithilfe eines schlanken Prozesses: Meist stellen die Mitarbeiter in der wöchentlichen Teamsitzung ihre Gedanken und Verbesserungsvorschläge vor oder pinnen sie an ein Ideenboard. Auf einer digitalen Plattform werden die neuen Impulse anschließend vorstrukturiert, ausgewählte Personen erläutern sie anschließend in regelmäßigen Meetings. Manchmal adressieren Kreative die Geschäftsführung auch direkt und zeigen dann auch schon erste Ergebnisse. Das ist so gewollt: „Wir sind immer offen für neue Ansätze. Bei der Weiterverfolgung haben die Mitarbeiter unsere volle Unterstützung", erläutert der Geschäftsführer Oliver Simon und beschreibt damit das lebendige Innovationsklima. Entschieden werde schnell, da die Beauty-Industrie sich rasant ändert. Vereinte Kompetenz, Fach- und Branchenwissen sowie langjähriges Praxis-Know-how in Forschung und Entwicklung verschaffen dem Mittelständler seinen entscheidenden Wettbewerbsvorteil.

Wachsen an gemeinsamen Erfolgen

Mit bislang mehr als 5.000 Gelvarianten beweist das innovationsfördernde Top-Management die Fähigkeit, Neuerungen fast wöchentlich auf den Markt zu bringen. Bisweilen braucht Trendsetting allerdings Geduld und Vertrauen in das eigene Bauchgefühl, so wie bei der 2022 gelaunchten Produktlinie „SUVANARO". Als Erstes seiner Art basiert dieses UV-Gel auf nachwachsenden Rohstoffen. „Es ist ein schönes Gefühl, Vorreiter zu sein", sagt Nicole Simon. „Nachhaltigkeit ist die Zukunft, davon sind wir überzeugt."

SK UV Gele GmbH
41179 Mönchengladbach
www.sk-uvgele.de
Beschäftigte (D): bis 50
Kosmetikindustrie

Geschäftsführer
Nicole und Oliver Simon

TOP 100

TOP 100 TOP 100 TOP 100 TOP 100
TOP 100 TOP 100 TOP 100 TOP 100 TOP 100
TOP 100 TOP 100 TOP 100 TOP 100 TOP 100
TOP 100 TOP 100 TOP 100 TOP 100 TOP 100
TOP 100 TOP 100 TOP 100 TOP 100 TOP 100
TOP 100 TOP 100 TOP 100 TOP 100 TOP 100
TOP 100 TOP 100 TOP 100 TOP 100 TOP 100

TOP 100

Venjakob Maschinenbau GmbH & Co. KG

★★★

Ein Lackierer, der Pflanzen liebt

Ein neues Geschäftsmodell aus dem Supermarkt? Dieser Hersteller von Lackiermaschinen will in Zukunft auch im Bereich Pflanzenbau Großes leisten. Der Kopf des Mittelständlers ist Christian Nüßer. Als Geschäftsführer der Venjakob Maschinenbau GmbH & Co. KG steckt er viel Zeit und Begeisterung in diverse Zukunftsthemen, scoutet Start-ups und adaptiert Megatrends. Kurz: Er zeigt ein beeindruckendes Commitment für Neues und ist damit klarer Innovationstreiber des global agierenden Familienunternehmens aus Nordrhein-Westfalen.

Das spektakulär Neue fand dieser Mittelständler gleich um die Ecke im Supermarkt. Dort entdeckte Christian Nüßer vor einiger Zeit in der Mittagspause mit Kollegen ein ganz neues Geschäftsfeld: „Wir standen vor dem Gemüseregal mit frisch gezüchtetem Basilikum, ausgestattet mit UV-Lämpchen und Sensorik", erzählt er. Und sofort war klar: Für diese Art von Indoor-Farming bringt der Sondermaschinenbauer alle wichtigen Kernkompetenzen mit.

Grünkohl in der Fabrikhalle

Aus der ersten Idee wurde ein Experiment. Seit dieser Zeit bauen Nüßer und sein Innovationsteam nicht mehr nur innovative Maschinen. Nun züchten sie auch Grünkohl in den eigenen Fabrikhallen – selbstverständlich mithilfe modernster Robotik und künstlicher Intelligenz. Parallel dazu scannte der innovationsbegeisterte Geschäftsführer den Markt für Indoor-Farming und Vertical-Farming: Wo gibt es schon gute Lösungen? Wo sind noch Lücken, die man füllen kann? „Wir stellten fest, dass es noch keine einheitlichen intelligenten Steuerungskonzepte für Licht und Flüssigkeiten gab", erinnert er sich. „Dabei ließen sich mittels digitaler Prozesse in der Landwirtschaft Flächen effizienter nutzen, Erträge steigern und Ressourcen einsparen." Die Vorteile lagen für Nüßer und sein Team auf der Hand. Entsprechend schnell wurde ein erster Prototyp entwickelt, danach ging es damit auf einschlägige Messen: „Zu jeder Innovation gehört es natürlich auch, die passenden Kunden zu finden und für die Sache zu begeistern", unterstreicht Nüßer.

Robotik und lackierte Akkus

Start-ups scouten, auf Messen stetig netzwerken, Partner und Kunden interviewen und so die großen Megatrends frühzeitig erkennen und adaptieren: Der engagierte Geschäftsführer geht diverse Wege, um Neues in sein Unternehmen zu bringen. So ist die Farming-Idee nicht das einzige Innovationsprojekt. Auch die Sparten Elektromobilität, Robotik und künstliche Intelligenz sind für den Maschinenbauer immer wieder faszinierende Inspirationsquellen für ganz neue Produkte und Lösungen. Die langfristige Unternehmensstrategie des Mittelständlers kennt vor allem einen großen Motor: die Zukunft mit ihren faszinierenden Möglichkeiten.

Venjakob Maschinenbau GmbH & Co. KG
33378 Rheda-Wiedenbrück
www.venjakob.de
Beschäftigte (D): über 200
Anlagen-/Maschinenbau

Geschäftsführer
Christian Nüßer

Die VÖB-Service GmbH bietet seit über 25 Jahren Speziallösungen für die Kreditwirtschaft an. Ihr Leitsatz für 2023, der das Handeln und Wirken prägt: „Megatrends der Resilienz – ESG, Digitalisierung, Regulierung.“

TOP 100

VÖB-Service GmbH

Trendsetter der Kreditwirtschaft

Nah am Markt, noch näher an den Kunden: Die VÖB-Service GmbH entwickelt immer wieder neue Produkte und Dienstleistungen, mit denen sie öffentliche und private Banken gezielt unterstützt. Eine Software, die künstliche Intelligenz nutzt, eine Onlineplattform für Regulatorik — mit solchen Produkten trifft der Mittelständler den Nerv seiner Kunden. Er greift systematisch die Megatrends der Branche auf und schneidet sein Produktportfolio darauf zu.

Digitalisierung, Nachhaltigkeit, Regulatorik: drei Themen, drei Megatrends. Und drei Gebiete, auf denen sich VÖB-Service konsequent weiterentwickelt. Im Klein-Klein des Bankenwesens verliert sich der Dienstleister damit aber nicht: „Wir beobachten innovative Entwicklungen über die Branche hinaus und adaptieren sie dann zielgerichtet für unsere Kunden",sagt der Prokurist und Bereichsleiter Dr. Stefan Hirschmann.

Megatrends mit den Kunden verfolgen

Diese Vorgehensweise mündete zum Beispiel in ein Produkt, das die rasante Entwicklung der Regulatorik im Bankenwesen aufgreift: „Mit unserer Onlineplattform ‚Radar' können Kunden die schnelllebige und komplizierte Regulatorik sogar tagesaktuell abrufen", erklärt Hirschmann. Neuerungen so zuzuschneiden, dass der Markt sie begeistert aufnimmt, das schafft das Team der VÖB-Service meist in enger Zusammenarbeit mit den Kunden. „Wir entwickeln Produkte oft gemeinsam mit unseren Auftraggebern und sammeln konsequent Feedback ein", unterstreicht Hirschmann. Als Tochter des Bundesverbands Öffentlicher Banken Deutschlands, kurz VÖB, ist das Unternehmen zudem Teil eines großen Netzwerks, das stets einen regen Austausch pflegt. „Die Bedürfnisse und Erwartungen unserer Kunden kennen wir auch durch diese langjährige Verbandsarbeit sehr genau", bestätigt er.

Vernetzung von Know-how

Zu den großen Themen Digitalisierung und Nachhaltigkeit entwickelte das Team ein Produkt, das die Kunden ebenfalls begeistert. So bewertet die Software „Taxo Tool" mithilfe künstlicher Intelligenz Finanzprodukte danach, ob sie den aktuellen EU-Richtlinien für nachhaltiges Wirtschaften entsprechen. Auch diese Innovation ist einer erfolgreichen Kooperation mit einem externen Partner entsprungen. „Für das Produkt haben wir mit dem Technologieunternehmen Dydon zusammengearbeitet, das unser Fachwissen sowie unsere Branchenkenntnis auf ein ganz neues Niveau gehoben hat", erklärt Hirschmann. Ob mit Kunden oder mit Partnern: Wissen gezielt verknüpfen und gemeinschaftlich nutzen — das ist das Erfolgsrezept von VÖB-Service.

VÖB-Service GmbH
53175 Bonn
www.voeb-service.de
Beschäftigte (D): 51 bis 200
Finanzdienstleistungen/
Versicherungen

Geschäftsleitung
Holger Heuschen,
Stephan Henkel,
Dr. Stefan Hirschmann

VOSSLOH AG

Auf der smarten Schiene

Schienen sind heute mehr als Stahl und Beton. Stichwort: Klimaschutz. Deshalb will die VOSSLOH AG mittels Sensorik, intelligenter Datenverarbeitung und innovativer Servicekonzepte Bahnnetze in Zukunft stärker verfügbar machen. Denn Megatrends wie „grüne Mobilität" erfordern digitale Innovationen, die der Mittelständler mit einem eigenen Team vorantreibt. Dabei setzt er auf einen starken Kundenbezug und realistische Erfolgsaussichten. Intelligente Prozesse und eine klare Methodik machen es möglich.

„Enabling green mobility" lautet das Motto dieses Mittelständlers, denn schließlich werden Schienen immer wichtiger. „Wenn der Straßenverkehr abnehmen soll, wird sich die Auslastung der Schienen automatisch verstärken. Dafür brauchen wir dringend verfügbare Bahnnetze", sagt Dr. Michael Wunram, Head of Innovation. Einer der wesentlichen Ansätze für diesen Wandel lautet: „prädiktive Instandhaltung". Dies erklärt Wunram so: „Dank intelligenter Sensorik und verlässlicher Daten wissen unsere Kunden dadurch besser, wann die Schienen eine Wartung oder eine Reparatur benötigen. Das erhöht die Effizienz und verringert die Kosten."

Die Weichen richtig gestellt

Für solche digitalen Zukunftstechnologien stellte man mit einem eigenen Team die Weichen: „Wir wollen die Chancen der Digitalisierung für das traditionelle Bahngeschäft konsequent nutzen. Die beiden Abteilungen Innovation und Digitalisierung arbeiten dafür Hand in Hand", erklärt Wunram. Auch die vier Geschäftsbereiche Schwellentechnik, Schienenbefestigung, Weichensysteme und Service verzahnt das Unternehmen geschickt: „Mit der Stabsstelle Innovation haben wir unsere Innovationskraft übergreifend gebündelt. Das ist entscheidend, um Querverbindungen ziehen und frühzeitig Synergien abschöpfen zu können", erläutert Wunram. Gerade die Digitalisierung erfordert diesen ganzheitlichen Blick: „Die Zukunft liegt im Gesamtsystem Schiene."

Sicher zum Ziel

Um diese Zukunft zu gestalten, pflegt man einen sehr intensiven Kundenkontakt: „Wir entwerfen Innovationen nicht am Schreibtisch, sondern auf der Schiene, im Dialog mit den Kunden", erklärt der Innovationsleiter. Damit am Ende aus einer Idee auch tatsächlich ein Markterfolg wird, setzen die Verantwortlichen konsequent auf die Methode „Business Model Canvas": Entspricht die Innovation einem echten Kundenbedürfnis? Ist sie machbar und finanzierbar? Passt sie zur Unternehmensstrategie? Und macht sie uns zukunftsfähig? Werden diese Fragen bejaht, ist der Weg für die Neuerung frei – und sie hat dann auch glänzende Chancen auf den Markterfolg.

VOSSLOH AG
58791 Werdohl
www.vossloh.com
Beschäftigte (D): über 200
Engineering

Vorstände
Jan Furnivall,
Oliver Schuster und
Dr. Thomas Triska

Wortmann Schuh-Holding KG

Schuhe aus innovativen Materialien

Innovationserfolge sind für die Wortmann Schuh-Holding KG Pflicht: Marktneuheiten, innovative Verbesserungen, Sortimentsneulinge – das Produktportfolio des weltweit tätigen Schuhproduzenten spiegelt unablässig neue Themen und Trends wider. Derzeit treiben vor allem biobasierte Materialien den Mittelständler zu Neuerungen an. Der Motor dieser klaren Zukunftsstrategie ist vor allem das Top-Management. Es übernimmt viel Verantwortung für technologische Innovationen, aber auch für nachhaltiges Handeln.

Nachhaltigkeit ist in Mode, aber kann Mode auch nachhaltig sein? Der internationale Schuhproduzent Wortmann weiß um seine soziale und ökologische Verantwortung. Kontinuierlich geht er dem Ziel nach, einen möglichst grünen Schuhabdruck auf der Welt zu hinterlassen. Ein großes Problem in der Modebranche ist die Einmalnutzung und die Frage, was mit Kleidung und Schuhen passiert, wenn sie nicht mehr genutzt werden. Auf neuen Wegen testet daher das Unternehmen die Verwendung neuer Materialien und setzt dabei auf Nachhaltigkeitsfeatures, um diesen Kreislauf eines Tages durchbrechen zu können.

Pionierarbeit bei Biomaterialien

Mehr Nachhaltigkeit in die Branche bringen, das sieht der Geschäftsführer Jens Beining als klare Zukunftsaufgabe. „Die Nutzung von recycelten Materialien, der Einsatz erneuerbarer Energien und alternativer Rohstoffe – das sind die entscheidenden Pfeiler unserer Nachhaltigkeitsstrategie", sagt er. Dieser Fokus zahlt sich aus: Mit der Marke „Tamaris" hat sich der Mittelständler schon als Marktführer für vegane modische Damenschuhe etabliert. Bei biobasierten Materialien ging es aber zuletzt noch einen Schritt weiter. So entwickelte das engagierte Team eine Pantolette aus Pilzmaterial und einen Laufschuh mit Algensohle. „Mit solchen Produkten wollen wir zeigen, dass es möglich ist, nachhaltige Materialien auch industriell für die Schuhproduktion gezielt zu verwenden", berichtet der Geschäftsführer. Er ist stolz auf die Pionierarbeit, die sein Unternehmen immer wieder leistet.

In die Zukunft investieren

Mit seinem innovativen Produktportfolio gehört Wortmann weltweit schon längst zur Spitzengruppe der Branche. Doch die Geschäftsführung weiß, dass sie weiterhin in die Zukunft investieren muss. „In unserer Branche ist es ganz entscheidend, schnell und flexibel zu reagieren. Für unser Projekt ‚Future Boost' haben wir daher Teams gebildet, die flexibel auf Änderungen in der Branche oder am Markt reagieren können", erläutert Jens Beining, der Innovation am Ende auch als Chefsache sieht. Innovationen, stabile und resiliente Unternehmensführung – und nicht zuletzt nachhaltiges Handeln: „Das sind die Säulen unserer Zukunftsfähigkeit", sagt er abschließend.

Wortmann Schuh-Holding KG
32758 Detmold
www.wortmann-group.com/de
Beschäftigte (D): über 200
Handel

Geschäftsführer
Jens Beining

TOP 100

TOP 100
TOP 100
TOP 100
TOP 100
TOP 100
TOP 100
TOP 100
TOP 100
TOP 100
TOP 100
TOP 100
TOP 100
TOP 100
TOP 100

WWM GmbH & Co. KG

Digitale Plattform für virtuelle Events

Mit wenigen Mausklicks zum fertigen Messestand: Die WWM GmbH & Co. KG ist Treiber einer kleinen digitalen Revolution in der Messe- und Eventbranche. Seit Jahren tüftelt der Spezialist für Messemanagement in einem hauseigenen Innovation-Lab an digitalen Neuerungen. Seither feiert er mit seinen Softwarelösungen einen Innovationserfolg nach dem anderen – ob mit einem Avatar im digitalen Meetingraum, mit der automatisierten Besuchermessung eines realen Messestands à la Google Analytics oder beim echten Kaffee am digital geplanten Messestand.

Ein Messestand per Knopfdruck – das verspricht dieser Mittelständler mit seinen innovativen digitalen Tools. Dazu zählt eine Cloudlösung, mit der Firmen in wenigen Klicks den perfekten Messeauftritt planen können: „Unsere Kunden bekommen von uns Equipment, Montage, Werbematerial und Organisation, alles aus einer Hand. In 15 Minuten können sie ihren individuellen Messeauftritt online in 3-D designen und planen. Den Rest erledigen wir", erklärt der Geschäftsführer Dr. Christian Coppeneur-Gülz.

Schöpferische Zerstörung

Den Weg zu solchen digitalen Lösungen ebnet seit 2015 das Innovation-Lab des Mittelständlers. „Die Leute dort greifen unser Geschäftsmodell permanent an, ganz nach der Maxime der schöpferischen Zerstörung. Das brachte uns echte Entwicklungssprünge", erklärt Coppeneur-Gülz. So entstanden auch eine Technologie und eine Software, die Messeauftritte analysieren und optimieren können: „Das funktioniert so ähnlich wie Google Analytics für Webseiten: Wie viele Besucher waren am Stand? Und wann und wie lange genau? Derartige Daten können essenziell sein, wenn man die Effizienz und die Effektivität zukünftiger Messeauftritte optimieren will", betont Coppeneur-Gülz. Den jüngsten Innovationserfolg des Mittelständlers befeuerte ausgerechnet die Coronapandemie: „Unser Geschäftsmodell war schließlich in dieser Zeit quasi verboten", sagt der Geschäftsführer.

Hybride Kommunikation in der Zukunft

Zum Glück hatte das Innovationsteam bereits intensiv an Technologien für digitale Messeauftritte getüftelt. „Diese fertigen Pläne mussten wir nur aus der Schublade holen – und ein ganz neues Geschäftsmodell war geboren", erzählt Coppeneur-Gülz. Heute ermöglicht die digitale Plattform für virtuelle Events mit dem Namen „Metapilots" es den Kunden, Messen komplett virtuell abzuhalten. „Das hat natürlich auch außerhalb von Pandemiezeiten Vorteile, weil es die Wege reduziert und die Besucher viel flexibler macht", erklärt der Geschäftsführer. In Zukunft dürfte sich seiner Einschätzung nach eine hybride Messe- und Eventkultur herausbilden. Und WWM will sie selbstverständlich innovativ mitgestalten.

WWM GmbH & Co. KG
52156 Monschau
www.wwm.de
Beschäftigte (D): 51 bis 200
Kommunikation/Marketing/Medien

Geschäftsführer
Dr. Christian Coppeneur-Gülz

Rheinland-Pfalz
Saarland

Die Zahl der goldenen Sternchen in den nachfolgenden Unternehmensporträts entspricht der Zahl der TOP 100-Auszeichnungen.

3 Plus Solutions GmbH & Co. KG

Das Beste aus Marketing und IT

Wie bringt man die IT- und die Marketingwelt erfolgreich zusammen? Auf diese Frage hat die 3 Plus Solutions GmbH & Co. KG eine klare Antwort: Sie vereint die beiden Geschäftsbereiche unter einem Dach und verbindet so Digitalexpertise mit kreativem Marketing. Dank des hervorragenden Innovationsklimas und überzeugender Prozesse gehört der Mittelständler mittlerweile zu den besten Web- und Onlineagenturen Deutschlands und ist kontinuierlich auf Wachstumskurs.

Das inhabergeführte Unternehmen hat sich auf kundenspezifische IT-Lösungen für das gesamte digitale Spektrum sowie auf psychologisch fundiertes Neuromarketing spezialisiert. Auch aufgrund der kurzen Kommunikationswege greifen die unterschiedlichen Prozesse ohne große Reibungsverluste oder hinderliche Schnittstellen ineinander. Der Geschäftsführer Marco Schröder drückt es so aus: „Der bewusste strategische Zusammenschluss von IT-Systemhaus und Marketingagentur verbindet das Beste aus zwei Welten: tiefgreifendes technisches Know-how und fundierte kreative Marketingkompetenz.“

Mit durchdachten Prozessen Neues kreieren

Die Teamleiter besprechen kreative Ideen und Verbesserungsvorschläge regelmäßig in Meetings und wandeln sie bei positiver Bewertung systematisch in Innovationsprojekte um. Bei diesem Prozess kommen die Tools der Businesssoftware „Strategyzer“ zum Einsatz. In naher Zukunft soll außerdem ein Innovationsmanager dafür sorgen, dass Innovationsanstöße in ein erfolgreiches Produkt oder eine neue Dienstleistung münden. Der Geschäftsführer Steffen Mai meint dazu: „Für uns ist Innovation nicht nur ein gut klingendes Schlagwort. Als innovative Firma sind wir in der Lage, unsere Betriebsabläufe, Dienstleistungen und Produkte stetig an den sich ändernden Marktbedingungen auszurichten. Dadurch können wir rasch und flexibel auf Veränderungen reagieren, neuartige Geschäftsfelder entdecken und kontinuierlich verbesserte Leistungen für unsere Kunden entwickeln.“

Das Potenzial der Mitarbeiter erkennen und fördern

Bei 3 Plus Solutions kann jeder Mitarbeiter über ein Ticketsystem Verbesserungsideen einbringen. Denn häufig entsteht der zündende Funke für eine Innovation bei der täglichen Arbeit. Folgerichtig herrscht hier eine gute Feedback- und Fehlerkultur. Keine Idee darf direkt abgelehnt werden – egal, von wem sie kommt. Verschiedene Gratifikationen sowie Einmalzahlungen bei herausragenden Leistungen Einzelner tun ein Übriges für das Innovationsklima. Ob IT oder Marketing: Jeder bringt seine Stärken ein, und alles zusammen ergibt das große Ganze. Getreu nach dem Motto „Der einzige Weg, großartige Arbeit zu leisten, ist, zu lieben, was man tut“, wie Mai abschließend meint.

3 Plus Solutions GmbH & Co. KG
66822 Lebach
www.3plus.solutions
Beschäftigte (D): bis 50
IT-Entwicklung/-Beratung

Geschäftsführer
Steffen Mai und
Marco Schröder

Dieckhoff & Ratschow Praxisdienst GmbH & Co. KG

Im Zweifel ...
machen!

Bei seiner Gründung 1953 war dieses Unternehmen ein Pionier am Markt: Der Praxisdienst war einer der ersten Versandhändler für Medizinprodukte. Per Katalog konnten niedergelassene Ärzte, Kliniken und Pflegeeinrichtungen bestellen, was immer sie im Alltag brauchten, ob Pflaster, Spritzen oder Stethoskope. Heute ist die Dieckhoff & Ratschow Praxisdienst GmbH & Co. KG mit Sitz in der Nähe von Trier ein so etablierter wie innovativer Mittelständler – und der Erfolg hat viel mit dem hervorragenden Innovationsklima zu tun.

Es hätte auch schiefgehen können. Als Michael Heine 2002 den Praxisdienst übernahm, gab es rote Zahlen, zu viele Mitarbeiter und zu wenige Ideen. Doch trotz dieser Umstände ging Heine das Risiko ein. „Wenn eine Idee plausibel und gut begründet ist, lautet mein Motto: Im Zweifel machen!", erklärt er. Die Idee, die er damals hatte, war plausibel. Sie lautete: Online ist die Zukunft. Heine etablierte den ersten Onlineshop für Praxis- und Arztbedarf.

Digitale Revolution

„Unser Innovationserfolg ist die Summe vieler kleiner Schritte", erläutert Michael Heine. Sukzessive digitalisierte er den Handel mit Arztbedarf. Er passte das Sortiment an, baute ein Logistikzentrum, etablierte ein vollautomatisches Roboterlagersystem, erhöhte die Produktverfügbarkeit und das Liefertempo. Er erweiterte um einen Dental- und einen Veterinärbereich. Und er setzt auf digitale Services. So wird der Praxisbedarf nur teilweise von den Krankenkassen bezahlt – der Praxisdienst prüft also die Bestellungen auf SSB-Artikel, erstellt das Rezept und rechnet mit der Kasse ab. „Die Bürokratie in der Medizin ist unglaublich. Wir wollen aber, dass Ärzte mehr Zeit für die Patienten haben", betont Heine. 2022 kam noch eine App hinzu, mit auf die Fachrichtung abgestimmter Plattform, leistungsfähiger Suche und digitalen Bestellvorlagen. Der Geschäftsführer ergänzt: „Viele Praxismanagerinnen sind jung und netzaffin. Perspektivisch werden Desktopbestellungen weniger und eventuell sogar ganz verschwinden."

Sich zu entfalten macht Spaß

Das Unternehmen wickelt heute 90 % der Bestellungen online ab. Der Umsatz hat sich versechzigfacht. Und bis heute prägt das Motto „Im Zweifel machen" das Innovationsklima. „Bei uns kann jeder seine Ideen einbringen. Gute Ideen probieren wir immer gern aus", betont Michael Heine. Diese Haltung hilft außerdem, gute Mitarbeiter zu finden. Denn sich im Job entfalten zu können motiviert, manchmal mehr als Geld. Und es macht Spaß. „Spaß ist auch wichtig", sagt Heine. „Nur Sachen abzuarbeiten und Geld zu verdienen – das ist zu wenig im Leben."

Dieckhoff & Ratschow
Praxisdienst GmbH & Co. KG
54340 Longuich
www.praxisdienst.de
Beschäftigte (D): bis 50
Medizintechnik

Geschäftsführer
Michael Heine

Dr. Eckel Animal Nutrition GmbH & Co. KG

Wandel als Prinzip

Als Dr. Antje Eckel nach der Promotion einen Job suchte, boten sich nur Stellen, die entweder wenig anspruchsvoll oder wenig familienfreundlich waren. Also machte sie sich selbstständig und gründete die Dr. Eckel Animal Nutrition GmbH & Co. KG. Das Familienunternehmen in der Eifel entwickelt Futterzusatzstoffe, die Tierernährung gesünder und nachhaltiger machen. Für seine beeindruckende Innovationskraft ist vor allem ein Top-Management verantwortlich, das weiß: Das einzig Beständige ist der Wandel.

Einen Tag in der Woche hat Dr. Antje Eckel für Innovation reserviert. Mal sind es kleine Puzzlestücke, die sie einbringt: einen Artikel, den sie gelesen hat, ein interessantes Gespräch, das sie mit einem Bekannten aus einer anderen Branche geführt hat, ein Detail, bei dem ihr Marktgespür angesprungen ist. Mal sind es große Veränderungen, die sie beeindruckt haben, wie der Zimmerservice-Roboter neulich in einem Hotel. „In solchen Momenten frage ich mich immer: Worin könnte bei uns ein solcher Innovationssprung bestehen?“, berichtet sie.

Innovation ist ein ständiger Prozess

In Workshops diskutieren Top-Management, Marketing, Produktentwicklung und Vertrieb über die neuen Ideen. Zu besonders interessanten Projekten gründen sich abteilungsübergreifende Exzellenzteams, ausgestattet mit entsprechenden Ressourcen. Ein Monitoring begleitet die weitere Arbeit. „Wenn es perfekt läuft, hat man etwas übersehen“, sagt die Geschäftsführerin. „Sobald man sich zu sicher fühlt, denkt man nämlich nicht mehr voraus.“ Außerdem, fügt sie hinzu, sei es immer gut, einen Plan zu haben – und manchmal noch besser, ihn schließlich über den Haufen zu werfen: Als man um das Jahr 2000 expandieren und den europäischen Markt erobern wollte, kam ein Anruf. „Man bot uns eine Geschäftsmöglichkeit in Asien. Wir hatten keinerlei Kontakte dorthin. Aber ich dachte: Das machen wir! Heute ist Asien einer unserer wichtigsten Märkte“, erzählt Dr. Eckel.

Wandel ist gut

Die Unternehmenskultur ist familiär geprägt und sehr aufgeschlossen für Neues. „Bei uns werden Sie nie hören: Veränderung – schon wieder?! Bei uns heißt es immer: Eine neue Idee? Erzähl mal!“, erklärt Antje Eckel. Das gesamte Team überlegt ständig: Wo können wir nachhaltiger oder digitaler werden? Wo die Lieferketten verkürzen? Wo das Tierwohl noch mehr in den Fokus rücken? Das jüngste Projekt des Entwicklungsteams: ein pflanzenbasierter Zusatzstoff, der Emissionen in der Rinderfütterung reduziert. Seit Neuestem ist die Produktion des Mittelständlers biozertifiziert, und ein Produkt für die Biolandwirtschaft ist in Arbeit.

Dr. Eckel Animal Nutrition GmbH & Co. KG
56651 Niederzissen
www.dr-eckel.de
Beschäftigte (D): 51 bis 200
Agrar

Geschäftsführerin
Dr. Antje Eckel

FWB Kunststofftechnik GmbH

★★

Auf einen Kaffee mit dem Chef

Was haben ein Autoschlüssel, eine Linse für einen Fahrradscheinwerfer und ein Rotorträger gemeinsam? Sie alle stammen aus der Produktion der FWB Kunststofftechnik GmbH in Pirmasens. Der mittelständische Kunststoffspritzgusshersteller fertigt technisch anspruchsvolle Teile in mittlerer bis hoher Stückzahl. Auch Hybridteile aus verschiedenen Materialien oder metallische Beschichtungen sind möglich. Das engagierte Top-Management sorgt dafür, dass ein Innovationsklima der stetigen Verbesserung im Unternehmen herrscht.

„Unsere Mitarbeiter gehen mit ziemlich viel Herzblut an das Thema Innovation heran, weil sie wissen, dass Verbesserungen nicht nur das Unternehmen, sondern auch sie selbst voranbringen", sagt der Geschäftsführer Andreas Kleinehr. Er ist davon überzeugt: Kommunikation ist der beste Motivator. Ob beim internen Format „Meet the CEO", bei dem jeder aus der Belegschaft auf einen Kaffee mit der Geschäftsleitung sprechen kann, oder auch bei den täglichen Runden durch die Fertigung – Kleinehr hat immer ein offenes Ohr für seine Beschäftigten und ihre Ideen zur Verbesserung von Produkten und Prozessen.

Ideen infrage stellen

„Neue Impulse gibt es bei uns im Haus viele", sagt der Geschäftsführer. „Ich stelle sie oft erst einmal infrage, um noch mehr aus unseren Mitarbeitern herauszuholen. Ich bin generell der Ansicht, es geht immer noch ein kleines Stück besser, als man zunächst denkt." Er ermutigt jeden der knapp 200 Beschäftigten, sich mit anderen zusammenzusetzen und über mögliche neue Ideen intensiv nachzudenken. Damit Andreas Kleinehr immer den Überblick über alle Vorschläge und ihren Status quo hat, nutzt das Unternehmen das Innovationsmanagementprogramm seiner Muttergesellschaft Hella. Mithilfe der Software werden alle Ideen gesammelt, diskutiert, bewertet und auf den Weg gebracht. „Unser großes Ziel ist es, uns in unserem Geschäftsbereich permanent zu verbessern und unseren Kunden auch komplexe Spritzgusslösungen anzubieten", sagt der zweite Geschäftsführer Dr. Athanasios Valous und fasst damit den Innovationsgedanken zusammen.

Kunststoffe für Radaranwendungen

Zwei Trends sieht Valous als besonders bedeutend für sein Unternehmen an: Zum einen erwartet er im Rahmen der Entwicklungen im Bereich autonomes Fahren, dass Kunden aus der Automobilbranche künftig großen Bedarf an metallisiertem Kunststoff haben werden, der bei Radaranwendungen zum Einsatz kommt. Ein anderer Trend ist die zunehmende Elektrifizierung der Fahrzeuge. Dabei kommt es darauf an, bei allen Bauteilen das Gewicht zu reduzieren. Auch hier ist die FWB mit neuen technologischen Verfahren schon auf einem guten Weg in die Zukunft.

FWB Kunststofftechnik GmbH
66955 Pirmasens
www.fwb-gmbh.de
Beschäftigte (D): 51 bis 200
Automobilzulieferer/
Fahrzeugbau

Geschäftsleitung
Tony Böhm, Andreas Kleinehr und Dr. Athanasios Valous

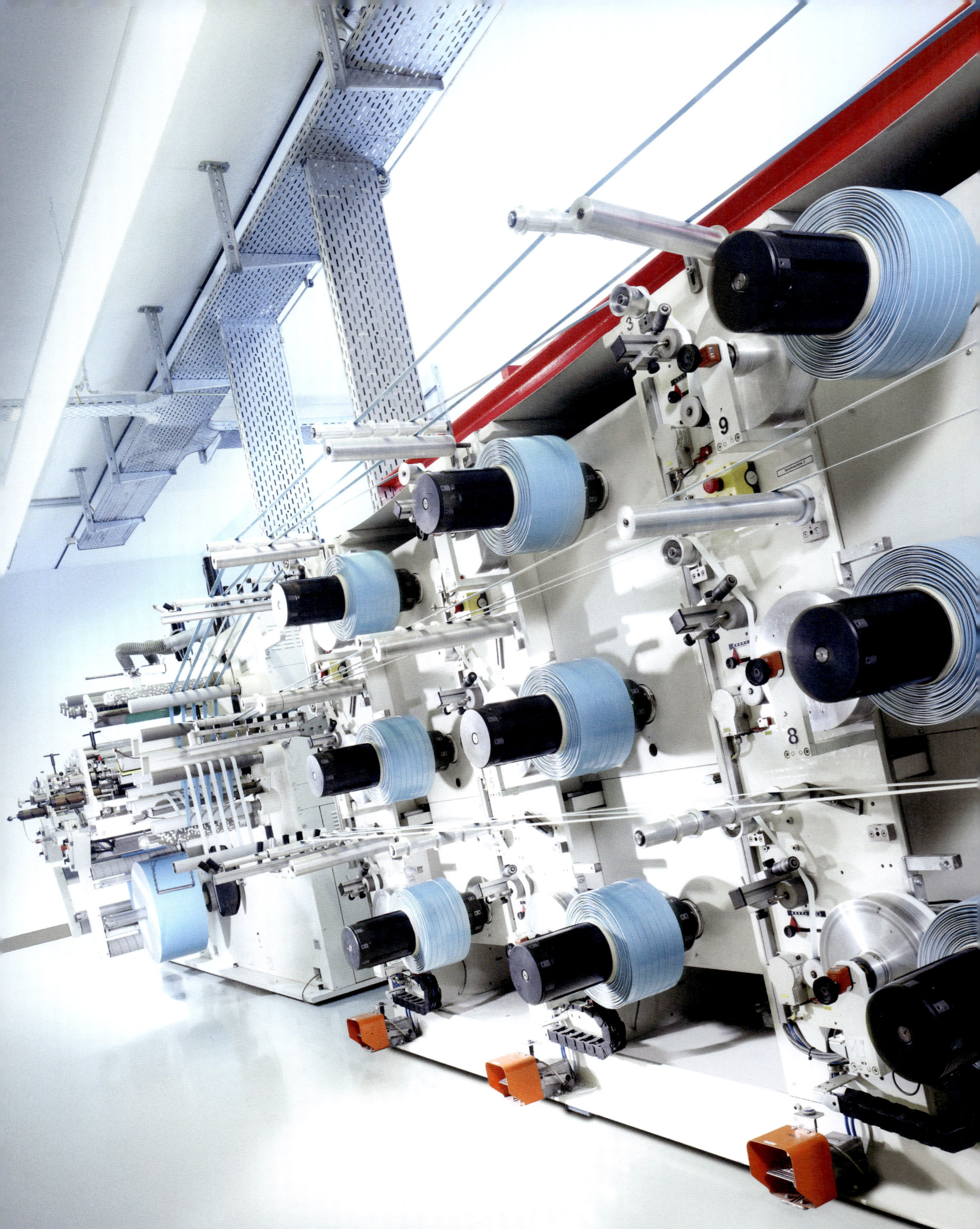

Lohmann ist einer der weltweit führenden Hersteller von Hightech-Klebebändern und kundenspezifischen Stanzteilen. An weltweit 29 Standorten mit 1.800 Beschäftigten bietet die Firma Klebelösungen für verschiedenste Industriezweige.

Lohmann GmbH & Co. KG

Kluge Köpfe mit komplexen Klebe-Ideen

Dem Klebeband haftet ein banales Image an — völlig zu Unrecht. Die Lohmann GmbH & Co. KG ist Spezialistin für komplexe Klebelösungen, die in vielen Branchen Einsatz finden. Ob im medizinischen, elektronischen oder im Automotivebereich: Der traditionsreiche Mittelständler strukturiert seine Innovationsprozesse konsequent, um neuartige Klebeprodukte zu realisieren. Nicht zuletzt mit internen Ideenwettbewerben erzielt er ein reges Innovationsklima, was zudem ein globales Wirgefühl an allen Standorten bewirkt.

Der Geschäftsführer Dr. Carsten Herzhoff erklärt die Arbeitsweise der „bonding engineers“: „Wir produzieren nicht einfach Klebeband, sondern Klebelösungen. Dadurch wird das Klebeband ein multifunktionaler Träger von Funktionen.“ Diese Funktion kann etwa thermische Leitfähigkeit sein wie im Bereich Automotive. Für die Medizin produziert Lohmann Patches, über die sich Körperfunktionen messen lassen. Und in Handydisplays oder Tastaturen kommen elektrisch leitfähige Klebebänder zum Einsatz.

Strukturierte Innovationsprozesse

Innovation hat bei Lohmann Methode: Mit agilen Vorgehensweisen wie Scrum oder der Blue-Ocean-Strategie machen sich die Innovationsmanager auf die Suche nach kreativen Ideen oder unentdeckten Märkten. „Unser Erfolgsrezept ist eine engmaschige Kommunikation und die Überzeugung, dass Innovation ein dynamischer Prozess ist“, sagt der Geschäftsführer Dr. Jörg Pohlman. Prinzipiell sucht das Innovationsteam nach der erfolgreichen Realisierung einer Produktidee sehr schnell mit einem „minimal viable product“ den Kontakt zum Kunden. In der sogenannten Bonding-Arena, einem voll ausgestatteten Ideenlabor, können dem Kunden neue Prototypen, ihre Funktion und Herstellung direkt präsentiert werden. Im Sinne der „Co-Creation“ entwickeln Lohmanns Klebe-Ingenieure dort gemeinsam mit den Kunden ein mit allen Sinnen erfahrbares Produkt.

Erfolgreiche Energy-Challenge

Das Innovationsklima ist auch durch „sozialen Klebstoff“ geprägt: „Team Lohmann“ heißt die Firmeninitiative, die die Mitarbeiter weltweit verbindet und mit gemeinsamen Events ein Wirgefühl schafft. So etwa 2022 mit der „Energy Challenge“, bei der alle Kollegen ihre Energiespar-Ideen beisteuern konnten. „Mehr als 250.000 Euro pro Jahr können wir dadurch sparen“, lobt Herzhoff das fulminante Ergebnis. Und wo Mitarbeiter gern für mehr Nachhaltigkeit tüfteln, teilen sie auch ihre Naturbegeisterung. So werden am Hauptstandort Neuwied mehrere Bienenvölker und ein Nutzgarten gemeinsam betreut. „Bonding“ ist ganz klar das Leitwort von Lohmann: Hier halten nicht nur die innovativen Klebelösungen zusammen, sondern auch die Mitarbeiter.

Lohmann GmbH & Co. KG
56567 Neuwied
www.lohmann-tapes.com
Beschäftigte (D): über 200
Chemie/Kunststoff

Geschäftsführer
Dr. Jörg Pohlman und
Dr. Carsten Herzhoff

Neodigital Versicherung AG

★★★

Versicherung? Digital!

Mehr als 200 Anbieter von Sachversicherungen konkurrieren in Deutschland um Kunden. Wer hier neu Fuß fassen will, muss ausgetretene Pfade verlassen. Der 2017 gestarteten Neodigital Versicherung AG gelingt dies mit einem fortschrittlichen Geschäftsmodell für Kunden und Vertriebspartner, das sämtliche Assekuranzabläufe IT-basiert abbildet, vereinfacht und flexibilisiert. Um weiterhin zu wachsen, macht sich der Mittelständler einstige Wettbewerber zu Verbündeten, darunter etliche Branchenriesen.

Der Erfolg der Neodigital gründet auf einer selbst entwickelten Onlineplattform, mit der Versicherungsnehmer ihre Policen einfach verwalten und Schadensfälle rund um die Uhr melden können. Zudem kann man den Geschäftskunden dank eines digitalen Baukastensystems in Rekordzeit fertige Produkte zur Verfügung stellen. Diese können so wiederum schneller auf die sich rasant verändernden Nachfragen der Kunden reagieren. Die Finanzaufsicht BaFin lizenzierte das Start-up bereits ein Jahr nach seiner Gründung als Erstversicherer mit eigenen Tarifen. Inzwischen betreut das Unternehmen im saarländischen Neunkirchen mehr als 400.000 Privatkunden — 90 % aller deutschen Versicherungsmakler haben seine Produkte im Portfolio.

Veränderungen offen begegnen

Nach dem Motto „Die Zukunft ist digital" arbeitet mehr als die Hälfte der etwa 100 Beschäftigten in der IT-Entwicklung. Der Vorstand Stephen Voss betont ein Alleinstellungsmerkmal in seiner Branche: „Weil wir alle wiederkehrenden Abläufe automatisieren, wenden unsere Sachbearbeiter nur 20 % ihrer Zeit für Schadenregulierung auf und widmen sich ansonsten überwiegend der Verbesserung von Prozessen." Wann und wo die Mitarbeiter, darunter auch digitale Nomaden, ihre Leistungen erbringen, bleibt weitestgehend ihnen überlassen. „Qualifizierten Mitarbeitern bieten wir ein Höchstmaß an Freiheit, die allerdings mit Disziplin und der Akzeptanz verbindlicher Projektmanagementstrukturen einhergeht", erklärt Voss.

Kooperationen als Wachstumsmotor

2020 fiel der Startschuss für den Aufbau des B2B-Geschäfts. Seither stellt das Unternehmen seine Produkte und Prozesse Partnern als Insurance-as-a-Service-Modell zur Verfügung. Mit der Versicherungsfirma HUK-COBURG schloss sich der Mittelständler zu einem Joint Venture zusammen, um seine digitale Führerschaft auf den Bereich der Kfz-Tarife auszuweiten. Und auch der Haftpflichtverband der Deutschen Industrie, kurz HDI, setzt neuerdings auf das Know-how der Saarländer, um künftig unter anderem Teile seiner Schadenverarbeitung im Kfz-Bereich für die Kunden weiter zu verbessern und auf ein neues Niveau zu heben.

Neodigital Versicherung AG
66538 Neunkirchen
www.neodigital.de
Beschäftigte (D): 51 bis 200
Finanzdienstleistungen/
Versicherungen

Vorstand
Stephen Voss

TOP 100

PM-International AG

★★★★★★★★★★★★★★★★★★★★★

Jede Stimme zählt

Einen eindrucksvollen Beleg dafür, dass stetige Innovationsarbeit sich auszahlt, liefert die PM-International AG in Speyer in Rheinland-Pfalz: In ihrem 30. Jubiläumsjahr erhält sie schon zum 21. Mal eine Auszeichnung im TOP 100-Wettbewerb. Die zentralen Erfolgsfaktoren sind permanent optimierte Prozesse und ein positives Innovationsklima. Die Ideen der Belegschaft gehen direkt an das innovationsfördernde Top-Management und werden stets belohnt, in besonderen Fällen auch in Form attraktiver Sonderprämien.

„Es ist ein Teil unseres Erfolgsmodells, dass unser Corporate Team und unsere selbstständige Vertriebsmannschaft eng mit den Kunden vernetzt sind“, sagt der Vorstand Patrick Bacher. Die Unternehmenskultur basiere außerdem darauf, dass sich jeder Mitarbeiter wertgeschätzt fühlt: „Jeder Einzelne ist wichtig“, betont er. Die mittelständische Firma entwickelt und vertreibt Nahrungsergänzungsmittel und Kosmetikprodukte der Eigenmarke „FitLine“, die im Rahmen der Innovationsprozesse permanent weiterentwickelt und optimiert werden.

Transformation der Vertriebsprozesse

Dank einer vorausschauenden Organisation gelang es dem Unternehmen selbst während der Coronapandemie, ein überdurchschnittliches Wachstum zu erzielen. „Wir waren als inhabergeführter Betrieb schneller, flexibler und auch risikobereiter als große Konzerne“, berichtet Patrick Bacher. Zum Erfolg trugen Maßnahmen wie das Einlagern von Verpackungsmaterialien und Investitionen in die Produkt- und Rohstoffsicherheit ebenso bei wie eine Transformation der Vertriebsprozesse. Wichtige Vertriebstermine gestaltete man während der Coronapandemie beispielsweise konsequent in Onlinetreffen um. Während andere Unternehmen über Umsatzrückgänge klagten, konnte die PM-International AG in dieser Zeit sogar 23 % Wachstum erzielen. Inzwischen dienen alle digitalen Formate dazu, erfolgreiche Hybridevents zu veranstalten.

Wertvolle Impulse aus den Teams

Ein hohes Tempo in der Produktentwicklung charakterisiert die Innovationsarbeit dieses erfolgreichen Mittelständlers. Auch haben Vorschläge vonseiten der Beschäftigten einen hohen Stellenwert und finden in jedem Fall Gehör. Für kleinere Verbesserungsvorschläge erhalten die Angestellten beispielsweise ein Dankesschreiben der Geschäftsführung und kleine Präsente. Kreative Ideen mit großem Entwicklungspotenzial einzubringen kann sich als besonders attraktiv erweisen. So zahlt das Unternehmen 10 % des Jahreswerts an Ersparnis oder Mehrertrag einmalig als Prämie an den Vorschlaggeber aus den eigenen Reihen aus.

PM-International AG
67346 Speyer
www.pm-international.com
Beschäftigte (D): über 200
Nahrungsmittelindustrie/-handel

Geschäftsleitung

Progroup AG

★★

Ein Wertekompass als Richtungsweiser

Nachhaltigkeit und Ressourcenschutz beinhalten hohe Anforderungen an die Papierindustrie. Das innovationsfördernde Top-Management der Progroup AG investiert seit 30 Jahren in nachhaltige Technologien und hat ein umfassendes Innovationsmanagement etabliert. Das positive Innovationsklima entspringt einem engagierten Innovationsboard und motivierten Innovationsmanagern. Interne Strukturen und Prozesse stehen kontinuierlich auf dem Prüfstand und werden auf der Basis neuester Erkenntnisse und Technologien optimiert.

Mit Innovationen auf allen Ebenen trägt das Familienunternehmen seit vielen Jahren zu mehr Umwelt- und Ressourcenschutz bei. Zum seinem Spektrum gehören neuartige Maschinenkonzepte, die Papiermaschinen in einen geschlossenen Wasserkreislauf einbinden und auf diese Weise den Frischwassereinsatz um 80 % herabsetzen. Weitere Innovationen erreichten etwa eine Reduktion von Lkw-Transportkosten um bis zu 100 % mittels Bodenfördertechnik, aber auch neue Produkteigenschaften zur Produktion einer zertifizierten Wellpappe für die „next generation".

Strategische Investitionen

„Nachhaltiges Wirtschaften bleibt ein klarer Schwerpunkt unseres Handelns. Null Abfall, null Emission und geschlossene Materialkreisläufe – das sind die klaren Ziele, die wir uns setzen", sagt der Vorstandsvorsitzende Maximilian Heindl. Dabei verfolgt das engagierte Top-Management ein Gesamtkonzept, mit dem im ganzen Unternehmen innovative Prozesse vorangetrieben werden. Der Vorstand und die Geschäftsleitung steuern das Innovationsmanagement über ein Innovationsboard, das in enger Zusammenarbeit mit dem Innovationsmanager agiert. Der Katalog der umgesetzten Maßnahmen umfasst technisch optimierte Lieferwege, innovative Kundenkooperationsmodelle und eine nachhaltig gestaltete Produktion.

Wegbereiter für die Zukunft

Das gute Innovationsklima macht die gesamte Belegschaft zu Wegbereitern für eine nachhaltige Zukunft. Ein Innovationsmanager koordiniert alle Innovationsprozesse – angefangen beim Stage-Gate-Prozess über Wirtschaftlichkeitsanalysen bis zu den Scouts in den verschiedenen Unternehmensbereichen. Maximilian Heindl bringt die Innovationsstrategie der Progroup AG auf den Punkt: „Wir sind uns dessen bewusst, dass unser Handeln dazu beiträgt, die Zukunft ein Stück weit besser zu machen. Neben unserem langfristigen Wachstum treiben wir deshalb auch die technologische Modernisierung der bereits bestehenden Standorte und die Vernetzung aller Prozesse voran", erklärt Heindl. Eine Haltung, mit der der Mittelständler auch in Zukunft auf Kurs bleiben möchte.

Progroup AG
76829 Landau
www.progroup.ag
Beschäftigte (D): über 200
Druck/Papier/Verpackung

Vorstandsvorsitzender
Maximilian Heindl

Qeridoo GmbH

★★

Die flexiblen Alltagsbegleiter

Kinder verändern das Leben ihrer Eltern enorm. Wer trotz kleiner Kinder weiter einen aktiven Lebensstil pflegen will, muss schon kreativ werden. An diesem Punkt setzt die Qeridoo GmbH mit Sitz in Buchholz an und hat deshalb ein Produkt weg vom klassischen Fahrradanhänger, hin zu einem multifunktionalen Kindersportwagen entwickelt. Der Innovationserfolg des Unternehmens, das sich auf den B2B-Vertrieb spezialisiert hat, spiegelt sich auch in den bislang drei erteilten Patenten wider.

Fahrräder mit Kindersitzen waren einmal. Inzwischen zählen Fahrradanhänger zum Stadtbild vieler Kommunen. Die Qeridoo GmbH entwickelt seit 2010 multifunktionale Kindersportwagen: ein komplexes Produkt, das zugleich als Fahrradanhänger, Kinderwagen und Sportgerät funktioniert – und damit als flexibler Alltagsbegleiter. Im Fokus steht die Sicherheit. So hat der Mittelständler als erster Anbieter überhaupt seitliche Kopfprotektoren entwickelt, die bei einem seitlichen Umkippen den Kopf des Kindes vor dem Aufschlagen auf den Boden schützen. Zudem sind die Gurtsysteme und die Rückenlehnen fest in der Karosserie verankert.

Frühzeitig ein Gespür für den Markt entwickelt

Seit 2010 ist die Firma im rheinländischen Buchholz immer weiter gewachsen: 2017 hatte sie 10, aktuell knapp 50 Beschäftigte. Ihre Produkte eignen sich mittlerweile sogar für Pedelecs, weil sie über einen tiefen Schwerpunkt verfügen, der auch bei höherem Tempo eine sichere Straßenlage gewährleistet. Die Anforderung an die Kupplung des Zugfahrzeugs wurde ebenfalls angepasst. Den Markt hat Qeridoo schon früh erkannt, und das gilt auch für die Option einer Umrüstung des Kindersportwagens zu einem Lastenanhänger. „Man muss Probleme erkennen und dann nach Lösungen suchen. Das klappt aber nur, wenn man sich intensiv mit seinem Produkt beschäftigt. Dann kann man wachsen und Innovationen schaffen", sagt der Gründer und Geschäftsführer Nikolai Boldt.

Ungebremster Tüftlerdrang

Der Tüftlerdrang im Haus ist noch längst nicht ausgereizt. So plant Qeridoo derzeit die nächste Innovation: einen E-Kindersportwagen, der auch über Strom, einen Kohlefilter sowie ein Heiz- und Kühlsystem verfügen soll. In der Firmenzentrale befindet sich das Logistikzentrum, die Buchhaltung und die Entwicklungsabteilung, in der das Produkt bis hin zum finalen Prototypen heranwächst. Gefertigt wird dann in China. Nach und nach soll nun aber die Produktion nach Deutschland geholt werden. „Wenn alles unter einem Dach ist, lassen sich die Prozesse noch besser leiten und kontrollieren", sagt Nikolai Boldt.

Qeridoo GmbH
53567 Buchholz
www.qeridoo.de
Beschäftigte (D): bis 50
Konsumgüter

Geschäftsführer
Nikolai Boldt

ROTH + WEBER GmbH

★★★

Champion in Sachen Digitalisierung

Print versus Digital gibt es bei der ROTH + WEBER GmbH mit Sitz in Rheinland-Pfalz nicht. Vielmehr verbindet der Technologieführer beim Scannen, Drucken und Falten von Dokumenten beide Welten, um das Beste für seine Kunden herauszuholen: Hochkomplexe, riesige Konstruktionszeichnungen ermöglichen eingescannt eine weltweite Zusammenarbeit an Bauprojekten, Großformatdrucker überzeugen mit brillanter Druckqualität bei geringen Kosten. Innnovationen entstehen häufig im engen Kontakt mit Kunden und Hochschulen.

Bestehen oder Nicht-Bestehen ist für den Geschäftsführer Stephan Frisch keine Frage: Zum guten Ruf des Spezialisten für Großformate trägt auch bei, dass er Auszubildende, Werkstudenten und Absolventen dualer Studiengänge zu exzellenten Ergebnissen führt. Um das hohe Innovationstempo beizubehalten, arbeitet der rheinland-pfälzische Mittelständler intensiv mit wissenschaftlichen Einrichtungen zusammen, etwa mit der Universität Siegen oder der Fachhochschule Koblenz. Erst im Austausch mit anderen entsteht ein umfassendes Verständnis für die Potenziale der Digitalisierung von Dokumenten.

Ich sehe was, was du nicht siehst

Im Rahmen eines kontinuierlichen Trendscoutings analysiert ROWE die Entwicklung des Markts für die Digitalisierung großformatiger Dokumente. „Gemeinsam mit ausgewählten Kunden und unseren Partnern aus der Wissenschaft haben wir Verfahren entwickelt, mit denen das digital eingescannte Dokument dem Original überlegen ist. Da Schmutz und Knicke der archivierten Dokumente vollständig ausgeblendet werden, geben sie Informationen frei, die ansonsten der Zeit zum Opfer gefallen wären“, sagt der Geschäftsführer. Die digitale Dokumentenveredelung bringt weitere Vorteile mit sich und eröffnet zudem ein breites Anwendungsspektrum: Daten können nicht länger physisch vernichtet werden und bleiben so kontinuierlich gesichert. Und Entwickler sind in der Lage, CAD-Entwürfe so oft sie wollen händisch anzupassen und wieder in hochwertige Scans umzuwandeln.

Umsichtige Innovationsstrategie

„Im Rahmen der Ablösung herkömmlicher Druckverfahren konnten wir unseren Technologievorsprung mit sieben Patenten sichern“, ergänzt Thilo Leonhardt, Leiter des Vertriebsinnendienstes. DAX-Unternehmen, große Mittelständler und die öffentliche Hand setzen Drucker von ROWE ein, um aus kostengünstigem Standardpapier in Sekunden hochwertige UV- und wasserfeste, dokumentenechte Unterlagen zu erstellen. Wie sehr man den Spezialisten für Großformate mit seiner umsichtigen Innovationsstrategie schätzt, belegen die Zahlen: Kein Mitbewerber konnte mit dem zweistelligen Umsatzwachstum der ROTH + WEBER GmbH in den Jahren 2021 und 2022 mithalten.

ROTH + WEBER GmbH
57520 Niederdreisbach
www.rowe.de
Beschäftigte (D): 51 bis 200
IT-Entwicklung/-Beratung

Geschäftsleitung
Stephan Frisch
und Thilo Leonhardt

Spektral Gruppe

Auf Freiraum aufgebaut

Reist ein Beschäftigter täglich gern aus hundert Kilometern Entfernung zu seinem Arbeitsplatz an, weil ihn sein Job so sehr erfüllt, ist das ein großes Lob an den Arbeitgeber – in diesem Fall an die Spektral Gruppe in Bexbach im Saarland. Für die Kundschaft errichtet der Mittelständler massiv gemauerte Häuser, die von Architekten nach individuellem Wunsch geplant werden. Für sein Personal schafft das engagierte Top-Management ein Innovationsklima, das gleichermaßen positiv nach innen und außen wirkt und damit jede Menge Strahlkraft entfaltet.

35 Verbesserungsvorschläge haben sich im Jahr 2021 bei der Spektral Gruppe angesammelt – mehr als der Bexbacher Häuslebauer an Mitarbeitern beschäftigt. Jede zweite Idee hätten zielorientiert gebildete Teams realisiert, berichtet Jennifer Brill-Dewes, die Geschäftsführerin des 2002 gegründeten Unternehmens: „Wir legen Wert darauf, dass sich unsere Beschäftigten gesehen fühlen. Sie können sich ohne Zwang in jedweden Bereich einbringen. Diesen Freiraum gewähren wir bewusst." Damit sich Kreativität entfalten könne, und weil man thematisch breit aufgestellt sei. „Wir wollen schließlich in allen Bereichen besser werden."

Wohlbefinden schafft Bindung

Der Gesamtumsatz habe sich in diesem lebendigen Innovationsklima zuletzt um etwa 20 % erhöht. Auch die Motivation der Mitarbeiter, sich einzubringen, sei gestiegen. „Manche zeigen besondere Eigeninitiative und überraschen uns mit fertigen Lösungen", erzählt der Geschäftsführer Andreas Finkler. Überhaupt ist das Innovationsmanagement eng gekoppelt an das Wohlbefinden des Teams. Dazu tragen auch flexible Arbeitszeiten, Fahrtkostenzuschüsse und kostenlose Getränke bei. Gute Ideen werden etwa mit Events oder Fortbildung belohnt. „Will jemand für eine Verbesserung sein Fachwissen vertiefen, ermöglichen wir Schulungen", erläutert Finkler. Zudem ist die Spektral Gruppe Teilnehmer des europäischen Förderprogramms „unternehmensWert:Mensch". Das Ziel: eine moderne Personalstrategie, die aktuelle Herausforderungen wie den Fachkräftemangel adressiert.

Einsatz für eine gemeinsame Zukunft

Als Dank für das Einbringen guter Ideen soll die Belegschaft zukünftig noch systematischer und von mehr Corporate Benefits profitieren. Das mache das Engagement noch attraktiver und festige das Mindset, die Unternehmensentwicklung ebenso wie die eigenen Arbeitsbedingungen aktiv mitgestalten zu wollen", sagt Finkler. „Das hilft uns zudem beim Wachsen", ergänzt er. Gute Nachrichten sprächen sich immerhin auch bei potenziellen neuen Fachkräften herum. Und wie sieht die Fehlerkultur aus? Der Geschäftsführer betont: „Ein Schritt zurück ist keine Schande. Klappt ein Weg nicht, gehen wir eben einen anderen."

Spektral Gruppe
66450 Bexbach
www.spektral-haus.de
Beschäftigte (D): bis 50
Baugewerbe/Handwerk

Geschäftsführer
Andreas Finkler und
Jennifer Brill-Dewes

WIPOTEC ist ein weltweit führender Anbieter intelligenter Wäge- und Inspektionstechnologie. Zu seinen Kernkompetenzen zählt die Entwicklung ultraschneller Präzisionswägezellen.

Wipotec GmbH

★★

Forscher mit Weltbezug

Verrutschte Salamischeiben auf der Pizza? Ein Stein in der Chipstüte? Dank der Wipotec GmbH wandern Lebensmittel perfekt arrangiert, sauber und grammgenau ins Supermarktregal. Der Anbieter intelligenter Wäge- und Inspektionstechnologie überzeugt mit einem offenen und effizienten Innovationsprozess. Strategische Partnerschaften, eine gute Kommunikation und ein modulares Baukastensystem ermöglichen innovative Lösungen – und dies in rasanter Geschwindigkeit und mit einer beeindruckend hohen Fertigungstiefe.

Wiegen, drucken, inspizieren und Fremdkörper detektieren – diese und weitere Aufgaben erledigen die Maschinen der Wipotec für unterschiedlichste Kunden auf der ganzen Welt. Der Vielfalt an individuellen Lösungen sind dabei kaum Grenzen gesetzt. Ob es nun um die optische Nachverfolgung und automatische Ausschleusung von Fremdkörpern aus einem Haufen von Sonnenblumenkernen auf dem Förderband geht oder um den Röntgenblick in die Pizzaverpackung: „Geht nicht gibt's nicht" lautet stets das Motto des gesamten Teams.

Aus dem Baukasten heraus

Um jede Aufgabe schnell, auf technologisch höchstem Niveau und präzise passend erledigen zu können, setzt der Mittelständler in Kaiserslautern auf Open Innovation. So öffnet er seinen Innovationsprozess immer wieder für Partner und Universitäten. „Wir treffen regelmäßig Kooperationsvereinbarungen und kommen damit deutlich schneller und besser ans Ziel", bestätigt der Geschäftsführer Theo Düppre. Passend und doch mit hoher Geschwindigkeit entwickeln – dieses Ziel erreicht das Unternehmen auch mit einem effizienten Prozess, der auf einem modularen Baukastensystem aufbaut. „Unser Baukasten bringt unseren Kunden Vielfalt und Systematik. Andererseits verändert er sich rasant, weil wir immer wieder neue Technologien integrieren und innovative Lösungen dazukommen", erklärt Düppre.

Offene Türen in die Welt

Auf diesem Weg entstehen regelmäßig hochkomplexe Innovationen, die das Unternehmen seinen Kunden weltweit systematisch vermittelt. „Unsere Produkte und Lösungen entwickeln sich rasch weiter. Wir nehmen unser Team, aber auch unsere Kunden bei jeder neuen Entwicklung mit", berichtet der Geschäftsführer. Dafür unterhält man sogar ein eigenes Akademie- und Technologiecenter, in dem die Kunden Innovationen hautnah erleben können und die weltweit tätigen Vertriebs- und Servicemitarbeiter kontinuierlich Neues lernen: „Unser Team ist weltweit in engem Austausch mit unseren Kunden. Das ist für uns ein kontinuierlicher und gemeinsamer Entwicklungsprozess", fügt Theo Düppre hinzu.

Wipotec GmbH
67657 Kaiserslautern
www.wipotec.com
Beschäftigte (D): über 200
Anlagen-/Maschinenbau

Geschäftsführer
Theo Düppre

„Bei uns stehen Forschergeist und Neugier immer an erster Stelle.“

Jens Kühn
Technischer Geschäftsführer

Ihr Unternehmen überzeugt mit einem hervorragenden Innovationsklima. Wie erklären Sie sich das?
Das kreative Potenzial unserer Mitarbeiter fördern wir systematisch. Dafür brauchen wir kein institutionalisiertes, schwerfälliges Vorschlagswesen. Bei uns werden neue Ideen unbürokratisch und vor allem schnell realisiert. An erster Stelle stehen dabei der Forschergeist und die Neugier auf neuartige Technologien und auf Zukunftstrends. Hier setzen wir unseren Mitarbeitern in der Abteilung für Forschung & Entwicklung keine allzu engen Grenzen, denn es soll nicht immer nur um die reine Kundenanforderung gehen. Deshalb gibt es für Neues ohne spezifischen Kundenauftrag viel Spielraum und ein großzügiges finanzielles und zeitliches Budget.

Herr Kühn, beschreiben Sie uns doch bitte einfach mal Ihre Innovationsstrategie.
Unsere Innovationsstrategie ist ganz stark auf die Forschung & Entwicklung ausgerichtet. Dabei geht es uns darum, konkrete Kundenanforderungen und Innovationskraft zu verbinden. Dafür engagieren wir uns in der Grundlagenforschung und der Anwendungsentwicklung ebenso wie in der Auftragsabwicklung. Dieser Dreiklang erzeugt eine fruchtbare Mischung aus Zukunftsgeist und Realitätssinn. Beides miteinander zu verbinden gelingt uns sehr gut — auch weil unsere Kunden aus aller Welt und aus ganz unterschiedlichen Branchen uns permanent dazu inspirieren, uns technologisch weiterzuentwickeln. Dabei ziehen wir gern Querverbindungen von einer Branche zur anderen, wie zuletzt bei der Röntgentechnologie. Die ist im Lebensmittelsektor Standard, aber bei Medikamenten oder Kosmetika findet sie bislang kaum Beachtung. Hier leisten wir Pionierarbeit.

Wie nah ist Ihnen als Geschäftsführer das Thema Innovation?
Sehr nah! Ich fahre jedes Jahr auf unzählige Messen und verfolge weltweit intensiv neue Technologien und Marktentwicklungen. Außerdem investiere ich ganz bewusst mit einem großzügigen Forschungsbudget in Innovationsprojekte. Dass diese Strategie aufgeht, zeigt allein die Tatsache, dass wir weltweit mehr als 600 Patente halten. Unser Anspruch sind einzigartige Lösungen auf technologisch höchstem Niveau, zum Beispiel in der Industrie 4.0 oder in Sachen künstlicher Intelligenz. Wenn wir merken, hier reicht unser Standardportfolio nicht aus, weckt das erst recht unsere Leidenschaft — und wir entwickeln auf dieser Basis weitere Novitäten.

Wie das Top-Management von Wipotec ein herausragendes Innovationsklima fördert und welche Innovationsstrategie es verfolgt, erklärt **Jens Kühn.**

Sachsen
Sachsen-Anhalt
Thüringen

TOP 100

Die Zahl der goldenen Sternchen in den nachfolgenden Unternehmensporträts entspricht der Zahl der TOP 100-Auszeichnungen.

TOP 100

Active Fiber Systems GmbH

Technologischer Fortschritt durch Lichtstrahlen

Vom einfachen Laserpointer bis zum komplexen Hightech-Laserskalpell – die Lasertechnologie findet heute ein breites Anwendungsfeld. Die in Jena ansässige Active Fiber Systems GmbH hat sich dabei auf einen speziellen Bereich fokussiert: Sie ist eine ausgewiesene Expertin bei Ultrakurzpuls-Faserlasersystemen, die überwiegend in der Wissenschaft und in der Forschung zum Einsatz kommen. Innovativität gehört zur DNA des Top-Managements, denn neue Produktentwicklungen sind das tägliche Geschäft des Unternehmens.

Das Geschäftsmodell des Laserspezialisten besteht vor allem darin, Neuerungen im Bereich Hochleistungsfaserlaser in ein kostenoptimiertes und zuverlässiges Produkt zu überführen. Mit der Ausgründung aus dem Fraunhofer-Institut für Angewandte Optik und Feinmechanik 2009 begann die rasante Erfolgsgeschichte des Mittelständlers, der heute rund 70 hoch spezialisierte Mitarbeiter beschäftigt. Mittlerweile ist er sogar Technologieführer bei Hochleistungs-Femtosekunden-Lasersystemen, die zum Beispiel in der Photoemissionsspektroskopie oder in der hochpräzisen Materialbearbeitung angewendet werden.

Innovationsfreudiges Top-Management

Wer täglich experimentelle Resultate auf zuverlässige Lasersysteme überträgt und sie für wissenschaftliche und industrielle Anwendungen nutzbar macht, muss sich den Begriff „Innovation“ auf die Fahnen geschrieben haben. Dies gilt vor allem für die Leitungsebene, die kontinuierlich die physikalischen Grenzen der Machbarkeit auslotet und erweitert. Der große Erfolg beruht aber auch auf Teamarbeit: Wenn eine Bestellung eingeht, werden umgehend spezialisierte Teams gebildet, welche das Projekt planen, berechnen und aufbauen. Die Geschäftsführerin Bettina Limpert hebt dabei die Rolle der Belegschaft hervor: „Unsere Mitarbeiter sorgen dafür, dass die Realisierung von Neuerungen reibungslos verläuft und mögliche Probleme schnell gelöst werden. Sie tragen auch dazu bei, dass wir Novitäten schnell auf dem Markt etablieren und dabei die Bedürfnisse der Kunden im Auge behalten.“

Fortschritt durch Impulse von außen

Da die Anfänge der Laserspezialisten in einem Fraunhofer-Institut gründen, ist die Zusammenarbeit mit verschiedenen Fachinstituten und Universitäten eine Selbstverständlichkeit. So auch mit der Friedrich-Schiller-Universität und dem Hemholtz-Institut in Jena sowie mit dem Bundesministerium für Bildung und Forschung. Und wer Einzelstücke direkt für die internationale Kundschaft aus Forschung, Industrie und Wissenschaft fertigt, wird das direkte Feedback klug zu nutzen wissen. Nicht ohne Grund gehört der Mittelständler international zur Branchenspitze, der seinen Platz auch zukünftig behaupten und weiter ausbauen möchte.

Active Fiber Systems GmbH
7745 Jena
www.afs-jena.de
Beschäftigte (D): bis 50
Optik/Akustik

Geschäftsführerin
Bettina Limpert

TOP 100

Alpha-Omega Technology GmbH & Co. KG

★★

Smarter Kurs Richtung Zukunft

Der Begriff „Smart City" spielt zunehmend eine Rolle im öffentlichen Raum. Das Ziel dieser zukunftsweisenden Projekte ist es, Städte technologisch fortschrittlicher und ökologischer zu gestalten. Die Alpha-Omega Technology GmbH & Co. KG zeigt mit ihrem Know-how bei dem thüringischen Modellprojekt „SMARTinfeld", wie Digitalisierung im ländlichen Raum gelingen kann. Sie stellt die nötige Infrastruktur bereit und ist auch mit der Projektleitung betraut. Dabei kann der Mittelständler dank seines guten Innovationsklimas auf ein motiviertes Team zählen.

Der Schwerpunkt der 2016 gegründeten IT-Firma liegt auf der Entwicklung von IoT-Lösungen und auf dem Vertrieb von IoT-Hardware für LPWAN-Netzwerke. Die LPWAN-Technologie zeichnet sich durch eine große Reichweite bei niedrigem Energieverbrauch und geringen Betriebskosten aus. Das interessiert nicht nur Bürgermeister – daher reicht das Kundenspektrum des thüringischen Unternehmens von kommunalen Energieversorgern über Flughäfen bis zu öffentlichen Trägern und Krankenhäusern.

Erfolgreiche und zukunftsweisende Projekte

Das sensorbasierte IoT auf der Basis von LPWAN-Technologie ermöglicht es etwa, ländliche Gemeinden mit zeitgemäßen Bürgerservices wie smarten Straßenlaternen auszustatten oder über Messdaten die Umwelt im Blick zu behalten. So können zum Beispiel durch das Messen von Bodenwerten Waldbrandrisiken mittels intelligenter Sensoren frühzeitig erkannt werden. Aber nicht nur das: Mit dem offenen und energiearmen Funkstandard LoRaWAN lassen sich zentrale Warmwasserheizkörperanlagen intelligent und energiesparend steuern. In diesem Feld sieht der Geschäftsführer Jan Bose auch das große Potenzial für Alpha-Omega Technology: „Die aktuellen Krisen stellen uns vermehrt vor neue Herausforderungen. Dank unserer Agilität und kontinuierlichen Prozessoptimierung sind wir sehr gut darauf vorbereitet."

Innovationsfreundliches Klima schafft Kreativität

Die besten Ideen kommen in der Regel von den eigenen Mitarbeitern. Sie kennen die internen Strukturen und Prozesse ebenso gut wie die eigenen Produkte und sind nah an den Kunden und Partnern. Bei diesem Mittelständler hat deshalb jeder Einzelne die Möglichkeit, kreative Ideen einzubringen und vielversprechende Vorschläge mit den notwendigen Mitteln zu realisieren. Mithilfe der Scrum-Methode werden gute Innovationsanregungen in zweiwöchigen Sprintmeetings und Besprechungen im Backlog systematisch erfasst und verfolgt. An Neuerungen mangelt es daher nicht, eher an der Zeit, alle Ideen zu realisieren. „Durch das positive Mindset in unserem Unternehmen erkennen und nutzen wir die Potenziale für unser Business sehr schnell", sagt Bose abschließend über die Innovationskraft seiner IoT-Spezialisten.

Alpha-Omega Technology GmbH & Co. KG
37308 Schimberg
www.alpha-omega-technology.de
Beschäftigte (D): bis 50
Internet/Multimedia/E-Commerce

Geschäftsführer
Jan Bose

ECH Elektrochemie Halle GmbH

★★

Weltweit führend in der Analytik

Wie hoch ist der Wassergehalt einer Autogasprobe? Wie viel Schwefelwasserstoff ist in der Abwasserprobe eines regionalen Versorgers? Die ECH Elektrochemie Halle GmbH entwickelt und produziert Messgeräte für Labore der Chemie- und Pharmaindustrie, für Kraftwerke sowie für Kläranlagen. Das Unternehmen zählt international zur Branchenspitze. Seine Innovativität geht maßgeblich auf eine starke Außenorientierung und ein engagiertes Top-Management zurück.

„Die Führung ist sehr stark in alle Forschungs- und Entwicklungsvorhaben involviert", erklärt Dr. Michael Hahn, einer der beiden Geschäftsführer. „Wir initiieren Innovationen, wir treiben sie weiter, wir leiten und koordinieren Projekte." Aktuell laufen fünf Entwicklungsprojekte, alle mit Landes- und Bundesmitteln gefördert. Immer wieder profitieren Management und Belegschaft davon, dass das Unternehmen klein und überschaubar ist: Die Wege sind kurz, die Hierarchien flach, direkter Kontakt und persönliche Gespräche sind jederzeit und unkompliziert möglich.

Mit Einzellösungen auf den breiten Markt

Am Anfang eines Innovationsprozesses steht oft ein Problem eines einzelnen Kunden. Wie lässt sich beispielsweise die Probenzuführung verflüssigter Gase automatisieren? Eignet sich keines der eigenen Verfahren oder Geräte für die spezifische Aufgabenstellung, schaut Hahn nach auf dem Markt verfügbaren Komponenten für eine Weiterentwicklung. Oft entsprechen die aber nicht dem neuesten Stand der Technik. Dann entwickelt er mit seinem Team ein ganz neuartiges Produkt: eine automatisierte Lösung, ein nachhaltigeres Analyseverfahren, eine präzisere Technologie. Anschließend erarbeitet die Mannschaft einen DIN- oder ASTM-Standard dazu. „Das ist zeitaufwändig, da gehen schnell Jahre ins Land. Doch am Ende erreichen wir damit auch viele andere Kunden mit einer ähnlichen Problemstellung", sagt Dr. Hahn. Gerade hat ECH einen neuen DIN-Standard im Bereich Abwasser etabliert.

Ständige Netzwerkpflege

Neben Kunden bezieht die Geschäftsleitung auch weitere externe Akteure in ihr Innovationsmanagement ein: Man pflegt regen Austausch mit Fachverbänden, Forschungseinrichtungen wie der Fraunhofer-Gesellschaft, Universitätsinstituten oder Fachhochschulen. „Am wichtigsten sind für uns aber die Fachmessen. Da treffen wir unsere Partner aus Forschung und Entwicklung. Digitale Treffen sind eine gute Ergänzung, aber die persönlichen Gespräche sind immer noch das Wichtigste, wenn es darum geht, neue Ideen zu entwickeln und Kooperationen einzugehen", berichtet die Geschäftsführerin Dr. Dorit Wilke.

ECH Elektrochemie Halle GmbH
06120 Halle (Saale)
www.ech.de
Beschäftigte (D): bis 50
Mess-/Prüftechnik

Geschäftsführer
Dr. Michael Hahn und
Dr. Dorit Wilke

IBYKUS AG für Informationstechnologie

★★

Zur Tea-Time geladen

Vor allem Institutionen des öffentlichen Bereichs gehören zu den Kunden der IBYKUS AG für Informationstechnologie. Der IT-Dienstleister mit Sitz in Mitteldeutschland begleitet Ministerien und Behörden auf der Landesebene, aber auch Unternehmen verschiedener Branchen auf ihrem Weg zur Digitalisierung. Sein Anspruch ist es, modernste Technologie in seine Projekte einzubringen. Um immer die Nase vorn zu haben, stärkt der Erfurter Mittelständler sein positives Innovationsklima gezielt mit zahlreichen Kommunikationsformaten.

„Kommunikation ist das A und O für ein kreatives und fruchtbares Innovationsklima" – davon ist der Technologie- und Organisationsvorstand Michael Erdmann überzeugt. Deshalb haben die Mitarbeiter und Mitarbeiterinnen von IBYKUS etliche Möglichkeiten, neue Technologien auszuprobieren und sich auszutauschen. So finden zum Beispiel regelmäßige Hackathons statt, auf denen sich die Teams aus den unterschiedlichsten Bereichen 24 Stunden lang mit Zukunftstechnologien beschäftigen. Die Ergebnisse werden anschließend dem ganzen Unternehmen präsentiert.

Budget für ungewöhnliche Ideen

Mehr in die Tiefe geht es bei den Innovation-Days. Hier hat die Belegschaft gleich mehrere Tage Zeit, sich jenseits der Arbeitsroutine eingehender mit eigenen Ideen zu befassen. Die Präsentation ihrer Überlegungen hören sich nicht nur die Entwickler an, sondern beispielsweise auch Kollegen und Kolleginnen aus der Buchhaltung. „So verbreitet sich der Innovationsgedanke im ganzen Unternehmen", erläutert der Vorstandsvorsitzende Thomas Winter. Für das Verfolgen vielversprechender und auch ungewöhnlicher Ideen steht jährlich ein internes Venture-Capital zur Verfügung. Der Vorstand informiert zudem einmal im Monat zur Tea-Time über Neuigkeiten aus dem Unternehmen. Auf sieben Zukunftskonferenzen stellte sich das innovationsfördernde Top-Management 2022 außerdem den Fragen der Mitarbeiter und Mitarbeiterinnen zur vorgestellten Technologie-Roadmap, die das Unternehmen weiter voranbringen soll.

App statt Behördenbesuch

Die vielen Kommunikationsformate zahlen sich aus. So entwickeln die IT-Experten immer wieder innovative Lösungen für ihre Kunden, häufig unter Zuhilfenahme neuester Technologien. Ein Beispiel aus der Fördermittelverwaltung: Statt die Situation ihres landwirtschaftlichen Betriebs vor Ort kontrollieren zu lassen, können Landwirte mittels einer App Fotos mit GPS-Daten an die zuständige Behörde senden. Künstliche Intelligenz erkennt, was auf den Feldern wächst. Eine satellitengestützte Software hilft zudem zu erkennen, ob ein Feld zum Beispiel gepflügt oder gemäht wurde. Das spart nicht nur Zeit, sondern auch den Einsatz von Behördenpersonal vor Ort.

IBYKUS AG für Informationstechnologie
99099 Erfurt
www.ibykus.de
Beschäftigte (D): über 200
IT-Entwicklung/-Beratung

Vorstände
Michael Erdmann und Thomas Winter

IFA Holding GmbH

Jede Menge Wachstumspotenzial

Das Kerngeschäft der IFA Holding GmbH sind Antriebswellen mit Kreuz- und Gleichlaufgelenken für Fahrzeuge der Premiumklasse. Die Kunden des Automobilzulieferers mit Stammsitz in Sachsen-Anhalt sind führende Anbieter von vierradgetriebenen oder heckgetriebenen Fahrzeugen mit Verbrennungs-, Hybrid- oder Batterieantrieb. Damit ist das Unternehmen gut für die Zukunft aufgestellt. Das Top-Management bringt sich mit neuen und innovativen Ideen ein und holt sich Anregungen von außen.

Antriebswellen und Gelenke sind kostensensible Produkte. Die Mitarbeiter des Automobilzulieferers denken daher ständig darüber nach, wie man Material sparen oder die Produkte technisch noch effizienter fertigen kann. „Wir haben zahlreiche kreative Köpfe im Haus", sagt der Geschäftsführer Jan Maser. „Ihnen geben wir Freiräume, damit sie gute Ideen weiterverfolgen können." Um auch die internen Prozesse zu verbessern, will man zukünftig das Zusammenspiel zwischen der Fertigung und der Entwicklung weiter intensivieren.

Weltweite Technologie-Roadshow

Bei Neuerungen stehen häufig die Anforderungen der Kunden im Mittelpunkt. „Wir tauschen uns viel und oft auf Augenhöhe mit ihnen aus", erklärt Jan Maser. Für eine Serienproduktion arbeitete der Mittelständler bereits in einem gemeinsamen Entwicklungsprojekt mit einem Automobilhersteller. Derzeit läuft eine Roadshow, auf der man Kunden und Lieferanten weltweit die neuen Technologien der IFA vorstellt und darüber diskutiert. Außerdem arbeitet das Unternehmen beispielsweise eng mit der Universität Magdeburg und dem Fraunhofer-Institut zusammen. „Die Transformation zur Elektrifizierung der Automobilbranche haben wir bei uns schon eingeläutet", berichtet der Geschäftsführer. „Wir haben das Know-how dafür im Haus und verfügen für die nächsten Jahre schon über volle Auftragsbücher für die Bestückung von Elektrofahrzeugen. Derzeit bauen wir für die Produktion unseren Maschinenpark um."

Die Chefs packen mit an

Der Geschäftsführer Robert Roiger und der Hauptgesellschafter des Unternehmens, ein promovierter Ingenieur, sind eng in die Innovationsprozesse eingebunden. „Auch die obere Führungsriege ist oftmals in der Fertigung unterwegs und diskutiert mit den Mitarbeitern wichtige Themen", unterstreicht Jan Maser. „Wie es sich im Mittelstand gehört, geben wir Impulse, packen aber auch selbst mit an." Derzeit befindet sich die Firma unter den Top 3 in ihrem Segment. „Da gibt es noch jede Menge Potenzial zum Wachsen", betont der Geschäftsführer.

IFA Holding GmbH
39340 Haldensleben
www.ifa-group.com
Beschäftigte (D): über 200
Automobilzulieferer/
Fahrzeugbau

Geschäftsführer
Jan C. Maser,
Robert Roiger und
Stefan Bultmann

ifesca GmbH

Den Energieverbrauch voraussagen

In Zeiten knapper Ressourcen ist es essenziell, den Energieverbrauch effizient zu planen. Dabei hilft die Software der ifesca GmbH. Mit deren innovativen IT-Produkten können sowohl Energieversorger den Bedarf ihrer Kunden als auch Industrieunternehmen ihren eigenen Bedarf prognostizieren. Dadurch minimieren sich die Risiken, die durch eine zu hohe Energielast entstehen könnten. Der engagierte Einsatz des Top-Managements im thüringischen Softwarehaus sorgt immer wieder für frische Impulse und neue Innovationserfolge.

Ideentreiber im Unternehmen ist Sebastian Ritter, der die Softwareschmiede 2016 zusammen mit zwei weiteren Gründern ins Leben gerufen hat. Nach 14 Jahren Arbeit an den Themen Energiemanagement und Ressourcen bei einem angesehenen Forschungsinstitut, brachte der Ingenieur-Informatiker sein fachliches Wissen in das eigene Unternehmen ein. Der Geschäftsführer etablierte unter anderem eine multidisziplinäre Forschungsabteilung und begleitet eng das Business-Development-Team. Daher ist er naturgemäß ganz vorn dabei, wenn es um die Entwicklung innovativer Produktneuheiten geht.

Vollautomatisch und sekundenschnell

Zu den bislang wichtigsten Innovationserfolgen des Unternehmens zählt die Umstellung der manuellen Prognoseerstellung auf einen vollautomatisierten Prozess. Dabei sendet der Kunde seine Daten über eine Schnittstelle in die hoch-skalierbare Cloud des Mittelständlers. Dort werden dann zahlreiche Prozessschritte in hoher Geschwindigkeit durchgeführt – in Sekundenschnelle erhält der Kunde sein Ergebnis. Dieses Prozedere kann auch bei Unternehmen mit kritischer Dateninfrastruktur angewendet werden, obwohl das Softwareunternehmen dort nicht direkt auf interne Daten zugreifen darf. Dazu wurde eine Anwendung entwickelt, die in einer Box beim Kunden installiert ist, sodass die enormen Sicherheitsstandards jederzeit gewährleistet sind. „Unser Ziel ist es, dem Wettbewerb strategisch immer zwei Jahre voraus zu sein“, erklärt Sebastian Ritter. „Wichtig dafür ist, mit unserem Know-how und unserer Erfahrung regelmäßig neue Produkte zu entwickeln, die bestimmte Alleinstellungsmerkmale aufweisen.“

Quantencomputing im Test

Auch der Bereich Quantencomputing ist für ifesca interessant. „Hier wird sich in den kommenden Jahren einiges tun“, meint Ritter. Schon heute kooperiert sein Unternehmen mit dem japanischen Technologiekonzern Fujitsu: In simulierter Quantenumgebung laufen derzeit Tests dazu, wie die Software noch schneller gemacht werden kann. Weitere Impulse holt sich Ritter unter anderem über sein Engagement in Branchenverbänden und seine zahlreichen Vorträge über Energieoptimierung und Verbrauchsprognosen.

ifesca GmbH
98693 Ilmenau
www.ifesca.de
Beschäftigte (D): bis 50
IT-Entwicklung/-Beratung

Geschäftsführer
Sebastian Ritter

JT Energy Systems GmbH

Wiederverwerten statt entsorgen

Wie wichtig das Thema Recycling in Bezug auf Batterien ist, darüber wissen die Experten der JT Energy Systems GmbH bestens Bescheid: Sie produzieren Energiesysteme und Energieanwendungen für Fahrzeuge und treiben die Energiewende voran. Denn jüngst erfolgte bei dem Mittelständler der Startschuss für den Bau des größten Batteriespeichers des Bundeslands Sachsen. Dies ist nur ein Beispiel dafür, wie innovativ die Energieprofis unterwegs sind. Das engagierte Top-Management hat einen großen Anteil an den Innovationserfolgen des Unternehmens.

Gegründet wurde das Unternehmen 2019 von dem Gabelstaplerhersteller Jungheinrich und dem Batteriehersteller Triathlon. Ein Schwerpunkt des Joint Venture ist es, gebrauchte Lithium-Ionen-Batterien zu reparieren und wiederaufzubereiten. So besteht der neue Großspeicher im sächsischen Freiberg unter anderem aus alten Lithium-Ionen-Batteriemodulen, die nach ihrem Einsatz in Elektrostaplern und Autos weiterverwertet werden. Die Anlage speichert regenerativen Strom, stabilisiert das Stromnetz und stellt dringend benötigte Spitzenleistungsenergie bereit. Ein großes Thema in Zeiten der Energiewende!

Wachstum durch Nachhaltigkeit

Die Wiederverwertung von gebrauchten Fahrzeugbatterien in stationären Speichern steht exemplarisch für die Nachhaltigkeitsstrategie des Unternehmens und seine effiziente und sparsame Ressourcennutzung. JT Energy Systems hat generell ein Gespür für Dinge, die heute besonders gefragt sind. So hat sich mit 115 Mio. Euro der Gesamtumsatz des Mittelständlers in nur einem Jahr mehr als verdoppelt. „Innovationen fangen bei uns mit vermeintlich kleinen Neuerungen an“, sagt die Geschäftsführerin Reinhild Kühne. Der Mittelständler stellt mit einem eigenen Hightech-3-D-Drucker Teile her, die in der Produktion benötigt werden. „Das können etwa Halterungen für Maschinen sein. Solche Dinge kaufen wir nicht mehr, sondern produzieren sie genau passend für unsere Bedürfnisse“, erläutert Kühne.

Eigeninitiative ist gefragt

Das innovationsorientierte Top-Management lädt die Belegschaft dazu ein, eigene Ideen einzubringen und sie selbst zu verwirklichen. „ Unsere Mitarbeiter kommen überwiegend hier aus der Region. Ihre Ideen helfen, unser Unternehmen erfolgreich zu machen. Daran hat jeder von ihnen Interesse“, erläutert Kühne. Beispielhaft berichtet sie von einem Produktionsleiter der Firma, der zu verstehen gab, dass er auch programmieren kann. „Mach doch“, lautete die schlichte und klare Antwort der Geschäftsführung, die sich über jeden engagierten Einsatz der Beschäftigten freut.

JT Energy Systems GmbH
09627 Bobritzsch-Hilbersdorf
www.jt-energy.com
Beschäftigte (D): 51 bis 200
Energie

Geschäftsführerin
Reinhild Kühne

TOP 100

LINDIG GmbH

Wer Stapler sucht, der findet

Wer einen Gabelstapler mieten oder kaufen möchte oder eine Arbeitsbühne braucht, geht im Zentrum Deutschlands zur LINDIG GmbH. Vor 30 Jahren hatte sie nur Verkauf und Reparatur im Angebot, heute erhalten die Kunden alle Leistungen rund um diese beiden Bereiche – bis zur kompletten Automatisierung. Die zukunftsweisende Entscheidung, die Firma immer mehr in Richtung Soziokratie zu entwickeln, hat das Innovationsklima positiv verändert. Auch das Top-Management beschreitet mit seiner Suche nach innovativen Dienstleistungen neue Wege.

Die Geschäftsleitung begann schon 2016 damit, die Firmenstruktur im Sinne einer „Teal"-Organisation zu verändern. Die Ideengeber dazu waren unterschiedliche New-Work-Bestseller, etwa das Buch „Reinventing Organizations" des Wirtschaftsphilosophen Frédéric Laloux, in dem er die Organisationsstruktur von Unternehmen untersuchte. „Teal", also „petrolfarben", ist die Farbe, die Laloux in seinem Modell der evolutionär neuesten Organisationsform zuordnete.

Selbstentfaltung als Ziel

Ein „Teal"-Unternehmen entwickelt sich laut Laloux wie ein lebendiger Organismus und bietet seinen Beschäftigten die Möglichkeit, sich mit ihrer ganzen Persönlichkeit einzubringen. „Unser Ziel ist es, durch diese Organisationsform die Selbstentfaltung zu fördern und damit das bestmögliche Innovationsklima zu schaffen", erklärt der Geschäftsführer Stefan Keil. Kurze Entscheidungswege und große Entscheidungsspielräume fördern zudem kleine und große Innovationen. Die Beobachtungen eines Mitarbeiters beim Kunden führten zum Beispiel dazu, dass ein System für kabelloses Laden am Bahnhof eines Routenzugs installiert werden konnte. „Das System ist natürlich auch für andere Kunden mit ähnlicher Intralogistik interessant", erläutert Keil. Auch bei Ausgründungen unterstützt das Unternehmen seine kreativen Mitarbeiter: 2021 wurde so beispielsweise eine erfolgreiche Energieberatung ausgegründet.

Top-Management als Ideengeber

Das Top-Management nutzt ebenfalls Freiräume zur Selbstentfaltung und bringt ständig neue Geschäftsideen ins Unternehmen ein. „Wir sind immer wieder First Mover und Inkubator für neue Ideen", sagt Keil. Eine auf dem Markt einzigartige Dienstleistung ist seit 2022 eine Echtzeit-Vermietplattform für die etwa 1.000 eigenen Gabelstapler und die circa 20.000 verfügbaren Arbeitsbühnen. „Eine Onlinevermietung, die direkt anzeigt, ob ein Objekt verfügbar ist, gab es bisher nicht", erklärt Keil. So beweist die modern strukturierte LINDIG GmbH also auch durch ihre Leistungen und Produkte, dass Selbstentfaltung der Schlüssel zu neuen Innovationen sein kann.

LINDIG GmbH
99819 Krauthausen
www.lindig.com
Beschäftigte (D): über 200
Verkehr/Logistik

Die Geschäftsführer

Die MAKO GmbH & Co. KG produziert Schalungssysteme unterschiedlichster Materialien und in allen Größen und Formen. Dazu zählen auch Ringbalkenschalungen mit Schalungsplatten aus nicht brennbarem Faserzement.

MAKO GmbH & Co. KG

★★★★

Die Nähe zum Kunden als Erfolgsrezept

Der Konkurrenz immer eine Nasenlänge voraus ist die MAKO GmbH & Co. KG in Ohrdruf mit ihren verlorenen Schalungen. Sie heißen so, weil sie nach dem Aushärten des Betons nicht entfernt, sondern dauerhaft im Bauwerk verbleiben. Auch bei der Dämmung spielen sie eine entscheidende Rolle. MAKO ist darauf spezialisiert, für die Bauindustrie anspruchsvolle Aufgaben mit besonderen Anforderungen zu lösen. Die Suche nach innovativen Lösungen und der starke Wille zum Weiterentwickeln bestimmen das Handeln des Top-Managements.

Der Geschäftsführer und Unternehmensgründer Matthias Kokel achtet sehr darauf, Maschinen, Anlagen und Werkzeuge stets auf dem aktuellsten Stand zu halten. Dafür investiert er regelmäßig in die Ausstattung und den Maschinenpark. Um stets am Puls der Zeit zu sein, werden zudem alle internen Prozesse fortlaufend hinterfragt und verbessert. „Auch unsere Schalungselemente werden immer weiter optimiert in Bezug auf Materialauswahl und Aufbau. So können wir ihre Energieeffizienz und Nachhaltigkeit ebenso verbessern wie die Brandschutzeigenschaften“, betont Kokel.

Besonderer Brandschutz

Die ständige Entwicklung neuer Produkte ist Matthias Kokel wichtig – natürlich stets mit Blick auf die Bedürfnisse seiner Kunden. So war die MAKO GmbH & Co. KG die erste Anbieterin, die Ringbalkenschalungen mit Dämmung der Wärmeleitgruppe 031 auf den Markt brachte. Auch auf Schalungsplatten aus Faserzement der Baustoffklasse A1, die einen besonders hohen Brandschutz garantieren, ist der Mittelständler spezialisiert. Sein Personal motiviert der Geschäftsführer dazu, gemeinsam mit den Ansprechpartnern der Kunden Baustellen zu besuchen, um vor Ort herauszufinden, was Bauarbeiter und Architekten benötigen. „Die Nähe zum Kunden hat für uns oberste Priorität“, betont Kokel. Zusätzlich besucht er regelmäßig Fachmessen und informiert sich kontinuierlich über Trends und neue Werkstoffe. Um die hohe Qualität seiner Schalungen zu sichern, lässt der Geschäftsführer seine Neuentwicklungen von Materialprüfungsämtern oder Hochschulen zertifizieren.

Kreativität durch Freiräume

Wichtig ist Kokel auch, dass sich die Mitarbeiter einbringen und wertgeschätzt fühlen. Deshalb achtet er bewusst darauf, Freiräume zu schaffen, um ihre Kreativität zu fördern. Gute Beziehungen zu langjährigen Lieferanten und ein gut sortiertes Lager halfen in der Pandemie, sämtliche Wünsche der Kunden zu erfüllen. Gleichzeitig forscht MAKO immer weiter an noch nachhaltigeren Produkten. Echte Innovationen am Bau sind das Ergebnis. Für Schalungen, die bei besonderen Leistungsanforderungen eingesetzt werden, hat das Unternehmen diverse Patente angemeldet.

MAKO GmbH & Co. KG
99885 Ohrdruf
www.mako-bau.de
Beschäftigte (D): bis 50
Baugewerbe/Handwerk

Geschäftsführer
Matthias Kokel

MECOTEC GmbH

Kälte für den Körper

Schon die ursprüngliche Idee war neu: Enrico Klauer schuf Mitte der 1990er-Jahre die weltweit erste rein elektrisch betriebene Kältekammer. Sie diente vor allem zur medizinischen Therapie, etwa bei Rheuma. Bald entdeckten auch Sportler den Nutzen der gezielten Kälte. Als die ersten Covid-19-Impfstoffe entstanden, war die Expertise der heutigen MECOTEC GmbH stark gefragt. In nur sieben Monaten baute das Team Container zu Kältekammern mit –80 °C um, sodass die Impfstoffe gekühlt gelagert und transportiert werden konnten.

In den 30 Jahren seines Bestehens wurde das Unternehmen dank der Innovationskraft seiner engagierten Geschäftsführung zum weltweiten Branchenführer für Kältekammern und andere Kälteanwendungen. 2013 verlagerte der Geschäftsführer Enrico Klauer den Hauptsitz von Pforzheim nach Bitterfeld, denn dort gab es im ehemaligen „Solar Valley" viele gute Arbeitskräfte. Heute hat der Mittelständler gleich vier Standorte in Deutschland mit insgesamt 66 Beschäftigten und vier Dependancen im Ausland. Eine fünfte entsteht derzeit noch in Asien.

Kältekammern als neuer Wellnesstrend

Die einfach zu bedienenden elektrischen Kältekammern haben den Weg von den Rehazentren in den Sport- und den Fitnessbereich gefunden und werden auch im Segment der Wellnessanwendungen immer beliebter. Dieser Innovationserfolg schuf eine weltweite Nachfrage. „Für den privaten Bereich wollen wir günstigere Standardprodukte mit einer reduzierten technischen Komplexität schaffen", erläutert Enrico Klauer. Damit er mehr Zeit für innovative Ideen und Entwicklung bekommt, steht ihm seit einem Jahr Dr. Friedrich Rheinheimer als zweiter Geschäftsführer zur Seite. Themen, an denen er auch weiterhin arbeiten will, hat Enrico Klauer noch genug: Umweltfreundliche Kältemittel, Senkung des Energieverbrauchs und Kostenreduktion sieht er als konkrete Anforderungen der Zukunft. Regelmäßig stattfindende Innovationsworkshops mit allen Abteilungsleitern helfen dem Top-Management, Ideen zu priorisieren. Darüber hinaus engagiert sich Klauer als Chairman einer neu gegründeten Initiative mehrerer Hersteller bei der Weiterentwicklung von Standards in der Industrie und des Wissens bei Anwendern.

Nachfrage durch die Pharmaindustrie

Die mittelständische Firma liefert die Kältekammern in die ganze Welt. Wurden 2022 noch 150 Kammern produziert, sollen es 2023 schon 190 sein. Für dasselbe Jahr erwartet die Geschäftsführung außerdem ein Umsatzwachstum von 50 %. Auch die Nachfrage nach Kühlung für Arzneimittel wächst stetig, weil sich die MECOTEC mit ihren innovativen Kühlcontainern für Impfstoffe in der Pharmabranche einen sehr guten Ruf erarbeitet hat.

MECOTEC GmbH
06766 Bitterfeld-Wolfen
www.mecotec.net
Beschäftigte (D): 51 bis 200
Anlagen-/Maschinenbau

Geschäftsführer
Enrico Klauer und
Dr. Friedrich Rheinheimer

R.A.B.S. Balkonbau GmbH

Mit offenen Augen zu neuen Ideen

Eigenständig arbeiten, schnell entscheiden und kreative Ideen in die Praxis umsetzen: Das alles sind Fähigkeiten, die in der R.A.B.S. Balkonbau GmbH gefragt sind. Der Geschäftsführer Frederik Steinebach schafft es, durch die Etablierung innovativer Prozesse und einer guten Organisation, seine Balkonbauspezialisten für das Austüfteln frischer Ideen zu begeistern. Die Beschäftigten wissen, dass Veränderungsvorschläge stets willkommen sind. Der Anspruch des Mittelständlers ist es, mit offenen Augen zu arbeiten und gern Dinge zu hinterfragen.

R.A.B.S. steht für „Rohrleitungen, Apparate, Behälter und Stahlbau". Mit der Fertigung dieser Produkte ging das Unternehmen bereits vor der Wende an den Start. Seit 1994 haben sich diese Thüringer auf die Herstellung und Montage von Balkonanlagen spezialisiert und das R.A.B.S.-Balkonsystem entwickelt. Um den Innovationsprozess am Laufen zu halten, treffen sich die verschiedenen Abteilungen des Unternehmens regelmäßig. Dabei stehen oft Neuentwicklungen und Verbesserungsvorschläge auf dem Programm.

Über die eigene Baustelle hinausblicken

Bei einem Meeting entstand etwa die Idee, dass man die Sicherungspunkte der Balkonanlagen, in die sich die Monteure der R.A.B.S. Balkonbau GmbH beim Einbau einhaken, auch für einen anderen Zweck nutzen könnte. So bieten sich diese Stellen auch für den sicheren Anbau von Markisen über den Balkonen an. „Der Mehrwert für den Kunden liegt auf der Hand – die einfache und sichere Installation der Markisen", erklärt der Geschäftsführer Frederik Steinebach. Von der Idee bis zur Realisierung hat es mehrere Monate gedauert. Nachdem das Montagekonzept erstellt war und alle Tests erfolgreich verliefen, war das neue System bereit für den Markt. Das Feedback der Kunden war rundum positiv. „So etwas kann entstehen, wenn unsere Mitarbeiter mit offenen Augen die Arbeitsprozesse betrachten und die Dinge hinterfragen. Der dazugehörige Austausch untereinander ist wichtig, um innovativ zu bleiben", unterstreicht Steinebach.

Mitarbeiter als Wissensquelle

Der Chef sieht sich im Innovationsprozesses selbst als Antriebsfeder. So stellt er seiner Belegschaft gern immer wieder Fragen, auf die die verschiedenen Abteilungen aktiv Antworten suchen. Wollte er in der Vergangenheit beispielsweise wissen, welche Maschinen dem Mittelständler den größtmöglichen Nutzen bringen, waren die Monteure der Firma gefragt. „Und so sind es auch unsere Mitarbeiter, die die Erfahrung und das Know-how haben zu entscheiden, welches Material sich beispielsweise am besten eignet", erläutert Frederik Steinebach. Eine Herangehensweise, mit der er das positive Innnovationsklima in der Firma auch weiterhin stärken möchte.

R.A.B.S. Balkonbau GmbH
99996 Unstruttal
wwww.rabs-balkonsysteme.de
Beschäftigte (D): bis 50
Metallverarbeitung

Geschäftsführer
Frederik Steinebach

Seit mehr als 55 Jahren entwickelt und produziert die Thermik Gerätebau GmbH eine Vielzahl unterschiedlichster Temperaturbegrenzer.

Thermik Gerätebau GmbH

Erfinder im Prozess

Mehr als 1.000 Patente weisen diesen thüringischen Mittelständler ohne Zweifel als weltweiten Innovationsführer aus. Doch schaut man hinter die Kulissen, sind es vor allem auch die innovativen Prozesse, die die Thermik Gerätebau GmbH so erfolgreich machen. Dank durchdachter Fertigungsabläufe und eines erfindungsreichen Innovationsteams sind ihre Produkte einzigartig und effizient. Während der Coronapandemie lockten kluge Prozesse sogar viele Neukunden an – und ermöglichten rasante Umsatzzuwächse.

Man findet sie in Motoren, Heizungen und Kaffeeautomaten: sogenannte Sicherheitstemperaturbegrenzer. Sie lösen einen Stopp-Mechanismus aus, sobald sich Geräte zu sehr aufheizen. Diese Nische führt der Mittelständler mit über 1.000 nationalen und internationalen Schutzrechten und einem beeindruckenden Entwicklungsvorsprung an. Seine Innovationskraft speist sich nicht zuletzt aus klugen Prozessen und Fertigungsabläufen, die die einzigartigen Produkte effizient und wirtschaftlich machen.

Während der Coronakrise zum Rekordumsatz

Mithilfe einer Prozessinnovation hat das Unternehmen die Coronapandemie nicht nur gut überstanden – es ist sogar erfolgreicher denn je aus ihr hervorgegangen: Frühzeitig stellte das Team seine Fertigung um und setzte komplett auf Halbfabrikate, die erst in der Endfertigung auf die Kunden zugeschnitten wurden. „Das hat uns eine hohe Lagervorhaltung ermöglicht. Wir konnten auf Auftragsschwankungen viel flexibler reagieren und den Fertigungsprozess deutlich verkürzen", erzählt der Geschäftsführer Marcel P. Hofsaess. Mit einem Schlag füllten nun etliche Neukunden die Auftragsbücher. „Viele unserer Konkurrenten waren zu dieser Zeit schlicht lieferunfähig. Wir aber erlebten den größten Umsatzzuwachs der Unternehmensgeschichte und meldeten nochmals mehr Patente an als sonst", betont der Geschäftsführer.

Innovation und Qualität

Schlau organisiert wurde auch der Erfindungsreichtum des Hauses: Schon 2020 bündelte man die Innovationskraft aus den Abteilungen Entwicklung, Konstruktion und Qualitätssicherung. „Und heute arbeiten unsere innovativsten Köpfe alle in einem Team zusammen", erläutert Hofsaess. Das Innovationsressort „IQ", für „Innovation" und „Qualität", hat die Entwicklungsenergie im Team nachhaltig erhöht. „Unsere IQ-Abteilung erfüllt konkrete Kunden- und Marktanforderungen, betreibt aber auch Grundlagenforschung, zum Beispiel bei neuen Materialien und Technologien", berichtet Hofsaess. Ob Prozesse oder Produkte, das Credo der Thermik Gerätebau GmbH lautet stets: „Permanente Weiterentwicklung und ständige Optimierung."

Thermik Gerätebau GmbH
99706 Sondershausen
www.thermik.de
Beschäftigte (D): 51 bis 200
Elektronik/Elektrotechnik

Geschäftsführer
Marcel P. Hofsaess

Die TWS Thüringer Wärme Service GmbH ist eine Tochter der TEAG Thüringer Energie AG und der Energiedienstleister für Gewerbe- und Industriefirmen, die Wohnungswirtschaft sowie für die Kommunen und Liegenschaften.

TOP 100

TWS Thüringer Wärme Service GmbH

Warme, grüne Zukunft

Energiewende heißt auch Wärmewende — und die wird nur mit viel Innovationskraft gelingen. Bis 2040 will die TWS Thüringer Wärme Service GmbH, eine Tochter des größten Energieversorgers Thüringens, ihr Bundesland komplett CO_2-neutral versorgen. Sie baut dafür Fernwärmenetze rasant aus und beschreitet ganz neue Wege. Mit einem effizienten Innovationsprozess, digitalen Abläufen und künstlicher Intelligenz ist der Mittelständler bestens gerüstet, Thüringens Zukunft zu „vergrünen".

Das Neue wird nirgendwo so dringend gebraucht wie bei der Energiewende, davon ist der Geschäftsführer Rico Bolduan überzeugt. Innovativität ist für ihn deshalb so etwas wie ein Auftrag: „Wir sehen es als unsere Aufgabe an, die Wärmewende in Thüringen stetig voranzutreiben, gerade auch im ländlichen Raum", erklärt er entschlossen. Dafür entwickelt sein Team systematisch neue Ideen und integriert neuartige Technologien. „Ab 2025 wollen wir regenerative Wärme auch aus Flüssen und Kläranlagen ziehen", erzählt Boldvan.

Grüne Energie braucht digitale Lösungen

Wind, Wasser, Sonne: Gerade die alternativen Energiequellen sind manchmal ganz schön launisch. Sie hängen vom Wetter ab, schwanken daher stark und fallen manchmal sogar ganz aus. „Diese regenerativen Energiequellen digital zu steuern ist entscheidend", betont der Geschäftsführer. Deshalb betreibt sein Unternehmen mithilfe künstlicher Intelligenz eine hyperflexible Wärmeversorgung: Weht gerade kein Wind, schaltet das System automatisch auf Wasser, Sonne, Biogas oder andere Energiequellen um, manchmal im Minutentakt. Auch Marktdaten, aktuelle Preise und das Verbraucherverhalten bezieht der Mittelständler mit ein. „So schaffen wir Effizienz und ein realistisches Preisniveau", unterstreicht Bolduan. Denn er weiß: Eine grüne Zukunft lässt sich nicht einfach herbeiträumen, erst effiziente Prozesse machen sie möglich.

Mit Effizienz die Welt retten

Effiziente Prozesse verfolgt der Mittelständler auch in den eigenen vier Wänden: „Von der neuen Idee bis zu ihrer Realisierung sind wir digital aufgestellt", erklärt Bolduan stolz. Ob wirtschaftliche und technische Aspekte, gesetzliche Rahmenbedingungen, unterschiedliche Stakeholder, Genehmigungen oder Öffentlichkeitsarbeit: „Innovation ist immer ein sehr komplexer Prozess, der viel Effizienz erfordert", fügt der Geschäftsführer hinzu. Wer die Welt retten will, braucht eben nicht nur gute Ideen, sondern auch eine große Portion Organisationstalent.

TWS Thüringer Wärme Service GmbH
99087 Erfurt
www.tws-waerme.de
Beschäftigte (D): 51 bis 200
Energie

Geschäftsführer
Rico Bolduan

deutscher
mittelstands
summit

Die TOP 100-Preisverleihung

Auch in diesem Jahr versammelte der Deutsche Mittelstands-Summit wieder die Elite mittelständischer Unternehmerinnen und Unternehmer. Vor über 1.000 Gästen gratulierte der Wissenschaftsjournalist und TOP 100-Mentor Ranga Yogeshwar am 23. Juni 2023 den ausgezeichneten Top-Innovatoren im „Kongress am Park“ in Augsburg zu ihrem Erfolg. Die Fernsehmoderatorin und Journalistin Julia-Niharika Sen führte durch den Abend. Der Bundespräsident a. D. Christian Wulff war ebenfalls anwesend und zollte den Innovations-Champions seinen Respekt für ihre herausragenden Leistungen.

TOP 100
Innovator des Jahres 2023

TOP 100
top100.de
Top-Innovator 2023

TOP
100
top100.de
Top-Innovator
2023

deutscher
mittelstands
summit

Yogeshwar, Ranga (Hrsg.)
TOP 100 2023 – Innovationsschmieden:
Die innovativsten Unternehmen im Mittelstand
Redline Verlag, FinanzBuch Verlag GmbH, München
ISBN 978-3-86881-941-0
ISBN E-Book 978-3-96267-527-1
ISBN E-Pub 978-3-96267-528-8

Mit Beiträgen von
Prof. Dr. Nikolaus Franke
Dr. Erny Gillen
Prof. Dr. Michael Jacob
Christoph Keese
Thomas Wörl
Ranga Yogeshwar

Druck
COULEURS Print & More, Köln

FSC MIX Aus verantwortungsvollen Quellen FSC® C129413

Lektorat
Text im Kontext – Anja Poerschke, Berlin

In dieser Publikation wird auf eine geschlechtsneutrale Schreibweise geachtet. Wo die nicht möglich ist, wird zugunsten der besseren Lesbarkeit das ursprüngliche grammatische Geschlecht verwendet. Es wird ausdrücklich darauf hingewiesen, dass damit jeweils beide Geschlechter angesprochen sind.

Fotos
K. D. Busch
Artemis Creative, AdobeStock
Rafaila Gheorghita, AdobeStock
Rainer Jensen
Johannes Kiefer, Safetec GmbH
Rymden, AdobeStock
wajan, AdobeStock
Alexander Wurditsch, AdobeStock
Unternehmensarchive

Realisierung
compamedia GmbH
Nußdorfer Straße 4
88662 Überlingen am Bodensee
Telefon 07551 94986-30
top100@compamedia.de

Projektleitung
Thomas Wörl
woerl@compamedia.de

Redaktionsleitung
Christiane Hechler
hechler@compamedia.de

Medien
Sven Kamerar
kamerar@compamedia.de

Autoren der Unternehmensporträts
Frank Bantle
Tanja Heil
Gian Hessami
Rainer Heubeck
Christina Lenz
Sabine Lévy
Bernadette Lindebacher
Sabine Olschner
Sarah Rauch
Elke Rutschmann
Dr. Astrid Schau
Detlev Schmidt
Anke Schwede
Tonia Sorrentino
Heike Thissen

Internet
Weitere Informationen über TOP 100
finden Sie im Internet:
www.top100.de